臀肌实验室

力量与形体训练的科学和艺术

[美]

布雷特·孔特雷拉斯 (Bret Contreras)

格伦·科多扎 (Glen Cordoza) 著

沈兆喆 贾琳 译

李恒志 审校

人民邮电出版社

北 京

图书在版编目（CIP）数据

臀肌实验室：力量与形体训练的科学和艺术 / （美）布雷特·孔特雷拉斯（Bret Contreras），（美）格伦·科多扎（Glen Cordoza）著；沈兆喆，贾琳译. -- 北京：人民邮电出版社，2025.7
ISBN 978-7-115-59957-5

Ⅰ. ①臀… Ⅱ. ①布… ②格… ③沈… ④贾… Ⅲ.
①臀—肌肉—力量训练 Ⅳ. ①G808.14

中国版本图书馆CIP数据核字(2022)第163655号

免责声明

作者和出版商都已尽可能确保本书技术上的准确性以及合理性，并特别声明，不会承担由于使用本出版物中的材料而遭受的任何损伤所直接或间接产生的与个人或团体相关的一切责任、损失或风险。

内容提要

本书共分为5部分：第1部分介绍了臀肌训练对于形体塑造、健康保持、力量强化及运动表现提升的重要性；第2部分介绍了臀肌的结构和功能，并对臀肌力量及塑形训练的机制进行了详细讲解；第3部分和第4部分对如何针对力量强化、塑形及运动表现提升等不同训练需求，制订周期性训练计划进行了阐释；第5部分采用真人分步骤演示的方式，对不同类型的臀肌训练动作的执行步骤、注意事项、动作要点及进阶动作进行了详细讲解。不论是想获得理想身体线条，还是想强化力量水平、提升运动表现，都可从本书中受益。

◆ 著　　　[美]布雷特·孔特雷拉斯（Bret Contreras）
　　　　　　格伦·科多扎（Glen Cordoza）
　　译　　　沈兆喆　贾琳
　　审　校　李恒志
　　责任编辑　刘蕊
　　责任印制　马振武

◆ 人民邮电出版社出版发行　　北京市丰台区成寿寺路 11 号
　　邮编　100164　　电子邮件　315@ptpress.com.cn
　　网址　https://www.ptpress.com.cn
　　北京瑞禾彩色印刷有限公司印刷

◆ 开本：700×1000　1/16
　　印张：37.25　　　　　　　2025 年 7 月第 1 版
　　字数：745 千字　　　　　　2025 年 7 月北京第 1 次印刷
　　著作权合同登记号　图字：01-2020-5697 号

定价：348.00 元
读者服务热线：(010)81055296　印装质量热线：(010)81055316
反盗版热线：(010)81055315

目录

序

能被自己尊敬和钦佩的人邀请为本书写序，是一件非常荣幸的事。这个人是布雷特·孔特雷拉斯时，尤其令我高兴。因为在为人和专业水平方面，布雷特是我最尊敬和钦佩的人。

对于那些对健身相当陌生的人来说，他们可能无法真正体会到布雷特在健身行业的影响力。事实上，毫不夸张地说，布雷特改变了健身爱好者和专业运动员训练臀肌的方式。

要想充分了解布雷特对健身领域的贡献，你需要先去研读在他进入健身行业之前的那几年人们发表的运动著作。你会发现直到20世纪末，几乎每一篇关于臀肌训练的文章都认为人们在深蹲和硬拉时需要大重量刺激。偶尔有几篇论文报告可能包括几组弓步或直腿硬拉动作，但很多所谓的权威人士很快把弓步视为过于"柔弱"的练习而不予考虑。正因如此，绳索后踢和坐姿髋关节外展也被视作"懦夫"行为。那时人们通常认为那些自重练习、弹力带练习、单腿练习和多次重复练习对促进臀肌增长无效；背伸动作也仅是针对下背部肌肉组织的练习，而臀桥和臀推（hip thrust，有时也译为"臀冲"）甚至没有被纳入训练计划。

布雷特花费了大量的时间对基于实证的臀肌训练方式进行深入的研究。在查阅相关文献及在实践中检验应用理论方面，没有人比布雷特投入的时间和精力更多。事实上，布雷特发明了杠铃臀桥、杠铃臀推、蛙式臀泵（frog pump），以及几乎所有你能想到的其他负重臀桥和臀推的变式练习。此外，他还发明了臀肌主导型背部伸展（弓背、双脚外翻）、侧卧提臀、宽距侧卧髋关节外展，以及许多其他流行的臀肌练习。他推广了将脚向内翻转进行正面（冠状面）髋关节外展练习的方法，对迷你弹力带和弹力圈在臀肌训练中的普及产生了重要的影响，并且帮助人们接受利用机器、绳索和较多的重复次数促进臀肌生长的训练方法。布雷特还创设了矢量术语以区分臀肌练习的类别，并为制订训练计划提供了帮助。这样的事例不胜枚举。

布雷特在实验室和健身房孜孜不倦的研究彻底改变了我们今天训练臀肌的方式，他在这个领域的影响力遍及全球。在过去的几十年里，胸肌、三角肌、背阔肌、手臂肌肉、股四头肌和腘绳肌的训练策略没有发生明显的变化，但由于布雷特的努力，臀肌训练的科学和实践方式取得了飞速发展。就臀推而言，布雷特是当今世上唯一一个因发明和普及这项练习而备受赞誉的人。如今，这项练习在人们的日常健身中十分流行。每次来到健身房，看到有人进行布雷特发明的练习，我都感到非常兴奋。可以这么说，你永远不会遇到像布雷特这样对臀肌训练充满热情的人。能与他合作发表几十篇研究报告、非专业文章和许多个播客，我感到很自豪。

据我所知，布雷特和格伦为撰写本书坚持不懈地付出了两年时间，以确保本书以一种易于理解的方式来传播其完整的臀肌训练系统。无论你是私人教练、体能教练、运动员、物理治疗师，还是只是想增强臀肌力量和改善臀形的人，请阅读本书，我保证你不会失望。

你的健身专家——布拉德·舍恩菲尔德（Brad Schoenfeld）博士

引言

如果你可以改善身体的任何部位，你会改善哪里呢？对我而言，我一直想改善臀大肌，或者说是整个臀肌。不是因为它是身体中最大的肌肉，也不是因为它是最重要的肌肉之一，这些都不是理由，我对臀肌训练着迷，是因为我"没有"臀肌。

早在被称为"臀肌男"之前，我是一个瘦骨嶙峋的少年。尤其是我那平坦的臀部，让我对自己的身材很不自信。对很多男性来说，拥有漂亮的臀部是一件令人向往的事情。它是健康、力量、运动能力和美的象征，但我"没有"。

一次偶然的机会，我和姐姐的男朋友出去打高尔夫。在我挥杆时，他说："知道吗，布雷特，你'没有'臀部。"他用手在空中画了一条笔直的垂直线，接着说："你的后背直接插在你的双腿上！"

对我来说，这是一个转折点。有些事情需要做出改变，我需要"找回"自己的臀肌。

从那时起，我就迷上了臀肌训练。由于我的臀肌力量太弱，这让我开始寻找增强和有益于臀肌发展的最佳训练方法和技术。如今，经过28年的训练、指导和实践，我已经开发出了世界上第一套全面的臀肌训练系统。在此期间，我还获得了博士学位，发表了大量的研究论文。本书论述的便是这个系统。在本书中，你将了解到臀肌训练为什么很重要，臀肌的功能是什么，它对身体有什么重要的作用，最重要的是，你将了解到如何设计一个训练计划和开发可执行的技术，来最大限度地促进臀肌发展及提高其功能表现。

*   当我在本书中使用"臀肌"这个词时（我经常使用这个词），它实际上指的是构成臀部的3块肌肉：臀大肌、臀中肌和臀小肌。英文单词gluteals来源于希腊语glutos，意思是buttocks（臀肌），以及拉丁语maximus（大）、medius（中）、minimus（小）。臀大肌是臀肌的主要组成部分，是3块肌肉中最大的一块，其形态决定了臀部的俗称——"屁股"的形状和外观。因此，臀肌主要指的是臀大肌，但也包括其他两块较小的臀部肌肉。在第5章中，我将详细地介绍这3块肌肉。

但在我深入论述这个系统之前，我想分享一下我的经历，以便解释我开发这个系统和相关技术的原因和方式。

对臀肌的追求

当我决定要"拥有"臀肌时，我做的第一件事就是阅读能搜集到的所有健美杂志和书籍。我想了解关于臀肌训练的一切内容。但我遇到了一个问题：当时没人谈论臀肌训练。健美运动员有一个腿部训练日（指每周拿出一天时间专门锻炼腿部肌肉），这会让人错误地认为，只要你在腿部训练计划中加入深蹲和硬拉，臀大肌就会练得很好。因此，我就这样做了。

多年来，我痴迷于通过深蹲、硬拉来训练我的臀肌，同时采用了其他有助于训练臀肌的腿部动作，如登阶和分腿深蹲练习。这些练习的确很管用，我变得更加强壮了，形体也得到了改善，这使我感觉良好，但到达一定程度后，我的臀肌增长出现了停滞。

现在回想起来，我发现原因有二。

第一，我的基因对我不利。事实证明，基因在臀肌发育中具有非常重要的作用，本书第2部分将会详细讲解基因的作用。有些人即使一生中从未训练过一天，他们也能拥有完美的臀部，而有些人则需要坚持训练好几年，才能让臀部变得完美。我就属于后者。如果你和我一样，请你不要因基因限制而沮丧。借助本书概述的臀肌训练方法和计划，你仍然可以改善形体和健康状况。

第二，深蹲和硬拉尽管对增强下半身肌肉力量很有帮助，但对臀肌力量增强的帮助程度与对股四头肌和腘绳肌力量增强的帮助程度不同：深蹲主要有助于增强股四头肌力量，而硬拉则主要有助于增强腘绳肌力量（特别是当我抬高臀部进行硬拉时）。多块肌肉同时工作时，会有一块主导肌肉为运动提供动力，这块肌肉的收缩程度会高于其他肌肉。

所以，我的臀部发育不良的部分原因是基因限制，主要原因则是我没有进行过针对臀肌的练习（或者本书后面提到的臀肌主导型练习）。当时，我虽然对基因的作用一无所知，但对深蹲和硬拉足够了解，知道它们主要训练的肌肉不是臀肌。

我意识到需要进行更多的臀肌主导型练习，于是我在互联网上寻找其他教练的做法。这时，我看到了马克·费斯特根（Mark Verstegen）、乔·德弗兰科（Joe DeFranco）、埃里克·克雷西（Eric Cressey）、迈克·罗伯逊（Mike Robertson）、迈克·博伊尔（Mike Boyle）和马丁·鲁尼（Martin Rooney）的工作成果。他们讲解了大量臀肌练习，如臀桥、鸟狗式和侧卧腿开合。

虽然这些都是很好的臀肌练习，但它们都是自重和弹力带动作。为了达到更好的练习效果，你必须进行大量的重复练习。事实上，这些教练甚至没有通过它们来增强臀肌。它们被认为是小负荷的激活练习，这意味着它们是用来刺激肌肉的，而不是增强肌肉的。例如，这些练习可能会被用作健身前的热身练习，或者肌肉失衡（臀部的一侧比另一侧大）、姿势问题（下背部疼痛）或不良动作模式（深蹲时姿势不正确）的纠正性练习。但是，它们肯定不是用来增强肌肉的。

重要的是，要意识到在以前，几乎每个人都认为你必须进行举重练习才能增强肌肉，我们现在知道，你可以通过增加重复练习的次数来增强肌肉，第2部分将讲解这一点。所以，当我找到这些练习时，我很喜欢它们，但我不认为它们会给我带来我想要的结果。我想要更大、更强的臀肌，为了达到这个目的，我需要一个动作，这个动作不仅要针对臀肌，而且可以与举重练习同时进行。但从我当时能找到的资料来看，这样的动作并不存在。

后来发生的一件事让我找到了这个动作。

那是在2006年10月10日，我和当时的女友珍妮（Jeanne）一起看UFC（终极格斗冠军赛），肯·山姆洛克（Ken Shamrock）对阵提托·奥尔蒂斯（Tito Ortiz）。我希望能看到一场精彩的比赛。奥尔蒂斯将山姆洛克压制住了，看来比赛已经结束。我不希望比赛就这么结束，于是大喊："摔倒他，摔倒他！"

这让我回忆起童年时期与双胞胎哥哥乔尔（Joel）进行摔跤比赛的场景。当时我会猛烈地伸展我的髋关节，以便获得一些扭动空间，从他的身下逃脱。这个动作被称为起桥，是摔跤和柔术等格斗运动的基本技术。

很显然，在职业综合格斗中，臀桥并不是那么容易就能完成的，但我知道在地板上做臀桥动作很容易。然后，我幡然醒悟。我想，如果我可以在运动中增加负荷，同时增大运动范围，臀桥将是一个有助于增强和增大臀部肌肉的好动作。

比赛结束后，我急忙赶到车库，并请珍妮帮忙搬一些器材。

她回复我说："现在是晚上9:30，我不认为现在应该做这些事。"

"好吧！那我自己来。"我一边回答，一边把臀腿训练器放在反向直腿后摆机上面。

等把器材放好后，我用负重腰带把45磅（1磅≈0.45千克）重的杠铃片挂在腰上，然后小心翼翼地仰卧在臀腿训练器上面，双脚则放在反向直腿后摆机上面。显然，这不是正确使用器材的方法。

我慢慢地做了15次髋关节的上下（屈伸）动作。我的臀部肌肉从未感受过如此强烈的灼痛感。重复第15次时，臀部根本无法承受。第一次，我感觉到臀肌成了练习中的限制因素；当臀肌过于疲劳而无法进行下一个重复动作时，这组练习就结束了。

后来回想起那一刻，我意识到这个实验既危险又有效。如果那两台器械产生滑动，我很容易把尾骨摔断。但当时，我并没有考虑安全问题。我知道，我找到了臀肌训练中缺失的内容：一个针对臀肌的全范围动作，其方式和深蹲针对股四头肌及硬拉针对腘绳肌的方式一样。更重要的是，它可以在负重的情况下进行。

虽然听起来很俗气，但在做完这套动作后，我走到前院，仰望天空，说："我的生活将会永远改变。我要把普及这项练习作为我一生的使命。"

于是，臀推就这么诞生了。

原始的臀推示意图

如何给这个动作命名

在发明了臀推之后，我意识到应当为这个动作命名。我的脑海中浮现出了几个选项，我可以侧重于其作用方式，称它为"仰卧屈腿伸髋"，但这个名称似乎太长了。我还可以把它命名为"美式髋关节伸展"，让我们有一个动作可与保加利亚式分腿深蹲、北欧式腿弯举和罗马尼亚硬拉等相抗衡。但就追求最快的传播速度而言，这似乎不是一个好的名称。我本可以用自己的名字来命名，称之为"孔特雷拉斯提臀"，但我不想将这个动作与我个人联系在一起。在考虑了各个选项之后，我决定用简单的"臀推"二字来命名，只是因为在我看来，做这个动作主要需要你"上推你的臀部"。

臀推的必要性

在我生命中的这个时刻，我已经练习力量举15年了。我已经从大学毕业并获得了硕士学位，成了一名通过资格认证的体能训练专家，并曾短暂地担任过高中数学老师。我喜欢教学，但我真正热爱的是个人训练，这是我一直在思考的事。所以，在学校教了6年书后，我辞去了教学工作，全身心地投入私人教练的工作。

我的大部分客户都喜欢臀肌训练，我也很想和他们分享臀推这个动作。因此，在车库里那个决定性夜晚后的第二天，我把这个新动作介绍给了当时正在训练的一位阿姨。我解释说，这个动作的难点在于，要先把重量设置好，然后将背部放在垫子上。此外，没有多少人接触过反向直腿后摆机和臀腿训练器，即使有人接触过，健身房也不会允许他们同时操作并占用两台针对不同训练目的的器械。这个动作很好，但原理太复杂，恐怕没有人会真正去做。

"那就发明点儿什么吧！"她告诉我。

为了确定没有人在我之前想到过类似的练习，我花了5天时间在网络上苦苦搜寻相关证据。我搜索了"臀部""臀肌""骨盆""仰卧""平板式""桥式""推""拉""举"的每一种搭配。此外，我还查阅了以前所有有关力量训练的经典文章。

我唯一的发现是1977年出版的一本非常有名的书，即由梅尔·西夫（Mel Siff）与尤里·沃克霍山斯基（Yuri Verkoshansky）合著的《超级训练》（*Supertraining*）中的一张老照片。照片的内容是臀桥的变式（这是一种田径专项力量练习，练习者仰卧在垫上，一条腿伸直支撑在高台上，另一条腿屈膝屈髋，完成髋关节伸展练习），但要增加负荷，只能手动制造阻力或在不发力的腿上悬挂壶铃，我认为这种练习不实用（或不适合健身房）。看样子我得发明点儿东西了。

之前，我从一名高中数学教师转变为私人教练，现在又变成发明家，但我的确不是个精明的设计师。我将最早的机器模型称为斯高奇（Skorcher），它非常笨重，我几乎无法对它进行调节，上面的填充物也远非最佳。虽然后来的机器模型朝着正确的方向有所改进，但还是有缺点。例如，为了增加负荷，需要两个协助者帮练习者增加一个杠铃。尽管如此，它还是完成了任务。

通过使用斯高奇，我开始在亚利桑那州斯科茨代尔市的力夫兹（Lifts）工作室中将臀推纳入客户的训练计划，其效果令人非常震惊。我的客户会这样告诉我："布雷特，我跑得更快了，而且我的臀肌也在增强，这要归功于臀推。我爱它！"

他们是如何从所有的臀肌练习中，如保加利亚式分腿深蹲、登阶、弓步、深蹲、硬拉、罗马尼亚硬拉、背部伸展、反向山羊挺身、器械臀腿起和臀推（本书将在后面对这些进行说明），分辨出臀肌增强是臀推的效果呢？

"当我跑步的时候，臀肌的感觉就和做臀推时的一样，我知道就是它了。"他们说。

臀推的确作用明显。但我需要的不仅仅是观察到的证据。为了赢得同行教练和健身人士的认可，我需要科学证据加以支持。

此时，我所知道的关于臀肌训练最全面的实验是美国运动委员会（American Council on Exercise，ACE）从2006年开始进行的一项未公开发表的实验，名为"使臀肌最大化"（Glutes to the Max）。在实验中，研究人士利用肌电图（EMG）测量臀大肌激活程度，对几种流行的下肢练习的臀大肌激活程度进行比较。

我记得最大的肌电图设备制造商就在斯科茨代尔。所以，我毫不犹豫地给他们打了电话，订购了肌电图设备。幸运的是，他们很耐心地教我如何使用它。

利用我的肌电图设备，我开始在工作室测试客户和我自己所进行的臀肌练习的效果。初步测试结果非常喜人，相较于深蹲、硬拉和其他常见的臀肌练习，臀推产生了更高的臀肌激活水平。这是一个基于科学证据的结果，我需要验证臀推可以作为一种合理的臀

臀大肌激活程度的平均峰值

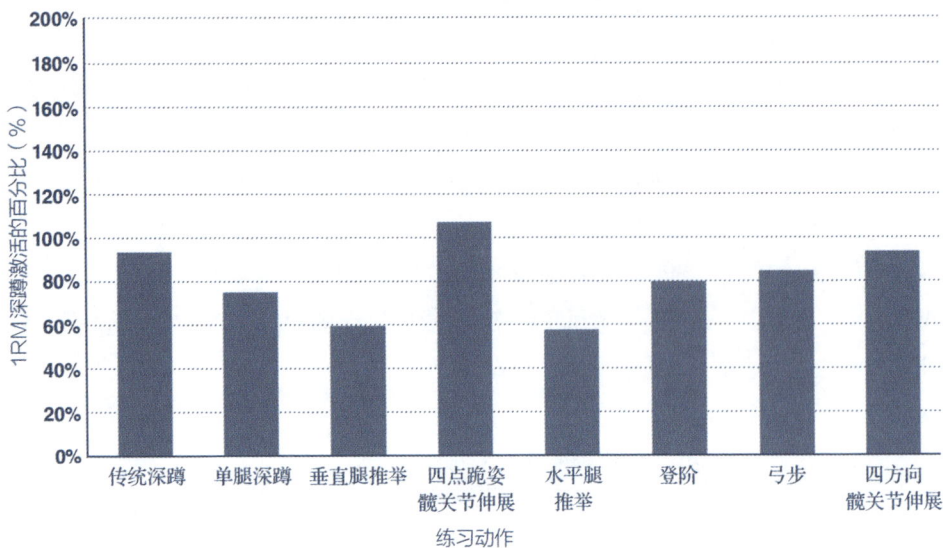

（纵轴）1RM深蹲激活的百分比（%）：0%、20%、40%、60%、80%、100%、120%、140%、160%、180%、200%

（横轴，练习动作）：传统深蹲、单腿深蹲、垂直腿推举、四点跪姿髋关节伸展、水平腿推举、登阶、弓步、四方向髋关节伸展

数据来源：ACE"使臀肌最大化"实验

肌练习。但随后灾难发生了。

由于经济问题，力夫兹工作室所在的商场倒闭了，我被迫关闭了工作室。同时，我与投资人为批量生产斯高奇做出的努力也付诸东流。

我的梦想是将臀推作为一种合理的力量练习进行推广和验证，并等待收获推广臀肌训练的好处。

肌电图研究

走进臀肌实验室

力夫兹工作室关闭后，我需要一个新的平台来传播我的方法。因此，我创建了一个网站，并通过博客和文章来发表我所了解的关于臀肌训练的一切内容。我从来没有停止过训练和指导，虽然我现在是在车库里训练，但我的客户人数不断增加，系统也在不断完善。我尝试了不同的计划，并找到了新的、更好的方法来进行臀推训练。

在力夫兹工作室，我们用斯高奇做臀推。当我尝试用不同的方法来进行臀推训练时，我发现可以把背部支撑在长凳上进行训练。事实证明，这是一种更实用的臀推方法，今天很多人都是这样做的。

利用长凳进行臀推训练

不过，臀肌训练在当时还处于起步阶段。体能训练界仍然认为深蹲和硬拉是增强和增大臀肌的最佳动作。但我对此表示怀疑，并开始寻找证据来证明我的想法。

为了传播我的想法，我开始为主流的体能训练和健美网站、杂志写文章。其中，有一篇特别的文章题目为"揭开臀肌的神秘面纱"，得到了一些关注。它是我为最受体能教练、健美运动员和力量举运动员推崇的网站之一——T-Nation写的。我在文章中提出，深蹲和硬拉虽然是重要的动作，但并不是塑造更大、更强的臀肌的最佳动作。

那些一直把深蹲和硬拉作为增强臀肌的主要动作的人，对此给出了很多负面的评价。"深蹲和硬拉不是增强臀肌的最佳动作？但我这么多年来都是这么做的！"

不用说，这篇文章和我的臀肌训练方法引起了人们的注意。虽然有些人对我的想法提出了质疑，但很多人都很感兴趣。证据是无法忽视的。人们在网上发布自己练习臀推的视频，并说明他们在练习中能感觉到臀肌负荷有多大。值得注意的是，当你进行深蹲和硬拉时总是感觉不到臀肌在用力收缩，就说明它们的作用不大。此外，当你练习臀推时，你通常会感觉到每次重复臀推时，臀肌的收缩程度很高，这一点我将在后文中进行解释。

我相信这是一个转折点。臀推这个动作现在已经出现了，就由人们来决定是否要将其纳入自己的训练计划，以及是否向别人推荐。

虽然有些人会对此产生抵触情绪，但我理解为什么他们会不高兴和故步自封。当你全身心地投入一个主题或想法，然后有人来告诉你有更好的方法时，这往往会让你产生抗拒心理。

我一直尽力以开放的心态来对待训练。我很幸运在自己人生的早期就学会了这一点。此外，我并没有因为人们对臀推的负面评价而气馁，因为我知道它不仅安全而且有效。我根据肌电图实验得知臀推激活臀大肌的程度要高于深蹲和硬拉，这对当时的我来说已经是很有力的证据了，但如果我想普及臀推和我的臀肌训练方法，我需要更多的科学证据的支持。

问题是，我没有接受过正规的体能训练方面的教育。当然，尽管我已经完成了数千小时的训练、指导和阅读，但这还不够。毕竟，谁会听从一个以前担任过高中数学教师后来转行做私人教练的人的意见呢？

为了让个人想法被更多的人接受，我需要提高自己的可信度。更重要的是，我需要一个可以进行创新、测试、实验和实践的场所。

于是，在2011年，我考上了奥克兰理工大学的博士研究生，研究方向是生物力学，师从约翰·克罗宁（John Cronin）博士。作为一名博士研究生，我了解了很多关于臀肌的研究，并研读了所有相关的内容，我就像掉进糖果店的孩子，完全沉迷其中，夜以继日地阅读与臀肌和力量训练相关的所有资料。久而久之，我积累了1200多篇与臀肌相关的研究报告。不值一提的是，当我开始涉猎与臀肌训练相关的文章时，我并不清楚该如何开展研究，也无法通过学术数据库来学习相关内容。但这一切都在我成为博士研究生的第一年发生了变化，我开始能够阅读、研究和整理所获得的所有资料。

在奥克兰理工大学学习期间，我的最大优势是可以进行远程学习。我在奥克兰理工大学度过了第一年，之后，我便回到亚利桑那州的家中继续学习。在远程攻读博士学位的同时，我不仅阅读了最新的研究成果，还撰写博客，进行相关训练，更新运动设备，最重要的是，为客户提供指导。

当我还是力夫兹工作室的一名私人教练时，我曾在客户及自己身上进行过关于臀肌训练方法的测试。我的那个可容纳4辆车的车库已被改建为健身房，现在，我就在那里做测试，我称它为臀肌实验室。因为那里除了是健身房之外，还是我对想法、理论与技术进行测试的地方。我已经有了一台用于测试肌肉激活程度的肌电图设备，但我还想研究更多我感兴趣的变量，所以我购买了一台测力板，用于检测不同运动中地面的反作用力。此外，我还购买了一台超声波机，用于观测肌肉厚度随训练时间增加发生的变化。当时我和一些客户组成了"臀肌小组"，他们提供了大量的反馈意见，帮助我汇编了训练方法，并将其转化成一个训练系统。

此外，我用肌电图设备、测力板和超声波机所做的测试，以及我为取得博士学位而进行的两项训练研究，进一步验证了我们在臀肌实验室所做的一切是有效的。臀推的有益之处不再是理论，其在科学上得到了证明。

什么是臀肌实验室

"臀肌实验室"是我对亚利桑那州凤凰城家中能容纳4辆车的车库被改建成健身房后的称呼。在那里，我指导客户进行训练，也进行自我训练，完成攻读博士学位期间的大部分研究。我使用了一系列非常好的臀肌训练测试设备及运动科学技术，包括肌电图设备、测力板以及超声波机。除了发表了几篇与臀肌有关的同行评议的原创期刊文章之外，我还利用这个健身房及相关设备进行了几十项小型实验与案例研究。

如今，"臀肌实验室"不仅是一个健身房的名字，还是我提出与推广的力量与形体训练体系的名字。如果你想了解我在本书中展示的想法，可以参加一场我主持的臀肌实验室研讨会或者参观我在加利福尼亚州圣地亚哥市的健身房。除了对"臀肌小组"中的客户进行训练指导，我将继续进行研究，以改善我对臀肌训练的理解与应用。

除了测试新的想法，我还持续地对设备进行创新。斯高奇不实用，背靠长凳做臀推的效果也不是很好。我需要更好的设备，一台专门为臀推而设计的设备。

所以，我又拿起笔开始设计设备。

臀推器

利用长凳做臀推的关键在于要将长凳固定在稳定的物体上，如墙壁或深蹲架，以防长凳滑动或向后倾倒。尽管我收到了很多积极的反馈，但这种方法的效果仍不够理想。如果设置不正确，可能会造成危险的后果。同样，很难用弹力带进行臀推的原因在于练习者必须将弹力带固定在某个东西（如沉重的哑铃或深蹲架的脚）上，而这些东西与长凳之间还需保持合理的距离。

我意识到，为了进行臀推练习，我需要将长凳连接至一个平台上。在斯高奇的基础上，我发明了新的器械——臀推器。有了臀推器，我就可以安全地使用杠铃来练习臀推，并且还可以利用弹力带提供的阻力来练习臀推，这样做的性价比会更高。

我和我的团队都非常喜欢臀推器，但它也受到了一些人强烈的批评。

我想起了德国哲学家亚瑟·叔本华（Arthur Schopenhauer）的名言："所有的真理都要经历3个阶段：首先，受到嘲笑；其次，遭到激烈的反对；最后，被理所当然地接受。"

这3个阶段尤其适用于臀推及臀推器。起初，人们都为之感到愤怒。业内的一些专家称这是愚蠢且危险的。然后，有心人开始恶意否定臀推器的功能。做臀推的时候身体呈仰卧状态，这被称为仰卧位，身上有3个接触点，背部靠在长凳上，双脚支撑在地上。人们认为这个姿势不实用，因为做这个动作不需要耗费太多精力来保持平衡（实际上这样更加安全），而且由于身体呈仰卧状态，不能很好地模仿运动及生活中的其他动作。在第4章，我将探讨臀肌训练是如何改善功能及运动表现的。

最后，令我感到惊讶的是，人们开始说臀推不是我发明的。人们会说，在过去的20年里，他们都是这样做的。当然，并没有照片或视频来支持他们的一面之词。

这世上总是存在持有异议的人士。练习臀推前后的对比照片参见接下来的两页，一切不言自明。而我所发表的研究结果与文章参见本书第2部分，它们都验证了臀推为力

*

值得一提的是，你仍然可以用长凳来练习臀推。如果你觉得背靠长凳不舒服，还有其他可选择的器械，我在第308和第309页对其进行了概述。而且，我不希望你认为你只有购买一台臀推器才能练习臀推。在后文中，我演示了如何用长凳及其他替代物来安全高效地练习臀推。简单地说，你还有其他选择。此外，其他较为昂贵的臀肌训练设备在商业健身房中都有，你也无须购买。

量、健康及运动表现带来的功能性益处。

长存的臀肌训练

在未来几年，我希望世界上有更多的数据来证实客户长期以来的感受：臀推是功能性最强的训练之一。除了显著增强臀肌之外，臀推还有助于增强冲刺能力、跳跃能力、水平推力、大腿中段拉的力量，以及深蹲与硬拉的力量。

同时我还明白，你不能因为出版了一本书，发表了一篇文章、一项研究或一篇论文，就指望一切都及时得到改变。人们需要时间来调整自己的观念，你无须为此承受压力。然而，一切事物都在变化。成千上万的教练和运动员都将臀推纳入了训练计划，并支持我的臀肌训练方法。得益于社交媒体，现在全世界都能了解到臀推训练。德韦恩·约翰逊（Dwayne Johnson）、凯特·阿普顿（Kate Upton）以及詹姆斯·哈里森（James Harrison）都发布了自己练习臀推的视频。

因此，当反对人群还在忙于制造荒谬的低级言论时，我还是坚持用科学的方法去证明容易被证明的想法。当然，科学并不完美，但它至少能帮助我们继续学习、尝试、完善想法，并推动各个领域向前发展，无论是为了塑造更好的形体，还是为了促进健康、增强力量及提高运动表现水平。

我并没有假装自己已经知晓了所有答案。我依然保持好奇心，努力跳出固有的思维模式，并且从未停止寻找更有效的训练方法和技术。如果有人能想出更好的方法，我会欣然接受并支持。我的目的不是证明别人的错误，而是帮助他们实现自己的目标。而我希望本书能帮助大家实现自己的目标。

组织与结构

作为私人教练、举重运动员和学生时，我得到了很多经验。而我对力量与形体训练的认知，远远超出了臀肌训练这一领域。因此，本书还介绍了力量和形体训练的原则、方法，以及针对身体所有部位的训练技术。换言之，本书不仅介绍了臀肌训练，还介绍了力量与形体训练，只不过是以臀肌训练为主的。例如，在本书中，你将学到如何做全身性动作（如深蹲和硬拉），但我会将其纳入臀肌训练计划；你还将学到饮食方法，如何在受伤和不适的情况下进行训练及如何从中恢复，肌肉生长和渐进式超负荷训练的科学方法，以及制订训练周期和计划的原则，所有这些内容都可以应用于力量与形体训练系统。

为了方便阅读，我将本书分为5个部分。

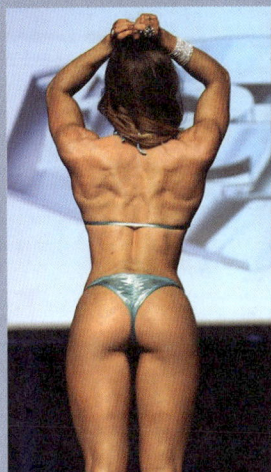

贝丝·克莱尔（Beth Clare）

贝丝·桑德斯（Beth Sanders）

布里塔尼·佩里耶（Brittany Perille）

基安娜·卢米斯（Kiana Loomis）

克丽丝塔·安东尼乌（Krista Antoniou）

克里斯蒂娜·珍妮诗（Kristina Jennessee）

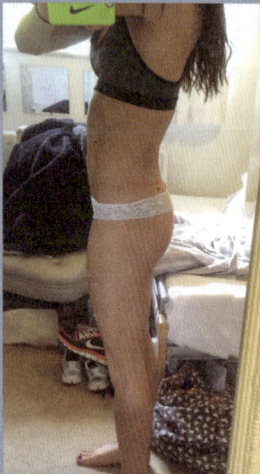

露西·戴维斯（Lucy Davis）

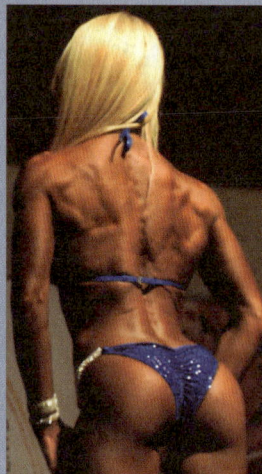

梅利莎·克劳瑟（Melissa Crowther）

罗克西·温斯坦利（Roxy winstanley）

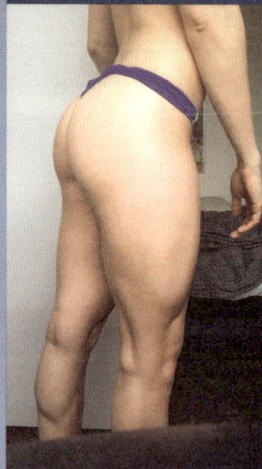

萨拉·巴勒瑟（Sarah Barlose）

莎瑞尔·格兰特（Sharelle Grant）

蒂娜（Tina）

臀肌训练的重要性

第1部分讲解了臀肌训练是如何改善形体和健康状况、增强力量及提高运动表现水平的。简而言之，无论你的目标是什么，你的经验水平及体形如何，你都将了解到臀肌训练的诸多好处，以及臀肌训练至关重要的原因。

第2部分

力量与形体训练的科学

这一部分概述了臀肌的解剖结构及功能，基因的作用，以及促进肌肉生长（增大）、增强力量和动作练习分类的方法。如果你对运动科学不甚了解，不用担心，我已经把相关内容归纳为易于理解的要点了。换言之，不要让"科学"一词将你拒之门外。在了解

科普

如果你熟悉我的工作，在社交平台上关注过我，或者经常访问我的博客，你就会知道，我实际上是一名科学工作者。我取得了运动科学的博士学位，研究方向是生物力学，它将数学与物理学应用于人体运动。而且，就像前文所说的那样，我不断地阅读研究报告，以进一步了解力量训练。

我写本书的目的是让每个拥有不同经验与背景的人都能获得相关信息。为此，我决定尽量保证正文的基本内容（大部分内容）不会涉及研究，因为研究有时会让主题变得复杂。然而，我不想遗漏重要的研究或与讨论主题相关的生物力学解释，否则，这对学术界同人或所有有兴趣探索臀肌训练背后的科学原理的人来讲是不公平的。

因此，为了那些有兴趣深入研究和应用生物力学的人，我在第1部分和第2部分设置了题为"科普"的专栏。你可以在书后的参考文献中找到专栏部分引用的文献。

虽然这些信息很重要（科学验证了书中所涉及的技术和概念），而且我相信每个人都能通过阅读这些专栏受益，但这不是强制性的。

换言之，你无须理解所有复杂的术语及研究，也能有效地使用该训练系统。如果你只是阅读正文，你也能学到所有你需要了解的臀肌训练的相关知识。如果你对科学研究及生物力学不感兴趣，你可以跳过这些专栏。

另一个选择是，先阅读每章的正文，这对于刚开始进行臀肌训练的人来说，是一个不错的选择。这将使你对我的训练系统形成基本而又全面的了解，并向你介绍一些"科普"专栏中的术语及定义。有了这些基础知识作为支撑，当你重新审视这些学术气息浓厚的专栏时，你就能更好地理解并消化部分内容。

了臀肌的工作原理、基因的作用、促进肌肉增长的机制，以及实施渐进式超负荷训练和对训练进行分类的最佳方法后，你将准备得更加充分，以完成后续部分所涉及的训练周期与计划。

现在我不想否认，有些材料可能晦涩难懂，但如果你能花时间阅读并理解本部分内容，那么你对臀肌训练（及力量与形体训练）的了解程度将超过90%的私人教练。

第3部分

力量与形体训练的艺术

第3部分介绍了有关最佳力量与形体训练的基础知识，包括训练频率（多久训练一次）、训练组数与重复次数，如何设定合理的目标与期望以及饮食指南。你将了解到8个计划设计变量，它们是负荷、速度、休息时间、运动选择、训练顺序、运动量、费力程度和训练频率。你将同时学到基础和高级的训练方法，这将帮助你高效健身，解决与形体、运动及训练计划相关的常见问题。如果说各种运动是各种食材，那么本部分将告诉你如何制订食谱。

第4部分

训练周期与计划

第4部分介绍了以臀肌训练为重点的全身训练计划示例，可满足不同健身水平人士的需求，并为你自己及你的客户提供模板。我提供了初、中、高3种级别的12周训练计划，该计划涵盖了书中概述的大部分技术与策略。除了提供计划示例外，我还概述了如何安排训练周期或制订长期训练计划，提供了分块训练方法（计划模板），并介绍了适用于健美运动员、力量举运动员以及混合健身人士（CrossFitters）的臀肌训练计划示例。

我想强调的是，这些计划示例只是示例。虽然可以完全按照计划示例的说明来进行训练，但是你可以并且应该对计划示例进行修改，以满足你自己或你的客户的个人需求，第14章及第18章的疑问解答部分将会对此进行介绍。你可以将本部分的计划示例作为模板，根据自己的训练目标、训练频率、经验水平和背景进行修改。

第5部分

练习

本书的最后一部分涵盖了所有极其重要的臀肌训练的练习，并且有很多练习供你选择。正如我在书中反复强调的那样，进行各种练习对于增强臀部肌肉和腿部肌肉、改善健康状况至关重要。为了方便你浏览这些练习，本部分分为3章，每章都对应一种动作模式：臀肌主导型练习、股四头肌主导型练习以及腘绳肌主导型练习。

虽然本部分的每一章都专注于针对特定肌群的练习，但只要稍加改进，这些练习也适用于臀肌训练和形体训练。这很重要，因为每个人都是独一无二的。大多数人优先选择臀肌主导型练习，以获取最佳的训练结果，但是每个人都能从各种下半身练习中获益。在本书中，我从目标、解剖学、人体测量学（躯干、手臂和腿部长度）以及经验等方面入手，讨论了相关练习的具体策略。需要注意的是，练习的多样性对于塑造最佳臀肌至关重要。

如何进行上半身训练

准确地说，臀肌训练是针对下半身的训练系统。但要意识到，很多臀肌训练动作也适用于全身训练。深蹲、硬拉、摆荡、推雪橇以及其他特定的臀肌训练动作都能用于上、下半身训练。因此，即使你只采用臀肌训练计划，上半身也会受到一些刺激。

话虽如此，但我还是建议你进行上半身专项训练。在第4部分，我提供了分块训练方法，其中包括上半身训练及以臀肌训练为主的全身训练计划。

如何浏览本书

虽然你应该完整地阅读本书，但本书也适于浏览。例如，你可以在参考第5部分所涉及的技术的同时，开始阅读第4部分的训练计划。然而，我强烈建议你花些时间去阅读并理解第2部分的科学知识，因为它验证了第3部分所介绍的方法和第5部分所涉及的技术的有效性。

也就是说，如果你主要对臀部塑形感兴趣，或者你正在寻找一个比较好的臀肌训练计划，那么你可以直接跳到第4部分阅读，并开始采用诸多训练计划或模板中的一种来进行练习。如果你这么做，那么你只需参考第5部分中的技术描述，就能确保你的动作正确规范。但如果你想了解臀肌的作用，为什么要训练臀肌，以及如何使训练更为有效，那么你需要完整地阅读本书。

我坚信本书所阐述的原则、方法及技术是有效的，因为无论在健身房内，还是在生活中，我都能看到它们一次又一次地发挥作用。无论性别，也无论你是健美运动员、举重运动员、混合健身人士、私人教练、体能教练、物理治疗师，还是只想拥有更漂亮的臀部与更健康的身体的人，本书都涵盖了你想知道的一切内容，并且可以帮助你获得更丰满、更强壮、更美观的臀部。

布雷特·孔特雷拉斯（Bret Contreras）

第 1 部分

臀肌训练的重要性

你可能在想臀肌训练为什么重要。当然，强壮丰满的臀部在紧身牛仔裤的衬托下，看起来会很性感。对大多数人来讲，这是开始臀肌训练的一大原因。除此之外，臀肌训练还有什么好处吗？为什么在众多训练中应该首先考虑臀肌训练呢？

要想得到这些问题的答案，你首先要了解臀肌的特殊之处。

首先，臀肌是人体最大、最强壮的肌群之一。除了美观之外，臀肌还在大多数功能性动作中发挥作用，如步行上坡、从椅子上起身、从地上捡东西。如果没有臀肌，这些动作就很难完成。更重要的是，强壮的臀肌可以让你举得更重、跳得更高、冲刺得更快、摆荡得更有力，甚至可以在预防膝关节、髋关节和下背部受伤方面发挥重要的作用。简而言之，从你的外观及感受，到跑步、跳跃、切步、提举和旋转等能力，臀肌影响着你现实生活的方方面面。可以说，臀肌是身体中最重要且功能最多的骨骼肌之一。

这是否意味着应该忽视身体其他部位的肌肉，而主要关注臀肌呢？这取决于你的个人目标。

正如你将在第3部分了解到的那样，训练计划是高度个性化的，这意味着每个人的训练计划都不尽相同。你喜欢的练习及为了达到个人目标而制订的训练计划，可能与我个人或我为客户安排的练习及制订的训练计划有很大的区别。因此，学会如何设计自己的训练计划很重要。我在第4部分提供了计划示例，其中的某一个可能会符合你的需要。但只有你或你的教练才能决定你需要增强哪块肌肉，你应该做哪些动作，以及你采用的训练频率如何。

我不想让你认为臀肌训练是万能的、最重要的。因此我要提前说清楚，我不想让你忽视身体其他部位的肌肉训练。所有的肌肉都很重要，你应该进行全身训练。

但是，当涉及功能和外观时，臀肌的地位不可撼动。对于大多数人而言，他们应该在训练中优先考虑臀肌训练。这可能意味着，作为当前力量训练计划的补充，你每周要进行2次臀肌训练，也可能意味着你每周有5天要进行臀肌训练。无论你选择哪一种，你都不能忽视身体其他部位的肌肉训练。根据个人目标，你仍然需要进行上半身训练，并练习大量的动作。

我还想让你意识到，臀肌训练并不是肌肉的专门性训练，即你单独针对一个肌群进行训练。实际上，在训练臀肌的时候，这是不可能的。很明显，有些动作是专门针对臀肌的，但大多数动作会同时针对多个肌群。臀推、弓步、深蹲、硬拉以及背部伸展等动作不仅可以训练臀肌，还能对腿部肌肉、身体核心肌肉以及上半身肌肉（较小程度上的）进行训练。因此，当我说"臀肌训练"时，我的意思是通过选择针对臀肌的练习，来优先进行臀肌训练，同时扩展到腿部及身体躯干肌肉的训练。

当我刚开始进行臀肌训练时，我只对获得丰满、强健的臀部感兴趣。现在我意识到，臀肌训练的意义远远不止塑造优美的臀部及形体。这一点很重要，因为我们都有不同的训练目标。有些人主要关心外表是否美观：他们希望减少脂肪，增大肌肉，改善身体成分。有些人进行训练主要是为了提高运动表现水平：他们希望在运动中变得更强、更快、更好。还有一些人训练只是简单地喜欢运动，希望过上更健康的生活。

如果你与我一样，那么你也会为了上述原因而进行训练。我的目标是获得强健、美观的臀部，在接下来的后文中，我将告诉你如何实现这一目标。我也想让整个身体变得更强壮，看起来更具活力，感觉更健康。此外，我还想在其中获得乐趣。训练计划的效果可以通过全面性与适应性来衡量。它应该迎合广泛的目标，并满足个人的需求。这就是臀肌训练系统的基础，它为你寻找和呈现最佳状态打下基础，并有能力帮助你改善健康状况，增强力量，以及提高运动表现水平。

2017年7月，对7628名受访者进行的一项调查显示，大多数受访者（63.35%）进行臀肌训练是为了获得更美观的臀部。其余受访者的目的包括预防损伤（16.46%），转化力量（11.84%），以及提高功能性运动表现水平（8.35%）。我们需要进行更多的调查，以确定人们为什么进行臀肌训练。然而，可以肯定的是，大多数人进行臀肌训练主要是为了获得更美观的臀部。

进行臀肌训练的首要原因是什么？

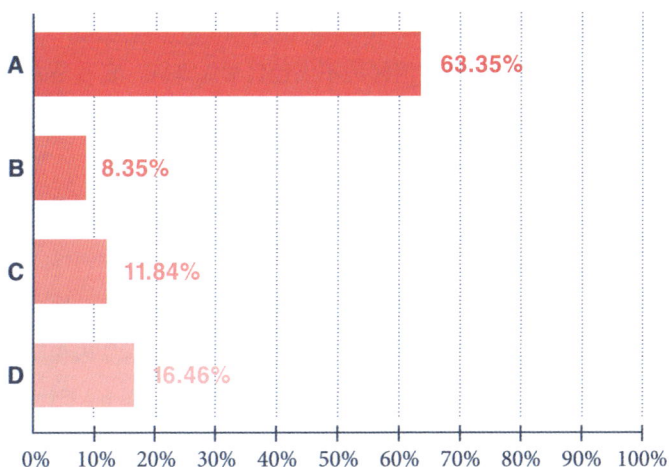

A 63.35%

B 8.35%

C 11.84%

D 16.46%

0% 10% 20% 30% 40% 50% 60% 70% 80% 90% 100%

A 形体/美观（获得更美观的臀部）

B 功能/运动（提高功能性运动表现水平，如跑得更快、跳得更高等）

C 力量转化（增强做深蹲、硬拉等动作的能力）

D 损伤预防（调整姿势，保护腘绳肌，消除腰部、髋关节、膝关节等部位的疼痛）

第1章

臀肌美形训练

大多数找我做指导的人主要对一件事感兴趣，那就是改善形体。他们希望通过形体训练，来达到让自己的形体变得美观的目标，这通常意味着塑造一个丰满、精壮、强健的形体。在这种情况下，臀肌训练是一种健美形式。

"健美"（Bodybuilding）一词的含义是，通过举重训练来塑造形体。有些人认为这不是健美，而是形体塑造（Sculptures），这是因为他们是想通过举重训练来改变自己的外貌。就像艺术家利用雕刻技术制作雕塑一样，健美运动员则通过举重训练来塑形。

虽然我喜欢"健美是形体塑造"这种说法，但健美不仅包含形体训练，它还是力量训练及体育锻炼的一种形式。但从本质上看，健美代表了我们作为人类，如何看待彼此的一个重要方面。无论好坏，对方的外表都有可能影响我们对他的看法。如果一个人脂肪少、肌肉发达，你可能会认为他喜欢运动，健康且强壮；相反，如果一个人肥胖且呈病态，你可能会认为他不喜运动并且不健康。

不管这些判断是对还是错，事实是，研究表明，你的外表不仅影响着别人对你的看法，也影响着你对自己的看法。这是一个复杂而模糊的话题，因为每个人的品味和观点不尽相同，这受到基因、文化及环境的影响。我认为美丽的东西，你可能认为丑陋。俗话说得好：情人眼里出西施（Beauty is in the eye of the beholder）。

你需要问一下自己：你认为什么是美？你希望自己的形体是什么样的？当你照镜子时，什么会让你开心？你是否想要改变身体的某些部位？如果你认为丰满强健的臀部是美，你想要更强壮、更美观的臀肌，那么你可以利用本书中的方法和技术塑造出理想中的形体。但重要的是，不要只关注理想的结果，因为有些东西你无法改变，例如基因。如果你像我一样，遗传了不利于臀肌增长的基因，那么试图塑造丰满的臀部可能就不会在你考虑的范围之内（至少在短期内是不可能的）。所以，在制订改善形体的目标时，你需要重点关注的是过程（训练），而不是结果（美观）。

换句话说，你需要根据自身的基因和体形来制订合理的目标，并且专注于可以控制的事情（更多内容参见第11章）。饮食、运动类型、活动水平、压力管理以及睡眠质量都可以对你的外貌、感受及自我看法产生显著的影响。作为一名私人教练，我的工作是帮助客户实现他们的目标，无论这些目标是减肥、增肌，还是增强力量。

我猜想，阅读本书的大多数人都对臀肌训练感兴趣，因为你想拥有好看的臀部及形体。只要目标合理，训练安全、适度，那么你通过努力就可以实现目标，拥有理想、美观的形体。但是，在关心自己的外貌及想要变得更加美丽和沉迷于自己的外貌及过分执着于变得更加美丽之间，存在一条微妙的界线，你需要提醒自己，避免越过这条界线。

你可以制订一个目标，既让自己的臀部变得更好看，身材变得更好，同时不因为形体而感到自卑或自恋。希望改善自己的形体，并不意味着你虚荣，只是意味着你想改善自己的身体状况，这是大多数人所希望的，无论他们自己是否愿意承认。这就引出了一个问题：什么样的臀肌才具有美感与魅力？下文提供了几种解释。

臀肌的魅力

研究表明，硕大强健的臀肌与较强的魅力和运动能力之间有很强的关联性。从本能的角度来看，我们都想要拥有漂亮的臀部，这似乎与我们的基因有关。从进化的角度来看，这是有道理的。

想象我们生活在依靠狩猎和采集生存的原始社会，在那里，投掷、疾跑、出拳等动作与今天的查看电子邮件或驾驶汽车等动作同样重要。我们知道臀肌是功能性动作的动力源，所以认为那些拥有强健臀肌的人可以更熟练、更有能力地做出满足生存所需的重要动作，这并不夸张。这就是自然选择的作用。无论是男性，还是女性，只要拥有更加丰满、更加强壮的臀肌，他们的身体功能及力量就会增强，他们也就更有可能在所处的环境中生存下来。

这个想法可能有点牵强，也没有经过证实，但这是一个有趣的想法。在原始社会，大多数人都是战士与猎人，他们与侵略者及其他部落进行徒手搏斗，并通过疾跑来追赶猎物，毫无疑问，臀肌会起到虽小但至关重要的作用。

今天，这些特征的功能与那时不同，但我们的DNA并不知道它们之间的区别。如果你看到一个人的臀部很丰满，并且身材匀称，肌肉发达，你可能会下意识地认为这个人的速度很快、力量很大、运动能力很强，而且可能很有魅力。这就是臀肌吸引人的地方，通常也吸引着人们进行臀肌训练。他们想要漂亮的臀部，不是因为漂亮的臀部可以使他们更强壮、速度更快或运动能力更强，而是因为他们想让自己从背面看起来更美。

获得臀肌

如果你是为了美观而进行臀肌训练，那么你需要知道获得和保持臀肌是一件很困难的事。随着年龄的增长，臀肌会像所有的肌肉一样开始萎缩。当被忽视时，臀肌就会开始萎缩，这意味着它们的力量会变弱，臀部会变得松弛。有些人在高中时期的臀部很好看，因为那时他们很年轻、很活跃，整天走来走去、做运动等。但随着时光流逝，他们坐着的时间越来越多，活动量也越来越少，最终他们的臀部会变得扁平松弛。在回首往昔时，你可能会感慨："唉，当初我也是腿长屁股圆，拥有一个好身材。要是能变年轻，那该多好啊！"

这些人往往会找到我，因为他们运动了但没有得到想要的结果，或者他们对自己的体形还不满意，所以他们开始采用我的训练方法。他们仍然会对身体的其他部位进行训练，同时还要进行各种各样的臀肌练习，更频繁地训练臀肌。不出所料，他们得到了自己想要的结果。

正如我在引言里所提到的那样，深蹲和硬拉有利于臀肌发展，但它们主要针对的是股四头肌与腘绳肌。很多与我一起健身的女性都不喜欢只通过深蹲与硬拉来塑造形体。她们告诉我，因为自己的股四头肌和腘绳肌过于发达，从而影响了她们的臀形。如果不进行臀推等臀肌主导型练习，此类情况会经常发生，即股四头肌和腘绳肌与臀肌不成比例地增长，这样会显得臀部更小。但这种做法并不普遍，这些客户都是对特定外观有所追求的。

归根结底，你是自己的形体艺术家。臀肌训练只是一种改变外表的方法。如果你想拥有丰满的臀部，并且对自己的身材还不满意，那么你可以根据自身的目标及体形，制订一个专门针对臀肌的训练计划，这可能会让你更接近理想中的体形。例如，如果你的股四头肌和腘绳肌很发达，并且你希望自己的臀部变大，那么你需要专注于臀肌主导型练习，而不是深蹲和硬拉。如果你想同时训练臀部和腿部，那么请采用本书中的所有练习，这将使你更加接近自己的目标。

在体形和美学方面，女性比男性更看重臀肌，但是男性与女性在训练中都需要将臀肌训练放在首位。美学必须面向个人，但我已经开发出了最好的系统，只需确定哪些练习最能激活臀部的不同区域，并找出如何从生物力学角度为个人量身制订训练计划，就能帮助男性与女性接近自己的目标体形。

如果你的目标是获得硕大强健的臀部，那么你会喜欢本书展示的训练计划，并且会将这些技巧运用到日常训练中。但是，臀肌训练的意义不只是让你从身后看起来更迷人。很多人错误地认为，当为了美观而进行训练时，需要牺牲健康、力量和运动表现水平。虽然这可能符合一些健美体系的情况，但我的臀肌训练系统并非如此。你只需选择正确的练习，然后遵循设计全面的训练计划就能实现目标。

即使你只是为了美观而训练，只要训练计划和机制是得当的，你也会在整体上变得更加强壮、更加健康，运动表现也会更好。简单地说，在塑造体形时，你不需要牺牲运动表现、力量或者极其重要的健康。

科普：增强美感

形状与大小

虽然改变外貌的能力部分由基因决定，但你可以通过臀肌训练（练习选择和训练计划设计）来显著地改善臀部的形状。臀部形状的改善主要是通过改变肌肉的横截面积（垂直于肌纤维）来完成的。对肌肉横截面的两个端点之间的距离进行测量可知，相距最远的两个端点往往位于中间区域[1-2]，这通常是最大直径点[3-4]。简而言之，有针对性地进行臀肌训练，可以使你的臀部看起来更圆润、更健康。

身体成分

训练臀肌还可以改善身体成分（增大肌肉比例的同时，减小脂肪比例）。为了训练臀肌，你的训练计划需要以有力的髋关节伸展动作为主，例如臀推、深蹲与硬拉。这些动作会涉及很多肌群，包括主动肌（臀大肌、3/4腘绳肌与大收肌）及躯干稳定肌（竖脊肌及其他核心肌肉）。更重要的是，关键的髋关节伸展动作还会涉及上半身与下半身的许多其他肌群。

换言之，臀肌训练会涉及大量的肌群，从而导致高代谢消耗（在训练期间及训练后消耗能量）。这种"后燃"效应被称为运动后过量氧耗（Excess Post-exercise Oxygen Consumption，EPOC）[5]。虽然在EPOC期间消耗的能量比训练时消耗的能量要少，但每天也可达100千卡（1卡约为4.18焦）左右，而且持续时间长达72小时[6]！力量训练后的EPOC比任何类型的有氧运动后的EPOC都要强，其中包括高强度间歇训练（High-intensity Interval Training，HIIT）。你可以保持相当大的运动量，以此来最大化在EPOC期间消耗的能量。减少休息时间及增大负荷也会有所帮助[7]，某些高级的训练技巧（见第202页）也可能有一定效果[8]。

第 2 章

臀肌健康训练

虽然大多数人训练臀肌是为了美观，但臀肌训练也能带来众多的健康方面的益处，对生活质量有着深远的影响。

首先，臀肌训练是减掉多余体重的好方法。臀肌是人体中最大的肌肉之一，控制着大量的功能性动作（见第40页）。与训练身体其他部位的肌肉相比，训练臀肌会消耗更多的能量，尤其是当你以渐进的方式训练臀肌时，这会使你"身体重构"（Recomp）。假设你的饮食没有太大的变化，进行臀肌训练意味着你在增加肌肉量的同时，也在减少脂肪量，并且这能帮助你减掉全身的脂肪，包括身体中容易储存大量脂肪的部位（如臀部、腿部及躯干）的脂肪。运动除了可以改善体形以外，还可以降低患上某些疾病的风险，例如2型糖尿病与高血压。

其次，在训练臀肌的同时，你的肌肉、骨骼与心血管系统也会受到训练。正如第2部分所解释的那样，根据目前对肌肉增长训练的了解，为了获得最佳训练效果，你需要采取"列举法"，这意味着你需要进行各种练习，并执行各种练习组数及重复次数计划。例如，第1天你可能会完成高重复次数的臀推，并进行大负荷的卧推；第2天你可能会完成大负荷的硬拉，并进行高重复次数的引体向上。

在进行各种练习时，你可以从不同的角度采用不同的负荷和速度来锻炼身体。这不仅可以使运动中的骨骼和肌肉承受压力的能力增强，促进心率上升，加快血液流动，还可以强化心血管系统，将血液、氧气与营养物质输送到全身，从而帮助你增强力量与耐力。

除了有利于你减重及训练心血管系统，臀肌训练还可以强化你的骨骼及肌肉，这对健康非常重要。随着年龄的增长，我们的骨质会疏松，肌肉会萎缩，并且随着骨密度的降低与肌肉力量的弱化，我们将更容易受伤并出现身体疼痛。那么我们该如何训练以保持强壮的骨骼与肌肉呢？这很简单，我们可以做抗阻训练或负重运动，这样我们才能更好地应对日常生活中的骨骼磨损。换言之，是在为塑造坚实且功能良好的膝关节、髋关节及下背部而进行训练。

但仅仅靠举重是不够的。为了保持力量，同时避免疼痛和损伤，你还必须进行全幅度的运动，即通过做关节的全幅度动作来进行训练。例如，下面两张图表明，对于大多数人来说，在深蹲的过程中，将髋关节降至膝关节以下则表明髋关节进行了全幅度的运动。

一般来说，无论是在日常生活中还是在训练中，人们在做各种全幅度动作时，只要不过度，就不会轻易受到伤害及出现疼痛。臀肌训练涵盖了一些全幅度动作，我将在第5部分介绍，以满足读者不同的需求。

下蹲至大腿与地面接近平行

要想下蹲至大腿与地面接近平行，你必须屈膝并降低身体重心，直至髋关节处的大腿顶部稍低于膝关节顶部（即髋关节低于膝关节）。

强壮的臀肌可缓解疼痛、预防损伤

缓解疼痛、预防损伤的前提是拥有一个强壮、匀称的身体。如果某块肌肉无力或不发达，其他肌肉为了对其力量进行弥补，就必须承担更多负荷。因此，如果你的臀肌不发达，你的背部及腿部肌肉就必须承担更多负荷以使你能够移动。这意味着，在功能性动作中，任何与臀肌协同工作的肌肉或肌群（如疾跑中的腘绳肌、跳跃中的股四头肌与小腿肌群、深蹲中的内收肌或举重中的竖脊肌），在臀肌不发达或无力的情况下，会面对受伤的风险。

例如，假设你在举重及跳跃时严重依赖股四头肌，这会增大你患髌骨疼痛综合征（一般性膝关节疼痛）的风险，因为你是用膝关节而不是用髋关节这一大"引擎"来完成动作的。拥有更强壮的髋关节与臀肌可以改变身体的力学机制，有效地减轻膝关节的负荷，在很大程度上预防膝关节疼痛。

另一个常见的示例是腘绳肌力量和臀肌力量不平衡。在这种情况下，你必须更多地依赖腘绳肌来伸展髋关节。腘绳肌对股骨的杠杆作用会导致股骨头（在髋关节中）在髋臼内向前突出，从而导致髋关节前部疼痛。强壮的臀肌会向后拉动股骨，使股骨头在髋臼内处于居中位置，从而降低髋关节前部疼痛的可能性。

无力的臀肌除了会创造一种使协同肌承担更多负荷的动作模式以外，还会改变你运动时身体的力学机制，甚至会造成代偿肌肉更多的"磨损"。而另一方面，拥有丰满强壮的臀肌，可以使身体保持平衡、稳定、远离不稳定的力学机制。下面有两个示例。

- **膝关节** 如果臀肌强健，那么在跑步和起跳后着地时，膝关节更容易保持稳定。所谓稳定是指膝关节不会向内塌陷（内扣）。膝关节向内塌陷（即膝关节外翻）的情况可能发生在臀肌功能减退（其他因素也可能会导致膝关节外翻）的人身上，它可能会带来疼痛，甚至可能导致膝关节受伤，如前交叉韧带撕裂。
- **髋关节与下背部** 臀肌可帮助髋关节完成伸展动作。如果臀肌无力，那么你在举重时会更多地使用背部肌肉，如此一来，为了完成举重，你的竖脊肌会承受额外的负荷，并且会采取动态收缩的方式而不是等长收缩的方式来承受。在这种情况下举重，你的椎间盘、韧带与肌肉会承受更大的压力，从而会导致下背部疼痛、拉伤与损伤（如椎间盘突出）。

　　强壮发达的臀肌可以预防这类损伤，并且有助于避免下背部疼痛。臀肌针对性练习，尤其是臀肌主导型练习，可以使你的身体在做髋关节伸展动作时（如深蹲后起身）依靠臀肌而非下背部肌肉或腘绳肌发力。从髋关节开始移动且使用臀肌发力，可以更容易地使背部保持平直，从而减轻脊柱承受的压力。事实上，臀肌训练甚至可以通过减少骨盆前倾（下背部过度伸展）及胸椎后凸（上背部屈曲）来改善你的姿势。许多健身爱好者注意到，在开始做硬拉、深蹲和臀推后，他们站得更直了。

　　我将在下方的科普专栏中详细介绍臀肌训练是如何缓解疼痛和预防损伤的。目前，你需要明白，疼痛是多方面的，与各种心理和社会因素有关，而且它与组织损伤没有很强的相关性。也就是说，与日常生活相比，你在举重训练室与体育馆中要应对更大的重量和压力，因此，臀肌力量越大，耐力越强，你在站立、行走和移动时就越容易保持良好的姿势。而在负重或移动时保持良好的姿势，可以直接减轻关节周围组织承受的压力，从而缓解疼痛和预防损伤。

　　当你的外表看起来还不错（按照自己的标准）时，你会挺直腰板，昂首阔步。从本质上讲，你浑身散发着自信。我并没有说臀肌训练会自然而然地给你带来完美的动作模式与更多的自信，但它可以影响你的站姿与行为举止，这对你的健康及外貌有着广泛的影响。

　　运动是健康生活的基石。痛苦是生活的一部分，我们不应认为可以在不经历痛苦的情况下安度一生。你应该没有听说过一个优秀的运动员从来没有经历过磨难吧，我也没有。如果你站立的姿势不好，那么你可能正经历下背部疼痛或者承受着膝关节疼痛或腿伤，臀肌训练可能会帮你缓解疼痛或预防损伤。当你感到身体健康强壮时，你训练的其他方面也会得到改善，所以你的外表看起来会更好，你的自我感觉会更棒，你的运动表现水平会提升，力量也会随之增强。

科普：降低受伤和疼痛的风险

关节的稳定性

当涉及训练时，无论是运动还是休闲，总是存在受伤的内在风险。虽然偶然性也会在其中扮演非常重要的角色，使受伤的根本原因难以辨别，但你可以做一些事情来降低受伤的风险，例如在训练中保持正确的姿势，使身体更加强壮，补足你的短板。臀肌训练或许也能在一定程度上帮助你降低受伤的风险。

虽然目前还没有权威的研究表明臀肌训练可以降低受伤的风险，但我们可以从某些生物力学研究（更不必说传闻中的证据和常识了）中发现，臀大肌可以增强几个关节（如膝关节、髋关节、脊柱与骶髂关节）的稳定性，这可能会降低膝关节、髋关节和脊柱损伤的风险。例如，臀肌在弓步或跨步动作中可以防止胫骨前移[1]，避免了前交叉韧带（Anterior Cruciate Ligament，ACL）的撕裂或断裂，这可能是通过臀肌在髂胫束上的嵌入点发挥作用的[2]。

你会在第5章了解更多关于嵌入点和附着点的位置的知识，但你现在需要知道的是：臀肌可以增强你的下肢及躯干的稳定性，关节越稳定，你受伤的可能性就越小。在这种情况下，臀肌增强的额外的膝关节稳定性可能会有助于预防前交叉韧带损伤。虽然弓步动作并不能完美地转化为所有动作，但它是一种将负荷加在单侧（单腿）且交错站立的动作，这在大多数运动与活动中是十分常见的。

此外，一项模型研究认为，在深蹲及其他类似的髋关节伸展动作中，腘绳肌过度同步收缩（膝关节周围的腘绳肌同时收缩）可能会增大股四头肌的受力，从而将髌骨关节受到的压力提高到破坏性水平[3]。

例如，假设你正在练习杠铃后深蹲动作，如果你的臀肌无力且不发达，你就会更多地依靠腘绳肌来获得使髋关节伸展的力量，这就需要你的股四头肌输出更多的力，因为腘绳肌被激活后会在膝关节处对它们产生不利的影响，从而增大膝关节受到的压力。这种压力会使你的膝关节出现各种问题。

由此可见，对于大负荷的下肢运动（如杠铃后深蹲）、大冲击力的下肢运动（如排球与篮球）以及其他涉及落地的活动（如起跳后落地）而言，训练及强化臀肌很重要。

肌肉拉伤

正如我在正文中所提到的那样，在下肢运动中，臀肌与其他肌肉协同工作[4]。例如，在做深蹲的时候，你的臀肌帮助其他肌肉（如股四头肌和腘绳肌）分担下肢承受的负荷。换言之，如果你的臀肌处于无力的状态，其他肌肉就必须进行代偿，也就是说，其他肌肉需要承担更多的负荷来完成任务，这就会在运动与活动中给其他肌肉（如股四头肌和腘绳肌）带来更大的压力，从而增加肌肉拉伤的风险。

模型研究表明，在做深蹲时，臀肌与股四头肌、腘绳肌和大收肌（大腿内侧的肌肉）协同工作，以完成髋关节和膝关节的联合伸展（深蹲后起身）[5-6]。这些研究表明，如果臀大肌产生的力不足，可能在深蹲和其他类似的动作中导致腘绳肌过度同步收缩。因此，除了增加膝关节受伤的风险外，无力的臀肌还可能增加腘绳肌被拉伤的风险，这是司空见惯的事情[7]。这种情况可能也适用于股四头肌和内收肌，其中股四头肌在足球比赛中经常会被拉伤[8]，而内收肌也极易被拉伤[9]。并且，我们有理由相信，在短跑中，臀肌会与内收肌协同工作[10]。

膝关节外翻

第6章会讲到，臀大肌是重要的髋关节外旋肌（将腿向外旋转）及髋关节外展肌（使腿远离身体）的组成部分。髋关节外旋肌与髋关节外展肌的力量是预测前交叉韧带损伤的关键指标[11]。此外，据报道，在下台阶[12]与起跳后落地时，臀大肌肌电图振幅（肌肉激活程度的测量值）与膝关节外翻（膝关节向内塌陷，可导致前交叉韧带受伤）程度呈中度负相关[13]。

需要指出的是，并不是所有的研究都说明了臀肌力量与膝关节外翻程度之间有着密切联系，但其很可能与影响膝关节外翻程度的许多其他因素有关，如踝关节背屈运动范围（使脚趾向胫骨方向移动的能力）[14]和运动控制（协调性及姿势）[15]。

我们所了解到的是：臀大肌是控制膝关节外翻的关键肌肉。因此，你的臀肌越强壮，功能性越强，你就越能控制或防止膝关节外翻；而你越能防止膝关节外翻，你的前交叉韧带越不容易受伤。

髌骨关节疼痛

疼痛是一个复杂的问题，它当然不仅仅是由姿势或生物力学等方面的因素导致的。即便如此，也有良好的迹象表明，髋关节训练，特别是那些专注于使臀大肌扮演髋肌、髋关节外旋肌以及髋关节外展肌等多重角色的训练，对于旨在缓解髌骨关节疼痛的物理治疗项目来说是非常奏效的[16]。

髋关节的稳定性

除了增强膝关节的稳定性外，臀肌对髋关节的稳定性也至关重要。髋关节的各个解剖平面（包括水平面和矢状面、股骨颈干角、髋臼排列和髋臼形状；如果想要了解更多关于运动平面的信息，参见第112页）因人而异[17-18]，这意味着有些人遭受髋关节前部疼痛的风险更大。这些人经常发现，他们的髋关节在下蹲时会疼痛。

此外，在做髋关节伸展动作时，臀肌会对髋关节施加向后的拉力，这为股骨头前部在髋臼内移动创造了更大的空间，减小了其对髋臼施加的向前的力[19]，从而有助于避免其与两侧接触[20]。

脊柱的稳定性

骨盆是由力偶（肌肉或肌群通过协同工作来移动关节）来保持平衡的。其中一对力偶为臀大肌（在后部）与腹肌（在前部）[21]。而竖脊肌（在后部）与髋屈肌（在前部）构成另一对力偶。

总而言之，臀肌所处的位置极佳，可以使脊柱保持稳定。因此，训练臀肌对脊柱稳定性差的人很有帮助[22]，特别是在骨盆后倾时，臀肌有助于防止腰椎过度伸展（hyperextension），而腰椎过度伸展与下背部疼痛有关。

骨盆倾斜

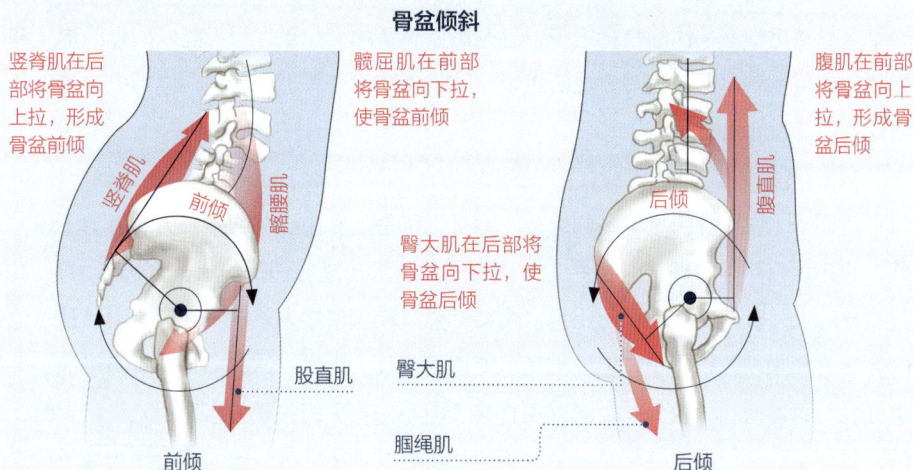

竖脊肌在后部将骨盆向上拉，形成骨盆前倾

髋屈肌在前部将骨盆向下拉，使骨盆前倾

腹肌在前部将骨盆向上拉，形成骨盆后倾

臀大肌在后部将骨盆向下拉，使骨盆后倾

竖脊肌　前倾　髂腰肌

股直肌

臀大肌

腘绳肌

前倾

后倾

腹直肌

后倾

改编自："Kinesiology of the hip" by D. A. Neumann.

骶髂关节的稳定性

除了稳定骨盆外，臀肌还可以在防止骶髂关节进行不必要的运动上发挥特定的作用。解剖学的相关调查发现，在臀肌的深层区域，有短纤维穿过骶髂关节[23-24]。此外，生物力学模型显示，对臀大肌施加负荷可使关节闭合（肌肉收紧并将关节拉在一起，从而减少运动）[25-26]。一项实验研究证实，收缩髋伸肌会降低骶髂关节的灵活性[27]。

基于研究，我们可以肯定地说，臀肌有助于增强骶髂关节的稳定性。因为大量的下背部疼痛病例都被认为与骶髂关节的稳定性有关[28]，臀肌可能有助于防止因骶髂关节不稳定而引起的某些类型的机械性下背部疼痛。

第3章 臀肌力量训练

对于大多数运动员和举重运动员来说，变得强壮是他们的目标，这不仅仅是因为举重看起来很酷，还因为，正如大多数举重运动员所证明的那样，它能给你带来一些训练的机会。简而言之，力量是一个衡量进步的好指标。在健身房里刷新个人记录，能举起比以前更重的重量，是一件很特别的事情。

虽然改变很多变量都可以帮助你举起更重的重量，如技巧、饮食、休息及计划，但力量是衡量进步最具体的指标之一，这是毋庸置疑的。如果你今天能以同样的形式和同样的动作范围举起比上个月更重的重量，这就说明你变得更强壮了，你可以准确地得出结论：训练是有回报的。

根据我做私人教练的经验，那些为增强力量而进行训练的人更有可能做到始终如一。与形体训练（它更难衡量）不同的是，力量训练是建立信心与增强毅力的有力手段。为此，我建议每个人，即使是那些为了更好看的体形而进行训练的人，都进行力量训练。我指导的大多数健美运动员与比基尼模特都愿意朝着增强力量这一目标努力。虽然他们的体形看起来已经很棒了，但他们还想变得更强壮、更好看，这也是理所当然的。变得更强壮与肌肉增长（增大）之间存在直接（但不完美）的关联。当你的肌肉增大时，你的力量也会随之增强。这就是很多健美运动员在健身房里将举起的重量作为衡量进步的指标的原因。

并不是每个人都在乎美感，形体的变化有时候也很难看到。称体重或照镜子时，你的大脑可能会玩些小把戏，但体重不会说谎。而且并不是每个人都能像健美节目中的选手那样练出肌肉。对于这些人来说，可以将增强力量作为重要的目标。

增强臀肌的四大好处

1 改善姿态

2 预防损伤与疼痛

3 增强运动能力、力量与爆发力

4 改善体形

微小但强大

对于一小部分人来说，他们根本没有增肌的基因。他们可以根据自己的意愿进行刻苦训练，但他们身体里没有自然增肌的基因，于是无法完美地增肌。如果你属于这类人，请将增强力量作为首要目标，不要试图增加肌肉量，而要专注于举起更重的重量。让增强力量成为你训练的理由。努力就有回报，只要你努力进行力量训练，即使你的肌肉可能不会很发达，你也会变得更强壮，并且获得健康及较高的运动表现水平。对于大多数人来说，即使没有最佳的增肌基因，只要通过简单的力量训练，他们的形体也会变得更加美观。我称之为"微小但强大"。即使体形没有达到理想中的状态，你也可以对它充满自信，并为自己变得这么强壮而感到骄傲，因为你知道自己付出了多少努力。你见过ESPN杂志年度身体特刊中那些骄傲地炫耀自己身材的运动员吗？他们并不是都拥有社会所认为的理想体形，但他们对此并不在乎。他们是世界一流的运动员，他们热爱自己身体的原因是他们在赛场上的表现，而不是他们有多瘦，或者某块肌肉有多发达。

如何提高力量？这很简单。要想变得更强壮，你必须不断地进行训练以举起更重的重量。你可以在特定时期内，逐渐增大作用于肌肉的阻力。在力量训练计划中，这是利用渐进式超负荷原则来实现的。简单地说，渐进式超负荷就是随着时间的推移做得更多。在举重中增加重量，进行更多的重复次数练习，学习更多实用的训练课程，都属于渐进式超负荷的范畴。

我在第9章中将深入探讨渐进式超负荷这个话题。现在我想让你明白的是，为了增强力量，你应该努力举起更重的重量。虽然你想在所有的举重动作中增强力量，但一些举重动作被认为是对力量的终极考验，这就是力量举能够从众多训练中脱颖而出的原因。

臀肌更强壮=能举起更重的重量

就像健美运动员通过举重来塑造体形，用镜子来衡量变化一样，力量举运动员用3种杠铃上举动作（深蹲、硬拉和卧推）及举起的总重量来衡量自己的力量与进步。令人高兴的是，你不需要成为一名力量举运动员，也能从这些动作中获益。实际上，这3种力量举动作几乎是所有力量训练计划的基石。无论是健美、混合健身，还是只专注于臀肌训练，你都可以从这3种力量举动作中获益。

例如，深蹲和硬拉是衡量全身力量的绝佳方法，包括臀肌力量。事实上，深蹲与硬拉对臀肌的发展和功能至关重要。当然，各种臀推和其他臀肌主导型练习对臀肌的发展会更加有效，但深蹲和硬拉依然非常重要。因为臀肌会参与完成这些动作，所以拥有更加强壮的臀肌可以增强你的力量。因此，臀肌训练不但对健美运动员有帮助，对力量举运动员、奥林匹克举重运动员、大力士或其他举重人士也很有帮助。

你可以这样认为，臀推是一种髋关节伸展动作，也就是说，你要给髋关节施加负荷，然后伸展髋关节，并使其完全伸展。那么，当你在这个动作模式中变得更强壮时，你认为会发生什么？没错，你的髋关节伸展力量会增强。无论你是想进行力量举，还是想在深蹲与硬拉中增强自己的力量，将臀推或其他针对臀肌的动作纳入日常训练中都是提升自己的好方法。

下面这个很常见的场景可以用来说明我的观点。想象一下，有人试图通过硬拉拉起很大的重量。他已经将重物拉离地面，并将重物拉过膝关节，然后他开始颤抖，猛地一下将臀部锁紧。换言之，他已经成功地将重物从地上拉起，但无法伸展髋关节并直立以举起重物。你可能在你认识的人的身上看到过这种情况，或者这种情况在你身上发生过，而我也经历过这种情况。

如何防止此类情况发生呢？可以从诸多因素着手，例如调整抓握方式或纠正不正确的技术，但无力的臀肌可能是其中的一个主要因素。如果你的臀肌无力，特别是末端范围（无法锁紧），那么通过髋关节伸展来完成提举可能比较困难。在进行臀推等臀肌主导型练习时，这正是你要训练的动作。我的观点是：通过臀肌训练和髋关节伸展练习（如臀推、臀桥等），你可以增强做深蹲和硬拉这类动作的力量，这些动作经常用来衡量力量。

虽然力量举是衡量力量的最佳方法之一，但你也不必把自己框定在深蹲与硬拉上。臀推的主要好处之一是：它能让你直接挑战臀肌所能承受的负荷。在衡量力量时，每个人都倾向于使用某种举重动作。需了解的是，所有流行的下半身训练都涉及臀肌。而深蹲、硬拉、弓步、直腿躬身、臀推、腿推举和分腿深蹲的各种变式也涉及臀肌。也就是说，如果你的臀肌力量很弱，那么在深蹲与硬拉方面，你将得不到很好的发展。当然，如果臀肌无力，你在做臀推时也会很吃力。

增强臀肌力量可以提高或改善：

- 短跑中的加速度和最高速度
- 双侧、单侧垂直和水平跳跃的爆发力
- 左右变向的敏捷性及灵敏性[译者注]
- 横向冲刺的加速度与最高速度
- 挥动、击打与投掷时的旋转爆发力
- 田径项目中的跑、跳、投的运动表现
- 深蹲与硬拉的力量

- 举重中的抓举、挺举爆发力
- 大力士比赛中的体能水平
- 在综合格斗中用于挣脱、降服及防守的起桥、外展力量
- 斜坡冲刺和攀爬的力量及耐力
- 在后退、横向跑及旋转中减速的能力
- 基于地面的水平推力

译者注：我们通常将"Agility"翻译为敏捷性，它指的是产生涉及变向、节奏或者速度上的短暂爆发性的动作的能力；而将"Quickness"翻译为灵敏性，它指对刺激做出反应并正确改变身体动作的能力。

检测臀肌力量

深蹲、硬拉以及臀推都是衡量下半身力量的绝好方法，但有没有专门测试臀肌力量的方法呢？我经常被问到这个问题。不幸的是，这个问题很难回答。对于一些人来说，利用深蹲、硬拉和臀推来测试臀肌力量是一个很好的起点。尽管上述动作都在很大程度上涉及了臀肌，但没有一个动作可以准确地检测出臀肌力量。所有的髋关节伸展练习都会涉及臀肌、内收肌和腘绳肌。当膝关节屈曲时，腘绳肌承担的负荷较小，而臀肌承担的负荷稍大，但这3个肌群都参与其中。如果同时伸展膝关节（如深蹲后起身），那么股四头肌就会发挥作用，如果必须稳定脊柱和骨盆，那么各种核心肌肉就需要相互配合。准确地说，上述3种力量举动作均为衡量下半身整体力量的好方法，但不能检测出某块肌肉的力量。即使是涉及髋关节外展和外旋的臀肌练习，也需要其他肌肉的配合，如阔筋膜张肌及深层髋关节外旋肌。

检测臀肌力量的另一种方法是，简单地感受臀肌在某个动作中是否收缩。这需要身心的配合。最理想的情况是，我们拥有肌电图设备，可以在做不同动作时，测量臀肌的激活程度。然而，这并不现实，因此我们只需密切关注臀肌是否收缩即可。在练习深蹲与硬拉时，你是否感觉到臀肌被最大限度地激活？在做臀推时，你是否感觉到臀肌的激活程度更高？做单腿罗马尼亚硬拉或保加利亚式分腿深蹲等动作时感觉如何？如果你的臀肌十分坚硬，而且在运动中能感觉到它们收缩得非常厉害，那么可以肯定地说，你正在训练臀肌，但这不是对臀肌力量的测试。

总之，没有任何一项测试或练习可以准确地检测出臀肌力量，因为在进行髋关节伸展、髋关节外展与髋关节外旋时，需要肌群协同工作。最接近臀肌力量的指标可能是臀推的1次最大重复重量（1RM），但即便如此，你也要测量臀肌收缩的程度，并确保所用技术和运动范围是有效的。

还记得我说过在各种臀肌练习与重复次数范围中，肌肉增长与变得更强之间存在相关性吗？如果你正在训练你的臀肌，不管采取什么样的练习，只要涉及臀肌，并且你能经常做这些练习，你肯定能变得更加强壮。这些练习包括跳跃、短跑、深蹲、硬拉、力量举、奥林匹克举重以及大力士动作。换言之，臀肌参与了几乎所有的力量训练，无论它们是体育运动还是日常活动。所以，如果你的目标是变得更强壮，你就需要进行臀肌训练。

多年来，我一直在猜想，练习臀推（及一般性臀肌训练）是否能增强其他力量举动作的力量，如深蹲与硬拉。我一直认为臀肌训练，特别是臀推，会增强髋关节伸展的力量，从而增强涉及髋关节伸展的力量举动作的力量。但直到现在，我才找到科学依据来支持这一观点。

根据以下4个方面的证据，我们可以明确得出：仅仅是练习臀推就能增强深蹲、硬拉以及整体的髋关节伸展的力量。

双胞胎研究

在这项研究中，我采取每日波动周期训练法对一对同卵双胞胎姐妹进行了1周3次，为期6周的训练。也就是说，她们以不同的训练组数和重复次数进行1周3次的练习[1]。其中一位只进行针对下半身的深蹲练习，而另一位只进行臀推练习。下面是她们的练习情况。

这对双胞胎中的每人每周进行3次3~5组，每组6~15次的个人力量训练（臀推或平行后深蹲）。第1天为4组×10次，约为1次最大重复重量（1RM）的75%；第2天为5组×6次，约为1次最大重复重量（1RM）的85%；第3天为3组×15次，约为1次最大重复重量（1RM）的65%。不过，如果受试者能在最后一组中完成更多的重复次数，那么她可以继续训练，所以最后一组是AMRAP（尽可能多的重复次数）组。

在完成下半身力量举训练后，2人先做2组上斜推举、卧推或窄距卧推动作，然后做2组反向划船、高位下拉或反手引体向上（手掌朝脸）动作，再做2组垫上仰卧卷腹、直腿仰卧起坐或垂悬举腿动作。而且每周都增加负荷。

应当指出的是，双胞胎姐妹在整个研究过程中遵循相同的热量和常量营养素计划，她们的体重在6周内没有太大的变化。

这对姐妹在6周内以每日波动周期训练法各自进行深蹲或臀推18次，从而得出右表所示的结果。

如你所见，只练习臀推的人在没有练习深蹲的情况下，深蹲力量增强了42%。这清楚地表明，臀推能促使深蹲力量增强，你无须做深蹲动作就可以增强深蹲力量。然而，只练习深蹲的人的臀推力量只增强了16%，这说明臀推所带来的深蹲力量增强的效果要比深蹲所带来的臀推力量增强的效果好。

	深蹲的1次最大重复重量	臀推的1次最大重复重量	最大水平推力	臀大肌上部的厚度	臀大肌下部的厚度
只练习深蹲的人	↑63%	↑16%	↑20%	↑20%	↑21%
只练习臀推的人	↑42%	↑54%	↑32%	↑28%	↑28%

英式橄榄球研究

第2个证据是我发表的一项研究，这项研究是我博士论文的一部分。此次研究的对象为28名青少年英式橄榄球运动员，与双胞胎研究一样，研究结果显示臀推使前深蹲力量增强了7%[2]。虽然这不是很大的进步，但结果表明，在没有练习深蹲的情况下，臀推确实能够使深蹲力量增强。

棒球研究

这项为期8周的研究调查了臀推训练对20名男性大学棒球运动员力量的影响[3]。棒球运动员被分为两组：一组在他们的棒球训练计划中加入臀推，而另一组只遵循他们常规的棒球训练计划。结果显示，臀推组的深蹲力量增加了28%（深蹲力量从185磅增加至237磅），而该组同样没有进行深蹲练习。

腰椎伸展力量研究

在这项研究中，研究人员试图确定深蹲和臀推对腰椎伸展力量的影响[4]。研究人员将14名受训的男性分为两组：一组只做深蹲，另一组只做臀推，每周训练2次，持续4周。有趣的是，无论是深蹲还是臀推都没有增加腰椎伸展力量。但只做臀推的那组男性的深蹲力量增加了7%，这为证明力量可从一种髋关节伸展练习转移到另一种练习提供了证据。

臀推向深蹲传递的力量

	研究对象	研究设计	训练前深蹲 1RM/磅	训练后深蹲 1RM/磅	变化
双胞胎研究	一对同卵双胞胎姐妹	每周3次，持续6周，以每日波动的方式做后深蹲动作	95	135	42%
英式橄榄球研究	28名青少年英式橄榄球运动员	每周2次，持续6周，以周期化的方式做前深蹲动作	171	183	7%
棒球研究	20名男性大学棒球运动员	每周3次，持续8周，以周期化的方式做后深蹲动作	185	237	28%
腰椎伸展力量研究	14名受训的男性	每周2次，持续4周	242	259	7%

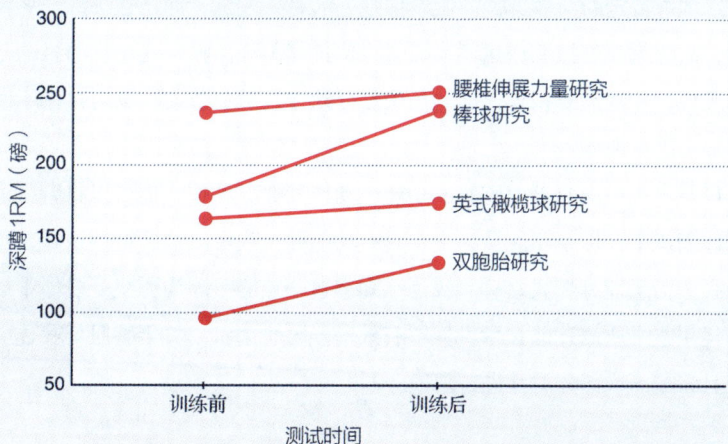

第 4 章

臀肌运动表现训练

20多年前，我刚开始练习力量举，那时的健美是最为普遍和广受欢迎的力量训练形式之一。如果你想变得强壮，想要改善运动表现，想要增强肌肉，你就要像健美运动员一样，进行力量举训练，这意味着你要做各种力量举动作，包括功能性动作与孤立动作。

在这里说明一下，功能性动作是同时训练多个关节和多块肌肉的动作，它们之所以被认为是功能性的，是因为它们模仿了运动和生活中的动作。深蹲、硬拉、俯卧撑和引体向上都是功能性动作。孤立动作是指只训练一个关节的动作，通常只针对一个特定的肌群。例如，臂弯举训练的是肘关节，主要针对的是肱二头肌。

你可能会问，功能性动作和孤立动作为什么很重要？它与臀肌训练有什么关系？它之所以很重要，是因为很多人认为臀肌训练是健美的一种形式，事实也确是如此。而且很多人认为健美是非功能性的，原因有二：①它包含了孤立动作；②大多数健美以形体训练为核心，但这并不意味着健美就是非功能性的。

怎么会出现这种情况呢？我相信有很多原因，据我所知，随着功能性健身的普及，人们的健身意识经历了一次变革，其中，任何非功能性的动作都受到了批评，然后被淘汰。而且有些人认为孤立动作是为了美观而进行的训练，没有任何作用。尽管复合动作很重要（复合动作是臀肌训练及大多数健美计划的基石），但是孤立动作不具有功能性是完全错误的观点。研究表明，卧姿腿弯举可以提高短跑速度，而且腰椎伸展也被证明可以增强罗马尼亚硬拉的力量。

那如果你受伤了呢？如果你的肩膀受伤了，不能做引体向上，但你可以做臂弯举，这时候该怎么办？由于它们不具有功能性，你应该避免做臂弯举吗？实际上，臂弯举有助于你增强肘关节、手腕、肱二头肌与前臂的力量。就像木匠拥有特定的工具以便从事相应的工作一样，私人教练与运动员也需要一套练习，这套练习不仅可以训练整个身体，还可以训练特定的身体部位。假设你是一名私人教练，你正在训练一名臀肌不发达的运动员，而深蹲和硬拉的作用不大。这时你打算怎么做呢？无论你的目的是美观还是提升运动表现，你都需要指导该运动员做复合动作及单关节动作来对自己不发达的、薄弱的身体部位进行训练。

你可以在本书中学到针对臀肌的功能性动作及孤立动作。你可以将臀肌训练归类到健美或形体训练中，但是不能认为它不具有功能性。我可以很有把握地说，臀肌训练是功能性最强的力量训练形式之一。我怎么知道这一点的？因为臀肌是身体中最重要的肌群之一，运用本书所概述的技术，能够有效增强臀肌力量。关于臀肌，我建立了对它的认知，并且将在下一部分对其进行阐述。

不要忘了，臀肌负责使髋关节伸展、外展及外旋。这基本上涵盖了所有功能性动作。显然，如果增强臀肌力量，你可以改善涉及臀肌的动作的功能，包括短跑、跳跃、深蹲、切步、搬运、投掷、推、拉、出拳等。每个人都认为臀部对于功能性动作来说很重要。你的臀部要靠臀肌来运动。而且是否拥有强壮有力的臀部，往往是精英运动员与普通运动员之间的区别。

臀肌更强壮＝运动表现更好

随着运动员不断进步，他们学会将臀部（臀肌）与腿部肌肉融入他们的动作。这在拳击和武术中是很常见的。刚开始时，拳击运动员可能只会运用肩部力量出拳，但在学到更多的技术后，他们开始在出拳时运用下半身的力量，以增强出拳力量与加快出拳速度。

另一个示例是将初级铅球运动员与高水平铅球运动员进行对比，初级铅球运动员投掷时用的是上半身的力量，而高水平铅球运动员用的是全身的力量。简单地说，为了提升自己，运动员必须学会如何从臀部及腿部获得最大的力量，而足够的臀肌力量是重要前提。

臀肌的力量及体积大小对于运动项目来说很重要的另一个原因是：发达的臀肌让你在增强力量方面有更大的空间。对于其他肌肉来讲也是如此。肌肉越发达，就能产生更大的力量。而前提是，你要付出大量的训练时间。

臀肌主导型动作还能增强髋关节的最大伸展幅度，这对短跑中触地时产生力并推动身体向前运动非常重要。每个人都认为，在大多数运动项目中，速度与加速度至关重要。因此，增强臀肌，意味着你正在增强做运动项目中的关键动作的能力。

全幅度的髋关节伸展

全幅度的髋关节伸展

除了可以增强跑、跳、力量举、旋转的能力之外，臀肌训练还可以增强平衡能力。无论你是单腿站立还是双腿站立，臀肌都能为你的臀部与双腿提供稳定性。

了解了这些事实后，如果你还认为臀肌训练是非功能性的，那么这种想法就很愚蠢了。反过来说，如果你再不训练你的臀肌，实际上你会丧失更多的功能。

最重要的是，拥有强壮健康的臀部，可以改善你的外表和自我感觉，并且有助于你预防损伤与缓解疼痛，最大化地增强力量，提高运动表现。

根据本章列举的所有原因，我相信，每个人都能从臀肌训练中获益。不管你是谁，你的目标是什么，本书提供的信息都可能对你有所帮助。

从臀肌基因及美感，到臀肌力量及功能，本书都有所涉及，且涵盖了很多相关话题。在下一章，你将了解到臀肌的解剖结构、臀肌的作用、臀肌增长（增大）的原理以及训练的分类方法等内容。

科普：功能与运动表现

随着年龄的增长，我们在日常生活中进行基本活动的能力逐渐衰退，这些基本活动包括行走、上楼梯、坐立和搬运东西。你可以想象，这种能力的衰退会给我们的生活带来很大的负面影响。好消息是，通过增强和发展臀肌力量，你可以避免很多由衰老带来的负面影响。下面的研究可以对此进行证明。

行走：在行走的过程中会涉及臀肌，行走速度越快，臀肌的激活程度越高[1-2]。

上楼梯：在上楼梯的过程中也会涉及臀肌，上楼梯的速度越快，臀肌的激活程度越高[3]。

坐立：在做坐立动作时，臀肌会被高度激活，而且在负荷较大的情况下，臀肌的激活程度比其他肌肉高[4]。

搬运东西：在搬运东西时，臀肌的激活程度也非常高，与单手举起较轻的重量相比，双手举起较重的重量可以在更大的程度上激活臀肌[5-6]。

行走及上楼梯的速度越快，坐立动作幅度越大及搬运的东西越重，臀肌的激活程度就越高。这表明臀肌在上述动作中扮演着重要的角色。简而言之，增强臀肌力量可以改善这些功能性动作的功能。

改善髋关节伸展

当你伸展髋关节时，你用到了臀肌、腘绳肌以及内收肌（也有人认为是髋伸肌）。髋关节伸展动作是很多运动的核心动作，包括短跑、跳跃、落地、攀爬、减速、变向、侧向移动、投掷、挥动、击打，甚至还有像拉卡车这种大力士比赛项目[7-8]。

臀肌（以及腘绳肌和内收肌）的作用随着负荷的增加与速度的加快而增大，这一事实强调了它的重要性。这被称为运动表现的"增强髋关节的作用"理论。随着负荷增加（在深蹲、弓步、传统硬拉以及六角杠铃硬拉练习中）、跑步速度加快和纵跳高度增加，髋关节的扭力要求（髋关节伸展的力矩）随动作幅度以较大的比例增加，而膝关节的扭力要求（膝关节伸展的力矩）则以较小的比例增加[9]。

尽管该理论受到了批评，因为净关节力矩难以解释[10]，但运用其他研究方法（如肌电图和肌肉骨骼模型）产生了类似的结果[11]。

短跑

髋伸肌，特别是臀肌，负责通过提高在高速奔跑时的步频来提高速度[12]。在摆动阶段与支撑阶段的最后时刻，它们也是最活跃的肌群[13-15]。这些肌群在吸收与地面接触时产生的制动力上发挥着重要作用，其在短跑支撑阶段的肌电图振幅如下图所示。

短跑支撑阶段的肌电图振幅

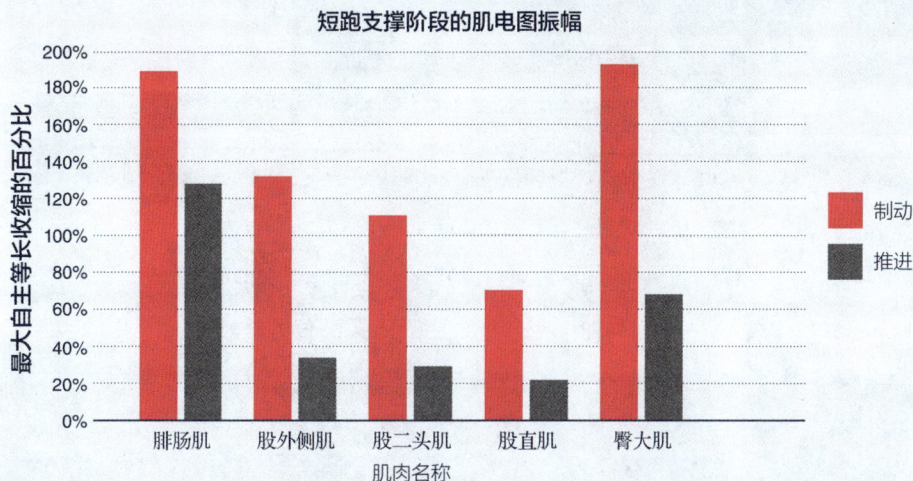

值得注意的是，臀肌也是髋关节外旋肌和外展肌的组成部分。当它们伸展髋关节使双腿交替向下摆动时，还可以通过防止髋关节在单腿支撑阶段过度内收和内旋，在冠状面及横切面（水平面）上稳定骨盆[16]。

变向

臀肌在侧向移动或在跑步中改变方向时也起着至关重要的作用。臀肌可以同时在多个平面上产生力，这可能是从一侧切到另一侧或其他横向动作的一个特点。在这些情况下，臀肌的不同部位必须以协调的方式进行收缩，以同时产生髋关节外展、髋关节外旋和髋关节伸展动作。人们通常认为，对于横向动作而言，髋关节内收力量要比髋关节外展力量更重要，但事实并非如此，与髋关节内收力量相比，髋关节外展力量更能说明你做横向动作的能力。

投掷和击打

当投掷[19]或挥动球杆、球棒或球拍时，后腿的臀肌可以同时完成髋关节伸展和髋关节外旋。这就解释了为什么臀肌在棒球投掷过程中会如此活跃[20-21]。总之，臀肌在涉及投掷和击打的体育运动中发挥着至关重要的作用。

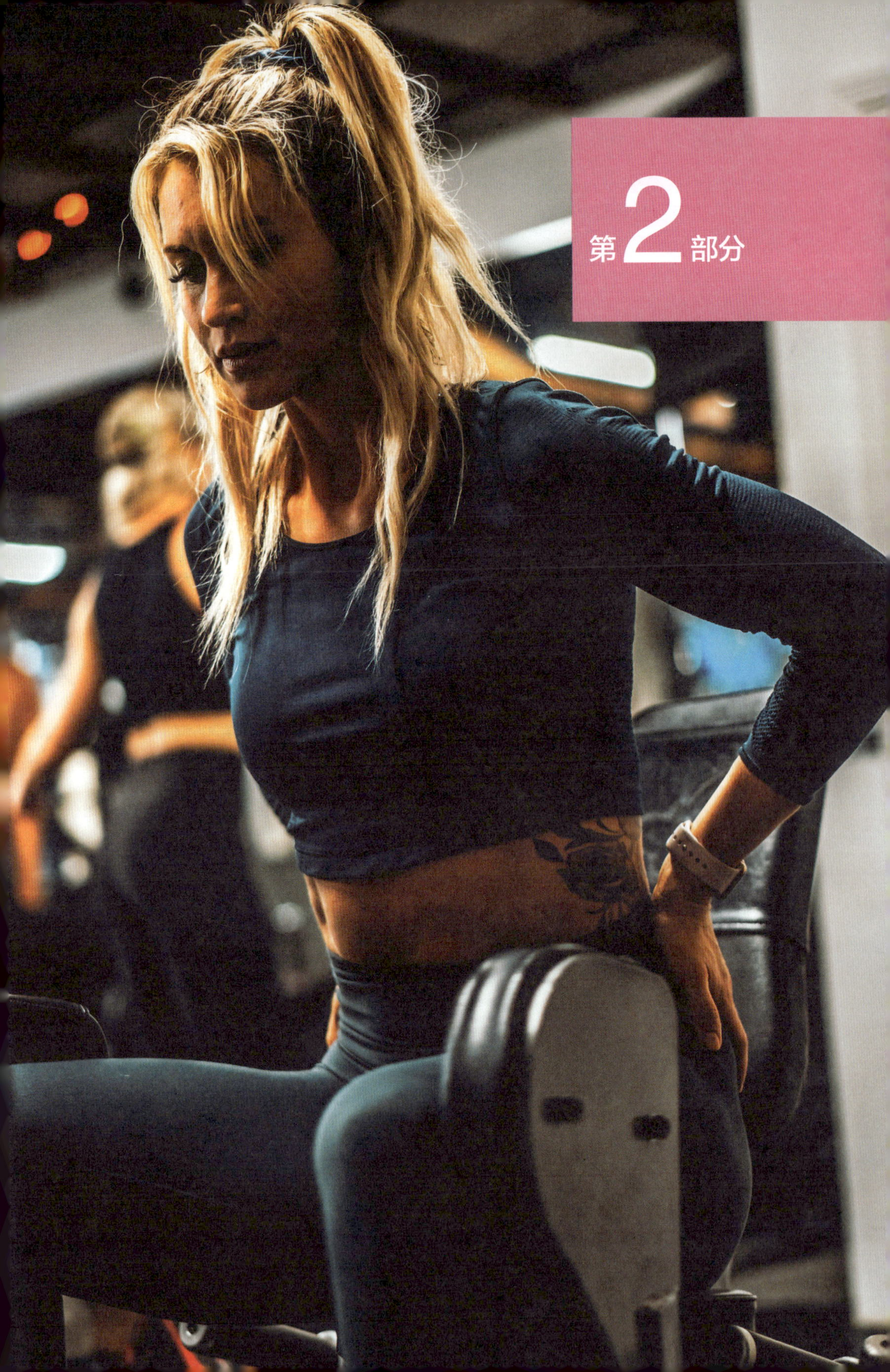

第2部分

力量与形体训练的科学

如果你能回到过去，告诉年轻时的我，有一天我会被称为"臀肌男"，会成为世界上最重要的臀肌训练专家之一，而我绝不会相信你说的话。我会给你一个疑惑的眼神，然后说："我？臀肌男？你疯了吧！"

但它确实发生了，不是因为我拥有人们从未见过的、最令人惊喜的臀肌（尽管这很厉害），而是因为我是第一个开始研究臀肌训练科学的人。我想了解臀肌为何生长，臀肌的解剖学原理，臀肌是如何影响外观和动作的，以及针对臀肌训练的最佳方法是什么。

　　然后我找到了答案。虽然在臀肌的相关知识及如何最好地训练臀肌方面，我还有很多地方需要学习，但在研究、实验及观察的基础上，我确实了解到了很多内容。就本书的这部分内容来讲，我将最重要的臀肌训练科学的相关内容浓缩为4章。你将学到臀肌的解剖结构与功能，以及它们如何影响你的外观与动作。你还将学到与肌肉生长有关的科学知识，以及增强臀肌、打造更大的臀肌的最佳方法。最后，你将学到训练的分类方法，它解释了为什么某些练习适用于达成特定的目标，以及为什么某些练习比其他练习更能训练你的臀肌。

　　虽然很多人跳过了这部分内容，仅仅通过练习和遵从本书后半部分的训练计划就得到了很好的结果，但如果你不了解所做事情背后的基础科学，你将无法成为最好的形体竞赛选手、运动员或教练，也不会开发出你真正的潜能。为什么这么说呢？因为当你了解臀肌的工作原理，以及它们为什么以这种方式工作（臀肌训练的科学）之后，你就可以在自己的训练和训练计划设计（臀肌训练的艺术）中运用这些知识。你知道你正在做的事情是有效的，不是因为你在自己身上进行过测试，也不是因为它对别人有效，而是因为你了解科学。

第5章

臀肌的解剖结构

大多数人阅读本书的目的可能是获得更丰满、更强壮的臀肌，而不是仅仅学习解剖学，但这并非一件坏事。事实上，我是为了想穿上心仪已久的牛仔裤，让自己看起来更有运动能力，更加迷人，这才走上了臀肌训练的道路。所以我意识到学习臀肌解剖学可能并不是你的主要目标。但总的来说，无论你是否对解剖学感兴趣，但了解臀肌解剖学是很重要的，主要原因如下。

首先，了解身体的工作原理，每个人都可以从中受益。尽管我提出了很多建议与想法，它们可以帮助你促使臀肌增长及增强，然而，除非我的讨论涉及了你正在努力进行的肌肉训练，否则这些建议是无效的。当你了解了臀肌的形状、所处位置（我指的是3块臀部肌肉，并且很快会对它们进行介绍）附着结构以及形状机理后，你会对臀肌的作用与功能，以及臀肌训练技术与计划（后文将会介绍）有全新的认识。同样重要的是，了解臀肌解剖学将帮助你认识到臀肌的伟大及其多功能的用途，以及为什么在训练中应优先考虑臀肌训练。

其次，臀肌解剖学解释了很多个体之间的审美差异，强调了你能改变及不能改变的东西。例如，如果你想了解为什么不管怎样努力都不能让臀部变得更宽，或者为什么你的臀部明显塌陷或凹陷（臀部两侧内陷），臀肌解剖学会给你提供一个清晰而具体的答案。简单地说，臀肌解剖学在一定程度上解释了臀部的美学原理。

最后，为了了解臀肌在我们日常生活中所起的重要作用——从运动姿势和预防损伤到运动表现及整体健康，你需要了解臀部的皮下状况。无论你增强臀肌是为了美观及提升运动表现，还是为了改善整体健康状况，通过对本章的学习，你都将了解到臀肌解剖学如何决定你的运动方式，以及根据人体测量学（四肢与躯干的比例），你需要做出哪些调整，以达到期望的效果。

除了对你的动作机制进行指导外，了解臀肌解剖学还可以帮助你表达自己在训练中的感受。正如我在第8章讨论的那样，你在训练时可以在脑海里想象一下你正在训练哪块肌肉（这种方法称为"神经-肌肉连接"（mind-muscle connection），见第93页），这已被证明有助于促进肌肉增长。而了解臀肌解剖学则有助于你表达自己在训练中的感受：是你的上臀部肌肉得到了训练还是下臀部肌肉得到了训练，或者是其他部位的肌肉得到了训练，这有助于你做出必要的调整。总之，学习臀肌解剖学的基础知识，将有助于你完善训练技术，选择符合个人审美与运动表现目标的练习。

如果你恰巧是一名教练，你就更有必要了解臀肌解剖学的相关知识，特别是在你打算向客户教授我的臀肌训练系统的情况下。你有责任向你的客户传道解惑。如果他们提出了问题，你就应该为他们科学地解答问题。例如，客户可能想知道为什么进行特定练习的感觉比其他练习好，为什么他们的臀部是这样的形状，以及为什么他们需要根据自身的臀肌解剖结构和训练目标进行特定的练习。如果不了解臀肌解剖学的相关知识，你就无法回答好这些问题。你不仅不能满足他们的好奇心，还可能让他们失去信心，而信心是取得成功的主要动力源。然而，如果能解释骨骼和肌肉解剖学之间的细微差别，以及它们如何决定臀肌的形状与功能，你就能回答客户的问题，让他们的训练计划有意义。

髋关节和骨盆的骨骼解剖结构

观察肌肉的解剖结构可以在一定程度上了解它的外观与功能，如了解肌肉的形状及其附着的位置。虽然臀肌决定了臀部的形状，但骨盆和髋关节的解剖结构也会影响臀部的形状。更重要的是，臀部和骨盆的解剖结构是一个重要的变量，可以决定你应该优先进行哪些训练，以及你应该如何进行这些训练。在后文中，我将对这些问题进行更详细的讨论。而且在全书中，我都会运用解剖学的相关知识，因为它与运动力学及训练设计有关。

所以你需要了解髋关节和骨盆的解剖结构，其不仅对你的臀部外观至关重要，对你选定针对自己独特的解剖形状的最佳练习也至关重要。但在我深入讲解本章的这些细节之前，你需要了解髋关节与骨盆主要有哪些骨骼。

你无须记住每块骨骼的名称与位置。这只是基础知识，可帮助你了解基本的髋关节与骨盆的解剖结构。在你学习本章的过程中，我将运用这些骨骼，帮助你将骨骼和解剖学之间的差异（大小与形状）联系起来，以及了解这些差异是如何创造独特的美学特征与动作模式的。

首先，让我们来看看骨盆区域的解剖结构。正如你所看到的，骨盆和髋关节主要由5块骨骼组成：髂骨、耻骨、坐骨、骶骨及尾骨。

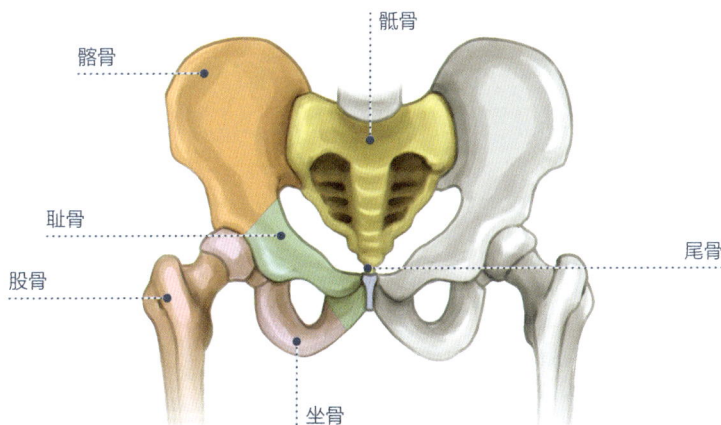

骨盆的一侧是髋臼（髋关节窝）、股骨头（球）、股骨颈、大转子和股骨。

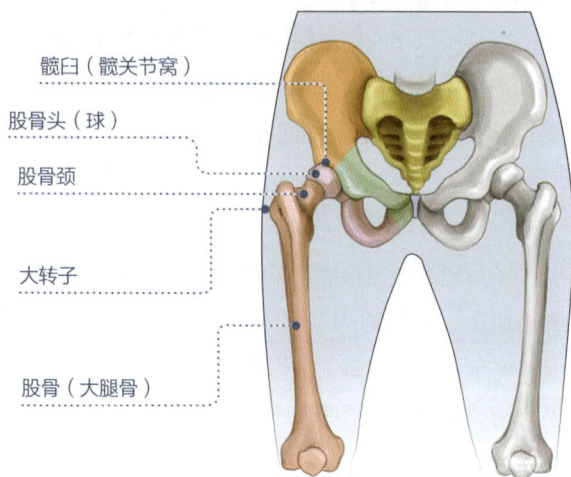

髋臼（髋关节窝）

股骨头（球）

股骨颈

大转子

股骨（大腿骨）

以下是这些骨骼结合在一起构成的髋关节和骨盆的解剖结构。

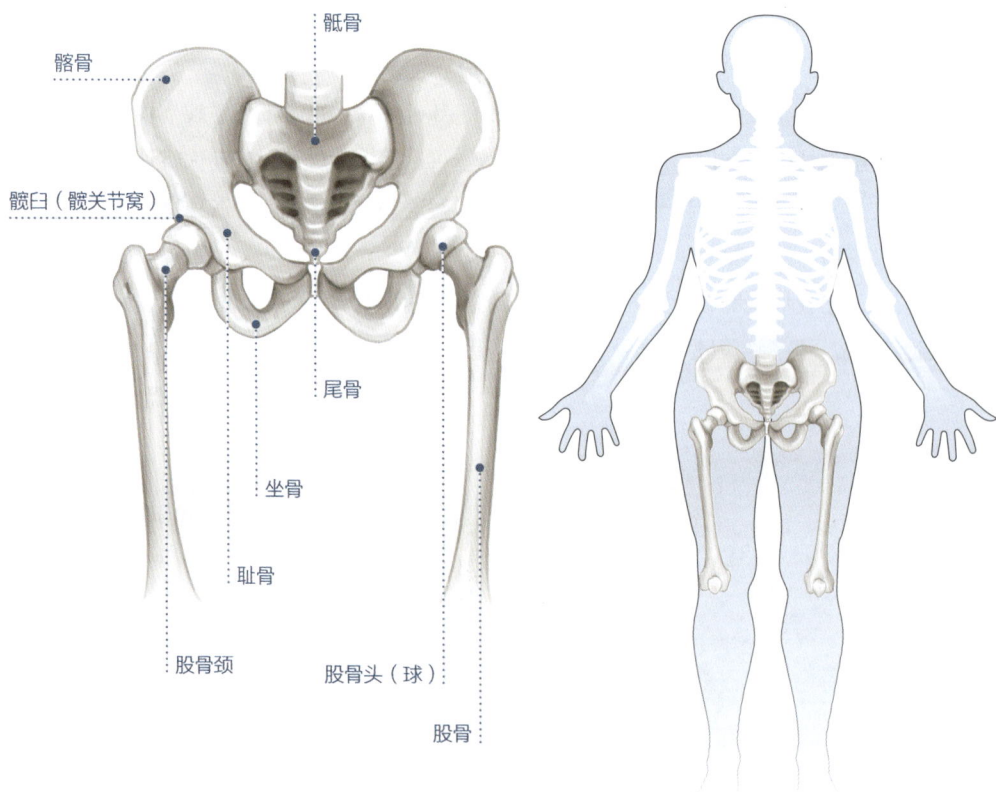

髂骨

骶骨

髋臼（髋关节窝）

尾骨

坐骨

耻骨

股骨颈

股骨头（球）

股骨

科普：男性与女性髋关节和骨盆的解剖结构之间的差异

无论我的客户是男性还是女性，我都会围绕他们的目标制订训练策略，并根据他们独特的骨骼解剖结构选择练习。因为每个人的解剖结构、灵活性与伤病史都是不一样的，所以我会将每个人都当作一个独特的案例来对待。

然而，男性与女性髋关节和骨盆的解剖结构之间存在着一些一般性差异，这值得我们注意。在某些情况下，这些差异有助于解释某些美学特征和动作模式。例如，男性的骨盆一般比女性的骨盆更高、更窄，男性的髋臼更偏向外侧，而女性的髋臼更为前倾[1-2]。这意味着，与女性相比，男性的臀肌往往更窄、更长，而女性的臀肌往往更宽、更短。有趣的是，男性与女性的臀肌在大小上几乎相同，不过男性的臀肌所占的比例更大[3]。

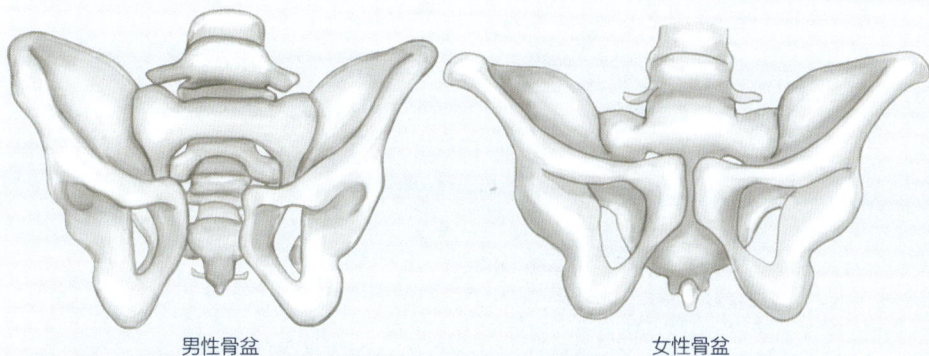

男性骨盆　　　　　　　　　　　　　　　　　　女性骨盆

更重要的是，与男性相比，女性的髋臼平均深度明显更大，股骨头直径更小[1, 4]，这可能会使女性髋关节在某些姿势及动作中具有或多或少的稳定性。我们不能确定这些姿势及动作是什么，因为这取决于大量的变量，我们能做的就是根据平均特征做出假设。

例如，女性的臀部往往比男性的宽大。因此，人们通常认为女性比男性具有更大的 Q 角［股四头肌的合力线，将髂前上棘（Anterior Superior Iliac Spine，ASIS）附近的一点与髌骨中点连接起来而形成的］。然而，事实并非如此[5]。不过，女性往往拥有更大的髋关节活动范围，这使得她们在各种臀部练习中的活动范围比男性的大[6-7]。由于解剖学和神经肌肉因素，女性在各种落地和下蹲动作中的膝关节外翻（膝关节内扣）角度往往也比男性的大[8]。更宽大的臀部会让人觉得女性的臀部在各种单腿下蹲动作中比男性的更容易塌陷，但有时这只是一种错觉，在做这些动作时，膝关节实际上并没有内扣。

女性站立时的骶骨倾斜角和腰椎前凸角往往也更大（根据各种研究，女性与男性之间有7~13度的差异）[9-10]。这就解释了为什么女性的臀部往往比男性更突出，也说明了为什么女性的腰椎活动范围更大。我在个人实践中已经体会到了这一点。事实上，我训练的大多数女性在深蹲与硬拉时，比男性更容易腰椎过度伸展，这可能是因为她们的腰椎活动范围更大。例如，当我发出"挺胸"的提示，提醒力量举练习者在深蹲或硬拉时不要弓背时，有些女性练习者往往会做出骨盆前倾、背部过度拱起的动作，这会给腰椎增加不必要的压力。所以，"挺胸"的提示对大多数男性练习者来说是好的，但对一些女性练习者来说就不一定了。

这些示例虽然很常见，但并不完全是这样。我训练的一些男性可以深蹲到最低点，而一些女性如果"屁股不眨眼"["屁股眨眼"（butt winking）指深蹲到底部时，骨盆后倾]，大腿就无法到达与地面接近平行的位置。在我指导的客户中，有些女性的骨盆很窄，而有些男性的骨盆很宽。有些与我一起训练的女性从不与膝关节外翻或腰椎过度伸展做斗争，而有些男性则会遇到这种情况。重要的是，这些结论并没有考虑个体差异性，而个体差异性最终决定了每个人的美学特征和动作模式。所以，你可以利用这些结论来解释某些美学特征和动作模式上的差异，但也需要考虑到个体的伤病史、灵活性、经验水平、训练目标以及骨骼解剖结构。

现在你已经熟悉了基本的髋关节和骨盆的解剖结构，下面让我们来看看这些大小及形状均不同的骨骼将如何影响臀形；然后，我们将研究这些差异如何产生独特的动作模式。

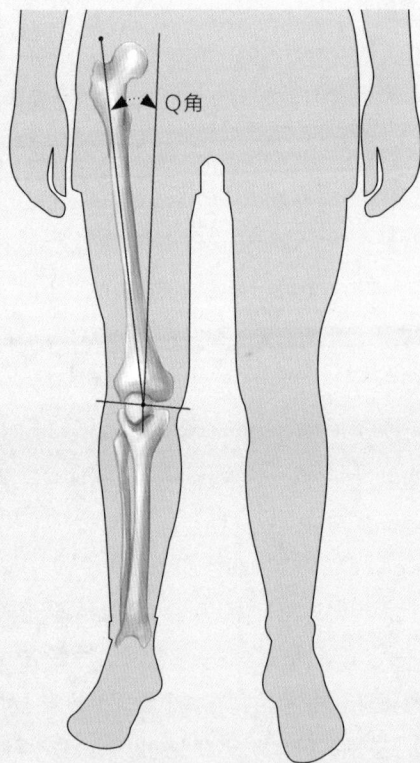

Q角

骨骼解剖结构是如何影响臀部的外观的

你可能知道，你不能改变自己的骨骼解剖结构，因为这完全取决于基因。虽然无法改变自己的骨骼解剖结构，但你可以通过增加肌肉量与减少脂肪量来改变臀部的外观。因此，需着重强调的是，不要执着于改变你无法改变的事情。相反，你应当将注意力放在你可以控制的事情上，例如你的身体成分（脂肪量与肌肉量的比例）、肌肉生长和练习选择，以及同样重要的饮食、心态和生活方式（睡眠和压力管理）。基因很重要，这是不争的事实，但其他因素也会影响你的外貌、感觉与运动表现，这些才是你应该关注的地方。

在后文中，你将学到如何通过针对某些部位（上部和下部）的特定练习，最大限度地增加肌肉量，改变臀部的外观。但现在，我想将重点放在不同的解剖形状上，以及这些解剖形状上的差异是如何从某种程度上决定你的臀部外观的。

例如，从正面与背面来看，髂骨的大小和宽度（A），股骨颈的长度和角度（B），髂骨和大转子（C）之间的垂直距离，以及大转子的大小（D）一定程度上决定了你的髋部、腰部与臀肌的形状。

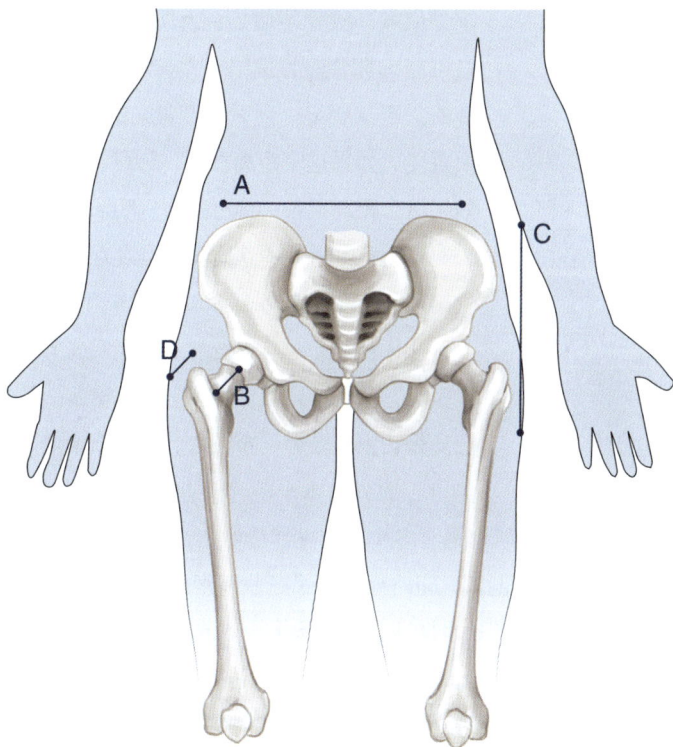

影响臀肌形状的因素

如果你的髂骨偏宽，股骨颈偏长，大转子突出，那么你的臀部可能呈方形或圆形。如果你的髂骨正常或偏窄，股骨颈偏长，大转子突出，那么你的臀部可能呈倒心形或梨形。如果你的髂骨偏宽，股骨颈偏短，大转子较小，那么你的臀部可能呈V形。

不同类型的臀肌形状

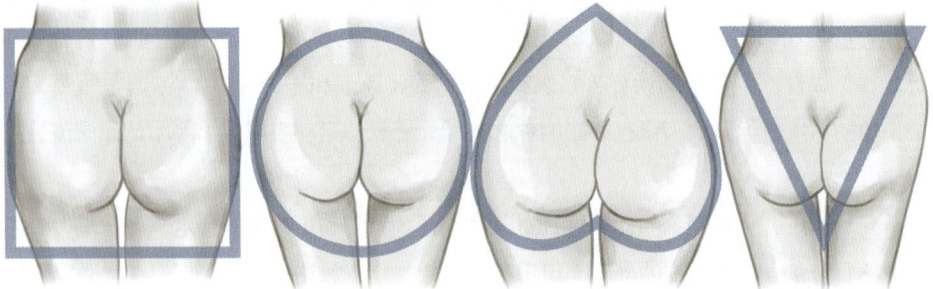

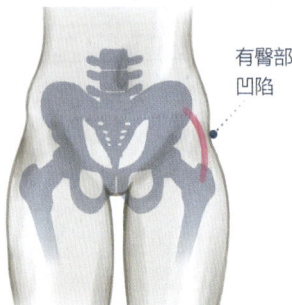

有臀部凹陷

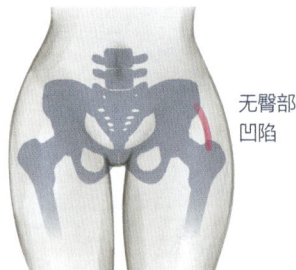

无臀部凹陷

此外，有些人的臀部曲线向外，使得臀部呈气泡状，而有些人的髋骨内部有向内的凹痕，这就是人们常说的臀部凹陷（hip dips）或臀部塌陷（hip divots）。就像髋部和股骨的大小在一定程度上决定了臀肌的形状一样，它们也在一定程度上决定了臀部凹陷是否明显。如果你很瘦、髂骨偏宽、股骨颈偏长、大转子突出，那么你的臀部凹陷可能比那些髂骨偏窄、大转子偏小、身体脂肪含量偏多的人更加明显。同时，髂骨与髋臼之间的垂直距离也很重要。如果这个距离很短，你可能没有任何臀部凹陷；如果这个距离很长，你可能会有明显的臀部凹陷。

影响臀部外观的其他骨骼因素为骶骨的倾斜角度及骶骨与股骨之间的水平距离。想象一下，你面前站了一个人，让你从侧面对其进行观察。如果这个人的骶骨倾斜角度较大，从骶骨到股骨的水平距离较远，那么他的臀部就会显得较圆、较大。如果这个人的骶骨倾斜角度较小，从骶骨到股骨的水平距离较近，那么他的臀部就会显得平坦且小。无论这个人的臀部肌肉量有多少，情况都是如此。

当然，我列举的所有示例都只粗略地概括了这些因素是如何影响臀部外观的，决定臀部外观的因素还有很多，例如身体成分与肌肉大小。我在这里只是想强调髋骨的大小与结构是如何影响臀肌的形状的。换言之，它们还不够全面。你认同某种臀形，并不意味着你的解剖结构可以与这种臀形相匹配。我曾指导过一些女性，她们的臀部很宽，股骨颈很长，大转子突出，但没有臀部凹陷。我的观点是，解剖结构虽然很重要，但并不

骶骨的倾斜角度影响臀部的外观

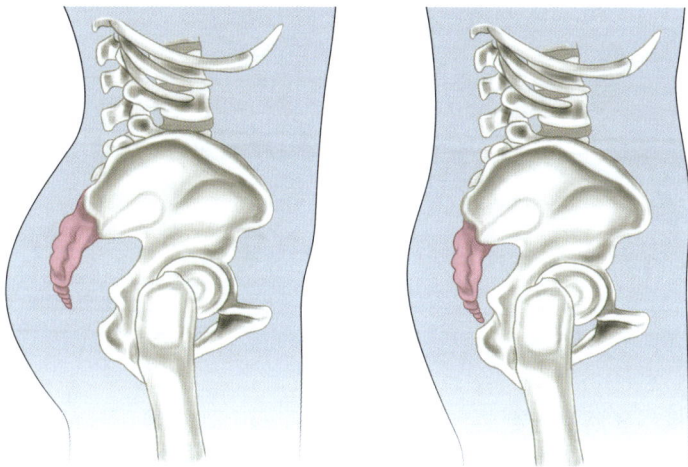

这两个骨盆几乎一样，只是左边的骶骨的倾斜度较大，使得臀部更为突出。

能决定一切。我想着重强调的是，你可以通过增大臀部（增加肌肉量）或调整体脂比例（减肥或增重）来改变臀部的外观。你将在后文中学习如何做到这一点。

在介绍了骨骼解剖结构在外观上的作用后，让我们来看看它是如何影响动作模式的。

骨骼解剖结构是如何影响动作模式的

正如营养与训练计划设计方法不能包罗万象一样，也没有一种通用的方法可以用来完成一个动作。例如，髋臼的形状、方向及深度，股骨的长度，股骨头及股骨颈的角度都因人而异，并因此影响着人们的训练安排、计划实施及练习选择。

例如，如果一个人的髋臼比较浅，股骨颈偏长，那么他可能会有较大的髋关节活动范围，也就是说，由于股骨没有被髋臼阻碍，他可以蹲至最大深度（臀部低于膝关节的位置）。如果一个人的髋臼比较深且股骨颈偏短，那么他可能无法蹲得很深或无法将膝关节抬得很高，因为他们的股骨会与髋臼边缘相撞。但这些只是示例，只考虑了几个因素。

正如我将在第5部分描述的那样，你的站姿、技术以及所选择的练习都应该基于你自己的经验、体形与解剖结构。而这正是训练和指导艺术发挥作用的地方。在确定最佳的训练安排、计划实施方式和练习之前，需要进行一些调整与试验，而了解骨骼解剖结构会对你有所启发，并可能引导你朝着正确的方向发展。

股骨颈长度与角度的差异　　　　　　髋臼方向与深度的差异

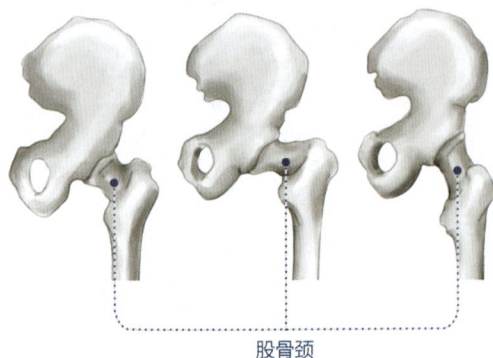

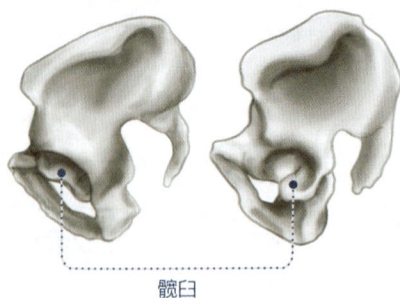

股骨颈　　　　　　　　　　髋臼

例如，也许窄距深蹲会伤害你的髋关节，而宽距深蹲至大腿与地面接近平行则不会。有些教练会告诉你，你需要蹲得很深才能获得最佳效果，灵活性欠佳是你的限制因素，事实上，你的骨骼解剖结构才是你的根本限制因素。你与其浪费时间去做那些因为骨骼解剖结构受限而无法真正提高灵活性的拉伸动作，倒不如集中精力去做那些符合自己独特的体形的练习。

骨骼解剖结构如何影响动作模式的另一个示例是股骨和躯干的比例（人体测量学）。以深蹲和硬拉为例，为了保持平衡且正确地完成动作，你必须将杠铃放在双脚中间的位置。对于躯干较长、腿较短的人来说，他们在深蹲和硬拉时要将躯干挺直一些，而对于躯干较短、腿较长的人来说，他们则需要将躯干前倾。

躯干短/腿长：前倾　　　　　　　　　　　　**躯干长/腿短：直立**

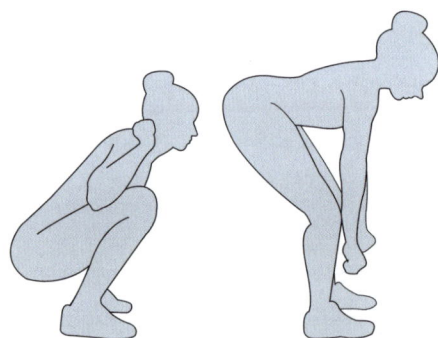

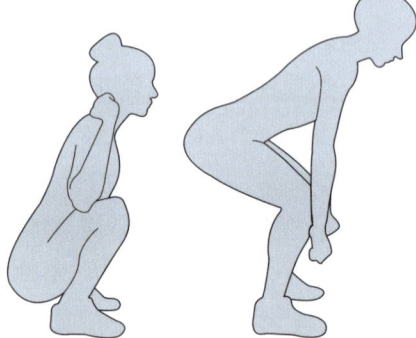

前倾深蹲　　　　前倾硬拉　　　　直立深蹲　　　　直立硬拉

但情况并非总是如此。有些人躯干短、腿较长，却能直立下蹲，这可能与他们的髋臼方向、形状和深度，以及股骨颈的长度、大小及角度有关，此外，还可能与其他因素有关，如踝关节背屈的灵活性及技术等。

重要的是，没有哪两个人的动作模式完全一样，当然也不应该一样。骨骼的形状与尺寸影响着我们的动作模式。所以，如果你听到一个教练告诉每个人以同样的动作模式做深蹲或其他动作时，那么你应该立即质疑这个教练的动机与资历。

同样重要的是，每条规则总会有例外，而且我忽略了很多变量，例如灵活性与协调性，它们也会高度影响你的动作模式和应该进行的练习。我将深入研究这些变量，并在第3、第4部分对这些问题进行更加详细的讲解。

此处的要点在于，骨骼解剖结构因人而异，这些变化不仅决定了你的外观，还决定了你的活动范围和运动模式。

臀肌解剖结构

现在你已经对骨骼解剖结构有了基本的了解，接着让我们来看看臀肌解剖结构。众所周知，臀部有3块肌肉——臀大肌、臀中肌与臀小肌，它们统称为臀肌。

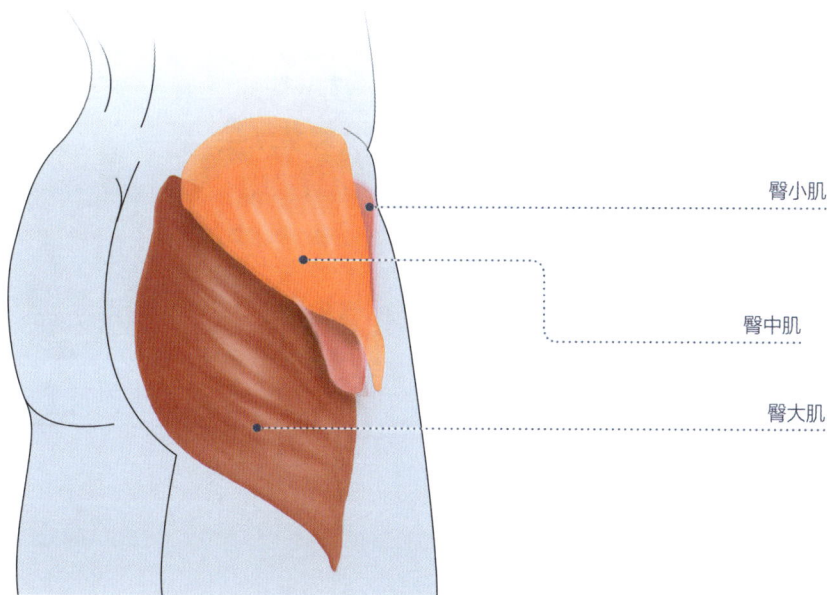

臀小肌

臀中肌

臀大肌

臀大肌

臀大肌是3块臀部肌肉中最大的一块，它决定了臀肌与臀部的形状。臀大肌通常分为两部分：臀大肌上部与臀大肌下部。正如你看到的那样，臀大肌处于臀部最表层（最接近皮肤的顶层），覆盖了一部分臀中肌（而臀中肌覆盖了大部分臀小肌）。

值得重复说的是，当说到"臀肌"时，我主要指的是臀大肌，因为它占了臀肌体积的2/3，是臀中肌与臀小肌体积之和的两倍。在美学、功能及运动表现方面，很容易将这3块肌肉视为一个整体（当读完第6章后，你会更明白这一点）。

关于练习选择与臀肌塑造——针对臀肌的特定部位进行训练的内容，我就简单地介绍一下如何训练臀大肌的上下两个部分。例如，如果你针对的是臀肌上部，希望塑造出所谓的"臀架"（shelf），那么你最好进行髋关节外展练习。如果你针对的是臀肌下部，那么你可以优先考虑进行更多的深蹲与硬拉练习。如果你想同时针对臀肌上部和臀肌下部，那么进行臀推与臀桥练习可以带来最佳效果。

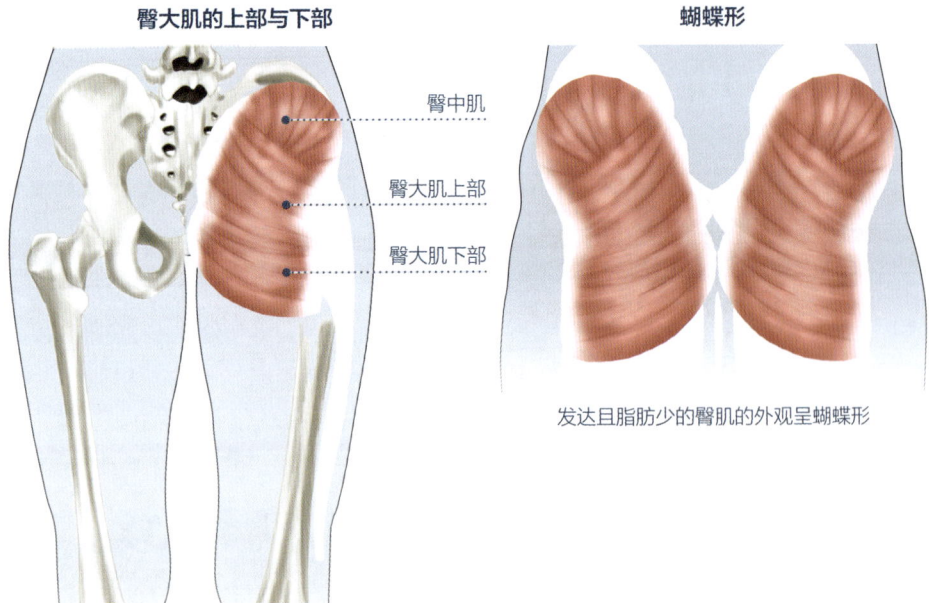

臀大肌的上部与下部

蝴蝶形

臀中肌

臀大肌上部

臀大肌下部

发达且脂肪少的臀肌的外观呈蝴蝶形

鉴于臀大肌的解剖结构，我们不考虑将其细分为内、外两个部分，因为这种方式并不适用于肌肉的解剖。例如，观察臀大肌时，你会注意到肌纤维呈斜线排列，肌纤维往往贯穿于起点到嵌入点（止点）之间的整个长度。这有助于解释肌肉的形状及为什么很难将臀大肌划分为内、外两部分。

我建议进行各种练习，以确保肌肉得到最大限度的发展。重要的是，你要明白，你可以针对臀肌的上部或下部，或者同时针对臀肌的上部和下部进行特定的练习。

未经训练的人的臀大肌体积大约在200~1000厘米³，可相差4倍，当然这是没有经过训练的情况。研究表明，经过训练，个人的生理反应存在很大的差异。这在很大程度上与人体内的肌卫星细胞的表现有关。肌卫星细胞是分布于肌纤维周围的肌肉干细胞，当它感觉到肌肉需要它时，它就会释放出自己的细胞核，这就是促进肌肉增长的3种主要机制之一。可以将肌卫星细胞看作一个后备系统，它会发出肌肉需要生长的信号。此外，骨骼解剖结构和体脂水平也深刻影响着臀部的外观，而这两点在很大程度上会受到基因的影响。

有几种方法可以测量肌肉的体积，包括解剖横截面积（Cross-sectional Area，CSA）、肌肉厚度、体积，甚至重量。无论用什么方法测量，臀肌都是人体中最大的肌肉。

下面的图表显示，臀肌是下半身最重[11]和最大[12]的肌肉。事实上，通过对解剖横截面积的测量，臀大肌确实是人体中最大的肌肉，在尸体中其横截面积达到48.4厘米²[13]。根据对活体使用磁共振成像（Magnetic Resonance Imaging，MRI）或计算机断层扫描（Conputed Tomography，CT）技术所得的结果，很多活体中臀大肌的横截面积都高达58.3厘米²[14-20]。

对男性和女性的臀大肌体积进行比较时，你会发现，它们的相对测量值（占臀肌总体积的比例）相近，绝对测量值却大不相同，男性的整块臀大肌的绝对测量值比女性的大27%[21]。

根据运动项目的不同，女性运动员会表现出不同的臀肌发育水平[22]。那些参加强冲击力（high-impact）的运动项目（排球和跳高）、不规律冲击力（odd impact）的运动项目（足球和壁球）以及需强力输出（high-force）的运动项目（力量举）的运动员，其臀肌体积往往比参加重复性冲击力（repetitive impact）的运动项目（耐力跑）及重复性无冲击力（repetitive non-impact）的运动项目（游泳）的运动员大得多。总之，对于那些参加不规律冲击力的运动项目的人来说，他们的臀肌体积最大，这可能说明不同的负荷类型是影响臀大肌增长的一个关键因素。

第2部分 力量与形体训练的科学

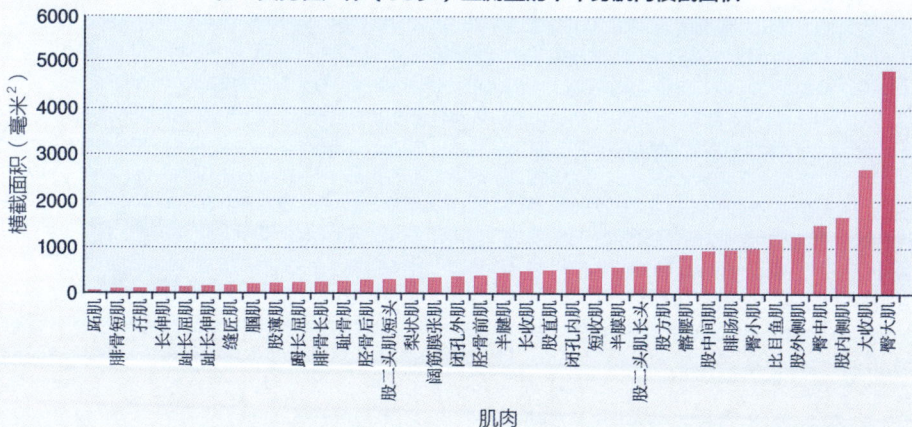

在一具男性尸体（58岁）上测量的下半身肌肉横截面积

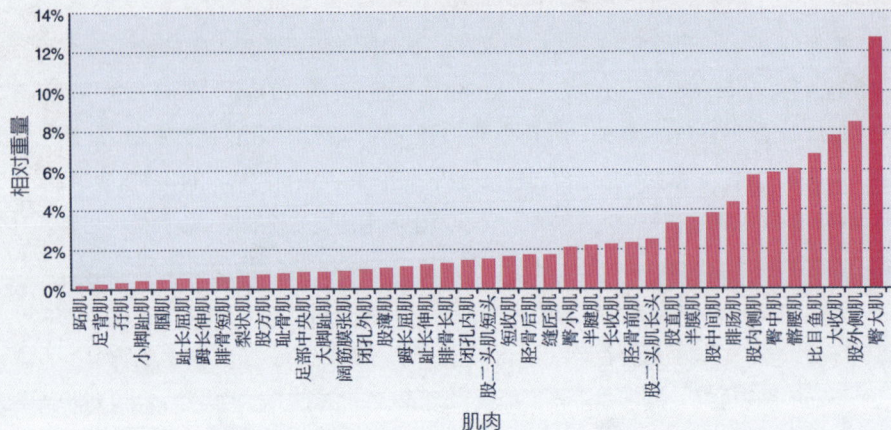

在一具男性尸体（58岁）上测量的下半身肌肉的相对重量

臀大肌的起点和嵌入点

通过观察肌肉的附着点可以了解肌肉的部分功能，这些附着点称为起点与嵌入点。起点与嵌入点是肌肉及其相关肌腱与骨骼相连的地方。起点离身体中心较近，而嵌入点离身体中心较远。当肌肉收缩时，起点与嵌入点会相互靠近。

如第56页的图片所示，臀大肌从骨盆后部向斜下方延伸，与股骨和髂胫束相连。肌纤维的倾斜走向（下一章会做更详细的讲解）对臀肌的功能有着重要影响。

有趣的是，仅约20%的臀肌纤维附着在骨骼上，其余80%则附着在筋膜（结缔组织）上。臀大肌与尾骨、骶骨、骨盆、股骨、髂胫束、盆底肌、胸腰筋膜、竖脊肌、臀中肌以及骶结节韧带相连。

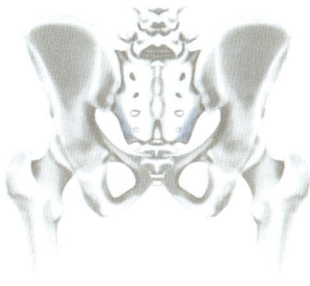

骶骨

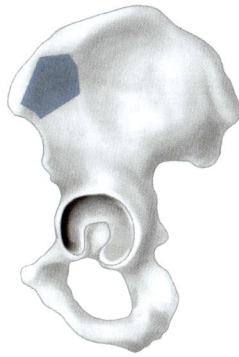

髂骨

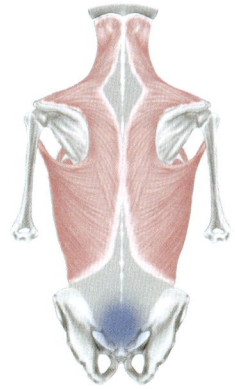

胸腰筋膜

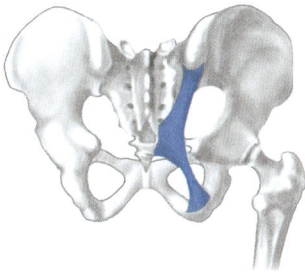

骶结节韧带

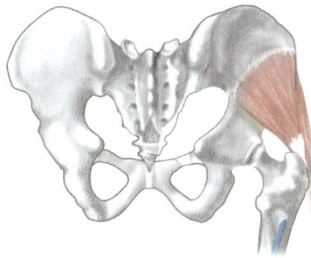

臀肌粗隆

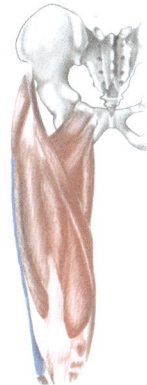

髂胫束

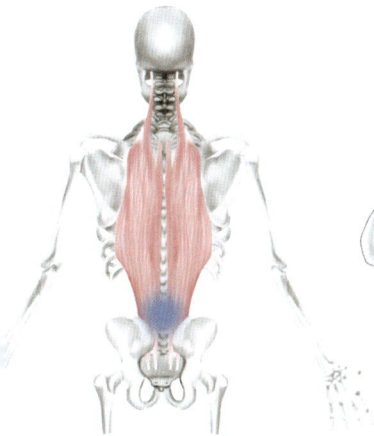

竖脊肌

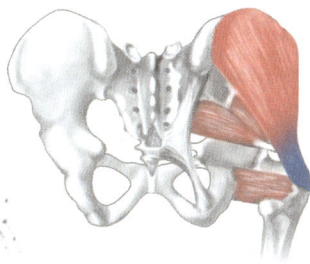

臀中肌

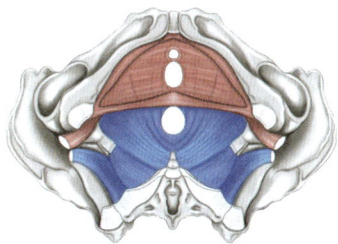

盆底肌

59

从下图可以看出，臀大肌是人体中最重要的肌肉之一，因为它有着大量的附着点。例如，它通过胸腰筋膜，经由背阔肌与肱骨（上臂的长骨）相连，通过髂胫束与胫骨相连，从而影响全身的运动和力的转移。更重要的是，这些附着点可以帮助人体完成髋关节伸展、髋关节外展和髋关节外旋，这些都会表现在日常生活的动作中。

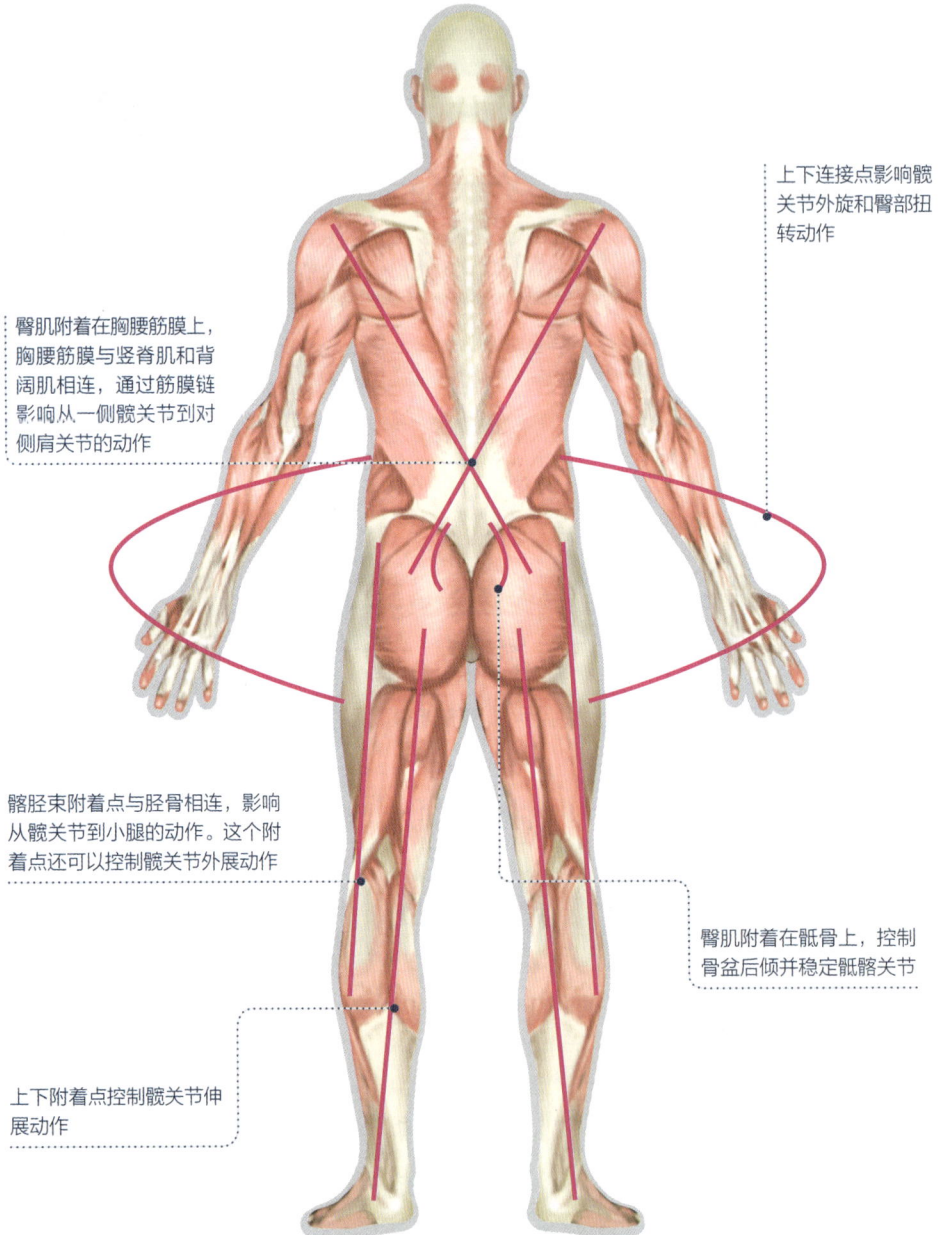

上下连接点影响髋关节外旋和臀部扭转动作

臀肌附着在胸腰筋膜上，胸腰筋膜与竖脊肌和背阔肌相连，通过筋膜链影响从一侧髋关节到对侧肩关节的动作

髂胫束附着点与胫骨相连，影响从髋关节到小腿的动作。这个附着点还可以控制髋关节外展动作

臀肌附着在骶骨上，控制骨盆后倾并稳定骶髂关节

上下附着点控制髋关节伸展动作

你将在下一章了解到更多关于臀肌功能的内容，具体来说，就是髋关节伸展、髋关节外展及髋关节外旋的作用。但现在你要了解，无论是日常动作（如下蹲、俯身、直立与行走）还是爆发性动作（如短跑、跳跃与旋转），上页图中显示的附着点可以帮助人体完成大量的动作。

臀中肌

臀中肌与臀小肌通常统称为小臀肌（small gluteal muscles），在描述解剖结构和功能时，它们常常被归为一类。臀中肌位于髋关节附近或略靠上的位置，是臀肌的中间层，几乎完全覆盖臀小肌。臀中肌在一定程度上决定了臀部上部的形状，但很难通过特定的练习来针对这块肌肉进行训练，因为它与臀大肌上部及臀小肌协同工作。

尽管如此，你还是会听到很多教练说："你应该针对臀中肌进行弹力带侧向行走练习。"这种说法的问题在于，在运动过程中，你几乎不可能知道自己在训练臀肌的哪个组成部分，特别是当髋关节在屈曲（弯腰或抬腿）、外展（将腿从身体一侧抬起）和旋转的情况下偏离身体中心时。你很有可能在一定程度上对臀肌的各个组成部分都进行了训练。

臀中肌分为3个部分：前部、中部与后部。在功能性动作中，每一部分扮演的角色略有不同。进行弹力带侧向行走练习时，你在对臀中肌进行训练，同时也在对臀大肌上部与臀小肌进行训练。这也是我为什么把臀部的3块肌肉统称为臀肌，并且，通常只区分臀大肌的上部与下部。

弹力带侧向行走

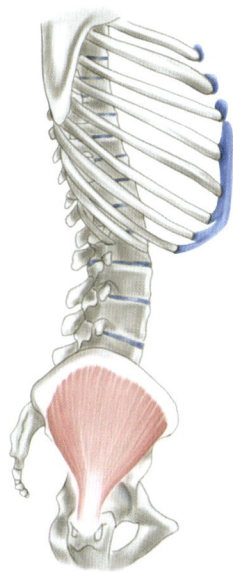

臀中肌

臀中肌的起点和嵌入点

臀中肌起于髂骨翼外面，与臀小肌一同嵌入股骨大转子。当你单脚站立、行走或跑步时，这种连接可作为髋关节的主要稳定器之一。如果臀中肌处于不健康或无力的状态，那么你的骨盆就不会那么稳定，你的髋关节会更加外翻，更具体地说，你的骨盆一侧会下坠，并且膝关节会向内塌陷。物理治疗师会格外关注这块肌肉，因为骨盆一侧下坠会致使膝关节、髋关节及下背部出现问题。

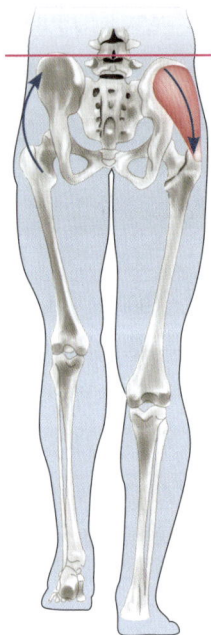

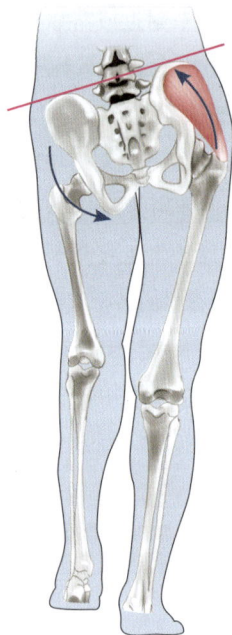

骨盆中立位   骨盆一侧下坠   髂骨

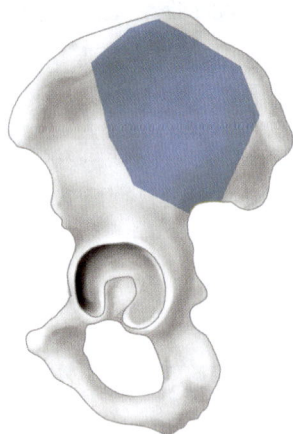

臀小肌

臀小肌是臀部肌肉中最小的一块肌肉，几乎完全被臀中肌覆盖。正如我刚才提到的那样，臀小肌通常会与臀中肌一起被归为一类，因为几乎它们有着相同的起点和嵌入点，并执行相似的动作。然而，它们是不同的肌肉，功能也略有差异。与臀中肌的情况相同，臀小肌也分为3部分——前部、中部与后部，而且每个部分在功能性动作中都发挥着独特的作用。如你所见，臀小肌起于髂骨（臀中肌起点下方），嵌入股骨大转子。和臀中肌一样，这种连接为你的髋关节提供了稳定性。

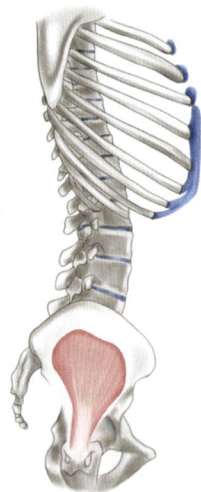

肌肉结构

你的骨骼解剖结构会影响你的外观、体形与练习选择，你的独特的肌肉结构或肌肉的实体组织也会在此方面起到很大的作用。

每个人都有独特的肌肉结构。与骨骼解剖结构不同，你可以通过训练来改变肌肉结构，这些变化在视觉上可能是明显的，也可能不是。例如，增加肌束长度或增大羽状角（肌肉本身的长度）不会让你的臀部看起来有什么不同，但会改善肌肉的功能。当肌束变长时，你的肌肉一般也会变长，并且会更快地产生力（更多信息参见下方的科普专栏）；而当羽状角增大时，你就有能力产生更大的力。

其实，你的实际的臀肌解剖结构比本章介绍的更为复杂，而我旨在介绍有关臀肌解剖结构及臀部外观的基本信息。

在后续的章节中，我将介绍更多的解剖结构，以说明肌纤维的组成、臀肌的作用、促进肌肉增长的机制，以及为什么进行各种练习对最大限度地增强臀肌来说至关重要。

科普：肌肉结构

肌肉结构是指肌纤维在整块肌肉中的排列方式[23]。它有3个主要的影响因素：肌束（肌纤维群）的长度、束角（也称羽状角）以及相对于肌束方向的解剖横截面积（也称生理横截面积）。

人体中的大部分肌肉要么长而薄，肌束长（骨骼肌纤维束），束角小，生理横截面积小；要么短而厚，肌束短，束角大，生理横截面积大。长而薄的肌肉一般会在较大的活动范围中高速产生低水平的力，而短而厚的肌肉一般会在较小的活动范围中低速产生高水平的力。

臀大肌具有不同寻常的肌肉结构，以及两种肌肉类型的各个方面的特征。它具有较大的束角、较大的生理横截面积以及较长的肌束。因此，它的功能似乎是既能在较小的活动范围中低速产生高水平的力，又能在较大的活动范围中高速产生低水平的力[24-27]。

科学家分析了决定肌肉体积、形状和特征的各个方面的因素。这些独特的结构特征有助于解释为什么有些人很适合参与某个运动项目或特定的活动。例如，纤维较长的肌肉的缩短速度较快，很适合完成短跑或跳跃等爆发性动作，而生理横截面积较大的肌肉则能产生高水平的力，很适合完成力量举等强力性动作。同样，这也说明了多种负荷类型是臀肌成功增长的关键因素之一。

第6章

臀肌的功能

臀肌就像一把万能钥匙，无论是日常生活中的动作（如行走、从椅子上站起来、从地上捡东西、搬运东西），还是运动中的动作（如跑步、切步、提举、跳跃、投掷和击打），它都可以轻松应对。无论是单脚站立、举起重物、爆发性移动，还是进行耐力训练，你的臀肌都能很好地应对。

当研究臀肌的解剖结构时，你可以从肌肉的附着点与臀肌控制的广泛动作入手。了解臀肌的解剖结构有助于理解臀部外观的形成原因，可以为你的练习选择和计划设计提供信息。同样，了解臀肌的作用，也就是它们所能完成的动作，可以帮助你制订符合自身目标的训练策略。

但臀肌的作用到底是什么呢？我们知道它们控制着一系列的动作，但是我们是如何得知这些事情的呢？我们讨论的具体动作又是什么呢？

本章涵盖了这些问题的答案。但在介绍具体的关节动作（指关节的运动）之前，我想先澄清一个常被误解的观念。

你可能会认为，在移动身体的时候，每块臀部肌肉都有特定的作用，这种观点肯定是对的，但我们并不知道这些作用到底是什么。例如，你会听到别人说，臀大肌控制髋关节伸展（下蹲后站起来），而臀中肌与臀小肌控制髋关节外展（将腿从身体一侧抬起）及髋关节外旋（将大腿向外旋转）。虽然这种观点从某种程度上讲是正确的，但我们并不知道每个关节角度下每块肌肉的确切作用。

有两个原因。其一，每块肌肉都可以细分。上一章讲到，臀大肌可以分为上、下两部分，其实你还可以把它们细分或描述为表层肌纤维与深层肌纤维，它们的功能各有不同。而臀中肌与臀小肌均可分为前部、中部与后部3个部分，同样，它们的功能也有所不同，也就是说，前部肌纤维与后部肌纤维控制着不同的动作。其二，臀部肌肉可以根据髋关节和脚的位置控制不同的动作。例如，从直立站姿来看，臀中肌负责将你的腿向外移动，但当你下蹲（髋关节屈曲）时，臀中肌的作用就会发生变化，它不会产生向外的动作（驱使你的膝关节向外），而是产生向内的动作（拉动你的膝关节向内）。换言之，当你的髋关节处于伸展状态时，你的臀中肌控制外旋动作；而当你的髋关节处于屈曲状态时，你的臀中肌控制内旋动作。我们很难确定每块肌肉的确切作用，因为作用的变化取决于动作、活动范围及关节角度。

我可以肯定地说，从直立姿势来看，臀大肌控制髋关节外展、髋关节外旋以及髋关节伸展，臀中肌与臀小肌控制髋关节外展。但我们在运动中，很少处于直立姿势。出于这个原因，我不会针对每一块具体的臀部肌肉来安排训练，而是从针对臀大肌上部或下部的练习中进行选择。

髋关节伸展　　　　　　　　髋关节外展　　　　　　　　髋关节外旋

关节动作

尽管我们并不了解每块臀部肌肉的确切作用，但我们可以肯定地说，臀肌控制3项主要的关节动作：髋关节伸展、髋关节外展及髋关节外旋。

尽管我们所做的大多数动作都涉及这些关节动作的组合，但了解臀肌在促进这些动作完成的过程中所扮演的角色，可以加深你对臀肌功能的理解，并使你明白为什么使用本书提供的方法与技术来训练臀肌会如此重要。现在，让我们先探讨人体最重要的关节动作之一——髋关节伸展。

在许多基本的髋关节动作（包括髋关节伸展和髋关节外旋）中[1-2]，臀肌是主要的原动肌，这意味着它们负责创造动作，也说明了臀大肌不仅是一个提供方便的协调者（帮助运动），而且是一个必不可少的参与者。

髋关节伸展

髋关节伸展是指伸展或打开髋关节（如臀推），深蹲后起身或在硬拉中挺起躯干。

臀推

髋关节屈曲　　　　　　　　髋关节伸展　　　　　　　　髋关节完全伸展

深蹲　　　　　　　　　　　　　　　　　　　**硬拉**

髋关节屈曲　　髋关节伸展　　髋关节完全伸展　　髋关节屈曲　　髋关节伸展　　髋关节完全伸展

你也可以通过向后抬腿来进行髋关节伸展，如后踢或四点跪姿髋关节伸展。

后踢　　　　　　　　　　　　四点跪姿髋关节伸展

如范例所示，你可以在身体水平朝上（呈仰卧姿）、站立、身体水平朝下（呈俯卧姿或四点跪姿）时做髋关节伸展动作。

髋关节完全伸展可以最大限度地激活臀肌，这意味着我们的训练计划应该始终包括针对髋关节安全伸展的训练，特别是臀推及臀桥。然而，根据你的姿势与你所做的动作，你的臀肌会得到不同程度的激活与增长。例如，当你进行绳索后踢或四点跪姿髋关节伸展时，你的臀肌激活程度会出现一个持续时间短暂但很大的峰值。当你深蹲时，臀肌会被拉长，臀肌激活程度将达到峰值，与臀推及其他臀肌主导型练习相比，这会给肌肉带来不同的影响。在后文中，我将更详细地讨论臀肌激活程度及每种动作模式是如何影响臀肌的力量与增长的。现在，你只需要明白，姿势、矢量（阻力线）与动作模式均涉及髋关节伸展的关节动作，且它们都会影响臀肌的激活程度。

髋关节伸展

关于髋关节伸展，还有一点值得注意：它与骨盆向后倾斜［也称骨盆后倾（posterior pelvic tilt）］是一样的。这可能会让人感到困惑，因为当你观察髋关

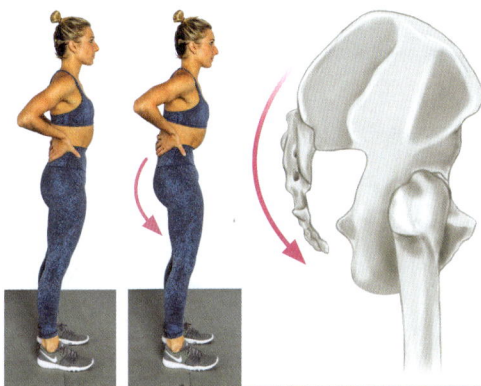

骨盆后倾

节的运动时，髋关节伸展看起来和骨盆后倾是不同的。但当你看到髋关节内部发生的情况时，你会发现这是两种相同的运动，即股骨向后移动或远离髋臼的前部。

简而言之，你的臀肌也控制着骨盆后倾，你可以利用这个知识点来获得更大的臀肌激活程度。换言之，在臀推的过程中，当骨盆后倾时，大多数人更能感觉到臀肌受到了刺激。

脊柱中立位

骨盆后倾

我们通过大体解剖学、肌肉力臂长度和肌电图得知，臀肌是主要的髋伸肌。大体解剖学作为一种评估肌肉功能的方法，可靠性较低，因为在观察尸体时，我们很难确定肌肉在不同关节处的确切位置。测量肌肉力臂长度（力线与旋转轴之间的垂直距离）对于确定肌肉功能来说是一种比较好的方法。但只有肌电图才能告诉我们，在关节动作涉及多块肌肉及被动结构的支撑张力时，肌肉是如何参与该关节动作的。

然而，臀大肌的肌纤维在脊柱和骨盆后部的起点及其在股骨上的嵌入点[3]表明，这块肌肉很适合进行髋关节伸展。另外，我们通过观察肌肉力臂长度得知，臀肌是有效的髋伸肌，就如同腘绳肌及大收肌一样[4-6]。

最后，肌电图证实了我们通过基础解剖学和肌肉力臂长度推断出的结果，因为髋关节伸展等长收缩时可以实现臀大肌的最高激活程度。髋关节屈曲角可能是关键影响因素之一。在髋关节完全伸展的状态下，无论是进行俯卧屈腿髋关节伸展，还是进行简单的站姿臀肌收紧，臀大肌的上部和下部都会得到非常高的激活程度[7]。

臀大肌上、下部在两种不同的最大自主
等长收缩姿势下的肌电图振幅

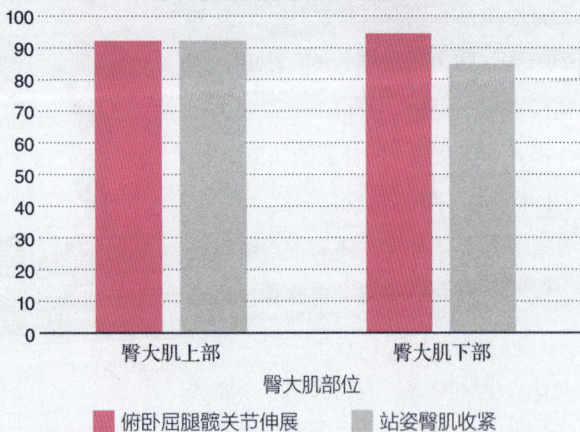

这可能是为什么一些研究发现，与负重杠铃深蹲（其在髋关节屈曲时需顶峰收缩）相比，臀肌在负重四点跪姿髋关节伸展（其在髋关节完全伸展时需顶峰收缩）期间更活跃[8]。可能是因为将髋关节伸展与膝关节伸展结合，主要训练的是膝关节肌肉，而非髋关节肌肉[9]。

大约在50年前，人们就发现了在髋关节伸展运动中臀肌的激活程度较高。人们发现，当用力进行髋关节伸展时，与较大程度的髋关节屈曲相比，臀肌激活程度在髋关节完全伸展时更高[10]。这一点在30年后的一项更翔实的实验中得到了证明，该实验测试一些关节角度[11]。

这些研究表明，臀肌在收缩（缩短）时比拉伸（拉长）时更容易产生髋关节伸展动作。在较大程度的髋关节外展[12-13]、骨盆后倾[14]和髋关节外旋[15]的体位下产生有力的髋关节伸展动作时，也能观察到这一点。

一研究表明，在髋关节从屈曲90度到完全伸展的过程，臀大肌激活程度从最大自主等长收缩水平的64%增加到94%。该项研究还表明，与中立位相比，髋关节在屈曲位时的伸展能力更强。

髋伸肌的平均肌电图振幅和髋关节伸展的平均力矩

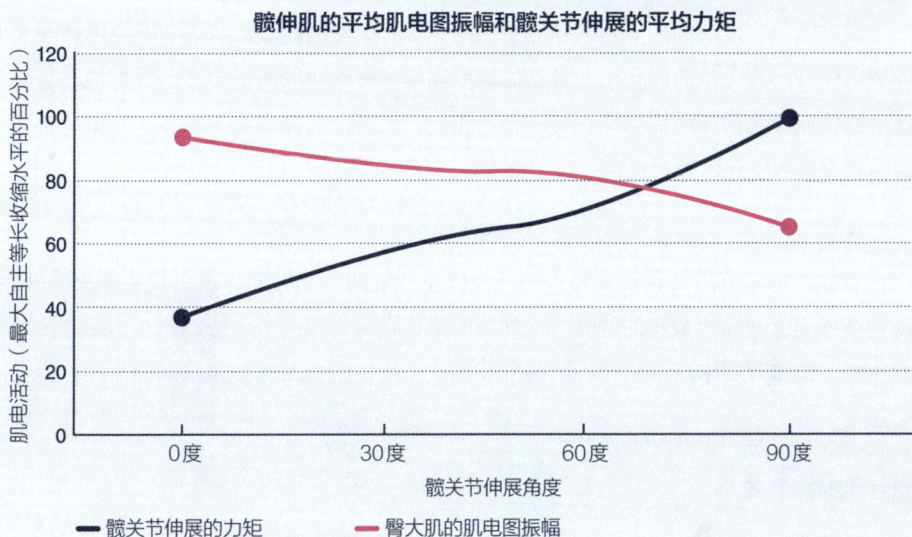

从训练的角度来看，我们可以在很多不同的练习中合理利用这些信息。以较宽的站位进行臀桥和臀推练习，或者使用弹力带缠绕膝关节进行训练，可以提高臀肌的激活程度。

我们知道在屈膝姿势下，腘绳肌会缩短，因此其很难产生力，但这有利于提高臀肌的激活程度。这被称为"创造腘绳肌的主动不足"。

同样，我们可以利用这些信息来帮助我们预测哪些练习可能有益于臀肌增长。与屈腿练习相比，涉及伸腿动作的练习一般会让腘绳肌更多地参与进来，而臀肌的参与度则相对较低。换言之，屈腿髋关节伸展动作，如臀推和臀桥，会有更高的臀肌参与度，因为腘绳肌的激活程度在此类动作中会下降（第10章将对此进行更详细的介绍）。

因此，虽然背部伸展对臀肌来说是一项比较好的练习[17]，但与屈膝髋关节伸展相比，其对臀肌的激活程度较低。而屈膝髋关节伸展一种臀肌激活程度较高的姿势，是常用于肌电图测试的最大自主等长收缩姿势[18]。

骨盆后倾

我们通过大体解剖学与肌电图得知,臀肌可以使骨盆向后倾斜。大体解剖学作为一种评估肌肉功能的方法,可靠性较低,因为我们很难在尸体上确定肌肉在不同关节处的确切位置。即便如此,臀大肌的肌纤维在脊柱和骨盆后部的明确起点及其在股骨上的嵌入点表明,这块肌肉可以很容易地使骨盆向后旋转。事实上,这应该是不言而喻的,因为在跨过骨盆,连接躯干和腿部的一对力偶中,臀大肌扮演着关键角色。

肌电图研究已经证实了这些基础解剖学调查所提示的内容。在练习四点跪姿髋关节伸展动作时,与骨盆前倾相比,骨盆后倾更能提高臀大肌的激活程度。类似地,与以骨盆中立位或骨盆前倾的姿势站在振动台上相比,以骨盆后倾的姿势站在同一振动台上可以使臀大肌更大程度地被激活。

髋关节外旋

当你将膝关节向外转动或将大腿从身体中线处向外旋转时,就会发生髋关节外旋。髋关节外旋也会导致全身的旋转。例如,如果你在练习髋关节外旋动作、出拳或挥动棒球棒时,保持双脚不动,旋转你的髋部,那么你的臀肌会与其他肌肉协同工作,以完成该动作。

弹力带髋关节外旋

在无数的动作中,尤其是在双腿或单腿深蹲、臀桥、臀推等动作中,髋关节外旋有助于稳定你的骨盆、膝关节与踝关节。如果想感受臀肌是如何控制髋关节外旋的,你只需保持直立站姿,然后挤压臀肌。你会发现骨盆在旋转,并带动腿部向外旋转,这会让你感觉到双脚在承受向外的压力。

站姿臀肌收紧

但外旋往往与外展同时发生。我将用深蹲来说明这是如何发生的。深蹲时一般有3个常见的错误（我将在从第408页开始的深蹲部分做更详细的介绍）：背部在顶端位置过度伸展，膝关节向内塌陷（膝关节外翻），以及骨盆在底部位置过度后倾（屁股眨眼）。

过度伸展　　　　　　　膝关节外翻　　　　　　　屁股眨眼

大腿向外旋转（髋关节外旋）的同时将膝关节向外推出去（髋关节外展），可以稳定下半身的关节，从而防止膝关节塌陷，甚至可以减少骨盆后倾。

背部中立位　　　　　　膝关节向外　　　　　　　骨盆中立位

有些教练会提示运动员在做髋关节外旋时需稳定地站在地面上，以创造外旋稳定性，但我认为没必要。这样做可能会有助于你激活臀肌，所以如果它对你有效，你就可以这样做。但根据我的经验，只要在身体开始下降后立即将腿部向外转，并在膝关节屈曲时将膝关节向外推出去就能使身体保持稳定。

科普：髋关节外旋

我们通过大体解剖学、肌肉力臂和肌电图得知，臀肌是最重要的髋关节外旋肌之一[19]。由于臀大肌的嵌入点位于股骨大转子的外侧表面[20-21]，随着肌纤维的缩短，它们在髋臼中会自然地使股骨横向旋转。事实上，臀肌在髋关节外旋动作中所起的作用可能与其在髋关节伸展动作中所起的作用同样重要。基于对臀大肌解剖力线的逻辑假设，该研究报告的作者计算出臀大肌最大肌力的71%可用于完成外旋动作。

此外，通过对肌肉力臂长度进行细致的评估发现，臀大肌的髋关节外旋力臂是相当长的，可能只比臀中肌后部肌纤维（这是一个相当小的区域，产生力的能力很弱）及深层外旋肌（也是体积小且力量弱的肌肉）短[22-23]。最后，肌电图证实了这些研究结果，因为一些常见的髋关节外旋动作产生的肌肉激活水平是中等或偏高的，尽管它没有超过最大自主等长收缩水平[24]。我对弹力带髋关节外旋动作进行了测试，发现臀肌后部产生了极高的臀大肌最大自主等长收缩水平，这表明臀大肌非常适用于完成髋关节外旋动作。

髋关节外展

当你将腿部从身体一侧移开（如跪姿侧踢腿和弹力带侧向行走）时，便产生了髋关节外展。

跪姿侧踢腿

大多数髋关节外展动作主要针对的是臀肌上部区域，但你的姿势决定了从臀肌上部到臀肌下部的激活程度。例如，弹力带侧向行走和站姿绳索髋关节外展被认为是"冠状面"的髋关节外展动作，它们是在髋关节中立位下进行的，能高度激活你的臀肌上部。而坐姿髋关节外展与跪姿侧踢腿也涉及髋关节外旋，二者被认为是"横切面"的髋关节外展动作，因为它们是在髋关节屈曲姿势下进行的，可同时激活臀肌上部及臀肌下部。

弹力带侧向行走

就像我先前介绍的那样，髋关节外展存在于无数动作中，有助于稳定你的背部、髋关节、膝关节与踝关节。最常见的示例是：髋关节外展能够在你行走时（步态期间）防止骨盆一侧向下坠，以及在你做深蹲或相扑硬拉时使膝关节朝外。通过髋关节外展，除了提高臀肌激活程度，你还在系统中制造了张力，以免做出潜在的有害姿势。同样，我会在第5部分更加详细地介绍这些错误的姿势及相应的纠正练习。

多样性是必要的

臀肌的独特之处在于，你可以利用臀肌同时做3个关节动作。例如，在做膝关节弹力带杠铃臀推（三带式杠铃臀推）时，你要结合髋关节伸展、髋关节外旋及髋关节外展，这样不仅能最大限度地激活臀肌，还能对臀肌上部与臀肌下部进行针对性训练。

三带式杠铃臀推

虽然在大多数涉及髋关节伸展、髋关节外旋和髋关节外展的动作中，臀肌上部与臀肌下部都能被高度激活，但在某些动作和姿势中，只有臀肌上部会被激活，而在另一些动作与姿势中，臀肌下部的激活程度远远高于臀肌上部。这是因为肌肉在骨骼上的附着点数量非常多，肌肉结构独特，以及肌肉内有多个分区。当你考虑到这些事实时，你就会明白，最佳的臀肌训练需要做大量的动作练习，而且这些动作应具有多样性。

本书的第10章及第5部分将介绍如何根据目标部位和肌肉来选择训练类型。在这里我想强调一点，这也是我在本书中一直在强调的一点，那就是采用各式各样的动作对臀肌的全面增长至关重要。下一章将探讨基因在臀肌增长中的作用，然后介绍使臀肌变得更丰满、更强壮的具体策略。

第7章 基因的作用

我人生中最大的乐趣之一就是帮助人们实现他们有关力量和形体的目标。没有什么比收到客户的感谢信，并看到信中说因为我制定的臀肌训练策略，他们的形体发生了惊人的变化，或者帮助客户减肥，并看到他们在健身房里因为刷新个人记录而信心倍增，更能让我开心。这不仅证明了我制定的训练策略有效，还表明了努力和坚持训练是有回报的。

在本章中，你将学到基于科学证据的增肌和增强肌肉力量的原则，这样你就能够与遵循该训练策略的客户和努力训练的人一样，实现有关力量和形体的目标。当然，就像健身那样，你的进步程度取决于很多因素（本书涵盖了其中的大部分因素），然而遗传基因却是其中一个很少被论及的因素。

但我们很难回避它：当涉及增强力量与塑造肌肉时，基因是最重要的因素之一。我们已经了解了骨骼的解剖结构是如何影响臀部外观及动作模式的。事实证明，基因也在一定程度上决定了你的身体对抗阻训练的反应。我多么想欺骗你，基因并不重要，但事实是训练前后的臀部外观在很大程度上取决于个人的基因。

基因的差异

你以前或许听说过这样的事实：每个人都是独特的，遗传学可以解释人们之间的差异。正如我说的那样，臀部有各种各样的形状与不同的体积。有些人天生就比其他人更强壮、肌肉更发达。例如，创造世界纪录的举重运动员安迪·博尔顿（Andy Bolton）在第一次尝试举重时，就深蹲了500磅，硬拉了600磅。职业健美运动员、6届奥林匹亚先生多里安·耶茨（Dorian Yates）在十几岁第一次尝试卧推时，就举起了315磅。阿诺德·施瓦辛格（Arnold Schwarzenegger）在仅仅练习了1年举重之后，他的肌肉看起来就比大多数练习了10年举重的人还要发达。

对于臀肌来说也是如此。一项研究发现，在19~83岁不同年龄段的人群中，男性的臀肌体积为198~958厘米^3，而女性的臀肌体积为238~638厘米^3。因此，一名男性的臀肌体积可能比另一名男性的臀肌体积大384%左右。

在力量与体形的基线水平方面，不同的人之间存在着很大的差异。此外，他们对训练的反应也存在着较大的不同。一项研究评估了585名未经训练的受试者对12周力量训练的反应。结果显示，虽然所有受试者都遵循相同的训练计划，但他们的反应存在着令人震惊的差异。对于那些反应最差的人而言，他们的肌肉体积实际上减小了2%，并且力量也没有增强。相比之下，那些反应最佳的人的肌肉体积增大了59%，力量增强了250%。另一项研究发现，26%的受试者在进行了16周力量训练后，肌肉体积没有增大。

19~83岁不同年龄段的男性与女性的臀肌体积的最小值、平均值与最大值

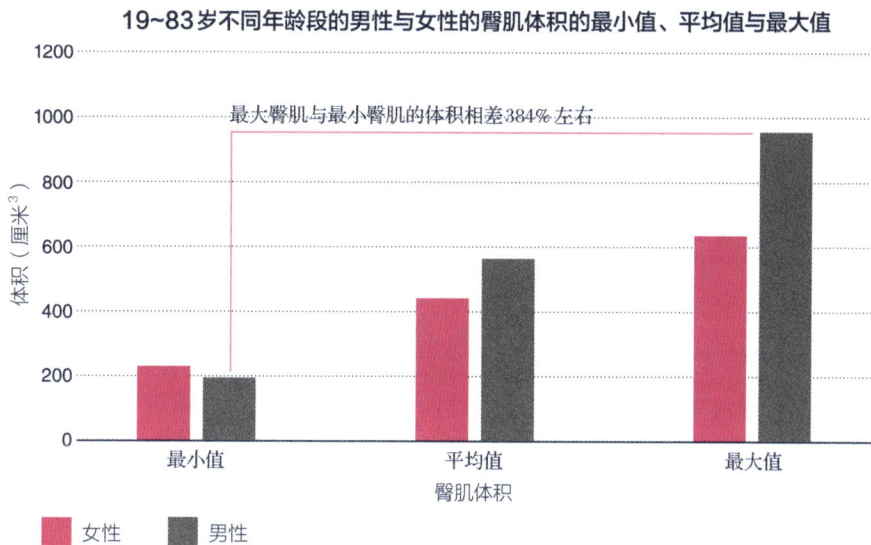

最大臀肌与最小臀肌的体积相差384%左右

体积（厘米³）

臀肌体积

最小值　　　　　平均值　　　　　最大值

■ 女性　　■ 男性

这些研究结果证明了基因不容置疑的作用和个体之间的差异，重要的是要认识到，研究中使用的训练计划并不允许存在差异。每个人都遵循同样的训练计划，其中包括同样的练习组数、重复次数、频率及动作。它们不涉及任何实验、调整或自我调节训练［根据自身感觉对自己的训练进行调整，也被称为生物反馈（biofeedback）］。所以，在给自己贴上臀肌增长基因差的标签之前，请考虑以下事实：你所遵循的计划可能并不能满足你的个人需求。

例如，很多人都推崇教练的训练计划，因为他们想达到和教练一样的效果。社交媒体可以让拥有漂亮臀部的人一夜之间成为臀肌训练教练，因为他们知道人们会购买他们的训练计划，以期用同样的方式来塑造同样的身材。虽然这个训练计划可能对少数人有效，但它并不是全面的。而我最不希望看到的是，你在遵循一个训练计划，然后又把它放弃了，因为这个训练计划没有让你达到它所承诺的效果。

更重要的是，如果没有花费大量的时间来进行试验，几乎不可能确定一个人是否具备塑造肌肉与增强力量的基因。当然，也有一些异于常人的人。大多数人的身体反应都很好，所以你只需要找出适合自己的目标及身体特征的训练计划与动作。

个体差异

研究结果取的是平均值，这并不准确，因为很多人并不属于平均值的范畴。简而言之，每个人对各种训练的反应都不一样，而且人与人之间的差异都很大。

虽然我们还没有确定所有的增肌基因，但我们知道，有些人的增肌基因遍布全身，有些人的增肌基因只存在于特定的部位，而有些人的基因并不允许他们增肌。例如，我的胸部有增肌基因，但它无法促进股四头肌的增长。对于某块肌肉而言，你有很好的遗传基因，但对于其他肌肉则不然。

同样重要的是，你自己在没有训练的情况下是如何看待基因的，以及在训练后是如何看待基因的。例如，一个人在刚开始训练时没有臀肌，但这并不意味着他没有使臀肌变得强壮、匀称的基因。在训练前，你可能看起来瘦得像电线杆一样，但一旦开始力量举训练，你就会增长肌肉，并且身材会看起来很匀称。关键在于，你的起点并不能反映你的终点。你不能只训练了3个月就说："我没有增肌基因。"当然，你的进步速度在一定程度上由基因决定，但合理的训练计划、耐心以及毅力在足够长的时间内也会产生效果。

此外，有些人对力量训练的反应非常好，有些人的反应较差，还有些人完全没有反应。我花费了多年的时间努力进行训练与试验，才弄清楚如何增长自己的臀肌。如果你与我一样，臀肌增长基因不良，请不要灰心，这并不是世界末日。如果你的臀肌不大，但你对抗阻训练的反应良好，你就能很快地促进臀肌增长；如果你的臀肌很小，并且你很难促进肌肉增长，但你也能通过训练减少脂肪量并变得强壮。

虽然不能控制自己的基因，但你可以控制自己的心态

虽然你无法控制你的基因，但影响你增强力量和增长肌肉的能力的因素有很多，而且这些因素都在你的控制范围之内。无论你的增肌基因属于哪一类，重要的是要把注意力集中在你可以调节的因素上，例如睡眠、饮食习惯、练习选择与训练频率。有些人对各种训练的反应都很好，有些人只对某些特定的动作反应很好，有些人对较大的负荷反应很好，有些人只有更努力地训练才能反应很好，有些人对更高的训练频率反应很好。你必须为自己的身体找到最好的刺激，这不仅需要你不断进行试验，还需要你理性地思考自己的基因，以及这些基因会如何影响你的训练策略。

我希望我能基于你独特的基因特征，为你提供一份独一无二的训练方案，但目前我还做不到这一点。但总有一天，你可以通过基因测试准确地知道，你应该吃什么、睡多久，以及如何根据自己的基因特征来进行训练。例如，如果你知道你对下一章所涉及的3种促进肌肉增长的机制中的哪一种反应最好，那么你就可以确定自己的最佳训练方案是哪种了。但要做到这一点，我们还有很长的路要走。在我们更深入地了解这些知识之前，它将仍是一门艺术，而非精确的科学。

事实上，每个人都有自己需要解决的基因问题。有些人身体上的脂肪很多，而另一些人虽然很瘦，但某些部位（例如腹部和臀部）有顽固的脂肪。有些人很难训练出肌肉，但身体很强壮；而另一些人可以训练出肌肉，但身体的某些部位很脆弱。我们当中总有

些人要面对这一系列问题。

　　我也需要面对一系列的问题，但我最终找到了合适的方法，并训练出了漂亮的臀肌。我的臀肌是最丰满、最强壮的吗？并不是。事实上，看到我的大多数人都会说："他的臀肌看起来也太普通了吧！"但如果你看到当初那个未经训练的我，你就会发现我有很大的改变，甚至你可能会惊讶于我的改变。我的确经过了很多年的努力，才终于成为现在的我，而你也可以。

健身的基因

　　有些人的训练效果会远远好于其他人。虽然训练和饮食对人们的增肌能力有很大的影响，但他们进步的速度在很大程度上是由个人的基因决定的。

　　事实上，我还没有看到过有哪个采取明智的训练方法（也就是说，他们持续进行训练，并通过试验找到最适合自己的方法）的力量举爱好者没有得到想要的结果。当然，肌肉的整体增长速度和程度受基因的影响很大，但合理的训练方法终归也能带来比较好的结果。也就是说，通过训练，你可能会减掉脂肪，获得一定的肌肉形状与密度，并增强自己的力量。即使你一开始并没有发觉，但只要保持正确的心态，持之以恒，你总会看到效果的。

　　请记住，你应该聪明且努力地训练。你可以选择丰富自己的知识面，以使自己的训练效果最优化。你可以选择做试验，找出最适合自己的方法。你可以选择更好的生活习惯。接受自己的基因，并爱上自己的训练方式。为自己的付出点赞，对自己的坚持进行奖励。我们每个人都有自己的长处与不足，持续取得进步和获得整体幸福感的关键在于：为自己的长处感到自豪，并努力对自己的不足进行弥补。

　　了解了上述内容，你将更清楚地知道如何处理本书后面介绍的训练策略、运动选择以及其他计划设计变量。同样重要的是，你将能够制定目标来提升自我形象、增强信心及训练的决心。利用你在本书中所获得的知识，不仅可以增强自身训练的自主权，还可以改变你对自己的看法。

第 2 部分　力量与形体训练的科学

你在健身房中看到的结果高度取决于肌卫星细胞将自身的细胞核融入肌纤维的具体程度。肌卫星细胞是一种干细胞，分布在肌纤维周围，其在促进肌肉增长中发挥作用。简单地说，肌卫星细胞会产生更多的遗传物质，并向肌纤维发出生长信号。

我们之所以知道这一点，是因为一项研究发现，在力量训练中，优秀反应者与一般/无反应者之间的差异主要归结为肌卫星细胞激活程度的差异[1]。优秀反应者的肌纤维周围有更多的肌卫星细胞，并且优秀反应者在训练期间扩展肌卫星细胞池的能力更强，这意味着他们更容易增长肌肉。

根据该项研究，研究开始的时候，优秀反应者的每100根肌纤维周围平均有21个肌卫星细胞，到研究结束时，他们的每100根肌纤维周围的肌卫星细胞数量上升到了30个。与此同时，他们的平均肌纤维面积增加了54%。研究开始时，一般/无反应者每100根肌纤维周围平均只有10个肌卫星细胞，这一水平在训练后期没有得到改变，并且他们的肌肉也没有得到增长。优秀反应者与一般/无反应者相比，除了肌卫星细胞的变化之外，他们体内关键的肌肉肥大信号分子——机械生长因子（Mechanogrowth Factor，MGF）、肌原蛋白和肌肉型胰岛素样生长因子（IGF-1Ea）的含量升高的幅度也相对较大[2]。

有些人就是中了"基因彩票"，所得"奖金"也不菲。一些评论人士提出，根据对双胞胎研究的分析，基因对个体肌肉大小的差异[3]有50%~80%的影响[4-6]。这并不是说我们已经得到了一张完美的基因图谱，并且知道了哪些基因可促使人们对力量训练做出优秀的反应。相反，由于识别引起肌肉肥大反应的相关基因的方法还相对新颖，因此该方面的研究仍十分有限[7]。虽然一些研究人员已经发现了少量不同的遗传特征和单核苷酸多态性（Single Nucleotide Polymorphism，SNP），它们可能与肌肉的显著增长有关，但这些结论还不足以解释个体在训练反应方面的差异[8]。

虽然有人中了"基因大奖"，但也有些人受到了基因的负面影响。从遗传学的角度来说，肌纤维有能力增加肌核数量，以应对各种类型的机械性负荷（如举重），而任何因素如果对肌纤维增加肌核数量的能力产生负面影响，就会降低肌肉体积及力量增大的可能性。这些因素包括产生的信号分子的数量、肌纤维对这些信号分子的敏感性、卫星细胞的可用性、卫星细胞池的扩展以及微小核糖核酸（miRNA）的调节。

关于基因最后的讨论

就像我说过的那样，这种情况很少发生：有人坚持不懈地采用明智的方法进行训练，并通过试验找到了对自己有效的方法，但在几个月的训练后没有得到很好的训练效果。每个人都能减少脂肪、增长肌肉并成功塑形，所以不要将没有相关基因当作不进行训练的借口。要有耐心，坚持到底。在短短的几年里，我就得到了一些难以置信的转变。如果你需要一些激励，可以查看第15、第16页的对比照片或查阅我在社交平台发布的照片。

第8章 如何增长肌肉

当我刚开始健身时，我的目标很简单，就是练出更丰满、更强壮的臀肌。我花了几年的时间才意识到，我需要以一种独特的方式来训练臀肌，但像大多数初学者一样，我不知道我该做些什么。虽然我听取了许多经验丰富的健美运动员给出的建议，遵循健美杂志上的训练计划，在健身房中模仿肌肉发达人士的动作，但我的臀肌的形状还是没有改变。我的训练计划乏善可陈，因为我忽略了自认为无用且很难学习的动作。

现在，你可能会认为，我永远不会在肌肉力量或维度方面得到改善。因为我的训练计划离系统性还差得很远。但事实上，我还是取得了一些成果。

这也是初学者最大的优势，只要坚持努力训练，绝大多数人的肌肉力量都会得到快速增长，体形也能得到快速改善。不过，好景不长。在足够长的时间里，你的身体会适应训练，之后你将很难实现自己的形体和力量目标。更重要的是，如果你的训练方式不当，或者你训练过度、过快，你就会面临受伤的潜在风险。

而这些正是发生在我身上的事情。我变得越来越强壮，但也染上了一些坏习惯。我没有为实现自己的目标规划出一条直接的路径，而是努力训练，然后直到出现错误或者我的进步停滞不前时，才停下来纠正问题。但这样做毫无意义，就像在迷路后才查看GPS一样。如果你想更快地到达目的地，你需要知道自己要去哪里，然后规划出一条直接的路径。如果你的目标是塑造更丰满、更强壮的臀肌，那么了解一定的知识会帮助你避免初学者（和高级训练者）经常犯的错误。

大多数人都知道这一点——自己获得的知识和经验越多，就能更快地实现目标。然而，我看到很多人都在犯我刚开始训练时犯的错误。他们直到停滞不前或出现问题时，才开始拿出"地图"，寻求更多的知识。

我希望本书能起到"地图"的作用。听我说，明智训练（即用科学依据来指导你的计划与训练）要比刻苦训练更重要，尽管二者都很重要。通过学习本章概述的原则与理念，你可以避免很多我个人及大多数训练者在开始训练时所犯的错误。换言之，如果你想实现自己的形体目标，至关重要的就是了解肌肉如何增长及促进肌肉增长的因素，因为这些知识将保证你在追求肌肉增长的过程中不会偏离目标。

肌肉是如何增大的：3种促进肌肉增长的机制

肌肉增长是一个复杂且新兴的研究领域。当谈到肌肉如何增大时，我们将其称为肌肉肥大（hypertrophy），即肌肉的增长或肌纤维（肌肉细胞）的增大。与肌肉肥大相反的一种说法是肌肉萎缩，即肌肉的流失或肌纤维功能的退化。

根据目前所了解的情况，我们认为促进肌肉增长的机制有3种：机械张力、代谢压力与肌肉损伤。虽然许多专家对代谢压力和肌肉损伤提出了质疑，但大家都同意机械张力是肌肉肥大的首要影响因素。好消息是，专家们正在努力解开有关参与肌肉增长的精确信号和传感器的秘密，这将使我们能够专注于促进肌肉增长的确切机制。但现在，从生理角度来讲，我们对肌肉增长的原因还知之甚少，因此我们分别针对这3种机制形成了训练策略。

机械张力

当你举起很大负荷的重物时，你有时会感觉肌肉疯狂收缩、异常紧张，就好像快要把骨扯出来，这就是机械张力。

为了更好地理解它是发挥作用的，我先简单解释一下我所说的张力是什么意思。可以对肌肉施加两种张力。

1. 第1种为被动张力，即通过被动地拉长肌肉来给它施加张力。想象一下，弯腰进行腘绳肌拉伸，你的腘绳肌会变得非常紧绷，尽管肌肉没有被激活，你还是会感觉到张力在增大。
2. 第2种为主动张力，即通过屈曲或收缩肌肉来给它施加张力。想象一下，为了展示自己的力量，你会尽可能地屈曲肱二头肌。这就是主动张力的一个示例。

然而，当你通过全范围运动来举起重物时，肌肉处于被动张力和主动张力的组合之下。换言之，肌肉在通过全范围运动被激活的同时，会被拉长（离心阶段）或缩短（向心阶段）。

例如，在练习负荷很重的杠铃后深蹲时，将臀部下降到膝关节以下可以被认为是全范围运动，因为你的髋关节、膝关节和踝关节完成动作的潜力被全部释放出来了，这意味着你的关节完全打开（伸展）或闭合（屈曲）了。而且，考虑到进行的是负荷很重的杠铃后深蹲，你必须充分收缩肌肉来完成动作，这就给你的肌肉带来了很大的张力。

若想采用机械张力的方法来最大限度地增长肌肉，你必须做到以下几点。

- 选择同时包含离心阶段和向心阶段的动作（想要了解更多的有关离心、向心肌肉活动的内容，参见第83、第84页）。
- 在适当的运动范围内移动。
- 通过以下方法来最大限度地激活及收缩肌肉：举起较大的负荷；尽可能多地举起中等强度的负荷，直到力竭；尽可能有意识地进行肌肉收缩。

高水平的张力持续的时间也是一个需要考虑的重要因素。肌肉需要接收充足且有规律的信号以促使自身增大，并且你还需要进行足够多的刺激性重复练习，以促使肌肉增长。在进行刺激性重复练习时，动作要足够缓慢，以通过形成横桥的方式来产生最大张力。简单地说，肌肉需要充足的时间来产生最大张力。如果肌肉收缩过快，张力的大小就不足以刺激分子水平上的肌肉增长。即使是在运动单位（协调肌肉收缩的单个肌纤维群）完全被动员的情况下，你也可能会表现出较低的张力水平，因为在跳高和短跑活动中，横桥会快速分离。只有进行足够多的重复练习，例如，超过你1次最大重复重量（1RM）的85%~90%，或者在最后一组中进行负荷较轻的重复练习直到力竭，才能同时满足张力和时间这两个方面的要求。实际上，进行1次最大重复重量（1RM）练习和在一组中做尽可能多的重复练习（如在10次最大重复重量练习中完成第10次）直至力竭，它们的速度是相同的。

事实上，所有重复练习都能促进肌肉增长，但是要想激发肌肉增长潜力，则需要进行连续的大重量重复练习直至力竭，因为这是目前最能激发肌肉增长潜力的训练之一。如果你只完成一次重量较轻的全范围深蹲，这样不会对肌肉施加压力以使其产生适应，也不会让肌肉在尺寸上得到增长。如果你进行足够多的刺激性重复练习来训练肌肉，并定期给自己增加训练量，那么你就会给肌肉带来足够的张力，进而刺激肌肉增长。

另外，值得一提的是，力量训练并不会自动给肌肉带来高水平的机械张力。例如，利用杠杆及其他肌肉的作用等，你在无须产生高水平张力的情况下，也能移动较重的东西。因此，针对想要增长肌肉的部位，你需要慎重选择动作进行练习，例如，当你要训练臀肌时，你可以选择臀推这一动作，并且有意识地专注于想要训练的部位，努力实现肌肉收缩的最大化。这就是所谓的神经-肌肉连接，我将在本章的后续部分对其进行详细的介绍。

产生机械张力的训练策略

产生机械张力的训练策略有很多。其中最直接的训练策略是利用渐进式超负荷与神经-肌肉连接的原则举起很重的重量，重复次数从低到中等（1~12次）不等，每个练习组之间要有较长的休息时间，以使身体得到最大限度的恢复。你也可以采用先进的训练方法，我将在第3部分对其进行介绍。以下是产生机械张力的训练策略。

- 神经-肌肉连接（第93页）。
- 渐进式超负荷（第102页）。
- 聚组训练[1]/停息训练[2]（第203页）。
- 大重量半程训练[3]。
- 强化离心训练（第206页）。
- 间歇组重复训练[4]（第210页）。
- 被动重复训练[5]。

以下是3个实现高水平机械张力的训练示例。

1 充分热身，以1次最大重复重量（1RM）的85%进行每组3次、共计4组的负重深蹲。

2 以1次最大重复重量（1RM）的60%进行每组5次、共计3组的停息半蹲，每次半蹲到底部位置时停顿3秒。

3 假设你正在进行重量为275磅的杠铃臀推，这个重量就是你能重复进行6次的最大重量。若采用停息的方式练习臀推，在重复6次后，你就会感到力竭。然后休息10秒，再多做2次。接着休息10秒，再多做1次。做完后再休息10秒，然后再多做1次。到最后，在最大重复次数为6次的练习中，你将完成10次重复练习。

译者注
[1] 聚组训练是在传统抗阻训练的连续组内重复和组间间歇的基础上，增加10~30秒的组内（短）间歇，从而打断传统抗阻训练组内的连续重复，提高单次重复动作质量，使之接近最大力量输出的抗阻训练方法。
[2] 停息训练指完成一组次数最多的练习后，休息10~20秒，再完成另一组次尽可能多的练习。
[3] 大重量半程训练也称粘滞点训练，这是一种增强力量和增大肌肉尺寸的训练方法，可以在单次动作练习的开始、中间或者结束阶段做克服粘点的训练。
[4] 间歇组重复训练是指在每次动作练习中采用顶峰收缩的方法，停顿3~5秒以增加负荷。
[5] 被动重复训练要求练习者在做一组练习至力竭时，由同伴辅助增加一些助力以使练习者再完成2~3次练习，它可以使肌肉达到超寻常的疲劳程度，所以适合在最后1~2组使用，不是每组都适合采用这种方法。

肌肉活动（收缩类型）

　　肌肉活动指的是肌肉相对于关节的运动。在本书中，我定义了3种主要的肌肉活动：等长、离心以及向心。

　　当关节保持同一角度时，就会发生等长肌肉活动。人们通常认为，等长肌肉活动就是肌肉保持相同的长度，但这种观点是不正确的。当你在不改变关节角度的情况下收缩肌肉（产生力）时，肌肉会缩短而肌腱会被拉长。例如，你在做臀推时保持顶部位置不变，同时尽可能地收缩臀肌，这就被认为是一种等长肌肉活动，因为臀肌在收缩，而髋关节的角度却保持不变。

等长肌肉活动： 在做深蹲时保持底部位置不变，或者在做臀推时保持顶部位置不变

　　肌肉在紧张状态下被拉长时，就会发生离心肌肉活动。这种类型的活动对肌肉造成的损伤最严重，因为当肌肉收缩时，它会努力缩短（收拢自己），同时又会被拉长。

离心肌肉活动： 在臀推或深蹲过程中身体下降

向心肌肉活动涉及肌肉的缩短。在这种情况下，使肌肉缩短的力超过了在另一个方向上阻碍它缩短的力。例如，当你深蹲后起身，或者在杠铃臀推期间抬高臀部时，你会产生足够的肌肉张力以伸展髋关节和膝关节，并且克服向下的重力。

向心肌肉活动：在深蹲后起身时或在臀推期间，伸展髋关节

代谢压力

回想一下你在训练某块肌肉时的感觉：肌肉灼烧感与肌肉泵感（肌肉肿胀）。这两种感觉均属于代谢压力的范畴。

代谢压力是由多种因素引起的，具体如下。

- 肌肉持续收缩造成的静脉闭塞（堵塞），使血液无法从肌肉中流出。
- 因血液聚集而导致肌肉缺氧或氧气供应不足。
- 乳酸等代谢副产物的积累及激素量激增。
- 血液聚集导致肌肉肿胀或肌肉泵感。

这些因素被认为通过张力和渐进式超负荷（负荷随着时间的推移而增加）协同作用有助于增长肌肉。它们也有助于解释加压训练（Kaatsu training）（在限制血液流动的情况下，以较多的重复次数举起较轻的重量）为什么在促进肌肉增长方面非常有效，尽管与传统的抗阻训练相比，它给肌肉带来的张力水平较低。此外，疲劳也能促使肌肉被激活，从而给单根肌纤维施加更大的张力。

肌肉泵感（也称肌肉肿胀）是指血液在肌肉中积聚，从而导致肌肉细胞肿胀。例如，当你进行力量训练时，你的动脉会将血液泵到肌肉中，但肌肉收缩会阻塞静脉，使血液在肌肉中积聚。

我指导过的大多数女性客户都喜欢泵感训练，因为她们喜欢这种感觉及泵感所塑造的臀部外观。我的一些客户的臀部"泵"了2英寸（1英寸≈2.54厘米），这意味着通过训练，他们的臀围增加了整整2英寸。泵感训练也有利于通过制造机械张力这一途径来促进肌肉增长，但其作用方式很独特。它使细胞结构产生张力，然后身体会加速合成蛋白质，从而增长肌肉，使肌肉更丰满。

肌肉灼烧感与代谢压力有关。当乳酸、无机磷酸盐和氢离子等代谢副产物在血液中积聚时，会造成肌肉局部灼痛，从而让你产生肌肉灼烧感。从理论上来讲，肌肉灼烧感会通过多种途径来促进肌肉增长。其中最主要的途径是，肌肉灼烧感会加快肌肉被激活的速度和促进肌肉收缩。当你进行更多的重复练习并开始产生肌肉灼烧感时，说明有更多的运动单位得到动员，从而增大了肌肉张力。然而代谢本身也被认为可以促进肌肉增长。这一点可以通过以下事实来证明：如果人们在低氧室（想象一下，有这么一间健身房，氧气浓度低于正常水平，在里面进行训练可以促使身体产生更多的代谢副产物）中进行训练，他们的肌肉增长幅度会更大。

当描述肌肉灼痛/肌肉肿胀时，我通常将其称为"肌肉灼烧感/肌肉泵感"，因为肌肉灼烧感与肌肉泵感具有相关性。但是它们又有所不同，有时你会感到一种感觉强于另一种。例如，如果我希望臀肌能得到最强烈的灼烧感，我可能会进行一组高重复次数的蛙式臀泵练习，直到力竭，或者进行一组100次的蛙式臀泵练习。但如果我想得到最强烈的肌肉泵感，我就会进行多组低重复次数的蛙式臀泵练习，例如每组50次、共计4组的蛙式臀泵练习。简单地说，只做一组练习的话，很难体会到很强烈的肌肉泵感。对于大多数人而言，需要进行多组练习才能让肌肉很好地肿胀。

肌肉泵感和肌肉灼烧感是否有利于肌肉增长，科学家们对此有所争论。但我相信，它们是有利于肌肉增长的。当你产生肌肉泵感时，细胞内的液体会积聚，并且细胞膜（肌膜）会承受相应的外压或张力。细胞会认为这是对超微结构（细胞内结构）的威胁，于是做出反应，进而变大，从而促使肌肉增长。但这纯粹是理论，因为我们无法进行测量，所以很难对这一理论进行证明或反驳。然而，已有研究表明，肿胀可以引起不同组织的肥大，如肝组织和乳腺组织。但肿胀会对肌肉产生作用吗？单靠肿胀就够了吗？肿胀是指细胞内肿胀而不是细胞外肿胀吗？促使肿胀产生的压力是否足够大呢？对于这些问题，我们还无法回答。

基于上述原因，我相信泵感与灼烧感训练有利于肌肉增长，但这种增长也有可能是泵感与灼烧感之外的机制引起的。这一机制可能只是与高重复次数及较短的休息时间相关的疲劳，这种疲劳促进了对运动单位的动员，减缓了肌肉的收缩速度，从而给臀肌施加最大的张力。在对其有更深入的了解之前，我不能确定泵感和灼烧感训练是否有利于肌肉增长，但目前我相信它可以，这就是我在我的训练计划里推荐它的原因。

产生代谢压力的训练策略

产生代谢压力的训练策略有很多。其中最直接的训练策略是进行快速、高重复次数（20次或更多）组及短时休息的训练。你也可以采取一些高级的训练策略，我将在第3部分对其进行介绍。以下是产生代谢压力的部分训练策略。

- 在快速的情况下采用高重复次数。
- 短时休息。
- 神经–肌肉连接（第93页）。
- 利用弹力带和链条进行训练。
- 加压或血流限制（Blood Flow Restriction，BFR）训练。
- 恒定张力动作重复训练（第202页）。
- 半程重复。
- 金字塔训练（第205页）。
- 扭矩加倍训练（第207页）。
- 递减组训练（第209页）。
- 超级组（第213页）。
- 充血训练（第213页）。

以下是3个实现高水平代谢压力的训练示例。

1 在膝关节处绑上弹力带，做每组50次、共计4组的蛙式臀泵练习。

2 在膝关节处绑上弹力带，躯干向后倾斜的同时做30次坐姿髋关节外展练习；接着挺直躯干，再做30次坐姿髋关节外展练习；然后躯干向前倾斜，再做30次坐姿髋关节外展练习。

3 进行杠铃臀推递减组训练。在杠铃的两端各装上一块45磅重的杠铃片，然后每端再装上3块25磅重的杠铃片。此时，杠铃杆加杠铃片的重量累计285磅。以这个重量做8次杠铃臀推，然后立即让协助者从两端各去掉一块25磅重的杠铃片。其间不休息。再以235磅的重量做6次杠铃臀推，然后立即让协助者从两端各去掉一块25磅重的杠铃片。其间不休息。再以185磅的重量做6次杠铃臀推。接着进行最后一组练习，让协助者再把剩下的25磅重的杠铃片全部去掉，然后以135磅的重量做10次杠铃臀推。最后，你在短时间内累计完成了30次杠铃臀推，杠铃重量从285磅递减至135磅，从而产生了大量的代谢压力。

肌肉损伤

大约在剧烈运动后的两天内，你的肌肉酸痛感很有可能达到峰值。在某种程度上，这种酸痛感是肌肉损伤的信号。肌肉损伤可能由以下情况造成：进行了一些不熟悉的训练，进行了一项将肌肉拉伸到很长长度的练习，或者在一组练习中强调离心肌肉活动（缓慢拉长已经收缩的肌肉），从而产生了较大的张力。例如，弓步动作在臀肌紧张的状态下会拉长臀肌，这就是为什么人们在弓步和深蹲练习中容易感到臀肌酸痛。然而，一些在臀肌长度较短（收缩状态）的情况下训练臀肌的练习，不仅能使臀肌变大，还不会让你感到酸痛。

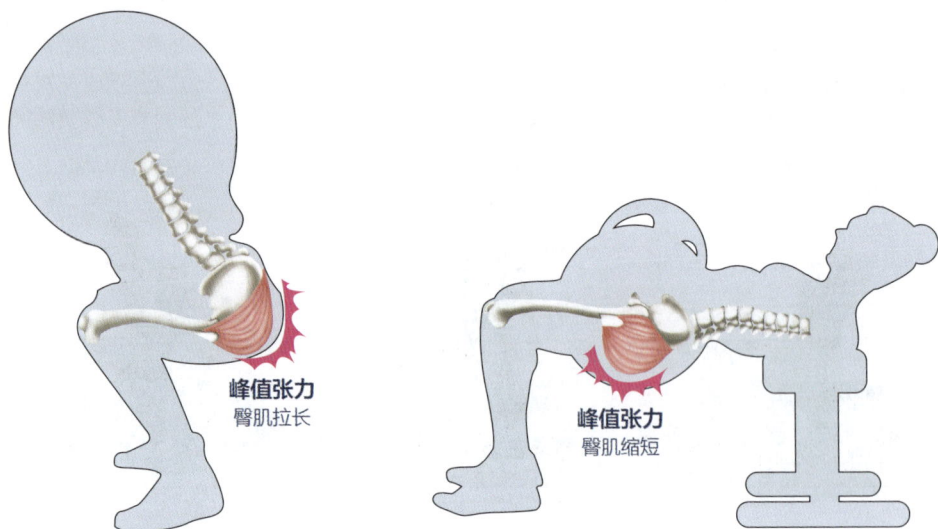

峰值张力
臀肌拉长

峰值张力
臀肌缩短

　　传统观点认为，力量训练会将肌肉撕裂，而休息会让肌肉得到恢复。就像结茧一样，身体会进行超量恢复，并且能把肌肉锻造得更为强壮。肌肉损伤由微撕裂（microtears）、病变（lesions）和相关炎症（inflammation）组成，并且存在于肌节、细胞膜、横小管和筋膜层面。肌肉损伤本身不会促进肌肉增长，但在训练过程中，全范围运动会导致肌肉内部产生张力，以及由于肌肉肿胀，肌纤维内部在接下来的几天会感受到张力，这些都是肌肉增长的原因。

　　无论是何种情况，大部分专家都认为肌肉损伤的作用被高估了，它在所给出的3种机制中是最不重要的一种。然而，绝大多数人都追求肌肉酸痛感，因为他们错误地认为需要酸痛感来刺激肌肉增长。这种想法不仅是错误的，而且由此产生的结果也是弊大于利。可以想象一下，周一你进行了剧烈的训练，然后因为肌肉过于酸痛而不得不放弃周三的训练。实际上，你无法承受那么大的训练量，并且肌肉酸痛会抑制肌肉激活，而训练量和肌肉激活对于肌肉增长来说至关重要。

　　不过，重要的是要考虑训练频率。如果你每周仅训练1次，那么你应该加大训练量，而不必过于担心肌肉酸痛。但如果你想最大限度地优化训练效果，那么你每周训练2次或3次。虽然在文献中鲜有支持这一观点的证据，但我相信每周进行3天臀肌训练，对大多数人而言是理想的选择。我曾有幸与拥有强壮臀肌的许多女性合作，她们在训练中都会优先考虑臀肌，并倾向于每周做3~5次臀肌训练（更多内容参见第12章）。如果你1周进行3天训练，那么请注意不要训练过度。如果你希望产生一点儿肌肉酸痛感，请不要过度，否则会影响你的训练频率。

　　我想指出的是，我的客户从来没有过肌肉酸痛感，但他们中的大多数人的臀肌都得到了很好的增长。

产生肌肉损伤的训练策略

产生肌肉损伤的训练策略有很多。当涉及臀肌时，最直接的训练策略就是进行弓步与深蹲练习，因为它们可以拉长臀肌。一般来说，任何强调离心阶段的训练，即在肌肉紧张的状态下拉长肌肉，都有可能造成明显的肌肉酸痛感。你也可以采取一些高级的训练方法，我将在第3部分对其进行详细的介绍。以下为产生肌肉损伤的部分训练策略。

- 进行拉长肌肉的训练，如深蹲与弓步。
- 进行多种训练，包括新颖的、不熟悉的动作。
- 进行自由重量（杠铃、哑铃及壶铃）训练。
- 强化离心训练（第206页）。
- 强调离心训练（第207页）。
- 强迫负功训练[译者注]。
- 良性负功助力重复训练。
- 负重拉伸。

以下为3个产生肌肉损伤的训练示例。

1 站在6英寸高的台阶上，进行1组10次的哑铃单脚抬高反向弓步练习。

译者注：强迫负功训练是指在离心过程中由同伴增加负荷，强迫练习者克服更大的阻力，在整个过程中同伴应平稳施力，切勿猛地用力。

2 练习一个有一段时间未做过的动作。例如，你已经3个月没有进行哑铃双凳深蹲练习了，那么你可以选择这一动作并进行每组12次、共计4组的练习。

3 进行强调离心训练的杠铃臀推。让一名同伴站在你的身旁，当杠铃下降时，他会尽可能用力下压杠铃以使你离心式地抵抗负荷。然后在你向心式地向上提杠铃时，他会松开双手。重复这个过程10次。需要说明的是，在杠铃臀推的下降阶段，你的同伴会向你额外施加100磅的阻力（并不一定是100磅，这只是示例，具体重量需根据训练者的承受能力而定），这样在向心阶段及离心阶段你就会承受不同的负荷。

3种机制之间的关系

    机械张力、代谢压力和肌肉损伤这三者是相互关联的，它们通过多种冗余的途径发出肌肉肥大的信号。例如，假设你正在进行膝关节弹力带高脚杯深蹲练习，在这种情况下，你会在肌肉紧张的状态下拉长你的臀肌，这样会造成肌肉损伤；你会承担额外的重量并向外抵抗弹力带的弹力，这就产生了机械张力；如果你重复进行练习，长时间的肌肉收缩会造成代谢压力。

    如你所见，这3种机制是相互重叠的。虽然你可以通过改变运动选择、速度、负荷等计划设计变量来强调某种机制，但是你不能将某种机制完全从中剥离出来。至少目前只能这样做。当我们了解到更多的知识后，我们就可以确定单条信号通路，但目前，我们必须进行全方位覆盖，针对这3种机制，进行不同强度的训练。

针对每种机制，选出正确的动作进行练习

    正如你了解到的那样，有些动作在引起肌肉泵感或肌肉灼烧感方面要优于其他动作，有些动作在产生机械张力方面要优于其他动作，有些动作练习在造成肌肉损伤方面要优于其他动作。下面将简单介绍如何针对这3种机制进行训练。

    重要的复合动作，如深蹲、硬拉、臀桥及臀推，可以通过大负荷来完成，这样可以最大限度地增强相关肌群的机械张力。采用相对较大的负荷、较少的次数、较长的休息时间（有利于力量恢复）有助于在上述训练中增强机械张力。因为机械张力似乎是肌肉增长的最大动力，而举起较大的负荷需要注意力与精力高度集中，所以我建议优先考虑复合动作，并在健身中首先对其进行练习。

给肌肉持续施加张力，或在肌肉长度较短（肌肉处于收缩状态）的情况下给目标肌肉施加最大的张力，是促使代谢压力产生的最佳方法之一。对于臀肌而言，如果不进行臀桥或臀推练习，就很难做到这一点。在进行臀桥与臀推的各类变式练习时，采取中等到高重复次数、短时休息、多组的方法，可以产生强烈的肌肉灼烧感及肌肉泵感，这是增强代谢压力反应的理想方式。更进一步地说，你可以利用弹力带或链条来使每次重复练习时承受的负荷更加固定。我建议你在健身结束时，以充血训练（参见第213页）的形式进行这些变式练习。

在肌肉长度较长（肌肉处于拉长状态）的情况下，做涉及最大负荷的动作，是造成肌肉损伤的最佳方法之一。弓步、深蹲、保加利亚式分腿深蹲、罗马尼亚硬拉、双脚抬高硬拉及直腿躬身，都是可以造成臀肌破坏的很好的动作。

纯离心训练、增加离心阶段的强度的训练或延长离心阶段的时间的训练，均可用于增强肌肉损伤反应，但最佳肌肉损伤和过度肌肉损伤之间存在着细微的差别。同样，肌肉损伤的作用被高估了，如果肌肉损伤影响了力量增强的速度和训练频率，那么你就得不偿失了。在训练后的第2天，如果你感到肌肉有点酸痛，这是正常的。但如果因为肌肉酸痛而几乎无法坐下来，那么这就是过犹不及了。因此，我建议你1周只做1~2次肌肉损伤训练，并特别建议你在健身的中间阶段进行肌肉损伤训练。

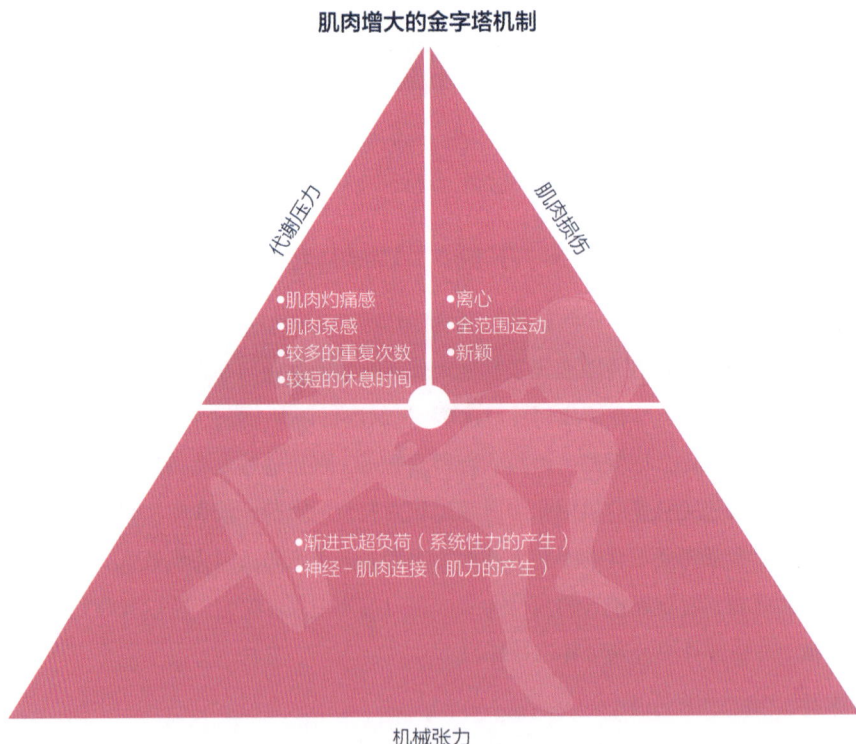

肌肉增大的金字塔机制

代谢压力

肌肉损伤

- 肌肉灼痛感
- 肌肉泵感
- 较多的重复次数
- 较短的休息时间

- 离心
- 全范围运动
- 新颖

- 渐进式超负荷（系统性力的产生）
- 神经 - 肌肉连接（肌力的产生）

机械张力

总之，给肌肉施加越来越大的张力，将使你的大部分肌肉得到增长。你可以通过渐进式超负荷训练来实现肌肉增长（想要了解更多信息，请参见第9章）。简单地说，随着时间的推移，你需要增加训练量，如增加重量、重复次数、训练组数等，并专注于肌肉增长最重要的方面，即以制造机械张力为中心。

但是，变得更加强壮并不总是意味着目标肌肉需要受到更大的张力刺激。你可以通过改变技术、使用冲力、缩小运动范围或依赖其他肌肉进行代偿来完成某一动作，但这样做并不能产生机械张力。这就是为什么你必须遵循神经–肌肉连接原则，并将其与渐进式超负荷结合起来。"单树不成林，独木不成舟"，为了取得肌肉肥大的效果，你必须从心理层面上关注正在训练的肌肉。

神经–肌肉连接

一些研究表明，当你训练某块肌肉时，有意识地关注它的收缩情况，能使你得到更高的肌肉激活程度。我在我与布拉德·舍恩菲尔德合著的一篇文章中对此有所概述。布拉德·舍恩菲尔德是我的挚友兼同事，这篇文章名为《肌肉发育最大化的注意焦点：神经–肌肉连接》（*Attentional Focus for Maximizing Muscle Development*）。

神经–肌肉连接

多年来，健美运动员都在采用神经–肌肉连接，即将注意力集中到正在训练的肌肉上。

下面我利用一个例子来帮助你理解它的工作原理。假设你正在做杠铃臀推，你把所有的注意力都集中到挤压（收紧）和激活你的臀肌上。当杠铃随着臀部下降时，你能感受到臀肌的张力。当你抬起臀部，直到髋关节完全伸展时，你将所有的注意力都集中在臀肌收缩上，以最大限度地激活臀肌。这就是神经–肌肉连接的工作原理。神经–肌肉连接也称"内部注意力集中"（internal attentional focus）。

研究清楚地表明，当你想着你正在训练的肌肉时，肌肉的激活程度会更高。通过有意识地关注目标部位，你可以将更多的神经驱动引导到肌肉上，从而增大张力和提高激活程度。我在自己身上做了大量的肌电图实验，结果表明这很有效。

除了提高肌肉激活程度，神经–肌肉连接还可以增强代谢压力反应。如果你忽视了神经–肌肉连接原则，这就意味着当你进行臀肌训练时，你没有考虑到需要激活你的臀肌，那么你对臀肌的利用就会不足，而此时，其他协同肌（如股四头肌和腘绳肌）会对臀肌进行代偿，以帮助你完成某项任务（如举起更大的重量）。

当你以肌肉增长为目标时，你就应该将注意力集中到肌肉上。如果你旨在增强力量与改善表现，那么你就需要将注意力集中在身体外部的激励因素上，而不是目标肌肉。换言之，将注意力集中在臀肌上，可以促使你训练出更加丰满的臀肌。如果你训练臀肌的目的是跳得更远、跳得更高或者举起更大的重量，那么你就不应该将注意力放在肌肉上，而应该放在外部因素（如身体外部环境）上，以使身体在适当的时机确定该使用哪些肌肉。

例如，假设你在做1次最大重复重量（1RM）的后深蹲。在这种情况下，你不应该将注意力放在为完成动作提供动力的肌肉上，而应该将注意力放在举起相应的重量上。所以，你可以想一些能激励你把重量举起来的事情。通过将注意力集中在任务和环境上，你就能让自己的身体确定该动员哪些肌肉，从而以最有效的方式完成这个动作。在研究中，这种做法称为内部与外部注意力集中。

我并不是说你没有使用臀肌或工作中的肌肉。无论是练习深蹲、臀推，还是练习硬拉，你都在采用正确的方式并确保安全。但你并没有专注于神经−肌肉连接以促进肌肉增长，并试图最大限度地激活臀肌。

下一章将对渐进式超负荷进行介绍，简言之，渐进式超负荷就是随着时间的推移，增加训练量。渐进式超负荷不仅对于肌肉增长很重要（如果你只是反复举起相同的重量，那么你就很难增长肌肉），对于力量增长也很重要。此外，在运用神经−肌肉连接原则时，你需要将注意力集中在正在工作的肌肉上，并确保臀肌是主动肌。

举起较大的重量和将注意力集中在被训练的肌肉上，对于肌肉增长来说都很重要，因此，你需要在这两种方法之间找到一个平衡点。在中国哲学中，阴和阳这两种自然力量看似相悖，实际上却是相辅相成、相互联系、相互独立的，并且会在交合之处相互催生。在进行促使肌肉增长最大化的训练时，你需要通过某些动作来让自己逐渐变得更加强大。然而，有时你不应该关注数量（渐进式超负荷），而应注重质量（神经−肌肉连接）。质与量对于肌肉增长最大化而言都是必需的，二者辅车相依、缺一不可，否则便会不尽如人意。通常情况下，在一天中，我会首先进行一到两项举起大重量的练习，然后完成剩余的练习，而此时我所关注的不再是重量，而是感觉。

在深入研究渐进式超负荷之前，在肌肉增长方面，还有一个重要的因素需要考虑，那就是肌肉构成。

肌肉构成

你身体中所有的肌肉都是由肌纤维构成的，而肌纤维是构成肌肉的细长细胞，如下图所示。这些细胞旨在通过产生和吸收力来控制动作。

肌肉收缩

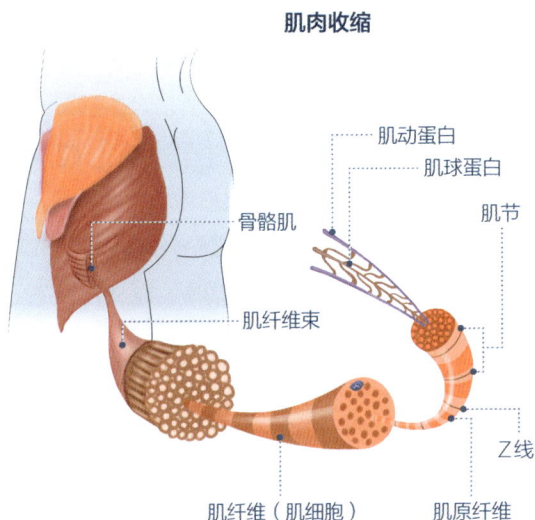

骨骼肌
肌纤维束
肌动蛋白
肌球蛋白
肌节
Z线
肌纤维（肌细胞）
肌原纤维

肌纤维通常分为两种：慢肌纤维（Ⅰ型）与快肌纤维（Ⅱ型）。你可能已经听说过，人们的肌纤维要么以慢肌纤维为主，要么以快肌纤维为主。慢肌纤维更适合进行耐力型运动，如马拉松；而快肌纤维更适合进行速度型和力量型运动，如短跑和举重。从理论上讲，马拉松运动员的慢肌纤维发达，而短跑运动员的快肌纤维发达。

当察看肌电图研究时，你会认为臀肌主要由快肌纤维组成，这是常识，因为当你从椅子上起身、爬楼梯、正常行走或进行其他涉及臀肌的日常活动时，臀肌并没有被大量调用。而当你在短跑、跳跃或拿起重物时，臀肌的激活程度会急剧提高。

从这个意义上来说，臀肌就像一个沉睡中的巨人，当你进行爆发性运动和剧烈运动时，它就会被唤醒。因此，人们认为臀肌主要由快肌纤维组成。但事实果真如此吗？有两项研究对构成臀肌的肌纤维类型进行了分析。第1项研究表明臀肌由68%的慢肌纤维及32%的快肌纤维构成，而第2项研究发现臀肌由52%的慢肌纤维及48%的快肌纤维构成。更复杂的是，有研究表明，与臀肌下部的肌纤维相比，臀肌上部拥有较多的慢肌纤维。这是有道理的，因为臀肌上部对骨盆有更大的影响。此外，它在控制姿势及稳定身体方面，也有较大的影响。

无论构成臀肌的肌纤维主要是快肌纤维，还是慢肌纤维，问题都在于：我们是否应该用特别的方式来训练臀肌？

体能训练界对于这个问题的讨论由来已久，最终的看法是，你应该根据自身独特的肌纤维类型，制订一项特别的训练计划来训练臀肌。

有些公司会针对你的肌纤维类型向你提供模糊的数据。数据会显示你的肌纤维类型主要是快肌纤维还是慢肌纤维。尽管这些数据会给你一些提示，但它们不应该影响你的臀肌训练计划，因为活检是确定构成臀肌的肌纤维主要是快肌纤维还是慢肌纤维的唯一方法，也就是说，要把针头插入肌肉，通过手术取出样本，然后对肌纤维进行检测，才能得到准确的结果。换言之，很难判别构成你的臀肌的肌纤维主要是快肌纤维，还是慢肌纤维。退一步讲，就算你进行了活检，结果也没有多大的意义。

有这样一个理论：如果你的臀肌主要由快肌纤维构成，你应该进行重复次数较少、重量较大的爆发性动作练习；如果你的臀肌主要由慢肌纤维构成，你应该进行重复次数较多、重量较小的动作练习。我与我的同事布拉德·舍恩菲尔德正在利用一项训练研究（始于2019年）对该理论进行验证，因此我们能及时了解到更多的信息。

尽管这个理论可能对进行体育运动训练的人士有所帮助，但涉及臀肌训练时，它的作用并不大，因为我们知道无论是高重复次数的练习还是低重复次数的练习，都能促进肌肉增长。更重要的是，如果你努力训练，那么在训练中你无法选择激活哪一类肌纤维，因为最终你会调用所有肌纤维。两种肌纤维的比例因人而异、因肌肉而异，并且运动单位（一种肌纤维群，由神经系统调动，以协调肌肉收缩）是由不同类型的肌纤维混合构成的。此外，有新的证据表明，经过长期刻苦的训练，你可以改变两种肌纤维的比例。因此，无论你是进行高重复次数的臀推练习，还是进行单次最大重复重量的臀推练习，抑或是进行强度在二者之间的臀推练习，只要你训练肌肉时接近瞬时力竭，那么你将激活所有的肌肉运动单位，并调用两种肌纤维。

请记住，你的臀肌非常独特，并具有综合功能。它们可以在不同的运动范围内进行有效的慢速、快速运动，并且在长期与短期训练中抵抗疲劳。有更多的证据表明，运动与训练的多样性很重要。

总之，活检结果可以显示你的肌纤维类型（快肌纤维或慢肌纤维），这是一种不错的判断方式。但涉及臀肌时，活检结果就无法指导你制订训练计划。要想获得最佳效果，你只需遵循本章最后一节列出的准则。

促进肌肉增长最大化的策略

本章讲解了很多内容，如3种促进肌肉增长的机制、神经-肌肉连接原则与肌纤维类型。下面我将概述本章的要点及促进肌肉增长最大化的关键因素。

尽管所有方法均以肌纤维的收缩速度为基础，但还是可以使用不同的方法来将肌纤维划分为不同的类型。与慢肌纤维相比，快肌纤维收缩得更快[1]。根据少量显示这种现象的研究，一些研究人员认为，负荷较小、重复次数较多的训练针对的是慢肌纤维，而负荷较大、重复次数较少的训练则针对快肌纤维[2-4]。

只有两项研究对构成臀肌的肌纤维类型进行了测量，遗憾的是，它们得出了不同的结论。其中一项研究发现年轻男性受试者的慢肌纤维比例为52%[5]，另一项研究显示老年髋关节炎患者的慢肌纤维比例为68%[6]。慢肌纤维比例较高的原因可能与受试者的年龄有关，但我们还不能确定。总之，臀肌不是主要由快肌纤维构成的，快肌纤维与慢肌纤维甚至可能各占臀肌的一半。因此，在臀肌训练中，要注重练习的多样性。

进行接近肌肉力竭的训练，以促进肌肉增长

大多数人都希望自己的肌肉更发达。为了实现这一目标，我们需要变得越来越强壮。通过举起很大的重量来促进力量增长，久而久之，就会给肌肉带来越来越大的张力，从而迫使肌肉适应性地增长。重量越大，就等于张力越大，张力越大就等于肌肉越发达。

然而，仅靠增加重量并不能训练出最发达的肌肉。力量举运动员能比健美运动员举起更大的重量，从而给他们的肌肉结构带来更大的张力。尽管张力增大了，但力量举运动员的肌肉通常没有健美运动员的发达。如果说张力就是一切，那么力量举运动员应该比健美运动员拥有更发达的肌肉。当力量举运动员想要练出肌肉时，他们会借鉴健美运动员的方法，采用重复次数较多、休息时间长的方法来辅助力量举练习，而不是进行重复次数少、训练组数多的力量举练习。此外，健美运动员的训练效率更高，因为他们可以应对更大的训练量，而不会手忙脚乱、穷于应付。例如，力量举运动员可能会最大限度地进行硬拉（举起较大的重量且休息时间较长），然后再进行3或4组训练。相比之下，健美运动员会用较少的重量和较短的休息时间进行硬拉，并且他们还会进行辅助训练，如臀推与背部伸展。因为如果采用较小的重量与较短的休息时间的方法进行训练，达到力竭状态时，身体所承受的负担将有所减少。

那么原因是什么呢？有两种解释。第一，力量举技术会最大限度地增加你能承受的重量，因此，最终你用得更多的是肌肉的整体力量，并产生更大的地面反作用力。健美技术会最大限度地增大施加给肌肉的张力，所以你的最终目标是使目标肌肉产生更大的肌力。此外，根据海勒曼原则（Henneman's size principle），对于较小的重量，普遍的想法是，较小的重量最终会在训练组中给每根肌纤维施加足够的张力。也就是说，当肌肉疲劳时，低阈值的运动单位无法再执行任务，因此需要调用高阈值的运动单位来借力，以完成任务。

尽管在较小的重量训练组中，肌电图的激活峰值永远没有在较大的重量训练组中的高，但较小的重量训练组需要更长的时间来完成。在此期间，每根肌纤维最终被长时间地调用，以配合刺激肌肉增长，这一点可以在训练研究（对比小重量与大重量对于肌肉增长的作用）中得到证明。关于这个话题，已经发表了20多篇论文，绝大多数论文都认为在两种情况下肌肉的增长程度是相等的。事实上，一项有趣的研究表明，没有阻力，只是简单地收缩肌肉，也能促进肌肉增长。在该研究中，一组参与者在无负荷的情况下挤压（收紧）肱二头肌，另一组参与者则做哑铃臂弯举。结果显示，这两组参与者的肌肉增长程度相似，这很可能是因为小负荷训练会导致更多的慢肌纤维增长，而大负荷训练会导致更多的快肌纤维增长，但肌纤维的总增长程度最终是相等的。

所以，虽然大重量训练确实能促进肌肉增长和力量增强，但你并不需要通过大重量训练来最大限度地促进臀肌增长。只要你在肌肉近乎力竭的情况下进行运动，训练负荷超过你1次最大重复重量的40%，并且进行全范围运动，你就能获得相似的肌肉增长效果。换言之，你可以通过较大的负荷（即使是自重训练也会以体重的形式提供负荷，以抵抗重力）来获得相似的肌肉增长效果，而这需要基于一个前提，即你是在离力竭还差做1~2次动作的情况下进行训练的，也就是说，如果你再多做1~2次动作，在不借力或不破坏正确的姿势的情况下，你就无法继续进行动作练习。

进行刺激性（有效且可以促进肌肉增长）重复练习

在一组练习中，力竭前的最后5次练习为肌肉增长提供了大部分刺激。如果你只做1次最大重复重量的练习，尽管它的强度很大，它也只提供了1次肌肉刺激。如果在力竭前，你做了3次重复练习，那么这3次都对肌肉产生了刺激。力竭前的5次重复练习也是如此，但是练习次数一旦超过5次，那么练习对肌肉进行刺激的次数就不会增加了。所以，假设你在力竭前进行了一组20次的重复练习，那么结果只有最后5次重复练习对促进肌肉增长有意义。如果你在最后少做1~2次重复练习，是否可以避免力竭呢？那么你就需要从5次刺激性重复练习中减掉少做的次数。例如，在一组10次的重复练习中，你省了2次重复练习（力竭前的最后2次重复练习），那么这组重复练习最终对肌肉产生刺激的次数只有3次。这个例子比较简单，因为每次重复练习对肌肉增长都有所贡献，但是越接近力竭的重复次数对肌肉增长的贡献越大。而这是在假设你的姿势和活动范围在每次重复练习中都是正确的前提下得出的结论，因为懒散的重复练习对于肌肉增长而言，没有原本的重复练习有效。

总之，你基本上可以选择自己喜欢的重复训练计划，但你需要通过研究确定每周的最佳刺激性重复练习次数，这可能因人而异。但你可以看到，如果进行每组5次、共计5组的重复练习，并且每组练习都会使你达到力竭状态，那么可以产生25次肌肉刺激；

如果进行每组1次、共计8组的重复练习，并且每组练习都会使你达到力竭状态，那么只会产生8次肌肉刺激；如果进行每组15次、共计3组的重复练习，并且每组练习都会使你达到力竭状态，那么将产生15次肌肉刺激。

假如你不想在某些动作练习（例如弓步或硬拉）中训练到力竭，同时你选择了每组8次、共计8组的重复练习计划，并且在每组练习中，省去力竭前的最后3次重复练习，那么这样将总共产生16次肌肉刺激。而如果进行10/8/6/15次的金字塔训练，那么这样将产生累计20次的肌肉刺激。因此，这个系统可以帮助你制定理想的训练计划。

我们需要进行更多的试验来研究如何将该系统用于练习某些动作，如高重复次数的自重蛙式臀泵。假设你进行每组50次、共计4组的重复练习，并且在每组练习中都未达到力竭状态，那么该系统将表明这样做不会对肌肉增长产生任何刺激，但根据我作为训练者和教练的个人经验，情况似乎并非如此。这样的训练系统可以帮助我们理解个人的训练方式，并且让我们少走弯路，但它们很少经得起科学的检验。

采用列举法，注重练习的多样性

只针对一个动作进行练习并不能改变一切。正如你了解到的那样，你需要通过不同的运动范围，进行各种不同负荷和节奏的训练，以确保你能调用3种促进肌肉增长的机制，并刺激所有的肌纤维。这就是当涉及练习选择和训练计划设计时，我会采用列举法的原因。想要详细了解列举法，请参看第198页。

高激活程度与肌肉增长密切相关，大范围运动可以减缓肌肉收缩速度

由肌电图测量出的肌肉的高激活程度与肌肉增长密切相关，但二者之间并非线性关系，也就是说高激活程度并不完全等同于肌肉增长。你必须考虑其他因素，如肌肉收缩速度。例如，在你跳起后落地时，你的股四头肌的激活程度急剧上升，但结果也只会出现一个持续时间短暂的峰值，可能不会刺激肌肉增长。

要想在肌纤维上产生足够的张力，你需要持续收缩肌肉。更具体地说，肌肉收缩或激活需要足够缓慢，以便在整块肌肉上产生最大张力。横桥是负责使肌肉产生张力以便在骨骼上产生拉力的结构，所有可能形成的横桥都需要一定的时间才能形成，从而产生动作。而这可以通过以下练习来实现：举起很大的重量，或者举起较小的重量，直至力竭。

此外，有研究表明，为了在拉长和激活相关的肌肉增长方面获得两全其美的效果，你需要通过大范围的运动来产生张力，以最大限度地促进肌肉增长。然而，并不是所有的研究都证实了这一点，因此，这很有可能取决于肌肉/肌群及相关的练习。等长练习似乎并不像动态练习那样适用于训练肌肉，因为动态练习可以使肌肉在整个运动范围内移动。

所以，尽管更高的激活程度有利于肌肉增长，但你还需要通过大范围的运动，采用合适的负荷、节奏以及强度来产生张力（激活肌肉），以最大限度地促进肌肉增长。

挤压臀肌有利于肌肉增长

当你进行臀肌主导型练习及某些腘绳肌主导型练习（如臀推、臀桥、后踢、四点跪姿髋关节伸展以及背部伸展）时，在动作的顶部挤压臀肌，有利于肌肉增长。这些练习对臀肌的激活程度非常高，这也是我为什么建议你在末端髋关节伸展处挤压臀肌1~2秒。

然而，在深蹲与硬拉动作的顶部挤压臀肌时，你要多加小心。大多数人在做这些动作时都能很自然地挤压他们的臀肌，以锁定臀部，但要避免做出有损正确姿势的过度挤压臀肌的动作。例如，在深蹲后起身时，过度挤压臀肌可能会造成骨盆后倾。在这种情形下，你的腰椎会被拉至屈曲，从而将你的髋部向前推动。如果此时你的背上还有一个沉重的杠铃，那就大事不妙了，因为这样你可能会受伤，而且你的臀肌也可能无法增长，所以你在训练中要处处小心，并优先保证身体姿势正确。

适当挤压臀肌　　　　　　　　　　　　过度挤压臀肌

泵感训练会让你的臀部变得更加丰满，并促进肌肉增长

正如前文所言，我相信泵感训练有利于肌肉增长，尽管现在没有具体的科学证据来证实这一想法，但有一件事是肯定的：经过良好的泵感训练，你会喜欢上它所塑造的臀部外形，而且它也很可能帮助你训练出更丰满的臀部。

髋关节伸展是促进臀肌增长的最佳关节动作

如果你曾经做过臀桥及臀推等髋关节伸展练习，那么实际训练效果可能会达到最佳训练效果的90%。

请记住，最高的臀肌激活程度发生在末端髋关节伸展处，这是臀肌缩至最短的区域。正因如此，臀桥和臀推被认为是很好的臀肌训练动作。为了验证这一想法，你可以坐下来或者向前屈曲身体，然后尽可能用力挤压臀肌，这与深蹲及硬拉类似。尽管你可以在这种屈曲的姿势下收缩臀肌，但这样做无法产生最大张力。然而，在直立、髋关节完全伸展的情况下，你可以最大限度地挤压臀肌，这与臀桥及臀推类似。

有意识地关注正在训练的肌肉，可以促进肌肉增长

大量的研究表明，有意识地关注正在训练的肌肉，也就是运用神经-肌肉连接原则，可以提高肌肉激活程度，还有一项研究表明，这样做可以促进更大程度的肌肉增长，因此请勿否认这一事实。无论你是利用肌肉激活技术进行热身，还是试图训练某一部位的肌肉，有意识地关注正在训练的肌肉可以有效促进肌肉增长。

优先考虑抗阻训练，避免短跑、增强式臀肌训练

虽然臀肌在短跑及跳跃中的参与度很高，但我不建议你采取短跑、增强式的策略来训练臀肌。原因有二：其一，短跑和增强式训练的风险高，它们更容易导致肌肉拉伤和撕裂；其二，短跑和增强式训练对肌肉的训练效果不及抗阻训练。世界上几乎所有的臀肌都是通过抗阻训练塑造出来的，因为抗阻训练能最大限度地增大肌肉张力，而短跑与增强式训练无法做到这一点。此外，抗阻训练在执行时较为安全，其带来的效果也是可以预见的，下面我将对此进行详细的介绍。

运动训练确实可以促进臀肌增长（但不是最大限度），并且可以提高神经系统的输出能力。当我对从事场地运动项目（如足球与橄榄球）的运动员进行指导时，虽然他们没有练习过力量举，但与没有运动背景的人相比，他们的收效来得更快。这主要是因为运动员已经能熟练地运用他们的臀肌在各个角度进行爆发式训练。相比之下，初学者并未参加过很多体育运动，他们还没有开发出自己的运动模式，还不会运用神经-肌肉连接原则，这是因为他们在训练中从未使用过臀肌。

然而，如果我的训练对象是一个从未参加过体育运动或者没有参加过任何运动的健身小白，或者说，就算我的训练对象曾经是一名运动员，但他的运动目标已经转向健美，并且想最大限度地促进臀肌增长，在这种情况下，我不建议他进行短跑式、增强式或爆发式训练，因为这样很容易受伤。相比之下，力量训练是一种更好的选择，因为在力量训练中，肌肉的收缩速度会较慢。

如果你是一名运动员，并且你的训练目标是改善运动表现与肌肉功能，那么进行爆发式、增强式训练是必需的，这不是因为你在努力打造臀肌，而是因为你想获得更好的运动表现（如更快的速度、更强的爆发力、更强的敏捷性与协调性）。你可能会想：为什么有些项目的运动员的臀肌会那么好看？诚然，很多运动员的臀肌发达程度令人难以置信，这很可能与力量训练有关，而不是运动训练。在负重训练流行以前，运动员的臀肌从未如此发达过。

第9章 如何获得力量

作为私人教练，我的一大乐事就是看到客户在臀推、深蹲及硬拉中打破个人纪录。他们脸上洋溢着喜悦的表情，我也深感欣慰。这对每个人来说都是一个快乐的时刻，因为它让我们看到所有的训练和努力付出都有所回报。客户比以前更强壮，是衡量进步的一个明确标准。

我鼓励大多数客户制订具体的力量训练目标，因为这会让他们每个月都有所收获。客户会痴迷于创造新的个人纪录，因此，他们在健身房里会更加刻苦地进行训练，并且个人坚持训练的毅力也会随之增强。当客户变得更加强壮、更加刻苦时，他们会注意到自身更多的形体变化，这也会鼓励他们继续进行训练。

第11章会介绍如何制订具体的力量目标，我希望所有的客户在跟着我训练6个月后，都能实现这些目标。现在，我想将重点放在增强力量的最佳策略上。尽管力量训练与增肌训练之间有所重叠，但它们之间并非完美的线性关系。换言之，你可以增肌而不增强力量，也可以增强力量而不增肌。

这不是说要增肌就不能增强力量，也不是要说增强力量就不能促进肌肉增长。无论你是为了增强力量而训练，还是为了增肌而训练，只要训练合理，你在这两方面都会有所收获。

但关键在于，力量训练与增肌训练并不相同，你必须考虑一种特殊情况。例如，在上一章中我曾提到过，当你将增肌作为训练目标时，你不需要进行大负重力量训练，只需持续练习直到肌肉接近力竭。然而，如果你的训练目标是增强力量，那么你就需要进行力量训练并且采用渐进式超负荷的方法。

渐进式超负荷

简言之，渐进式超负荷就是随着时间的推移增加训练量。这就意味着，随着时间的推移，你要增加重量、重复次数、训练组数。如果你旨在增强力量，那么随着时间推移，增加重量是你最好的选择。此外，你还可以扩大运动范围，采用更平稳的节奏，加入间歇，或者加入爆发性的训练内容。

总之，增强力量的最佳方式之一是随着时间的推移，增加训练量，以改善运动能力与体形，但这种方式对增大肌肉体积来说，效果并没有那么好。

虽然渐进式超负荷训练很简单，但若只简单地告诉别人每周多增加10磅重量或多重复2次动作，那么这样的训练是不可持续的。不同个体的健身能力存在显著的差异。如果你刚开始进行力量训练，那么在前几个月，你就会有巨大的收获；但当你进入停滞期或达到顶峰状态时，训练计划就会变得更加复杂。因此，要开出一张概括性的"处方"几乎是不可能的。故而，我不会给出具体的训练计划，而是列出10条准则，以帮助你运用渐进式超负荷方法进行训练，从而获得最好的训练效果。

1. 渐进式超负荷可以从你能完成的任何训练开始，但技术形式要完善

假如你刚开始练习某个动作，但你已经在网上看了各种强壮的力量举运动员举起数百磅重量的视频，你可能会认为自己也是一名运动健将，便在杠铃两端装上杠铃片，然后发现这个动作和想象中的不一样，因为杠铃很笨重，所以它会导致你在练习时动作不自然。你不知道该用哪块肌肉发力，甚至会感到关节隐隐作痛，并且会面临受伤的风险。那么，这个动作肯定不适合你，对吗？答案是不对！这个动作很可能适合你，只不过你需要采取不同的方式来练习。

不要关心别人的训练负荷（重量）。当你刚开始练习某个动作时，你可以使用较小的负荷来练习，然后再逐步增加负荷。我将展示两个案例，一个是我在训练中遇到的最虚弱的非老年、非受伤的初学者，另一个是最强壮的初学者，而你的情况可能介于二者之间。

我曾经训练过的最虚弱的初学者是一名中年妇女。在刚开始训练时，她不得不在可调节的阶梯踏板上进行自重箱式深蹲练习，这样她在触碰箱体时也只能下降8英寸。这位客户还进行了臀桥、登阶（4英寸高）以及髋关节铰链练习，所有这些练习也仅仅是在克服自重的情况下完成的。她继续坚持练习深蹲、臀推、登阶以及硬拉。当然，她练习的大都是这些动作的变式，但这些才是当时适合她练习的动作。然而不到6个月，她就开始练习全范围高脚杯深蹲、杠铃臀推、保加利亚式分腿深蹲以及95磅负重地上硬拉。

与之相反的是，我曾经训练过的最强壮的初学者是一名高中摔跤手，他可以负重185磅进行全蹲，负重225磅进行硬拉和臀推，以及负重155磅进行卧推，还可以在良好的姿势下完成保加利亚式分腿深蹲、单腿臀推及反手引体向上。尽管身为一名运动员，但他竟然从未专门进行过力量训练。体育运动增强了他的腿部与上半身，所以他的起点比大多数初学者要高得多。我的侄女当时13岁，是一名排球运动员。她在第1次重量训练中，就可以负重95磅进行深蹲，负重135磅进行六角杠铃硬拉，以及进行单腿臀推，而且在做这些动作时，她的姿势都很正确。

但这些人与你不同。你会发现，由于个人独特的体形，你在一些练习上具有优势，而在另一些练习上存在着巨大的劣势。如果你的股骨长，那么你可能不会在深蹲上打破任何纪录，但你的负重背部伸展力量可能令其他人望尘莫及。如果你的手臂长，那么你可以与卧推纪录"吻别"了，但你会成为硬拉界的"摇滚明星"。

找出你在退阶–进阶连续体（一份从最简单到最具挑战性的动作及其变式的清单）上的位置，然后开始训练，变得更强壮。这意味着你要稳扎稳打，不要急于求成，要通

过不断完善你的技术来掌控自己的训练进度。如果随着重量的增加，你的身体开始崩溃，那就说明你还没有足够的力量来举起那么大的重量。在这种情况下，你需要后退一步来强化身体，以应对更大的重量。

遵循基于百分比的训练计划［这意味着举起1次最大重复重量（1RM）的某一百分比］是人们常犯的另一个错误，他们会以自己多年前的1次最大重复重量（1RM）为基数。这些人从一开始就会将自己的训练搞得一团糟，因为他们的训练计划是以他们在较为强壮或较为年轻的时期的1次最大重复重量（1RM）为基数的。如果你遵循的是基于百分比的训练计划，那么你需要重新测试自己的1次最大重复重量（1RM），然后以这个数值为基数。

2. 渐进式超负荷训练针对初学者的一些原则

对于初学者和较有经验的训练者来说，渐进式超负荷训练的原则是不同的。同样，对于男性和女性，以及肌肉发达的人群和肌肉不发达的人群而言，渐进式超负荷训练的原则也是不同的。例如，我不会让一名刚开始进行力量训练的女性每周在用于练习深蹲与硬拉的杠铃杆上多加10磅的重量。首先，在施加负荷之前，有可能需要先做一些工作，如指导她如何正确地进行深蹲和硬拉。有些客户应该从局部范围的训练动作开始训练，如自重箱式深蹲、架上拉（从一个抬高的保护杆上进行硬拉）以及简单的渐进式距离训练，此外，每周需略微扩大动作范围。如果你一直进行的是每组10次、共计5组的自重深蹲练习（或者架上拉65磅），那么每周多下蹲1英寸，这也是渐进式超负荷训练。最终，当你可以进行全范围运动时，再考虑给自己增加负荷也不迟。

对于那些需要大幅度移动身体的训练，如深蹲、臀推、背部伸展以及弓步，在给自己增加负荷之前，你必须掌控自重训练的技巧。作为一般准则，我希望我的客户在可以完成每组20次、共计3组的全范围自重动作练习后，再考虑给自己增加负荷。

此外，随着时间的推移，许多举重练习都需要极小幅度地增加负荷，而在这些练习中，增加的通常是重复次数，而非重量。这不仅适用于负荷较小的训练，如绳索后踢和绳索站姿髋关节外展，还适用于具有挑战性的自重动作练习，如滑步式深蹲（skater squats）、单腿罗马尼亚硬拉、单腿臀推以及囚徒式单腿背部伸展。

当他们无法获得重量较小（如1.25磅或2.5磅）的杠铃片或者小幅度地增加哑铃或壶铃的重量（如17.5磅）时，增加重复次数对于女性及小个子男性来说是尤为重要的。想象一下：哑铃从50磅重到55磅重，重量增加了10%；哑铃从10磅重到15磅重，重量增加了50%。你不可能在负荷增加50%的情况下，保持与上一周相同的重复练习次数，但你可以在保持与上一周相同的负荷的情况下，多做1~2次。

例如，某一周你踝关节负重10磅进行四点跪姿后踢练习，共完成了15次。下一周与其将重量增加到15磅，不如尝试用10磅的重量进行20次练习。当你可以完成每组20次、共计3组的练习后，再将重量增加至15磅。

3. 渐进式超负荷可以通过多种方式来实现（我一般认为有12种方式）

随着时间的推移，有很多方式可以用来增加训练量。我已经提到过的方式如下：扩大动作范围、增加重复次数以及增加负荷。在刚开始进行训练的时候，你可能想在动作范围和身体姿势方面得到提高，这种想法是非常正确的，如果你的训练计划与上周保持一致，但是你的身体姿势变得更好了，这也能说明你在进步。因为更好的身体姿势可以动员更多的目标肌肉，你通过改善神经肌肉系统更好地发展了运动模式（协调性），甚至是增强了肌肉产生力的能力。

在你形成并适应正确的身体姿势和动作范围之后，你可以考虑增加重复次数和负荷了，但这并不是进步的唯一方式。以下是我能想到的12种方式。

- 保持相同的负荷和重复次数，扩大动作范围。
- 保持相同的负荷和重复次数，改善身体姿势，增强身体控制力，以及减小力度（效率）。
- 保持相同的负荷，增加重复次数（容量）。
- 保持相同的重复次数，增加负荷。
- 保持相同的负荷、练习组数以及重复次数，减少练习组之间的休息时间（强度）。
- 保持相同的负荷，提高动作速度和加速度（力度）。
- 保持相同的训练时间，增加训练量（强度）。
- 保持相同的训练量，缩短训练时间（强度）。
- 保持相同的负荷和重复次数，增加练习组数（容量）。
- 保持相同的训练量，增加每周的训练频次（频率）。
- 保持相同的训练量并维持力量，减轻体重（相对容量）。
- 保持相同的负荷和重复次数，利用被动重复训练、负功训练、递减组训练、静态保持、休息暂停、半程重复训练或者超级组训练，来延长先前练习组数中的技术性极限的持续时间（力度）。

请记住，要把动作范围和身体姿势的改善放在第一位，将重复次数与负荷的增加放在第二位。

4. 渐进式超负荷永远不是线性的

很多体能教练都喜欢讲克罗托那的米洛的故事，来阐明渐进式超负荷的优点。传说中，米洛每天都扛着一头小牛到处走。随着小牛的成长，米洛也变得越来越强壮。最后，米洛能举起一头大牛，还能毫不费力地完成几组肩扛牛行走。这是一个很棒的故事，对吧？

不过，这个故事听起来像是在吹牛。首先，这头牛的体形很大，足有半吨重，而且牛的身体前后不对称，扛着它行走，这听起来不是很荒谬吗？

克罗托那的米洛

从重量训练中获得的效益，无论是在灵活性、肌肉增长、力量、爆发力、耐力方面，还是在减脂方面，永远都不会以线性的方式发生，因为你的身体不会以这种方式工作。适应需要经历多个阶段。有时只需要一个星期，你就能在某一方面取得很大的进步，而在另一方面，你可能需要耗时3个月。久而久之，一切都会得到提升，但提升的过程是曲折的。这种现象的产生是有生理原因的，本书将重点介绍这些原因。

假设在某种训练中，你可以连续一年取得线性进步。假如你每周增加10磅的负荷，那么一年下来，就相当于增加了约520磅。就算每周增加5磅的负荷，那么一年下来，也增加了约260磅。此外，每周增加1次，一年下来，就相当于增加了约52次，即使是每月增加1次，一年下来也会增加12次。而事实上，一年之内，你不会在任何单次举起的重量上增加260或520磅，也不会在大多数训练中多做12或52次，这种情况不会发生。在某一阶段，你也许会变得出奇地强壮，取得很大的进步；在另一阶段，你也许会停滞不前；在又一阶段，你也许会变得很弱，出现退步现象。但每隔半年，你就很可能会变得更加强壮、更加健康。

下页的图表描述了一位女性在一年内体脂率和去脂体重的变化情况。她的转变是迄今为止我见到过的最具戏剧色彩的，但请注意非线性的适应，也请注意肌肉减少的部分。通过深蹲、硬拉、臀推、卧推、肩部硬拉、划船和反手引体向上等练习后，这位女性的力量增强了。她从来没有错过一次训练，并且在一整年内，她的饮食也十分合理。这一整年，她都在为使体脂率下降至10%以下而努力训练，但是她的肌肉却减少了11磅。尽管如此，她还是赢得了形体大赛的冠军，并迅速成为热门的形体选手。

体脂率	去脂体重（千克）

5. 在练习举重的前3个月，渐进式超负荷最有效

　　如果你是初学者，请好好享受这段旅程。只要训练负荷适当，那么在练习举重的前3个月，你的力量增长速度将高于你人生中的其他任何一个阶段。你几乎每周都会刷新个人纪录。上周只能做10次，而这周就能做15次的情况屡见不鲜。这在很大程度上是因为肌肉间的协调性迅速增强。不出意外，在3个月之后，你的力量增长速度会急剧放缓，很快你就会和我们一样，为了获得这些训练成果而使出吃奶的力气。

6. 对于经验丰富的举重运动员，采用渐进式超负荷时需要采取严谨和具体的策略

　　作为初学者，只要你持之以恒，你做任何练习几乎都可以增强力量。然而，在进行了几年的扎实训练后，你要想达到新的力量水平，就必须巧妙地安排你的训练计划。你需要转换动作练习，明智地进行计划设计，改变训练压力，专攻你最想提高的地方，同时对训练方法进行反复修订。

　　例如，在某个月，你可能会专门练习硬拉，在下个月你会侧重于深蹲练习，而在下下个月，你会针对单腿进行训练。但是，你每个月都会进行深蹲、硬拉与臀推练习。针对某一种动作模式进行训练，你会在该方面取得进步，但这并不是说你要忽略其他动作，因为保持力量是非常容易的。例如，你在进行深蹲主导型训练，那么你每次在健身时，可能会优先练习深蹲，接着再进行臀肌专项训练。然后在下个月，你可能会进行臀推主导型训练。而在第3个月，你又会进行硬拉主导型训练。但是在训练中，你总会加入每个动作的变式。这对于增强特定的举重力量及取得力量方面的进步来说，是一种很好的方式。请记住一句话，"打江山难，守江山易"。

　　最终，在某一特定的练习中，再增加更多的磅数，或者再多做一次重复练习，都会变得很困难。在这种情况下，你可能需要给身体恢复的时间。无论是为我自己，还是为我的布雷特式臀肌训练法（Booty by Bret program），抑或是为我的某一客户，我在制订训练计划时，通常会选择在前3周进行剧烈训练，而在第4周减轻训练负荷。然后再开

始下一个训练周期，周而复始。你可以以3周，甚至6~8周为一个训练周期。但我还是喜欢以4周为一个训练周期，因为4周正好等于1个月。下面是一个例子。

- 第1周=训练极限的60%~70%。
- 第2周=训练极限的70%~80%。
- 第3周=训练极限的80%~90%。
- 第4周=训练极限的90%~100%。

7. 在减轻体重时很难保持渐进式超负荷

除非你是初学者，否则很难在增强力量的同时又大幅度地减轻体重。事实上，保持力量不变，同时减轻体重，也是渐进式超负荷的一种形式，因为此时你的相对力量（力量相对于体重）增强了。因此，随着时间的推移，这种方法相当于增加训练量。

体重减轻对于训练的影响是最大的。你的深蹲与臀推能力往往会减弱，硬拉能力有时会保持不变，但单腿训练能力可能会有所增强。当你减肥时，你会看到自己在自重训练中的力量和耐力得到了大幅度增强，从而欣喜地在俯卧撑、引体向上、双杠臂屈伸、反向划船和北欧式腿弯举练习中增加重复次数。

8. 渐进式超负荷有时会不受你控制

很多时候，你虽然做了一切正确的事，但并没有变得更强，这是因为训练计划不奏效。你虽然努力进行训练，坚持遵循明智的训练计划，饮食和睡眠良好，但依旧不能刷新个人纪录。而有时候，虽然你做错了很多事，但力量却得到了增强。你的训练可能会脱轨，饮食和睡眠都不合理，你却还是在健身房里打破了个人纪录，但这样做是完全没有意义的，也违背了科学。尽管如此，但有时这就是你身体的工作原理。这种情况在生理上也是复杂的，并且归因于多种因素。但请勿自以为是，以为自己发现了某些秘密，然后就过度地参加聚会，吃大量的垃圾食品，并且不再系统地进行训练。这样的行为持续的时间过长，会对你产生负面影响，所以请保持你最佳的训练能力。

9. 渐进式超负荷永远都不应凌驾于正确的身体姿势之上

任何时候，如果你渴望创造个人纪录，你的动作姿势可能会变形，因为这样你才有可能创造个人纪录。例如，你可能会在硬拉时过度弓背，在深蹲时让膝关节塌陷，在深蹲或臀推时缩小动作范围，或者在练习弓步时抬高臀部。然而，这是一种"训练滑坡"，你最好避免它。只有当你在挑战肌肉的能力，并随着时间的推移增加训练量时，渐进式超负荷才会起作用。此外，如果你受伤了或者身体一直处于痛苦之中，你将无法创造任何个人纪录。

10. 渐进式超负荷需要标准化的技术

你知道使自己力量增长的唯一方式就是，每次都以完全相同的方式进行训练。也就是说，真正的力量增长需要适当的训练深度、节奏和执行力。很多训练者都在欺骗自己，假装自己变得更加强壮了，但事实上，他们的动作范围在缩小，训练姿势也变得不正确了。这些训练者并没有变得更强壮，而是变得更加松懈了。3家联合会相继针对不同的动作制订了规则。这些规则值得你花时间去学习，这样你就能在训练中和测试个人极限时正确地进行训练。假如你能正确地进行训练，那么你就总是能深蹲到更低的位置，总是能在臀推和臀桥练习中锁紧臀部，总是能通过全范围运动来控制负荷。

我希望上述10条准则能够帮助你走上正轨，并且最大限度地增强你的力量。我还有一条建议要与大家分享。即使是最老练的举重运动员，也常常要退一步才能前进两步。有时我们会痴迷于连续刷新个人纪录，以致于改变正确的身体姿势，依靠其他肌肉代偿，缩小运动范围，或者在痛苦中训练。

我建议你在追求渐进式超负荷的过程中每年测试一次你的力量水平，然后将你以前所做的一切都抛诸脑后，以最佳的身体姿势与动作范围重新开始训练。这将成为你新的训练基线。现在，在随着时间的推移增加训练量的同时，你要努力保持这种正确的身体姿势。久而久之，你的身体将感谢这种简单而又有效的训练方式。

降低风险

如果你在训练中没有保持正确的身体姿势或者没有遵循精心设计的训练计划，那么训练对你来说是危险的。例如，如果你在硬拉时过度弓背，那么你可能会受伤。但如果你将脊柱保持在中立位置（即保持背部平直，上背部可能有点屈曲），这通常不会让你受伤。对于计划设计来说也是如此。如果你1周尝试3次硬拉，那么你很有可能会受伤，因为这样的训练安排对你来说太过沉重，而不易让身体得到恢复。如果你遵循一个良好的训练计划（将身体恢复考虑在内），如1周进行1次硬拉练习，那么你就不会受伤。

一般来说，举起较大的重量在本质上要比举起较小的重量更加危险，因为举起较大的重量会给你的关节带来更大的压力，而且你出错的余地也很小。但是，这不应该阻碍你进行训练，或者阻碍你完成力量目标。

如果你和你的教练对你的情况有所了解，就可以避免很多危险。简言之，只要你听从自己的身体，遵循明智的训练计划，并把保持良好的身体姿势放在首位，这样训练对你来说就没有什么危险。

第 10 章

动作练习分类

当我开始与客户合作时，我通常会以询问客户的训练目标的方式开启我们的交流。虽说客户们的目标各不相同，但他们寻求的往往都是形体上的变化，想要尽力纠正臀肌发展不平衡或缓解臀肌损伤，或者试图增强特定的力量和提高运动表现水平。

尽管他们进行训练的原因各不相同，但我为他们制订训练计划所遵循的基本原理是一致的，即我专门选择的动作练习会与客户的经验、解剖特征和目标相符。换言之，动作练习的选择对于确保客户获得他们想要的训练效果至关重要。如果客户想要增强臀肌上部，我就需要针对该部位制订训练计划。如果客户的一侧臀肌明显大于另一侧，那么我所选择的动作练习必须有助于纠正这种不平衡。

像木匠大师一样，优秀的教练针对不同的情况会使用特定的技术与方法。在大多数情况下，教练采用的训练方法主要是杠铃臀推或后深蹲，但在某些特定的情况下，他们会使用特殊的方法，如单脚抬高弹力带臀桥。重点是要达成训练目标，你需要了解如何根据客户的特征选出正确的动作练习。如果你没有对训练技术的分类进行系统的了解，你就无法从中选出适合客户的动作练习。那么，如何从数百种不同的动作练习及其变式中，选出真正适合客户的动作练习？而当你对安排和选择的分类系统了如指掌时，你就会知道特定动作练习有效的原因以及执行的时间和方法同样重要。

有多种方法可以用来对臀肌训练的动作练习进行分类，包括运动平面、力矢量、膝关节运动、主导肌肉、动作模式、利用的肢体数量、负荷位置与阻力类型（器材）。但在本章中，我仅介绍运动平面、力矢量和膝关节运动，因为如果将这3种分类方法组合成一个系统，我们就可以对臀肌训练进行全面、准确的分类。

在第5部分，我将介绍如何根据运动的主导肌肉、动作模式、利用的肢体数量、器材和负荷位置（放置器材的身体部位）来安排训练。这些方法可以极好地将动作练习进行广义上的分类，并且我在本书中也使用了相同的分类系统，以便读者更容易找到相应的训练方法。但是，这不是对单项技术进行分类的最准确的方法。

要想确定为什么某些动作练习非常适合特定目标，以及为什么某些动作练习能更好地锻炼臀肌，你需要查看与运动负荷相关的身体姿势，这正是你将在本章中学到的内容。例如，你会了解到为什么用背部进行杠铃深蹲（站立时为垂直负荷）可以训练你的臀肌下部，以及为什么用髋关节进行杠铃臀推（仰卧时为水平负荷）可以同时训练臀肌上部和下部。

我相信这些信息对于任何有兴趣学习如何充分增强臀肌的人来说都是非常重要的。不过，我意识到一个问题，训练分类，特别是根据运动平面和力矢量进行分类，可能会让你蒙头转向。所以，让我来帮助你，将这一切归结为：要想充分执行你的臀肌训练计划，你需要通过不同的姿势从不同角度训练臀肌。

在本章中，我将详细描述这些角度与姿势。这些知识将帮助你完善选择动作练习与制订计划的方法，这部分内容我将在第4部分进行介绍。如果你对学习动作练习分类系统毫无兴趣，或者只是想掌握一种简单的方法，以及如何根据该方法对臀肌动作练习进行选择，那你可以参考第124页与第125页的臀肌训练类别表，该表以一种易于理解的方式列出了现有的所有信息。

科普：动作练习分类

动作练习分类通常是为了确定哪种动作练习最适合迁移至某些特定的运动。训练迁移是对力量训练动作练习的适应（如最大后深蹲力量）带来的对某项运动任务的适应（如垂直纵跳高度）。如果操作得当，可以通过收集数据并使用迁移效应系数（Trainsfer Effect Coefficient，TEC）比率来评估一组运动员的训练迁移情况。TEC比率是训练后在运动任务表现方面的增益（效应值：ESST）和训练后在1次最大重复重量训练中获得的同步增益（效应值：ESEX）之间的比率[1]，因此TEC比率=ESST/ESEX。

不那么严格要求的话，也可以根据训练与运动任务之间的相似性来预测训练的迁移量。这类似于"动态对应"的概念，即"特定力量的准备方法多接近于与之对应的特定运动中神经肌肉系统的功能"[2]。

训练的动态对应性的重要程度在很大程度上取决于个人的训练情况。对于初学者而言，几乎所有的训练或运动都能带来力量的增强，因为所有肌肉在受到新的刺激时都可以迅速增强自身力量。然而，随着个人受到的训练越来越多，其对训练特异性的需求也随之增加。对于精英运动员而言，训练必须非常具体地针对运动员在运动任务中想要提升的方面。

训练可以跨越广泛的领域来体现其与运动任务的动态对应关系。训练的特异性因素可包括肌肉收缩类型（向心、等长或离心肌肉运动）、收缩速度（爆发性的或受控制的）、负荷（重、中等或轻）、力矢量（轴向、前后向等）、出现顶峰收缩时的关节角度、运动范围、可用于力量发展的时间、稳定性要求、姿势以及肢体活动次数等[3]。

但问题是在对各种情况进行评估时，我们不确定哪个因素最重要。

从传统意义上说，当希望实现健身房训练和运动表现之间的更好的动态对应时，体能教练比较注重的是身体姿势与稳定性方面的要求。一开始，人们倾向于离开蹬腿机，转而利用深蹲架进行训练，这是因为站姿和维持杠铃的平衡被人们认为更像是运动挑战。后来，人们多采用单腿动作，这是因为跑步属于单次单腿蹬地动作，并且许多弓步动作和跳跃动作也从一条腿或分腿站立开始。很长一段时间后才崭露头角的因素是力矢量，即力相对于身体的方向。然而，它似乎成了一种你不想忽略的特异性因素。

动作练习分类

在此重申一下，可以运用多种方法对动作练习进行分类。在本节中，我将重点介绍运动平面、力矢量以及膝关节动作。这些分类方法本身并不完善，但是当你将它们组合成一个系统时，不论是针对臀肌上部、臀肌下部或臀肌上部和下部，还是针对股四头肌或腘绳肌，你都可以根据类型及想要训练的肌肉有效地选择动作练习。

例如，仅考虑动作发生的位置（运动平面）很难解释某项特定的练习的效果有多好。为了缩小选择范围，你还需要知道相对于你的位置（力矢量）而言，负荷主要落在了你身体的哪个部位。而要想知道动作练习训练的是哪块肌肉，你需要在动作练习中观察自己的膝关节动作。

下面我将首先介绍并解释每种分类方法，然后将它们结合在一起并阐明如何将这些方法用于划分臀肌训练动作练习的类别。

运动平面

了解如何对训练进行分类的第一步是熟悉运动平面。

运动平面是指动作发生的特定的平面（前、后、左、右、顶部和底部）。换言之，当你进行力量举的时候，运动通常发生在界定清晰的运动平面上。这种分类方法因为有助于描述体育运动，而受到体能教练的青睐。教练们会观察动作发生于何处（运动平面），然后尝试在受控的环境中模仿此动作，以改善身体特定部位的表现或运动表现。例如，如果动作发生在整个运动的冠状面（从一侧到另一侧），那么教练可能在健身房中安排左右或侧向的动作练习。

体育运动涉及多个平面，这就是为什么许多教练将"多平面"动作练习纳入其训练计划。在本书中，我使用运动平面术语来标记动作练习并挑选出特定的动作模式，例如冠状面髋关节外展和水平面髋关节外展。要想充分发展臀肌的各个区域，你必须同时进行两种类型的动作练习。

人体运动涉及3个运动平面：冠状面、矢状面及水平面。

冠状面 ········
矢状面 ········

水平面 ········

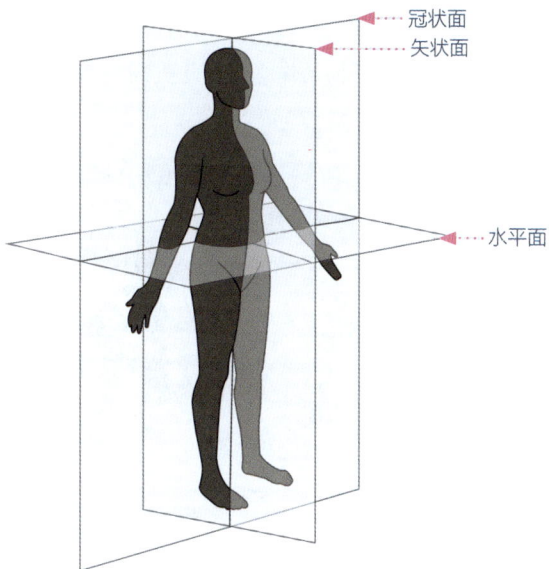

冠状面将身体分为前后两部分，与之相关的动作练习示例包括左右或侧向动作及外展动作，如弹力带侧向行走及侧卧髋关节外展。冠状面训练主要针对的是臀肌上部。

弹力带侧向行走　　　侧卧髋关节外展

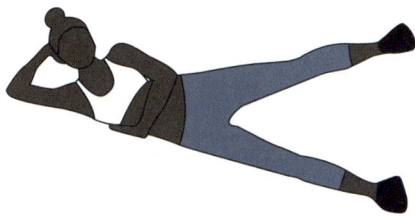

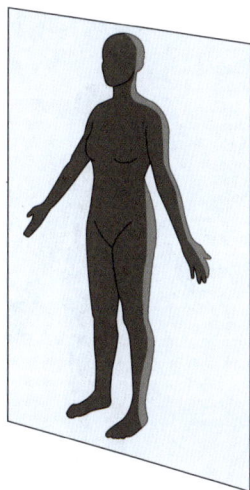

矢状面将身体分为左右两个部分，与之相关的动作练习示例包括臀推、深蹲、硬拉以及几乎不包含侧向或旋转运动的任何动作练习。此类别的动作练习可以在较大的负荷下进行，通常包括各种推举训练。

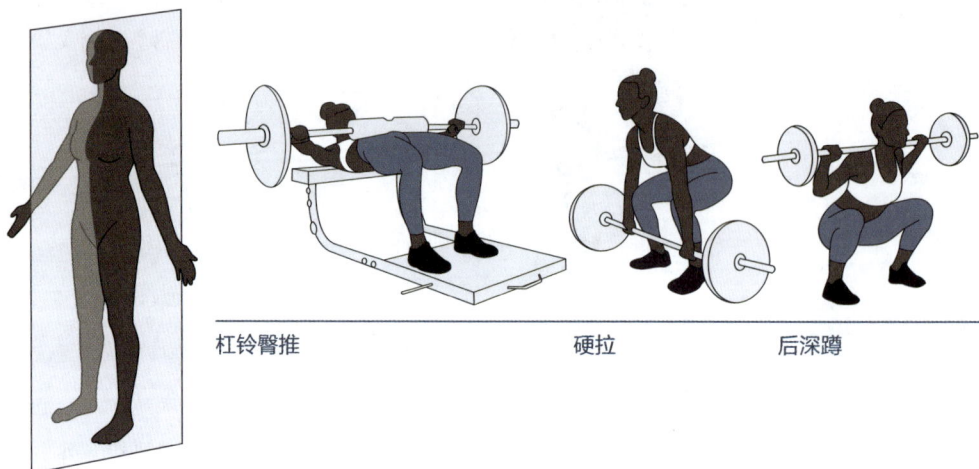

杠铃臀推　　　　　　　　硬拉　　　　　　　　后深蹲

水平面将身体分为上下两个部分，与之相关的动作练习示例包括旋转动作练习，如绳索或弹力带髋关节外旋。水平面训练同时针对臀肌上部和下部。

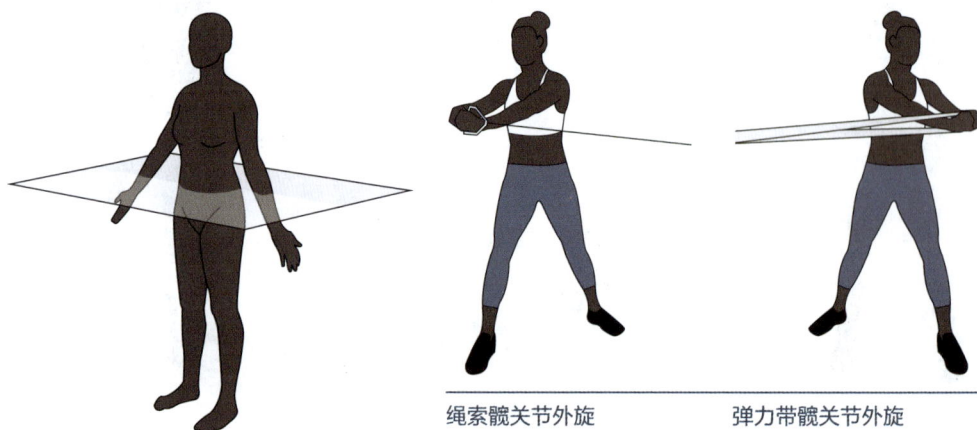

绳索髋关节外旋　　　　　弹力带髋关节外旋

尽管使用运动平面对动作练习进行分类可以告诉我们运动在哪里发生，但它并不能将运动完整地描绘出来。因此，为了准确地对臀肌训练进行分类，我们不仅要考虑运动发生在何处，还要考虑力矢量，即相对于身体的阻力线。

科普：力臂与运动平面

肌肉力臂

肌肉力臂可衡量杠杆作用。如果肌肉在特定的平面上具有力臂，那么当它受到刺激或拉长时，关节会朝力的方向旋转。在判定肌肉的具体功能时，肌肉力臂通常会被忽略。然而，在确定一块肌肉在给定的关节处以任何角度产生旋转力的有效性时，它们至关重要。尽管现在谈论的是肌肉施力，但我们实际上说的是扭矩或"旋转力"，因为四肢运动是以关节为轴沿着某个角度下的路径进行的。用力乘以垂直轴距（即力臂长度，可衡量此刻肌肉作用于该关节的杠杆作用）可以计算出扭矩。垂直轴距越大，扭矩越大。

这就是为什么握住扳手手柄下方比握住靠上的位置更省力。力臂越长意味着对杠杆施加同等大小的肌力时产生的扭矩更大。

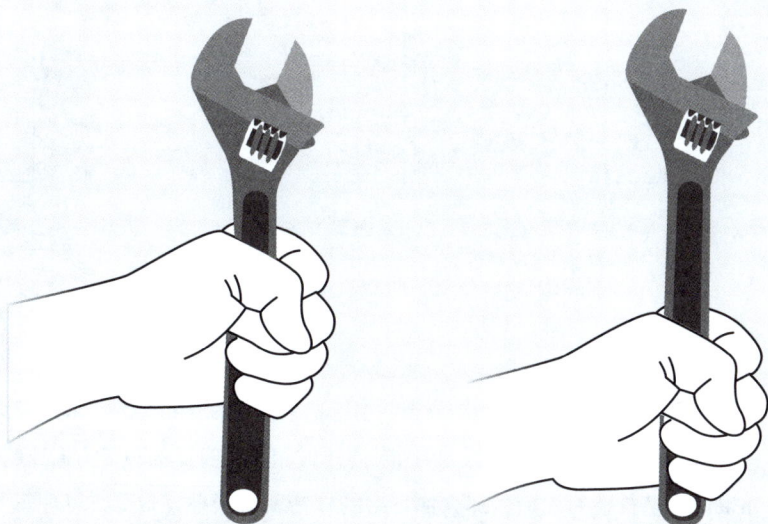

运动平面

肌肉可以在以下 3 个运动平面中的任何一个上具有力臂（杠杆作用）：矢状面、冠状面及水平面。臀肌非常独特，因为它们至少在两个平面上具有意义非凡的力臂，并且几乎可以肯定的是，在第 3 个平面上还有一个次要力臂。这使臀肌成为关键的髋伸肌、重要的髋关节外旋肌及次要的髋关节外展肌。在下面的表格中，你可以看到臀肌与每个平面上的其他髋关节肌肉的力臂长度对比情况[4]。

中立姿势下3个平面中的髋关节肌肉力臂

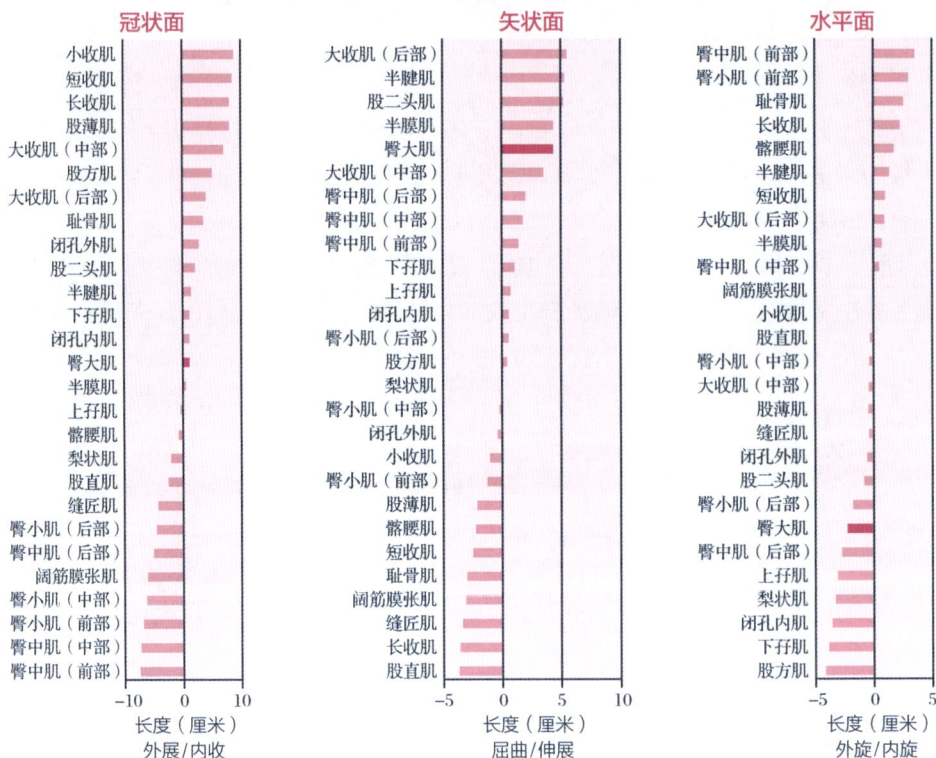

冠状面	矢状面	水平面
小收肌	大收肌（后部）	臀中肌（前部）
短收肌	半腱肌	臀小肌（前部）
长收肌	股二头肌	耻骨肌
股薄肌	半膜肌	长收肌
大收肌（中部）	臀大肌	髂腰肌
股方肌	大收肌（中部）	半腱肌
大收肌（后部）	臀中肌（后部）	短收肌
耻骨肌	臀中肌（中部）	大收肌（后部）
闭孔外肌	臀中肌（前部）	半膜肌
股二头肌	下孖肌	臀中肌（中部）
半腱肌	上孖肌	阔筋膜张肌
下孖肌	闭孔内肌	小收肌
闭孔内肌	臀小肌（后部）	股直肌
臀大肌	股方肌	
半膜肌	梨状肌	臀小肌（中部）
上孖肌	臀小肌（中部）	大收肌（中部）
髂腰肌	闭孔外肌	股薄肌
梨状肌	小收肌	缝匠肌
股直肌	臀小肌（前部）	闭孔外肌
缝匠肌	股薄肌	股二头肌
臀小肌（后部）	髂腰肌	臀小肌（后部）
臀中肌（后部）	短收肌	臀大肌
阔筋膜张肌	耻骨肌	臀中肌（后部）
臀小肌（中部）	阔筋膜张肌	上孖肌
臀小肌（前部）	缝匠肌	梨状肌
臀中肌（中部）	长收肌	闭孔内肌
臀中肌（前部）	股直肌	下孖肌
		股方肌

长度（厘米）-10 0 10	长度（厘米）-5 0 5 10	长度（厘米）-5 0 5
外展/内收	屈曲/伸展	外旋/内旋

摘自："Actions of hip muscles" by W. F. Dostal et al.

负荷矢量/力矢量

根据阻力线安排训练，在对动作分类时会提高另一层面的准确性。在物理学中，矢量包含大小与方向。不过，你也可以根据阻力线或相对于身体的负荷方向来考虑矢量。例如，如果你在做杠铃后深蹲，那么你身后的杠铃就属于垂直负荷，可理解为轴向矢量。然而，力矢量会随着身体姿势的变化而发生变化。站立的（做后深蹲时）的垂直负荷形成一个轴向矢量，但仰卧时（做杠铃臀推时）的垂直负荷形成的是前后向矢量。因此，我将前后向矢量运动称为水平负荷。再重复一遍，在这里我考虑了相对于身体姿势的负荷方向。

力矢量还有助于确定髋关节在运动时臀肌的激活程度。根据屈曲和伸展的运动范围来测量臀肌张力的方法称为扭矩角度曲线。除了测量张力水平外，你还可以用扭矩角度曲线测量费力程度，例如运动的某些特定阶段会更难还是更轻松。例如，垂直（轴向）负重训练（如深蹲）对应的扭矩角度曲线表明在下蹲到最低点时非常困难，而在站立时则相对轻松。像臀推这样的水平（前后向）负荷训练，其扭矩角度曲线在整个过程中较为平缓、连贯。简而言之，取决于力矢量的臀部伸展运动范围可以表明运动变得更容易或更困难。

116

因此，要确定力矢量，我们必须考虑两件事：力的方向或阻力线（负荷位置）与身体姿势。

阻力方向

臀肌训练涉及4种不同的力矢量：轴向（垂直）力、前后向（水平）力、内外侧（侧向）力、扭转（旋转）力。不过，正如运动同时发生在多个平面上，多个力矢量也可以组合在一起形成组合力矢量。例如，轴向力与前后向力（垂直−水平组合负荷）的组合构成了对角负荷或阻力线。在后文中，我会提到不同的力矢量的组合，不过我刚刚提到的几种是最常见的。

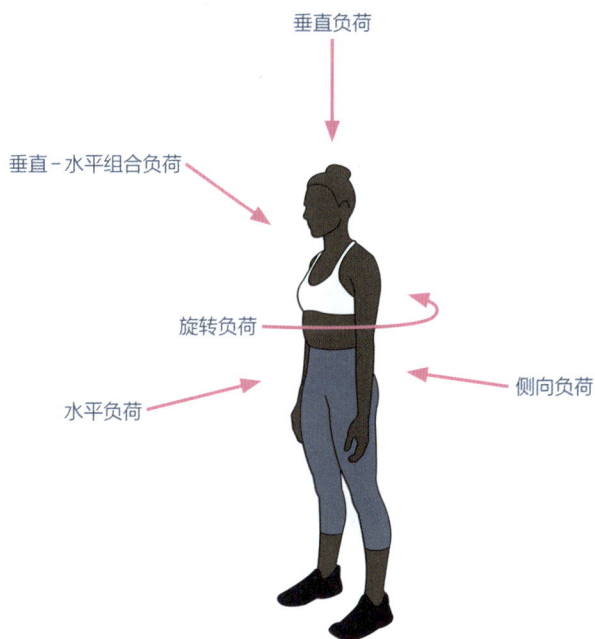

臀肌训练中的主要负荷矢量/力矢量

垂直负荷
垂直−水平组合负荷
旋转负荷
水平负荷
侧向负荷

垂直负荷：深蹲

水平负荷：臀推

侧向负荷：弹力带侧向行走

117

旋转负荷：髋关节旋转

垂直－水平混合负荷：壶铃摆荡

我们已经了解了直立状态下的训练者表现出来的力矢量，但是臀肌训练还会涉及其他不同的姿势，包括仰卧（面朝上平躺）、侧卧、俯卧（面朝下平躺）、四点跪姿（手膝着地）、跪姿、坐姿以及站姿。以下为所有的运动形式。

仰卧

侧卧

俯卧

四点跪姿

跪姿

坐姿

站姿

　　一旦了解了运动平面与力矢量，你就能根据动作模式和负荷位置对臀肌训练动作练习进行分类了，这正是在接下来我要讲解的内容。不过，在深入探讨各个类别的训练之前，有件事情十分重要，即要明白为什么特定的动作练习对臀肌所起的作用区别于其他训练，原因就是这些特定的动作练习是由膝关节动作主导的。

膝关节动作

　　读过第2部分前几章你便会知道，深蹲与硬拉会拉长处于顶峰收缩状态的臀肌，而臀桥与臀推则会使臀肌达到顶峰收缩状态。前者训练的是臀肌下部，并不会激活所有的肌纤维，但会使你感到肌肉酸痛。而后者训练的是你的臀肌上部和臀肌下部，可以使肌肉最大限度地收缩，并且不至于让你太难受。

　　由于髋关节伸展是一种主要作用于臀肌的关节动作与运动模式，这里我们就不再提及在髋关节伸展过程中，膝关节的位置和动作了。通过观察髋关节伸展时的膝关节运动，你可以将以下几点联系起来：哪些动作练习能够发展臀肌的特定区域，原因是什么；确定某个动作练习是臀肌、股四头肌还是腘绳肌主导的。3种主要的髋关节伸展时的膝关节运动为：膝关节保持屈曲，膝关节屈曲和伸直，膝关节保持伸直或轻微屈曲。我们来测试一下这3种情况，看看在髋关节伸展时哪个区域的激活程度最高，哪个区域最低。

臀推时膝关节保持屈曲

119

深蹲时膝关节屈曲和伸直　　　　　　　硬拉时膝关节保持伸直或轻微屈曲

科普：膝关节动作

　　研究表明，在产生力以伸展髋关节时，膝关节的屈曲角度会影响臀大肌肌电图振幅。

　　通过屈曲膝关节（膝关节屈曲）来伸展髋关节时的臀大肌肌电图振幅要大于伸直膝关节（膝关节伸展）时的振幅。

　　例如，坂本（Sakamoto）等人（2009）研究了以不同的膝关节角度进行4种俯卧髋关节伸展运动时的臀大肌肌电图振幅。他们分别测试了膝关节伸展、膝关节屈曲、髋关节外旋且膝关节伸展、髋关节外旋且膝关节屈曲4种情况下的俯卧髋关节伸展。研究人员发现，膝关节屈曲时的髋关节伸展动作会导致臀大肌肌电图振幅大于膝关节伸展时的振幅（二者的最大自主等长收缩之比为23：13）[5]。

　　权宥正（Kwon）等人（2013）对0度、30度、60度、90度和110度的膝关节角度进行探索之后也有了相似的发现。膝关节屈曲角度为0度及30度时，臀大肌肌电图振幅大体上小于膝关节屈曲角度为60度、90度及110度时的振幅（二者的最大自主等长收缩之比为63：65）[6]。

膝关节保持屈曲（臀肌主导）

当你在做臀推或臀桥时，膝关节处于屈曲状态，臀肌的激活程度会较高，因为此时负责伸展髋关节的腘绳肌（可称为髋伸肌）收缩到这个程度时无法产生最大张力，并没有那么活跃。这意味着你的臀肌在髋关节伸展运动中不得不做出最大的努力，因为它们收到的来自腘绳肌的帮助不会太多。此外，当你的膝关节保持屈曲时，臀肌会持续受到张力，也就是说，当你屈曲及伸展髋关节时，臀肌会被高度激活。与底端的动作相比，顶端的动作依然更加困难，然而，由于腘绳肌激活程度降低，你可以在整个运动范围内使臀肌保持较高的激活水平。这就是为什么像臀桥与臀推这样的屈膝髋关节伸展动作练习被认为是臀肌主导型练习，因为他们主要作用于臀肌。

膝关节屈曲和伸直（股四头肌主导）

当膝关节屈曲和伸直（屈曲和伸展）时，臀肌伸展并在运动的最低点达到顶峰收缩状态。也就是说，在运动最低点髋关节和臀肌受到的张力最大，处于顶点位置时臀肌的激活程度降低。试想深蹲与弓步。当臀肌伸展时，这些运动在最低点是最费力的；而当臀肌收缩时，髋关节伸展又会变得轻松。此外，在你伸展膝关节和髋关节，试图从深蹲姿势起身时，股四头肌将提供协助，从而进一步降低了臀肌的激活程度。这就是为什么即使臀肌在运动中保持活跃并依旧发挥作用，深蹲和弓步仍被视为股四头肌主导型训练。

膝关节保持伸直或轻微屈曲（腘绳肌主导）

当膝关节保持伸直或轻微屈曲时，例如在硬拉时，在你伸展髋关节并挺直躯干的过程中，腘绳肌会给予你许多帮助，从而降低了臀肌激活程度。这就是为什么即使臀肌在运动中保持活跃并依旧发挥作用，人们依然认为硬拉是腘绳肌主导型训练。

力矢量+膝关节动作

当你将力矢量与膝关节动作结合起来时，你就可以更加精确地预测一项训练对于塑造臀肌的作用。下面为你提供了7类髋关节伸展训练。

根据力矢量与膝关节动作时训练分类

力矢量（负荷）	膝关节动作	训练示例	主要训练的肌肉
前后向 （水平）	屈曲	臀推 臀桥	1. 臀肌 2. 股四头肌 3. 腘绳肌
前后向 （水平）	伸直	背部伸展 反向山羊挺身	1. 臀肌 2. 腘绳肌 3. 竖脊肌
前后向 （水平）	屈曲和伸直 （屈曲和伸展）	后抬腿 绳索髋屈伸	1. 臀肌 2. 股四头肌 3. 腘绳肌
前后向 （水平）	伸直和屈曲 （伸展和屈曲）	器械腿臀起 滚动腿弯举	1. 腘绳肌 2. 竖脊肌 3. 臀肌
轴向 （垂直）	半弯或伸直	硬拉 罗马尼亚硬拉 直腿硬拉	1. 腘绳肌 2. 臀肌下部 3. 股四头肌
轴向 （垂直）	屈曲和伸直 （屈曲和伸展）	深蹲 弓步	1. 股四头肌 2. 臀肌下部 3. 腘绳肌
轴向-前后向混合	多种形式	45度山羊挺身 弓步走	视情况而定

　　虽然训练比较复杂，但当你运用力矢量与膝关节动作对训练进行分类时，你就可以描绘出不同类型的髋关节伸展训练的综合画面。

臀肌训练分类：综合考虑

为了确保你的臀肌训练计划同时具备功能性与平衡性，你需要在制订训练计划时兼顾每个运动平面、力矢量与膝关节动作。结合使用这些分类方法可以将臀肌训练分为5类：垂直负荷训练、水平负荷训练、旋转训练、水平面髋关节外展训练和冠状面髋关节外展训练。冠状面与水平面被认为是横向负荷，不过由于身体姿势不同，它们对臀肌的作用也略有不同。

我所知道的教练、举重运动员及其他运动员犯过的最严重的错误之一就是只进行一类别训练。为了确保客户有一个平衡的训练计划，我制订了三分法则，即使用负荷与力矢量对臀肌训练进行分类：一周的臀肌训练应该由1/3水平负荷训练、1/3垂直负荷训练、1/3旋转与侧向负荷训练（包括冠状面与水平面外展训练）组成。在第198页我会详细介绍三分法则。现在，重要的是要知道，三分法则是使负荷与姿势平衡的一种方法，可以帮助你从各个角度训练臀肌。

通过观察下面的臀肌训练类别信息图，你会发现每个类别根据运动平面、力矢量以及膝关节动作的不同，对臀肌的训练方式略有不同。你可以根据此信息图来挑选训练，设计"三分法则"训练计划模板。不过，重要的是你要意识到信息图之外还有更多的训练及类别（请记住，存在混合的情况）。

冠状面髋关节外展训练	水平面髋关节外展训练	旋转训练

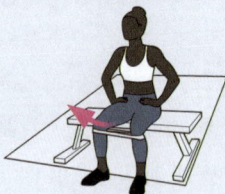

宽距侧卧髋关节外展

站姿绳索髋关节外展

站姿髋关节外展

弹力带侧向行走

弹力带侧卧髋关节外展

膝关节弹力带侧卧腿开合

弹力带相扑走

膝关节弹力带坐姿髋关节外展

膝关节弹力带髋关节外展

站姿绳索髋关节外旋

站姿弹力带髋关节外旋

弹身带/绳索髋关节旋转

水平负荷训练

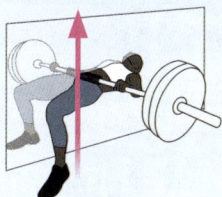

垂直负荷训练

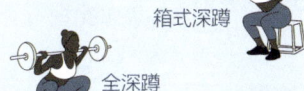

杠铃臀推

美式臀推

保加利亚式
分腿深蹲

弓步

绳索髋屈伸

箱式深蹲

背部伸展

全深蹲

前深蹲

钟摆式四点跪
姿髋关节伸展

T杠深蹲

绳索后踢

单脚抬高
交叉弓步

弹力带四点
跪姿髋关节
伸展

登阶

双脚抬高
臀桥

直腿硬拉

站姿/跪姿
弹力带髋关节
铰链

传统硬拉

蛙式臀泵

相扑硬拉

双弹力带臀推

杠铃臀桥

125

垂直负荷训练

垂直负荷训练是作用于身体的最难的训练之一，其对臀肌下部的作用比对臀肌上部的作用要大。

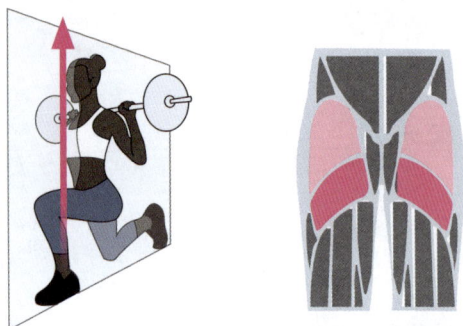

身体姿势	练习
站姿	深蹲、硬拉、直腿躬身、弓步、登阶、保加利亚式分腿深蹲、单腿箱式深蹲、滑步式深蹲、单腿罗马尼亚硬拉、奥林匹克举重
仰卧	仰卧器械水平腿推举
跪姿	跪姿深蹲

水平负荷训练

水平负荷训练总体上不会特别费力，并且可以同时高度激活臀肌的上、下部。

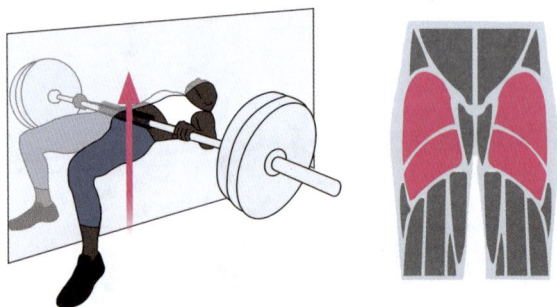

身体姿势	练习
仰卧	弹力带、哑铃及杠铃单双腿臀推，哑铃及杠铃单双腿臀桥，弹力带及哑铃蛙式臀泵和臀推
俯卧	单双腿背部伸展，踝关节负重单双腿反向山羊挺身
四点跪姿	钟摆式四点跪姿髋关节伸展，弹力带/绳索四点跪姿后踢
站姿	绳索髋屈伸，弹力带/绳索站姿臀推，弹力带/绳索站姿后踢
跪姿	弹力带/绳索跪姿臀推

垂直与水平组合负荷训练

组合训练包含多个矢量，它们从不止一个角度作用于身体，或者说，在整个运动范围中，矢量是不断变化的。例如，可以将45度山羊挺身看作直腿躬身（垂直）及背部伸展（水平）的组合训练。也可以说，组合训练包含两种形式的阻力。例如，弹力带史密斯机跪姿深蹲包括以弹力带向后拉髋关节的形式产生的水平阻力和以横杠落在双肩上的形式产生的垂直阻力。这种类别的训练针对的是臀肌上部及下部。

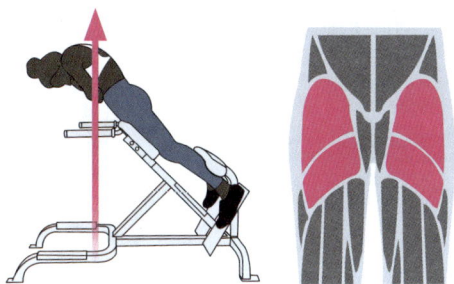

身体姿势	练习
站姿	壶铃摆荡、推雪橇、弓步走、弹力带-杠铃罗马尼亚硬拉、四方向器械髋关节伸展
俯卧	钟摆式单双腿反向山羊挺身、单双腿45度山羊挺身、反向哈克机深蹲（后拉深蹲）
仰卧	单双腿髋关节45度推雪橇（腿推举）、哈克机深蹲
跪姿	弹力带-杠铃（或史密斯机）跪姿深蹲/臀推、钟摆式四点跪姿后抬腿

冠状面髋关节外展训练

冠状面髋关节外展训练针对的是臀肌上部。

身体姿势	练习
侧卧	膝关节弹力带侧卧髋关节外展、踝关节负重侧卧髋关节外展、宽距侧卧髋关节外展（离开长凳）、侧卧提臀
仰卧	膝关节弹力带仰卧屈腿髋关节外展（在臀桥姿势的最高点）
俯卧	踝关节弹力带髋关节外展
站姿	弹力带/相扑式/X形侧向行走、长弹力带站姿髋关节外展、膝关节弹力带站姿髋关节外展、绳索站姿髋关节外展、踝关节负重站姿髋关节外展、双站姿髋关节外展、侧向拖雪橇

水平面髋关节外展训练

水平面髋关节外展训练同时针对臀肌上部和下部。

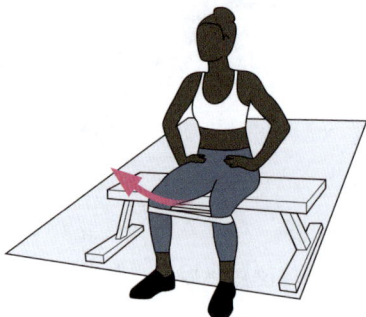

身体姿势	练习
坐姿	器械坐姿髋关节外展、膝关节弹力带坐姿髋关节外展
髋关节铰链	膝关节弹力带髋关节外展
仰卧	膝关节弹力带仰卧屈腿髋关节外展（在臀桥姿势的最低点）、弹力带仰卧横切面髋关节外展
四点跪姿	踝关节负重/膝关节弹力带跪姿侧踢腿及双髋关节外展
侧卧	膝关节弹力带侧卧腿开合、屈髋屈膝抬高、宽距屈髋直腿抬高（离开长凳）

水平面与冠状面组合髋关节外展训练

这种训练同时针对臀肌上部和下部。

身体姿势	练习
站姿	膝关节弹力带自重深蹲、深蹲跳、臀桥、侧向弹力带深蹲走、弹力带向后走（怪兽行走和"之"字形）
侧卧	自重和膝关节弹力带侧卧提臀

垂直、水平及侧向组合负荷训练

此类训练同时针对臀肌上部和下部。

身体姿势	练习
垂直和侧向	膝关节弹力带高脚杯深蹲，前、后深蹲，侧弓步，登阶
水平和侧向	膝关节弹力带哑铃、髋关节弹力带、杠铃臀桥和臀推

旋转训练

旋转训练同时针对臀肌上部和下部。

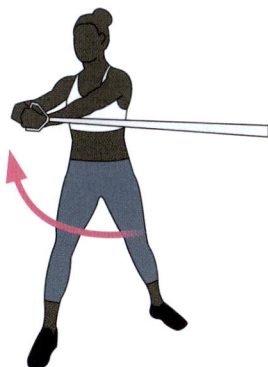

身体姿势	练习
站姿	站姿绳索/弹力带髋关节外旋、站姿绳索/弹力带抗旋转推举、柔道、T杠旋转、弹力带/绳索髋关节旋转
单膝跪姿	绳索/弹力带单膝跪姿伐木、绳索/弹力带单膝跪姿抗旋转推举

129

第**3**部分

力量与形体训练的艺术

臀肌训练只是附带的小福利。我们当中喜欢举重的人会不假思索地认为力量训练是一个资金充足且研究充分的领域。理想状况是，针对不同人群和训练计划的研究达到50项，甚至针对每种运动都有综述及元分析。

不幸的是，事实并非如此。在实际生活中，获得资助的研究领域往往是那些与死亡相关的，如心脏病、癌症、肥胖症与慢性病。人们认为对与力量训练以及其中的臀肌训练相关的研究投入大量资金是一种浪费。因此，该领域也就无法获得开展大型、长期训练研究所需的资金。

　　尽管力量与体能训练可以与很多科学研究结合起来，但对其的探索与认知远非浅显易得的。随着我们对其的了解的加深，我们的训练方法也将得到发展。与此同时，我们必须保持开放的态度，不遗余力，将已发表的研究成果、科学依据、奇闻轶事、专家意见与传统习惯融会贯通，运用逻辑及经验去看待这些纷杂的证据，进而制订最佳的训练计划。这意味着我们要考虑到所有变量，如年龄、解剖结构、受伤史、训练目标、营养、心态，生活方式、习惯等。

　　可以肯定的是，由于人为因素，我们永远都无法使臀肌训练成为一门真正的科学，它不会一成不变。

　　即便你有特定的目标，你的力量训练计划也是有极强的灵活性的。只要你遵循以科学证据为基础的原则（如本书所讲的原则），你就可以通过不同的训练策略得到你想要的结果。例如，你可以为世界排名第1～第10的健身教练各安排一位目标一致的客户，每位教练可能会给出不同的训练策略和计划，每位客户却能收获相似的效果。

　　基于这些原因，臀肌训练（通常是力量训练）始终是一门艺术而非一门科学。这里所说的"艺术"是指将基于证据的科学与训练计划设计和各种变量结合起来。这一点特别重要，因为有许多关键问题靠当前的研究还无法解决。

例如，我们仍然不知道哪种运动最适合发展臀肌。实际上，我们甚至并不了解臀肌增长是如何起作用的。截至2019年7月，只有少数研究通过一个阶段的抗阻训练对臀肌增长情况进行了观测。研究人员研究了卧式深蹲、腿推举、直腿硬拉及深蹲对臀肌增长情况的影响，这些都属于股四头肌主导和腘绳肌主导的训练类别，可能并不是发展臀肌的最佳训练方法。根据目前的研究，我们不能确定最佳的训练量和训练频率该是多少，才能达到最佳训练效果。你的臀肌是否可以承受更大的训练量，或者针对其他肌肉的典型训练模式是否对臀肌起作用？你应该进行更高级的训练还是坚持基础训练？一周训练3天还是5天？这些问题你只有通过可靠的指导、持续的训练、有根据的试验以及明智的分析才能回答。

我们可以从针对其他肌群的研究中提取信息，将精力集中于特定的类别，不过仍有很多东西需要我们学习和研究，这样我们才能科学地回答这些问题。然而，即使我们可以从科学中学到更多的东西，但训练始终具有艺术性，因为科学无法准确地告诉我们怎样将众多变量合为一体。在某种程度上，科学可以为我们指引方向，而我们自己也有一定的自由。

随着学习的深入，我们训练臀肌的方法会越来越完善。同时，我们必须以所学知识为基础并运用臀肌训练艺术来制订训练方法，从而对科学尚未检验或解释的众多变量进行说明。

在此部分，你不仅会学到最佳臀肌训练的基础知识及如何设计臀肌训练计划，还会学到如何结合使用高级训练方法来克服训练瓶颈，并从训练中获得最大收益，以及如何纠正常见的臀肌训练错误与问题。

我在撰写本部分内容时参考了一些科学文献，同时也融入了我自身的经验：我做了28年举重运动员、23年私人教练、16年杰出体能训练专家，是一名臀肌训练博士，目前已发表数十篇研究报告，同时，我也是数千人的虚拟教练，以及数十名成功的体能竞赛者和运动员的教练。

与其他艺术形式一样，要想精通臀肌训练的艺术，就需要有热情、耐心、毅力，也需要自律。了解了如何运用所有基本训练原理和训练设计变量之后，就可以将臀肌训练的艺术运用到形体训练中，从而达到自己期望的效果。

第11章 最佳力量与形体训练的基本原理

当谈到力量与形体训练时，我们很难判断哪个变量最有助于我们获得预期的效果或对训练进度造成的阻碍最大。基因就是其中一个变量，不过训练频率、训练选择、训练量和许多其他因素也发挥着作用。

几乎每天都会有人给我发他们进行臀肌训练前后的对比照片，效果的确令人惊讶。这些证据的确很棒，表明我的方法是有效的。但是他们往往只在训练有成效后才将对比照片发给我。即使这些照片验证了我的方法有效，但这并不意味着我的方法是最佳的。如果这些人调整饮食、训练频率、训练选择或其他关键变量，他们或许可以获得更好的效果。

这就是臀肌训练为什么是一门艺术。你不仅要有理解力，而且要有创造力，要能够注意到那些最有影响力的变量，这的确很难判断。你可能并不知道哪个变量起的作用最大，因为变量太多了，而且其对每个人的影响也不一样。

例如，照顾室内植物对人们来说并不容易，而对于植物来说，只有3个主要变量——光、水与土壤会影响其生长情况。如果你希望植物茁壮成长，那就把它放在窗户附近，让它沐浴足够的阳光并给予它充足的水分。但是，如果你还是没有得到想要的结果怎么办？你是否要少给它点儿阳光多给它点儿水分，或者多点儿阳光少点儿水分，又或者阳光和水分都少一点儿，还是阳光和水分都多一点儿？或者你需要给它施肥并更换土壤？事情变得更复杂的原因是，不同的植物在不同的环境下的需求是不一样的。因此，即使只有3个主要变量，你面临的选择同样很多。

现在请思考，当存在许多可能影响训练进度的变量时，一个人试图增长肌肉或者想要达成一个目标该有多么困难。这样你就会明白为什么那么多的训练计划都会失败，以及为什么综合性的方法如此重要。

在第12章中，你将了解制订训练计划时需考虑的8个具体变量：训练频率、运动量、费力程度、运动选择、训练顺序、负荷、速度及休息时间。为了帮助你驾驭这些变量并通过训练获取最大成效，我设计了一些关键原则来优化力量与形体训练计划设计方法。你可以将这些原则视为通用的、全方位的指南，并用于设定目标和期望值，了解运动形式和技术，考虑可能的损伤及其恢复方法，管理饮食与生活方式，增强训练多样性，以及考虑个人差异。

这些都是对训练影响较大的重要变量。你可以将本章介绍的知识作为训练实践的基础，并将下一章介绍的计划设计变量作为你构建训练计划的基石。

133

在本章中，我会给出一些常规指导原则来帮助你最大限度地丰富训练经验，其中大部分指导原则都是以全局性变量为中心设定的，如设定目标、优先考虑运动形式、管理饮食。换言之，它们不一定专门针对臀肌训练。接下来，我会重点介绍打造最佳臀肌训练计划的最高指导原则。这些原则涉及第2部分介绍的方法及后文提供的策略。如果你想发挥臀肌训练计划的最大功效，那你不仅要遵循全局性原则，还要做到以下几点。

- 将大型举重训练——深蹲、硬拉和臀推——以渐进式超负荷形式纳入训练计划（请参阅第102页）。
- 优先考虑运动的多样性，包括不同的姿势、负重器械、重复次数、节奏与单腿训练（请参阅第99页）。
- 定期运用神经－肌肉连接原则（请参阅第93页）。
- 遵循三分法则（请参阅第198页），从力矢量、负荷及费力程度出发制订训练计划。
- 分别激活臀肌上部（可以通过拱起上背部和弹力带侧向行走米伸展背部）、臀肌下部（可做硬拉、深蹲、弓步与单腿臀推），以及同时激活臀肌上部和下部（可做臀桥和臀推）。
- 要重视机械张力和明显的代谢压力反应，以及轻微的肌肉损伤。
- 注意身体感受，要考虑身体恢复期和个人纪录。
- 你的训练计划周期要包含一个减负荷（轻度训练）周，以调整训练压力。
- 结合高级训练方法（请参阅第13章）。
- 运用正确的训练顺序达成训练目标，每次训练时首先进行最重要的训练。
- 每周进行3~6次训练，进行30~36组臀肌训练。

目标与期望

与生活中其他事情一样，设定目标与管理期望是坚持训练、使训练成果最大化、享受训练过程的基础。在设定目标与管理期望时，必须注意以下几点。

不管你怎么想，要肯定自己的努力

训练时，我像一只疯狂的野兽，我为自己的进步感到自豪。一周又一周，你总能看到我在臀肌实验室中做臀推、深蹲、硬拉、弓步与蛙式臀泵。当然，我的臀部可能并不是最漂亮的，但是它屁股也不扁平。如果你认为只有自己拥有世界上最完美的臀部，才会感到幸福，那你永远都不会满意的，因为你总是会拿自己跟他人做比较。与其专注于练出理想的臀肌，不如集中精力多做训练，多为自己已经辛苦练出的臀肌感到自豪。

保持积极的心态

我与许多女性一起训练过，她们的身材令人惊叹，但她们仍对自己的形体不满意。我和其他人一样努力训练臀肌，但由于基因的限制，我现在没有后卫那样强壮的臀肌，以后也不会有。我要做的是保持积极的心态，而不是因为这件事情一直感到沮丧，进而妨碍我的训练。因为我知道保持乐观是坚持训练的关键，坚持是取得进步的最佳方法。

根据自己的基因和经验，设定合理的目标和期望

我在第2部分谈过这个主题，它在这里也依然有重复的价值：如果你的基因导致你的臀形并不好看，那你需要专注于可以控制的变量，如训练策略。力量会有的，形体上的变化也会有的，只不过它们是以出乎基因占优势的人的意料的速度一点一点累积起来的。

我并不是说你不应该为自己设立高目标和高期望。其实确切地说，你应该设立很高的目标和期望，但是也要现实一点，也就是说，这些目标和期望得是你通过努力可以达到的，并且你得全心全意地相信自己可以达到这些目标和期望。如果你不相信自己可以达到自己设定的目标和期望，那么你就要为失败做好准备。

即使你的目标和期望是合理的并且你有信念支撑着自己，你也要记住，在某些时候也会难以见到成效。这时，你必须坚持下去并记住暂时的停滞是完全正常的。

对自己的进展保持耐心，并牢记训练过程中会出现波折

我的许多客户都没有意识到，许多在网上发布训练前后的对比照片的女性已经专注于训练臀肌长达4年或更长的时间。这不是一蹴而就的，训练臀肌需要时间和耐心。

不要为一次糟糕的训练、一周糟糕的训练，甚至一个月糟糕的训练感到沮丧，你应当关注自己的长期进展。如果明智（又艰苦）地进行锻炼，你就会不断进步。遵循我在本部分概述的训练安排和训练原则，以及我在第14章提供的问题针对性解决计划，你就会看到训练成果并顺利度过训练停滞期。

目前，如果你不熟悉臀肌训练，那就另当别论了。你的肌肉增长趋势在你刚开始进行臀肌训练时几乎是线性的，这意味着你每天、每周、每个月都会变得更好。每次踏入健身房，你都能创造新的个人纪录。这样一来，你就会被臀肌稳定的发展"宠坏"。尽管如此，最终你还是会到达训练停滞期。你的形体训练效果不会永远呈线性上升。在某个时候，训练效果会开始出现波动：你有时可以超越自己的最好成绩，有时会保持以前的成绩，有时则会退步。

有时你会在某次举重训练中没什么进步而在其他训练中取得进步。这就像在冲浪：当你在海浪中时，一切都很棒，你享受着每一秒；但是，当你在海浪之外，奋力往回划时，你就会觉得十分困难，而不是那么有趣了。当你顺着海浪前进时，你不妨尽情享受这短暂的时刻。然后，当你冲出海浪时，你也要坚持下去，为到达下一个海浪做足准备。

为小小的收获感到自豪十分重要。当只能再做一次重复运动或再增加5磅的重量时，我的许多客户都会感到非常失望。他们期望更大的、跳跃式的进步，因为这是他们在最初的发展阶段经历过的。但是，当你经过长时间的训练后，再多做一次重复运动或再增加5磅的重量就是很了不起的成就了。

根据自己的努力程度为自己的形体感到骄傲，不要在意他人的看法

我之前已经谈过这一点，但是在这里它依然值得强调。很多人刚开始进行臀部训练时会灰心，因为他们总是将自己跟拥有惊人臀肌的模特做比较。就我来说，我每天接触到的都是拥有令人惊叹的臀肌的举重运动员。如果我将自己跟他们进行比较，那我也会灰心，甚至可能会放弃训练。相反，事实上，我受到了他们的激励。

如果你将自己与前0.1%的人进行比较，那你永远不会开心。你应该跟自己比，努力战胜以前的自己。我认为这就是我对自己的外观感到满意的原因。我以前又瘦又弱，没错，我永远不会成为举重世界冠军或赢得健美比赛奖杯的人，但是我从来没有想到我会拥有这么棒的形体以及能做800磅的臀推。我为自己的形体感到骄傲，为自己的训练感到自豪，也为自己坚持了这么多年而感到自豪。如果我能对自己的训练成果感到满意，那么你也能对自己的训练成果感到满意！

在设定美学目标之前先设定力量目标

人们经常问我，进行臀肌训练时，设立什么样的目标和期望才是合理的。他们中的大多数人都希望我概述与美学相关的特定目标（例如臀部大小和减重），但这样说并不真诚，因为每个人的情况都不同。不仅如此，仅根据你的形体来判断训练成果也并不总是有效的。臀肌每天看起来都会有所不同，你的思维方式与你在任何一天觉得自己看起来怎么样都有很大的关系。如果你对自己很苛刻或者看不到想要的结果，那么你很容易灰心。当你灰心时，你就不会再去训练。

因此，我更喜欢设定力量目标。就像我之前说的那样，测量力量更容易，因为大多数人在训练过程中力量都会有所增强。如果你正朝着一个特定的目标努力，如进行重复10次的225磅臀推训练，那么你就有了一些可以关注的事情。也许你的臀肌没有疯狂增长，但你会变得越来越强壮。随着力量的增强，你也会越来越有信心。而且当你充满信心并且找到训练感觉时，你的状态会更好。

虽说你应该根据自己的经验水平来设定自己的力量目标，但是我还是希望女性客户在跟我一起训练6个月或更长时间时能够做到以下几点。

- 臀推——225~275磅，重复5~10次
- 后深蹲——115~155磅，重复5~10次
- 硬拉——135~185磅，重复5~10次

- 保加利亚式分腿深蹲——60~100磅，重复5~10次
- 背部伸展——60~100磅，重复10~20次

作为私人教练，如果我告诉客户："嗯，你没什么特别的，你永远不会变得更强壮。"这样会给他们带来极大的伤害。你必须挑战极限，不计较结果。我不知道其中一些客户是否会达到上述所有要求之一或最终可以做400磅的臀推，但我当然也不会让我先入为主的想法阻碍他们。

在这里我要说明的是，你可以逐渐增加重复次数、训练量和扩大动作范围，这些也同样重要。简而言之，你不必总是关注举重，想着多做一次重量最大的重复运动。如果追求重复一次重量最大的运动是一个不适合你的力量目标，那你还有其他选择，如多重复几次或几组训练，或者扩大某项运动的动作范围（称为渐进式距离训练）。

当谈到结果时，请考虑所有变量：你的力量、体重、体形

正如我所说的，你的力量、体重与体形每天都在变化。因此，在判断训练是否有效时，你需要综合考虑所有变量。

例如，我有许多客户的体重整年都保持不变，到了年底，他们的旧牛仔裤却不合身了。这是因为他们的臀部变大了，腰变细了。肌肉比脂肪紧实，因此，如果你在减脂增肌，那么你的体重可能会保持不变，但适合你的衣服尺码会变小。我并不是说你应该留意衣服尺码，但这也是一个变量。

变化不会很快发生，很多时候你无法直观地看到变化。就算我们每天都照镜子，很多时候也无法注意到变化。同时，你的感知能力还取决于你的心情。如果你情绪低落，即使事实上你的体形看起来比一个月前好，你还是会觉得自己不忍直视。像衣服尺码一样，镜子可能也会误导你。这就是为什么在训练前后拍摄对比照片或者在训练前后进行力量测量会有所帮助，因为这样可以让你精确地追踪自己每个月的体形变化。

倾听其他人的看法也很重要。如果你一直在努力训练，那么你的朋友很有可能会开始赞美你看起来有多棒。他们可能会注意到你的衣服更合身了，也可能会问你做了什么。不要忽略这些赞美，你应当为你辛勤的付出带来的回报而感到自豪。

关注你能控制的因素

饮食、训练类型、训练方式（运动形式与技术）、活动水平、调控压力的方式以及睡眠质量可能会对你如何看待、感知和考虑你自己的情况产生重大影响。后文中，我将更加详细地介绍这些内容。

将训练视为小型比赛

假如我告诉你，你在两天后要参加一场比赛（任何类型的比赛），你会立刻开始集中精力为这场比赛做准备。你会将睡眠放在第一位，均衡饮食，并且避免可能影响自己表现的活动。比赛当天，你会确保在比赛前的恰当的时间点吃适量的食物，以最大限度地运用自身的能量；你会睡个午觉（如果你平时睡午觉），并尽早来到现场，因此不会感到有很大的压力。你绝对不会在比赛开始前挤出时间进行4次训练，也不会在比赛前一天晚上参加聚会或在比赛开始之前进行有氧运动。

做这些事情可以帮助你表现出最佳状态并创造个人纪录。

你可能会问，这与训练有什么关系？渐进式超负荷训练很难，尤其是在你已经训练了几年之后。如果你在训练时休息时间不足、恢复时间不够、食物摄入量不足或压力过大，那你绝对不会变得更强壮，你的肌肉无法承受更大的张力，你的体形也不会得到进一步的优化（假设你的饮食保持不变）。然而，如果你开始像对待小型比赛那样对待自己的训练，专注于需要完成的工作并消除障碍和干扰，那无疑你会看到更好的结果。

力量与形体训练需要全天候的努力。你必须明智且努力地训练才能最大限度地获得收益。

运动形式与技术

每个人都认为良好的运动形式（也称技术、力学机制、运动控制与协调）十分重要，而不合适的运动形式既不安全又会适得其反。学习和练习良好的运动形式主要有以下两个原因。

1. 专注于学习和练习良好的运动形式可以帮助你随着时间的推移增强体能和运动能力。利用良好的力学机制可以确保运动安全有效，这意味着你可以激活对应的肌肉并在遇到训练之外的类似的运动模式时使身体保持同样的姿势。例如，如果你知道如何正确地深蹲和硬拉，那么你就有了一个从椅子上站起来，将东西从地上捡起来的行动计划。你也会知道哪部分肌肉应该保持紧张，以及自己在运动中使用的是否是正确的肌肉（例如，在进行硬拉时应该感觉到腘绳肌与臀肌的紧张），从而增强自己在努力训练的部位的力量。这并不意味着每次铅笔掉到地上时，你都必须屈膝并以完美的硬拉姿势将其拾起，你可以灵活地进行日常运动，并调整身体姿势以适应各种运动模式。不过，这确实意味着你在举起重物时应该注意脊柱力学机制。你会在第5部分学到关于在运动中如何以恰当的姿势进行举重的基础知识。

2. 掌握合理的运动形式有助于防止受伤。在后文中，我会谈到与运动形式相关的许多准则及提示，这些都可以帮助你在健身房中最大限度地增强力量、开发肌肉，并避免受伤。在这里，我要说明的主要问题是，不恰当的运动形式，如在硬拉中过度屈曲背部或在深蹲时膝关节向内塌陷，会给你的身体带来不必要的压力；同时，你也没有做到让支撑运动所需的肌肉参与其中，那么不必要的压力加上缺乏肌肉支撑会让你受伤的概率上升。而要想解决这个问题，就得学习在运动中如何运用最佳技术并保持正确的运动形式。

以最佳技术运动的通用准则

在此，我为大家推荐4个通用准则。但是，请务必记住，所有内容都必须个性化。也就是说，你得根据自己独特的解剖结构、训练目标和训练经验来调整你的姿势、计划及其执行方式，打造属于你自己的运动技术。此外，你还要感知自己的身体的反馈，运用神经-肌肉连接原则：如果你正在进行针对臀肌的特定训练，那么你应该在感受不到疼痛和不适的情况下，把臀肌激活到最佳状态。

你需要把这一点牢记于心，然后在学习如何进行主要的臀肌训练时，将下面4个通用准则作为起点。（注意：你将在第5部分学习如何将这些准则应用于各种训练。）

保持脊柱处于中立位

将脊柱保持在中立位意味着你要保持背部平坦。不过你也应该知道，保持脊柱完全处于中立位几乎是不可能的，尤其是在举起重物时。这就是我不喜欢说"中间位置"的原因，因为这意味着你的脊柱不会也不应该移动。我更喜欢说"中间区域"，因为这样的描述使脊柱具有一定的活动空间：你的脊柱会移动，但仍在中间区域。因此，该准则是使你的脊柱尽可能保持在中间区域。下背部过度伸展（过度前凸）或过度屈曲（过度拱起）在举起重物时容易导致扭伤。该准则主要适用于深蹲、硬拉与直腿躬身，不适用于单腿深蹲、臀推和臀肌主导型背部伸展。

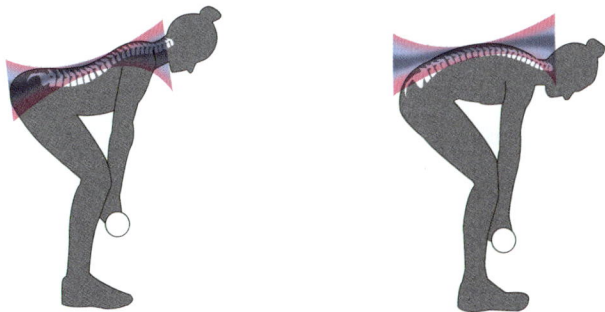

脊柱在中立位　　　　　脊柱过度屈曲

139

脊柱在中立位   脊柱过度伸展

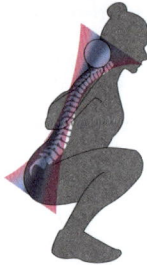

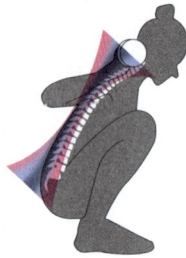

脊柱在中立位   脊柱过度屈曲

摘自: Eugen Loki, "Neutral Is a Range and Not a Fixed Position".

绷紧和呼吸

为了使脊柱保持在中立位并最大限度地发挥作用,你需要通过绷紧肌肉来维持姿势。也就是说,你需要深吸一口气,并绷紧躯干的肌肉来将脊柱稳定在中立位。

绷紧肌肉和呼吸策略因举重的费力程度和持续时间的不同而不同。假设你正在进行一组最大重量复合举重练习,例如深蹲、硬拉或臀推等。绷紧肌肉之前,你需要深吸一口气(大约为最大肺活量的70%),然后使你的核心肌肉(尤其是膈肌)变硬,以维持姿势。接着,你需要屏住呼吸,直到完成动作最困难的部分,即通过粘滞区。如果你在做深蹲,则你的粘滞区可能始于整个向上运动过程的约1/3处,结束于约2/3处。由于粘滞区在整个动作的最高点附近结束,因此,你可以屏住呼吸直到完成这个动作。

如果你要重复2~5次最大重量举重练习,你也可以选择屏住呼吸,直到到达最高点(或通过粘滞区),但是每次完成动作之后,你都得在呼气后再绷紧肌肉。绷紧肌肉可以使你的力量增强10%。同时,这样做还会产生腹内压(Intra-abdominal Pressure,IAP),有助于稳定脊柱。

如果你要进行10次以上的重复练习，那么你可以有节奏地呼吸或在运动过程中呼吸。与深蹲相同，你可以在离心或下蹲阶段吸气，在向心或起身阶段呼气。

打开膝关节

打开膝关节有助于防止膝关节外翻，也称膝关节向内塌陷。在跳起后落地时，膝关节外翻可能会导致前交叉韧带撕裂及其他膝关节损伤，或者在膝关节主导型运动（如深蹲）中导致膝关节疼痛。（注意：此准则更适用于深蹲，特别是在深蹲到最低点时，而不适用于臀推与硬拉。）

错误　膝关节外翻

正确　膝关节朝外

通过脚跟推动

通过脚跟推动体重可以使你的臀部保持紧张，并帮助你保持稳定的脚部姿势。如果你抬起脚掌，那么此时你会更多地依赖你的膝关节而非臀部提供支撑力。如果需要长时间做这个动作，那可能就要走下坡路了。

值得提的是，这4个准则中的每一个都有一定的变动空间。例如，在硬拉时可以（或者在某些情况下甚至必须）稍微减小弯腰幅度，或者在深蹲时向后倾斜骨盆。尽管对于大众而言这样做的效果并不理想，但基于解剖结构、灵活性、软组织强度和肌肉结构，有些人可能会觉得不错。只要你没有受伤且没有感到疼痛，你就可以在一个可以接受的动作范围内不遵循这些准则，做仍然安全有效的运动。

正如我在第5章中说过的那样，你应该让自己的身体来决定运动方式，这得靠你自己通过实践找到你在运动中完成标准动作所需的恰当姿势和计划。

使表现不佳且造成损伤的错误

大多数技术错误都是负荷过大或推举时过于用力造成的。但是，人们通常只是学习最佳的举重姿势是什么样的，也不知道怎样做出正确的举重姿势。下面是与臀肌训练相关的八大技术错误，以及帮你预防这些错误的技术。

腰椎过度伸展（经常与骨盆过度前倾相关）

腰椎过度伸展通常表现为伸展髋关节时脊柱过度拱起。它最常发生在硬拉、臀推或背部伸展等动作的顶部。你确实需要在硬拉底部使骨盆前倾一些，所以腰椎过度伸展并不总是一件坏事，只要它非常轻微并且发生在举重过程中的恰当阶段就可以。无论如何，腰椎过度伸展很常见，可能的原因如下。

- 不了解，或只是不知道这是错的。
- "巩固"拱形运动模式。这种情况发生在那些具有良好的脊柱伸展运动能力并遵循"胸腔隆起"提示的人身上。久而久之，拱起身体成了他们做出这个动作的方式。
- 深蹲、臀推或硬拉时，没有足够大的髋关节运动范围来锁定臀部。在这种情况下，为了完成动作你会过度伸展脊柱。
- 尝试通过骨盆前倾来拉长腘绳肌，使自己以更标准的姿势伸展髋关节，也许你认为这样可以弥补臀肌不足（但并非总是如此）。例如，深蹲时拱起背部并向前倾斜骨盆会拉长你的腘绳肌，这使腘绳肌成了髋关节伸展时更强壮的出力者。如果你的臀肌足够结实，除非它是可得性的或补偿性的运动方式，否则你肯定不会采取这种策略。

脊柱过度伸展

要想纠正该错误，学习正确且可接受的腰椎骨盆（下背部与骨盆）髋关节复合力学非常有必要。你需要提醒自己在伸展髋关节的同时不要过度伸展腰椎。并且，当负荷越来越大以及你快要失败时，你更需要做到这一点。而要想做到这一点，需要很强的自制力。髋关节铰链、全范围髋关节伸展、臀肌强化的训练，以及以较小的负荷重复练习恰当的姿势，都是教练为达到此目的常用的矫正训练。

膝关节外翻（通常与踝关节外翻、髋关节内旋和内收以及骨盆侧倾有关）

膝关节外翻指的是髋关节伸展时膝关节向内塌陷。这种情况最常出现在从深蹲最低点站起来时，但也可能发生在其他训练中，在双侧（双腿）、单侧（单腿）训练中均可能遇到。当我看到大家在臀推过程中伸展髋关节时膝关节略向内塌陷时，我不会去纠正它，因为我认为这是没问题的。然而，这个技术错误的确很常见，主要原因如下。

- 不了解，或只是不知道这是错的。
- 当你的膝关节外翻时，薄弱的臀肌和髋关节外旋肌或者髋关节会变强壮，这可能是因为膝关节外翻增强了内收肌的杠杆作用。
- 可以将股四头肌安排在可以更好地产生力或扭矩的位置。
- 踝关节背屈灵活性不足，因此踝关节内旋，从而使膝关节向前移动的范围变大。
- 外侧腿部肌肉组织较紧，内侧腿部肌肉组织较松。
- 由于髋臼具有特定的遗传形状和凹槽，当作用于臀部的肌肉组织剧烈收缩时，腿部和膝关节被迫向内塌陷。

要想纠正膝关节外翻，你需要在髋关节伸展过程中学会保持膝关节向外并巩固这种模式。最常见的纠正措施有踝关节灵活性训练、水平面髋关节外展训练、膝关节弹力带深蹲以及以较小负荷重复练习正确姿势。保持自制力也很重要，因为当负荷越来越大或重复动作接近失败时，膝关节总是容易外翻。

腰椎屈曲与骨盆后倾（又称骨盆翻转）

骨盆翻转的特征是下背部过度屈曲，这可能导致下背部扭伤及拉伤。你一般会在硬拉或深蹲的最低点碰到这个问题。在臀推或背部伸展的最高点稍微向后倾斜骨盆实际上是一件好事，因此，区分不同的运动策略并正确使用该策略非常重要。骨盆翻转非常普遍，可能的原因如下。

- 不了解，或只是不知道这是错误的。
- 髋关节屈曲灵活性差，髋关节铰链与深蹲模式有所不同。
  a. 在诸如硬拉的髋关节铰链模式中，紧绷的腘绳肌通常是元凶。
  b. 在深蹲模式中，罪魁祸首通常是髋关节的骨骼结构。你可以在深蹲的最低点发现这一点，当举重运动员达到髋部大约与地面平行的完全屈髋的状态后，他们在继续下蹲的过程中通常通过向后倾斜骨盆，同时屈曲下背部来保证自己能够蹲得更低。
- 尝试使运动更加"划算"。当你充分屈曲自己的脊柱时，竖脊肌不再起作用（这被称为腰部屈曲松弛现象），最终你可以通过强行伸展而不是激活来使脊柱变直。
- 如果身体不够强壮，无法完成任务，那么你很可能会将臀部抬起并向外伸展，此时你的臀部更靠近杠铃杆，你也伸展了腘绳肌，收缩了股四头肌并略微降低了对髋关节伸展扭矩的要求，这样你就可以举起杠铃了。
- 股骨相对较长而踝关节背屈运动范围不足导致腰椎屈曲以保持平衡。
- 只是超过了自己的能力范围（髋关节屈曲灵活性差还试图使运动更"划算"）。

纠正措施是在不屈曲脊柱的情况下伸展髋关节。在大多数情况下，你不应该蹲得过低，而应该选择运动范围较小的深蹲和硬拉动作，如平行深蹲与固定块硬拉。髋关节屈曲和踝关节背屈训练，包括腘绳肌和小腿伸展运动、髋关节铰链、竖脊肌强化、臀肌激活，以及以较小负荷重复练习恰当的姿势，都有助于预防及纠正此技术错误。

通过脚掌发力

此错误最常见于深蹲和臀推。你可以观察到，举重运动员在单腿臀推的过程中，身体重量会移向脚趾，或者在深蹲时重量向前转移。从本质上讲，这相当于通过脚掌而不是脚跟发力，会稍增强股四头肌的主导性，并减少对臀肌的使用。出现此错误的原因如下。

- 不了解，或只是不知道这是错误的。
- 相对于臀肌而言，股四头肌更强壮。
- 踝关节背屈灵活性差。

纠正措施是确保脚部姿势正确，并在每次重复动作时想着"脚跟发力"。你也可以使用臀肌强化和踝关节灵活性训练（请参见第419页）来改善你的姿势。在脚跟下垫上楔状物、块状物或板子可以很好地解决此问题，但那些尚未尝试通过伸展和训练来增强踝关节灵活性的人不可以使用此方法。

错误	正确
重量集中在脚尖	重量集中在脚跟

起身时翘起臀部

此错误多发生在垂直的髋关节伸展运动中，如深蹲、硬拉、弓步、保加利亚式分腿深蹲及登阶训练。举重运动员以特定的躯干角度下蹲，当他们开始进行向心运动（起身），结束这个费力的姿势时，他们的臀部会翘起，同时，躯干更加水平。出现这种情况的原因可能有以下几个。

- 不了解，或只是不知道这是错的。
- 臀肌相对于股四头肌来说更强壮。

为了解决此问题，可以采用较小的负荷重复练习正确的姿势，逐渐增强股四头肌的力量，缩小臀肌与股四头肌的力量差距。

早期髋关节驱动错误

髋关节与膝关节同时伸展

145

未能在每次重复动作时使用相同的运动范围和姿势

观察高级举重运动员你会发现，他们每次做的动作看起来都非常相似。更常见的是，高级举重运动员举重前会执行一些固定的程序：他们以自己独特的模式进行训练，看起来镇定又自信。相比之下，初学者往往会充满疑问：为何自己每次采取的训练模式都不同，每次重复动作时的姿势和运动范围看起来也有些不同，而且呼吸毫无规律可言。这主要是因为初学者缺乏经验，但也与肌肉运动知觉及学习欲望有一定的关系。

纠正措施是自行建立正确的运动模式，并在每次重复动作时密切注意自己的姿势；不要为了运动而运动，要像其他运动员一样，认真对待举重运动。

运动模式不对称

你可能会认为，即使是初学者也知道要建立对称的运动模式，但运动模式不对称是我在健身房中最常看见的错误。令我惊讶不已的是，有太多人练习举重时杠铃不平衡或一只脚比另一只脚向外倾斜的角度要大。

现在，有些高级举重运动员会故意这样做，因为他们已经知道，在深蹲或硬拉之类特定的运动中，脚部位置的轻微偏差有助于他们表现得更好且做起来更舒服。但是，有目的地在运动中保持非对称姿势与下意识这样做之间存在巨大差异。如果你的运动模式一开始就不对称，那么你将不能做出标准姿势。

大多数人都是因为粗心与无知才会呈现出不对称的姿势。纠正措施如下。

- 利用杠铃上的标记保持对称的握姿，确保下蹲时双脚在同一直线上并且向外张开的角度相同。
- 进行臀推的时候，确保杠铃垫肩在杠铃的中间位置，并且杠铃杆在臀部上方始终处于居中的位置。
- 进行硬拉的时候，确保你手握的位置在空间上是对称的，并且双脚在同一条直线上。

此外，在训练臀肌时不要向一边看，例如照镜子，因为扭头会导致身体轻微扭动，这不是理想的姿势。为了检查自己的姿势是否正确，你应该将举重过程录下来，并且在做完一组运动之后回看录像。

呼吸不理想

当进行次数非常多的重复运动（如蛙式臀泵）时，你可以随意呼吸。当重复运动的次数适中时，你应该有节奏地在离心（下蹲）阶段吸气，并在向心（起身）阶段呼气。当重复举重的次数较少时，你必须学会如何稳定脊柱。为此，你需要深吸一口气到胸腔和腹部，占用70%的肺容量，然后锁定核心肌肉组织。这时主要是膈肌向下推，但同时你也会收缩骨盆底部肌肉、腹内外斜肌、腹直肌、竖脊肌等。屏住呼吸，直到完成举重的向心阶段，然后锁定臀部，接着在动作顶部向上呼气。每次重复动作时都需重复此呼吸次序。研究表明，在举重过程中适当利用核心肌肉，可以使髋伸肌更强壮，臀肌更活跃。

如果你难以完成运动，你就应该更努力地保持正确的姿势

有些人每次训练时都需要有人提醒他们保持正确的姿势，然而其他人似乎立刻就能学会在运动时保持正确的姿势。记住，训练就是运动，而运动是一种技能。有些人比较幸运，很快就能掌握保持正确姿势的诀窍，而有些人则需要非常努力才能做出标准的动作。

动作学习——掌握一种技能或发展运动的协调性——需要大量的重复练习。因此，即使你在第1次甚至第20次练习中都没掌握它，你也不必感到沮丧。我已经坚持举重20多年了，但我现在依旧时刻留意自己的姿势。在训练中，我会一直尽力保持标准的运动姿势。

牢记任何错误姿势都会阻碍你进步并导致你受伤

除了专心训练外，你还需要教练帮你将运动过程拍摄下来。这的确至关重要。我会定期拍摄我的客户的运动过程，以便他们能准确地看到自己做的动作标准与否。在我看来，录像是防止、凸显和纠正动作错误的最佳方法之一。但是，我不想让你变得对保持正确的姿势过于偏执，以致于在训练中无法取得进展。起初，你做动作时是可以出现偏差的，因为你此时是在学习新的动作并且所承受的负荷较小，不会对关节产生过大的压力。但是随着时间的推移，你越来越强壮，这时不标准的动作姿势就会阻碍进步并导致你受伤。

找到姿势和技术的最佳点

假如你痴迷于完美的技术，那么你可能永远都不会增加负荷，也不可能变得更强壮。对技术别那么苛刻反而更能受益。然而就有些人对姿势毫不在意，运动技术蹩脚。这些人虽然会越来越强壮，但会以骨折与受伤告终。如果他们在技术方面对自己稍作要求，那么结果会大不相同。

姿势和技术的最佳点是既可以让你对姿势保持足够的关注度来保证安全与进步，又不至于过于苛刻，乃至让你沉迷于让动作看起来干净利落而一直无法增加负荷。如果你一直等到自己可以完美地做出所有动作再增加负荷，那么你永远都不会进步。请记住，你的姿势可以有误差：你必须了解什么是你可以控制的，什么是你控制不了的，以及哪些是你可以接受的，哪些是危险的。这些与经验、练习、指导、明智的训练选择及计划设计息息相关。

与其等待自己可以以完美的姿势做出所有动作（绝对不可能），倒不如盼着自己变得专业。专业意味着你在运动过程中可以保持脊柱位于中立位（即背部保持平坦），并且可以在整个运动范围内保持良好的身体姿势。此外，在运动过程中感觉良好，没有任何不适，也同样重要。

开始时坚持各种基础训练，之后通过慢慢增加负荷、训练量和扩大运动范围来逐渐进步

如果你想从A到Z，那么你需要从A到B，然后从B到C、从C到D……从Y到Z。通

147

常，举重运动员试图直接从A到M，然后从M到Z。事实是，你必须逐步向前。随着自己变得越来越专业，你可以通过增加举重重量（负荷），多做几组运动（增加训练量），或扩大运动范围来挑战自己，你只需要按照自己的节奏进行。相信我，你会在此过程中看到自己形体与力量的变化。

如果你在做某个动作时遇到困难，或者不断受伤或感到疼痛，那就后退一步，如减少负荷、缩小运动范围或更换运动。例如，如果你在做臀推时遇到困难，那就尝试把双脚抬高做臀桥；如果你觉得做后深蹲很痛苦，那就做箱式深蹲，且不要蹲得太低，或者可以进行登阶运动；如果硬拉让你觉得有负担，那么你可以通过从固定块上拉起杠铃（固定块硬拉）来缩小运动范围，也可以在做罗马尼亚硬拉的时候，从动作的最高点开始，还可以直接做单腿罗马尼亚硬拉。简而言之，你可以对动作进行一些改动。

如果你的运动范围有限，那么你可以通过增强灵活性来改善姿势

有两种限制可能会影响姿势。第1种是与软组织有关的限制，这意味着紧绷的肌肉使你无法达到正常的运动范围。此时你可以简单地通过一遍又一遍的伸展练习来克服这种限制。

第2种是骨骼解剖学上的限制，这意味着你的骨骼结构不允许你达到特定的运动范围。例如，如果你每次深蹲时都感觉髋关节前部受到挤压，那可能是股骨与髋臼隆起（骨盆前部）发生了碰撞。在这种情况下，你可能需要调整训练计划来适应自己独特的解剖结构。

尝试不同的姿势和安排，以找到使你感觉良好的姿势，不要沉迷于运动范围

如果你的骨骼结构与肌肉结构使你无法完全下蹲或无法将动作做到位，那也没问题，你仍然可以做这个动作，只需控制好运动范围或在允许你以良好的姿势进行运动的范围内训练。我有一些客户即使无法做到平行深蹲，但他们的臀肌仍然很棒。

如果你的肌肉太紧，那你可能需要花费一些时间来做伸展运动，以扩大运动范围。如果你因为髋屈肌太紧而无法完全伸展髋关节，就花些时间来拉伸髋屈肌——腰大肌和股直肌（请参见第156页）。如果你无法保持标准的深蹲姿势，那就按照第418~第420页所述的技术来改善姿势。

每次重复运动都要保持清醒

事实上，如果你训练过猛、失败或负荷过大，姿势便会出现问题。你必须保持清醒。也许你需要减少重复次数或者减少负荷。每次举重时，你都得听自己身体的反馈。如果你的身体哪一天感觉不对，那你就得听从身体的反馈，进行必要的调整。

请记住，当你无法再以良好的姿势进行运动时就停下来。也许你可以给自己留出一些误差空间，但前提是你得保持清醒，一旦你的姿势误差超过某个点，你就得停下来。

换言之，当你重复动作时，不论负荷或重复次数有多少，每个动作看起来都应该是相似的。无论你是以135磅的负荷做20次动作还是以225磅的负荷做12次动作，所有动作看起来都应该几乎一样。如果你开始弓背或没有充分伸展髋关节，请停止你的训练。如果你以不良姿势继续运动，这样不仅会使不良的运动模式根深蒂固，而且会使你面临受伤的风险。

如果你始终保持良好的运动姿势，它最终将成为你的运动模式的一部分。对于技术欠佳的运动也是如此：如果你动作总是做得马马虎虎，很快你的运动姿势便会糟糕透顶。保持清醒并专注于技术，你会在姿势开始发生变化的那一秒就注意到变化。当你没有抬高到或下蹲到标准水平，或膝关节外翻，或上背部屈曲，或下背部过度伸展时，请停止训练。

只要运动不会伤到关节，就最大限度地激活它；只要感觉良好——意味着你正在使用神经－肌肉连接原则并训练了正确的肌肉，就尽力而为

以上就是我提供的技术准则，这些准则是制订训练计划并保持标准姿势的常用策略。

与我合作的一些客户可以完美地适应这些准则，不需要进行太多调整，而有些人则偏离了常规轨道。例如，我的大多数客户在做臀推时，喜欢保持两脚间距稍宽，踝关节向外。但我指导过的一位客户喜欢保持较窄的两脚间距，同时踝关节向内。我以前从未见过这种站姿，也从未想过要尝试这种站姿。实际上，我进行了一项关于不同的站姿对臀肌的激活程度的研究，研究发现，较窄的间距对臀肌的激活程度是所有站姿中最小的，但是对她来说可不是！保持这种站姿，她最大限度地激活了臀肌，并且她是我见过的臀肌发展得最好的客户。那我还需要告诉她别的方法吗？

疼痛、受伤与恢复

任何影响脊柱或下半身的损伤都将导致一定程度的臀肌抑制（激活程度降低与收缩），甚至只是踢到脚趾和踝关节扭伤。如果你想将臀肌训练成效最大化，最好在运动时避免疼痛与受伤。

通常，掌握良好的技术，遵循经过深思熟虑制订的个性化训练计划，管理好饮食和生活方式，即遵守本章提供的准则，对于避免疼痛和受伤至关重要。但是，疼痛是一个复杂的话题，人们对此并不了解。与健身世界中的所有事物几乎一样，有许多可能导致疼痛与受伤的变量：解剖结构、肌肉结构、软组织基因、计划设计（以及所有影响训练计划设计的变量）、训练经验、力量、灵活性、姿势、年龄、生活习惯、饮食、水分、物质使用、受伤史、疲劳、发炎、压力、沮丧、焦虑、恐惧、对运动的信念、疼痛和身体——类似的变量不胜枚举。

疼痛的常见反应是："我伤到了组织，现在好疼。"也有明明受了伤，却根本没有感到疼痛，或可能没有受伤却明显感受到了疼痛的情况。你也有可能会感受到牵涉痛，即除实际疼痛源以外的身体其他部位的疼痛。换言之，你认为的疼痛源实际上并不是真正的疼痛源。例如，我的朋友感觉下背部疼痛，他认为这是举重所致，事实上这是胃食管反流病引起的。他吸烟多年，然后又开始嚼尼古丁口香糖，结果出现了一些胃食管反流问题。当胃食管反流病治好之后，他的背也不疼了。此外，还有实际受伤引起的疼痛，例如从自行车上摔下来，以及举重姿势不正确（例如在做硬拉时屈曲背部）引起的疼痛。

此外，每个人对疼痛都有着不同的理解与感受，这使我无法针对疼痛与受伤提供确切的解决计划。我能做的最多就是提供一套大多数人普遍都能接受的指导方针及加快受伤后恢复的计划。

简言之，如果你感受到的疼痛不会阻碍臀肌被激活，并且你选择的训练不会使疼痛恶化，那么你就可以继续做自己正在做的运动。但是，如果你所做的一切都在使疼痛更严重，那么你需要休息一段时间直到疼痛减轻。

重要的是要注意，本节侧重于介绍损伤方面的训练及避免受伤的最佳做法。在第14章中，你会学到损伤恢复计划。

根据疼痛调整训练，而不是带着疼痛进行训练

保持清醒以进行自我调节或即时调整是长期训练的重要组成部分。

每个星期你可能都会经历稍许误差和肌肉酸痛。因此，你不能一直坚持预先设计好的训练计划，而必须根据生物反馈，即自身感受，对计划进行调整。

例如，如果你在训练中伤到了膝关节，那么你需要调整计划，选择不会使情况恶化的运动。我知道这是常识，但人们常犯的最大错误之一就是忍着疼痛进行训练而没有进行必要的调整。

这是我在20年中的大部分时间做的事情。作为专业的举重运动员，身体方面总是会出现一些需要解决的问题。这只是举重、努力训练及衰老的一部分。但是我已经学会了根据当天的情况来修改计划，坚持这一原则对我的体育生活的各个方面都有好处。

如果你觉得哪里不适，不要陷入认为自己机能失调或某些肌肉无法正确发力的陷阱。通常，你只需要休息一下，调整姿势或修改训练选择与训练计划设计。

如果我在这方面给你留下深刻的印象，你就不需要再像我一样花20年的时间来学习它。

始终优先考虑受伤史

当我开始与客户（无论是线上还是当面）合作时，我要问的一个问题就是他们以前是否受伤过。此信息至关重要，原因有二。

首先，这能让我知道受伤的性质。无论是遗传疾病，灾难性事件（如车祸）的结果，

还是在我们可控制的范围内的因素，例如以正确的姿势运动，我都可以根据先前受伤的性质来制订计划。其次，更重要的是，我可以知道要选择哪些训练。例如，客户先前膝关节受过伤，我会问哪些动作会让他们感到疼痛。如果客户每次深蹲时膝关节都会疼痛，那么我可以制订一个解决该问题的训练计划。根据受伤情况制订计划，可能意味着不做某些深蹲动作（如弓步或单腿深蹲），缩小运动范围，或调整负荷（重量）与数量（重复动作的次数）。慢慢地，我通常可以帮助他们进行大多数训练而不会感到痛苦，但是我必须得让他们慢慢来，渐渐增加难度，逐步进步。

要想避开旧伤进行训练，你必须多尝试，弄清自己可以做什么运动，不能做什么运动。第14章提供了一些训练示例，这些示例不会影响诸如下背部疼痛和膝关节疼痛之类的特定症状。

不想肌肉太酸痛（另一种形式的痛苦），以致于无法频繁或高强度地训练臀肌

这可能会让你感到惊讶，但我有许多获得出色效果的客户确实很少感到臀肌酸痛。有些人喜欢在第2天感受到一点儿酸痛，以此来提醒他们自己训练十分刻苦，但是过度酸痛对臀肌的发展是起反作用的。

可能导致肌肉酸痛的因素如下。

- 新奇感（尝试新运动或做了很久都没做的运动）。
- 做了对肌肉的拉伸作用较强的运动（如弓步）。
- 故意在运动中扩大下蹲范围。
- 不经常训练臀肌。

减轻肌肉酸痛的方法如下。

- 保持一致（每周采用类似的运动模式）。
- 选择对肌肉的拉伸作用较弱的运动（如臀推）。
- 进行本质上偏向向心的运动（如推雪橇）。
- 经常进行臀肌训练。

研究表明，肌肉损伤受基因的影响巨大。同一训练可以使某些人的肌肉酸痛感明显强于其他人。如果你的力量有所增强并且你看到了训练成果，臀肌却很少酸痛，你就偷着乐吧。臀肌酸痛真是一大不便之处！每当你站起来或试着行走时，你都会疼得龇牙咧嘴，这可一点儿都不好玩。因此，请考虑以上因素，尽量避免肌肉过于酸痛。

为了缩短两次训练之间的恢复时间，给自己足够的时间进行休息和恢复

你可以通过滚泡沫轴或按摩来恢复，但不要过度依赖这些方法，可以将它们当作一种辅助手段。换言之，这些方法应该是补充性的，而不能代替正式的训练。

研究表明，滚泡沫轴的益处较多，但并非出于你期望的原因。体能教练经常说，滚泡沫轴可以通过调整筋膜、减少疤痕组织粘连、放松扳机点来改善组织质量，但实际上，它可能是通过减轻疼痛，刺激肌肉与筋膜内的机械感受器起作用的。机械感受器将信号传递给大脑，使某些对抗肌（相对）运动单位平静下来，以"松开制动器"并刺激主动肌运动单位改善表现。

我觉得如果人们明确地知道这些事实，那么他们出门时如果忘带泡沫轴，就不会那么偏执了。那这是否意味着滚泡沫轴是没有用的？当然不。如果它能让你感觉好一些，那你就一定要滚泡沫轴，尤其是在训练前后或感觉肌肉超级紧绷时。不过你得知道，这并不意味着你要完全按照许多理疗师所讲的那样做。（要想了解更多有关自我筋膜放松与滚泡沫轴背后的科学知识，请参阅本书最后的参考资料部分。）

即使要收获滚泡沫轴的益处可能并不需要你了解所有的有效机制，你也不应该认为滚泡沫轴是必需的日常操作，也绝不应以此为借口逃避训练。

按摩也一样。我记得之前读过一些有关保加利亚举重队训练时间表的内容，他们每天会训练多次，每次训练结束后都会按摩。我想："我如果一天能做几次按摩，也能恢复得这么快。"但事实可不是这样。即使按摩效果很好，就像滚泡沫轴一样，它也不能极大地促进肌肉组织修复。

这样想吧，举重的时候，你是在分解肌肉：肌节凸出，Z线涂片，T形管与肌膜中的微损伤、撕裂，以及坏死，所有这些都需要修复。实际上，这是高强度间歇训练和负重训练后新陈代谢增强的主要原因之一，损伤与组织需要修复。因此，训练后的恢复期间存在一个无法解决的时间因素。像我一样，人们会陷入一种陷阱，以为只要进行按摩或滚泡沫轴，肌肉就不会疼痛。但实际上，你只需休息足够的时间，就能让肌肉组织恢复。当然，如果你进行一些主动式恢复活动，如行走或者滚泡沫轴，那么一两个小时后你可能就会感觉好些，但是一旦这种感觉消失，你就会发现自己又回到了肌肉酸痛的状态。这些恢复活动对缓解肌肉酸痛有所帮助，但并不能完全消除肌肉酸痛，尤其是在延迟发作的肌肉酸痛（Delayed-Onset Muscle Soreness，DOMS）严重的情况下。

不要误会我的意思，按摩与泡沫按摩绝对有用，尤其是当你享受按摩与滚泡沫轴时。不过，它们并不能大大加快恢复速度。有时你应该耐心做完训练，然后休息休息，放松放松，这样就可以慢慢恢复过来，然后再刷新个人纪录。

用激活训练来进行高强度运动前的热身

臀桥与四点跪姿髋关节伸展等臀肌训练可以在训练刚开始时进行，这样可以使臀肌为接下来强度更高的运动做好准备。此类训练被称为激活训练。体能教练通常将臀肌激活称为"小负荷臀肌激活"，因为此时的目标是激活肌肉。更具体地说，你是想唤醒肌肉，而不是使肌肉疲惫。如果你要进行激活训练，那么你可以在每次热身时完成3组每组10次的臀桥和四点跪姿髋关节伸展运动。如果需要的话，你或许可以做100次臀桥，但是现在你做10次就行，并且每次在重复动作的最高点，都最大限度地绷紧臀部。在进行到力量训练部分时，你会在复杂的组合运动中更高频率地使用臀肌，这有助于让你的姿势更标准，防止动作变形。但要注意的是，不能使臀肌过于疲劳，否则在之后的运动中对臀肌的调用会减少，而不是增多。

下面是臀肌激活训练示例，你可以在下半身训练中将其作为热身运动，也可以在任何想要"唤醒"肌肉的时候（如长时间不运动后）进行臀肌激活训练。

高抬腿走：20步

深蹲站立：10次

鸟狗式：一侧重复10次

弹力带侧向行走：一个方向重复10次

膝关节弹力带四点跪姿髋关节伸展：一侧重复10次

跪姿侧踢腿：一侧重复10次

反向弓步：一侧重复10次

小负荷高脚杯深蹲：重复10次

活动范围和灵活性

有证据表明，你需要通过扩大活动范围来产生张力，以使臀肌得到最大程度的开发，但这并不是说活动范围较小的训练就没有其应有的地位了。臀桥（在较小程度上）和臀推（活动范围通常比深蹲与弓步的活动范围小）更适用于臀肌的开发。因此，扩大活动范围的规则并非始终适用于臀肌的开发。

此外，值得一提的是，有关活动范围及肌肉生长的研究大都对其他肌肉进行了检测。迄今为止，只有一项仅针对活动范围的研究与臀肌的生长有关。该研究表明，深蹲时活动范围大一点儿更能促进臀肌发展。但是，臀肌具有独特的肌电图角度曲线的事实表明，它在可能的最短肌肉长度时激活程度最高（大多数肌肉在肌肉长度居中或更长时表现出最高的激活程度，而臀肌则相反），这让人对涉及其他肌肉的研究结果心生怀疑。

进行全范围和小范围训练

一种运动无法面面俱到。有时，你需要缩小活动范围，直到力量、协调性和灵活性都有所增强，可以做出标准的动作。不要仅仅因为自己无法做到本书介绍的所有训练，而认为自己有问题。如果你的目标是最大限度地促进臀肌开发，那么你应同时进行全范围和小范围的训练。也就是说，你应该做的运动有臀推、臀桥、背部伸展、弓步、深蹲、硬拉、侧向行走等。

通过抗阻训练和伸展来扩大活动范围

尽管伸展运动可以扩大关节的活动范围，我也确实给出了一些基本的伸展运动，但你也要知道进行力量训练也可以改善你的灵活性。深蹲、硬拉、弓步、臀推、背部伸展与侧向行走可以改善你下半身的灵活性。已有很多研究就扩大关节的活动范围将力量训练与伸展运动进行了比较，结果相似。实际上，力量训练可以说是更有益的，因为除了改善灵活性之外，它还可以在特定的活动范围内增强肌肉力量。

这并不是说伸展运动无效，因为它确实起了作用。但是伸展运动并不会像力量训练那样改变肌肉的机械性能。通过伸展运动，你的确不会拉长肌肉或让肌肉变得更有弹性。这一切的发生是因为你的大脑已经意识到该姿势并未对你的身体造成伤害，所以神经系统减少了紧张感，使你可以进一步伸展。

大量的伸展运动可以改善臀部和腿部的柔韧性。我提供了一些专门针对臀肌的伸展运动，还有两种是针对髋屈肌的。以此处提供的伸展运动作为起点，还有很多很棒的伸展运动可能会更适合你的个人需求。

我还想说，伸展的方式多种多样，你可以动态地进行伸展（称为动态伸展）或以静态的方式进行伸展（称为静态伸展）。

动态伸展　这种伸展方式是在移动过程中进行的。动态伸展意味着你不需要保持住一个伸展动作，而需要重复进入及退出伸展状态，也就是暂时将特定的身体部位移动到其活动范围的极限（称为末端范围），然后再复位。动态伸展通常做3组，每组重复10次。为了获得最佳的伸展效果，你可以将动态伸展作为训练之前的热身运动或在每组训练之间进行动态伸展。

动态深弓步伸展

假设你正在做深蹲前的热身运动。在这种情况下，你可以通过摆出深弓步姿势来做动态深弓步伸展，通过降低身体，向前推膝关节，朝前方移动3~6步。在此过程中，重复进入及退出伸展状态。

静态伸展 这种伸展运动是在不移动的情况下进行的，这意味着你可以在较长的一段时间内将伸展动作保持在极限状态。与动态伸展不同的是，动态伸展是在训练之前进行的，静态伸展应在训练后的冷却阶段或傍晚进行，用来放松身体，让自己晚上睡得更香。静态伸展会暂时削弱被伸展的肌肉的力量，因此在做深蹲、硬拉或臀推等动作之前切勿这样做。例如，如果你在伸展腘绳肌之后立即尝试硬拉，你会发现自己力量不足。如果你热衷于在运动前做伸展运动，那么你可以进行动态伸展或伸展对抗肌。例如，如果你要做臀推，那么你可以拉伸髋屈肌，但不能伸展臀肌。

为了增强灵活性并通过静态伸展获得最佳效果，请牢记以下几点。

- 每次保持伸展动作30~60秒，然后重复2或3次。
- 有节奏地呼吸（不要屏气）。
- 做伸展运动前先热身。
- 最重要的是，只能伸展到你感受到肌肉紧张的程度，切勿超出舒适范围或使肌肉过度疼痛。

静态深弓步伸展

要做静态深弓步伸展，只需做出深弓步姿势，让自己感觉到肌肉紧张，要确保肌肉不会过于疼痛，然后保持该姿势30~60秒。

155

无论你是想改善活动范围还是想优化自己的姿势，或者只是喜欢通过伸展运动进行恢复，以下伸展运动都是不错的选择。

深弓步伸展

利于：

- 伸展腰大肌和髋关节肌肉；
- 扩大髋关节伸展、深蹲与分腿深蹲的活动范围。

做出弓步姿势，将手放在髋关节或膝关节前方的地面上以保持平衡，然后后侧的腿向身体后方伸展，尽量使股四头肌与地板相贴。你可以使后脚脚背贴地，也可以保持后脚的前脚掌贴地。进入深弓步姿势时，要降低髋关节，然后将身体重心前移。同样，你也可以向前/向外侧推动前腿的膝关节。

股直肌伸展

利于：

- 伸展股直肌与腰大肌；
- 扩大髋关节伸展和臀推的活动范围。

选项1　　　　　　选项2　　　　　　选项3

有几种方法可以进行股直肌伸展。你可以将一只脚靠在墙上或长凳上（选项1），然后挺起躯干；也可以握住脚，并将小腿以弓步姿势拉向臀部（选项2）；还可以将一条弹力带绑在脚上，通过肩膀用弹力带将脚吊起，然后拉这只脚，使触地的膝关节折叠程度更高（选项3）。

髋关节外旋伸展

利于：

- 伸展臀肌和髋关节外旋肌；
- 扩大髋关节外旋的活动范围。

选项 1

选项 2

选项 3

进行髋关节外旋伸展运动最简单的方法是躺在地上，膝关节保持屈曲，双脚平放在地上，就像在做臀桥一样。再将一只脚放到另一条腿靠近膝关节的位置，然后双手握住这条腿的膝关节下方，将其往胸前拉（选项1）。还可以摆出鸽子姿势。为了做好改变姿势的准备，你需要坐在地上，一条腿在身前保持屈曲，同时大腿外侧和小腿紧贴地板。将另一条腿伸到身体后方，使股四头肌贴地。如果你的肢体比较僵硬或肌肉过紧，你可以将前脚靠近髋关节，躯干保持直立或稍微倾斜（选项2，左下）。要想进行更深程度的伸展，就将前面的小腿伸到垂直于自己的身体的位置，并将躯干前倾（选项2，右下）。如果这些伸展方法对你来说伸展程度过高，请尝试将前侧的腿放在长凳上，用后腿支撑身体（选项3）。

臀肌扭转伸展

利于：

- 伸展臀大肌；
- 扩大髋关节外旋和髋关节屈曲的活动范围。

选项1 　　　　　　　　　　　　　　　　　　　　　选项2

坐在地上，将一条腿跨过另一条腿，同时，双脚尽可能地靠近对侧大腿的上端。你可以将贴地的腿伸直或像上图一样保持屈曲。手臂环绕竖起的腿的膝关节，然后将其拉向胸部（选项1）。想要增强伸展力量的话，你可以将身体稍稍向竖起的腿一侧转动，将对侧手臂放在大腿前面，然后向后看（选项2）。

如果你的身体出现了小问题，或者有人指出你的弱点，请记住这是正常的

身体上的小瑕疵——无论是肌肉生长失衡、轻伤还是动作受限——并不意味着你的身体有问题。失衡是正常的，疼痛有时也是正常的，并且大多数人都会有身体某个部位动作受限的问题。

运动员医生、理疗师、脊柱按摩师、手法治疗师、运动训练师、私人教练以及体能教练越来越多地给小问题打上功能障碍的标签。这样的标签化具有深远的影响，用词准确极其重要。如果你向某人求助，结果他们告诉你这是身体出现了功能障碍，你可能会从字面上理解，认为自己什么也做不了。

功能障碍意味着你无法正常运动，虽然我们确实不是一直都处于100%的状态，尤其是当我们刻苦训练时。这种"功能障碍"的说辞就是一种吓人的"招数"，它利用标签来吸引客户，以保持业务的回头率。如果你只有一把锤子，那么一切在你看来都像钉子。要是你想在自己身上找一种"综合征"，你还真能找到它。一些从业人员会利用顾客的不知情致富发家，这种方法故意使客户过度依赖他们，旨在赚更多的钱。对我来说幸运的是，在我的职业生涯中，当客户变得更强壮时，我赚的钱才会更多。

我是一名体能教练，没有立场去将客户标签化。我的工作是使他们的身体、思想与精神变得强健，给客户信心，增强他们的自尊心。我从未跟客户说过他们的臀肌功能失调或他们的臀肌无法得到最佳的训练，因为我不希望他们感到恐惧。取而代之的是，我通过指导客户进行基本练习来帮助他们建立信心。然后，我带他们向更高级的训练转移，并一路称赞他们。而且我使他们确信人体十分强大，具有多种功能和他们想象不到的恢复力，这需要以鼓励为基础，而不是用恐惧或怀疑来建立力量训练的健康关系。

如果你感到疼痛，通常不是因为你存在功能障碍或需要进行矫正运动；你只需要休息一段时间，避免进行可能损害身体的训练。然后，你需要练习更好的姿势，倾听身体的反馈并注意训练计划设计（确保以适合自己身体情况的重复次数与频率进行最佳的运动）。

举重存在一定的风险，训练的时候需挑战自己的极限，这很自然。你想要自己的身体变得更强壮、臀部变得更大、身材变得更苗条，因此你会努力训练。有时你会因为训练得太厉害而受伤。轻微的扭伤、疼痛与痛苦是举重训练的一部分。显然，你应该避免让自己受伤，我也提供了很多指导方针来帮助你们防止受伤，避免疼痛。但是，努力训练和保持无痛之间的平衡很难把握。倾听自己身体的反馈，知道应在何时推自己一把，何时退后一步本身就是一门艺术。

例如，有些人身体的某些部位因为基因的影响，软组织性能较差，容易受伤。如果你一直在与下背部疼痛做斗争，或许你需要调整运动范围或不要选择背部需承受较大压力的运动，例如弓步与侧向行走。换言之，你的下背部疼痛不是因为功能障碍，而是因为你做的运动与你的身体有冲突。

最重要的是，健身专业人士不要再跟人们说他们有功能障碍了，否则，除了制造恐慌外，还会产生"反安慰剂效应"。反安慰剂效应与安慰剂效应相对，后者是某些东西可以解决问题但没有治疗价值的情况，例如，我给你一颗糖丸，告诉你它可以治好你的头痛，并且你吃完之后感觉确实有效。反安慰剂效应的工作原理与之完全相同，但结果相反。想象一下，如果我说："天哪，看看你的臀部！你没有臀肌。你会背痛吗？不会吗？我要惊呆了，我还以为你会因为这可怜的臀肌，背超级痛。哇，你真幸运。"

现在，你要考虑的就是自己怎样才会因为没有臀肌参与运动而感到背痛。每次举重的时候，你都会想："我会背痛吗？"然后突然间，你开始背痛，因为你就是这样被告知的。然后，你开始寻找解决计划。

正如存在糟糕的私人教练及体能教练一样，也存在一些糟糕的康复专家。他们中很少有人会要求查看你的举重录像或者你一直遵循的训练计划的副本。简言之，许多人缺乏关于力量训练的知识与经验。脊柱按摩师会说，你需要按摩正骨。针灸师会希望通过为你针灸，让你感觉好一点。按摩治疗师会告诉你，你的肌肉有多紧，然后帮你按摩僵硬的肌肉。理疗师会告诉你，你的功能障碍问题是怎样的，并帮你进行矫正运动。

显然，脊柱按摩师、针灸师、按摩治疗师和理疗师还是有一席之地的。他们的做法都很好，可以帮助很多人。此外，这些从业人员中有许多正在研究力量训练与疼痛科学，对他们自己所用的词汇及标签的力量有了更深刻的了解，也更好地帮助了大家。但是你必须意识到自己变得完美的可能性很低，要知道你比自己想象的还要强大。而要从疼痛（肌肉酸痛）或受伤中恢复过来，时间是最重要的变量之一。当然，调整与按摩会带来不错的效果，矫正运动也可能会有所帮助。但是，很多人没有意识到的是，在接受治疗的同时，他们忽略了一开始问题产生的原因。换言之，时间可以治愈所有伤口。正如法国著名哲学家伏尔泰（Voltaire）多年以前所说，"医学的艺术在于，在自然治愈疾病的同时逗乐了患者。"

这句话引起了我的情感共鸣，因为——就像你们中的许多人一样——我曾经也被贴上过功能障碍的标签。15岁那年，我出了一场严重的车祸，为我诊疗的医生说我的脊柱跟90岁老人的脊柱一样。他告诉我，我的椎间盘退化情况是他在我这个年龄段的所有患者中见过的最严重的，并建议我不要举重，否则我的脊柱会折断。然而我继续进行了620磅的硬拉及815磅的臀推，现在我的脊柱还好好的。

我并不是说你应该对自己撒谎，假装自己没有问题。如果你患有脊柱侧弯，我不会试图用你没有脊柱侧弯说服你。但是，我看过一篇有关拉玛尔·甘特（Lamar Gant）的文章，他是有史以来最优秀的举重运动员之一，而且患有严重的脊柱侧弯。他的脊柱侧弯实际上使他在举重中具备了优势，并且他认为自身的健康归功于平时的举重与伸展训练。

我的意思是，遵循本章的准则及参考下一章的训练计划设计变量，不仅能使你在努力训练时避免痛苦与受伤，而且能帮助你恢复。除非你在训练时不够努力，否则感受到疼痛或不适是不可避免的。但你不应该在感受到疼痛或不适时想："哦，不，我废了！"

每个人都有与生俱来的优势与不足。你擅长这10种运动，那么你在另外5种运动中的表现可能就会很一般。所有人都会碰到一些让自己觉得很不舒服的运动，也会碰到符合自己解剖结构的运动。要记住，疼痛只是努力训练和衰老的一部分，不该因此认为自己功能失调，要运用逻辑和经验来解决问题，不必担心害怕。

饮食和生活方式

吃什么及吃多少会对臀部的外观与整体形体产生巨大影响，这一点不足为奇。正如没有适合所有人的训练计划设计一样，你应该吃什么及吃多少取决于你的目标和个人需求。有些人需要多吃，而有些人则需要少吃。有些人需要不吃某些食物，而另一些人则不需要。因此，关于饮食，我不愿提供具体的建议。有关饮食与身体成分的内容本身就能写一本书。

我的目的不是总结饮食的细节，而是总结与营养和臀部外观有关的一般准则。当你通过节食减肥时，你需要牢记以下要点。

热量不足促使减肥饮食奏效

首先，我要指出的是，如果你以减肥为目标，那么你真正要做的就是减脂。如果你想保持肌肉发达的形体并燃烧脂肪以获取能量，那么你可以通过耐心地消耗大量蛋白质和进行举重训练来做到，但是这样就偏离主题了。

通常来说，你每天需要减少500~1000千卡的热量才能每周减重1~2磅（因为3500

千卡约等于1磅脂肪的热量）。如果这样做不会影响你的新陈代谢或使你变得昏昏欲睡，那一切都很完美，但事实并非如此。因此，你必须不断调整能量与常量营养素的摄入，以确保你以适当的速度减肥。减肥速度因人而异，体脂率较高的人最初需要在消耗脂肪方面多下功夫。

如果你的体脂率为40%，那么为了减轻体重，你需要保持极度的能量不足状态或长时间处于能量不足状态。如果你的体脂率为20%，那么你也许可以保持饮食不变，专注于让自己变得更强壮。这称为身体成分重构，简称成分重构。这意味着你的体重保持不变，但逐渐减脂增肌，从而改善了身体成分。但请不要误解，处于能量不足状态，即消耗的能量多于摄入的能量（减少食量，训练量保持不变；食量不变，训练量加大；或减少食量，训练量加大）是减肥的唯一方法。所有流行的减肥饮食都是通过让你遵循各种规则来摄入更少的能量从而起作用的。生酮饮食法、原始饮食法、关键性饮食疗法、体重管理减肥餐、南滩饮食法、间歇性断食法等均是如此。减肥的关键在于找到平衡点，使你摄入的能量足以满足自身训练所需，却又不会增加你的体重或使你减肥失败。

值得一提的是，如果你通过节食减肥，那你的臀部会变小（除非你是初学者），与我合作的每位比基尼泳装女士都曾抱怨过。这些女士的体重为150磅时，她们的臀部很大，但是当她们瘦到120磅时，她们的臀部要小得多。

保留大部分臀肌的最佳方法是放慢减肥的速度。减肥速度越慢，你可以保留的臀部肌肉就越多。如果你用一个月减掉20磅，那你减掉的肌肉要比用5个月减掉20磅多得多。因此，要确保在减肥过程中保留（或增强）尽可能多的力量及摄入足够多的蛋白质。

清洁饮食法 ● ● 南滩饮食法

原始饮食法 ● 限制食物选择 ● 低脂饮食法

间歇性断食法 ● 限制进食时间 限制大吃大喝/过多进食的欲望 ● 直觉饮食

摄入的能量不足

体重管理减肥餐 ● 限制食物量 控制食物比例 ● 弹性饮食

饮食计划减肥餐 ● ● 关键性饮食疗法

摘自：Marie Spano

161

每天每磅去脂体重应摄入1克蛋白质

如果你的体脂率为20%，体重为150磅，那么你的去脂体重为120磅，你每天需要摄入约120克蛋白质，并且需要分多次摄入。你也可以将体重乘以0.8，然后得到每天应摄入的蛋白质的克数。

摄入足够的蛋白质不仅可以帮助你保持现有的肌肉，还可以帮助你调节食欲。蛋白质令人产生饱腹感，可以帮助你减少进食。此外，蛋白质具有很高的热效应，因此与碳水化合物和脂肪相比，蛋白质可以帮助你消耗更多的能量。只要你的蛋白质摄入量充足并且仍然处于能量不足状态，你就可以选择摄入多少脂肪和碳水化合物，并且仍然可以减轻体重。

尽管摄入足够的蛋白质很重要，但是如果你没有达到蛋白质摄入目标，也不要惊慌。人的新陈代谢非常灵活，你在一天之内不会失去很多肌肉，同样，也不要担心一天内摄入的蛋白质过多。只要靠近能量摄入目标，一天的蛋白质摄入量就不会阻碍整体减肥进度。你要留有波动的空间，不要痴迷于蛋白质。此外，摄入足够的蛋白质并不会增加肌肉量。因此，剩余的能量应来自脂肪和碳水化合物，富含它们的食物不仅美味，而且对激素的产生、微量营养素的吸收、能量的保存等十分有益。

计算去脂体重

1　算出你的体重与脂肪百分比。

2　将体重乘以脂肪百分比。

3　从体重中减去步骤2的结果。

体重：150磅

脂肪百分比：20%

150（磅）×20%=30（磅）

150（磅）-30（磅）=120（磅）（去脂体重）

遵循弹性饮食模式

关于饮食指南，我建议你采用弹性饮食模式，即你摄入的能量中有85%应该来自完整的加工程度较低的食物，而其余的15%则由自己随意决定。

自己决定的部分至关重要，因为我们会时不时渴望一些东西，如果你在饮食上一直有强烈的被剥夺感，那你可能坚持不下去。当你坚持遵循弹性饮食模式并且体脂率降低时，实际上你就偏离了自然的"设定点"，并且越来越难以坚持下去。你会变得无精打采、饥肠辘辘。这时，节食间歇就可以出场了，这也是弹性饮食的重点：提高了坚持下去的可能性，不至于让你脱离正轨。如果你故态复萌，那么饮食不管多么丰盛都没意义了。随着体重的减轻，你会感觉更饿了，因此坚持下去变得更加困难。让自己吃少量自己想吃的食物，你就不会感到自己被剥夺、出错、暴饮暴食，甚至完全放弃减肥。我还想提醒你，不要过于痴迷于85%和15%两个数字。只要你摄入的大部分食物都是高营养食物，某些食物就可酌情选择。但是你要知道，越依赖加工食品，随意摄入能量，就越难实现减肥目标。

有趣的是，只要遵循前两个准则，你就算吃垃圾食品，也可以减轻体重。相反，如果你饮食过量，就算吃健康食品，你也会增加体重。不过，健康与长寿很重要。如果你想要看起来状态极佳并且自我感觉良好，那么吃营养丰富的食物比吃垃圾食品要好。只要你能够坚持减肥目标而又不过于在意食物选择。

我自己遵循弹性饮食模式，也将其推荐给了大多数人。然而，你必须根据自己的体重、基因、日常活动和目标来调整能量和常量营养素（蛋白质、碳水化合物和脂肪）的摄入量。

弹性饮食也有不同的水平。你可以选择对食物进行称重，确定摄入量，以确保日常摄入量达到目标。假设你的体重为150磅，体脂率为20%，并且你处于能量不足状态，让你以每天摄入1800千卡能量的方式来减轻体重。如此一来，你应该以每天摄入120克蛋白质（480千卡）为目标，其余的能量来自碳水化合物与脂肪的某种组合。碳水化合物和脂肪大致可以互换，因此剩余的1320千卡可能来自105克碳水化合物和100克脂肪，218克碳水化合物和50克脂肪，或介于两者之间。一般来说，每天每磅体重至少摄入0.4克脂肪是个不错的想法，但你不必每天都达到这个目标。

其他方法包括只计算能量的摄入量但坚持摄入你知道的食物，这样通常会使你接近目标；还包括仅计算能量与蛋白质的摄入量，或者仅大致计算蛋白质的摄入量，但要确保每天消耗恒定的能量。

请记住，你必须用与个人相匹配的干预措施。有些人不适合对自己摄入的常量营养素进行称重和计算，这会让他们因为食物选择而神经衰弱。他们应该集中精力养成良好的饮食习惯。然而有些人则相反，他们可以很好地计算能量和常量营养素的摄入量，也因此可以生活得更好。

最终，我的想法就是帮助你们相当谨慎地进食并保持目标体重与形体。换言之，你可以在保留让你保持在减肥正轨之上的饮食习惯的同时，根据自己的感受进食。你有时吃得多，有时吃得少，但是你总是看起来状态极佳，自我感觉很好，这便达到了目标。

进餐时间很重要，但没有其他准则那么重要

所有的减肥饮食指南都指出，何时进食（称为进餐时间）取决于你的具体表现与健康目标。尽管为了最大限度地促进肌肉生长，你可能应该将日常蛋白质的摄入分为3或

4次，但实际上进餐时间的重要性被大大高估了。我们曾经以为每天频繁进食（如6次）会"增大新陈代谢的火焰"，并使新陈代谢整天保持在加速状态，但现在我们知道事实并非如此。

我们曾经还认为，训练后必须立即进食。人们习惯于在训练结束后一个小时内就进食，这被称为合成代谢窗口。也就是说，你有一个小时的时间来吃蛋白质与碳水化合物，以加快蛋白质合成（生成蛋白质以修复肌肉组织的过程）与身体恢复速度。但是对于蛋白质，你大约有5个小时的合成代谢窗口，因此，在此之前的饮食也很重要。如果你在训练前两个小时内吃了一顿饭，食物仍会被消化吸收，这意味着你不必在训练后再吃东西也可最大限度地合成蛋白质。

当涉及碳水化合物时，那就要视情况而定了。如果你只是想训练肌肉，并且每天只举重1小时，1周训练4天，那么碳水化合物的定时摄入就没必要了。但是，如果你是运动员，或者一天要进行多次训练，那么训练后应该立即摄入碳水化合物，以加快自身的恢复速度。即使你应该这样做，你也不必沉浸于此。

重要的是，你每天摄入多少能量和常量营养素，而不是如何安排一整天的用餐与进食时间。但是，你要确保自己在力量训练中充满活力。这是非常重要的，如果考虑不周，可能会影响你能否取得想要的结果。

对大多数人来说，在训练前一两个小时吃东西不失为一个快乐的方法。有些人可以禁食训练，但我不能，跟着我训练的大多数女士如果饿了，训练的时候都会毫无生气。显然，吃撑或吃饱也不是一件好事，因为这样会导致你训练时不舒服。因此，你要确保在训练前的理想时间点摄入适量的食物，同时还要确保摄入的食物对身体有益。没有人会希望训练时自己肠胃不适。

营养摄入时间

———————— 有多重要？ ————————

对于……不是很重要	对于……可能很重要	对于……的确很重要
• 超重/肥胖者减肥或健康状况一般。 • 初级训练者的身体成分。 • 持续时间少于1小时的非禁食力量训练。 • 不包括耐力比赛的目标。 • 不包括极端增肌的目标。 • 不包括极端减脂的目标。	• 高水平训练者极端减脂。 • 高水平训练者增肌或增强力量。 • 过夜禁食后进行的消耗性训练。 • 过夜禁食后进行的连续性训练。 • 持续1小时以上的消耗性/连续性训练。	• 多个糖原依赖性比赛。 • 以最短的时间间隔进行比赛。 • 持续2小时以上的消耗性/连续性训练。 • 持续2小时以上的比赛。

大多数人属于左侧那一类，所以无须过于担心对于营养摄入时间的选择。

摘自：Alan Aragon's Continuum of Nutrient Timing Importance.

在保持相同体重的同时改善身体成分（又称成分重构），请遵循能量维持策略

成分重构（n）：通过同时增加肌肉质量和减少脂肪质量，在保持相同体重的同时改善身体成分的行为。

几年前，我与一位客户共事了整整一年。她大约1.70米高，体重132磅。那个时候她已经在以健康的方式进食（每天摄入约1600千卡能量及110克蛋白质），因此，我告诉她要将这样的饮食方式坚持下来。

在一年的时间里，她的体重波动一直较小。她深蹲时可以负重65~215磅，硬拉时可以负重65~275磅，臀推时可以负重95~365磅，卧推时可以负重45~105磅，并且她还能做3次引体向上。尽管体重与能量摄入量没有变化，她的形体却发生了显著变化，现在的她看起来苗条而健壮。她试穿了一条她开始举重训练之前穿的裤子，裤腰大了10.14厘米，臀部却非常紧绷。这就是成分重构的完美示例。

当成分重构时，你全身上下都会变苗条，因为同等质量的肌肉所占的空间要比脂肪小。此外，你可以对合适的身体区域进行增肌使之丰盈，对过于肥硕的"问题"区域进行减脂塑形，从而使你的外形更加美观。简而言之，在坚持摄入适当的能量以维持体重的同时，你会增加精瘦的肌肉量，减少部分脂肪，从而变得更强壮。

这是我许多客户都有过的经历。每隔几个月，他们的身体成分就会有所改善。显然，超重或体重不足的人要分别处于能量不足或能量过剩的状态才能实现成分重构。但是许多人在保持能量摄入量不变（尽管通常会增加蛋白质的摄入量）的同时，可以通过多种举重形式，以较多的重复次数，逐渐增加举重重量，使自己变得更强壮、更健美。我自身已经一遍又一遍地验证了这一点，高级阶段的举重健身人士也验证了这一点。

增肌减脂是一种流行的策略。不过，你也不必总是为了增肌而增加能量的摄入量，也不必总是为了减脂而减少能量的摄入量。你可以在像野兽一样训练时，保持能量的摄入量不变——这就是成分重构。了解此选项很重要，这样你就不会误以为体重必须急剧波动才能改善身体成分。你也可以通过少量的能量过剩的饮食来逐渐增加体重，即"增肌维重"，例如每年增加1~3磅。

总的来说，成分重构的方法如下。

1. 以一定的能量摄入水平进食（维持体重而又不增加或减少脂肪和肌肉组织每日所需的能量总数），保证每天每磅去脂体重摄入约1克蛋白质。

2. 变得更强壮、更健美。

3. 坚持数月，直到瘦到自己觉得太瘦而想要再胖点儿。

4种计算维持当前体重所需能量的方法按精确度从低到高的顺序排列如下。

1. 体重（以磅为单位）乘以14或15（例如每天摄入150×15＝2250千卡能量）。

2. 使用Mifflin-St Jeor公式来根据活动变量确定你的静息代谢率或静息时身体消耗的能量（RMR）：RMR（千卡/天）＝10×以千克为单位的体重+6.25×以厘米为单位的身高-5×年龄+5（男性）[或-161（女性）]。

3. 一天只吃预先包装好的食物，然后将摄入的能量加起来，尽量与你的日常摄入量相匹配。

4. 在食物秤上称量所吃的所有食物，记录7天内所摄入的能量，然后算出平均值（需确保自己的体重在一周内保持不变）。

在24小时内摄入和消耗的能量

示例：190磅重的男性在24小时内需要摄入3000千卡能量

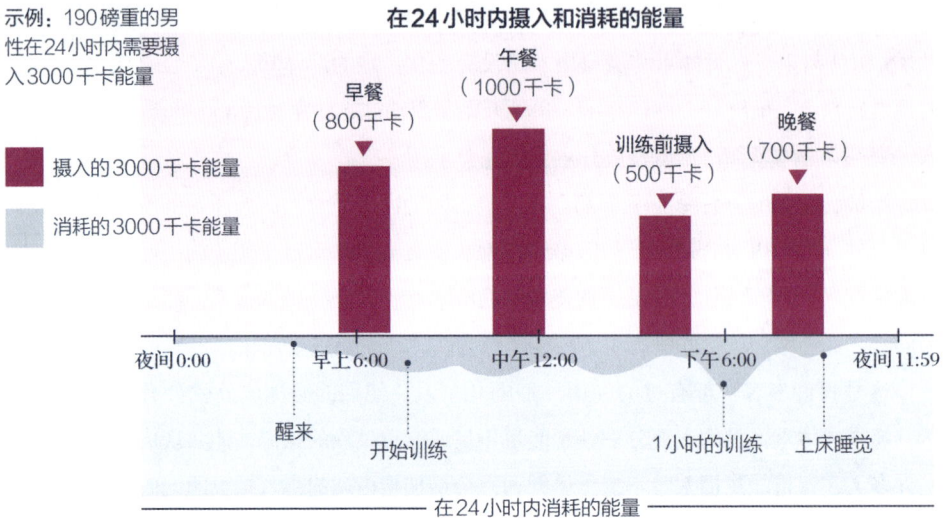

- 摄的3000千卡能量
- 消耗的3000千卡能量

早餐（800千卡）
午餐（1000千卡）
训练前摄入（500千卡）
晚餐（700千卡）

夜间0:00　早上6:00　中午12:00　下午6:00　夜间11:59

醒来　开始训练　1小时的训练　上床睡觉

— 在24小时内消耗的能量 —

　　如果你要重构身体成分，那么你就需要摄入维持当前体重所需的能量。如果你在努力减肥，那就在使用方法1时用体重乘以22.03~26.43中的某个数字。如果你想增加体重，那就用体重乘以35.24~39.65中的某个数字。在某些情况下，为了减脂，我不得不乘以17.62，为了让一些人增重，我又不得不让他们乘以55，但是上述数字范围对于大家来说效果还是很好的。

　　我发现，使用简单乘法的方法1与使用复杂公式的方法2之间并没有多大的区别。方法1会假设你处于适度运动状态，如每天只举重1个小时，1周运动3~4天。当然，新陈代谢与非运动活动产热（Non-Exercise Activity Thermogenesis，NEAT）存在很大的个体差异。如果你在工作时一天东奔西跑，每天训练两次，不停地动来动去，那么维持当前体重所需的能量将会大大增加。我曾与乘数为23的人一起工作，也曾与久坐不动乘数为10的人一起工作。请务必注意，使用方法1与方法2得出的仅为估算值。

　　鉴于大多数人绝不会使用食物秤，所以方法3是个可行的策略。你需要食用小包装且在标签上贴有营养信息的食物，如酸奶、代餐奶昔、小盒麦片。如果你愿意并且能够对食物进行称重及记录，那么在确保自己体重保持相对稳定的同时进行7天能量摄入量平均值的计算是最准确的方法。

你只需要设定一个可以调整的起点。计划花一个月的时间来找到精确的维持体重所需的能量摄入量。例如，假设你精确的维持体重所需的能量摄入量为1600千卡，但一开始摄入的能量为1900千卡，在这种情况下，你的体重是会增加的，因此你要连续3周少摄入100千卡的能量，这样在一个月内你就可以得出你精确的维持体重所需的能量摄入量了。就算最后体重增加了几千克也没什么大不了的，因为你浑身充满了能量，这段时间你的训练效果会更出色，而且你的力量会稍稍增强，肌肉也会更健壮。现在，建立能量摄入基准后，你就可以根据自己的目标对能量摄入量进行调整了。

记录常量营养素的摄入量是确定每天摄入多少蛋白质、碳水化合物和脂肪的好方法

在管理体重——无论是尝试减肥、重构身体成分还是增加体重时，监测能量摄入量是帮你获得理想形体的重要方法。

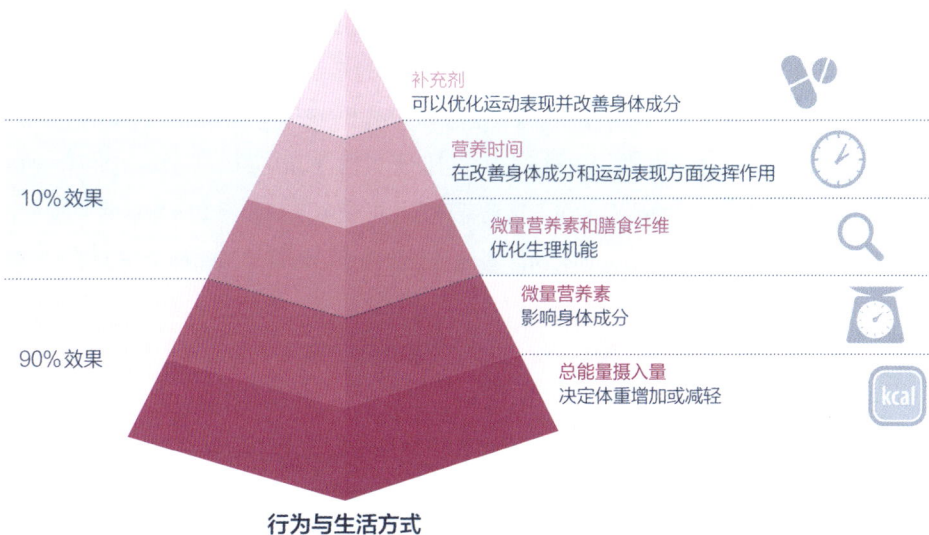

补充剂
可以优化运动表现并改善身体成分

营养时间
在改善身体成分和运动表现方面发挥作用

10% 效果

微量营养素和膳食纤维
优化生理机能

微量营养素
影响身体成分

90% 效果

总能量摄入量
决定体重增加或减轻

kcal

行为与生活方式

摘自：Eric Helms's Muscle and Strength Nutrition Pyramid.

简单概括一下，如果你想减肥，你就必须处于能量不足状态，这意味着你所摄入的能量要少于每天身体消耗的能量。如果你想重构身体成分，那么你可以摄入维持体重所需的能量。如果你想增重，那么你需要多摄入一些能量。

不管哪种情况，通过计算能量摄入量来监测饮食量都是达到形体目标的重要一环。根据能量需求来计算应摄入的蛋白质、碳水化合物与脂肪的量，并跟踪常量营养素，可以让你离自己的目标更近一步。

跟踪常量营养素的原因有很多。除了可以更好地了解应摄入的每种常量营养素的量（主要是确保获得足够的蛋白质）之外，该过程还能让你对自己摄入的食物的质量有更

深刻的认识。事实是，并非所有食物所含能量都是一样的。我们周围都是让人容易摄入过量的美味食物。很多时候，人们一不小心就会多吃。例如，你可能只吃了一小部分，认为它的能量不高，而实际上却很高。不仅如此，不同的食物对人体的影响也不同。能量为200千卡的蔬菜比能量为200千卡的小吃更多，也更营养。

尽管跟踪常量营养素可以让你对自己所吃的食物有所控制，也可以帮助你改善身体成分，但你也要考虑许多心理因素。称重及跟踪常量营养素的想法会令一些人感觉压力很大，或使他们变得神经质，而另外有一些人则喜欢跟踪自己摄入的常量营养素，这让他们有种自己可以控制体重的踏实感。不论你是否喜欢，跟踪常量营养素最终还是要达到一种脆弱的平衡状态，即你可以根据自己的喜好、目标和基因来了解应该吃多少，并且不会过度依赖它。你应该做到不会因外出美餐一顿而罪恶感满满。你也应该做到能够通过跟踪常量营养素定下让自己不会感到有压力或不知所措的营养摄入基线。

如果你在跟踪能量和常量营养素时做得不错，请一定要坚持下去。但如果你是那种对此倍感压力的人，也许更好的方法是只花一周的时间来确定你的营养摄入基线，这样你就可以找出需要进行调整的地方。你或许会意识到自己进食过多就是超重或未达到身体成分重构目标的原因。你或许也会意识到自己摄入的蛋白质不足以支撑你达到目标，或者脂肪摄入过多。当然，凭直觉进食或许是你的目标，但你可能会根据自己的基因、喜欢的训练类型以及食欲进食。这就是为什么跟踪能量与常量营养素（即使只坚持一周或全年定期）是一个好主意。这么做的最终目标是让你有所思考地进行跟踪，但你需要实际称重并跟踪一段时间，学会根据分量估算食物的能量与其中的常量营养素的量。我见过一些在对食物进行称重和常量营养素跟踪方面经验丰富的人，也会严重误判特定餐点中的常量营养素的量。

正如管理大师彼得·德鲁克（Peter Drucker）所说，"只有能被测量的事物才能被管理"。如果你从不跟踪自己的训练，那么要知道什么对自己有用，什么对自己无效的难度很大。但是，当你遵循某个计划并坚持了足够长的时间后，你就可以开始凭直觉通过坚持一个计划来进行训练。跟踪记录食物、睡眠、运动或体重的方法是一样的：你通过测量确定自己在哪里，增强意识，确定需要进行哪些调整，然后管理该计划，使其与自己的步调保持一致。

下面是我给出的常量营养素调整方法。这与其他教练使用的方法有所不同，不过对大家来说效果很好。

步骤1：计算维持体重所需的能量

首先确定你维持体重所需的能量。正如之前所说，我更喜欢使用简单的等式而不是复杂的Mifflin-St Jeor公式，该等式是将你的体重（以磅为单位）乘以14或15，表示适度的活动水平。如果你活动水平更高，请使用较大的乘数；如果你经常久坐不动，那就使用较小的乘数。

例如：

150磅×15	每天摄入2250千卡能量

步骤2：计算蛋白质摄入量

选项1：0.8克/磅 × 体重（磅）

选项2：1克/磅 × 去脂体重（磅）

接下来，算出你的蛋白质摄入量。每天每磅体重摄入1克蛋白质，往往高估了肥胖者对蛋白质的需求。每天每磅去脂体重摄入1克蛋白质更为准确。

选项1示例：

0.8克/磅×150磅	每天120克蛋白质

选项2示例：

150磅×20%（体脂率）	30磅
150磅−30磅	120磅（去脂体重）
1克/磅×120磅	每天摄入120克蛋白质

步骤3：计算脂肪摄入量

之后，你可以通过将体重（磅）乘以0.45得出脂肪摄入量。

例如：

150磅×0.45	每天摄入67.5克脂肪

步骤4：通过从维持体重所需的能量中减去蛋白质和脂肪的能量，然后除以4，得出碳水化合物摄入量

现在你已经确定了维持体重所需的能量、蛋白质和脂肪的摄入量，下一步就是弄清碳水化合物的摄入量。先将蛋白质摄入量（克）乘以4，将脂肪摄入量（克）乘以9，然后从总能量摄入量中减去二者之和，最后除以4，可以算出碳水化合物摄入量。

例如：

120克（蛋白质）×4千卡/克	480千卡（蛋白质的能量）
67.5克（脂肪）×9千卡/克	608千卡（脂肪的能量）
480千卡（蛋白质的能量）+608千卡（脂肪的能量）	1088千卡（蛋白质和脂肪的能量之和）
2250千卡（能量总量）−1088千卡（蛋白质和脂肪的能量之和）	1162千卡（碳水化合物的能量）
1162千卡÷4千卡/克	每天摄入290.5克碳水化合物

因此，一个体重为150磅的人每天大约要摄入120克蛋白质（480千卡）、67.5克脂肪（608千卡）和290.5克碳水化合物（1162千卡）。

步骤5：根据饱腹感、生理状况、目标、口味偏好等进行调整

最后一步是随着时间的推移，调整摄入量。这些数字仅仅是一个起点。如果你摄入更多的蛋白质，那你可能会得到更好的效果。有些人的脂肪摄入量很高，并且碳水化合物摄入量降至最低时（生酮饮食），他们就会看到良好的效果。应该注意的是，苗条的健身人士应倾向于摄入较多的碳水化合物和较少的脂肪。碳水化合物和脂肪大致可以互

换，这意味着你可以从碳水化合物中获取较多的能量，而从脂肪中获取较少的能量，反之亦然。你还可以以策略性（或非策略性）方式调整碳水化合物和脂肪的摄入量，例如有些人喜欢循环摄入碳水化合物或连续几天摄入碳水化合物。如果你只是想保持健康，那你对蛋白质的需求量是非常低的。此外，你对能量的需求可能会随着时间的推移而发生变化，具体取决于你的肌肉量、活动水平、体适能水平和目标。因此，与经验丰富的教练一起训练很方便，他们可以帮助你进行适当的调整。

这里的关键就是：你无须计算常量营养素的摄入量即可达到形体目标。对于绝大多数人而言，遵循灵活的饮食计划并定期记录能量摄入量以确保自己朝着目标前进的方法是完美的。如果你有与体重有关的特定目标，那么你下一步要做的就是记录能量摄入量。而且，如果你的确想做到合理进食同时又喜欢称重和测量，或者正在为某项比赛做准备，或者想要确保获得最佳的身体成分构成，那么跟踪常量营养素或许可以成为你的最佳选择。

低估能量摄入和高估体育活动比较常见

我大胆猜想，这些年来我有 1/4 的减肥客户认为他们患有某种阻碍他们减肥成功的代谢紊乱。许多研究表明这只是他们主观的想法。罪魁祸首其实只是进食过多、运动不足。

在一项研究中，研究人员检查了正在努力减肥的肥胖受试者实际摄入的能量与进行的运动数量之间的差异，以及其报告的摄入的能量与进行的运动数量之间的差异。结果令人震惊。研究人员发现，所有参与者（认为自己具有"节食抗力"的肥胖受试者）实际上新陈代谢都很正常。

那么，是什么导致他们出现了所谓的"节食抗力"？事实证明，他们低估/少报了47%的能量摄入量，高估/多报了51%的运动数量！具体来说，肥胖受试者认为他们每天只摄入了1028千卡，但实际上每天摄入了2081千卡能量。此外，他们认为自己每天消耗1022千卡能量，而实际上仅消耗了771千卡能量。显而易见，这就是肥胖受试者看不到减肥成果的原因。

在其他研究中，针对摄入的能量，瘦弱的受试者往往会少报30%，甚至营养学家也少报了20%。一旦大家学会了如何精确地跟踪能量和常量营养素，就会开始取得进步。如果你只是猜测能量的摄入量和消耗量，没有什么实际的进展，那么开始跟踪能量和常量营养素及活动水平应该是一个不错的主意。对此，有许多免费的手机App供你选择。

无须增肥便可增强臀肌

作为私人教练，23年来我一直在帮助人们实现自己的健身目标。在此期间，没有人对我说过："我想用半年多的时间增重30磅，然后在接下来的几个月内使用极端的方法进行临时塑形，这样一来，我就可以在瘦下来的几个月里拍摄一堆照片，然后一年到头都用这些照片，假装我这一年的身材都是这样的。"

增肥减脂开始于男性健美运动员，他们在比赛期间的体脂率会降低到6%。这不仅无法维持，而且对改善肌肉的生理机能也不是理想的选择。因此，他们会在休赛期增肥，以便通过全年的训练来增加肌肉量。当再次节食时，他们的形体通常会比上一次更美观。

与数百名专业比基尼竞赛者合作之后，我可以充满信心地说，她们中的大多数人体内的脂肪不会少到无法构建肌肉，在休赛期，大多数人的体脂率会变得过高，大多数人都不喜欢自己在休赛期的样子，并且在休赛期不会进行艰苦的训练，只有在准备比赛时才"开启训练"。简而言之，她们讨厌自己在发胖周期的外形，只喜欢自己在减脂周期后期的身材。

如果你真正喜欢减脂增肥时自己的外观，那就试试吧！但对于一般人来说，更好的方法是先达到自己满意的体重，然后将体重的变化保持在该体重的10%以内，最后逐步重构身体成分。这就是我移居圣地亚哥市之前，我的绝大多数客户所做的事情。他们全年都在进行很艰苦的训练，每隔几个月就会看起来比之前好。他们并没有依赖旧照片，而是可以在一周内的任何一天发布自己当天的比基尼照。

我不了解有关减脂增肥的任何研究。适度的方法与极端的方法可能一样有效，但前者不会带来副作用，包括心理困扰、食欲增加、胰岛素敏感性降低、脂肪细胞数量增加以及添置新衣。

形体训练的营养和运动策略

我曾与数百名比基尼竞赛者合作，令我着迷的是她们准备比赛的方法多种多样。不同的形体教练会使用不同的方法，但是每种方法都会帮助她们在上台时收获令人愉悦的结果。

然而，关于减脂增肥的错误观念有很多。人们认为，增肥的时候应该坚持基础训练，减少训练量，进行更多负荷更重的组合运动，减少动作重复次数，并延长休息时间。相反，在减脂时，许多人认为应该进行更多的单关节运动，减少负荷，减少动作重复次数，缩短休息时间，并且动作的种类应增多。

这些观念是错误的。增肥和减脂期间在训练上会有一些差异，但在大多数情况下，唯一必要的变化与饮食有关。你需要在备赛阶段减少能量摄入。有研究表明，你应该稍微增加蛋白质的摄入量，并且根据训练进展，适当增加有氧运动。我指导过几位高水平的竞赛选手，他们在备赛期间没有做过有氧运动，但最终在比赛中取得了他们的历史最好成绩，甚至有些人登上了奥运会的舞台。

如果你长期坚持不懈地训练，你的力量水平确实会发生变化。普通举重的绝对力量将减弱，而普通自重训练的相对力量将增强。你可能不会创造任何深蹲或臀推的个人纪录，但你会在引体向上和北欧式腿弯举等自重运动中成为佼佼者。

请思考如下问题：什么东西能在能量盈余时最好地构建肌肉，而在能量不足时最好地保持肌肉？增肥或减脂时，用于改善形体的抗阻训练方法不需要有太大的变化。在较大的动作重复次数范围内进行训练、做更多的孤立动作或通过运用器械预防受伤可能有些好处。例如，当我的体重处于240~250磅时，我在主要的举重运动中都创造过的个人纪录。如果我想瘦下来，我必须得减重到215磅，而我的绝对力量在备赛过程中必然会直线下降。如果我一直试图以545磅的重量重复7次硬拉动作，或者以205磅的重量重复6次肩部硬拉动作，那么我最终会伤到自己。

要点在于，只要你知道力量会减弱和自己无法再坚持最佳姿势，你就可以停止训练了，也就不必切换训练或调整动作组数、重复次数以及休息时间了。例如，你不需要将能量盈余时做每组5次重复动作、休息3分钟的训练，更改为能量不足时做3组每组20次重复动作、休息1分钟的训练。当你减脂时，你可以并应该在所有重复次数范围内进行训练。

许多人错误地认为，增肥时应该进行纯粹的举重运动，而减脂时则应进行循环训练。其实不然。如果在节食时你放弃起初帮你塑造肌肉的所有方法，那么你损失的肌肉要更多于坚持行之有效的原则努力尽可能多地保持在大型举重中最适合你身体的力量。

	增肥	重构/保持身体成分	减重/减脂
能量	▲	相同	▼
蛋白质	▼	相同	▲
有氧运动	▼	相同	▲
训练选择	相同	相同	相同
训练顺序	相同	相同	相同
频率	相同	相同	相同
训练量	相同	相同	相同
负荷	▲	相同	▼
费力程度	相同	相同	相同
休息时间	相同	相同	相同
重复次数范围	相同	相同	相同
节奏	相同	相同	相同
高级技术	相同	相同	相同
个人纪录尝试	▲	相同	▼

摄入足够的能量为你的训练提供动力

请记住，食物可以为良好的训练提供动力，因此，为了训练出更健硕的臀肌，你需要摄入足够的能量。随着良好的训练而来的是训练过程中产生的更多的能量消耗及更多的肌肉损伤，肌肉损伤需要能量来修复。肌肉损伤会提高你的新陈代谢速率，如果你坚持不懈地训练，那么你总能消耗大量能量进行肌肉组织再生。当然，你必须注意并确保训练不会让肌肉过于酸痛，从而使你昏昏欲睡。请记住，要把握肌肉酸痛的"甜蜜点"，过犹不及。此外，良好的饮食可使你精力充沛，全天活力无限。节食或有氧运动过度会适得其反。也就是说，你可能会堕落到一天到晚地躺在床上，大范围地减少日常活动。

因此，如果你想增强臀肌，那就不要害怕进食，你要专注于力量训练并避免过度有氧运动（请参阅第219页）。尽管饮食对改善你的外表与运动表现起着重要作用，但是你必须考虑生活中其他因素的影响，例如水分、日常活动、睡眠与压力管理。

增加肌肉量和增强力量无须补充剂

许多人认为补充剂十分神奇，但就形成强健、精瘦的体形而言，补充剂与适当的训练、饮食、睡眠及压力管理相比略显苍白。如果你的饮食富含营养，你时常出去晒太阳，那你可能不需要吃任何补充剂。但是在现实世界中，补充剂是可以帮助你达到目标的，但不要指望它能创造奇迹。

例如，有大量证据表明使用肌酸可以增强力量，促进肌肉发育，但是也有人吃了肌酸没有任何作用，而且我有许多训练效果很棒的客户都不服用肌酸。与肌酸一样，β-丙氨酸的效果也得到了大量研究证实，但这并不是至关重要的。如果你资金短缺或不愿意花钱购买补充剂，你就不必为没有服用它而发愁。

支链氨基酸（Branched-Chain Amino Acids，BCAAs）是另一种补充剂，在科学文献中有很多证据证实了它的效用。但是，将服用支链氨基酸的人与摄入足够蛋白质的人相比发现，支链氨基酸并没有什么大的益处。因此，如果你摄入来自食物的蛋白质或喝乳清蛋白奶昔（二者均含有大量的支链氨基酸），那么补充支链氨基酸并不会加快你的肌肉复原速度，也不会发挥任何它宣称的作用。但是，如果你摄入的蛋白质不足，那么补充支链氨基酸可能是有益的，这就是相关研究让人困惑的地方。我建议，不要花钱购买支链氨基酸补充剂（通常味道很差、价格昂贵），不如将钱花在购买乳清蛋白或高蛋白食品上。

但是，在某些情况下也是需要补充剂的。例如，如果你缺乏某种特定的维生素或矿物质，那么补充补充剂可能会帮你打破训练僵局。因此，我建议你通过定期验血来了解自己的状况。例如，我最近发现自己体内的镁含量低，因此我开始摄入含镁的补充剂，然后我发现自己的睡眠质量立即有所改善。许多人很少晒太阳，体内维生素D含量低，相应的补充剂对他们来说大有益处。服用优质的多种维生素/矿物质只是为了"保险起见"是个好主意，不过你不必每天都服用。如果你饮食合理，那么你可以两到三天服用一次。

请记住，过度使用抗氧化剂会干扰肌肉的自然生长和影响肌肉力量。是的，这个说法没错：摄入过多β-胡萝卜素、维生素C和维生素E实际上会削弱人们为塑造肌肉所做的努力。冷水浸泡、冷疗与止痛药（特别是非甾体类抗炎药）也是如此。炎症对神经肌肉的发育很重要，你肯定不希望炎症降至最低程度。有一个"甜蜜点"，可以使你想要的结果最大化。过多的慢性炎症也是有问题的，这也是老年人过度训练和患脆弱综合征的一个特征。

运动员的冷水浸泡和冷疗

虽然冷疗可能不是最能促进肌肉生长的方法，但它可以促进肌肉从酸痛中恢复，对于经常训练的运动员来说，它是有一席之地的。因此，如果你是运动员，那么冷水浸泡或冷疗可能会对你有所帮助。但是，如果你更关心的是肌肉生长，并且每天并没有进行多次训练，那么进行冷水浸泡和冷疗可能会适得其反。

我之所以补充乳清蛋白，是因为我吃肉和鸡蛋的频率不高。平时我总是忙于一些项目，例如写这本书！因此，每天早晚，我都会在脱脂牛奶里放两勺乳清蛋白粉，这样可以为我额外提供100克蛋白质，帮我达到每日摄入190克蛋白质的目标。（我的体重为240磅，因此我每天需要摄入0.8克/磅×240磅=192克蛋白质。）但是，如果我早上吃鸡蛋，午餐吃烤鸡肉，晚餐吃牛排，再喝几杯牛奶，那我每天只需要再喝几杯希腊酸奶，就不需要额外补充乳清蛋白了。在这里我得说明一下，我并不严格地认为乳清蛋白是一种补充剂。对我来说，它是一种食物，但在这里我把它当作补充剂。

如果你每周吃几次富含ω-3脂肪酸的鱼（主要是鲑鱼），并定期食用核桃，那么你可能就不需要服用鱼油胶囊。但是，如果你像我一样，日常没有吃这些食物，那么你可能就需要服用优质的鱼油胶囊。如果你不定期食用蔬菜，那么绿蔬精粹粉也是个不错的选择。

咖啡因也是一种值得一提的补充剂。它可以优化训练效果，但不要过量摄入咖啡因，以免影响睡眠，睡眠不足时也不要过度依赖咖啡因。训练前摄入补充剂和功能饮料也是如此，它们可能会使你走下坡路。当然，成百上千种补充剂的效果都会有一些科学证据作为支撑，在某些情况下，你可能会受益于诸如α-硫辛酸、槲皮苷、生物性类黄酮素、白藜芦醇、葡萄籽提取物、辅酶Q10、烟酸和氨基葡萄糖或软骨素补充剂。但请注意，世界上长寿的人不会服用大量补充剂。我建议你仔细研究"蓝区"（世界上居民寿命最长的区域），注意低压力、社会帮助、充足的步行时间以及优质营养对长寿和保持活力的重要性。

总而言之，训练肌肉和增强力量不需要任何补充剂。但是也要视情况而定，服用肌酸、乳清蛋白（或其他蛋白粉）、鱼油、β-丙氨酸和多种维生素/矿物质可能会对你有所帮助。

每晚保证7~9个小时的睡眠时间

优质的睡眠是最易被人们低估的可优化训练效果的因素之一。如果你像我一样，你也会觉得自己就算睡得不好也可以保持最佳状态。但实际上，我们在自欺欺人。大量研究表明，睡眠不足与胰岛素敏感性降低，脂肪量增加，肥胖症、受伤与其他疾病的发生率升高，以及训练效果不佳是有关联的。

显然，你总会有睡眠质量不好的时候。在此期间，你应该仔细考虑改变训练方法。你还得格外注意自己的饮食。每当我睡不好觉时，我会更容易吃垃圾食品。

如果你发现自己难以获得充足的睡眠，请尝试以下方法。

- 使用白噪声来掩盖环境噪声。
- 用遮光窗帘使卧室变暗或戴上睡眠眼罩。
- 将房间温度设置为19.4摄氏度。
- 创造一个舒缓的睡前程序，可以考虑冥想或引导想象。
- 在睡前两个小时内，使用电子产品（或停止使用电子产品）时，戴上防蓝光眼镜。
- 每天在同一时间上床、起床。
- 睡前至少6个小时内避免摄入咖啡因。
- 每天晒晒太阳。
- 考虑摄入镁等补充剂。

如果你感觉压力很大，请考虑休息一天或减少训练量

当我在上大学期间刚和女朋友分手后，我的力量迅速减弱。我的训练习惯虽没有改变，但我变得很虚弱，因为我十分沮丧并且压力很大。持续的压力影响了我的态度、睡眠、饮食、力量水平和恢复能力。所有这些共同导致我的训练效果不佳。

如果你在训练中未取得良好的进展，可能是压力过大、睡眠或饮食习惯不好所致。

你还需要查看一下自己的训练计划和训练选择。你可能会认为自己做的一切都

是对的，但实际上，你可能运动过多或不够。如果你认为自己的生活方式和饮食已经得到了改善，那就考虑减少或增加训练量，或者设计一个新的训练计划。

训练多样性与个体差异

在整本书中，我都在强调训练多样性与个体差异的重要性，因此，在这里我不会详细介绍相关内容，你可以将本节视作对相关内容的简要概述与总结。

为了最大限度地增强臀肌，你需要用各个负荷矢量以各种负荷与速度对其进行训练

在第5部分，我介绍了数百种训练方式。之所以这样做，是因为我想给你提供尽可能多的选择，还因为——正如我在第2部分介绍的那样——为了确保臀肌得到最大限度的开发，你需要从各个角度训练臀部。当然，通过进行臀肌主导型训练（从第302页开始）给较短的肌纤维施加压力，你或许可以激发80%的肌肉发展潜力，但是剩余的20%可能来自股四头肌与腘绳肌主导型训练，它们会给较长的肌纤维施加压力。

在下一章中，我将介绍"三分法则"（请参见第198页），并提供计划训练、负荷与费力程度的示例。要想了解如何利用每个负荷矢量训练臀肌，请参阅第10章。在第5部分，你将了解到如何执行所有不同的训练变式，并更多地了解不同的训练如何以略有不同的方式作用于臀肌来确保其得到最佳的发展。

选择自己喜欢的训练，保持良好的感觉

弄清楚你喜欢和不喜欢的运动有哪些十分重要，这样你才能享受训练的过程。所有的运动都可以起作用，但是你需要通过试验和实践来找出最适合你的那几种。只要你遵循本章概述的准则，并且考虑了第12章提供的所有计划设计变量，你就可以设计出符合自身情况的训练计划，选择非常适合你的训练目标及个人需求的运动。

多样性是必不可少的，但应优先考虑最有利于臀肌的训练

当谈到臀肌发育（或肌肉发育）时，我既可以说服你仅进行顶级臀肌训练，也可以说服你进行各种臀肌训练。

假如有一项针对臀部的训练，能高度激活你的整个臀部区域那意味着它能很好地锻炼到你的臀肌上下部。假设你很容易受伤，或者有受伤史，而其他训练始终会给你带来麻烦，在这种情况下，优先进行一项训练并不是一个坏主意，当你正要获得自己想要的结果时更是如此。

即使你觉得某一项特定训练比其他所有训练可以更好地激活臀肌，我也可以为为什么要进行多种训练提供充足的依据。记住，任何训练都会以自己独特的方式伸展并激活肌纤维，但一种训练不可能伸展和激活所有的肌纤维。例如，一种训练可能比另一种更

能训练臀肌上部。

你不应该只改变训练类别而已，还应改变负荷。较大的负荷可能会对 II 型肌纤维起到更好的作用，而较小的负荷对于 I 型肌纤维的作用可能会稍好一些。伸展臀肌的训练，如弓步与深蹲，更可能造成肌肉（特别是对臀肌下部）损伤，而臀推与臀桥等训练则更有助于产生机械张力与代谢压力反应。

由于没有关于臀肌训练多样性的研究，我无法肯定地说哪种训练是最佳的，我必须运用自己的知识和经验来判断。但是，思考这样一个概念绝对十分有趣。一项研究将做多种运动与仅做深蹲对股四头肌的影响进行了对比。有趣的是，仅做深蹲的组与做多种运动的组的股四头肌增大程度相似。然而，当研究人员查看股四头肌的各个区域时，做多种运动的组呈现出了更好的结果。显然，我们需要进行一项针对臀肌的研究以得出明确的结论。

不过，可以肯定的是，如果你在进行某项特定的举重训练时感觉良好，而在进行其他举重训练时往往会受伤，那么坚持只做一项不会使你筋疲力尽的训练，使自己慢慢变强壮，逐渐适应它，可能会让你看到更好的成效。正如我所讨论的，如果你受了伤或感受到疼痛，你的臀肌将不会得到最大限度的开发。疼痛会抑制肌肉的激活，从而削弱训练的效果。你可能会从一种训练中看到80%的效果，而其他20%来自重复次数范围、负重方式、姿势设置等方面的变化。

尽管多样性可能很重要，但是你必须知道如何去做。你绝对不希望自己来到健身房后，漫无目的地进行一些运动，机械地做着各种动作。你希望先进行一些适合自己身体的大型运动，然后采用渐进式超负荷的方式并着眼于创造个人纪录，从而坚持几个星期；然后切换到新的运动并做一些改变（例如改变动作的组数、重复次数或速度），接着重复设置基线的步骤，尝试在几周之内增加负荷、重复次数或组数。训练的后半部分可以随意一点儿，跟着感觉走。换言之，你不应该试图创造纪录，或在每项运动中都采用渐进式超负荷的方式。掌握了重要知识后，你可以找点儿乐趣，专注于质量而不是数量，真正关注自己的臀肌，并通过保持较多的重复次数及较短的休息时间来运用神经－肌肉连接原则，从而增强臀肌。

在下一章中，你会了解到计划设计的变量，以及每个变量如何在创建安全有效的个性化训练计划中发挥作用，你将学到确定训练频率、安排训练、选择训练等的最佳方法。

最佳形体

重要的 ✔	不重要的 ✘
• 选择6种运动，在感觉良好的情况下逐渐增加负荷，并将其结合在一起训练全身。	• 进行所有可以想象的运动，甚至是感觉不正确的运动。
• 灵活饮食，高营养食物的摄入量大约占85%。	• 严格遵守感觉不正确的训练计划。
• 每周艰苦训练3~5次，持续45~90分钟。	• 做会让自己疼痛的训练而不是让自己避开疼痛的训练。
• 全年不断进行训练，同时不断调节训练压力。	• 每组训练都失败。
• 为每种运动设定恰当的姿势和动作范围。	• 一年艰苦训练52周。
• 享受你的训练计划并根据生物反馈对其进行调整。	• 每次训练后肌肉变得酸痛、灼痛、肿胀，筋疲力尽。
• 每天摄入与你的目标相符的能量。	• 全年做大量有氧运动。
• 每磅体重摄入0.8克蛋白质，每天分3次或4次摄入。	• 过度限制饮食，不惜一切代价抑制食欲。
• 保持良性压力（有益压力），摆脱痛苦（负面压力）。	• 每天精确摄入常量营养素。
• 尽快从训练中恢复。	• 每天吃6~8顿饭。
• 睡个好觉（保质保量）。	• 在训练后一个小时内摄入蛋白质。
	• 服用很多补充剂。

第12章 计划设计的变量

一旦了解了最佳力量与形体训练的基础，即如何设定目标，以良好的形式运动，避开可能造成伤痛的训练方式，控制饮食与生活方式，以及考虑个体差异，你就可以开始更为细致地了解如何设计计划了。

接下来你将了解到，训练计划可不是一成不变且放之四海而皆准的。要使所有计划均行之有效，你需要考虑8个计划设计的变量。这些变量就是本章的重点。

负荷

负荷就是你在运动中使用的重量。如果你要进行自重训练，那么你的体重就是负荷。如果你举起的是135磅重的杠铃，则杠铃加上杠铃片的重量就是负荷。你还可以使用1次最大重复力量的百分比，这称为相对负荷。

当你精通某项运动，即能以良好的姿势进行训练时，可能就是你可以开始增加负荷的恰当时机了。在主要举重训练中增加负荷尤为重要，其中针对臀部的训练有臀推、深蹲与硬拉等。但是，你没有必要只根据杠铃加杠铃片的重量变化来关注自己到底可以举起多大的重量。你还可以利用体重、器械、弹力带、哑铃及壶铃进行训练，让自己变得更强壮。

但是，只要训练的时间足够长，你就会觉得大多数自重训练对你来说都是小菜一碟，除非你每次都要重复数百次动作，否则就要增加负荷，即使只增加一点点，以使力量最大化，并稍微促进肌肉的生长。

小负荷与大负荷

我在第8章中提到过，增加负荷对于增加肌肉量来说并不是强制性的。只要你保持良好的姿势，努力训练，每次都训练到接近肌肉力竭，你就可以像增加负荷一样训练肌肉。

然而，增加负荷给你带来的益处可能微乎其微。它可能只有5%的优势，但是如果你是高级举重运动员，那对你来说它的益处可大多了。每个人都不一样，由于基因、解剖结构与训练目标的不同，有些人通过增加负荷获得的益处可能或多或少比其他人要多。

如果你的股骨较长或手臂较短，则在深蹲与硬拉时，你将不得不前倾身体，这可能会使你的下背部承受更大的压力。或者，如果你的髋关节屈曲灵活性较差，则在硬拉时，你可能会屈曲自己的背部。保持较小的负荷并不一定是一件坏事，但是，在这种情况下增加负荷会给你的下背部施加巨大的压缩力与剪切力，从而增大你受伤的概率。从这个意义上讲，增加负荷可能会阻碍肌肉增长。如果你在举重时感觉不佳（最多重复5次），而在负荷较小时感觉良好，那么保持较小的负荷并重复多次动作，你会获得更好的效果。

例如，你可能会发现负重深蹲和硬拉会对身体不利，但是负重臀推和腿推举没问题。每个人都必须找出最适合自己身体的举重形式。

话虽如此，我相信你可以而且应该在自己感觉良好的举重训练中增加负荷。除了增强力量与促进肌肉增长之外，它还可以帮你设定通过努力可以达到的力量目标。此外，如果你想增强自己的力量，那么大负荷至关重要。你需要采用渐进式超负荷的方法（请参阅第102页）进行举重。例如，如果你想通过深蹲变得更强壮，那么你就不得不进行负荷深蹲。

总的来说，我相信将负荷纳入训练是有好处的——请参阅本章后面的三分法则部分。不过，由此带来的益处可能很小。这纯粹是理论性的，益处的大小在很大程度上取决于个人自身的情况，但是你有可能通过坚持重复8~12次动作（大负荷下的中等重复次数）来获得大约95%的肌肉增长效果。因此，如果你的目标只是简单地增长肌肉，那么你只要在一些训练中训练到接近肌肉力竭，基本上就可以选择你最喜欢的重复次数范围与负荷。

发现你的"甜蜜点"

无论你在训练时采用的是小负荷还是大负荷，关键都是要找到你在负重训练时的"甜蜜点"，从而最大限度地激活臀肌。例如，在做负重185磅的杠铃臀推时，你可能会感觉到臀肌的激活程度比较高，但是如果再增加负荷，你就会觉得身体的其他区域，例如股四头肌或腘绳肌的激活程度较高。在这种情况下，你可能会考虑将负荷保持在不超过"甜蜜点"的范围内，偶尔冒一次险，增加一点负荷挑战自己。

在大多数情况下，这种方法会扩大你的"甜蜜点"范围。假设你平时可以做8次负重185磅的杠铃臀推，自己又加了一个负重日，在这天做2或3次负重225磅的杠铃臀推。这样几周后，你可能会注意到，负重185磅时自己可以做10~12次，这是因为你的身体更强壮了，这时你可以将"甜蜜点"提高到190磅或195磅。要记住，即使你在增加负荷的情况下或在"甜蜜点"之外举重时没有感觉到臀肌的激活程度升高，臀肌也依旧得到了训练，只是你的感觉没有那么强烈，因为这时你的股四头肌和腘绳肌也在努力完成这项任务。

负荷和训练频率

负荷也是你在确定最佳训练频率时需要考虑的一个重要因素。例如，有些运动在你负荷过大时会引起全身的疲劳，造成肌肉损伤：进行负重深蹲、硬拉，甚至杠铃臀推会影响你的训练频率。换言之，如果你每次运动都负荷较大，那么你每周可能只能训练一次或两次，因为过大的负荷需要你的身体付出代价。相反，如果你训练时保持小的负荷、多重复动作，那么可能你每周可以训练3~5次。尽管高重复次数实际上比低重复次数对肌肉的伤害更大，但过大的负荷对关节的伤害更大，因为此时姿势走形的程度更严重。这种情况看起来尤其适用于那些难以在低重复次数范围内的大型举重训练中保持标准姿势的人。

速度

速度指的是你的训练速度。更具体地说，速度涵盖了你降低负荷的位置所需的时间、在最低位置花费的时间、举起负荷所需的时间以及最后你将负荷停留在最高位置所需的时间。因此，运动包含4个时间阶段。例如，深蹲与硬拉的典型速度是下降2秒，在最低位置不停顿，上升1秒，在最高位置不停顿，记为2/0/1/0。有时，你会通过延长下降阶段持续的时间或在最低位置或最高位置停顿来调整速度。

根据强度曲线和运动范围的不同，不同举重运动的固有速度往往不同。例如，由于在臀推动作的最低位置比较轻松，你可以更快地降低和推起杠铃。臀推的常见速度是在下降过程中为0.5~1秒，在上升过程中也为0.5~1秒。人们通常可以在15秒内完成10次重复动作（除非故意放慢上升速度或在动作的最高位置有所停顿）。因此，臀推的速度通常为0.75/0/0.75/0。用小数表示速度节奏是有些奇怪，但是如果我们想表示现实世界中的训练情况，就必须这样做。

想了解有关运动速度和可以实施的各种策略的更多信息，请查看第13章的相关内容。

休息时间

休息时间是指你在两组运动之间休息的时间。通常，对于较大的举重动作，你会休息较长的时间，对于侧重于使用渐进式超负荷方式的举重（杠铃臀推、深蹲和硬拉），一般建议休息2~3分钟。当你专注于代谢压力（肌肉泵感与充血）时，你可以在运动快结束时将休息时间缩短至30~60秒。换言之，当你专注于数量时，休息时间应长一点；而当你专注于质量时，休息时间则应短一点。

虽然一般建议休息2~3分钟，但有时你可能会根据自己的运动类型调整休息时间。例如，如果你要挑战自己的极限力量，那么你可能需要休息5分钟；而如果你在进行充血训练或希望获得肌肉泵感，那么你可能只需要大约20秒的短暂休息时间。

在进行负荷较大的举重训练时，我通常会在训练开始前休息至少2分钟。有时候，如果要冲击大重量，我的休息时间会长达10分钟。随着训练的进行，我的休息时间会逐渐缩短，尤其是在训练快要结束时，因为这时我更专注于神经–肌肉连接，努力使肌肉获得泵感，体会充血的感觉（代谢压力）。例如，如果我进行蛙式臀泵或弹力带侧向行走训练，我可能只会休息不到1分钟的时间。

休息两分钟是一个很好的参考点，但是你仍要听从自己的身体，这意味着你要根据你的恢复能力，确定你需要更短，还是更长的休息时间。关于此概念有一项很不错的研究。一组受试者需进行3组不同的针对上半身和下半身的运动，并且在每组运动结束后休息2

分钟，而另一组受试者则根据自己的身体情况来选择休息时间。两组受试者均以相同的负荷进行了3组运动，但自己选择休息时间的组，每两组运动之间的休息时间各不相同。例如，一位受试者可能在第1组运动后休息了2分13秒，而在第2组运动后休息了1分45秒。

有趣的是，自己选择休息时间的组完成的动作重复次数与另一组相似，但花费的时间更少。

因此，如果你想知道合适的休息时间是多久，2分钟会是一个很好的参考点。如果你进行的是大型负重运动，那么你需要完全恢复之后再开始下一组训练。有时可能需要休息3~5分钟，具体休息多久取决于你的强壮程度及自然恢复的速度。如果你想体验肌肉泵感或灼烧感，那么你无须等到完全恢复，可将休息时间缩短至1分钟。无论你是要进行负荷较大的举重运动还是追求更多的重复次数，身体为下一组运动做好准备后都会告诉你的。

运动选择

运动选择是指你选择的包含在训练计划中的运动。你选择的运动应该与自己的目标、经验、解剖结构及受伤史相匹配。

如果你的目标是开发臀肌上部，那么你就要选择针对臀肌上部的运动，例如各种臀推、背部伸展及髋关节外展运动。如果你主要考虑发展臀肌下部，那么你选择的运动应主要针对臀肌下部，例如各种弓步、深蹲及硬拉运动。你选择的运动应针对自己想要发展和强化的区域。同样，如果你从事体育运动并希望加快速度和增强力量，那么你就需要选择一些像深蹲和弹力带臀推这样的可增强爆发力的动作，因为在做这些动作时你可以调整速度。

除了考虑目标之外，你还必须进行试验。当我开始与客户合作时，在前几节训练课程中，我会让他们做各种各样的运动，然后密切注意他们的反馈。这就是我用来确定他们喜欢哪些运动的方法，同时，我也能确定他们对哪些运动的耐受度较好。如果我接触的是一位刚开始接触举重训练的客户，那么我通常会从自重和哑铃训练开始，向他介绍不同的姿势，然后再介绍高级别的动作变式。

假设我的一位客户想要增强他的腘绳肌、臀肌和竖脊肌力量，并提高自己的硬拉水平。在这种情况下，我可能会带他做几种直腿躬身的变式动作。首先，我会介绍基本技术和姿势。如果他能够以良好的姿势进行运动并乐在其中，那么接下来我会让他尝试弹力带直腿躬身，然后继续做杠铃变式，最后往杠铃杆上加杠铃片。相反，如果他不喜欢直腿躬身，这与他的形体目标不符（也许他的竖脊肌过度发达），或者他有下背部疼痛的病史，那么我就不会让他做这些动作。

其实真正的问题是，如何找到最适合自己的运动。正如我之前提到的，这需要大量的试验，不仅要考虑不同的运动方式，还要考虑到不同的负荷、计划及姿势。你可能会碰巧发现只对你起作用的姿势，对此，你只有亲身经历及进行试验之后才能弄清楚。

　　你可以通过几次试验来选择最适合你的训练类别。在理想状态下，你可以走进健身房，使用肌电图设备，并进行一系列不同的训练来确定哪些运动可以最大限度地激活你的臀肌上部和下部。然而这是不可能实现的，所以我建议你尝试做俯卧屈腿髋关节伸展和站姿臀肌挤压运动，然后根据感觉评估哪种运动更能激活臀肌。

　　这个想法是使用神经–肌肉连接来确定哪种运动可以给你带来更多的刺激。你也可以通过触诊，简单地用手感受一下，来确定哪种运动对臀肌的激活程度更高。

　　如果你通过站姿臀肌挤压获得了更高的臀肌激活程度，那么诸如背部伸展与反向山羊挺身之类的直腿运动可能更适合用来发展你的臀肌。如果你通过俯卧屈腿髋关节伸展获得了更高的臀肌激活程度，那么臀推、臀桥与四点跪姿髋关节伸展运动可能会更好地促进你的臀肌发育。

俯卧屈腿髋关节伸展

面朝下躺下，屈腿，然后将其向上伸展，同时你的训练搭档或教练手动将你的腘绳肌下部向下推。如果你没有训练搭档或教练，那么你只需将髋关节尽可能地向上伸展，并尽力挤压臀部。

站姿臀肌挤压

脚尖稍微朝外，双脚以间距略大于髋部宽度的姿势站立，然后用力挤压臀部。

183

选择运动的7种方法

举重运动员、教练和科学家可以通过以下7种方法来确定哪种运动最适合用来完成训练任务。

1. **运动表现**：进行几组具有不同阻力的高强度运动，感受一下它训练了哪些部位，以及在什么范围内可以产生最大的张力与最强烈的代谢压力反应（看看自己是否体会到了肌肉泵感或灼烧感）。

2. **生物力学分析**：考虑各种肌肉的起点与嵌入点、在整个动作范围内各种关节角度下肌纤维的拉力线、所涉及的关节数和总肌肉数、所涉及的关节的扭矩角度曲线等。

3. **功能分析**：考虑运动模式、负荷矢量、所用上下肢的数量、用作动力源与稳定器的肌肉、阻力的类型、稳定及支撑水平、系统重心、通过核心的肌肉调动、通过双脚的肌肉调动、运动链类型、多平面稳定要求、与运动动作的相似性、"关节友好性"、协调要求、必要的关节活动水平等。

4. **肌肉触诊**：在整个运动过程中，用双手感觉自己或他人的肌肉的状态。

5. **延迟性肌肉酸痛**：进行多组训练，看看接下来几天你哪个部位会酸痛。

6. **反馈**：分析其他举重运动员和教练对这项运动的看法。

7. **研究**：阅读关于这项运动的即时性（例如肌电图）/长期性的（例如训练）研究报告。

在理想情况下（我知道我一直在提起这种"臀肌乌托邦"，请多多包涵），会有很多机械性研究和训练研究针对每项运动进行，我们将通过回顾论文和元分析来了解该运动确切的生物力学原理，如何将其转移到日常生活与运动表现中，身体如何通过此项运动来在神经肌肉水平上适应，以及如何根据计划设计的变量对该运动的变量进行最佳设置。然而，不幸的是，我们没有足够的研究，无论如何也无法做到信心十足。因为了解不足，我们不得不整合上述方法的可用形式并使用循证法来选择运动。

寻找完美的针对臀肌的运动

从理论上讲，完美的针对臀肌的运动应符合以下条件。

- 该运动必须在髋关节深屈的位置充分拉伸臀肌，同时使腿部稍微内收并向内旋转（联想一下后交叉弓步）。这不可能同时用双腿完成，因此该运动必须由单腿完成。

- 当你对髋关节进行拉伸时，需要能够向外旋转进而外展髋关节。

- 膝关节必须屈曲到在一定程度上减少腘绳肌的参与，并最大限度地激活臀肌。

- 在整个动作范围内，你都需要对臀肌施加相对恒定的张力，这意味着你没有减负时间。在动作最低点明显较为容易，而在动作最高点则较难（如臀推）；或在动作最高点较为容易，而在动作最低点较难（如深蹲）。

- 这项运动必须使人感到舒适、方便、稳定，并且易于协调、控制，而且随着时间的推移，还可以逐渐增加负荷。

可问题是你无法找出一项可以满足上述所有条件的运动。我尝试过使用生物力学模型来找出完美的、全方位的针对臀肌的运动，但我觉得这是不可能做到的，也很难根据理论科学地设计出这样一项运动。我们通常会反过来进行：在健身房里找到最佳的训练方法，然后尝试使用生物力学模型更好地了解其用途。

不存在可促进臀肌发育的完美运动，因为仅靠一种运动是不可能最大限度地拉伸臀肌、让你体验臀肌泵感、激活臀肌的。尽管臀推可能是全方位的臀部运动，但由于缺少一些元素，所以它并不是完美的，例如，它无法在臀肌紧张的情况下通过全方位动作拉伸臀肌，而各种深蹲和硬拉运动却可以很好地做到这一点。这就是你需要进行各种运动以确保训练所有的肌纤维，并从各个角度给臀肌施加压力的原因之一。

如上所述，找出适合你的最佳臀肌训练的方法就是对自己的臀肌进行透彻的肌电图分析，通过自主进行100种不同的运动，并尝试不同的姿势，以找出导致肌电图出现峰值的运动和姿势。然后，我会优先考虑能够最大限度地激活臀肌的运动，忽略那些对臀肌的激活程度较低的运动。这就是为客户量身打造训练计划的理想方法。通过与我现实生活中的客户一起使用这一方法，我取得了令人难以置信的成功。遗憾的是，这种方法对大批量客户而言是无法实现的，而且目前没有一家公司提供这项服务。

因此，下面我将介绍另一种方法，即使用神经–肌肉连接模型，在该模型中你会有意识地考虑受到训练的肌肉，并尝试不同的姿势、骨盆位置及动作范围，以找到最能激活臀肌的运动模式。简而言之，你必须弄清臀肌的激活程度。你还可以感受或让其他人感受肌肉，交流一下哪些运动会使肌肉产生最大张力，不过这需要一些技术。我的大部分臀肌发展程度达到最高的高水平客户都有做自己喜欢的运动的独特方式，换言之，他们花时间找出了最适合自己特定的解剖结构的训练方法。

运动选择和训练频率

你选择的运动会极大地影响你训练臀肌的频率。例如，深蹲、负重弓步与保加利亚式分腿深蹲等运动会造成更多的肌肉损伤，并且通常会使你的臀部极为酸痛。这种酸痛可能会限制你的训练频率，因为你如果身体疼痛，就不能经常训练。同样，如果你进行多组大负荷硬拉动作，那么你第2天就会觉得自己像被卡车撞了一样，你的训练频率也将因此受到影响。如果你只做深蹲、硬拉、弓步与直腿躬身，那么你可能每周只能进行1次或2次高强度臀肌训练。

还有一些运动，例如各种臀推与臀桥运动，可以最大限度地激活臀肌，并且在训练后的第2天不会让你感觉像是被痛打一顿一样浑身酸痛。各种弹力带及髋关节外展运动也属于此范畴。如果你要进行大量臀肌主导型运动，那么或许你可以更频繁地进行训练，因为你不会肌肉酸痛到无法进行训练。如果你所做的只是以训练臀肌为主的训练以及利用弹力带的运动，那么即便你每周训练3~6天的臀肌，你的肌肉也不会酸痛。

每次训练可以进行多少项运动也取决于你的训练频率或者说你多久训练一次臀肌。如果你每周进行5天的臀肌训练，那么你的运动量不能也不应该像一周仅训练两三天时的运动量那么多。

大多数人每周训练3天，我建议每次训练大致进行4项运动，我遵循的是三分法则：一两项水平运动（各种臀推与臀桥运动），一两项垂直运动（各种深蹲和硬拉运动），以及一两项侧向/旋转运动（髋关节外展或髋关节外旋运动）。

这为你提供了很多选择。你或许可以今天进行两项水平运动（单腿臀推和背部伸展），一项垂直运动（高脚杯深蹲），以及一项侧向/旋转运动（膝关节弹力带坐姿髋关节外展）；然后第2天进行一项水平运动（杠铃臀推），两项垂直运动（保加利亚式分腿深蹲和单腿罗马尼亚硬拉），以及一项侧向/旋转运动（侧卧髋关节外展）。请注意，一次训练若涉及水平面髋关节外展训练，则下一次训练要涉及冠状面髋关节外展训练。

如果你一周的训练时间多于3天（如一周训练6天），那么你每次训练只能选择3项运动。如果你一周的训练时间少于3天（如只训练一天），那么你每次训练可以进行6项运动。但在这里我还得说一下，以我作为举重运动员及教练的经验来看，一周训练3天似乎是最好的选择。

训练顺序

训练顺序是指你如何在训练中对要进行的运动进行排序。在训练中排首位的运动产生的训练效果最佳。因此，一般来说，你要优先考虑自己想要改善的运动或身体部位。例如，如果你的臀肌发展不平衡或有需要加强的薄弱之处，那么你应该优先训练这些地方。不然，我就建议你优先安排主要的举重运动，如各种杠铃臀推、深蹲和硬拉运动。

安排好主要的举重运动之后，我建议进行辅助训练。这可能会包括任何一种从上半身到单腿的运动，或者仅仅是臀推、深蹲或硬拉的变式。例如，如果你首先进行臀推，而这是当天的训练重点，那么接下来，你可以选择某种形式的双边或单边深蹲或硬拉运动。

通常，你希望多做几次重复动作或代谢压力训练（为了体验到肌肉泵感和灼烧感）来为当天的训练画上句号。对于充血训练，我喜欢髋关节外展运动、蛙式臀泵、背部伸展运动及反向山羊挺身，不过你也可以自己发挥创造力，使用你最有体会、最享受的运动和方法。想了解如何进行充血训练，请参见第213页。

典型的臀肌训练示例如下。

主要的举重运动	臀推3组×10次
辅助训练	单腿罗马尼亚硬拉2组×10次，背部伸展3组×30次，弓步走2组×20次
充血训练	膝关节弹力带髋关节外展30秒，站姿后踢30秒，弹力带侧向行走30秒，膝关节弹力带仰卧髋关节外展30秒，弹力带臀桥30秒，弹力带半蹲静态保持30秒

运动量

运动量是指你执行的运动组数，通常以单次训练或以周为基础进行计算。可以从每个肌肉组（如每周的臀肌训练量）或每个举重组（如每周的深蹲量）进行考虑。

正如计划设计的其他变量一样，你可以承受多大的运动量取决于你的训练频率、遗传基因、所进行的运动、费力程度以及许多其他因素。

如果你在一次训练中进行了30组运动（这是极大的训练量），那么你每周只能训练1次或2次臀肌。但是，如果你一次只做15组运动，那么你每周可以训练3天臀肌。多年前，我说了一句话"并非所有运动量都生而平等"。当你举重时，这是显而易见的。在系统性方面，硬拉让你感受到的疼痛程度远大于弹力带侧向行走，并且从肌肉的角度来看，弓步使你遭受的疼痛超过臀桥。与使用杠铃杆上的直线重量相比，使用例如弹力带与绳索带来的阻力，你可以做的运动组数要更多，因为后者在拉伸时的难度没有那么大。而且，针对一些对部分肌肉起作用的训练及对短肌而不是长肌施压的训练，你可以安排更大的运动量。

如果你正在寻找可遵循的一般的指导原则，那么每次训练总共做16组硬性运动——达到或接近肌肉力竭的复合硬性训练——是一个很好的上限。但你可能会想将这16组训练任务分散到不同的运动中。除非你想通过某种特定的举重运动变得更强壮，否则你每种运动应进行3或4组。

换言之，我宁愿看到某人把5种运动各做3组，或4种运动各做4组，而不是3种运动各做5组，或者2或3种运动各做6组，因为每种运动都会从各自独特的角度训练不同的肌纤维。

高强度训练（High-intensity Train，HIT）的支持者会传达给你错误的信息，即高强度训练是训练肌肉的最佳方法，因为你做每种运动时都竭尽全力了。不过，有一点他们是对的：你能从第1组运动中获得最佳的运动刺激。大约80%的训练效果来自第1组运动，随后的每一组都呈递减的趋势。因此，你可以看到有人可能会认为高强度训练是训练肌肉的最佳方法。并且许多研究表明，通过这种方式进行训练可以取得很好的效果。这绝对是最省时的肌肉训练方法。然而，几乎所有的健美运动员和比基尼竞赛者都会进行运动量较大的训练，并且每次训练都会进行多组运动。此外，我的朋友布拉德·舍恩菲尔德和詹姆斯·克里格（James Krieger）发表了元分析结果，该结果显示，进行多组运动可以使肌肉更好地发展（有关肌肉增长的循证训练指南，请参见第97页）。

我个人认为，如果你喜欢，那你应该进行多组运动，然后时不时加入一次高强度训练。有时候，进行6~10种力竭臀肌运动是一件很有趣的事情，因为这样虽然总运动量很小，但是每组举重运动都是高质量的。这可能是有好处的，因为在通常情况下，当你一直只做某种举重运动时，你会觉得十分煎熬。

但是，当你每种运动只做一组时，情况便大不相同。我有一些客户就是以这种方式进行训练的，不过他们的训练频率更高。例如，他们可能每天做6种臀肌运动且每种运动只竭尽全力做一组，每周训练5或6天，这样一来，每周总共进行30~36组臀肌运动。思想保守的人绝不会认为这是一种可行的方法。然而，即使没有哪次训练的运动量特别大，你也可以在一周之内完成你的目标运动量，这可是没有"废弃品"的高质量运动。此策略虽说与我的三分法则模型不符，但对于有些人来说似乎效果很好。如果你想要找出最适合自己的训练策略，就必须多尝试，对各种训练策略持开放的态度。

运动组数和重复次数计划

在谈到运动组数和重复次数计划时，无论对于何种运动，我都建议遵循三分法则，即运动组数的1/3应以大负荷进行1~5次重复动作，1/3应以中等负荷进行8~12次重复动作，而剩下的1/3应以小负荷进行20次以上的重复动作。和重复次数一样，你要做的组数也应取决于你的目标及你可以接受的运动量。通常，我建议做3~5组运动，除非你要做充血训练，在这种情况下，你可能只用做1或2组高重复次数运动。

我也是金字塔训练方法的忠实拥护者。例如，你可以做一组重复10次的运动，增加一些重量后重复8次，增加更多重量后重复6次，然后减去这些重量并重复15次。以下为我们在臀肌实验室中使用的一些运动组数和重复次数计划示例以及一些常见的运动示例。

运动组数和重复次数计划示例	运动示例
1组，20次	各种深蹲、臀推、硬拉运动
2组，每组20次	高脚杯深蹲、哑铃硬拉
3组，每组1次	各种深蹲和硬拉运动
3组，每组3次	深蹲、硬拉、臀推、北欧式腿弯举
3组，每组5次	深蹲、硬拉、臀推
3组，每组8次	适合大多数运动
3组，每组10次	适合大多数运动
3组，每组12次	适合大多数运动
4组，每组8次	适合大多数运动
4组，每组10次	适合人多数运动

运动组数和重复次数计划示例	运动示例
5组，每组3次	深蹲、硬拉、臀推、北欧式腿弯举
5组，每组5次	深蹲、硬拉、臀推、北欧式腿弯举
1组，每组10次；1组，每组8次；1组，每组6次；1组，每组15次	臀推、腿推举
1组，每组15次；1组，每组10次；1组，每组5次；1组，每组20次	臀推、腿推举
3组，每组20次	膝关节弹力带臀桥、臀肌主导型背部伸展
3组，每组30次	膝关节弹力带臀桥、臀肌主导型背部伸展
4组，每组30~50次	蛙式臀泵*

*对于蛙式臀泵，我们经常会重复更多的次数，例如2组，每组100次。

在设计运动组数和重复次数计划时，你需要考虑以下几点。

- 如前所述，第1组运动给你带来的肌肉增长刺激最大，接下来每组运动带来的刺激都逐渐减少。

- 为了增强力量，要将运动组数和重复次数保持在5组及以下和5次及以下。

- 为了增长肌肉，重复次数范围可以为5~100次，其中，8~12次通常是"甜蜜点"。

- 有时，你需要在特定的负荷下执行3组运动，在有限的时间内重复尽可能多的次数，并努力随着时间的推移增加3组运动的总重复次数。假设你在95磅的负荷下进行深蹲，分别可以安排重复8次、6次及5次，总共重复19次。在1个月内，你或许可以重复10次、7次及5次，总共重复22次。这是最好的渐进式超负荷方式，对于增强力量与增长肌肉都非常有用。你还可以采用高强度训练方法，其中包括执行1组力竭训练。想要了解有关高强度训练及其实行方式的更多信息，请查看下一页中的"高强度训练"。

- 为了增强力量和发展肌肉，你需要平衡小、中等及大负荷下的动作重复次数，并且你应该在训练开始时先进行大负荷举重运动。例如，你可以执行以下重复次数的金字塔运动：15、10、5、20。在第13章中，你将了解到关于金字塔训练的详细信息。

- 我发现，为了感受到肌肉泵感与灼烧感，多组高重复次数的运动是理想的选择。因此，你可以以较小的负荷做10组运动，每组10次；以自重做4组运动，每组30次；以自重做3组运动，每组50次；或者你甚至可以做一组重复100次的长时间充血训练。如果你想要通过训练获得肌肉泵感，那么你可以多执行几组运动，同时将重复次数保持在20~50次，这对你来说或许是最佳选择，但理想的重复次数范围要视不同的运动而定。

第3部分 力量与形体训练的艺术

高强度训练

2000年，我偶然发现了几个宣传所谓高强度训练的网站。不要将之与高强度间歇训练混淆，高强度训练是指在进行多种运动时，每隔几天进行1组力竭训练。在过去的几年中，我一直在进行大量的身体部位拆分训练。从1种运动做4组变成只做1组，训练频率的降低与重复次数的减少听起来似乎很可笑，我不禁在想这种方法是否真的有用。

之后我尝试了一下，但我选择的是每种运动做2组，因为我感觉只做1组就像什么都没做一样，这与我以前的习惯大相径庭。我不是很擅长仅仅1组力竭训练，这是我在当时没有意识到的。

就像其他所有事情一样，随着训练的进行，你会变得越来越好。大约1个月后，我看到了从2组减少到1组的出色成果。几个月后，我简短的训练变得十分野蛮。

时至今日，进行高强度训练所花费的8个月是我肌肉生长及力量开发最迅猛的时期。也许因为这是一种新颖的刺激，或者因为我一直在不自量力地进行大运动量训练，但我现在终于康复了。无论如何，它对我来说都是非常有用的。

与任何训练计划一样，它的成效最终也会逐渐减弱，之后我继续进行了下半身/上半身分割训练、全身训练等。如今，我对力量训练持开放的态度，我吸收整合了从各个系统中获取的知识。

我遇到过很多举重运动员，他们从不会偏离自己一生坚持的运动轨道，固执地执行着会对他们的训练结果产生负面影响的运动方式。我并不是在建议每个人都去做仅仅1组的力竭训练。但是，如果减少运动量，许多人可能会获得更好的效果，然而他们永远不会用其他方法来确定自己的运动量是否过大（或不够）。

你有一辈子的时间进行举重训练，所以不要害怕尝试。

有时少即为多

有太多的人沉迷于大运动量训练。他们吹嘘自己做过包含40组运动的狂野训练，但实际上他们的身体很虚弱，他们也很少在他人面前展示自己的力量。实际上，大多数来我这里接受私人培训的女性所做的运动量比我最终计划的要多。她们想知道，"减少运动量的话，我如何能看到效果？"但事情是这样的：即使她们可能执行的运动种类和组数较多，但她们在每组运动中都没有把自己的力量发挥到极致，这意味着她们把运动量而不是费力程度当作主要动力。

在大多数情况下，注重运动量而不是费力程度的女性在训练中永远无法变强壮，长时间处于平台期，这就是为什么她们要寻求我的指导。一旦她们开始付出更多努力并适当休息，运动量就不会那么大，但是她们会看到更好的效果。要记住，只有当你能够恢复体力并继续在健身房中取得进步时，追求人运动量才是一件好事。大多数专家建议针

190

对每种肌肉的训练每周做10~20组即可，不过臀肌的承受能力比其他肌肉要强一些。同样，这也是因人而异的。

为了训练臀肌，我每周应该保持多大的运动量

我的许多客户都想知道他们每周应该进行多少组臀肌训练。同样，我无法提供全面的建议，因为计划设计会受许多变量的影响。一些臀肌发展惊人的客户每周仅做10组运动，而其他人则需做40组以上。这种差异与基因及一些计划设计的变量有很大关系。

为了训练臀肌，我每周应该保持多大的运动量

基因

速度

运动选择

负荷

训练频率

费力程度

运动量具体取决于以下几个因素。

- **速度**：进行一项运动的速度将决定运动量，例如，如果你少做1组运动，然后以停息方式做额外的重复动作，那么与传统方式相比，你将无法做那么多组的运动。
- **基因**：基因对你遭受的肌肉损伤程度及恢复速率的影响很大。
- **运动选择**：有些运动可能会让你受伤，让你感到肌肉酸痛，而有些运动则不会。
- **费力程度**：如果进行的都是肌肉力竭训练，那么你将无法保持那么大的运动量。
- **训练频率**：提高训练频率可以增加你的运动量，尽管在一天中你能做的运动只有那么多。
- **负荷**：负荷越重，其导致的姿势走形往往越明显，因而对关节产生的压力也更大。

费力程度

费力程度就是你在训练中花了多大的气力。如果你做臀推做到力竭，这就意味着你如果不在姿势上妥协，就不可能再做一次动作，训练到力竭就是你的费力程度。大多数新手都不知道如何使肌肉力竭，但其实费力程度是一种可教授、可习得的技能，应该慢慢被掌握。

重要的是，不要将费力程度与强度混淆。强度可能会涉及负荷或费力程度，因此在提及费力程度时，我会避免使用强度这一术语。费力程度通常用自感劳累分级（Rate of Perceived Exertion，RPE）或剩余重复次数（Repetitions in Reserve，RIR）来衡量，范围为1~10。如果你在负重的情况下执行了7次重复运动，而在此种负重情况下你本可以做10次，那么，此时你的RIR为3。

因此，如果你想要训练到力竭的程度，那么你需达到的RPE为10或RIR为0。有些运动极为费力，会使你感到肌肉酸痛且疲惫不堪，而有些运动则不会。例如，如果你进行极限硬拉，那你第2天有可能会下不了床。然而，如果你做的是一组极限弹力带侧向行走，那你第2天依然可以活蹦乱跳。与负荷和运动量一样，与运动选择相关的训练费力程度也会影响你的训练频率。

如果你每组运动都要做到力竭，那么你是无法承受那么大的运动量或较高的训练频率的。不过，若你仅有1/3的运动做到力竭，而其余运动的费力程度较为适中，那么你在一周内的运动量就可以更大，训练频率可以更高。为了确定一周内应该在训练中花费多少气力，我建议你遵循本章稍后介绍的三分法则。

训练频率

训练频率主要包括以下3个方面的内容。

- 每周训练的次数。
- 每周进行某项运动的次数。
- 每周训练特定肌群的次数。

例如，你的训练频率包括全面（全身）训练频率、臀推训练频率以及臀肌训练频率。

如同其他计划设计的变量一样，确定最佳训练频率也需要进行一些试验。在确定训练频率时，你的基因与其他计划设计的变量，例如运动选择、运动量、负荷以及费力程度非常重要，所有这些变量都可以帮助你确定训练频率。

尽管基因或许是最重要的变量之一，但许多体能教练和相关从业人员都未将其纳入他们的训练计划设计策略。一些人遭受肌肉损伤的可能性较小（这在科学文献中已得到充分证明），并且比其他人恢复得更快，因此，他们可以完成更大的运动量。有些人每周训练2次，臀肌即可获得最佳训练效果，而有些人则需要每周训练6次才能获得最佳训练效果。这在很大程度上取决于他们的基因。显然，要想知道自己能做什么和不能做什么，你需要进行实践。你必须聆听自己的身体，参考不同的计划设计模板，去发现与你的基因最匹配的那个计划。

总的来说，我指导的大多数女性每周进行3天臀肌训练所得到的效果最佳，但这是相对而言的。假设你60%的训练成效来自每周1次的训练，1周训练2天可为你带来90%的成效，而1周3天的训练则可为你带来98%的成效。增加第4和第5个训练日到底会对你有所帮助还是会使你受伤，取决于你是否可以在下一个训练日之前恢复过来并精神焕发。

如果你1周训练3天臀肌，那么你可以进行3天类似的下半身运动，或者你可以一天训练股四头肌和臀肌，另一天训练腘绳肌和臀肌，最后一天只训练臀肌。例如，在训练股四头肌和臀肌的那天，你可以专门做各种深蹲和弓步运动；在训练腘绳肌和臀肌的那天，专注于硬拉和背部伸展；在只训练臀肌的那天，专注于臀推和臀桥。而且，你仍然可以以髋关节外展和臀肌充血训练结束一天的锻炼。这就是我为喜欢身体部位拆分训练计划的大多数客户制订训练计划的方式。

如果你的臀肌基因优良，那么你每周训练1次臀肌应该就能看到不错的效果。不过，在我看来，每周训练2天的效果要比1天好很多，每周训练3天又略好于2天。

很多人问我是否每天都可以训练臀肌，答案是可以，但前提是你选择的运动不会让你筋疲力尽，并且你不会每次都做到力竭的程度。换言之，你必须专注于神经–肌肉连接，仅训练到肌肉有泵感与充血感的程度，这通常不会让你的肌肉太过酸痛。如果你做的是哑铃臀推、膝关节弹力带臀桥与髋关节外展训练，并且主要坚持自重、弹力带及轻型哑铃/壶铃运动，那么或许你可以每天训练臀肌。但是，如果你旨在最大限度地促进臀肌开发与力量提升，那么这也许并不是最有效的方法。

正如我之前提到过的那样，1周训练3天对大多数人来说是理想的选择。除非你的日程安排有其他要求或你想做些改变，否则你没有必要增加或减少几天。变动并不是强制性的。如果你制订了一个合理的训练计划，那么你这一生都这样每周训练3天（或者以任何最适合自己的训练频率进行训练）也不会有什么问题。有时，在训练计划中加入一些可变动的因素从心理学角度来说是有好处的，因为这样会让你更有动力去努力训练。有时候，更频繁地进行训练但同时缩短每次在健身房的训练时间也很不错；或者也可以反过来，延长训练时间，但同时减少训练日。如果你能使训练时间表具有一定的灵活性来适应生活的需求，这真的令人欣慰。你只需要调整运动量以及上述其他变量即可优化你的训练安排。

你花在上半身训练上的时间在很大程度上取决于你的形体、训练目标以及体适能水平。我指导的大多数将训练按身体部位进行拆分的女士，每周会进行2次上半身及核心训练。如果你旨在保持上半身的现状，那么你每周只训练1次就可以了。但是，如果你的目标是让手臂更壮硕或增加肌肉量，你就需要在上半身训练中加倍努力，并考虑在每周的训练计划中增加一个训练日或多做一些上半身运动。如果你进行的是全身训练，那么你可以在训练结束时加入上半身复合推的运动、上半身复合拉的运动，然后再进行一些辅助运动，例如不同的侧平举运动。在下一部分，你将了解到如何将上半身训练纳入训练计划。

训练示例1（仅上半身）：

停息俯卧撑3组 × 在有限的时间内尽可能多的重复次数（在动作最低点停顿1秒）

抬脚反向划船3组 × 在有限的时间内尽可能多的重复次数

离心借力推举3组 × 6次（4秒下降时间）

坐姿面拉2组 × 15次

曲柄杠铃弯举2组 × 12次

V形握柄臂屈伸2组 × 15次

训练示例2（全身）：

哑铃保加利亚式分腿深蹲3组 × 8次

哑铃坐姿肩推3组 × 10次

持续张力膝关节弹力带杠铃臀推3组 × 20次

反握高位下拉3组 × 10次

支撑式单腿罗马尼亚硬拉3组 × 8次

坐姿划船3组 × 10次

弹力带坐姿髋关节外展3组 × 30次

侧平举2组 × 15次

前平举2组 × 12次

俯卧哑铃侧平举2组 × 12次

8个变量之间的关系

　　所有的计划设计变量都是相互关联的。要设计最佳计划，你不仅需要考虑所有变量，还需要了解每个变量是如何影响其他变量的。也就是说，训练频率必须与你的运动选择、运动量与费力程度保持一致。如果你每周训练2次，那你的恢复时间将更多。在此情况下，你可以进行全身训练，其中大部分动作可以是复合动作，每次训练共做大约16组（最好为10~22组）运动，视你的运动选择与恢复能力而定，同时每组运动都需要做到接近力竭的程度。

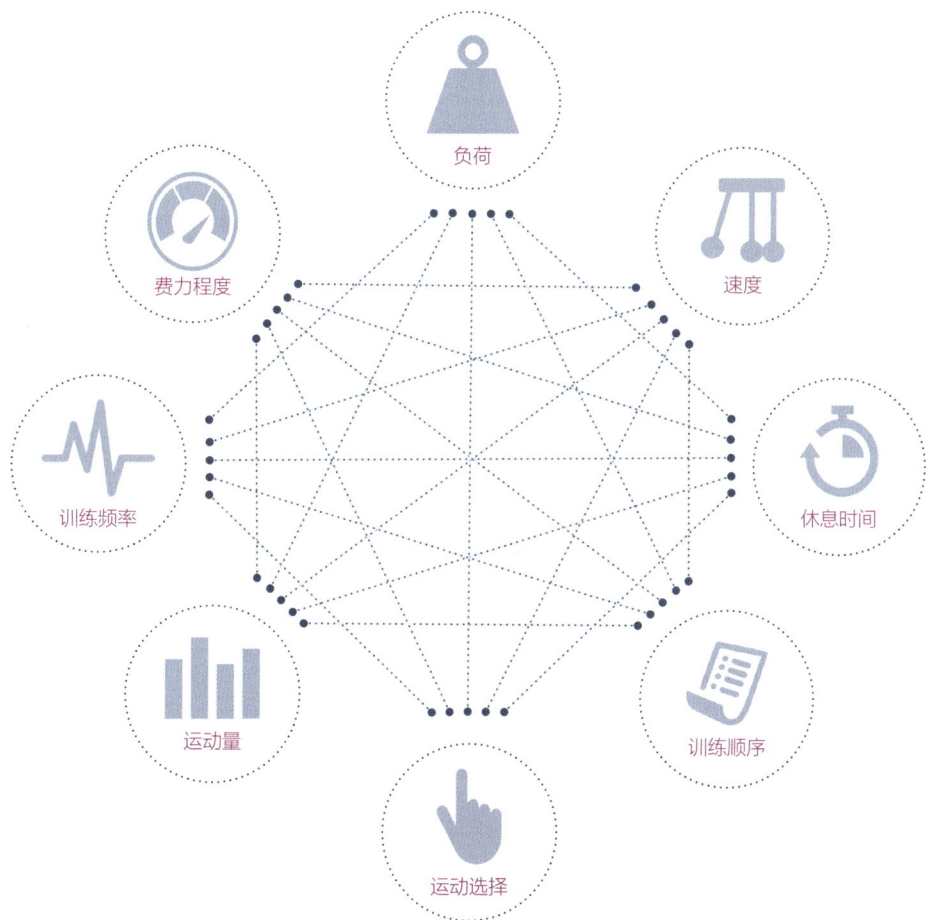

　　对运动量、运动选择与费力程度的考虑是帮助你确定训练频率的另一种方法。如果你想要每次训练做30组运动，努力进行全身训练，同时不打算增加负荷或运动到力竭的程度，那么你可以在一周内进行2次下半身训练与2次上半身训练，并在休息时间较短的情况下，进行多种高重复次数的复合及单关节上举运动。你只需记住要冲击个人纪录，不管是重复次数的个人纪录（如进行30次负重135磅的臀推）还是运动量的个人纪录（进行3组每组10

次的负重135磅的相扑硬拉）。关键在于，你可以根据自己的喜好为自己量身打造训练计划，并且通过控制变量获得不错的训练效果。不过，你依然要遵循一些规则并保留一些余地。

各个计划设计变量之间存在着一般性关系。运动量与费力程度成反比：从身体与肌肉的劳累程度来看，2组重复8次且自感劳累分级为10的运动或许等同于4组重复8次且自感劳累分级为7的运动。负荷与费力程度会影响速度，因为与执行3次最大重复力量或1组力竭运动的第1次重复动作相比，执行1次最大重复力量或1组运动的最后一次重复动作的速度必然会比较慢。运动选择会影响训练频率，因为有些运动几乎每天都可以进行，而有些则不能。

还有一些其他因素与计划设计有关。如果你要进行4组负重硬拉（负荷），而且每组都要做到力竭（费力程度），那么你每周可能只能这样训练1次。但如果你能避免做到力竭，或者仅将最后一组运动做到力竭，又或者将运动组数减少到3组，那么你1周或许可以训练2次。然而，你每次训练做3组膝关节弹力带臀桥都做到力竭，1周却可以训练4天，而且依然安然无恙。考虑到致伤因素及身体恢复时间，如果每周4天都做负重弓步走直至力竭，这样往往会适得其反，不过每周做1~2次，一共做4组，是比较合理的。

此外，除非你每周只训练1次下半身，否则你不可以在同一天安排3种大运动量高度费力的负重运动，例如硬拉、深蹲以及杠铃弓步走，因为这样你在第2天的训练中很容易精疲力尽，很可能受伤。你可以进行高频率、大运动量或高度费力的训练，但是尝试同时满足这3个要求，无疑会后患无穷。无论是完成每周训练的天数、每周训练的组数，还是为了做到力竭你有多努力，你都必须有所付出。

如你所见，设计训练计划并不像看起来那样简单。所幸，你不必担心如何把一切都做到完美。只要考虑到这8个计划设计变量，你就有许多方法可以用来设计出行之有效的训练计划。但这说起来容易做起来难。为了使计划设计更易于操控，使用一个基础模板会是一个不错的主意。三分法则是我用来训练臀肌的模板，我将在后文中对其进行介绍。如果你需要一个简单的全身训练模板，可以使用下面的基础力量训练模板。如果想要更全面的计划模板，请参阅第18章。

基础力量训练模板

有许多人要求我提供一个可以轻松做到的基础力量训练模板。我已将此基础力量训练模板提供给了我的父母及其他需要完善的训练计划并且每周可以训练2~3天的家人与朋友。我想你们也都有着相同的处境，要么是你自己需要它，要么是你有打算去健身房却没有全面训练计划的朋友与家人。这个简单的模板可确保训练保持平衡和全面，并且最重要的是，它适用于所有人，所以请不要误以为这个模板仅适用于初学者。只要坚持渐进式超负荷的原则，这个模板对于高级举重运动员来说也非常有效。

选择一项臀肌主导型运动，一项上半身拉的运动，一项膝关节主导型运动，一项上半身推的运动，以及一项核心运动。在8~12次的重复次数范围内，每种运动做2或3组，然后就此结束。每周连续训练2~3次，你将获得不错的训练效果。

下面各个类别涵盖了多种运动，但在这里仅列出了3种。你可以根据自己的喜好随意修改运动选择及训练顺序。如果你愿意，你还可以在结束时进行一些单关节训练或充血训练。

大多数人因为忽略了某些运动而无法明智地训练全身。坚持使用此模板可以防止这种情况的发生，同时又可以让你聪明地度过在健身房的时间，专注于最重要的运动。

1. 髋关节主导型运动

  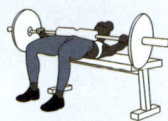

直腿硬拉　　　　　　背部伸展　　　　　　臀推

2. 上半身拉的运动

坐姿下拉　　　　　　划船　　　　　　引体向上

3. 膝关节主导型运动

深蹲　　　　　　弓步　　　　　　双腿推举

4. 上半身推的运动

上斜推举　　　　　　肩部硬拉　　　　　　俯卧撑

5. 核心运动

侧平板支撑　　　　　　单杠悬垂提膝　　　　　　站姿绳索抗旋转

*从每个类别中选择1项运动 * 每周训练2或3次 * 3组，每组8~12次

第3部分　力量与形体训练的艺术

197

三分法则

如前所述，在计划设计方面，我使用了"列举法"，也就是说，我强调训练各方面的多样性。在针对臀肌上部及下部的训练计划设计中，我考虑了机械张力、代谢压力、肌肉损伤和细胞肿胀的水平，这需要采用不同的训练方法以涵盖所有方面的内容。随着科学的发展，我开始研究促使肌肉增长的特定方法，放弃那些多余或无效的方法。

三分法则可确保你的力量和形体训练计划获得成效、保持高效和平衡。它通过考虑力矢量、负荷和费力程度来进行变量设计和运动选择。

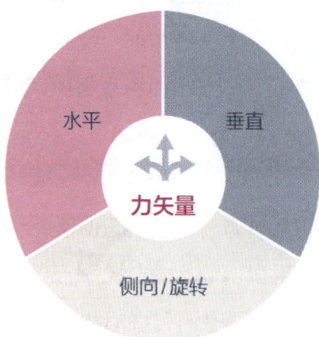

力矢量（相对于身体的阻力方向）

为了最大限度地发展臀肌，你需要从3个力矢量分别对应的方向进行训练。你做的臀肌训练中应该有大约1/3是水平方向的（各种臀推和臀桥运动），1/3是垂直方向的（各种深蹲及硬拉运动），以及1/3是侧向/旋转的（弹力带侧向行走）。要精确查看每个力矢量包含哪些运动，请参阅第123页。

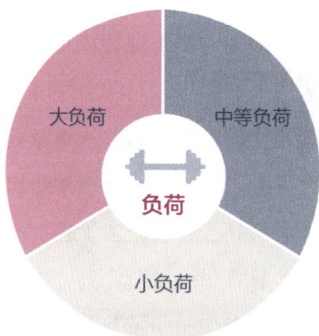

负荷

尽管你可以选择自己理想中的负荷量，通过花费足够的气力达到不错的训练效果，但我相信在训练中加入组合负荷还是有优势的。

你做的训练中大致有1/3应该针对低重复次数（1~5次）运动设置为大负荷，约1/3针对中等重复次数（6~12次）运动设为中等负荷，最后1/3为小负荷，针对高重复次数（13~50次）运动。如果你讨厌某个特定的重复次数范围，只要运动量及花费的气力足够多，就算你忽略它，你也仍然可以获得出色的训练效果。

费力程度

1周之内的运动费力程度要有所改变是非常重要的。花费的气力很难去规划，因为这是一种只能感知的消耗。通常，你会想做臀推、深蹲和硬拉之类的大型举重运动做到力竭或1次动作做到接近力竭；做辅助举重运动，重复2或3次动作便接近力竭；充血训练与弹力带外展运动则无须做至力竭的程度。有一点非常重要，当你进行高重复次数的充血训练时，臀肌会有充血感，这时你会感觉自己接近力竭了，但实际上并非如此。值得重提的是，力竭意味着你无法再做一次重复动作。而高重复次数的充血训练意味着你受到的限制源于动力及思想而非肌肉。例如，你正在进行自重训练或弹力带外展训练，如果确实需要，你可能还可以再做10次重复动作；但是如果你正在进行极限硬拉或臀推，那么没有什么动力可以让你再多做1次重复动作了。

你大约有1/3的运动组数应该做到力竭，或重复做1次动作做到接近力竭，1/3的运动组数应当重复做2或3次动作便接近力竭，最后1/3不做到力竭。通过这种方式安排你的臀肌训练，你很可能会达到以下目的。

- 充分发展臀肌上部和下部。
- 充分发展慢肌纤维及快肌纤维。
- 从各个角度/力矢量的方向、用各种关节动作训练臀肌，从而优化运动表现与功能活动水平。
- 能够承受更大的运动量而不会过度疲劳。

1周计划示例

这是一个为期1周，使用了以臀推为主的布雷特式臀肌训练法的训练计划示例，该计划遵循三分法则。如你所见，下面给出了3天的全身训练计划，以及在全身训练结束时或在休息日可以进行的2次额外的臀肌训练。垂直运动（高脚杯深蹲与直腿躬身）、水平运动（臀推）以及侧向/旋转运动（宽距侧卧提臀与坐姿髋关节外展）安排合理。你要做到力竭的运动是各种臀推、深蹲和硬拉运动。安排在训练即将结束时的运动，你不必做到力竭，例如B姿势直腿躬身与单腿罗马尼亚硬拉。而单独进行的臀肌训练可以做到接近力竭。注意：这是一个为期1周的计划且需要重复1个月。

第1天	
臀推金字塔	12/8/4/20次
肩部硬拉	10/8/6次
高脚杯深蹲	3组×8次
反向划船	3组×在有限的时间内尽可能多的重复次数
B姿势直腿躬身	3组×8次
宽距侧卧提臀	3组×10次

第2天	
停息B姿势臀推	3组×6次（停顿3秒）
窄距卧推	10/8/6次
反向弓步静态保持	2组×1分钟
双手对握引体向上	3组×在有限的时间内尽可能多的重复次数
单腿罗马尼亚硬拉	3组×8次
北欧式腿弯举	3组×3次

第3天	
臀推递减组训练	2组×10/10/10次
借力推举	3组×6次
后深蹲	3组×5次
胸部支撑划船	3组×10次
硬拉	3组×3次（逐步增加强度）
坐姿髋关节外展	2组×30次

199

臀肌训练1		臀肌训练2（循环3次）	
蛙式臀泵	80次	弹力带侧向行走	20次
宽距侧卧髋关节外展	30次	站姿膝关节弹力带髋关节铰链外展	20次
蛙式臀泵	60次	弹力带站姿后踢	20次
宽距侧卧髋关节外展	25次	站姿膝关节弹力带髋关节外展	20次
蛙式臀泵	40次	站姿臀肌挤压	20次
宽距侧卧髋关节外展	20次		
蛙式臀泵	20次		

有一点非常重要，使用三分法则时，请不要沉迷于自己的训练计划，非要确保每周和每次训练之间保持完美平衡。使用三分法则的目的只是制订一个全面的训练计划。这样来看，三分法则就是一个可以修改的模板。

在第4部分，我将讨论如何根据特定目标创建训练计划。正如你接下来将看到的那样，我会使用三分法则来构建和组织训练计划，只不过此处是将全面训练计划修改成专注于特定部位的训练计划。

例如，当我创建跨度为几个月甚至一年的训练计划时，我会每4~12周切换一次训练计划的重点。其中一个月，我可能会安排一个专门的臀推训练计划，强调每周进行3天臀推运动；而下个月，我可能会专注于专门的深蹲或单腿训练计划。你将在第294页了解有关如何根据特定目标来打造训练周期的更多信息，并且我在第290页提供了一些计划示例来为你指明方向。

我的意思是，通过程式化地切换计划的重点，你不仅可以改善某些运动方式，还可以避免平台期。如果你一直在进行同样的运动，即使你使用的是三分法则，你最终也会感到枯燥无味，并且进度可能会停滞不前。大多数人都希望通过做自己喜欢的运动来让自己变得更强壮，但是你的训练效果不可能永远呈线性上升。一旦掌握了基础知识，度过了充满新奇感的阶段，进步的速度就会变慢。在这个阶段，力量训练就会成为一种杂耍般的欺骗性动作。为了变得更强壮并达到形体目标，你必须专注于训练的某些方面，同时保持训练的其他方面不变。你还必须使用策略，采用不同的方法，也就是说，你应

有证据证明的增肌训练指南

下一页的图表总结了我们目前了解到的关于增肌的内容。它建立在数百项随机对照试验、一些综述论文及元分析报告的基础之上。

尽管我们需要做更多的研究才能更加确定各种主题，但是这张图表的内容与10年前相比已经大不相同。换言之，像我的好朋友布拉德·舍恩菲尔德与詹姆斯·克里格一样，肌肉科学家在进行意义非凡的试验以及拓宽我们的知识面方面做得非常出色。

当通过强调某种特定的动作模式或某个身体部位，来切换运动计划的重点，并实施更高级的运动方法。

——————————————————————— 有证据证明的 ———————————————————————

增肌训练指南

训练频率	每周训练2次比每周训练1次的效果更好。除了专门训练时要拆分运动量之外，没有太多的证据证明频繁地进行训练有助于增肌	
运动量	根据个人恢复情况，针对每块肌肉进行每周10~20组训练是个理想的选择。一些证据表明，你可以在短期内多做几组，进行针对性训练的时候更是如此	
费力程度	大多数训练应做到接近力竭的程度，但不必真的做到力竭，并且如果不加以控制，可能会适得其反	
负荷	所有的负荷都会促使肌肉增长。较大的负荷需要较长的训练时间，并且会损伤关节，而较小的负荷实在令人讨厌，因此健美运动员更倾向于中等负荷。执行不同重复数范围的组合训练可能会带来更好的结果	
运动选择	多关节和单关节运动都可以训练肌肉。多关节运动应在训练中优先考虑，但如果你在寻求肌肉增长最大化，那么你就不能忽略单关节运动，因为它们对于某些特定的肌肉增长是必不可少的	
训练顺序	在训练中较早训练的肌肉要比较晚训练的肌肉发展得稍好一些，因此请根据自己的喜好安排训练顺序	
速度	速度较快和较慢会产生相似的肌肉生长水平，但是你必须控制好离心阶段，不要让重力妨碍你，同时，你不能做持续10秒以上的超慢动作。每个重复动作用2~6秒完成都能产生相似的结果，但是在举重时一定要专注于目标肌肉	
休息时间	2组运动之间休息2~3分钟似乎可以最大限度地促进肌肉增长，但你可以凭感觉休息，听从自己的身体。对于在训练中较早进行的大型举重运动，休息时间最好长一点（3分钟）；对于在训练中较晚进行的小型举重运动，休息的时间最好短一点（90秒）	
拆分训练	几乎所有健美运动员都会进行身体部位拆分训练。所有流行的拆分训练方法都可以有效地训练肌肉。全身训练已被证明与拆分训练一样，对促进肌肉增长也十分有效	
周期训练	有计划地训练在促进肌肉增长方面的效果比即兴发挥更好。然而，没有可以周期性地安排训练计划的最佳方法，并且许多方法都可以成功地训练肌肉。制订策略时要根据你每天的感受留有一定的调整空间	

第13章 高级训练方法

当你开始进行臀肌训练时，你只需进行基本训练（渐进式超负荷与神经－肌肉连接），就会有很大的收获。训练的头几个月很有趣，因为你几乎可以做任何运动，并且很快就能有所收获。但当你的身体开始适应训练刺激时，你会面临一个转折点，这通常发生在训练开始后3~6个月的时候。在此阶段，遵循轻松的结构性训练计划进行训练可能并不是那么富有成效。为了克服这个平台期，确保持续进步，你的训练计划必须更具策略性。此时，便轮到高级训练方法登场了。

高级训练方法可以通过调用更多的运动单位来使训练效果最优化，而运动单位是一组由神经系统支配以协调肌肉收缩的肌纤维。根据海勒曼原则，一项简单的任务所调用的是低阈值的运动单位。当你感到疲劳或负荷较大时，神经系统就会调用高阈值的运动单位。

为了使肌肉增长最大化，你不得不在足够长的时间内调用所有的运动单位。换言之，你必须对所有不同的肌纤维施加张力。为了做到这一点，你必须增加负荷或运动到接近力竭。所有这些方法都能使肌肉承受更大的张力。然而，继续坚持传统的水平组（如训练3组，每组重复8次）的渐进式超负荷训练方法，也是十分重要的。如果时机恰当，你可能会想要每个月都使用几种高级训练方法，或许还会在每次训练结束时进行充血训练。不过，可不要训练过度。

在本章中，你将学到可以在臀肌训练中使用的所有高级方法，以及如何将其纳入你自己的训练计划。

恒定张力动作重复训练

顾名思义，恒定张力动作重复训练即通过在一组运动中不休息来保持恒定的肌肉张力。想象一下活塞的上下运动。在每次重复运动时，你仍旧保持完整的动作范围，然而一旦到达动作终点，你便立即做反向的重复动作。动作循环虽然速度相当快，但同时又十分平稳流畅。这样一来，便会引起高水平的代谢压力。

在臀肌训练中，该技术通常与各种深蹲及臀推运动一起使用。深蹲的时候，为了使臀肌保持较大的张力，你可以忽略动作最高点的最后一点运动。你可以完全蹲下，然后在动作最高点或最低点不做任何停留的情况下，通过上下运动来完成此操作。做臀推时，在动作的最低点不要将杠铃放下，而要让杠铃尽可能地靠近地面，然后在你充分伸展髋关节至锁定状态时，将其向上推。不要在动作最高点停留，直接下降进入下一个动作循环。1个动作循环通常需要1秒才能完成，因此，在差不多20秒的时间内，你可以完成20个动作循环。

通常，我会以较小的负荷，尽力做20~30次重复动作。我知道这个运动量似乎并不大，因为你在肌肉紧张状态下的训练时间不如在正常情况下的训练时间长，但请相信我，跟所有高级技术一样，这样训练的强度也很大。为了让你完成一组完整的训练，最初的负荷肯定会轻到令你震惊。

停息训练

停息训练是一种聚组训练，它是指在训练期间需要进行一个连续组的运动，并在运动循环之间穿插预定的休息或暂停时间。假设你以较大的负荷进行臀推。首次尝试时，你只能连续做6次重复动作（使用的是最大重复次数为6时的负荷）。与其以扭曲的姿势和问题百出的动作范围进行多次动作循环，还不如将杠铃放在地上，暂停一下，好好喘口气。这就是你的休息时间。短暂的平复（可能为5次呼吸）后，再进行2次循环，然后再次停下休息。又一次短暂的平复之后，进行下一次动作循环。若你已经快要力竭了，但还剩1次重复动作，那么你应该能坚持到最后。

总而言之，你执行的并非6次直线循环动作，而是6次重复动作，休息大约10秒，然后再做2次重复动作，休息大约10秒，再重复1次，休息大约5秒，然后再做1次重复动作。考虑到循环次数及循环之间的休息时间，有无数种方法可用来执行停息运动循环，但是在臀肌实验室中，我们使用该方法时通常会采用6/2/1/1的模式，一共坚持进行10次运动循环。

静态保持

静态保持与等长训练的相同之处在于，都要在会产生肌肉张力的动作范围内保持静止姿势。例如，你可以在臀推动作的最高点或深蹲动作的最低点进行静态保持。你可以在尽可能长的时间内或预定时间（例如30秒）内保持该姿势。长时间保持这个姿势在增强肌肉力量的同时，会产生高水平的张力和高水平的代谢压力。也就是说，通过深蹲可以更好地增强从低处起身时的肌肉力量，而通过臀推时可以更好地增强臀部锁定时的力量。

我还建议，你有时可以使用弹力带（臀肌弹力圈），或者在深蹲和臀推时，在膝关节处使用迷你弹力带，以增大臀肌产生的张力。假设你要做深蹲，那么你可以在膝关节上方缠绕一条迷你弹力带，并在深蹲动作的最低点静态保持30秒，这样不仅可以增强髋关节在此姿势下的伸展力量，而且可以训练体形，增强髋关节外展的力量。通常，在运动时，你只需在动作的最高点与最低点停留一两秒。但是，当你静态保持这个姿势时，你就是被迫在那个姿势上花时间专注于改善自己的身体力学机制问题，这样可以改善你的整体技术。

从某种意义上来说，每个举重运动员都需要尝试20次循环深蹲计划。我过去也尝试过该计划，通过该计划在重复力量、大腿肌力及意志力方面的收获，着实令人印象深刻。

我保证，按照该方法进行训练后，你再也不会轻易地进行大负荷的下半身训练。虽然重复5组及以下的训练很困难，但这也远远比不上按照该计划标准进行的20次循环深蹲。

怎么做

20次循环深蹲计划的本质是20次停息深蹲。其运作方式如下：以力竭时最大重复次数为10的负荷深蹲20次，期间不能将杠铃放在杠铃架上，而是以停息的方式进行；在第1组差不多做了10次重复动作之后，将杠铃放在背上休息，之后再做另一次重复动作，然后重复相应的次数并进行相应的休息，直到做够20次。它们通常被称为喘息深蹲，因为你在训练结束后会气喘吁吁。

19年前，我用几个月的时间将力竭时最大重复次数为20的负荷从135磅增加至275磅，并且负荷为275磅的运动的持续时间为9分钟。没错，我把杠铃放在背上整整9分钟。

前10次重复动作大概在1分钟内完成，其余10次用了8分钟。该计划的典型周期为6周，但我之后也一直在坚持，直到我余生都不想再完成一次20次循环深蹲计划（目前我还没有这个想法）。你也可以试一试。

值得一提的是，我们不经常做静态保持，是因为自己认为其他方法更有利于肌肉增长。然而，如果你受伤了，并且无法进行一定范围内的运动，那么静态保持是个不错的选择。也许你不能蹲到最大深度，但半蹲是可以的。在这种情况下，你可以在半蹲的状态下进行静态保持。同样，静态保持也非常适合训练弱项。假设你在臀推的最低点十分强壮，但无法锁定髋关节，那么在你长期以来处于弱势的动作最高点进行静态保持，将有助于你强化在该位置上的力量。

金字塔训练

金字塔训练已经存在很长时间了，并且已故的文斯·吉朗达（Vince Gironda）（被称为"钢铁大师"）对他的10/8/6/15金字塔训练进行了推广。这是一种很棒的方法，你可以在一次训练中尝试低、中等、高重复次数。这不仅可以帮助你通过各种重复次数范围变得更强壮，还可以确保在一次训练中训练到所有肌纤维。

假设你将金字塔训练方法应用于臀推。进行训练的方法是，先热身，然后做15次重复动作；增加一些重量，休息几分钟，然后做10次重复动作；增加更多的重量，休息几分钟，然后做5次重复动作；在最后一组运动中，大幅度减轻重量，只休息1分钟，然后做20次重复动作。你可以考虑在做最后一组运动时，在膝关节处束上一条迷你弹力带，以此来结束臀肌训练。这就是我们在臀肌实验室中采用的训练方法。

金字塔训练	
第1步	选择一个你可以做约15次重复动作的负荷
第2步	选择一个你可以做约10次重复动作的负荷
第3步	选择一个你可以做约5次重复动作的负荷
第4步	选择一个你可以做约20次重复动作的负荷 *添加弹力带或臀肌弹力圈

建立金字塔的方法很多。例如，你可以进行10、8、6、15或10、8、6、4、2、20的金字塔训练。目标是坚持做金字塔训练3~4周，并使用相同的负荷争取做到渐进式超负荷，不过要试着完成你设定的重复次数。下面是一个月金字塔训练示例。

一个月金字塔训练示例

	第1组 225磅	第2组 275磅	第3组 315磅	第4组 185磅	一周重复 总次数
第1周	15	10	5	20	50
第2周	17	12	5	20	54
第3周	18	13	7	20	58
第4周	20	14	8	22	64

强化离心训练

强化离心训练要求你在离心阶段（收缩时肌肉拉长，例如降低到臀推的动作最低点）使用的负荷要大于同心阶段（收缩时肌肉缩短，例如在做臀推时锁定髋关节）。在力量训练中有几种方法可以做到这一点。第1种方法是双腿上升/单腿下降。假设你正在做单腿臀推，你需要用两条腿抬起负荷，然后用一条腿支撑身体，慢慢放低负荷。

双腿上升/单腿下降

第2种方法是使用重物释放器，将该重物释放器连接到杠铃的末端并在动作的最低点释放，但是此方法仅允许你在离心阶段进行一次超负荷动作。第3种方法是利用飞轮——一种类似于溜溜球的专用器材。第4种方法是让教练或训练伙伴在运动过程中的下降阶段提供手动阻力。

以臀推为例，假设你正在指导别人做负重135磅的臀推。为了强化离心训练，你可以在他们上方俯身，向下推杠铃杆，这在他们下降到动作最低点的过程中，可能会给他们增加80磅的负荷。因此，他们在上升的过程中的负荷是135磅，而在下降的过程中的负荷其实是215磅。让他们在杠铃接触地面之前进行上升运动，以完成力的吸收和转移。

手动抗阻臀推

尽管强化离心训练是有效的，并且对于各种动作变式来说很有效，但是我们并不经常使用这种训练方式，因为其执行难度较大，需要教练或训练伙伴的帮助，并且只能应用于某些动作。因此，我们可能隔几周才进行一次强化离心训练，通常能用到该方法的运动只有臀推、腿推举、45度山羊挺身、反向山羊挺身、坐姿髋关节外展、侧卧髋关节外展、北欧式腿弯举、腿部伸展及卧姿腿弯举。

手动抗阻北欧式腿弯举

强调离心训练

强调离心意味着你要放慢或突出一项运动的离心阶段。假设你要进行杠铃臀推，你像往常一样将髋关节伸展到动作最高点，然后再非常缓慢地降低到动作的最低点。通常，你只需要花1秒时间来降低臀部。但在强调离心训练时，你需要花4~6秒来降低臀部。

强调离心训练确实提供了可以增强力量发展肌肉的不同训练刺激，它尤其适用于帮助你避开类似于肌肉拉伤或扭伤等损伤进行训练。虽然很多肌肉拉伤并没有那么糟糕，但你仍然可以避开它们进行训练，注意不要过度训练或负荷太大，否则情况有可能会变糟。不过，在进行强调离心训练时，你可以使用较小的负荷，这依然可以刺激肌肉生长，因为在不会加重伤势的情况下，在所有重要的离心运动阶段，肌肉处于紧张状态的时间会变长。

扭矩加倍训练

扭矩加倍训练要求你在进行髋关节伸展运动时，在膝关节上方或下方佩戴迷你弹力带或臀肌弹力圈。膝关节弹力带臀桥、臀推与深蹲被认为是可使用扭矩加倍方法的运动。现在，虽然我知道"扭矩加倍"这个名字听起来很复杂且有很强的技术性，但我不知道还能怎么称呼它。

你可以将扭矩加倍看作使臀肌训练具有双重效果的训练方法。你不仅可以通过髋关节伸展及通过用膝关节拉伸弹力带训练臀肌，同时也通过髋关节外展训练了臀肌。

扭矩加倍（膝关节弹力带臀推与深蹲）

我发现扭矩加倍训练可以大大增强臀肌的张力。这是一个增加各种自重运动难度的好方法。此外，如果你非常喜欢体验臀肌的泵感与灼烧感，那么扭矩加倍训练是个不错的选择。有趣的是，扭矩加倍训练对臀肌起的作用是独一无二的，因为臀肌是唯一可以让你轻松挑战两个联合动作的肌肉，而这两个联合动作恰恰同时作用于同一块臀肌。

脉冲训练

脉冲训练指在运动最困难的部分进行小范围的上下移动。例如，做深蹲时，一直下蹲到动作最低点，之后起身至总运动过程的1/4处，再下蹲。你可以重复此动作：下蹲至动作最低点然后起身至1/4处，一遍又一遍，直到完成所需的重复次数。做臀推时，你也可以先挺身到动作最高点，然后身体下降至总运动过程的1/4处，再挺身。

我最喜欢的脉冲运动是脚跟垫高高脚杯深蹲。做这项运动时，我喜欢重复30次。先下蹲到深蹲动作的最低点，然后上升至6英寸，在0~6英寸内上下运动，这样你会感受到很强烈的代谢压力反应。脉冲训练确实是个能让你感受到臀肌灼烧感的出色的训练方法。

$1\frac{1}{4}$ 循环训练

$1\frac{1}{4}$循环训练指的是一项完整的重复运动加上一次脉冲训练。我们经常将这种训练方法运用于臀推（双腿和单腿）、深蹲和保加利亚式分腿深蹲。以保加利亚式分腿深蹲为例，你要一直向下蹲，然后起身至总运动过程的1/4处再下蹲，接着再起身至起始位置。如此才算是一个$1\frac{1}{4}$循环。

聚组训练

聚组训练指的是休息时间较短的几组重复运动。构建一个聚组训练计划的方法不胜枚举，但在这里我们只是假设你可以以315磅的负荷，做3组每组重复10次的臀推，且每组之间有2分钟的休息时间。如果你完成每组运动大约需要1分钟，那么大约需要9分钟你才能完成训练。然而，进行聚组训练的话，你可以用相同的负荷来做臀推，但不是以做3组，每组重复10次，且休息时间为2分钟的形式进行的，而是做6组，每组重复5次，休息时间为1分钟。这样你仍然在相同的时间内做了30次重复动作，但不会感到筋疲力尽。

标准组：3组 × 10次，每组之间休息2分钟

聚组：6组 × 5次，每组之间休息1分钟

与标准组相比，尽管聚组没有建立相同的代谢压力水平，但运动量是相同的。做聚组训练有两个原因。首先，你的身体更容易接受这种训练。这样既不会让你过于疲惫，也不会让你的身体受到损伤。对从事运动并且需要保持身体健康以进行其他活动的人们来说，聚组训练确实是一种很不错的训练方法。此外，它有助于发展力量。若你目前在进行大负荷训练，由于不舍得放弃任何一次动作循环，动作重复次数在不断激增。要注意的是，这对肌肉的生长不是那么有利，因为你没有运动到十分疲惫的地步。

递减组训练（减重组）

想要做递减组训练，一开始你要以大负荷进行运动，之后减少负荷，以便继续执行更多的重复动作。这样做的目的是一直进行训练，直到每组动作都做到接近力竭为止。具体来说，递减组训练是使你运动到力竭的另一种方法。

在臀肌实验室中，我们主要通过臀推、腿推举及坐姿髋关节外展进行递减组训练。通常，我们坚持使用的是3倍递减组训练方法，意思是在一共进行3组的运动中你需要进行2次减重。以下为杠铃臀推递减组训练的示例。

假设你从235磅的负荷开始，也就是2个45磅重的杠铃片及4个25磅重的杠铃片。在杠铃杆上加上4个25磅重的杠铃片，是因为它们比较容易拿掉。在第1组运动中，你重复做6次动作。一旦力竭，无法再进行完整范围的运动，就可以减少负荷，让训练伙伴将25磅重的杠铃片从杠铃两端各去掉一个。这就是所说的减重。现在你的杠铃重达185磅，然后立即再次进行举重运动，直到接近力竭。

假设你第1次减重后做了10次动作，完成之后，你降低杠铃杆，让训练伙伴将另外2个25磅重的杠铃片去掉。现在杠铃只有135磅重，但你还没有休息过，臀肌像是着火了一样灼热。在最后一组运动中，你做了12次重复动作，使重复总数达到28次。这就是你的新基准。接下来的一周，再做一次递减组训练，力争超过28次。值得一提的是，在这个特别的示例中，这种类型的训练组通常也称为减重组。

做递减组训练的目的是尽量缩短你在每组运动之间的休息时间。杠铃片取下后，要立即以较小的负荷重新开始运动。

即使你没有训练搭档，也可以做臀推递减组训练。你可以俯身将杠铃片推下去，也可以起身将杠铃片拉下来，然后再回到起始位置。你也可以使用弹力带。我比较喜欢使用1条宽弹力带、1条中等宽度的弹力带和1条细弹力带。你可以在第1组运动中将这3条弹力带都用上，然后在做第2组运动时把宽弹力带去掉，接着在做第3组运动中去掉中等宽度的弹力带。当然，你也可以在膝关节上方束一条弹力带进行扭矩加倍训练。

在器械上进行递减组训练的效果也很不错，而且易于执行，你要做的就是将销钉移至你要举的重量对应的杠铃片上方。这便是它们如此有益于坐姿髋关节外展的原因。

毫无疑问，递减组训练会帮助你增强臀肌。同时，递减组训练也是促进肌肉增长的最有效的方法之一，因为每次训练都需要一个全力以赴的递减组来刺激肌肉增长。

间歇组重复训练

间歇组重复训练指的是在每次动作的最高点或最低点暂停一下。我们通常会在训练臀肌时进行深蹲和臀推的间歇组重复训练。例如，在做深蹲时，你在动作最低点暂停3~5秒，这时你的臀肌处于拉伸状态；在做臀推时，你在动作最高点暂停3~5秒，这时你的臀肌所受张力处于峰值。你也可以在臀推的最低点暂停，以消除拉伸反射。我通常采用的方法是做自重抬高式单腿臀推，臀部实际上可以在地上停留1秒。此方法也称为骤停组循环，需与硬拉同步进行。在这种情况下，你需要放下杠铃并复位。举重运动员更喜欢骤停硬拉，因为它更具针对性，更适用于激发最大力量。而我更喜欢"即触即动"硬拉，这样你进行的还是上下运动，只不过用不着每次重复动作都复位。

如果你要进行间歇组重复训练，那你使用的负荷必须比平时轻。例如，如果你通常举225磅进行8次正常循环，那么此时你应该只举185磅进行8次间歇组重复训练。

我还会用间歇组重复训练来使自重训练变得更具挑战性。当你暂停时，你真正想的是按预定的时间暂停。根据我的经验，大多数人在应该暂停3秒时实际只暂停了1秒，而在他们应该暂停5秒时只暂停了3秒。他们数得太快了，所以有时我会在客户的间歇时间中增加2秒，以确保他们达到期望的暂停时间。

调节阻力

调节阻力包括使用弹力带或将链条连接到杠铃上以增加锁定动作的难度。当你向上运动时，弹力带伸展或链条上升，从而增加了向终点位置运动的难度。我喜欢用杠铃加弹力带的方式做臀推与硬拉，更喜欢用链条完成深蹲与卧推。但是，要使用弹力带进行硬拉或臀推，你需要找到一个能够固定它的位置。臀推器可以很好地实现此目的，不过你也可以在起蹲架或器械的底座交叉缠绕弹力带。调节阻力的时候，要考虑训练情况及所使用的弹力带或链条的阻力大小，或许你可以在动作最低点承受185磅的负荷，在动作最高点承受245磅的负荷。

调节阻力有利于对肌肉施加较大的张力，使肌肉产生较高的代谢压力水平，同时使肌肉损伤最小化（因为在拉伸位置的负荷较小）。

双弹力带杠铃臀推

髋关节弹力带臀推

臀肌主导型弹力带背部伸展

弹力带硬拉

链条后深蹲

动态努力循环

动态努力循环指的是在较小的负荷下进行的加速度和速度最大的重复动作训练。它的目的不是增强力量或使肌肉肥大，而是发展力量和运动能力。你可以在做各种深蹲、硬拉、臀推、臀桥和背部伸展运动时进行动态努力循环，如壶铃摆荡、反向山羊挺身（从钟摆机上下来）之类的运动，当然还有如高翻之类的奥运会举重项目，都是以动态努力的方式进行的爆发性运动。推雪橇也可以这种方式进行。

在举重运动员离开地面或将工具投向空中的情况下，有时很难将动态努力循环与投掷训练/冲击训练（plyometrics/ballistics）区分开来。如果你在次最大负荷下以最大加速度做爆发性臀推，那么杠铃将脱离髋关节腾起到空中。从动态努力循环的角度来看，你减少了重复次数并力求达到最快速度。因此，即使你可以做20~30次重复动作，你却只坚持做3~5次重复动作，因为你的目的是强化力量而不是增强耐力。

梯子训练法

在臀肌实验室中，我们主要在做膝关节弹力带臀桥及仰卧髋关节外展时用到梯子训练法。初学者从做12次膝关节弹力带臀桥和仰卧髋关节外展开始，然后逐渐减少，而高级客户则从做15次开始。梯子训练法的具体内容是：你先做15次膝关节弹力带臀桥，然后做15次仰卧髋关节外展；之后每种运动各做14次、13次、12次，直到减少为1次；在整个过程中，你可以根据自身需要进行休息，但应以最终能够在不休息的情况下完成梯子训练为目标。梯子训练法的强度很大，并且会让臀肌产生相当强烈的代谢压力反应。此方法通常在训练结束时进行，以用作一种充血训练。

预热训练法

预热训练法是一种通过某种运动使一块肌肉疲劳，然后再进行另一种运动，以期更多地激活目标肌肉的训练方法。例如，健美运动员会"预热"一块肌肉，以确保它在复合运动中充分发挥作用。至少这是人们最初的想法，但是相关研究却表明了相反的效果。如果你在做卧推之前进行飞鸟或绳索交叉运动，这样几乎不会激活胸肌，却可以激活肱三头肌。换言之，如果你在自己的胸肌疲劳之后进行卧推，最终你的胸肌的激活程度跟以前是一样的，而更多地用到的是肱三头肌——如果你的训练目标是肱三头肌，那这样正好，但如果你瞄准的是胸肌，这样做可就不那么合适了。

这就是研究的优点，它可以给你提供一些可参考的东西。在进行了这些研究之后，研究人员发现了上述情况，并且发现如果受试者先使肱三头肌与三角肌前束疲劳，然后进行卧推，那么最终更多地用到的是胸肌。不幸的是，关于臀肌的研究还尚无定论。有一项针对老年受试者的研究显示，从椅子上站起来之前使他们的股四头肌疲劳，臀肌的激活程度增加。而且，我们在臀肌实验室中也进行了试验，让受试者在做45度山羊挺身之前做北欧式腿弯举，而且他们通常报告说感觉到了更高的臀肌激活程度。我还通过在做蛙式臀泵之前进行腿部伸展和腿弯举，验证了他们的说法，我在这个过程中体会到了一生中最强烈的臀肌灼烧感。

我通过这些研究了解到了什么？所有这些使我想到了抗阻训练中的增强和抑制。我们需要进行研究以查明导致这些感觉的确切机制。神经系统可以察觉疲劳并将神经驱动引导至协同肌。泵起的肌肉血液充盈，可以改变力学机制。如果过度疲劳，预热训练可以急剧提高或降低肌电水平。在举重之前进行简单的训练可以通过提高体温与灵活性，使你"感觉更好"。其中部分原因也可能是安慰剂效应。

我非常鼓励你按照这些思路进行试验。如果你还没有这样做，那就试着在深蹲、硬拉或背部伸展前进行小负的臀肌激活或腿弯举训练；在做蛙式臀泵或臀桥之前，尝试对腘绳肌、股四头肌/内收肌进行疲劳训练；尝试在下半身训练中，最后以较小的负荷在肌肉疲劳状态下进行臀推。看看这些技术是否可以帮助你提高臀肌的激活程度。

有一点非常重要，不要将预热训练法与臀肌激活运动混淆。臀肌激活是以低重复次数进行小负荷运动；而在预热训练中，你只是在唤醒肌肉，让肌肉为进行更艰苦的训练做好准备。

超级组

超级组将两组运动无缝连接在一起。因此，你做完一组运动之后，要立即去做一组其他运动，然后再休息。超级组主要有两种：主动肌群（负责执行运动的主要肌肉）超级组与拮抗肌群（与主动肌群相对的肌肉）超级组。主动肌群超级组指针对同一块肌肉进行两种运动。而拮抗肌群超级组针对的是作用相反的肌肉。主动肌群超级组的一个示例是一组弹力带侧向行走，之后加上一组高脚杯深蹲。主动肌群超级组有利于保证运动的多样化，并且有助于使肌肉达到疲劳状态。一组针对股四头肌的腿部伸展加上一组针对腘绳肌的腿弯举便是一个很好的拮抗肌群超级组示例。

在臀肌实验室进行了一些试验之后，我创建了另一种超级组：协同肌超级组。通过协同肌超级组，你可以使协同肌（帮助主动肌群执行运动的肌肉）达到疲劳状态，从而使主动肌群得到更多的训练。协同肌超级组的一个示例是一组北欧式腿弯举加上一组背部伸展。对此，人们提出了这样的一个观点，即北欧式腿弯举会使腿部疲劳，因此，当你进行背部伸展运动时，在训练过程中会更多地激活臀肌。

另一个流行的超级组配对是上下超级组。上下超级组指一组上半身运动加上一组下半身运动，例如一组引体向上加上一组深蹲，或者进行一组硬拉之后立即进行卧推。请注意，这些示例中的运动并不存在相互抗衡的关系。例如，如果将硬拉与引体向上配对，则引体向上的效果会受到负面影响，因为硬拉会削弱你的握力。这就是将硬拉与卧推配合进行的原因。与拮抗肌群超级组一样，上下超级组适用于没有太多时间进行训练的人。进行艰苦的全身训练并在一小时内训练多个肌群确实比较困难，这就使得这些超级组对于训练时间较少的人而言是一种省时的运动策略。

充血训练

充血训练指在预定的时间（如2~3分钟）内进行不间断的臀肌训练。我们在臀肌实验室中训练结束时会再次以这种形式进行运动，它的强度非常大。最好的做法是使用弹力带（臀肌弹力圈）完成，也可以通过自身体重、迷你弹力带或踝关节负重完成。这样做的目的只是通过交替进行不同的臀肌运动，在某种程度上连续2~3分钟保持臀肌的紧张状态——可以参考下面的"3分钟充血训练模板"补充信息栏。例如，你可以做30秒弹力带侧向行走，30秒膝关节弹力带髋关节外展，30秒弹力带臀桥，30秒弹力带四点跪姿髋关节伸展，30秒弹力带跪姿侧踢腿，以及30秒弹力带靠墙坐。这些运动对于臀肌产生代谢压力并从各个角度训练臀部，以刺激所有肌纤维都非常有效。

尽管充血训练很有趣，并且能够帮你获得良好的臀部泵感和灼烧感，但没有证据表明在结束时进行充血训练对促进肌肉生长起作用。我觉得它能起到小部分的作用，但缺乏证据的支持。我能说的是，人们喜欢它带来的感觉。有的客户做完充血训练开车离开时，臀肌还依然有灼烧感，他们觉得自己做臀肌训练已经做到了筋疲力尽，离开健身房时感觉就像是进行了很棒的臀部训练。

3分钟充血训练模板

有很多方法可以使臀肌充血，例如梯子训练法、定时循环以及每组高重复次数。下面展示了一个3分钟充血训练模板的示例。就我的经验而言，我认为3分钟的运动量非常恰当。时间再长一点，它就变成了耐力训练；短一点，又太简单了。3分钟似乎是最好的选择。你唯一需要的器材是一条弹力带，如臀肌弹力圈或迷你弹力带。

你可以按任意顺序进行此充血训练，关键在于需要涵盖每一个类别。而且你的目标不是创造个人纪录，因此，请勿对计算重复次数心生厌倦。这样做的目的只是保持良好的姿势，更好地完成这3分钟的运动。如果姿势走样了，就调整呼吸，迅速恢复，然后重新开始运动。

60秒（每侧30秒）：髋关节伸展	
运动示例	单腿臀桥
	四点跪姿髋关节外展
	站姿后踢

30秒：冠状面髋关节外展	
运动示例	弹力带侧向行走
	侧卧髋关节外展
	站姿髋关节外展

30秒：水平面髋关节外展	
运动示例	髋关节外展
	坐姿髋关节外展
	侧卧腿开合
	仰卧髋关节外展

30秒：髋关节伸展与外展组合	
运动示例	深蹲静态保持
	臀桥静态保持

30秒：随机运动	
运动示例	恰恰舞
	站姿臀肌挤压
	侧卧提臀
	俄罗斯壶铃挑战平板支撑
	野兽行步

充血训练示例	
60秒	单腿臀桥（每条腿30秒）
30秒	弹力带侧向行走
30秒	坐姿髋关节外展
30秒	深蹲静态保持（在深蹲的最低点保持静止）
30秒	保持最大限度的臀肌挤压的俄罗斯壶铃挑战平板支撑

如何运用高级训练方法

如何运用高级训练方法在很大程度上取决于你的训练频率。例如，如果你每周仅训练1次臀肌，则应坚持水平组训练（无高级技术），或者使用金字塔训练法。金字塔训练法是指在逐渐增加负荷的情况下进行大约3组训练，最后使用较小的负荷，以较高的重复次数做一个后退组。

　　但是，如果你频繁地训练臀肌（例如1周训练3天），那么将有更多的机会在训练中使用高级技术。例如，你可以在第1天进行臀推递减组训练，在第2天进行恒定张力臀推，第3天可能会进行各种单腿臀推运动加上间歇组重复训练。这样做的目的是每天使用一种不同的训练方法。但是，不要将过多的高级训练方法合并到一次训练中，以免使你的训练过于繁重和复杂。

　　我认为，只要你坚持相同的训练方法，并专注于在每个月进行几次的涉及臀肌的举重运动中增强力量，那么你的训练方法越多，就越有利于臀肌的发展。每天最多用两种高级训练方法，且最后一种应是充血训练。尽管肌肉混淆训练的概念有些夸张，但在训练中更改并增加多样性，例如在负荷、姿势、速度和策略等方面进行调整还是有好处的。

　　制订出色的臀肌训练计划的方法有很多，但是了解你的主要目标可以为制订训练计划提供坚实的基础。例如，如果你要训练力量，那么训练力量的方法就应该放在训练计划的第一位。这主要适用于运动员。如果你正在努力增强力量，那么你应该在训练开头设置增强力量的方法。增长肌肉的方法可以放在训练过程中的任何位置，但是如果你还想增强耐力，那么应该在最后使用该方法。耐力方法应始终放在最后。某些方法可以服务

方法	力量	肌肉增长	耐力	爆发力
恒定张力动作重复训练		*	*	
停息训练	*	*		
静态保持	*		*	
金字塔训练（10/8/6/15）	*	*	*	
强化离心训练	*	*		*
扭矩加倍训练	*	*	*	
脉冲训练		*		
1¼循环训练		*		
聚组训练	*			*
递减组训练（减重组）		*	*	
间歇组循环	*	*		
调节阻力	*	*		*
动态努力循环				*
梯子训练法		*	*	
预热训练法		*	*	
超级组		*		
充血训练		*	*	

于多种目的，但是负荷应根据目标进行调整。例如，如果你在做强化离心训练以增强力量或爆发力，那么你要以低重复次数（例如，做4组，每组重复5次）进行。但是，如果你以促进肌肉增长为目标，那么你在每组训练中做到接近力竭的程度即可，所以你可以选择大、中等、小负荷中的任意一种。

我需要再一次也是最后一次告诫你的是，不要过度狂热，不要尝试在每次训练中运用两种以上的高级训练方法，那样会使你的训练变得过于复杂。现实情况是，并没有证据表明高级训练方法优于基础训练方法。请记住，高级训练方法确实非常有用，它可以使训练变得有趣，帮助你克服训练平台期，让你避开受伤之处进行训练，但你仍然需要建立良好的基础。基础训练是每个好的训练计划的基础，高级训练方法只是锦上添花。实际上，我更愿意你坚持没有运用高级训练方法的基础训练，专注于做好每组训练，而不是仅仅为了新颖性而想出疯狂的运动变式与高级训练方法。

当我为客户设计训练计划时，我脑海中是有一个目标的。如果我要培训的人尚未掌握运动到力竭的技术，并且不了解如何正确实现渐进式超负荷，那么我很少会使用或根本不使用高级训练方法。请记住这条底线：每种运动和训练方法都有其应有的地位，但你永远不应低估基础训练。

高级训练方法与基础训练方法的较量

我的工作最烦人的地方之一就是试图说服人们，高级训练方法不一定比基础训练方法好。请相信我，如果我想使某人眼花缭乱，我轻而易举就可以做到。没有人比我更擅长想出疯狂的运动方式。但是，基础训练是每个好的训练计划的基础。

下页图表底部显示的训练方法是一种了不起的下半身训练。坦率地说，如果你认为这种训练对你来说太"基础"了，那你就是不知道如何在健身房中训练自己。没错，虽然它的训练组数不多，但是如果你知道如何进行自主训练，并且已经建立了一定的力量，那么它会让你达到极限。这种训练方法对臀推、深蹲与硬拉的训练要求非常高。通过这些举重运动变得更强壮，将使你的整个下半身更加结实。

现在问题是，许多人不知道如何训练自己，不知道如何正确地实现渐进式超负荷，以及高估了训练方法的多样性和新颖性的作用。正如我所说，我为人们制订训练计划时是有目标的。如果我为你制订的训练计划类似于下面的训练计划，那是因为我希望你增强双侧复合力量。如果你的教练为你制订了类似的训练计划，请不要胡乱猜测。高级训练方法也很棒，但不一定优于基础训练方法。

停息单腿抬脚臀推（停顿3秒）	3组×8次
哑铃双脚抬高交叉弓步	3组×12/8次
单腿侧向腿推举递减组	2组×20/20/10次
弹力带侧向行走/膝关节弹力带髋关节外展超级组	3组×20/20次
绳索后踢21秒*	2组×7/7/7次
弓背背部伸展	2组×30次
膝关节弹力带臀桥	3组×30次

尚未有证据表明，高级训练计划优于基础训练计划

杠铃臀推	3组×8次
后深蹲	3组×6次
直腿硬拉	3组×10次
坐姿髋关节外展	3组×20次

*7个动作最低点1/2运动范围循环，7个动作最高点1/2运动范围循环，7个动作全范围循环

第14章 答疑解惑

每个人都会在训练中犯错误，而且都会遇到障碍。我已经练了将近30年的举重，但我仍然会犯错误，会面临一些阻碍我进步的问题。犯错误与遇到障碍的伟大之处在于它让你增长了宝贵的见识。你会了解自己做错了什么，以及如何纠正错误，等等；你还会学到处理特定问题（例如从受伤中恢复）的独特策略。重要的是，障碍与挫折为成长创造了机会。克服障碍的过程就是我们将弱点变成强项的过程。

在本章中，我总结了人们在进行臀肌训练时常犯的一些错误，例如仅做深蹲或有氧运动过度，以此作为优化臀肌的策略。我还提供了一些简单的准则来帮助你克服训练中常见的障碍。接下来，你会学到一些训练方法，它们可帮助你绕开特定的损伤和过度疼痛的肌肉进行训练并从中恢复，克服训练平台期，并在最大程度上纠正臀肌发展不平衡。

此外，我还针对以下常见的臀肌训练障碍提供了解决方案：刚刚入门、时间不够、感到太尴尬而做不了臀推，以及无法使用设备。（注意：在上一章中，我介绍了常见的与姿势相关的错误，接下来我会在第5部分教你纠正特定的技术性错误。）

最后，我要解决一些有关臀部外观和形体训练的常见问题，例如如何在不使腿部肌、腰部变粗的情况下增长臀肌，臀部凹陷和赘肉等美学特征问题是否可以解决，以及在孕期如何进行训练。

寻求简单的出路是人的天性。但我在这里要告诉你的是，简单的出路往往会成为让你产生罪恶感的理由。而且，这种罪恶感对心灵的伤害远远大于其对训练的影响。因此，学习本章提供的解决方案总比你为自己找借口或因知识不足阻碍自己进步好。

常见的臀肌训练错误

你应该知道如何最佳地训练臀肌，也应该知道不能做什么运动，这有助于你避免出现可能对训练目标产生负面影响的错误。而且，如果你是教练或某人希望从你这里获得训练建议，那么知道不该做什么运动就显得尤为重要，因为人们会问你他们是否可以做某些运动，而你不仅要把他们引向正确的方向，还要告诉他们为什么某些训练策略毫无成效。多年来，臀肌训练已经取得了很大的进展，我也学到了很多东西。在这里，我会概述自己见过的及我自己过去犯过的常见的臀肌训练错误，并解释为什么它们会使臀肌训练效果不理想。

错误1：只做深蹲

正如你所知道的，各种深蹲运动以其独特的方式作用于臀肌。深蹲通过对臀肌施加张力来拉伸臀肌。具体来讲，当臀肌被完全拉长时，在深蹲动作的最低点，臀肌收缩程度最大，此时训练的是臀肌下部。因此，深蹲（硬拉）是训练臀肌的主要运动。

但我想说的是：如果你只做深蹲，那你永远都不能发挥出臀肌的全部潜能。各种深蹲运动对臀肌上部的作用不大，不会使臀肌产生很强烈代谢压力反应，也无法最大限度地激活臀肌。你可能会回忆起第2部分介绍的屈膝髋关节伸展运动，如臀推与臀桥，可以最大限度地激活臀肌，并同时针对臀肌上部和下部。这使它们及其他所有臀肌主导型运动可以比深蹲更有效地开发和强化臀肌。

错误2：每周仅做1次臀肌训练

许多人认为他们每周训练1次臀肌就可以取得良好的效果。如果你已经以适当的方式做了一段时间的举重运动，并且增强了臀肌的力量，那么你也许可以保持目前的训练频率，并且如果你在基因方面有优势，你甚至可能会有些许收获。但是对于我们大多数人及想要更丰满、更强壮的臀肌的人来说，每周训练1次臀肌是不够的。大而结实的臀部是需要花时间来打造的。为了获得最佳效果，你每周至少需要训练2次臀肌，而对于绝大多数人来说，每周训练3次可能是最佳选择。

错误3：对臀肌上部不做任何训练

这个错误与错误1相关。如果你只做深蹲、硬拉与弓步运动，那么你主要在训练臀肌下部。要想训练到臀肌上部及同时训练臀肌上部和臀肌下部，你需要进行臀肌主导型运动，例如臀桥、臀推、后踢、绳索髋屈伸以及各种髋关节外展运动。

错误4：不做前后向（水平负荷）臀肌训练

如果你想要最大限度地增长臀肌，那就需要进行水平负荷的臀肌训练，例如臀桥、臀推及45度山羊挺身。这些运动会使臀肌产生较大的张力与强烈的代谢压力反应，进而使其在整个运动过程中保持相当恒定的紧张状态，并扩大髋关节伸展运动的范围，从而最大限度地激活臀肌，这一点很重要。

错误5：认为通过有氧运动会收获良好的臀肌发育和体重减轻的果实

毫无疑问，有氧运动有益于心脏和整个身体的健康。然而，人们认为自己需要通过有氧运动（骑自行车、跑步、游泳、椭圆机训练、爬楼梯等）来燃脂减重，但实际上，你只需要进行恰当的抗阻训练，坚持良好的饮食计划（请记住，饮食是决定你是否在增加、保持或减轻体重的关键因素）。当然，有氧运动对于燃脂减重是有所帮助的，尤其是当它让你食欲减退时，但如果你坚持控制饮食并刻苦训练，减少热量摄入，那么你的体重的确会减轻。换言之，有氧运动作为一种减肥策略其实被高估了。你可能会注意到，做有氧运动可以帮助你减轻体重，但不一定确实是有氧运动减轻了体重，有氧运动可能只是对你的食欲产生了影响。它可能会让你饥饿或食欲不振，具体取决于你的遗传基因及你进行的有氧运动的类型（如高强度间歇训练）。此外，人们还高估了有氧运动对减脂的作用，因为他们认为机器上显示的能量消耗量是准确的。但其实这并不准确，尤其是在你已经很瘦的情况下。机器可能会显示你消耗了800千卡的能量，但实际上只消耗了300千卡。

那有氧运动对臀肌增长的功效如何呢？

如果你按照我在本书中概述的方法训练臀肌，那就无须针对臀肌进行有氧运动。现在，如果你是新手或常常久坐不动的人，那么在做有氧运动的头几个月中，你可能会经历臀肌略微增长。但是，如果你是高级训练者，或者已经接受了几个月的训练，特别是如果你正在按我的训练计划进行训练，那么有氧运动不会使你的臀肌增长。

重要的是要意识到，有氧运动与臀肌训练在相同的总体恢复系统之下，这意味着你正在积累身体压力。如果你想通过耐力训练来调理身体，那么进行有氧运动是有必要的，因为它既是一项运动，也是一项特定的任务。如果你是为了整休健康进行训练，那么有氧运动是有益的。但是，如果你想通过爬楼梯发展臀肌，那就是浪费时间。你最好集中精力进行抗阻训练和你喜欢的且不会干扰肌肉发展的有氧运动，例如散步。

你不可能同时在力量和健康状况两个方面都做到最好。换言之，你可以非常强壮且身体健康，或者可以强壮且身体非常健康，但是很难达到非常强壮且非常健康的状态。因此，你永远不会在以最大的负荷做深蹲的同时，获得十分出色的马拉松成绩。这意味着针对不同素质的训练是相互抗衡的。科学家对此创造了"干扰效应"一词。虽然你不应该害怕做一些有氧运动，但做太多真的会阻碍你的臀肌增长。

如果你热衷于做有氧运动，或者只是享受它，又或者想要获得渴望的效果，那么我建议你将力量训练排在首位，然后再进行有氧运动。但是请注意，过多的有氧运动可能会干扰你的臀肌发展。例如，如果你进行艰难的长跑，那你很可能会感到肌肉疲劳和酸痛。而且，如果你筋疲力尽并且浑身酸痛，那么你就无法举起和平常一样大的负荷。

你要知道，在相同的时间内，有氧运动确实比举重消耗的能量要多，但是举重可以增长和保持肌肉，而有氧运动却不能。因此，如果你在努力瘦身，并且想要获得更丰满、更强壮的臀肌，那么有氧运动就不是必需的。如果你只关心减脂而又不想维持或训练肌肉，那进行有氧运动非常有用且十分有必要，但是请记住，你需要通过举重来保持脂肪下方的肌肉。如果你喜欢做有氧运动，但有氧运动会抑制食欲，那么你可以受益于先举重然后进行有氧运动的训练方式。然而，如果你想变得苗条，那就需要保持肌肉，并且确保减掉的只是脂肪。你可以通过明智的体重训练及适当的营养获得最佳训练效果。

错误6：参与高风险的训练活动

尽管很多训练活动都涉及臀肌，例如冲刺式、快速伸缩复合式训练、短跑以及大多数运动，但是这些活动并不是发展臀肌的最佳方法。在这里再说一次，抗阻训练在训练臀肌方面的地位是至高无上的。世界上最棒的臀肌几乎都是通过对肌肉施加最大张力（力量训练）来打造的。这与冲刺式与快速伸缩复合式训练不同，因为在这两种训练中肌肉收缩的速度太快，无法产生最大力量。抗阻训练同时更安全且可预测。

的确，运动训练可以训练臀肌（但不能使臀肌最大化），且可以改善神经系统在调用臀肌方面的功能。参加过地面运动（例如足球和橄榄球）但从未举过重的运动员往往比没有任何运动背景的人更快看到训练效果。这主要是因为他们已经具备了从所有负荷矢量（垂直、水平、侧向与旋转）中爆发性地利用臀肌的熟练度。相比之下，那些没有参加过很多运动的初学者并没有发展出自己的运动模式及神经-肌肉连接，因为他们在训练中没有用到自己的臀肌。

但是，假如我与一个从未参加过体育运动或参加过许多体育运动的初学者一起工作，甚至是与一位将目标转向美学，想要促进臀肌发展最大化的前运动员一起工作，在这种情况下，由于有受伤的风险，我不会建议他们进行短跑、跳跃或动态训练。由于在这些运动中肌肉收缩的速度较慢，力量训练才是训练肌肉的最佳方法。举重时肌肉收缩速度较慢，可以对肌肉施加最大的张力，因此，举重会促进肌肉增长。

如果你是运动员，并且正在接受表现和功能方面的训练，那你就很有必要进行快速伸缩复合式训练，因为你不是正在尝试训练肌肉，而是正在尝试提高运动水平（如速度、力量、敏捷性和与协调性）。

事实与谬误

如果你喜欢做有氧运动并进行了诸如核心训练、高强度间歇训练与伸展运动等活动，那就放心做吧。有氧运动有益于心脏，伸展运动有益于放松身心，也有益于发展强壮的腹肌。

但是重要的是你要知道，力量训练不仅可以满足上述所有条件，还可以带来更多益处。例如，抗阻训练是高强度间歇训练的一种。它能够燃烧脂肪，重塑你的身形，对你的心脏非常有益。更重要的是，抗阻训练是负重拉伸的一种形式，可以提高你的灵活性。而且，较低的体脂率可以让你拥有理想的腹肌，而它主要受你的身体成分和饮食影响。记住，腹肌是通过控制饮食控制出来的，也是在健身房里练出来的。

如果以训练出理想形体为目的，那么力量训练是蛋糕，其他训练都只是蛋糕上的糖霜。而且，你或许撒了过多的糖，这样会影响蛋糕的味道。如果你做有氧运动、伸展运动或核心运动做得过多，则可能会使通过直接训练形成的积极适应能力大打折扣，因此，你必须根据实际情况确定运动的优先级。

事实与谬误

错误观念 | 现实

力量训练只会塑造肌肉形状

你需要进行有氧运动来燃烧脂肪

你需要进行拉伸，以免肌肉僵硬

而且你需要进行核心训练来训练上腹部

基础的力量训练便可以做到所有这些事情

错误7：不喜欢当前的训练

如果你不喜欢自己当前进行的训练，那么你很难坚持下来。坚持是长期训练的代名词，如果你不喜欢它，那你就坚持不下来。找到自己最喜欢的运动与训练计划，避免那些你讨厌的运动与训练计划，这样坚持下来就简单多了。

避开不适与疼痛进行训练

如果你日复一日地进行艰苦训练，那么身体就会出现问题。自己时刻都感觉极好是不现实的，尤其是在追求力量目标时。我认识的大多数经历过多年训练的人（包括我自己）总是会碰到他们在训练时需要避开之处。为了朝着训练目标前进，你可以尝试许多不同的策略，例如练好你的运动姿势，减少运动量，改善睡眠，降低压力水平，多做一些滚泡沫轴或伸展运动，尝试进行一些矫正运动或改善你的水合作用（这些只是我的想法）。

不过重要的是，如果你受伤了，那么你可能需要采取特殊的预防措施并遵循策略性的计划，来加快你的康复速度。在后文中，我将介绍疼痛与受伤之间的区别，以及如何缩短严重受伤后的恢复时间。我在这里要传达的是，如果你稍微扭到了某个部位或者感到酸痛，那么你就有可能可以绕开不适进行训练而不会使不适感加剧。

关键之处在于，聆听自己的身体，根据自己的感受进行必要的调整。在某些情况下，你应该休息一下，给自己一些恢复的时间。在其他情况下，你可以绕开不适进行训练并保持良好状态。除非我跟你一对一合作，否则我不可能将办法一一告诉你。简而言之，只有你自己或你的教练才能根据你所经历的不适与酸痛程度来确定你可以做什么及不能做什么。

关键在于，不要气馁。将绕开酸痛与不适进行训练视为一种学习经历。首先，你要了解哪些运动会伤到你，哪些运动是可以忍受的，应该多久训练一次，以及你可以接受多大的运动量、多大的负荷和多高的费力程度。其次，通过绕开不适进行训练，你可以学到新的训练技术与训练策略。你是在被迫做一些不同的事情，做一些你不习惯的事情，不可避免地，你会在无意中发现一些实际上对你来说很有用的新技术或之前被你忽略的技术。

假设你不是很强壮或有受伤的危险，也不要将不适或疼痛作为不训练的借口，因为你有可能会发现一些自己喜欢的运动或训练方法，否则，你永远都不会发现它们。

背部问题

你的背部很可能在一年中的某个时候受伤，也许由于长途飞行或某天沉重的硬拉，你的下背部火辣辣地疼，但你仍然想训练臀肌。在这种情况下，你可能要考虑坚持进行一些自重训练，例如反向弓步、登阶或保加利亚式分腿深蹲，以及不会过度刺激背部肌肉的训练，如膝关节弹力带臀桥、蛙式臀泵以及各种外展运动。

意识到造成背部不适的不同机制非常重要。你的下背部可能出现问题，或者你的背部可能没什么问题，但神经系统发出了虚假警报。或者，疼痛也有可能源自你的骶髂关节，在这种情况下，髋关节外展训练可能会加剧你的疼痛。需要再次强调的是，你需要聆听自己的身体，弄清楚可以进行哪些避免造成不适的运动。

你必须三思而后行，找出可以做什么，不能做什么。我希望自己可以提供一个通用的具体运动清单，但我真的做不到，因为背部疼痛是主观的，每个人都有其独特的情况。大多数人都能很好地进行上述训练，但你需要自己去确定一个理想的计划。有时，你需要做的只是调整一项运动或使用稍微不同的身体姿势或运动变式。

髋关节问题

对于大多数髋关节不适的人来说，深度屈髋（深蹲）是造成髋关节不适的主要的元凶。有时，髋关节全面伸展（臀推动作的最高点）会给做此运动的人带来困扰，不过这种情况很少见。这种情况不会给你很多选择，你仍然可以做部分限定运动范围的动作。你可以只做深蹲或臀桥的中间动作范围的运动；也可以进行对等保持，例如靠墙深蹲；当然还可以进行一些感觉良好的外展运动。有时，你只需要改变自己的身体姿势，问题立马就可以得到解决。你还可以利用这段时间来发展腿部力量，做腿部伸展、腿弯举、北欧式腿弯举等运动。

膝关节问题

和背部不适一样，如何绕开膝关节问题进行训练，在很大程度上取决于你感到酸痛的位置。如果你的膝关节前部疼痛，有时可能与股四头肌有关，那你或许可以做外展训练和直腿髋关节铰链动作，例如45度山羊挺身。但是，如果你的膝关节后部疼痛，那么你应该避免做各种直腿髋关节铰链动作，专注于高重复次数的膝关节主导型运动，如高脚杯深蹲，以及一些不会引起膝关节问题的外展运动。

通常，当你的膝关节不适时，你要避免做膝关节主导型运动，例如深蹲、弓步、登阶和保加利亚式分腿深蹲，而将注意力集中在不需要大量膝关节动作或腘绳肌单关节动作的运动上，例如直腿硬拉、罗马尼亚硬拉、卧姿腿弯举、器械臀腿起、北欧式腿弯举、背部伸展和反向山羊挺身。在某些情况下，即使膝关节不适，你也仍然可以做双脚抬高臀桥、蛙式臀泵和各种臀推运动。

踝关节和脚的问题

踝关节扭伤或酸痛及脚部受伤是很常见的，尤其是当你较为活跃地进行运动时。如果你的踝关节或脚部受伤，你仍然可以做开链臀肌运动，如四点跪姿髋关节伸展及侧卧髋关节外展。曾与我合作的运动员常常对即使他们在运动中受伤了，我仍然让他们做一些不错的下半身运动而感到惊讶。其他的开链臀肌运动包括绳索后踢、绳索髋关节外展及反向山羊挺身。通常，你也可以进行背部伸展及臀桥运动而不会感到不适，并且在某些情况下，也可以接受罗马尼亚硬拉或箱式深蹲。

臀肌过度酸痛

如果你的臀肌超级酸痛，那么你需要缓一下，给身体恢复的时间。臀肌过度酸痛是在告诉你，你运动过度了。酸痛过度时，运动不会刺激肌肉增长。不过，你可以训练身体的其他部位。这或许是对双腿进行一些单独训练的好时机，你可以做如腿部伸展或腿弯举运动，或者做一些上半身运动。或者，你也可以在公园里多散会儿步，多睡一会儿，以便第2天进行正常的训练。

竖脊肌过度酸痛

如果你硬拉、直腿躬身或者深蹲过度，就可能导致竖脊肌过度酸痛。要想绕开酸痛进行训练，那你可以尝试以高重复次数，仅使用自身体重或轻型哑铃做以下运动：弓步走、登阶、保加利亚式分腿深蹲以及单腿罗马尼亚硬拉。根据自己的酸痛程度，你也许还可以做臀桥、蛙式臀泵运动以及弹力带侧向行走和其他外展运动。

髋内收肌过度酸痛

髋内收肌通常会因不同的深蹲和弓步运动而酸痛，但你仍然可以以双脚间距较窄的站姿进行深蹲、硬拉和臀推训练。你也可以进行局部运动，意思就是你仅执行运动的一部分，例如以窄距站姿做箱式深蹲。你也可以专注于上半身训练，并进行独立的腿部训练，如腿弯举与腿部伸展，也可以做弹力带侧向训练和其他外展训练。在这种情况下，膝关节弹力带臀桥也可以正常进行。

股四头肌过度酸痛

如果你的股四头肌过度酸痛，则所有的深蹲运动几乎都不在考虑范围之内，包括所有的双腿和单腿深蹲的变式，如弓步、分腿深蹲、手枪式深蹲和登阶。臀推与股四头肌的关系较密切，因此各种臀推变式动作也应该避免。不过，你仍然可以训练臀肌和后链。所有的髋关节铰链动作，如硬拉、罗马尼亚硬拉、背部伸展、摆荡、反向山羊挺身、直腿躬身以及引体向上，都可在不针对股四头肌的情况下训练臀肌。此外，你还可以简单地做一下双脚抬高臀桥运动（抬高的脚将张力从股四头肌传递至腘绳肌）、各种后踢运动、弹力带侧向运动以及外展运动来训练臀肌上部。

腘绳肌过度酸痛

如果腘绳肌过度酸痛，则要避免针对后链的髋关节铰链运动与单关节屈膝运动。这意味着你不可以做各种腿弯举或硬拉运动。腘绳肌在臀推及臀桥运动中也有参与。因此，在躯干直立的情况下进行的膝关节主导型深蹲运动是绝佳选择，如脚跟垫高高脚杯深蹲与前深蹲。各种短步幅单腿运动，如弓步与保加利亚式分腿深蹲也很棒。此外，你也可以进行大量的弹力带侧向运动与外展运动。

养好伤

意识到疼痛与受伤之间是有区别的，这一点非常重要。疼痛的时候，你仍然可以训练。也许要绕开疼痛部位进行训练，但你仍然可以训练。假设你因轻微扭伤或肌肉过度酸痛而感到不适，正如你刚刚了解到的那样，绕开不适和酸痛的部位进行训练有助于你保持运动的连贯性，或许甚至可以让你了解新技术与训练策略。更重要的是，就算不进行特殊的治疗，这些不适往往也会很快消失。

然而，当你受伤时，你可能不得不完全放弃训练，并且应该采取一些措施来加快康复速度。假设你肌肉严重拉伤、关节扭伤或骨折，根据受伤的性质及部位，也许你可以进行特定的运动，绕开疼痛部位进行训练，但是这样做并不能显著改善你当前的情况。简而言之，绕开受伤部位进行训练，并不能加快受伤部位的恢复速度，受伤部位通常需要花费数周或数月的时间才能康复。

所以问题就是，在严重受伤之后，你可以采取哪些策略来缩短恢复期？

在写这本书时，我经历了严重的臀肌撕裂。我从来没有听说过有人碰到过臀肌撕裂的情况，也没有找到关于臀肌撕裂的研究或文献。事实证明，"塞翁失马，焉知非福"，这样的困境迫使我通过最佳的科学实践找到了适合自己的解决方法。尽管我执行的方案（我将在后文中概述）着重于修复我自己的臀肌，使我可以尽快恢复训练，但是我使用的策略与方法可以应用于任何类型的肌肉损伤。首先，我将说明我的臀肌撕裂是如何发生的，然后描述一下我在促进受伤部位恢复时做了些什么，以及在身体康复后怎样尽可能保持力量。

与多数受伤情况一样，我的身体也曾试图告诉我，我当时状态并不好。那个时候，我可能察觉到了自己有些感冒，但我又实在想训练臀肌，所以就忽略了这些信号。我进行了大负荷臀肌训练，包括两组自重背部伸展、蛙式臀泵、宽距侧卧髋关节外展和坐姿器械髋关节外展运动。事后看来，我本应该在这天好好休息的，因为第2天早上醒来时，我不仅生病了，还有一个硬块横跨在我的臀肌上部的左侧。在接下来的10天里，由于生病，我无法进行任何训练。当我感觉身体开始好转并准备再次训练时，臀部的肿胀仍未消退，但我试了一下，发现做深蹲和硬拉的时候不痛了。之后，我进行了2次腿部训练，最终轻松地做到了负重585磅的相扑硬拉，这让我相信，无论我的臀肌遭遇了什么，最后总能够逢凶化吉。然而，在这之后，不幸还是发生了。

2天后，我以为自己的臀肌好得差不多了，所以我在鹦鹉螺训练器上做了两组臀推。完成第2组之后，我立即知道出问题了。我的臀肌非常痛，以致于我无法正常行走。在接下来的几天里，我左边的臀部肿到了正常大小的两倍大。意识到问题严重了，我进行了磁共振成像检查，结果显示臀肌上部严重撕裂，并伴有巨大的血肿与出血。

有趣的是，做深蹲和硬拉时的感觉其实还好，因为它们主要训练的是臀肌下部，但臀推不是，它作用于整个臀部。如果我当初明智地避开生病之前就发生的轻微劳损进行训练，那我或许本可以没事的。然而，我却硬是忍着不适，硬生生地做了臀推，以受伤告终。

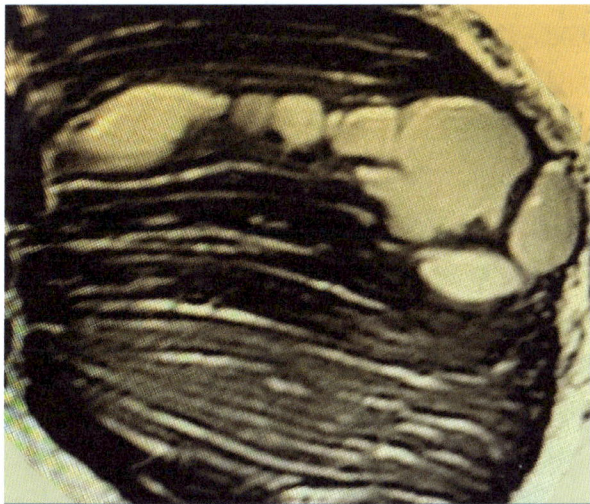
我被撕裂的臀肌的磁共振成像图像

尽管臀肌撕裂的经历很不愉快，但我之所以仍说这很幸运，是因为它迫使我检测循证法的有效性并将其投入了实践，这不仅缩短了我的康复时间，帮助我保持了力量和肌肉的大小，而且使我强化了自己的身心连接。通过该方案，与受伤前相比，我对身体状况的感知度更高了。虽然对此方案的功效进行量化很难，但是从医生的医学反馈可以得知，这种受伤类型的标准恢复时间为12周，而我在不到6周的时间内就完全恢复了。如果你遭受了严重的肌肉拉伤，你可以参考我的应对方法，具体如下。

心理成像训练

多年来，心理成像训练一直被用作提高训练表现的工具。音乐家会想象精准演奏所有音符，高尔夫球手会设想完美的推杆进洞，格斗运动员会在脑海中将各种技术连接在一起，演说家会构想演讲的各个方面，举重运动员会想象完美地进行一次举重。在每个示例中，他们都会在脑海中想象自己想要做到完美的动作。研究表明，在想象中重复动作与身体执行动作几乎一样有效，因为你激活了大脑的同一部分，就好像自己真的在做这个动作一样。

227

当进行力量训练时，有两种心理成像策略。第一种策略是对运动表现的补充，通常涉及技术性更高的复合举重。例如，在一次举重比赛前一周，一次又一次想象自己完成了一次极限深蹲，或者在一次奥运会举重比赛前，一次又一次地想象自己完成了挺举，这样可以增大你成功完成举重的概率。

第二种策略是在受伤时保持力量和功能。例如，在自己不能动时想象自己在做训练，可能会加快恢复速度并最大限度地减少或预防肌肉萎缩。使用此策略，你可以想象力量训练及实际的肌肉收缩，例如在单关节训练或等距运动中尽可能用力地激活肌肉时发生的收缩。

你可以以第一视角或第三视角进行想象。当你以第一视角进行想象时，你是以自己的视角执行动作的。当以第三视角进行想象时，你可以从外部角度来想象自己或他人的运动。不过，研究表明，第一视角带来的效果会更好，一些人估测它的效果是第三视角的3倍。然而，有研究表明，二者具有不同的神经系统适应性。因此，即使已证明第一视角更为有效，一般还是建议同时采用这两种视角。

当我的臀肌撕裂时，我先做的是第一视角心理成像训练，然后随着训练的进行，逐步补充短期的第三视角心理成像训练。下面就是我的实际操作过程。

首先，我躺在一个黑暗且安静的房间里，为成功完成心理成像训练做好了准备。杜绝了所有可能分散我的注意力的外部刺激之后，我将注意力向内集中。我想象着自己在健身房里做着运动，就像自己真的在训练一样。我尽可能生动地想象着这些画面。想象着，我拿起能量饮料，打开了臀肌实验室里的所有电视，播放音乐，然后开始热身。随后，我进行了以下训练。

臀推	3组，每组10次
深蹲	3组，每组10次
弓步	2组，每组12次
背部伸展	2组，每组12次
坐姿髋关节外展	1组，每组20次

即使整个训练过程只在我的脑海中进行，但我还是努力使它尽可能详细地呈现出来，从加杠铃片，将其设置在正确的位置，到执行每个动作，再到想象训练中的肌肉收缩及两组运动之间的休息。我像进行实际训练一样以相同的方式来撑起杠铃、呼吸，并想象着完成一组费力运动的感觉。最初，我是保持不动的，因此我并没有最大限度地收缩肌肉或移动身体，但仅通过想象抗阻，我的肌肉就会在较小的程度上被激活。结束时，我会出汗，心跳也会加快，感觉自己像是真的做了一次训练一样。心理成像训练最好的地方是，整个训练只用了10分钟，因为我在每两组运动之间没有长时间休息（在每两组运动之间，我只让大脑休息约20秒，以此来让我的大脑"恢复"并保持最大程度的专注）。

在康复期间，我每天都会进行这种心理成像训练，并以第一视角与第三视角通过想象慢慢地进行长达12分钟甚至15分钟的训练。大约一周后，我可以在心理成像训练中进行小幅度的运动。在想象自己进行训练的同时，我以跪姿的形式让躯干及髋关节进行小范围的运动。两周后，我可以进行更真实的训练了，我靠在沙发上做臀推，站着进行深蹲及硬拉。到第3周时，我的活动范围更大了。

在进行心理成像训练大约两周后，我意识到自己不仅在想象动作方面变得更好了，而且也开始感觉自己好多了。臀部不怎么疼了，我可以在健身房里做更多的运动了，例如上半身运动、腿部伸展和腿弯举，这些运动都不会加剧我的伤势。仅5周后，我又恢复了臀肌训练，所有的臀部肿胀、瘀伤和不适都消失了。更重要的是，当我恢复训练时，我的运动姿势标准，并且没有丧失太多的力量，肌肉尺寸也没缩小很多（所有这些可能是我实施的其他策略所致，之后我会介绍）。

鉴于心理成像训练的有效性，即使我没有受伤，我也计划全年在重要时刻使用这种方法，例如在刷新大型运动的个人纪录的前一周。如果你要参加体育运动或进行像举重这样的复杂活动，那么每周，甚至每天都可以进行一次心理成像训练，这样你将受益匪浅。

即使你不是每周或每天都进行心理成像训练，学会如何进行该训练以备不时之需也不错，例如在受伤或生病时，当你正在休假、无法去健身房时，又或者当你感到沮丧，想要训练并且不想为无所事事而感到内疚时。在这种情况下，你可以进行心理成像训练，并在短时间内获得实际训练对神经系统的益处。

交叉迁移训练

交叉迁移这一说法最早出现于19世纪后期的研究中。研究人员发现，当你只训练身体的一侧时，即使另一侧没有得到训练也会变得更强壮。这是因为即使你只训练一侧，通过力量训练获得的神经系统适应能力也可以双向工作。

因为我的臀肌只有一侧被撕裂，所以我可以针对另一侧做很多动作。通过一些试验，我发现在不引起进一步不适的情况下我可以做或不能做的运动。例如，我发现我可以用右腿做自重保加利亚式分腿深蹲与哑铃罗马尼亚单腿硬拉。我会保持放松，并保持低组数和低重复次数：2组，每组重复8次。在恢复过程中，我增加了运动量、负荷及费力程度，并开始进行各种感觉还不错的单腿训练。最终，我开始使用双腿上升/单腿下降的方法进行强化离心单腿臀推（请参阅第13章）。

为了从交叉迁移训练中获得最佳效果，我建议你跟我遵循一样的方案：开始时仅做自重训练，只做适合自己的运动，然后根据自己的感受调整训练。记住，如果你在训练中感到疼痛，那样会减慢你的康复速度。因此，你必须选择不会引起不适或使伤势恶化的运动。

等长收缩

在受伤时进行等长收缩可以帮助你保持力量与肌肉量，但这种方法对许多人来说具有一定的风险，因为他们最终会面临过度训练的问题。首先，它保证了神经系统的适应性，不允许协调性减弱并防止慢肌纤维萎缩，但是随着时间的推移，随着费力程度变得足够高，它还可以防止快肌纤维萎缩。（这些是较大的肌纤维，负责维持你整体的体形，并且仅在非常费力或疲劳的收缩中起作用。）

要想采用等长收缩策略，你要使受伤部位的肌肉收缩10秒、休息10秒，然后这样重复3分钟。例如，我同时收缩了两边的臀肌，确保收缩时两边臀肌的感受刚好保持在疼痛阈值以下。换言之，如果我更加努力地挤压臀肌，我就会感到疼痛。刚开始的时候，我只能收缩最大自主等长收缩水平的10%，但是几周后，随着我的臀肌逐渐恢复，我能收缩到大约60%。

与其他计划一样，这样做的目的是稳步提高收缩水平和缩短进行收缩所花费的时间。到恢复期结束时，我进行了长达6分钟的等长收缩。4周后，我可以在最大程度上收缩左侧臀肌而没有感到不适。第2天，我一直密切关注着臀部上的肿块，观察它是否越来越小。只有一天，我做得有点太多了，感觉肿块变大而不是变小了，这提醒了我不要心急。因此，我休息了一天，然后回到正轨，确保自己以渐进的方式进行训练。

离心收缩

在康复期间，我没有使用离心收缩法，但在这里我想提一下，因为离心收缩有很多文献的支持。当我开始感觉好些时，我本可以俯卧在凳子上，找一个伙伴来帮助我进行手动抗阻髋关节伸展，让腿从凳子上悬起，将小腿推到大腿后侧。或者，我本可以做臀桥运动，让我的伙伴在我往下落的过程中施加阻力。我确实使用了双腿上升/单腿下降的方法，但我也本可以以离心训练的形式做一些运动。对于腘绳肌受伤，北欧式腿弯举是一种有助于运动员康复并快速回到比赛中的重要方法。

替代方法：轻度按摩、热疗法和冷疗法等

除了心理成像训练、交叉迁移训练、等长收缩以及离心收缩之外，你还可以采用的方法有轻度按摩、滚泡沫轴、非常轻的拉伸运动以及冷热疗法等。例如，每晚我都会轻轻按摩受伤的臀部约5分钟，这似乎是有助于恢复的。也许这些活动为受伤部位带来了新鲜血液，帮助我的免疫系统与淋巴系统清除了坏死组织，恢复了肿胀和瘀青的组织之间的平衡，又或许它们仅仅通过安慰剂效应帮助了我。无论如何，我都不会花太多时间或金钱，所以我觉得尝试一下也没什么大不了的。

许多人使用冷热疗法来治疗疼痛与损伤。冷疗法，如冰敷、冷浴及冷冻疗法等可以减缓血液流动，减轻炎症与疼痛；而像桑拿浴或热浴等热疗法可加快血液流动和增强结

缔组织的弹性，同时减少疼痛。我没有使用冷热疗法来治疗我的臀肌损伤，但这两种方法也值得一提，在某些情况下，它们能起到非常重要的作用。

尽管这些替代方法可能并没有那么神奇，但它们简单、廉价，并且如果操作正确，将成为可以在受伤的身体部位愈合时实施的、安全的策略。另外，它们会给你带来不错的感觉，因为你在很主动地对待伤势，而不是无所作为。不过，关键是不要做得太过。

许多人错误地认为恢复一定是一项艰巨的任务。因此，他们把自己逼得太紧（剧烈地伸展，接受过多的软组织治疗或用受伤部位进行训练），以致于自己永远无法完全康复。训练也是一样。有些人认为他们必须每天训练1小时，每周训练6天，否则他们将失去一切。但是，假设你能控制饮食和其他生活因素，你也许可以每周进行2次40分钟的训练，就能保持形体和力量。我是在受伤的时候意识到这一点的。我不记得曾经有过如此小的运动量，并且形体和力量还保持不变的情况。但是，如果我什么也不做，整天只是懒懒散散，躺在沙发上看6个星期的电视，那么我可能会失去大约30%的力量与肌肉量。

显而易见，你需要照顾好自己的身体，保证良好的饮食、充足的睡眠，进行一些不会让伤势进一步恶化的日常活动。而且你需要根据自己的感觉逐步增加运动量。我刚刚概述的计划是针对臀肌损伤的，但是如果你拉伤了别的肌肉（假如没有从骨骼上扯下来），它对你应该也很有用。坚持与遵循一项计划很容易。你每天都可以做出相应的安排，然后在恢复的过程中逐渐增加运动量。如果你每天都感觉自己好了一些，那你的运动方式就是恰当的。但是，如果你感到更糟了，那就是你做得太多了。找到合适的平衡点，保持稳定，你可能会发现受伤前没有发现的新的运动方式。

臀肌发展不平衡

与普遍的看法相反，臀肌发展不平衡其实很常见，应被视为正常的现象。尽管你应该努力使这种不平衡状态趋于正常，但还是不要期望达到完美的对称性，也不要因为感觉到臀部的一侧比另一侧在训练时更投入而感到惊讶。深蹲的时候，几乎我所有的客户都会稍稍向一侧偏移，臀部的某侧在各种臀肌训练中的激活程度总是会更高，臀肌的一侧总是比另一侧大。导致这些不平衡的因素有很多。

第1个因素，正如我刚才提到的那样，没有一个人是完全左右对称的。大多数人在运动过程中总会有主导性的一侧。惯用右手的人通常会用左腿起跳，因此其左侧髋伸肌一般会比右侧强壮，而右侧髋屈肌一般比左侧强壮。我们应该将这看作正常现象。

想象一下，让高尔夫球手进行100次挥杆练习，然后让其切换到另一侧再进行100次挥杆，以避免臀肌发展不平衡。这样将使他们花费更少的时间进行专门的训练，这意味着他们用来改善自己的运动方式和运动控制能力的时间更少。这并不是一个好的建议，因为拥有某一侧更强壮的臀肌通常在生活与运动中会更有用。

231

可能导致臀肌发展不平衡的第2个因素是先前受过伤害、存在疼痛症状或受伤后康复不佳。有研究表明，踝关节扭伤后，臀肌发展会受到抑制。要知道，任何一种疼痛信号都会抑制负责运动的肌肉的发展。这或许是一种自我保护机制，可以帮助受伤部位康复并防止你继续损伤该部位，这实际上也会改变你的运动方式。随着时间的流逝，这种变化可能会导致臀肌发展失衡，而且人们永远都不能从伤势中完全恢复的情况并不少见，所以多年来他们使用一侧臀肌的时间要比使用另一侧的时间长很多。

想想你有多少次伤后投入训练时没有重建萎缩的肌肉。下面是一个示例，能够帮助你了解臀肌发展不平衡是如何产生的。假设你扭伤了脚踝，并且6个星期都没有训练或运动。你一直跛着脚，身体偏向一侧。另一条完好的腿在6周内承受了你大部分的体重，该侧臀肌一直很强壮，而跛脚一侧的臀肌会在大小与力量方面都有所损失。当你重新训练时，你是否会专注于重建较弱一侧的臀肌？或许并没有。你只是像往常一样进行训练，想着它会重新恢复平衡。有时确实如此，但很多时候不会，随着时间的推移，这种不平衡现象会更加明显。最终，你一侧的臀肌要比另一侧大得多，并且它会与你终生相伴。

第3个因素可能是损伤了臀肌神经。有时这是可以改善和修复的，而有时则不能，这主要取决于受损程度。

第4个因素是解剖结构的不同。有时，我们在文献中看到有关病例的报告，其中人们的肌肉、附着点或神经供应形状各有不同。埃克（Heck）的一份报告讲到，一个人的臀肌中有一个额外的肌腹——这是以前从未见过的！

无论如何，你永远不可能拥有完全对称的臀肌，不过你可以通过使用后文描述的策略来预防臀肌不平衡或使不平衡的臀肌趋于正常。

如何预防臀肌不平衡

你无法完全预防臀部不平衡，但可以通过认识到占据主导地位的一侧臀肌，更加努力训练较弱的一侧臀肌来平衡自己的训练，从而使臀肌接近平衡。这就是力量训练的价值所在：你可以通过特定的训练专注于训练一侧臀肌，而不会影响运动的特定性机制。例如，为了更好地预防臀肌不平衡，你可以先训练较弱的一侧。如果你正在做单腿臀推，右腿占主导地位，那就使用左腿进行训练。

另一个有用的策略是在自己进行运动时录像，之后回放录像确保自己不会向一侧或另一侧偏离太多。假设你从自己的正后方拍摄自己硬拉的过程，并注意到了自己在运动时稍微偏向左侧。那现在，你就要注意这一点了，你可以在运动时有意识地避免再出现这样的问题。拍摄自己还可以为你提供一个可用的框架，也可以让你知道自己的弱点所在。

此外，我建议你使用自由重量来平衡训练，因为它们会迫使你在训练时平衡使用两边的臀部。如果你要用器械来训练，例如蹬腿机和史密斯机，那么你或许会用一条腿推了更大的重量，甚至是在你自己都不知道的情况下。

如何使不平衡的臀肌趋于正常

我目前最常用的使不平衡的臀肌正常化的方法是做单腿反向山羊挺身，女士是用5~10磅的踝关节负荷，而男士是用10~20磅的踝关节负荷，负荷均位于较弱的一侧。你每周最多可以进行2~3组，每组最多进行5次。

我喜欢做单腿反向山羊挺身，因为这是最佳的单独训练臀肌的髋关节伸展运动。当然，许多髋关节外展训练对训练臀肌都能起作用，然而，通常来讲，它们训练臀肌上部的效果要好于臀肌下部。你确实想要一种效果很好的髋关节伸展运动，而大多数单腿运动都作用于太多其他肌肉。各种单腿深蹲运动，例如弓步、登阶、分腿深蹲与手枪式深蹲，都可以很好地训练股四头肌，因此，如果你使用这些方法来最大限度地纠正臀肌的不平衡，那么你可能会在此过程中遭遇股四头肌失衡。完成像单腿罗马尼亚硬拉和单腿45度山羊挺身这样的单腿髋关节铰链动作需要腘绳肌更多地出力，因此在只针对较弱的一侧进行训练时，你可能会造成腘绳肌过于发达。甚至单腿臀推也涉及股四头肌、腘绳肌和内收肌。但是，单腿反向山羊挺身主要针对臀肌（也包括腘绳肌），尤其是当你负荷较小并且专注于通过牢固的神经-肌肉连接来单独训练臀肌时。

如果你没有反向直腿后摆机，则可以使用凳子、臀腿训练器或任何较高且稳定的平面（如桌子）来进行单腿反向山羊挺身。而且，如果你根本没有任何可安置自己躯干的东西，则可以简单地用双手撑墙，俯身做踝关节负重弯腰单腿后踢，来模仿单腿反向山羊挺身运动。

另外，想要确保两侧的训练效果是对称的，意味着你不会在运动时偏向一侧或另一侧。此外，你还需要全天用较弱的一侧臀肌进行等长收缩，并且在训练计划中有单侧训练时，较弱的一侧多做一组单侧训练。

修复臀肌不平衡问题

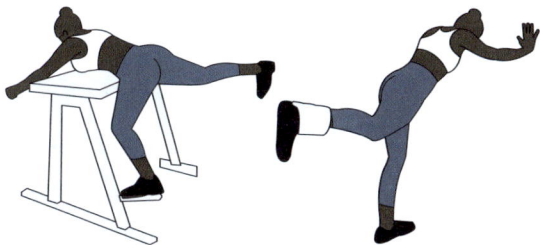

踝关节负重10磅的单腿反向山羊挺身的肌电（均值，以最大自主等长收缩水平为标准）	
臀肌	50%
股四头肌	10%
内收肌	15%
腘绳肌	50%

在每次训练之前，只针对较弱的一侧臀肌进行3组、每组12次的单腿反向山羊挺身或踝关节负重弯腰单腿后踢。

克服平台期

重申一下，如果你是力量训练新手，那么你很可能会在训练一开始就看到不错的成效。如果你明智地进行训练，以良好的姿势完成训练并遵循利用聪明才智设计的方案，那么你将收获越来越好的结果。不过，问题在于，这种上升趋势不会永远持续下去。

我的一些新客户每周大部分的举重训练和练习都会增加5磅的负荷或多做一次重复动作，但是几个月后，他们的进步速度变慢了。这时，他们仍会有所收获，但没有那么快，然后慢慢到达了训练平台期。几周后，他们甚至会在某些训练中减少几磅负荷。正如我所说的那样，训练成效总是呈波浪式上升，当你开始达到身体潜能的极限时更是如此。

一旦进入平台期，优化训练和生活的其他方面，例如饮食、睡眠以及压力管理，就变得尤为重要。事实上，你训练的时间越长，遇到的平台期就越多。

在后文中，你会看到一份可以在平台期使用的全面策略清单。

创建个性化方案。许多举重运动员有幸通过遵循通用的训练模板或为大众设计的久经考验的训练方案有所收获，并在一段时间内使其发挥出作用。但是一旦进步停止，你就应该考虑创建一个针对自身目标、体适能水平及身体类型的计划。我在训练某些客户的方式上虽然不得不偏离常规，但是通过密切关注他们可以得到最佳反馈的运动以及他们的康复方式，我能够帮助他们大幅度地加快看到训练效果的速度。

遵循专门的训练计划。我为高级客户提供专门的训练计划，每个训练计划只关注一种运动方式。我们没有试图通过每周3天的训练来同时利用深蹲、硬拉和臀推变强壮，相反，我们只专注于一种运动（如臀推），并持续训练4个星期。或许我们会采用每日波动周期训练法。我们仍然会采用其他运动方式，但我们只特别强调其中一种，以便客户可以专注于让该部位变得更强壮。

纳入一个减负周。这是与计划设计相关的另一种策略。尽管在高级运动员中出现这种情况的概率低得超乎你想象，但我确实有一些这样的客户，训练不够努力，需要加大运动量与提高努力程度。我的大多数高级客户，或者有丰富的训练经验的人，运动量都比较大。此外，他们努力训练的时间太长了。只需将运动量减少一点，让他们的身体有时间恢复并适应，就可以很好地提高他们的训练水平。

也许我们可以通过减负一周来"重新激发"我们的身体对运动量的敏感性。每年分几次来减负几周可能更有益。在这里我澄清一下，当你减负时，并不是说你不去健身房了。你仍然可以去健身房训练身体，但是不要训练得太激烈。训练时，只使用平时全部力气的60%就行，例如在你可以做10次重复动作时，可能只做5次就行。这样似乎你什么都没做，但是这种方法更有利于力量和肌肉的发展。但是，你必须知道，你这样是在通过适当的训练增强训练成效；否则，你会很容易偏离计划、超量训练，在这种情况下，你并没有真正做到减负。

减少你的臀部训练。在任何时候，你的准备水平都取决于你的体适能及疲劳水平，而这两者一直都处于变化之中。你可以通过完成明智而艰苦的训练来激发训练成效。但是，这样做会使你的身体疲劳，而疲劳的程度取决于你进行的训练、训练的费力程度以及训练的组数。有些人一直在掩饰关于自身体适能水平的事实，因为他们总是运动到疲劳，却从没有收获，因为在疲劳状态下训练时，肌肉无法承受更大的张力。

假设你每周训练4次臀肌，平均每天进行15组运动，每周总共进行60组运动，而且此时你已经处于平台期。在这种情况下，你可以每周仅训练2次臀肌，每次进行12组运动，每周总共进行24组运动。你应该通过定期减负并逐渐提高费力程度和增加运动量，然后回到之前的运动量来不断调整训练压力。但是，许多人的臀肌训练投入度的基准线太高了，以至于他们在训练时永远无法真正地恢复。

做出改变。正如阿尔伯特·爱因斯坦（Albert Einstein）曾说过的那样："一遍又一遍地做同样的事情，并期望得到不同的结果，就是精神错乱的表现。"要多尝试不同的运动、速度、训练频率以及组数和重复次数。多样化可以是一件好事，尤其是当你长期做相同的运动并遵循相同的方案时。在我看来，最好每3~6周就制订一个新计划。

有时你只需要改变环境。最近，我在圣地亚哥市的一家新的健身房开始训练，这儿到处都是力大无比且肌肉发达的健身人士，他们随意举着极重的杠铃，似乎在举空气一样。虽然这可能会吓到一些人，并且对许多人来说是错误的训练示范，但对我而言，这目前是一个绝佳的训练环境。我认为自己也是他们中的一员，只不过多了一个博士学位，这个学位完全是我出于极强的好奇心而考的。被健美、强壮的人士所包围的我有更强烈的意愿去努力地训练。如果你看不到结果，那么可能是因为你没在对的健身房或对的环境中进行训练，你需要做的可能只是简单地改变环境。

考虑与教练合作。每个人与教练合作都可以有所收获，甚至教练也需要其他教练的帮助。如果你已经处于平台期并正在自主进行训练，那你可以找一位能够在健身房中敦促你、帮助你改善自己在训练、方案设计、姿势等方面的弱势的教练。或者，你可能只需要一位出色的训练伙伴来督促和关注你。虽然自己十分了解自己的身体是我们的天性，但是很多时候我们对自己的弱点视而不见，即便我们学富五车、经验丰富并且善于帮助他人实现自己的目标。

实施高级训练方法（请参阅第13章）。高级运动员可受益于高级训练方法。看一看上一章概述的高级训练方法，把它们运用到你的训练中去。这样可以提高训练的多样性，并带来新的训练刺激，但是不要放弃基础训练！

清理生活中的其他领域。正如我前面所说，有很多变量会影响你的训练。为了优化训练结果，你必须保证充足的睡眠、良好的饮食，并管理好压力。不过，你不用将压力水平降到最低，可以通过维持良性压力状态及摆脱忧虑来优化它。在生活中挑战自我是一件好事，只是不要过于频繁。生活是一场充满甜蜜点的游戏，找出那些甜蜜点就是你的工作。

在训练中找到乐趣。无聊的运动与停滞的进步息息相关。遵循这些准则或许会帮助你走出这个怪圈，或者你也可以重新审视一下自己的目标和期望。有时候，你只需要改变自己对于训练的思考方式。例如，如果你本来主要专注于塑造更丰满的臀肌（这是一个美学目标），那你也许应该将重点转移到通过尝试一些举重运动来让自己变得更强壮（这是一个运动表现目标）。

不要为训练进度设定时间表。尽管创建目标很重要，但你要意识到自己的训练成效是会上下波动的，事实就是如此。为了在训练中保持积极的心态，你最好想象一下自己的目标是什么，并朝着目标努力，哪怕这要花费数月甚至数年的时间。与其专注于特定的时间安排，不如考虑保持运动的连续性，多尝试不同的训练策略。

未见训练效果

如果你一直在遵循本书提供的策略与建议，但没有看到任何效果，你会想，这到底是怎么回事？

除非我对你进行一对一的指导，否则我很难知道你的训练方式是对还是错。我只能说，人们常常以为自己的训练方式是对的，但实际上做错了很多。如果你是自己单独进行训练，那么你可能有很多方面都出错了：你的姿势可能走形了，或者你的饮食可能会阻碍你达成减肥目标；也许你训练过多或不足，或者你的基因欠佳，又或者你压力太大且睡眠不足。

这时就凸显了与教练一起训练的价值。即使你遵循的是我在网上为你量身打造的健身计划，可我仍然看不到你的运动方式、运动速度、运动范围，或者你是否够努力，负荷是否足够。由于我本人并不在场，我无法根据你的感受和你对此方案的反应进行调整。

即使你在臀肌实验室接受了我的培训，并且在每次培训课程中我都亲自指导你，但我仍然无法一天24小时跟你在一起，看看你在另外23小时做了些什么。健身是一项24小时运动，你所做的一切都会影响你的训练结果。

如果你正在自行进行训练，那么你必须保持客观，要知道你可能会遗漏某些东西或有些地方做得不好，这是完全正常的。我已经坚持了将近30年的举重运动，但仍然会犯一些错误。但幸运的是，我周围都是出色的教练，并且我在不断地学习、调整并适应。

如果你觉得自己将一切都做到了标准水平，但仍未获得训练成效，请退后一步并考虑以下事项。

- 你睡够了吗？
- 你训练时足够努力吗？还是做得太过头了？
- 你需要改变训练方案吗？
- 你的饮食会影响你的体形吗？

就像评估别人一样来客观评估自己。如果可能，找到你信任的教练，向他们咨询，以发现自己的缺点并纠正它们。

克服常见障碍

不管你是臀肌训练新手、缺乏时间、缺少健身器械，还是无法激活臀肌，都可以在下文中针对相关问题及其他类似问题找到解决方案。

臀肌训练新手

对于大多数人来说，最难克服的障碍是入门。不知道该做什么或从哪里开始，实在让人不知所措，并且可能在你还没开始训练的时候，这就已经让你望而却步。因此，每位臀肌训练新手都应该了解以下几点重要的事实。

正如所有教练都会告诉你的那样，计划的开展是最重要的一步。你没有必要立马进行臀推训练。不要过度考虑训练而将自己搞得不知所措。此时你在最底层，无论你做什么都是在往上一层走。因此，要保持乐观的态度，告诉自己："我正在努力获得更优秀的臀肌，从现在开始我所做的一切跟以前比都是进步。"而这本来可能什么都不是。当然，你还有很多东西要学习，但是简单地熟悉一下深蹲、弓步、髋关节铰链动作（硬拉）、臀桥以及臀推的执行方式就是巨大的进步。保持乐观的心态，遵循本书概述的准则，你将在还没有意识到的时候就已经到达顶层了。

许多人会误认为，他们需要在开始健身之前成为相应的专家，他们以此为借口来逃避训练。每个人在一开始都是新手，所以先把自尊心放在一边，按计划展开训练就行了。

如果你是臀肌训练新手，请先进行自重运动，优先进行臀肌主导型运动，例如臀推与臀桥，并加入一些深蹲与硬拉运动。花些时间去学习正确的姿势，尽量不要对自己在做的运动考虑过多。要意识到这是一个新的训练系统，需要花费一些时间来学习。随着自己运动时变得更加协调和舒适，可以慢慢添加更多复杂的变式，增加负荷和运动量。如果你一直沿用以前的臀肌训练方法（仅做深蹲与硬拉），那就增加臀推和其他臀肌主导型动作，以此作为新的开始。方案模板如下所示。

星期一、星期三、星期五：

3组每组20次的自重深蹲、臀推或臀桥，以及罗马尼亚硬拉。

最后完成一组艰难的弓步和几分钟的弹力带侧向行走运动。

运动的连贯性至关重要。大多数人无法获得更丰满、更强壮的臀肌，是因为他们没有遵循计划或对臀肌的训练不够充分。这些人可能要花费几年的时间才能达到形体目标，而这是一种可接受的情况。你训练得越连贯，训练效果越佳。随着你训练形式的改善，你的力量也会增强。在不知不觉中，你将拥有自己可以引以为豪的更丰满、更强壮的臀部。

此外，你需要进行试验，还需要继续学习，及时改善训练计划。如果你在阅读本书时，希望获得更多的臀肌训练知识，那么你的方向是对的。不过，你必须不断尝试，以找到最适合自己的运动与训练计划。要知道，如果你在A点，并且想要到达Z点，那么你不会一夜之间从A到Z。从A到B再到C，你将看到训练成果。然后，从C到D再到E，你将看到更多成果，接下来依此类推。

最后，要找到乐趣。根据我作为私人教练的经验，获得最佳效果并保持连贯训练的客户就是那些在训练中找到乐趣的客户。如果你没有找到训练的乐趣，那么就需要做些改变。

做臀推及其他运动时窘迫不已

由于这是一项相对较新的运动，许多人在进行各种杠铃臀推或臀桥运动时都会感到尴尬或害羞。的确，这些运动的自重形式存在已久，但杠铃运动形式直到2006年才出现。

随着臀推的普及，它不会再让人们感到窘迫，做这项运动将与做任何其他运动没有什么不同。当人们以尴尬这个借口找我探讨时，我的第一反应是说："克服它！"在这里我有一些建议，希望它们可以让你在做臀推时不那么难为情。

- 如果你在热闹的健身房里训练，可以尝试面对墙壁摆好姿势。
- 找到一个与健身房其他区域隔绝的安静角落或区域，例如空荡荡的健美操室。
- 在家进行此类训练。

你是有其他选择的，绝不需要因为自己感到尴尬而避免进行臀肌训练。

缺乏时间

我认识的人几乎都非常忙，但许多人仍然有时间训练身体和好好吃饭。我知道去健身房是很困难的，尤其是当你不太喜欢运动时。如果你属于此类人，那就考虑每周进行2~3天的训练。如果你没有足够的时间在健身房运动，那么在家只需要极少的器械就可以做多种运动。

即使你每周只训练2次，每次训练1个小时，那你每周也只训练了2个小时，这应该是每个人都能够做到的。你也可以使训练贯穿整个星期。例如，你可以考虑进行4次30分钟的训练，而不是进行2次1小时的训练。现实情况是，当你考虑1周有多少时间可以用于训练时，训练并取得良好效果所花费的时间就会很少。换言之，一旦你考虑从2次全身训练中获得多少收益，时间上的借口就变得十分苍白。

记住，运动有益于健康。当然，你做臀部训练、进行运动，可能是因为你想要更完美的臀部和体形，但重要的是，要实现训练对健康方面的好处。在安排训练时间时，你必须养成使自己保持健康状态的良好习惯。如果找不到时间，那便是你在时间管理方面的失败，你需要重新考虑运动的优先级。我明白，你可能有家庭并且需要工作，但是如果你身体健康，感觉良好，那么你将成为更优秀的员工、更好的朋友与家人，这是训练的主要好处。

有时候，每周训练3天对我来说非常困难，所以我理解你们的感受。但是你是有选择的余地的。如果你整天工作，可以尝试把运动作为早上要做的第一件事。没错，早起需要自律，但是一旦你养成这个习惯，坚持照顾好自己的身体，它就会成为你的第二本能——一件不用思考就会去做的事情。

学习在家训练，学习如何进行自重运动，学会用迷你弹力带与臀肌弹力圈运动。最重要的是，如果你每周可以去几次健身房，那效果会比根本不去好得多。

缺少健身器械

即使你没有可用的器械或无法去健身房，你也可以进行高重复次数的自重运动。如果你之前做的只是自重臀肌训练，那么将手枪式深蹲、骡停单腿臀推与侧卧提臀等高级训练进行到力竭的程度仍然可以看到很好的效果。也就是说，我建议你至少用一条弹力带（或用于缠绕在膝盖上的任何较粗的弹力带，如臀肌弹力圈）。它价格便宜，不会占用太多空间，并且可以让你在家进行的健身训练更加有效。慢慢地，你可以添加更多的器械，例如一些哑铃、壶铃，甚至杠铃和健身长凳。

无论如何，你都要坚守这样的一条底线：你有很多选择，因此，没有器械或无法去健身房并不是正当的借口。

体力劳动

如果你平时需要进行体力劳动，那么它很可能会对你的训练产生负面影响。作为私人教练，有时我会站一整天，演示动作并四处走动。当我开始训练时，我已经筋疲力尽了。如果你属于这类群体，最好早晨进行训练，或者尝试在训练开始前快速小睡一会儿，吃点食物，又或者在训练前先放松1小时。

旅途中的臀肌训练

你在旅行时可以进行大量臀肌训练。实际上，你在旅途中可以进行所有的自重臀肌训练，包括自重深蹲、分腿深蹲、保加利亚式分腿深蹲、弓步、滑步式深蹲、登阶、手枪式深蹲、各种单腿髋关节铰链动作，以及侧卧髋关节外展。你还可以做各种臀桥、臀推与蛙式臀泵运动——以抬脚、宽距及窄距站姿、单腿以及双腿等形式。

小巧便携的臀肌弹力圈可以用于大量的髋关节外展训练，并且它还可以用于增大自重运动的阻力。如果你可以使用酒店健身房，那选择就更多了。大多数健身房都有哑铃，因此，你可以进行高脚杯深蹲、哑铃单腿硬拉、哑铃反向弓步以及哑铃单腿臀推等运动。许多健身房都设有可让你做后踢动作、绳索髋关节外展和绳索髋屈伸的复合拉伸机。

在一天结束时，你不必担心因度假而错过臀肌训练，因为你有很多选择。以下是使用沙发与矮凳的酒店训练示例。

- 抬高式双腿臀推：20次。
- 抬高式单腿臀推：每条腿12次。
- 借助凳子的鸟狗式：20次。
- 蛙式臀泵：50次。
- 单脚抬高反向弓步：每条腿20次。
- 宽距侧卧髋关节外展：每条腿30次。

进行3轮循环，每组之间休息1分钟。

感觉不到臀肌被激活

人类生理学很奇怪。有时候，通过特定的训练，臀肌可以达到极高的激活程度，而有时则不能。有时，你去健身房训练时，臀肌会让你疯狂地感受到灼烧感与泵感，而有时候，你进行完全相同的训练却没有任何感觉。

首先，有些人本身就比别人更易于激活肌肉。不过，他们一般倾向于激活特定的肌肉。例如，有些人无论做什么都会感觉到自己的臀肌能得到充分的训练，但难以激活自己的背阔肌和腘绳肌。另外一些人则觉得除了臀肌以外，他们的大部分肌肉都处于激活状态。

不过别担心，我还没有发现臀肌的大小和形状与其激活程度之间存在线性相关关系。我的一些客户的臀肌发达程度令人难以置信，但他们似乎很难激活自己的臀肌，而另外一些客户则感觉他们的臀肌像疯了一样活跃，但发达程度一般。

许多人发现，他们的臀肌激活程度会随着训练时间的累积而改善。一项研究表明，小负荷的臀肌训练可以增强大脑瞄准臀肌的能力（通过皮质脊髓途径）。但是并不是每个人在每次臀肌训练时都使臀肌得到了激活。蛙式臀泵给我带来的灼烧感过于强烈，常常将我刺激到流泪，但我在做大负荷臀推的时候并不总是能感觉到臀肌被激活，然而通过肌电图进行测量时，结果总会显示出很高的臀肌激活程度。

有时候，你不必担心感受不到自己的臀肌被激活，你只需要保持良好的姿势。如果你在做臀推时更多地感受到股四头肌被激活，这并不一定意味着你的臀肌没有得到训练，这仅意味着股四头肌的激活程度掩盖了臀肌激活信号。（注意，我将在下一节中提供一些具体技术，以提高臀桥与臀推运动对臀肌的激活程度。）

如果感受不到臀肌的激活使你积累的训练经验尽毁，并使你形成悲观的心态，那么你就不会看到训练成效。因此，要保持积极向上的态度，专注于让自己变得更强壮，同时要保持良好的运动姿势，并以多样化的重复次数范围进行各种运动。在大多数情况下，你只需要花些时间来建立更牢固的神经-肌肉（或神经-臀肌）连接。

没有泵感和灼烧感

某些时候，你也会面临高水平的代谢压力。而在其他日子里，即使尽了最大努力，你可能也不会有丝毫的泵感与灼烧感。不要担心，眼光要放长远！

话虽如此，你每周至少应该有一次肌肉灼烧感，体验一下肌肉的泵感。如果不行，你可以通过以下方式来追求泵感与灼烧感。

- 保证水合作用。
- 摄入补充剂（例如肌酸）。
- 训练前摄入碳水化合物。
- 促进钠与电解质的平衡。
- 全面系统地恢复。
- 使特定的肌肉从先前的训练中完全恢复过来。
- 保持新颖性。
- 进行对肌肉拉伸作用较小的运动（如弹力带侧向行走）。
- 进行持续给肌肉施加张力的运动（如臀推）。
- 以快速、活塞式的方式做张力恒定的重复动作。
- 保证合理的重复次数范围。
- 保证合理的休息时间。

形体训练解决方案

我在社交媒体和我的博客上答复了很多问题，这些问题主要与臀部的外观有关。我收到的最常见的问题如下："我的臀部下垂疲软，我要怎么做才能使我的臀部显得神气又强壮？""为什么我的臀部时而好看时而难看？""我如何才能摆脱满是脂肪团，像鞍囊一样同时又不平整的臀部？""我如何在腿不变粗的情况下发展臀肌？"我在本节中给出了这些问题的答案。

我的臀部下垂疲软，我该如何使它看起来神气又强壮？

许多人，特别是女士，没有对这个问题进行逻辑思考。这很明显，问这个问题的女士理想中的臀部比目前的臀部更苗条，更富有肌肉感。当她照镜子时，她往往只注意到自己臀部的脂肪，而忽略了肌肉的构成部分。于是她试图通过过度的有氧运动和控制能量的摄入来减少体内的脂肪。这种方法导致她拥有"胖瘦子"的外表，而无法让她获得想要的结果。

这一点是无法绕过的：要使臀肌发达，就必须努力训练。除了在基因上占优势的人以外，结实的臀部就是优秀的臀部。因此，要使臀部显得神气又结实，就必须坚持臀肌训练，并遵守本书提供的准则。

为什么我的臀部时而好看时而难看？

影响你臀部每天的外观的因素很多。压力、睡眠、碳水化合物与盐的摄入量、激素水平、肌肉损伤——所有这些因素都会影响你体内的水分，并最终影响你臀部的外观。如果所有这些因素都调整到了恰当的水平，那么你的臀肌可能会十分饱满，看起来很棒。如果这些因素中有一个或多个不正常，例如，你的睡眠不好，或者前一天的训练让你感到肌肉酸痛、盐分摄入不足或脱水，那么你的臀肌可能看起来比前一天更加扁平。如果你是女性，那么经期也起着重要作用。

因此，如果你的臀部某天看起来不错，而第2天看起来却没那么好，请不要气馁。发展不是永远呈直线上升的。你可能会在某日或某周，经历臀肌的开发，然后突然间达到平稳状态。这是每个人都会碰到的情况。

在评估自己的臀肌训练进度时，你必须放眼全局。不能让偶然的、不适当的挫折阻碍你的进度。毕竟，这场游戏总是有甜有苦。

我如何摆脱臀部凹陷？

每个非常瘦的人都会出现臀部凹陷的情况（请参阅第52页），只是有些人的臀部凹陷会比其他人更明显。你的基因、髋关节解剖结构和臀肌附着点是决定你的臀部凹陷程度的主要因素。正如我在第5章中所述，你也许可以通过训练来改变身体曲线，但是臀部凹陷主要取决于你的骨骼解剖结构和体脂率。你可能会发现保持某个体脂水平可以得到符合你偏好的臀部外观。有些女士喜欢自己稍胖时的臀部，而另一些女士则更喜欢自己瘦一点时的臀部。或许，我们需要更正这种摆脱臀部凹陷的观点。就像我在本书中一直说的那样，不要一直纠结于无法改变的事情。臀部凹陷不是一件坏事，不应被认为是需要解决的问题。

我如何摆脱鞍囊似的臀部？

正如肌肉解剖结构与骨骼解剖结构会影响你的臀部外观一样，你的脂肪储存部位主要由基因决定。男性和女性的脂肪储存方式不同，主要是因为激素存在差异。有些女性可以将全身瘦下来，然而臀部周围仍然储存着大量脂肪，这通常被称为鞍囊臀。尽管可以通过在特定区域增加肌肉量来有针对性地突出某个区域，但很难做到有针对性地弱化某个区域（仅减少特定区域的脂肪量）。此外，你体内的总脂肪含量在很大程度上决定了你储存在问题区域中的脂肪量。一些女性的体脂率达30%，由于其脂肪分布合理，依然拥有非凡的身材；而另一些女性的体脂率只有15%，却有明显的"顽固区域"（在不希望储存脂肪的区域储存了大量的脂肪）。

解决方法很简单，通过抗阻训练（使用本书概述的指导原则）在该区域训练出尽可能多的肌肉，坚持合理的饮食原则，并保持较高的训练活跃度以促进整体脂肪的燃烧。当你减脂增肌时，臀部会变大，问题区域的脂肪会减少，你的整体外观也会大大改善。

许多女性犯了节食过度及为了减脂而过度进行有氧运动的错误。当然，如果采用这种方法，你或许可以减掉脂肪，但是你的臀部也会不再饱满。圆润的臀部会使你的大腿看起来不那么粗。因此，我建议你尽可能多地训练臀肌，坚持专门的臀部训练计划。

摆脱鞍囊臀的具体方法如下。

- 优先进行臀肌主导型运动（如臀推）。
- 进行各种下半身运动。
- 训练问题区域的肌肉。
- 坚持合理的饮食原则。
- 持续训练。
- 全天保持活跃。
- 不要用有氧运动（动感单车训练、慢跑等）代替力量训练。
- 要有耐心。

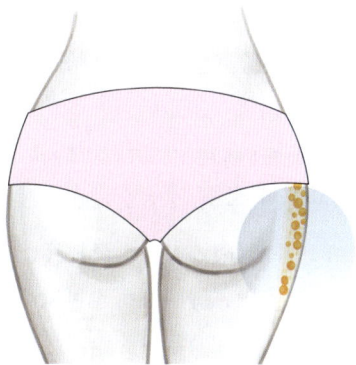

我如何消除臀部的脂肪团？

首先，对于女性而言，脂肪团是出现在大腿与臀部的自然生理现象。我曾经指导过的每位女性都有一定程度的脂肪团。

脂肪团顽固得令人难以置信，并且多种治疗方法都对其不起作用。研究显示，没有单一方法可有效对抗脂肪团。许多人错误地认为吸脂可以去除脂肪团，但事实并非如此。脂肪团是渗入结缔组织的脂肪，如下图所示。抽脂会减少储存的脂肪量，这可能会降低脂肪团出现的概率，但并不能完全去除脂肪团。

因此，尽管某些工具、设备、疗法、补品及面霜声称可以消除脂肪团，但最好的方法是采取全面的措施：刻苦训练、创造能量不足的状态（如果你想减掉脂肪）、晒太阳、睡个好觉、合理饮食以及缓解压力。

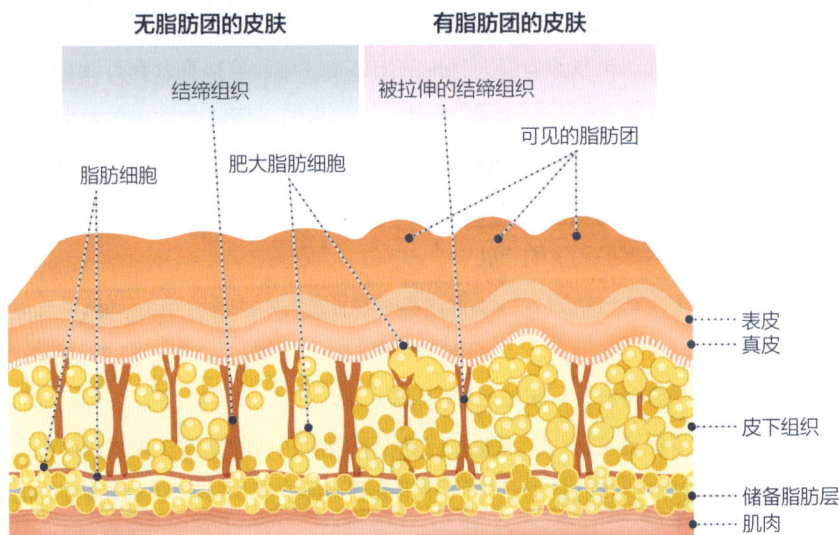

我如何在腿不变粗的情况下发展臀肌？

男士往往想要肌肉虬结的双腿，而许多女士则认为自己的腿太粗，希望避免对其进行过度训练。不幸的是，她们腿粗并不是因为腿部肌肉过多，而是因为腿部脂肪过多。你需要好好训练以维持腿部的肌肉量，还需要控制饮食，并在进行重量训练后进行一些有氧运动——只要有氧运动不会增强你的食欲或阻碍你日常的抗阻训练。然而，有些女士的腿部肌肉过大，不符合自己的审美标准，那她们就需要采取特殊的策略了。

事实上，臀肌训练也可以高度激活腿部肌肉。例如，臀推可以很好地作用于股四头肌、腘绳肌和内收肌。换言之，很难在训练臀肌的同时不训练腿部肌肉。

如你所知，肌肉在低重复次数（1~5次）、中等重复次数（6~12次）、高重复次数（13~20次），甚至非常高的重复次数（21~50次）之下都会得到开发。只要训练到接近力竭，并且每次训练的强度都足够大，你就可以选择理想中的重复次数方案并且仍然能够增长肌肉。因此，要避免特定的重复次数范围或避免沉重的负荷。

这里给你两个选择。

1. 避免进行会高度激活并施压于股四头肌、腘绳肌与内收肌的运动。
2. 进行会高度激活并施压于臀肌的运动。

如果你希望腿部肌肉不再增长，那么你需要避免可高度激活股四头肌和腘绳肌的运动。这意味着你不可以做各种深蹲运动，不可以做各种单腿深蹲运动，如弓步、登阶与手枪式深蹲，也不能做股四头肌主导型运动，如腿推举、哈克机深蹲与腿部伸展，因为这些运动会导致较高的股四头肌激活程度。这也意味着，你不可以做像罗马尼亚硬拉、背部伸展及直腿躬身一样的髋关节铰链运动，也不能做腿弯举、北欧式腿弯举以及器械臀腿起等屈膝动作，因为这些动作会导致较高的腘绳肌激活程度。

尽管有很多运动不能做，但是你可以做的运动依然有很多。

- 小负荷臀肌激活运动：为了将训练目标瞄准臀肌并从股四头肌和腘绳肌上移开，你能够并且应该做的运动有很多，包括侧卧腿开合、弹力带臀桥、鸟狗式以及四点跪姿髋关节伸展。
- 髋关节外旋运动：负重腰带髋关节旋转是最好的运动方式之一，但是你需要学习如何在这些运动中使用臀肌，具体方法是通过臀肌旋转髋关节，同时保持躯干挺直，而不是用腹内外斜肌旋转躯干。
- 髋关节外展运动：主要有宽距侧卧髋关节外展、弹力带站姿髋关节外展、弹力带坐姿髋关节外展、各种弹力带行走运动以及器械髋关节外展运动。
- 杠铃臀桥：各种臀桥运动与杠铃臀桥相比，在很大程度上降低了股四头肌的激活程度；臀桥将成为你的宝贵训练，即随着时间的推移，你希望可以让臀肌变得越来越强壮的训练；力量训练会创造曲线，没有力量训练，你的臀肌就不会增长；在此训练过程中，你可以在膝关节处系一条弹力带，使臀肌得到双重训练。
- 美式硬拉：因为对臀肌的激活程度更高，它比罗马尼亚硬拉的效果更好。为了避免增加腘绳肌的拉伸，你应该减小运动范围（即屈髋幅度不要太大）。
- 绳索髋屈伸、反向山羊挺身与壶铃摆荡：确保你可以感觉到臀肌在做功。
- 抬高式臀推：你可以用一条或两条腿来做，如果你愿意，可以在膝关节上系一条迷你弹力带；你也可以以增加自重、使用哑铃或弹力带的形式进行。
- 蛙式臀泵：2/3的人都喜欢蛙式臀泵，如果你也喜欢，请将两个膝关节分离，将脚跟并在一起，然后抬起臀部；如果你属于不喜欢蛙式臀泵的1/3中的一员，就跳过此运动。

我如何在不增加腰围的情况下增大臀肌？

如果你按照我的建议来训练臀肌，也就是说你进行各种下肢运动，例如硬拉与深蹲，你的竖脊肌很有可能会增大。对于某些希望臀部增大但希望腰部与躯干（竖脊肌、腹直肌和腹内外斜肌）保持苗条的女士来说，这是一大顾虑。

有些人特定部位的肌肉更容易生长。如果你也是这样，在这种情况下，你应避免训练你不想长肌肉的部位。这就意味着，为了防止激活腹直肌和腹内外斜肌，你要避免像仰卧卷腹以及仰卧起坐这样的运动。

深蹲与硬拉虽不能有效地训练腹直肌和腹内外斜肌（你使用横膈膜来创造腹腔内压力，这被错误地解释为激活核心），但确实会训练竖脊肌。根据个人情况，或许你可以考虑减少深蹲与硬拉的次数。

以下是在不增加腰围的情况下增大臀肌的6种方法。

1. 优先考虑臀推（不要产生高水平的核心激活），注意保持肋骨向下（不要过度伸展腰椎）。
2. 避免过量的深蹲/硬拉。
3. 避免进行所有腹直肌/腹内外斜肌运动。
4. 优先安排单腿训练（双边或双腿训练会造成高水平的核心压力）。
5. 进行自重、弹力带、绳索和踝关节负重外展运动。
6. 坚持较高的重复次数与新颖的训练形式。

我想让臀部变得更小，而不是更丰满，我该怎么办？

我从未见过一位女士，在自己真正苗条的时候说自己臀肌太发达了。如果有人希望自己的臀部变小，这通常是因为她的臀部储存了过多的脂肪，而这些脂肪才是她真正想要消除的。但她遵循的逻辑与事实背道而驰。她停止训练臀肌，因为她觉得这些训练会导致臀部变大，因此，取而代之的，她宁愿饿着肚子，进行大量的有氧运动。当然，这样做确实会减掉脂肪，但同时也会导致臀部外观欠佳。

即使你希望臀部变小，你也应该按照你用来促进臀肌增长的方式训练臀部。你要尝试减掉的是脂肪，而不是肌肉，而训练该部位则可以满足你的期望。此外，如果你不再训练臀肌，你就会失去肌肉，而肌肉就是影响臀部外观的重要因素。

因此，如果你希望臀部变小而不是变大，你可以执行以下操作。

1. 继续训练臀肌，以保持肌肉和臀部外观。
2. 避免进行过多的高强度有氧运动，因为这会造成肌肉损失。（每周可以进行3~5天30分钟的稳定状态低强度有氧运动。）
3. 控制饮食。减少能量的摄入并确保足量的蛋白质摄入，同时尽力在健身房中保持体力，这是在不影响身体状况的前提下减掉脂肪的最佳方法。

现如今，有些人非常苗条，而且臀肌发达，但这不符合她们自己的审美标准。如果你也是她们中的一员，那你该怎么办呢？如果事实的确如此，那么，本书不是最适合你的书，因为本书主要讲的是力量训练。如果你想迅速缩小臀部，那么你需要放弃对臀肌进行高水平的激活，并避免所有彻底训练臀部的运动。你要避免本书提到的几乎所有的臀肌训练。要缩小臀部，你可以每天长时间跑步，跑上几个月，并在此期间减少蛋白质的摄入量。如果你想在缩小臀肌的同时促进其他肌肉生长，那么你应保持较高的蛋白质摄入量并且不要跑步，还要避免所有臀肌训练，仅进行腿部伸展、腿弯举、核心训练和上半身训练。如果你想让臀肌在缩小的同时保持强壮，可以进行3组单次（3组，每组重复1次）臀推训练。

我太重了，想减重70磅。你有什么推荐的训练吗？

如果我正在指导一位体重为200磅的女士，她告诉我她想减肥，我会问她："你梦寐以求的身材是什么样的？"如果她指着一位身高与她大致相同，体重约130磅的女士，那意味着她需要减重70磅。在她看来，如果她饿着肚子并进行大量的有氧运动，就可以减轻体重并达到自己理想中的体形。但是她梦寐以求的身材是有曲线的。我会告诉她，为了实现目标，她必须保持肌肉（甚至在某些部位需要增加肌肉量），并减掉脂肪。

这就是棘手的地方。要减重70磅，她就不得不长时间处于严重的能量不足的状态。然而，这样很难维持肌肉，更不用说增长肌肉了。

如何在减少大量脂肪的同时保持尽可能多的肌肉呢？有4个重要的准则要遵循。

1. 优先进行渐进式超负荷运动（请参阅第102页）。换言之，要通过力量训练来让自己变得更强壮，同时增长肌肉。当你体重减轻时，肌肉会改变你的体形，更不用说举重和力量训练了，它们可以帮助你燃烧脂肪。

2. 摄入足量的蛋白质。一般来说，每磅去脂体重需要摄入1克蛋白质。在此示例中的女士的去脂体重可能只有120磅，也就是说她每天需要摄入大约120克蛋白质。如果想要获得更具体的数字，她需要测量自己的体脂率。

3. 保持能量不足的状态。这应该由专业人员来计算，并且应该个性化，但只要你消耗的能量多于摄入的能量，你的体重就会减轻。

4. 逐渐减肥。多花点时间可以帮助你保留肌肉。如果你在3个月内减重70磅，那么你会因为失去的肌肉量过多，而无法拥有自己想要的体形。如果可能，可以第1个月减重25磅，第2个月减重10磅，然后在接下来的10个月内减重35磅。除了更容易维持肌肉之外，这种方法还给了你的皮肤及身体一个适应身体成分的变化的机会。

周期与训练计划

在第3部分，我提供了构建自己的个性化训练计划所需的基础知识。你了解到了用于设计训练计划的8个变量，以及其他因素，如体适能水平、饮食及基因。你还学习了如何使用三分法则来创建一个臀肌训练模板，以平衡负荷、费力程度和运动选择。

在此部分，我将通过阐明我如何制订一个全面的训练计划（也称为周期）。我将说明如何为客户制订训练计划，如何根据客户的运动方式和目标来制订长期训练策略，以及如何将这些策略运用于方案中。此外，我还提供了一些模板，用于组织训练和进行训练拆分，以满足广泛的需求，并将臀肌训练应用于其他健身运动，例如混合健身、举重与健美。

尽管我旨在为你提供设计自己的训练计划所需的工具，但遵循本章提供的示例计划会很有帮助，如果你是一位正在寻找基本模板的教练，或者是对力量和形体训练不熟悉的新手，又或者你只是想要一个整合了本书中所有方法、原理及技术的进步性的有顺序的计划，效果将更加明显，在第18章中，我提供了3个为期12周的示例计划，这些计划可以帮助你从初学者变成中级、高级健身者。

无论你的背景、目标与经验如何，你都要了解如何制订自己的训练计划，还要理解为什么这样做很重要，以及什么才是一个好的计划。这正是你将在本部分学到的内容。

第15章 周期

简而言之，周期即计划。通过这种方式，你可以在逻辑上按顺序组织和操作每个方案设计变量，以产生一定的生理作用——增加特定动作的力量，增长肌肉，减少脂肪，在某项活动中达到顶峰状态等。你可以将周期视为规划不同训练策略和阶段（也称为时期或阶段）的另一个术语，目的最大限度地实现理想的训练结果，同时最大限度地减少疲劳与过度训练的风险。你可以将训练的各个时期或阶段组成单个训练，得到一些微周期（通常为1周），而这些微周期又组合起来形成了小周期（通常为4周左右），小周期又组成了大周期（通常为16周左右），这些周期共同构成年度或多年计划。

想象一名奥林匹克运动员，为了参加每年的世界锦标赛及4年一度的奥林匹克运动会，他必须使自己保持顶峰状态。为了确保比赛时达到最高水平，运动员需要战略性地改变训练压力，并实施针对其参加的运动、赛事的时间安排和自身独特身体属性的计划。换言之，月复一月，年复一年，每周都进行相同的训练并不是一个有效的策略。此处便凸显了周期训练的价值。这是十分必要的，当你有特定的表现目标时更是如此。

然而，此处还存在一个难题：周期训练固有的一些基本信念基于一些过时且不完整的假设。此外，周期训练一开始是训练奥林匹克运动员的训练方式（非常符合逻辑），之后进行了调整以适应力量举运动员的需求（仍然符合逻辑），最后成为健身人士的训练方式（不符合传统意义上的逻辑）。此外，针对不同的训练目标、运动员的类型和个人调整周期策略时，还需要更多的考量。

作为主要与对力量与形体训练感兴趣的人一起工作的教练，我一直认为时间较长的周期训练主要是为专业运动员准备的必要策略。普通的私人培训客户可能只会与我相伴6个月，因此拟定一份为期一年的周期训练计划是不切实际的或者说成效不佳。此外，普通的私人培训客户与专业运动员的训练目标并不一致，因此我不能保证我的客户会参加每次训练。但是，这并不是说私人培训客户及自主训练的力量和形体训练爱好者无法受益于周期训练计划中固有的某些原则。

多年来，体能教练已经借用了许多教练和运动员完善的周期训练策略，以最大限度地改善训练结果，并最大限度地减少过度训练的风险。实际上，如果你创造一个训练计划或努力去改善运动中的某个方面，那么你有没有意识到，其实你会采用某种形式的周期策略。因此，了解此术语并获得相关的基础知识是非常重要的，这可以方便你理解不同的训练系统，了解它们的工作原理，并弄清楚如何利用它们来创建有效而成功的周期训练计划。

在本章中，我将对周期训练的术语、原则、策略和阶段一一进行分析，并说明如何整合计划设计变量以创建针对力量与形体训练的全面而系统的训练计划。简而言之，你将学习我设计周期训练计划的独特方法，这也将有助于阐明第18章提供的3个12周训练方案的结构与组织方式。

周期策略

周期策略十分复杂。为了制订最佳的训练计划，你不仅需要考虑所有计划设计变量，还需要考虑自己的目标、训练经验、体适能水平、生活方式、年龄和基因等。

此外，周期策略的形式多种多样，例如线性、波动式、变换式、时间段式和并行式，每种都有其长处及短处，能满足不同的训练目标。为了使训练复杂化，大多数训练计划都采用了多种周期策略。

因为这是一本有关力量与形体训练的书，或者更具体地说，是一本关于臀肌训练的书，所以我只讨论周期训练，因为它涉及建立肌肉更发达，更苗条、更强壮的形体。换言之，我的目的是解释周期训练的主要形式及我们如何使用它们来建立全面的力量和体能训练计划。

以下是我创建训练计划时，使用的4种周期策略：线性、波动式、变换式及时间段式。

线性周期策略是以一种线性方式来提高健身质量或训练应激原的策略。

一般来说，就线性周期策略而言，随着时间的推移，训练者执行的重复次数会越来越少，同时负荷越来越大。例如，对于深蹲与卧推，你可以从1个月以135磅的负荷，做3组，每组重复12次，进步到以155磅的负荷，做3组，每组重复8次，再进步到以175磅的负荷，做3组，每组重复4次。这是利用线性周期策略的经典方法。但是，还有许多其他以线性周期策略制订训练计划的方法。

例如，所有以明智的方式构建的训练计划都会采用渐进式超负荷的形式。渐进式超负荷本身就是一种线性周期策略，因为你会尝试随着时间的线性推移逐渐增加运动量、负荷或扩大运动范围。假设你要在一个月内的每周都增加运动量。你可以多重复一次动作，或多做一组，或者多举5磅。这些都是旨在增加运动量的线性周期策略。此外，你也可以随时间的线性推移，扩大运动范围，例如，进行两周的硬拉运动或箱式深蹲，然后进行两周的硬拉或平行箱式深蹲，之后再进行两周的双脚抬高硬拉或低箱深蹲。

波动式周期策略是以战略性方式使训练应激原发生波动的策略。

在训练计划中利用波动式周期策略的传统方法是随着时间的推移改变特定训练的运动组数与重复次数。例如，你可能在一个月中每周进行3次臀推，其中一次进行4组，每组重复8次，一次进行5组，每组重复6次，而另外一次进行3组，每组重复10次。该方法被视为每日波动周期训练法。你还可以利用周波动周期进行训练，即在一个月中每周进行两次臀推，分别在第1周及第3周进行4组，每组重复8次，在第2周及第4周进行5组，每组重复6次（臀肌实验室中的客户经常采用此策略）。

大多数计划都会涉及波动因素，因为你在一周中虽然执行的是相似的动作，但是运动的组数和重复次数有所不同。例如，在星期一进行大负荷的硬拉或深蹲，而在星期四以较高重复次数进行较小负荷的直腿硬拉或高脚杯深蹲，就是一种波动式周期策略。而且，如果你正在利用渐进式超负荷和训练至力竭的方法，并且随着时间的推移逐渐增加负荷，那么你的重复次数很可能是起伏不定的。虽说训练目标是线性增长时，但在现实生活中不会发生这种情况。以臀推为例，第1周你可能会以225磅的负荷重复12次，然后重复9次，接着重复7次；第2周，你可能将负荷增加到235磅，重复10次，然后重复8次，接着重复7次；也许你在第3周坚持235磅的负荷，重复12次，然后重复10次，接着重复6次。如果你在做每组动作时都做到了让肌肉力竭的程度，那么你的重复次数永远不会像3×8那样整齐。（我并不是说你应该在做每组动作时都做到力竭，而是在强调强度适应永远不会完全是线性的，人体生理学不允许我们那样做。）

变换式周期策略是在训练周中组合多种训练方法的策略。

如果训练计划为每周规定了各种各样的重复次数范围（大多数计划都有这样的安排），则它采用了变换式周期策略。例如，你可能会在一天中进行大负荷肩部硬拉（5组，每组重复3次），在另外一天进行坐姿哑铃肩上推举（4组，每组重复8次），再在第3天进行小负荷高重复次数哑铃侧平举（3组，每组重复15次）。在这种情况下，如果你的目标是在一周内训练三角肌，促进肌肉增长，提高力量持久度。那么你可能会定期变换运动，即采用变换式周期策略。

时间段式周期策略是涉及特定时期的不同训练质量的策略。

时间段式周期策略很难定义，因为它包含不同类型的训练。总而言之，时间段式周期策略以能够引起持续的积极反应的方式对训练计划进行调整。每个时期或阶段的持续时间通常为3~6周。但是我会以每3周或每1个月为一个周期来设计训练计划，对此，我将在稍后详细说明。

现在，你已经熟悉了基本的周期策略，下面我们来讨论如何将计划设计变量与周期策略组合在一起，以此来创建最佳的训练计划。

计划设计变量

尽管周期训练通常涉及运动组数、重复次数及负荷的调整，但我还是想强调，我们可以对任何训练与计划设计变量进行有策略的控制。我对目前流行的周期训练方式的主要评论如下：训练计划通常是通用且缺乏创造力的，只特别处理了运动量、负荷及费力程度几个计划设计变量，而不是将包括训练频率、运动选择、运动顺序、速度与休息时间在内的全部8个计划设计变量都纳入考虑范围。

因此，要为对力量与形体训练感兴趣的人创建全面的周期训练计划，你可以以周为单位来调整费力程度，连续几周逐渐加大训练强度，然后进行一周的轻松训练（称为减负周）。你可以通过进行难度逐渐加大的运动来更有创造性地选择运动，例如，做3周的俯卧撑，然后做3周臂屈伸，再做3周的倒立俯卧撑。你还可以调整训练顺序，方法是连续2周在训练即将结束时的疲劳状态下进行深蹲，接下来的2周在训练中途进行深蹲，最后2周在训练一开始就进行深蹲。你可以在第1周通过进行举重并执行强调离心循环来周期化设置运动速度，在接下来的一周进行间歇组重复训练，然后在第3周进行恒定张力动作重复训练。或许你也可以连续4周以同样的负荷执行相同的组数及重复次数，不过要缩短每组之间的休息时间，从而增大训练密度。

如你所见，使用周期训练原则来安排计划设计变量是具有无限可能的。关键在于，在制订训练计划时，你需要考虑所有变量，而不仅仅是其中2个或3个。此外，当将所有计划设计变量纳入考虑范围时，你会有无数种方法来创建训练计划。

然而，在现实世界中进行测试时，有些策略确实比其他策略要好。尽管周期训练在体能教练之间非常流行，并且其经典方案也几乎适用于所有运动员，但由于种种原因，它在文献中受到了广泛批判。这并不是说周期训练毫无益处，只是因为要实现它所需的时间较长，并且运动员之间存在个体差异，所以很难进行研究。

例如，在最大限度地增强肌肉力量方面，研究清楚地表明了周期训练的优势。但是，对于使肌肉生长最大化，目前看来周期训练并不是强制性的。这可能是因为受试的大多数举重运动员在训练期间都努力使自己变得更强壮，因此进行了渐进式超负荷训练，这是线性训练的一种形式，同样也是周期训练的重要方面。换言之，尽管他们周期化地执行了训练，但他们的训练仍被认为是"非周期性的"，因为这并不符合预定设置。

截至2019年，就促进臀肌生长的不同周期训练形式进行的研究数量为零。因此，我想要你记住的重点是，只要将所有计划设计变量都考虑在内并结合前面概述的周期策略中固有的原则，所有形式的周期训练都能够起作用。其中的秘诀在于，根据情况知道要使用哪个系统及要修改哪个变量。这也是制订周期训练计划时十分棘手之处，因为你不仅要考虑个体差异与训练目标，还必须了解如何从一个时期到另一个时期，或从一个阶段到另一个阶段进行内容切换。

臀肌实验室训练阶段

如果你是初学者，或者只是想要一个以臀肌训练为主，并考虑到了上述所有计划设计变量与周期训练原则的全面的训练计划，那么稍后在本部分给出的训练计划示例将是不错的出发点。但是，如果你是教练或有兴趣根据目标、经验及偏好制订自己的训练计划，那么你就需要采用系统化的方法进行周期训练安排。你不仅要考虑所有先前介绍过的策略和变量，也要了解如何构建训练的不同阶段。

例如，除非有人需要进行特定的举重训练或专注于开发身体的特定部位，否则我更偏向于每月更改计划以适应各种变化。例如，以下是我在在线平台"布雷特式臀肌训练"（Booty by Bret program）中采用的方法。

第1个月，我可能会实施一个全面的训练计划，每周训练3天：第1天优先考虑深蹲，第2天优先考虑臀推，第3天优先考虑硬拉。到了第2个月，我可能会选择一个以深蹲为主的训练计划，然后在下一个月，可能会选择臀推专业化训练计划，这意味着你在一周内的这3天中都会优先进行臀推运动，然后只在这周内的一个训练日完成臀推之后进行深蹲与硬拉。例如，如果你遵循的是臀推每日波动周期训练计划，即当你每周使用不同的组数及重复次数多次执行某项举重运动时，那么你的训练计划可能与上述内容类似。我已经以这种方式安排好了运动组数及重复次数，具体如下。

臀推每日波动周期训练计划

第1天			第2天			第3天		
组数	重复次数	负荷	组数	重复次数	负荷	组数	重复次数	负荷
1	10	约75%	1	6	约85%	1	15	约65%
2	10	约75%	2	6	约85%	2	15	约65%
3	10	约75%	3	6	约85%	3	最高次数	约65%
4	最高次数	约75%	4	6	约85%			
			5	最高次数	约85%			

如果要让客户遵循臀推每日波动周期训练计划，那么我会让他们坚持6周，并尝试通过渐进式超负荷的方式（在这种情况下主要为重复次数或负荷）来让他们每周增加运动量。在那之后的一个月（或一个阶段），我可能会制订一个硬拉专业化训练计划，然后在第2个月制订一个以单腿训练为重点的计划。

我选择的计划在很大程度上取决于运动员的目标，但这也是一个通用的蓝图，我发现它对增强力量及训练臀肌都非常有效。在我的布雷特式臀肌训练计划中，我几乎每4周就会按以下顺序更改训练重点：从全面训练到深蹲、臀推、硬拉，再到单腿训练，然后循环。你总是在做深蹲、硬拉、臀推、弓步与外展运动，但运动选择、训练顺序和运动量都偏向于强调一种运动。此外，我还在训练计划中加入了一项每个月都要重点进行的上半身运动。研究表明，建立力量虽然困难，但维持起来很容易。因此，极其强调一项运动的同时将其他运动摆在次要位置非常有意义。实际上，从长远来看，这是增强整体力量及使肌肉增长最大化的最佳方法。

臀肌训练周期循环

1 全面训练

2 以深蹲和引体向上为重点

3 以臀推和卧推为重点

4 以硬拉和肩部硬拉为重点

5 以单腿训练和哑铃训练为重点

我意识到这种周期训练不是很常见，因为它可以切换重点，而不是坚持相同的训练，简单地控制运动量与运动强度（在这种情况下实际上是控制负荷及费力程度，但主流术语是我不喜欢的强度，因为它模棱两可，可能意味着负荷或费力程度）。不过，我觉得这是一种很好的计划方式，因为它可以从心理学的角度使事情变得有趣，自然而然地有助于防止过度使用造成的损伤，以及考虑到了下半身力量的全面发展以及臀肌的全面发展。但是请注意，每月的训练重点并非随意设置的，而是经过精心计划的。例如，深蹲一个月后，你会急切地想要转换为臀推运动，因为你的膝盖可能需要一段减负时间，而在进行硬拉一个月之后，你的背部可能也需要一段减负时间，因此，接下来的一个月以单腿运动为重点进行训练。

现在，你真的需要每4周变换一次训练吗？当然不是。从理论上讲，你就算连续数年执行相同的训练计划，也能够看到不错的结果。但是，除非你真的知道自己在做什么并且可以忍受一直坚持完成相同的训练计划，否则你很可能因为过度使用肌肉或关节而受伤。更重要的是，你可能会因为乏味而停止训练。而当你不喜欢训练时，你就会更容易完全放弃。而你的目标是坚持训练，变得强壮。

由于上述原因，变换训练方案显得十分重要，但是同样，你可以并且应该保持运动的相似性。每个新阶段不应该采用与前一个阶段完全不同的训练方案，要避免运动项目、训练分块与技术全然不同。我喜欢"相同却又有所不同"的哲学理念，即虽说你总是在做臀推、深蹲、硬拉、弓步、背部伸展、后踢和外展运动，但你是以不同的顺序进行训练的，选择了其独特的变式，并调整了运动组数、重复次数及速度，通过避免过度使用造成的损伤，在你关注的运动和肌肉上产生新的增益，以及防止习惯化和保持对训练的兴奋性来最大限度地优化训练成效。

考虑训练压力的波动也很重要。许多健身人士在一年中有52周都去健身房，并试图在每次训练中都运动到自己的极限。这些健身人士通常会以失败告终并最终伤到自己或把身体弄得一塌糊涂。为此，你不能每次训练都不遗余力，甚至每周不遗余力也不行。

正如我提到的那样，我喜欢4周的训练周期，但是你也可以以3、6或8周为1个周期进行训练，这样也能收获不错的结果。每个周期的第1周为减负/入门周。在这一周里，你会对新训练感觉良好，可以练习运动技术并弄清楚接下来一周要使用的负荷。当然，你仍然可以进行良好的训练，但是不能将任何运动做到力竭，并且绝对不能创造任何个人纪录。就整体费力程度而言，本周的标准是7/10。在第2周，你可以在费力程度方面做到8/10，但仍要专注于保持标准的姿势。在第3周，再次提高费力程度，努力达到9/10。随后，在第4周，全力以赴（10/10），努力创造一些关键性的个人纪录。在这段时间里，为了冲击一些个人纪录，可以允许稍微的姿势不标准（最多10%的走形）。第4周后，你应该会感到些许肌肉酸痛以及筋疲力尽，这时应该期待下个阶段的减负/入门周。该训练周期如右侧的费力程度变化趋势图所示。

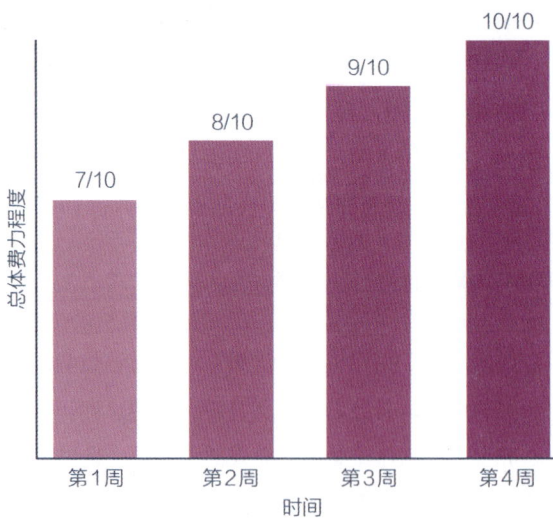

这只是制订周期训练方案的一种方法，但它肯定比每周都做到力竭的训练，不断地受伤，生病或让自己精疲力尽，更加有效。这就是我希望你采取的用来执行第18章中的训练方案的方式。

本书提供的方案（以及我在在线平台"布雷特式臀肌训练"中介绍的计划）都遵循本章介绍的原则与一般准则。通过遵循这些方案，你可以确保所有计划设计变量都经过了深思熟虑且明智的周期化安排。希望我已为你提供了构建自己的训练计划所需的基本工具，但在这里我也想强调，草拟一份具体的逐月的周期训练计划虽然有好处，但不是强制性的，尤其是对于知识渊博且经验丰富的自行进行训练的运动员而言。

凭直觉进行训练

许多人想知道是否有必要计划不同的训练阶段。答案是没有必要。如果你有丰富的

轮流变换你每月的重点

当我最初偶然发现有研究表明保持力量有多么容易时，我很难相信它。但是后来我开始在健身房里进行试验（我在博客上发布了许多此类试验），并且发现它是真实可信的。

事实上，增强力量很难，尤其是在正确训练几年后，但保持力量很容易。由于你的体形会受到整体力量的高度影响，利用这种维持现象，每次优先进行一或两个运动是行得通的。

换言之，请勿尝试同时增强深蹲、硬拉、臀推、弓步、卧推、俯卧撑、肩部硬拉、臂屈伸、引体向上以及划船的力量。取而代之的是，可以选择一项或两项运动，将其作为训练重点，以更大的训练量在训练一开始就执行它们（或类似的变式）。减少用于维持力量的运动的训练量，并且要知道它们会在一段时间之后成为在训练计划中占主导地位的运动。

将上述10项运动想象成你要玩的球。每个球都对应一项主要的运动，它们共同代表了你的整体力量。刚开始时，你可以同时玩全部的球，因为球很小，这意味着你仍在学习动作，可能不会承受太大的负荷。但是，随着你力量的增强并且开始举起更大的负荷，每个球都会变得更大。现在，你正在尝试玩越来越大的球，这很难控制。在某个时刻，你不能同时兼顾所有的球，并且力量增长也到达了一个平台期。因此，与其尝试去做所有运动，不如先将其中两项进行一个月，同时一周进行几组其他的运动，因为这样很容易保持力量。一个月后，轮换训练重点并专门做一个月两项不同的运动，而其他运动以力量维持模式进行。如果你以策略性且有序的方式进行此操作，你将收获更好的结果，而力量继续增强，体形有所改善。

这是我在制订布雷特式臀肌训练法方案时所采取的措施，并且效果非凡。这种周期化方法的另一好处是可以塑造匀称的体形，且不会使你因过度肌肉使用而受伤。如果我了解这一点并在20年前开发了这一系统，我本可以取得更好的成效。现在快去通过"玩球式"运动建立并维持力量吧！

经验和敏锐的直觉，则可以凭直觉进行训练，即根据你的感受和想要做的运动来决定在某一天要做什么样的训练，而且只要遵循一定的准则（如三分法则）并采用渐进方法，同样可以得到好的结果。实际上，对于具有10年以上的举重经验，能够明智地进行阅读和训练，并在训练中进行试验的人来说，纯粹的直觉训练或许是最佳的训练方式。但是，相同的方法会对普通初学者不利。无论你如何设计计划，都必须始终听从自己的身体并随时进行调整。不过，前提是你必须获得抛弃正式计划并在健身房"即兴发挥"的权利。

在下一章中，我概述了各种分块训练，你可以将其作为模板来指导你的训练过程。无论你是凭直觉训练还是设计周期训练计划，训练分块原则都可以作为三分法则的补充，可以为你的训练提供相关参考。

第16章 分块训练

在举重与健美运动的早期，在训练期间对整个身体进行训练的方式非常普遍。古典时代的大力士进行的是全身训练，甚至像阿诺德·施瓦辛格这样的老派健美运动员也开始使用"黄金六运动"之类的训练计划，该计划包括后深蹲、卧推、引体向上、过头推举、弯举以及仰卧起坐，每周训练3次。

然而，随着时间的流逝，健美运动员和举重运动员开始理性思考，他们发现如果他们分块进行训练，可能会有更好的收获。举重运动员开始分开训练下半身和上半身，或者每天专注于一项主要的举重运动，然后再加入一些辅助性的举重运动，健美运动员也开始根据肌肉和身体部位进行分块训练。如今，人们对于分块训练的狂热追求及有时对哪种才是最有效的训练策略的争论经常上演。到底是进行全身训练更好，还是根据伸缩肌肉或身体部位与肌群进行分块训练更好呢？

事实是，两种方法都各有其作用，都十分优秀。但是，你必须得学习如何使它们的效果作用在你的身上，因为每个人都需要独特的训练策略和风格。尽管几乎所有现代健美运动员都遵循身体部位分块训练的方法，但大多数私人教练都要求其进行全身训练。

关于此主题的研究也不多。我与我的同事布拉德·舍恩菲尔德进行了一项研究，发现在肌肉增长方面，全身训练比身体部位分块训练略胜一筹，但是所有参与者之前都进行过身体部位分块训练，所以有可能是新的因素在起作用。无论如何，我相信每个人都可以通过尝试各种训练方式和理念受益。

如果你不熟悉训练，建议你遵循第18章提供的一个或多个12周训练计划。这样做可以使你了解所有主要的运动方式及一些基本的分块训练策略。在获得一些经验并且对这些动作感到满意之后，你可以尝试本章介绍的不同的分块训练方式。接下来你会看到，我为每种分块训练方式都提供了1个为期1周的训练计划模板，你可以重复做1个月。并且你仍然需要遵循先前概述的原则，即从减负或轻松的一周开始，然后逐步增加每周的费力程度与负荷，这样第4周就是训练任务最艰巨的一周。

尝试不同的分块训练方式，可以让你更好地了解自己喜欢的和不喜欢的运动。或许你喜欢的是全身训练，或许你更喜欢时常变换运动项目。也就是说，如果不去尝试不同的训练策略，你将永远不会知道自己喜欢什么或如何凭直觉进行训练。而分块训练为你提供了选择并可以帮助你挑选最适合你的训练策略。

分块训练

以下是几个你可以遵循的力量和形体训练的分块计划。

身体部位分块训练

健美运动员广泛使用身体部位分块训练方法，即根据身体部位安排训练日。例如，胸部/肱三头肌训练日，背部/肱二头肌训练日，腿部/臀肌训练日，肩部训练日及手臂训练日。大多数健美运动员在一周之内频繁训练，但是有些健美运动员每周只训练3~4次。在这种情况下，你可以在第1天对胸肌与背阔肌进行配对训练，在第2天对股四头肌与臀肌进行配对训练，在第3天对三角肌与手臂进行配对训练，并在第4天对腘绳肌与臀肌进行配对训练，如下面的示例1所示。如果你确实想在训练臀肌的同时遵循身体部位分块训练计划，那么我建议你每周训练5~6天，并在其中3天训练臀肌，一天对臀肌与股四头肌进行配对训练，一天对臀肌与腘绳肌进行配对训练，一天单独训练臀肌（请参阅下一页的示例2）。

示例1：以臀肌为重点的身体部位分块训练，包含2个腿部训练日的4天训练计划

第1天：胸肌与背阔肌训练	
卧推	3组×5次
宽握颈前拉	3组×8次
哑铃上斜推举	3组×8次
胸部支撑划船	3组×8次
臂屈伸	2组×最大重复次数
反向划船	2组×最大重复次数
绳索交叉运动	2组×12次
直臂下拉	2组×12次

第2天：股四头肌与臀肌训练	
后深蹲	3组×5次
双腿推举	3组×8次
哑铃弓步走	2组×16次
杠铃臀推	3组×10次
腿部伸展	2组×20次
坐姿髋关节外展	2组×20次

第3天：三角肌与手臂训练	
肩部硬拉	3组×5次
哑铃直立划船	2组×8次
侧平举	2组×10次
俯卧哑铃侧平举	2组×12次
引体向上	2组×5次
锤式哑铃臂弯举	2组×10次
窄握卧推	2组×5次
绳索臂屈伸	2组×10次

第4天：腘绳肌与臀肌训练	
硬拉	3组×5次
哑铃背部伸展	3组×12次
卧姿腿弯举	2组×20次
坐姿腿弯举	2组×20次
蛙式臀泵	2组×50次
宽距侧卧髋关节外展	2组×30次

第4部分 周期与训练计划

259

示例2：以臀肌为重点的身体部位分块训练，包含3个腿部训练日的5天训练计划

第1天：臀肌训练	
杠铃臀推	3组 ×8次
臀肌后踢塑形训练	3组 ×10次
自重背部伸展	3组 ×20次
绳索站姿臀推	3组 ×10次
坐姿髋关节外展训练	3组 ×20次

第2天：胸部/肩部/肱三头肌训练	
杠铃上斜推举	3组 ×6次
杠铃肩部硬拉	3组 ×8次
俯卧撑	3组 × 最大重复次数
哑铃侧平举	3组 ×12次
绳索臂屈伸	3组 ×10次

第3天：股四头肌与臀肌训练	
前深蹲	3组 ×6次
腿举	3组 ×10次
哑铃弓步	3组 ×8次
腿部伸展	3组 ×10次
仰卧卷腹	2组 ×20次
悬垂举腿	2组 ×10次

第4天：背部/后三角肌/肱二头肌训练	
引体向上	3组 ×6次
胸部支撑划船	3组 ×8次
单臂划船	3组 ×10次
俯卧哑铃侧平举	3组 ×10次
简易杠铃弯举	3组 ×10次

第5天：腘绳肌与臀肌训练	
传统硬拉	3组 ×6次
负重背部伸展	3组 ×10次
抗力球训练	3组 ×8次
卧姿腿弯举	3组 ×10次
负重提踵训练	2组 ×10次
坐姿负重提踵训练	2组 ×20次

上/下半身分块训练

上/下半身分块训练在体能教练和举重运动员中十分受欢迎。这种训练方式分别为上半身和下半身肌肉分配了训练时间。采用该训练方式的大多数举重运动员每周会训练4天，分别进行2次下半身训练与2次上半身训练。在13 000多名粉丝参与的调查中，我了解到这竟然是在我的粉丝中最受欢迎的训练方式，真的令人惊讶。

上/下半身分块训练：4天全身训练计划

第1天：上半身训练	
卧推	3组 ×5次
引体向上	3组 ×5次
臂屈伸	3组 ×8次
反向划船	3组 × 最大重复次数
侧平举	3组 ×10次

第2天：下半身训练	
后深蹲	3组 ×5次
单腿硬拉	3组 ×8次
杠铃臀推	3组 ×10次
哑铃弓步走	3组 ×8次
侧卧提臀	3组 ×10次

第3天：上半身训练		第4天：下半身训练	
窄握卧推	3组×5次	硬拉	3组×3次
俯卧撑	3组×最大重复次数	前深蹲	3组×5次
肩部硬拉	3组×8次	器械臀腿起	3组×12次
胸部支撑划船	3组×12次	哑铃背部伸展	3组×20次
俯卧哑铃侧平举	3组×10次	坐姿髋关节外展	3组×20次

"你通常会进行哪种类型的训练？"调查结果

回答人数：13675
跳过问题人数：39

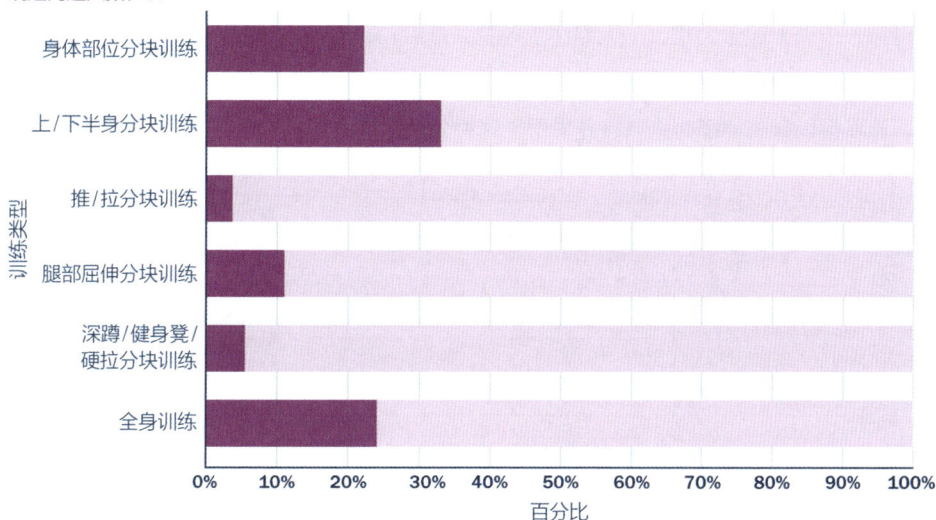

推/拉分块训练

这种类型的训练计划主要是运动员在使用，该计划的具体内容是分别上、下半身推的运动及上、下半身拉的运动分配训练时间。遵守该计划的大多数运动员每周训练4天，包括2天推的训练与2天拉的训练。

推/拉分块训练：4天全身训练计划

第1天：推的训练		第2天：拉的训练	
后深蹲	3组×5次	单腿硬拉	3组×8次
卧推	3组×5次	宽握颈前拉	3组×8次
杠铃臀推	3组×8次	杠铃背部伸展	3组×15次
肩部硬拉	3组×8次	坐姿划船	3组×15次
弹力带坐姿髋关节外展	2组×50次	绳索侧平举	2组×10次

第4部分 周期与训练计划

261

第3天：推的训练	
前深蹲	3组×5次
窄握卧推	3组×5次
杠铃臀推	3组×12次
把手俯卧撑	3组×最大重复次数
绳索坐姿髋关节外展	2组×12次

第4天：拉的训练	
硬拉	3组×5次
引体向上	3组×最大重复次数
器械臀腿起	3组×12次
反向划船	3组×最大重复次数
坐姿面拉	2组×15次

深蹲/卧推/硬拉/增肌分块训练

这是在举重运动员中流行的另外一种分块训练方式。他们一周训练4天，一天专注于深蹲，一天专注于卧推，一天专注于硬拉，最后一天专注于增肌。显然，他们会在深蹲、卧推以及硬拉的训练日进行其他训练。（请参阅第274页，了解另一种举重训练模板，该模板以臀肌训练为重点，并采用了这种分块训练方式。）

深蹲/卧推/硬拉/增肌分块训练：4天全身训练计划

第1天：深蹲训练	
后深蹲	3组×5组×35次
弓步	2组×16次
钟摆式反向山羊挺身	3组×10次
单腿罗马尼亚硬拉	2组×16次
弹力带侧向行走	3组×20次

第2天：卧推训练	
卧推	4组×3次
窄握卧推	2组×8次
胸部支撑划船	3组×12次
单臂划船	2组×12次

第3天：硬拉训练	
硬拉	3组×3次
架上硬拉	2组×3次
前深蹲	3组×5次
杠铃臀推	3组×8次
野兽行走	3组×20次

第4天：增肌训练	
负重俯卧撑	5组×10次
反向划船	5组×10次
钟摆式反向山羊挺身	5组×10次
器械臀腿起	5组×10次
YTWL 伸展运动	2组×10次

全身训练（整个身体）

在过去的10年中，全身训练越来越受欢迎，同时全身训练也是我个人最爱的一种训练方式。全身训练意味着你在一次训练中要训练所有的肌肉，不再进行分块训练。大多数坚持全身训练的举重运动员每周进行3次训练。

全身训练：3天训练计划

第1天：中等负荷训练	
前深蹲	3组×8次
哑铃上斜推举	3组×8次
罗马尼亚硬拉	3组×8次
坐姿划船	3组×8次
单腿臀推	3组×8次
弹力带侧卧腿开合	3组×12次

第2天：小负荷训练	
膝关节弹力带臀推	2组×15次
哑铃过头推举	2组×15次
哑铃反向山羊挺身	2组×15次
反手下拉	2组×15次
哑铃背部伸展	2组×15次
侧平举	2组×15次

第3天：大负荷训练	
相扑硬拉	3组×8次
窄握卧推	3组×8次
停息后深蹲	3组×8次
反手引体向上	3组×8次
停息杠铃臀推	3组×8次
弹力带站姿髋关节外展	3组×12次

复合/兄弟型训练

这种训练方式是指交替排列会对身体造成更大负担的较大负荷复合运动训练日和对身体造成的负担较小的较小负荷复合和单关节运动训练日。例如，你可以每周进行3次典型的全身训练，中间要再夹杂2次兄弟型训练（专注于神经-肌肉连接以及获得肌肉泵感）。下面这个示例包含推的训练、拉的训练、兄弟型训练与全身训练。

复合/兄弟型训练：4天训练计划

第1天：推的训练	
高杠位后深蹲	3组×5次
窄握卧推	3组×5次
双腿推举	3组×10次
肩部硬拉	3组×10次
膝关节弹力带臀桥	3组×20次

第2天：拉的训练	
单腿硬拉	3组×8次
引体向上	3组×最大重复次数
背部伸展	3组×30次
反向划船	3组×最大重复次数
北欧式腿弯举	3组×3次

第3天：兄弟型训练	
侧平举	4组×15次
俯卧哑铃侧平举	3组×12次
哑铃弯举	3组×10次
绳索臂屈伸	3组×10次
锤式哑铃臂弯举	2组×10次
蛙式臀泵	4组×50次
弹力带坐姿髋关节外展	2组×30次

第4天：全身训练	
杠铃臀推金字塔	10/8/6/15次
上斜推举	3组×8次
反手下拉	3组×8次
杠铃弓步	2组×20次
俯卧撑	2组×最大重复次数
单臂划船	2组×10次
器械臀腿起	2组×15次

复合/兄弟型训练系统

你们中的许多人可能像我一样，几乎可以说是沉迷于健身房。如果你多休息几天或进行分块训练，可能会看到更好的效果，但是你喜欢同步进行提举与全身训练。几年前，我为依然希望看到良好训练效果的健身迷，发明了复合/兄弟型训练系统。

你要做的是：在第1、第3和第5天（例如，周一、周三与周五），以从低到中等的重复次数范围（重复1~10次）执行复合举重，并且在每组运动之间安排较长的休息时间（3分钟），在第2天和第4天，以及可能在第6天（例如，周二与周四，周六为非强制性的），以从中等至较高的重复次数范围（重复10~30次），较短的休息时间（1~2分钟）执行更有针对性的孤立动作。

我在下一页的图表中较为全面地列举了相关运动，当然你还可以进行其他运动。这样做可以在每次训练中训练全身，但你要交替进行繁重的训练（复合举重）以及较为轻松的训练（孤立动作）。

费力程度是要考虑到的另一个重要因素。在复合训练日要更加努力地进行训练，然后在兄弟训练日增加重复次数。在兄弟训练日，你应该感受到肌肉灼烧感及泵感，但是不会训练到力竭，也不会尝试渐进式超负荷的训练方式，注意要以神经-肌肉连接来保持标准的运动姿势。

如果你在兄弟训练日过度训练或感到肌肉酸痛，那么第2天的训练就会受到影响，这样一来你就无法变得更强壮或无法促进肌肉增长。要真正掌握此系统，需要花费几周的时间，因为你学习的是对你来说最佳的训练方法，并且你可以确切地了解到什么样的费力程度合适，从而可以让自己在第2天仍然神清气爽。

在进行复合/兄弟型训练时，我做了蛙式臀泵、宽距侧卧髋关节外展、卧姿腿弯举、绳索侧平举、俯卧哑铃侧平举以及面拉。我体验到了很棒的臀肌和三角肌泵感，并且在第2天依然可以做一些大负荷运动。全身训练非常艰苦，大多数人都因为做得太多而把训练搞砸了。该系统可在满足你日常举重需求的同时让你有所收获。

复合/兄弟型训练

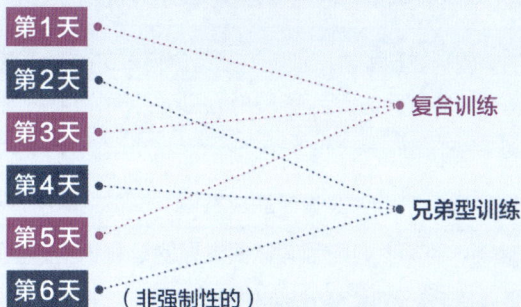

系统

第1天
第2天
第3天
第4天
第5天
第6天（非强制性的）

复合训练

兄弟型训练

复合训练：选择4项运动，每项运动做3~4组		兄弟型训练：选择6项运动，每项运动做3~4组	
杠铃深蹲	肩部硬拉	自重蛙式臀泵	自重反向山羊挺身
杠铃硬拉	卧推	自重屈膝弓步	绳索后踢
杠铃臀推	引体向上	器械臀腿起	外展/内收运动
杠铃臀桥	坐姿下拉	膝关节弹力带臀桥	腿弯举/腿部伸展
双腿推举	上斜推举	自重登阶	蝴蝶机夹胸/飞鸟式/交叉运动
负重分腿深蹲	俯卧撑	小负荷高脚杯深蹲	过肩前拉
负重登阶	臂屈伸	小负荷壶铃硬拉	直臂下拉
杠铃直体躬身	划船	哑铃单腿罗马尼亚硬拉	面拉
		壶铃摆荡	哑铃侧平举
		推雪橇	侧平举
		弹力带臀推	前平举
		绳索髋屈伸	弯举
		自重背部伸展	臂屈伸

你可以使用这些训练模板中的任何一个，然后取得良好的效果。每种分块训练方式都有其优势与不足。例如，身体部位分块训练可以让你从各种角度进行训练，但训练频率通常会受到影响。全身训练对新陈代谢的要求最高，但你并不一定总能找到自己喜欢的运动。我更喜欢全身训练（从技术上讲，这并不属于分块训练），因为只要你像我一样把它当作专门的臀肌训练计划，你其实可以做更频繁的臀部训练及更多其他类型的运动。实际上，第18章中的3个计划都是全身训练计划。

同样，你必须评估自己的训练目标，并且考虑自己喜欢什么。任何训练计划都不是完美的。我全年都会调整训练计划，尝试组合几个不同的分块训练计划。当我进行行全身训练时，我会想念自己专门训练三角肌的那一天。而当我进行分块训练时，我又会想念每次把所有运动都做一遍的感觉。只要你按照三分法则，保证足够的运动量，并且每周至少训练2次臀肌，你基本上就可以选择使用你最喜欢的分块训练方式，同时收获不错的训练效果。

265

第17章 运动型、混合健身型、健美型及举重型臀肌训练

如果你按照我提供的臀肌训练计划进行训练，那么你很有可能在增强运动能力的同时获得理想的形体。不过，还有很多其他不同的方法可以帮助你进行臀肌训练。如果臀肌训练并不是你主要的关注点，那也没关系。无论你是运动员，需要进行体育运动，还是喜欢其他力量训练方式，例如混合健身、健美运动或举重，你仍然可以训练臀肌，尤其是在不影响训练安排的前提下。实际上，正因为你要进行的是臀肌主导型运动，是以一种新的独特方式来发展臀肌，使之更健壮，所以你的运动能力、力量与形体可能都会随之改善。

体育运动和运动表现型臀肌训练（运动员）

如果你进行臀肌训练，那么你的力量和运动表现很有可能会有所改善。我和那些跟我合作的运动员已经全面认识到了这一点，不同领域的运动员现在也跟我们一起在臀肌实验室中发现了这一点。即使是纯粹对形体训练感兴趣的女性，也告诉我她们在运动时或在健身房以外享受其他活动时，她们自我感觉更好了，也觉得自己更强壮了。

但是，在为了提高运动表现而进行训练时，你所要做的事情与在进行增肌训练时会有所不同。如果进行你训练纯粹是为了增大臀肌，那你可以专注于增加运动量，借助弹力带进行充血训练，同时保持较高的重复次数。另外，你还可以而且应该运动到力竭或接近力竭。为了提高体育运动表现，你会希望自己的动作重复速度可以保持在相对较高的水平，这样一来你就不会想无休止地进行太多次慢吞吞的动作重复。这就是聚组和速度训练在运动员中特别受欢迎的原因。因此，你可以使用各种负荷并保持爆发性的动作重复速度，以更形象地模仿体育运动中的动作（在大多数情况下），而不是借助弹力带进行充血训练，训练到筋疲力尽、肌肉力竭。

同样重要的是，你要从不同的力矢量方向（水平、垂直、侧向和旋转）进行训练（有关每个力矢量的完整说明，请参见第10章），并混合进行小、中等、大负荷训练以及爆发性训练，例如奥林匹克举重、深蹲跳、雪橇运动，当然还有短跑、敏捷性训练和冲击训练。

换言之，你要从你在运动中使用的每个力矢量或方向（前后、上下、左右、旋转）上获得力量。而且，你必须在这些方向上抵抗阻力，在整个运动范围内产生作用力。用专业术语来说，就是你要向右/向上移动整条力速曲线，以便在所需的每个速度水平上产生更大的力，并在所需的每个方向上都产生更快的运动速度。

在下图中，请注意，你可以选择 Y 轴（力）上的任何一点，然后向右找到其在两条曲线上的对应点，或者选择 X 轴（速度）上的任意一点，然后向上找到其在两条曲线上的对应点。通过观察可以发现，"训练之后"的值与"训练之前"的值相比有所增加。现在，你在任何运动速度下都变得更有力量了，在任何负荷下，运动速度也都更快了。

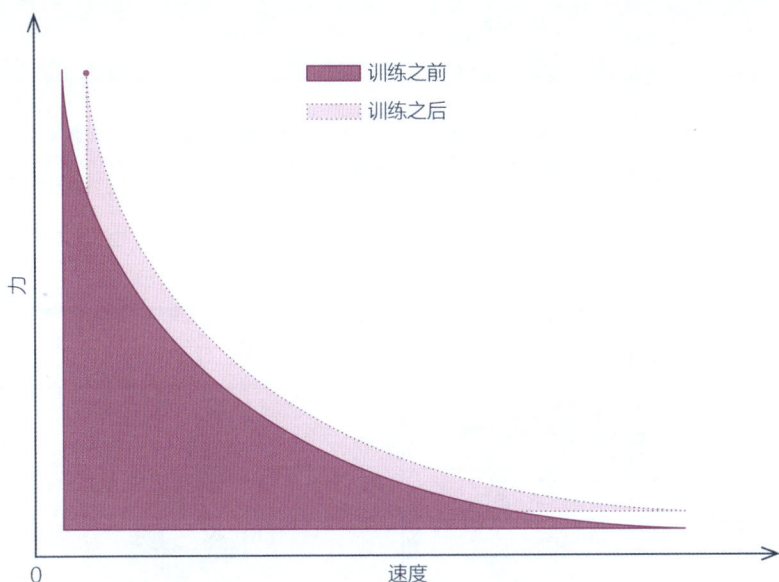

坚持有效的训练计划之后，力速曲线的变化

最后，你应该在健身房优先进行大负荷爆发性训练。如果你是田径运动员或你准备参加体育运动，那么速度训练是极其重要的一环，你需要全速冲刺，进行爆发性训练。而且，你应该在训练一开始趁着自己活力满满时，首先进行速度训练和爆发性训练。如果你同时还有训练出更大、更健壮的臀肌的目标，那么你还要添加针对臀肌的训练。不过，你应该优先训练腘绳肌，因为腘绳肌可能是最重要的冲刺型肌肉（臀肌可能排在第2位），并进行北欧式腿弯举，这样可以有效防止腘绳肌拉伤。

然而，如果你试图通过全速冲刺和爆发性训练来打造出更丰满的臀部，就请不要浪费时间了。这些动作进行得太快，无法让你长出太多肌肉，因为这样无法形成足够多的横桥以给臀肌施加最大张力。短跑运动员确实有巨大的臀肌，但这更多地与他们的遗传基因和所做的抗阻训练有关，而不是他们在赛道上所进行的短跑活动。

运动员以多种方式训练，但大多数人都遵循全身训练计划。在下一页，我提供了一个示例方案，它将爆发性训练与举重相结合，这对于大多数运动员而言都是有必要的。此处假设运动员每周训练3次，在完成所有短跑训练、爆发性训练、敏捷性训练和爆发性抛药球训练之后，进行举重运动。

你可能还记得我说过要做16组艰苦的臀肌运动，但是如果你是运动员，则可以多做几组，因为进行力量训练（每天的前2次训练）对你来说没有那么费劲，你要做的不是以较高的重复次数训练到力竭，因此可以做一些其他低要求的辅助训练（屈髋运动与腹肌训练）。只要是在非赛季，该方案的要求对于你而言都不会太苛刻。

第1天	
六角杠铃深蹲跳	4组×3次
大负荷壶铃摆荡	3组×8次
后深蹲	3组×6次
杠铃臀推	3组×6次
窄握卧推	3组×6次
胸部支撑划船	3组×8次
绳索屈髋	2组×10次
健腹轮训练	2组×10次
侧平板支撑	2组×30秒

第2天	
大负荷推雪橇	3组×20米
爆发式45度山羊挺身	3组×8次
哑铃保加利亚式分腿深蹲	3组×8次
硬拉	3组×6次
上斜推举	3组×8次
负重引体向上	3组×3次
北欧式腿弯举	3组×3次
站姿绳索抗旋转	2组×10次
悬体支撑	2组×20秒

第3天	
跳跃弓步	3组×6（每条腿跳3次）
单臂抓举	3组×5次
后深蹲	3组×6次
杠铃臀推金字塔	10/8/6/20次
窄握卧推	3组×6次
哑铃俯身划船	3组×8次
踝关节负重站姿屈髋	2组×12次
俄罗斯壶铃挑战平板支撑	2组×20秒
负重行走	2组×20米

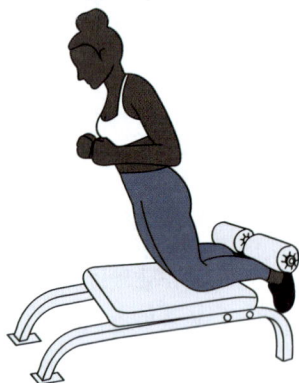

如你所见，此方案可以增长和强化臀肌，从而使臀肌在运动中产生很大的力量。在此方案中，你每天要做2次爆发性举重运动（如跳跃弓步），膝关节主导型训练（后深蹲），臀肌主导型训练（臀推），上半身推的运动（窄握卧推），上半身拉的运动（引体向上），以及一些辅助运动，例如多方向核心稳定性运动（如站姿绳索抗旋转），屈髋运动（绳索屈髋）与离心腘绳肌运动（北欧式腿弯举）。如果你更喜欢奥林匹克举重（如瞬发上博），则可以用那些运动代替上面列出的爆发性举重运动。

最佳的体育运动型臀肌训练是什么

　　这个问题没有最佳答案，它取决于具体的运动与运动位置。正如我之前提到的那样，对于大多数运动员来说，全身训练非常重要。显然，我偏向于臀推训练，并且我认为，每位运动员都可以受益于臀推、深蹲和硬拉动作。但是，你还需要通过着重进行针对你所进行的体育运动及你身体的力量薄弱部位的运动来进行全身训练，这至关重要。

　　在几乎所有的情况下，提高体育运动表现的最佳方法就是练习一些你所进行的体育运动涉及的动作。这是运动专一性所提出的规则。从最基本的角度来看，这意味着，如果你进行的体育运动是格斗，那么对你来说最好的提高运动表现的训练就是格斗训练。如果你进行的运动是游泳，那么你就需要进行游泳训练。你所做的所有其他训练都是补充性的，在设计运动强度及进行运动调节时要深思熟虑。如果你在健身房中所做的训练没有提高你的运动表现或防止你在运动中受伤，那么这或许就是在浪费你的时间。

　　更重要的是，训练效果因人而异，这对每个人来说都是不同的。例如，假设你一直以来只做过深蹲，既没有做过硬拉，又没有进行很多铰链运动。在这种情况下（虽然不太可能发生），硬拉将是你的最佳选择，因为执行这种新的运动可以让你看到很明显的训练效果，而这恰恰会转化成你在体育运动表现方面的提升。臀推也是一样的。如果你所做的运动只有深蹲和硬拉，并且从未进行过像臀推这样的臀部主导型运动，那么你可能会从臀推中获得巨大的益处。因为到目前为止，你一直非常依赖自己的股四头肌与腘绳肌。如何进行训练也很重要。对于体育运动，你通常应避免训练到力竭，要保持重复运动的爆发性，并尝试进行聚组及速度训练。

　　此外，大量研究表明，通过针对自己的力速曲线量身设置特定的负荷进行训练，你可以看到更佳的训练效果。非常强壮的力量型运动员在小负荷下进行爆发性训练，训练效果更佳，而敏捷的速度型运动员则在大负荷下进行运动会有更佳的训练效果。不过，想要确定哪些训练可以更好地优化每个特定的技能和动作，以及该训练方法应该坚持多长时间，还需要进行更多的研究。例如，运动员应该在一个月、一年或一生中一直坚持自己的理想负荷吗？应该在什么时候加入多样的负荷？

　　我希望可以为你们提供一个适合所有体育运动及所有运动员的最佳答案，但现实是你必须找出自己的弱点，选择最合适的运动来消除这些弱点，并且最重要的是，设计一个专为你自己及你所进行的体育运动与运动位置打造的训练计划。尽管越来越多的体能教练开始在训练计划中加入臀肌训练，但我觉得，臀肌主导型运动方式仍然是许多运动员的力量训练计划缺失的一部分。

混合健身型臀肌训练

　　毋庸置疑，混合健身是健身运动领域最流行的趋势之一，它对人们的训练方式产生了深远的影响。研究表明，混合健身方法可以带来令人难以置信的生理改善效果，并且在安全性方面，其伤害率与健美运动和举重等其他流行的训练系统相近。尽管如此，我相信混合健身的效果可以通过一些计划上的调整变得更加出色。

　　混合健身的主要原则之一是，混合健身方法是获得出色的身体素质的最佳方法。然而目前的问题在于，混合健身当日训练（workouts of the day，WOD）很少包含特定的臀肌训练，如臀推、杠铃臀桥与水平背部伸展。尽管它们的确倾向于包括深蹲与髋关节铰链运动、奥林匹克举重、推雪橇与美式壶铃摆荡，但这些与特定的臀肌训练并不相同。

　　此外，还存在另外一个问题：遵循标准的混合健身模板不大可能使你在水平方向上产生力和力量的能力得到最佳的改善。在短跑（混合健身当日训练通常包含的一项运动）或其他运动中将对手甩开时，你需要能够产生水平方向上的力和力量。我的研究表明，与后深蹲相比，臀推更能产生水平推力。

　　另外，混合健身明显极大地增强了臀肌力量，增加了臀部的肌肉量。臀肌力量对于在所有方向（包括垂直、水平、对角线、左右以及旋转矢量方向）上进行加速和移动都非常有帮助。最后，当臀肌发展达到前所未有的程度时，你就会获得心理上的满足感，我认为这将受到全球混合健身人士的热烈欢迎。当臀肌发达时，你就会知道，它可以帮助你建立信心。

　　值得一提的是，混合健身在臀肌发展方面的益处不胜枚举。混合健身的妙处在于，你可以进行很多深蹲及髋关节铰链运动。如你所知，这些运动可以强化臀肌，但主要在屈曲位置起作用。为了促进臀肌的发育，混合健身人士只需在其训练计划中增加臀肌主导型运动，如臀推、臀桥以及外展运动。除了可以开发更壮硕的臀部外，这些动作或许还有助于减轻做深蹲和铰链动作时，过度伸展容易引发的背痛。我与很多混合健身人士一起训练过，我发现当我们增加更多的臀推、臀桥式和外展运动时，他们的背痛往往会自行缓解，这不仅是因为这种训练方式增强了他们的臀部力量，而且因为在髋关节伸展的结束动作中它鼓励骨盆后倾，这提醒了他们在锁定髋关节时不要前倾骨盆。

　　最好的地方是，你可以安全、高强度地执行臀部主导型运动，特别是臀桥与臀推，因为这些运动非常稳定且平稳。换言之，与硬拉或深蹲相比，在疲劳时做臀推或臀桥，受伤的可能性较小。

　　从体能训练的角度来看，在混合健身中添加臀肌主导型运动也有助于促进臀肌增长。一些进行混合健身的女士向我抱怨她们的股四头肌与腘绳肌过于发达，这确实是讲得通的，因为她们进行了大量的股四头肌和腘绳肌主导型运动。现在，有些人可能会争辩，他们不太在乎自己的体形，他们关心的只是肌肉功能。然而，只有拥有强健的臀肌和匀称的身材才会让你的肌肉功能更加出色。肌肉的疼痛感越弱，你的肌肉功能就越出色。而且，如果你拥有匀称的体形，同时根据各种可靠的运动模式和力矢量进行运动，那么你的肌肉功能会更优秀。

如果你是混合健身人士或者你正在和混合健身人士一起训练，你应该意识到，只要训练计划设计恰当，添加针对臀肌的训练不会对混合健身训练的效果产生负面影响。针对臀肌的训练或许会使你变得更强壮、更敏捷、恢复得更快，但你也不能痴迷于过大的运动量，你只需要在力量训练（通常在混合健身当日训练之前进行）中加入几组臀肌主导型外展运动即可。或者，你也可以进行常规的混合健身训练，但每周要添加2组针对臀肌的训练。以下为2个在混合健身当日训练中添加臀肌训练的模板。

在混合健身当日训练中添加臀肌训练的模板

示例1	
以下运动各做3个循环	
杠铃臀桥	重复12次
弓背背部拉伸	重复20次
膝关节弹力带髋关节外展	重复10次，每次停顿3秒

示例2	
以下运动各做3个循环	
杠铃臀推	重复8~12次
蛙式臀泵或膝关节弹力带臀桥	重复50次
宽距侧卧髋关节外展	重复20次

健美型臀肌训练

所有的健美运动员都有自己独特的运动习惯，但绝大多数健美运动员都坚持进行身体部位分块训练。想象一位举重运动员喜欢进行身体部位分块训练，但臀肌发展严重不足。该举重运动员可以看到不错的训练效果，如果他打破常规进行训练，每周训练下半身3次，训练上半身2或3次，例如，第1天（星期一）训练臀肌，第2天（星期二）训练胸部/肩膀/肱三头肌，第3天（星期三）训练股四头肌和臀肌，第4天（星期四）训练背部/后三角肌/肱二头肌，以及第5天（周五）训练腘绳肌和臀肌。这样，他在3个下半身训练日都有效地训练了臀肌。假设此举重运动员在商业健身房中训练，其富有成效的臀部训练周可能如下表所示。

第1天：臀肌训练	
杠铃臀桥	3组×12次
绳索后踢	3组×15次
反向山羊挺身	3组×30次
弹力带侧向行走	3组×20次
弹力带坐姿髋关节外展	3组×30次

第2天：胸部肌肉/肩部肌肉/肱三头肌训练	
哑铃上斜推举	3组×8次
坐姿肩上推举	3组×12次
俯卧撑	3组×最大重复次数
绳索侧平举	3组×12次
V形握柄臂屈伸	3组×12次

第3天：股四头肌和臀肌训练	
后深蹲	3组×8次
哈克机深蹲	3组×12次
史密斯机反向山羊挺身	3组×12次
腿部伸展	3组×20次
仰卧卷腹	2组×20次
侧身卷腹	2组×20次
悬垂举腿	2组×10次

第4天：背部肌肉/后三角肌/肱二头肌训练	
高位下拉	3组×8次
坐姿划船	3组×12次
反向划船	3组×最大重复次数
反向蝴蝶机夹胸	3组×12次
哑铃交替弯举	3组×12次

第5天：腘绳肌和臀肌训练	
罗马尼亚硬拉	3组×8次
单腿背部伸展	3组×12次
滑盘腿弯举	3组×12次
坐姿腿弯举	3组×20次
负重提踵	2组×10次
坐姿负重提踵	2组×20次

如你所见，该运动员在一周中训练了3次臀肌。第1天涉及臀肌较大的张力与较强烈的代谢压力反应，第3天涉及臀肌中等程度的张力和大量的肌肉损伤，而第5天涉及臀肌中等程度的张力与代谢压力反应。因此，臀肌上部和下部受到了充足的训练，尤其是在第1天。

通过在每个下半身训练日的热身过程中，进行小负荷的臀肌激活练习（请参阅第152页），以及在第3天与第5天的腿部训练结束时进行额外的臀推和弹力带侧向行走练习，该举重运动员的臀肌体积会变得更大。当然，可以从第2天与第4天的训练中抽出针对肩膀或手臂的训练，使其构成一个单独的第6天（星期六）的训练。

瑜伽、动感单车和普拉提怎么样

我坚决支持不同的训练方式，只要它们是你喜欢的并且不会对你造成伤害。当然，对于不同的训练方式，我也有我自己的想法。我相信有些人会被误导，尤其是在谈到形体训练目标时。如果你想增加肌肉量，同时，你所做的只是参加瑜伽和动感单车课程，那么你将无法获得自己期望的效果。此外，如果你只是把这些运动当作强健体魄的一种方式，那么你可能误入歧途了。

力量训练与运动调节行业数十年来一直试图消除强健体魄的神话色彩。要知道，世上并没有强健体魄的特殊神经肌肉适应方法。你正在做的训练要么会导致肌肉的高效增长或低效生长，要么根本无法促进肌肉增长。

例如，假设某位男士想获得发达的胸肌。那么，最好的策略是采用渐进的形式每周训练两次，完成各种复合动作和孤立动作。每周进行几天的俯卧撑与臂屈伸是一个不错的策略。较差的策略就是进行瑜伽或跆拳道，靠它们来增长胸肌。臀肌训练也是一样的，要使用健美的方法进行，或者像力量型运动员一样训练，但不要像长跑运动员那样训练。

强健体魄的神话色彩是人们利用女士对壮硕体形的恐惧进行市场营销的结果，这些女士看到健美运动员的照片，她们不想让自己变得过于壮硕。但这就是问题所在：如果你是拥有能够控制肌肉生长的基因的幸运儿之一，那么你一周可能只需要进行一次40分钟的全身训练即可获得理想的形体。但是，如果你只是绝大多数基因普通的人中的一个，那你只有通过抗阻训练才能获得理想的形体。而且，如果你有一个自己的目标，那么就应该选择一条最有效的途径。

如果你生活中的主要目标是每周赚13 000元，那么，如果你放着每小时赚700元的工作不选，选择了每小时赚210元的工作，那可太愚蠢了。形体训练也是如此。抗阻训练可以让你在短时间内达成目标。

请不要误解我在这里所说的话。我热爱各种运动，并鼓励人们做自己喜欢的运动。瑜伽和普拉提非常棒，它们有益于身体健康。但你要知道抗阻训练是你可以为达成美学目标而做的最好的单项运动。只要你努力训练，不论是高重复次数还是低重复次数，你都可以达成目标。

简而言之，如果你喜欢瑜伽和动感单车课程，并且做这些运动让你感觉良好，那么你就应该做这些运动。但是，如果你的目标是发展臀肌，那么你仍然需要接受我建议的训练，除非你是0.1%拥有出色臀肌基因的人中的一员。

因此，关键在于对照自己喜欢的运动来衡量目标并找到其中的平衡点。当然，你会说我存在偏见，这是事实，但我相信每个人都可以受益于臀肌训练，无论他们喜欢做哪种运动。

要知道做这些运动（瑜伽、动感单车、普拉提等）不会对你的臀肌发展有太大帮助。如果这些运动真的有助于臀肌生长，我肯定会把它们纳入训练计划，并推荐给你们。此外，进行过多的运动会适得其反。如果你喜欢做瑜伽、动感单车或其他一些运动，那就大胆去做，但要确保自己没有运动过度。同时，你要保证优先进行力量训练。也就是说，你要首先进行力量训练，确保自己饮食到位，休息充分，活力十足，然后再做其他训练。

举重型臀肌训练

举重运动员，特别是那些计划参加比赛的举重运动员，要专注于3项主要的举重训练：深蹲、卧推与硬拉。在进行计划设计时，这些举重训练应该放在首位。你可以在辅助训练中（许多举重运动员会做的）进行臀肌主导型训练，例如臀推和外展运动。举重运动员一直以来都是先举重，再进行辅助训练。

在举重运动员中十分受欢迎的运动有直体躬身、保加利亚式分腿深蹲、45度山羊挺身、反向山羊挺身、绳索髋屈伸、器械臀腿起、雪橇运动以及器械摆荡。并且许多举重运动员思维开阔，想到了在热身期间使用绳索和弹力带（如臀肌弹力圈）。对于举重运动员，我唯一的建议是对臀推、臀桥、钟摆式四点跪姿髋关节伸展（在反向直腿后摆机下方做）及弓背背部伸展（不在臀腿训练器上做）保持开放的态度，因为这些动作可以增强他们在深蹲与硬拉时的力量，改善他们的肌肉功能。

行之有效的增强举重力量的方法有很多。简单来说，想象一位举重运动员，他在第1天（周一）做深蹲训练，第2天（周三）做卧推训练，第3天（周四）做硬拉训练，在第4天（周六）做增肌训练。有些人仅靠深蹲和硬拉就可以增长臀肌，特别是男性，但让我们假设这位举重运动员对自己的臀肌发育水平并不满意。那么，他遵循下面的训练计划会获得很好的效果。

第1天：深蹲训练	
后深蹲	5组×5次
杠铃臀推或杠铃臀桥	3组×10次
杠铃背部伸展或钟摆式反向山羊挺身	3组×10次

第2天：卧推训练	
卧推	5组×5次
肩部硬拉或窄握卧推	3组×10次
胸部支撑划船或坐姿划船	3组×10次

第3天：硬拉训练	
传统硬拉或相扑硬拉	5组×5次
杠铃前深蹲或杠铃保加利亚式分腿深蹲	3组×10次
单腿臀推或钟摆式四点跪姿髋关节伸展	3组×12次

第4天：增肌训练	
高位下拉	2组×10次
哑铃卧推	2组×10次
反向划船	2组×10次
侧平举	2组×10次
锤式哑铃臂弯举	2组×10次
绳索臂屈伸	2组×10次
俯卧哑铃侧平举	2组×10次
弹力带侧向行走	2组×20次
蛙式臀泵	2组×50次

与健美运动员的训练计划一样，在此举重训练计划示例中，臀肌训练也是每周3次。周六的训练为臀肌上部和下部泵入了额外的血液，而不会阻碍身体恢复，更不会影响周一的深蹲训练。为了增加臀肌的训练量，该举重运动员还可以在周一及周四的动态热身运动中加入臀肌激活训练。

第18章

答疑解惑与臀肌训练计划

遵循训练计划很重要，原因有很多。它可以帮助你保持训练的连贯性，确保你能够明智地进行结构化的训练（假设你遵循的是与目标及经验相匹配的训练计划），使你能够接触到本可能做却从未做过的训练，并为你凭直觉进行训练或设计之后的训练计划打下基础。

在本章中，我提供了3个为期12周的以臀肌训练为重点的全身训练计划，让你从初级进步到中级，再到高级。简而言之，每个计划都在前一个计划的基础上引入了更复杂的运动变式。如果你不熟悉力量训练，请从新手训练计划开始，然后依次进行中、高级训练计划。如果你有训练经验，则可以直接从中级或高级训练计划入手。

你选择什么训练计划可能取决于你可用的器材。如果你想在家训练，而你可用的器材却很少，即使你是高级训练者，也可以按照新手训练计划进行训练，这样你仍然可以获得不错的训练效果。但是，你必须修改训练计划，执行更具挑战性的运动形式，并努力训练。

这3个计划旨在通过整合本书涵盖的大多数方法、训练策略和运动帮助你打下坚实的基础。完成这些训练计划之后，你可以参照分块训练计划模板，尝试设计自己的训练计划，或者考虑一下我提供的训练计划设计方法，其中包括个性化计划设计方法和我在在线平台"布雷特式臀肌训练"提供的计划。

需要指出的是，每个计划中内置了可自定义的部分。在每次训练结束时，你会有10分钟的自由时间来进行任何你想做的运动（更多相关信息请参阅第279页）。自由时间很重要，因为每个人都有自己需要特别关注之处，而这些可能并未包含在训练计划中。无论是为了训练某个身体部位还是进行你真正喜欢的运动，你都可以根据自己的喜好为自己量身打造训练计划。因此，不要看了一下某个训练计划，仅仅因为它缺少你最喜欢的一项运动，就认为它不适合你。你可以在训练结束时做你喜欢的运动。如果你认为这个计划会奏效，并且有一定的自由时间去做自己想做的运动，那么你更有可能保持训练的连贯性，信心也会增强，然后获得更好的训练效果。

在后文中，你将通过为期12周的训练计划示例，了解更多有关如何遵循计划，如何为自己量身打造训练计划，以及如何获得最好的训练效果的信息，因此，我强烈建议你在开始设计训练计划之前先通读训练计划指导常见问题解答部分。

训练计划指导常见问题解答

当你开始按照预先编好的训练计划进行训练时，你自然会产生疑问。在后文中，我将回答我在帮他人设计训练计划时被问到的问题，以及那些在按照我在在线平台"布雷特式臀肌训练"中提供的计划进行训练的人最常问到的问题。我确定这些问题在你按照本章稍后提供的12周计划进行训练时，你也会遇到。

此处介绍的大多数内容都是从上一章中提取出来的。你可以将其视为遵循12周训练计划的指南，也可以把它当作对本书所介绍的训练方法的说明与概述。

我应该严格按照训练计划规定的顺序进行训练吗？

每个训练计划都应按顺序执行，这意味着你应在这12周内按顺序进行训练，然后进行下一个计划。但是，你可以并且应该替换掉那些你无法忍受的训练。因此，如果深蹲会伤害你的膝关节，你可以用登阶训练或股四头肌主导型运动来代替。通过努力训练来获得最大训练成效也同样重要。例如，在一个月内，你应该每天都增加头几项运动的负荷或重复次数，因为这几项运动通常动作幅度较大，可以训练整块肌肉。要做到这一点，可以在相同的负荷下增加重复次数，或者在相同的重复次数下使用较大的负荷。不过，请勿尝试在每周的每次训练中都去创造个人纪录。在训练的最后，应该追求质量胜过数量，你不必为了高度激活肌肉而去冲击个人纪录，创造可调节的刺激即可。

做这些训练太容易了，我现在的水平是不是高于这些训练？

大多数人都不知道如何在体育馆中努力训练，并且永远也无法发挥出自己全部的潜能。如果你认为训练太容易了，那可能是因为你训练时没有花费足够的气力。

当我第一次尝试每次训练都只做一组且全力以赴做到力竭的高强度训练时，我在训练初期就犯了这个错误。我的身体和思维都习惯了针对一块肌肉进行多组和多种运动的模式。我从来没有想过，只要一种运动（或一组运动）就足以使力量与肌肉得到增长，这也是很多人的想法。现在，我不建议你在每次运动中执行仅做一组且做到力竭的训练，尽管根据你的生理状况，这可能会使你受益。我的建议是，每种运动不需要非得做5组。如果你习惯于做5组，那么减少任何一组，你都会因为习惯了较多的运动量而感觉自己像在朝着错误的方向前进。在你的意识中，自己需要进行多组运动，常常需要针对一块肌肉或一种运动方式进行多次训练，才能感觉自己得到了很好的训练。但事实并非如此。训练到接近力竭或力竭，并不需要过大的运动量。实际上，减少运动量及花费更大气力在运动上对增强力量和增长肌肉同样有效，另外，这样做还有可以缩短训练时间，降低过度劳累造成损伤与精力耗尽的概率的好处。

也就是说，花费气力运动到力竭是需要时间的，因为你要花费几周甚至几个月的时间，才能知道力竭的感觉。一旦掌握了技术，适应了这种训练，你就会意识到运动量小、花费的气力大可以让你收获更好的训练效果。

我习惯于更大的运动量，那根据这些计划我怎样才能进步呢？

正如我已经说过的那样，许多举重运动员，尤其是女性举重运动员，运动量过大。研究表明运动量存在一个"甜蜜点"，对于肌肉适应能力而言，运动量过小或过大都未使其到达"甜蜜点"。常见的误解是，运动量越大，效果就会越好。但情况并非如此。以我的经验来看，大多数举重运动员的"甜蜜点"是每天12~20组，但是显然，只有考虑许多因素的相互作用才能确定具体的运动量，这些因素包括运动选择、负荷、费力程度、训练频率、健身水平、年龄，尤其是基因。无论如何，作为一名私人教练，我都可以通过避免疯狂的大运动量计划，选择适度运动量计划来帮助客户逐渐增长力量并冲击个人纪录。在刚开始与我一起训练并减少运动量时，我的客户中有很多人会立即获得较大的进步。因此，在设计训练计划时要相信这些因素的作用，最重要的是，要注意保持正确的运动姿势，付出努力并相应地增加运动负荷。

我应该如何热身？

训练计划不包括热身运动，因此，你需要自己想办法让身体为接下来的运动做好准备。我在第153页概述了一个热身示例，它可以在你按照12周训练计划进行训练时为你服务，但我想强调的是，热身时长因人而异。一些举重运动员仅需要热身5分钟，而其他人或许需要或更喜欢热身45分钟。我的大多数客户做的都是与第153页所述的运动类似的热身运动，或者做下列运动中的一项或多项：弓步、高脚杯深蹲、背部伸展、哑铃直腿硬拉、高抬腿、股直肌伸展、腿部摆荡、弹力带侧向行走，有时他们会滚泡沫轴，大约滚5分钟。

如果是在早上并且天气比较冷的情况训练，那你热身的时间可能要比晚些暖和的时候要长。有时你需要根据自己的感受来选择热身运动。如果你浑身僵硬紧绷，那你可能需要进行一些轻松的动态拉伸运动；然而如果你肌肉松弛，那你只需要在开始增加负荷之前稍微进行热身。也就是说，在进行专门的热身运动之前，进行某种形式的一般热身运动，例如动态拉伸（请参见第153页）是一个不错的主意。

请记住，热身正如其名称所示：你只是在热身。许多人犯了将热身变成训练的错误。你可以将自己要做的运动作为指导。例如，如果你要做深蹲，那么你可以做一组小负荷深蹲热身或一组类似的运动来调动相同的肌群。但是，到底做多少取决于你当天的感受、要进行的运动、该运动在训练中的顺序、你的力量及健康水平、要执行的运动组数与重复次数，以及你个人的生理因素。

例如，当我将为负重深蹲做准备的热身运动作为一天中的第1项运动时，我花了相当长的时间进行热身后才开始训练。我可能会做2组自重深蹲，每组10次；然后以135磅的负荷，做3次重复运动；接着225磅的负荷，重复2次；之后以275磅的负荷，重复1次；最后以365磅的负荷，重复1次，在这之后，我就可以开始我的训练了。

对于硬拉前的热身运动，我或许会选择在训练之前先进行3组自重深蹲，每组10次；然后直接以315磅的负荷进行1~3次重复运动；接着以405磅的负荷，重复1次；之后以495磅的负荷，重复1次，然后我就可以开始硬拉训练了。

对于臀推前的热身运动，我选择进行几组每组10次的自重深蹲，然后直接以315磅的负荷进行3次重复运动，接着以495磅的负荷进行1次重复运动，之后就可以开始做臀推了。

假设我在训练中需同时进行深蹲、硬拉和臀推。我会先做上面提到的深蹲热身运动，然后做深蹲训练。做完之后我的身体已经为接下来的运动做好了准备，浑身都热了起来，所以对于以405磅的负荷进行1次重复运动的硬拉，我只需做1组热身运动。做完硬拉后，无须进行任何特定的热身运动，就可以直接去做臀推。

关于上半身的热身运动，我遵循类似的计划。也就是说，我会根据运动类型与自身的感觉来调整我的热身运动。例如，当我进行划船运动时，我不需要做任何热身运动。在做引体向上之前，我会做几组高位下拉运动，然后再吊一会儿。而做卧推之前，我需要花更多的时间去热身。我一开始只推杠铃杆，重复推5次，然后以135磅的负荷重复5次，之后以225磅的负荷重复2~3次，再以275磅的负荷重复1次，在这之后就可以开始做卧推了。对于稍后在训练中进行的"小型"举重运动，我不做任何热身运动，因为我全身已经热起来了，所以我会直接进行下一组运动。

我希望我的经验可以让你对如何进行个性化的热身运动有所了解。我非常希望你去制订适合自己及自己当天感受的热身计划。

这些计划是周期性的吗？我如何根据你的训练计划恰当地减负？

本书提供的计划是具有战略性的，并且是有要领的。每个4周训练阶段的第1周都是减负周。但这并不意味着你可以休息一周，而是说在这一周你不必花费太大的气力去训练，专注于练习举重并弄清楚下周要使用多大的负荷即可。一般来说，减负周的训练只有计划中最后一周训练难度的60%~70%。4周训练的气力要求如下：第1周，花费60%~70%的气力；第2周，花费70%~80%的气力；第3周，花费80%~90%的气力；第4周，花费90%~100%的气力。

具体如何完成？其实，你不必考虑太多。在第1周，不要做到力竭的程度。但这并不意味你不努力去做任何运动，只是说你应该运用常识，轻松进行训练。

硬拉消耗的力量比任何举重运动都要多，因此绝对不要在第1周进行硬拉。深蹲与臀推以及卧推与引体向上的难度不大，所以在第1周你可以在这些运动上多花费些气力，不过依然不要做到力竭的程度。单关节提举，例如侧平举、弯举以及弹力带侧向行走，不会给你带来太多负担，因此你可以在进行这些运动时多花些气力。

然后，在第2周，你可以进行更典型的训练，但也不要做到力竭的程度。在第3周，可以做到力竭的程度同时提高你的费力程度，但要留有余地。在第4周，全力进行训练，冲击个人纪录。请不要不假思索地将减负等同于"无用"。有太多的举重运动员的训练计划缺乏策略性，他们无法做到自我控制，最终没能得到好的训练效果。减负可以完成几项关键任务：使激素和神经递质水平恢复正常，让身体有时间修复轻伤，让你在心理上得到缓冲。而这一切都要在你练习运动技术并为未来肌肉的增长做准备的过程中得以实现。

我想增加针对特定身体部位的训练量，可以添加一些额外的运动吗？

没有人会喜欢毫无自由可言的训练计划。不仅如此，每个人都有将额外的训练时间花在不同的身体部位或运动的想法。因此，在训练结束时，我总是会给10分钟进行自选训练的时间。假设你认为自己可以在计划中加入更多的三角肌训练。那么，完成计划中原本的训练后，你可以进行几组侧平举、前平举以及后臂平举。或者，也许你十分享受腹肌训练，还想进行一些额外的核心训练。这就凸显了10分钟的自由时间的意义所在。在这10分钟内，你可以集中精力训练某个特定的身体部位，或者专注于自己喜欢而计划中缺少的运动。

但是，有一些重要的注意事项。

第一，自由时间不要超过10分钟，即每周最多进行40分钟的额外运动。我将时间限制在10分钟以内，是因为我训练的大多数女性即使多做4个小时的运动也非常乐意，即使我告诉她们这样做会适得其反。而且，如果我只告诉你可以自由选择一两项运动而不是给你时间限制，那你可能会花30分钟进行这些额外的训练。因此，无论你决定进行哪种运动，都要确保在10分钟之内完成，因为这个时间限制可以防止你运动过度。

第二，要避免大型举重训练与高强度间歇训练。因为这种训练不止作用于一个肌群，可能会对整个身体造成负担。你应集中精力进行一些不会让你有糟糕体验的孤立运动，例如腿部伸展、腿弯举、负重提踵、仰卧起坐、臂弯举、臂平举、臂屈伸等。如果你想要做更多的腿部训练，则可以进行3个腿部伸展和腿弯举的超级组，这大约需要10分钟。

第三，不要做额外的大负荷臀肌训练，例如杠铃臀推、杠铃臀桥或后深蹲。训练计划已经包含了臀肌主导型训练，所以这10分钟其实是让你训练其他你觉得需要关注的部位的。不过，你可以做臀肌充血训练，接下来我会提到这一点。

第四，我想强调的是，额外运动是可选的。我有些在训练时真正竭尽全力的客户并没有使用10分钟的自由时间，因为他们通过计划中的训练已经获得了足够的刺激。因此，如果你觉得自己根据计划进行训练已经足够了，就没有必要在自由时间做运动。

训练结束后，我可以添加臀肌充血训练吗？

如果要添加3分钟的充血训练，那就把它放在10分钟的自由时间内做。假设你想先做一些额外的核心训练（或专注于身体的另一部位），然后再做臀肌充血训练。在这种情况下，应确保腹部训练不超过7分钟，并且臀肌充血训练不超过3分钟。此外，坚持做自重臀肌训练与弹力带臀肌训练（如臀桥、弹力带侧向行走及冲量深蹲）也同样重要。

要了解有关如何进行臀肌充血训练的更多信息，请返回至第213页。

你在计划中没有纳入太多腹肌训练，我可以添加一些吗？

当然可以。训练计划中的许多训练都涵盖了腹肌训练。腹肌往往指的是精瘦的腹部，而不是壮硕的腹部肌肉。然而，如果直接训练腹肌，将训练出格外壮硕、肌肉虬结的腹部。因此，如果这就是你的目标，那么有些训练结束时，你可以在10分钟的自由时间内进行专门的腹肌训练。我建议每周进行2次2组不同的腹肌训练。腹部在常规训练中也能得到训练，因此不需要太大的运动量。

大型举重之后，我可以增加一组充血训练吗？

假设某个计划要求做3组，每组重复6次的深蹲，且你每组每次深蹲都是以155磅的负荷进行。做完这些之后，你可能会想要将负荷减少到95磅，进行充血训练。不过，这样一来，你面临的结果具有两面性。一方面，它立刻让这次训练变得更加完善，你的肌肉会陷入疲劳状态，你能够体验到肌肉的灼烧感。另一方面，考虑一下整个训练周，如果你每周做3次深蹲，再进行额外的深蹲组则会影响你在下次训练前的恢复。

在制订训练计划、改变训练计划时，你始终需要放眼全局。不时调整训练至关重要，但是你在计划中加入新的训练时，需要比从计划中去除原有的训练更加谨慎。

我可以在你的训练计划中加入额外的训练吗？

最好不要。绝对不要加入任何其他的大型举重动作，例如深蹲、硬拉、卧推、引体向上、肩部硬拉，甚至是负荷稍重的臀推。但是，如果你想做一些额外的臀肌训练，只要别太疯狂，都是可以的。例如，你当然可以在每周的训练中加入1次或2次臀肌训练，其中可以包括几组臀桥、蛙式臀泵或弹力带侧向行走。这些训练不会影响你第2天的训练。也就是说，在添加训练之前，你要考虑到下一次训练，确保自己可以在此之前恢复过来。如果你的力量没有增长，你就无法取得进步；如果你无法从训练中恢复，力量也就无法增长。

我可以另外做一些瑜伽或其他调节性训练吗？

正如我在第273页谈到的那样，我支持并鼓励你去做自己喜欢的事情。但是，你还必须考虑到自己的目标。如果你想获得更大、更强壮的臀肌，则必须考虑做额外的训练是否会对之后的训练产生负面影响。如果不会，那你就可以做其他训练。瑜伽的类型多种多样，有些瑜伽比较费力，因此，你可以尝试放松性瑜伽，而不要进行节奏紧凑的瑜伽。我更喜欢步行而不是高强度间歇训练及剧烈的调节性运动，因为后者可能会增加运动负担，削弱我的训练效果。也许你发现自己在坡度跑步机跑步、骑车、做壶铃摆荡或推雪橇时不会感到肌肉酸痛或疲劳，但是远足、爬楼梯、俯冲和冲刺运动会使你的臀肌酸痛，妨碍你的力量增长。简而言之，可以做自己喜欢的运动，但要倾听自己的身体，不要做任何可能破坏力量训练效果或使自己远离形体目标的事情。

我应该做多少有氧运动？

如果你喜欢做有氧运动，也可以在你的训练计划中加入一些有氧运动。但是，就像瑜伽及其他调节性运动一样，有氧运动也会干扰你的训练。虽然我们一直在研究讨论有氧运动是否会干扰力量训练的效果，但可以肯定地说，你永远不会既在马拉松比赛中表现最佳，又同时处于力量最强的状态，两者不可兼得。

显然，如果你给身体发出要擅长做两件相对立的事情这样混杂的信号，那么身体就无法像专注于一件事那样达到最佳状态。因此，不要沉迷于有氧运动。可以进行"放松性"的有氧运动，而不是想着创下新纪录，对自己过于苛刻。慢跑对肌肉适应能力的干扰比骑自行车及步行更多。如果你不喜欢有氧运动，并且在日常生活中很活跃，那么根本就没有必要去做太多有氧运动。步行及非训练活动（如打扫房间及跑腿）的生热作用以及举重运动都可以让你的心脏保持健康。你可以用每天走10 000步来代替做有氧运动。

我希望你将有氧运动时间限制到每周30分钟，但有时你可能会想去远足或参加某些比赛。碰到这种情况时，你需要相应地调整自己的训练计划。例如，在19.31公里障碍跑后的第2天不要进行硬拉，千万不要！

如果你想知道是否应该通过做有氧运动来减轻体重，请回到第219页，我在该页展开了详细讨论。

我可以每天都进行训练吗？

这是个棘手的问题。没错，出于健康目的，我们所有人每天都应运动。大多数人久坐不动，缺乏运动，无法保证最佳的健康状态。但是，你们中的许多人（遵循本书训练计划的人）恰恰处于相反的境地。当你努力创造个人纪录，并像我们一样训练时，你坚持的是不同于健康和健身组织建议的训练计划。

大多数人在行走、慢跑、做其他普通有氧运动、循环训练和举重时并不会运动得太激烈。如果这些训练没有渐进式的内容，那你可以并且应该每天进行。但是，渐进式抗阻训练和高强度间歇训练会给你带来压力，如果你不休息几天并定期进行训练（减少负荷和渐进式训练），那很容易会使你丧失生理机能。

我无法告诉你跟我合作的比基尼选手中有多少人运动（以及饮食）习惯不健康。他们沉迷于训练，就算只休息一天也会充满负罪感，格外焦虑。这样很不幸，因为身体需要休息几天才能恢复。

较大的负荷会对肌肉造成微型创伤，并使肌腱、韧带和筋膜产生微损伤。此外，它还会加重你大脑的负担。从心理学上讲，你每年有多少次训练可以真正做到饱含激情？绝对不是365次，更有可能是52次。这意味着你在许多次训练中都表现一般，你在有些

281

训练中会感觉很棒，而在另一些训练中可能感觉自己格外差劲。这就是身体运作的方式。但是，如果你想发挥自己的全部潜能，就一定不要做让自己的激素环境紊乱的事情。你要做的是最符合自己生理条件的事情，而不是被大脑"骗"着去做的事情。

要有自制力并按策略行事。如果你每周至少休息1天，那么你会看到比每天训练更好的效果。许多人在每周仅举重2~4天时，就可以得到不错的训练效果。本书介绍的训练计划每周包含4天的训练时间，因为这个时间长度不仅符合大多数人的意愿，而且对大众而言效果很好。如果你喜欢不一样的训练频率，可以考虑使用第3部分与第4部分介绍的原则和准则来设定自己的训练频率。

我应该在每组运动之间休息多长时间？

进行"大型"举重运动时，你需要休息2~3分钟，如深蹲、硬拉、卧推、引体向上及臀推。冲击大负荷的个人纪录的时候，你甚至可能要休息3分钟以上。当进行中等负荷的举重运动时，如划船、俯卧撑与背部伸展，每组之间要休息2分钟。进行诸如弯举、臂屈伸、侧平举和弹力带侧向行走等"小型"举重运动时，可能仅需要休息1分钟。不过，也没有使用秒表的必要，不必严格遵守休息时间要求。研究表明，凭感觉行事带来的结果最佳。如果你听从自己的身体，就会知道什么时候身体会完全恢复过来，并为下一组运动做好了准备。要了解有关休息时间的更多信息，请返回至第181页。

我应该保持怎样的速度？

在这里我要重申，速度指的是你举重的节奏。有时，你会看到类似4/1/2/0这样的信息，这表示的是降低负荷的时间为4秒，在动作最低点暂停1秒，举起负荷的时间为2秒，然后重复动作，中间不休息。举重时不要过分考虑速度，它只会让你分心。我唯一想让你留意的只是间歇组重复训练或强调离心训练的速度。在这种情况下，我会为你详细说明并告诉你该怎么做。在其他情况下，专注于举重即可。重复动作的速度不要太慢，你需要进行爆发性的向心收缩与可控的离心收缩。你要始终控制负荷并以一种平稳的方式进行举重。而某些运动的动作范围更大，因此其比其他运动需要更长的时间。

我可以以超级组的方式进行训练或将其循环进行吗？

有时可以以超级组的方式（请参阅第213页）进行训练。这意味着你做完一项运动之后，立即进入下一项运动，训练结束后再休息。有时，它可以加快训练速度而不会影响运动表现。你只要确保进行超级组训练时，选择的是非竞赛性运动。例如，深蹲和卧推可以以超级组的方式进行，臀推和划船运动也行。不过，你不会想以超级组的形式做硬拉与引体向上，因为这两项运动经常会用到背阔肌；也不会想做肩部硬拉和臂屈伸的超级组，因为它们都用到了肱三头肌。

我不建议以超级组的方式（一组接一组地进行运动，休息时间极短）进行训练。为了有效地训练肌肉并使运动富有成效，你需要在每组运动之间休息，并习惯于休息（知道休息对于收获训练成果很重要）。有时可以单独做一次臀肌训练循环，但不能选择训练计划中的主要训练方式。

可以做缓和运动吗？

如果你喜欢拉伸或步行这样的缓和运动，你就可以做，但这种运动不是必需的。当你停止训练时，你的身体自然就会冷却下来。

这个月没有任何运动安排，我非常沮丧。这是否意味着该计划不起作用？

不是的。这是停滞期的正常现象。身体运作是以波浪起伏的方式进行的。进步从来都不是线性的，力量发展不是，减重不是，肌肉增长也不是这样的。因此，要适应停滞期，知道这是训练中会出现的正常现象。

我没有感到某些训练起作用，我应该用其他训练代替它还是保留它？

有些运动你可能"感觉"不到它对任何一个部位起作用。例如，我真的不知道我最能"感觉"到硬拉作用的部位是哪里，我所有用到的身体部位在做硬拉时都感觉很费力。此外，我在做深蹲时，感觉最强烈的身体部位是股四头肌，而当我以大负荷做臀推时，我能感觉到我的股四头肌和腘绳肌的训练程度几乎与臀肌一样。但是我仍然执行所有这些训练，因为我知道进行大型举重运动会使我的肌肉更加发达。也就是说，不要仅仅因为你觉得自己必须这样做而坚持做一种运动。如果感觉不对劲，那就不用做这种运动。也许你可以之后再重新开始做这种运动，或者永远不要再做。没有一种运动是为了获得训练结果强制要做的。不错的运动数不胜数，当你去除某种运动后，你要在这个空缺位置补上一种作用于类似的肌肉并且模式相似的运动。

我如何执行你给出的某种运动？

在下一章中，我将提供所有有关臀肌训练的详细说明。如果你是一位训练新手，我强烈建议你找一位经验丰富的教练指导你的训练，或者依次学习本书提供的训练计划。正如你接下来将看到的那样，我会从自重运动开始，然后在接下来的几周中添加更具挑战性的运动。

我将在本月外出旅行，该怎样运动？

首先，祝你旅途愉快。不要为训练而烦恼。想要保持力量十分容易，保持肌肉量更是小菜一碟。你尽量保持活跃，多走动即可。这样可以防止体重增加，因为大多数人在外出期间会比在家吃得更多（当然，这里假设你没有试图增加体重）。如果你可以去健身房，那就太好了。你应该尽可能按计划训练，如果需要，可以做一些替代性运动。

如果你没有条件去健身房，则可以进行一些自重运动，包括深蹲、俯卧撑、保加利亚式分腿深蹲、弓步、蛙式臀泵、单腿臀推、蛙式反向山羊挺身、侧卧提臀和宽距侧卧髋关节外展。如果有人可以帮你按着踝关节，还可以做北欧式腿弯举和背部伸展运动。如果对方足够强壮可以支撑你，你也可以做划船运动。如果你有迷你弹力带，你还可以做各种弹力带侧向臀肌训练。

理想情况下，你应该每周至少去一次健身房，这可以帮助你保持力量并维持你在举重时的协调性。你可以每周花3~5天快速做20分钟的自重训练，使肌肉保持在蓄势待发的状态。不过，如果你只想享受旅行，完全避免运动，那么就在经过非常艰苦的一周训练（最好是训练阶段的第4周）后，尽量立刻开始这样的自重训练，这被称为功能性过度努力。在此情况下，你是在故意/策略性地过度训练，因为这样一来，你会需要更长的时间来恢复身体状态。

要了解有关度假能做哪些运动的更多信息，请查看第240页。

我应该每周逐渐增加多少负荷？

这其实很难说。因为它取决于你的性别、年龄、当前的力量和体质水平、基因以及正在进行的运动。但我可以告诉你的是，你既不能每周连续增加10磅的负荷，也不能每月连续把大部分举重运动的负荷增加5磅，因为这相当于一年增加60磅的总负荷。在你训练的第1年或第2年，你可能会在深蹲、硬拉和臀推等大型举重运动中逐渐增加这么多的负荷，但这种情况不会无限期地持续下去。如果一直这么下去，那你在10年内就能成为超人了。同样，你也不会每周以同样的负荷做1次以上的重复运动，并且也不会每个月把大部分举重运动都重复做1次以上。

考虑一下引体向上。做10次引体向上不是一件易事，这是许多人未能做到的事情，即使是训练有素的举重运动员。引体向上的进步率微乎其微，但臀推的进步率并不算小。你可以在训练开始时，轻松以135磅的负荷做10次臀推，在训练几个月之后，你的重复次数可以达到30次，但最终你会到达一个平台期。要了解如何克服训练平台期，请回到第234页。

当按照本书提供的计划（或其他任何训练计划）进行训练时，你可以尝试逐渐增加运动量，这项运动增加5磅的负荷，那项运动多重复1次。如果你某项运动要做3组，要考虑3组的总运动量或3组的总负荷。假设你正在做深蹲，并且按照计划在第2周以135磅的负荷进行3组运动，每组重复5次。也许在第3周，你可以以135磅的负荷，第1组做6次重复动作，第2组重复5次，第3组重复5次。你应该为此感到骄傲，因为你创造了个人纪录。然后，在第4周，也许你最终可以以135磅的负荷做3组深蹲，每组重复6次。如果是这样，那这是很大的进步。这些微小的进步会随着时间的推移积少成多，使你的力量与形体发生巨大的变化。

你没有给出极限力量的使用比例，我怎样才能知道应该重复几次？

如果你是力量训练研究人员或者有经验的私人教练，你会注意到，人们以一定比例的极限力量进行重复运动的次数各不相同。例如，我只有12位女性客户受试者在做臀推时，可以以50%的极限力量做到最大重复次数。她们的重复次数范围是16~29次，这意味着一位受试者可以重复运动16次，而另一名受试者以相对一样的负荷可以做29次。当以80%的极限力量进行某些举重运动时，有些受试者可以重复5次，而另外一些人则可以重复10次。如果我规定了以80%的极限力量做3组运动，每组重复6次，那么前者就无法进一步达成这个目标了，而后者则会觉得这是小菜一碟。因此，我避免了以百分比的形式规定重复次数。你只需要先给自己定一条基准线，然后在此基础上一点一点地进步。

假设你低估了你能承受的负荷。在这种情况下，你应该尝试在最后一组运动中多做几次重复动作（假设你以最大重复次数进行了一组运动），然后在接下来的一周中，你应该增加负荷。如果你高估了自己能承受的负荷，那么你最终将无法完成总重复次数，因此，在接下来的一周中，你需要减少负荷。

我是否需要严格按照书面规定的运动组数和重复次数进行训练？

一个字，不。你不会一直严格按照书面规定的运动组数和重复次数进行训练。你可以将它们视为给你的负荷建议，并尝试去接近这个目标。

假设一项健身运动需要做3组，每组重复8次。你可以根据以下3种计划来设计每组运动。

第1种计划是每组运动（我称其为水平组）都以相同的负荷进行，这为你提供了2个选项。第1个选项是以你仅能做8次重复动作的训练负荷开始，并在此条件下，每组运动都做到力竭的程度。因此，第1组运动，你重复了8次并做到力竭，之后或许第2组只能重复5次，第3组只能重复4次。那么，选择此选项的话，你永远无法拥有一个有整齐的运动组数和重复次数的计划，因为每组的负荷是相同的，而由于疲劳，第2与第3组的重复次数不会像第1组那么多。第2个选项是选择你可以重复运动10~12次的训练负荷。在此前提下，前2组运动会比较容易，只有最后一组运动会做到力竭。在这种情况下，你最终是有可能做到完成3组，每组重复8次的。

第2种计划是调整你的训练负荷，以使每组运动都能做到肌肉力竭。这被称为递减（重量）组，因为你必须减少每一组运动的负荷。假设该计划要求做3组深蹲，每组重复8次，并且你想将每一组深蹲都做到力竭的程度。如果你做深蹲的最大重复次数为8次，相应的负荷是155磅，那么你就以155磅作为你做第1组深蹲时的负荷。为了第2组与第3组深蹲也能重复8次，你必须减少负荷。因此，第2组深蹲的负荷可能是145磅，而第3

组可能是135磅。

第3种计划是增加每组运动的负荷，这与递减（重量）组恰恰相反，因此称为递增（重量）组。与上述示例相同，如果训练计划要求进行3组深蹲，每组重复8次，而你做深蹲的最大重复次数为8次，相应的负荷是155磅，那么你可能会在做第1组深蹲时，使用135磅的负荷，在做第2组时使用145磅的负荷，然后第3组使用155磅的负荷。在这种情况下，只有第3组深蹲做到了力竭的程度。

在选择训练计划时，你需要考虑运动类型、当天的感觉以及运动在训练周期中的位置。如果你想刻苦训练，你可以选择相同的负荷，每组都做到力竭的程度。如果你感觉肌肉酸痛或正在让自己振作起来，那么也许你只需要在做第3组时做到力竭的程度。关键在于，如果训练计划要求做3组，每组重复8次，你不必完全按照这个要求去做。只要你至少有一组做到了力竭的程度，那你就是遵守了计划推荐的训练方式，也就能够获得足够的刺激促进力量增强与肌肉增长。

运动组、负荷及重复次数选择	
水平组（全部做到力竭的程度）	155磅×8次，155磅×5次，155磅×4次
水平组（最后一组做到力竭的程度）	140磅×8次，140磅×8次，140磅×8次
递减（重量）组（全部做到力竭的程度）	155磅×8次，145磅×8次，135磅×8次
递增（重量）组（最后一组做到力竭的程度）	135磅×8次，145磅×8次，155磅×8次

如果我可以在最后一组运动中多重复几次动作，该怎么办？我应该坚持执行该计划还是重复运动到力竭的程度？

我在回答上一个问题时提到了这一点。这就是所谓的最大重复次数（尽可能多的运动重复次数），它是一把双刃剑。一方面，它可以确保你全力以赴，运动到肌肉力竭的程度，因而在理论上调用了所有可用的运动单位。但是，有文献表明，真正训练至力竭的程度实际上乏善可陈，这意味着你没有必要为了获得良好训练的结果就将所有运动都做到力竭的程度。更糟糕的是，如果你经常进行举重训练或频繁训练一块肌肉，那么以最大重复次数进行该运动可能会使你陷入肌肉疲劳，以至于你再次执行该训练时都无法恢复。这样的话，它不仅将阻碍你在训练中取得出色的表现，而且会使你无法再创造个人纪录。

我应该总是训练到力竭的程度吗？

绝对不能。牢记三分法则（请参见第198页）：大约1/3的运动组数应进行至力竭的程度，大约1/3的运动组数应该进行到与力竭相差1~2次重复动作，剩下的1/3的运动组数绝对不能做到接近力竭的程度。

我应该在哪几天安排训练？

这取决于你的训练频率和习惯。假如你每周训练4次，那么你需要将训练时间分成连续的几段，以免连续训练4天。我喜欢在星期一、星期二、星期四及星期五训练，然后放松身心，享受周末。有些人则喜欢在工作日休息几天，然后在周末艰苦训练。如果你周末要出去喝酒，我不建议你度过一个漫长的夜晚之后，在第2天进行训练。请记住，如果你前一天宿醉，那么你第2天就无法冲击个人纪录。你也可以在星期一、星期二、星期四及星期六进行训练，许多其他平均分布训练日的组合方式也是可以的。

如果可能，有策略地制订你的训练时间表。例如，如果我要做硬拉，我会提前休息一天，这样我就可以保持活力并且恢复体力。

每次训练应持续多长时间？

这取决于你做了多少运动、运动的类型、使用的负荷、对每组运动之间的休息时间的偏好、热身时间，以及热身运动的组数。一般来说，你的训练时间应该控制在50~90分钟（包括10分钟的自选训练时间）。

我感到身体僵硬、肌肉酸痛，我应该休息1天吗？还是调整一下训练？或者忍痛坚持原来的训练呢？

我在第223页及第226页介绍了有关避开不适、酸痛和受伤部位进行训练的内容，我鼓励你阅读一下这些内容。总的来说，你要始终保持谨慎。出现问题，就休息1天。每当我在训练中伤到自己时，我的身体几乎都会向我传达一些信息，但是我太固执，根本没有在意。因此，你要密切关注自己的身体发送的信号，从我的错误中吸取教训。很多时候，你可以先热身，若感觉好多了，就可以开始运动了，切勿自欺欺人，在自己不舒服时欺骗自己感觉良好。你的身体在大部分时候应该感觉良好，而不是因为训练而问题百出。要知道，你可以并且应该根据自己的感受修改训练计划，切勿忍受"严重"的痛苦进行训练。你凭自己的直觉就可以知道什么情况是正常的，在什么情况下自己的身体不对劲。有时我热身之后仍然感觉糟糕，最后我只是做了一些针对臀肌、三角肌或任何部位的小负荷训练，但也将这一天看作一个训练日。

训练的目标是保持自己的训练目标不变。如果你受伤了，那么你的新目标就是让自己康复并返回自己的训练基线。

如果我错过了一天的训练，该怎么办？

首先，不要为此焦虑！它已经发生了。如果由于忙碌和不堪重负而错过了训练，那么你可以完全跳过该训练而无须进行任何进一步的调整。不过，稍好的策略是将其与你后续的训练合并起来。也许我不应该在这里使用"合并"一词，因为你肯定需要减去一些训练，但是考虑一下大型举重运动，如深蹲、卧推、硬拉、引体向上与臀推。你希望自己每周至少能做一次这些运动，假设它们已包含在训练计划中（但并非每个人都可以或应该进行所有这些运动）。因此，如果你错过了星期一的训练，而这天刚好是你计划中的深蹲训练日，那么也许你可以在下一次训练中做深蹲，但要取消一项没那么重要的运动。

如果你事先知道自己会错过一次训练，则可以提前进行调整。假设你知道自己将错过星期五的训练，而硬拉是当天的主要训练项目。在这种情况下，只需在星期三提前进行硬拉，但是要取消当天计划中的其他髋关节铰链运动。例如，你可以取消哑铃45度山羊挺身或直腿硬拉。硬拉是这三者中最重要的运动，因此要优先考虑。假设你原本计划在星期一、星期三和星期五各做15组运动，但错过了星期一的运动，那么进行调整之后，也许你可以在星期三和星期五各完成18组运动来弥补星期一错过的运动。也就是说，在本周你一共要做36组运动，而不是原来计划的45组。不要尝试在星期三与星期五将全部45组运动做完，因为这可能会导致你运动过度。但是，如果你是因为疲惫不堪和过度疲劳想要休息一天，那么就好好休息一天，在重新回归日常训练之前，试着做一些简单的运动。

如果你因商务旅行或度假而缺席了整整一周的训练，则可以从上次中断的地方开始执行该训练计划。如果你因为受伤或半途而废而错过了数周的训练，则可以考虑按照训练计划从头开始训练。

在没有训练安排的日子里我能做些什么来使自己有所收获？

10年前，我一直思考自己应该做些什么来加快自己训练后的恢复：泡热水澡、水疗、桑拿、身体冷却、按摩、滚泡沫轴、轻度拉伸、积极性恢复活动等。

其实，按部就班进行训练时，你无须在休息日进行太多活动，你需要休息。不要考虑进行"积极性恢复活动"。在你来回走动和做家务的过程中，你已经收获了生活带给你的很多积极的影响。许多恢复方式其实都被高估了，你永远不需要因为运动后没有进行拉伸或没有滚泡沫轴而内心充满罪恶感。这些事情可以锦上添花，应该适度进行。这些恢复方式其实主要作用于神经系统，实际上并没有像你想的那样作用于肌肉组织（要了解有关运动后恢复计划的更多信息，请返回第151页）。

你知道还有什么需要恢复吗？你的大脑。逐步增加负荷是会给你带来压力的。不要小看一点。在大多数情况下，你在休息日可以做的最好的事情就是多睡会儿，做一些自己喜欢的事情。整周保持良好的心态对肌肉恢复和身体状态都有好处。因此，小睡一会儿，看看自己一直想看的节目，去看场电影，潜心阅读之前想看的书，或者与你想念的朋友或家人一起出去逛逛。虽然在力量与体能训练中谈论这一点的人并不多，但其实这很重要。

如果我只想训练臀肌而不是训练全身怎么办？

只需要去除上半身训练，你就可以开始训练了。

我在哪里可以找到本书提及的这些运动的相关示范视频？

本书包含的所有运动的相关示范视频都上传到了我的频道内，你可以从多个角度看到该运动的5次重复动作。这些运动的名称与书中列出的名称是完全一致的。

新手训练计划

在整个新手训练计划中，第1天与第3天以及第2天与第4天的训练会涉及一些相同的运动方式，旨在让你对每种运动方式进行多次练习。尽管这种训练策略并不像一周中的每一天都进行一次新的训练那样令人兴奋，但是它更有利于你的发展，因为练习和重复是形成运动模式的必要因素。我希望从一开始你就将这种稳固的运动模式深深印在脑海中，因为这将在未来几年使你受益匪浅。通过自重训练，你可以通过多次重复练习，并通过从一个阶段逐步过渡到另一个阶段会做的更高级的运动使自己有所提升。如果你购买本书的目的是希望直接进行训练，只是囿于目前没有健身房会员资格或没有可使用的器材，那你的愿望是可以实现的。

前4周只进行自重训练，这会让你更习惯进行自重训练，这是大多数运动的基础。此外，它还给了你时间来获得健身房会员资格或购买一些器材，如臀肌弹力圈、哑铃、健身凳、健身环以及做引体向上的单杠（你完成整个12周计划所需的器材）。

第2个4周是在第1阶段的基础上进行的，其中包括一些稍微高级的运动，以及一些基本的器材。请记住，单腿运动总是从较弱的腿开始，然后较强的腿进行重复运动。

最后4周的训练更上一层楼，并加入了一些其他器材。此时，你的协调性会更好，并且为更高级的运动做足了准备。重申一下，每个阶段的第1周都是专门学习动作的，剩下的3周运动会较为激烈，其主要目的是实现渐进式超负荷。

对于该计划我还有一些其他建议，这些建议对于你获得成功至关重要。我希望你将规定的组数和重复次数计划视为大致的目标，要知道，你在追求力量并推动自己建立个人纪录时必定会偏离这些预定目标。假设你一周内做了3组负荷为20磅的深蹲，那么你下一周的目标可能是做3组，每组重复22次，然后下下周的目标是做3组，每组重复25次。此外，你可能会或可能不会在第9周前进行全方位的自重俯卧撑与引体向上运动。如果你能做的话，那就太好了。如果不能，也并不罕见，你可以继续进行离心俯卧撑与引体向上运动。但是随着时间的推移，你也可以试着以一种更加可控的方式使自己的身体"多做一些"，或购买一条长弹力带，以弹力带辅助自己做俯卧撑与引体向上。基本要求是你始终可以根据自己的身体状况对训练计划进行适当的调整，并且可以通过渐进式的训练来增长自己的力量。

计划要求

在前8周，该训练计划专注于自重训练，因此，你不需要任何器材即可执行前2个阶段的训练。但是，在第3阶段（第9~12周），你需要用到哑铃与弹力带。我建议你使用2个在进行卧推与硬拉时不会让你感到不适的轻型哑铃，以及一个可用于臀推和高脚杯深蹲的较重的哑铃。关于弹力带，你可以在网上购买臀肌弹力圈。

当谈到尺寸时，绝大多数人都喜欢尺码为S/M的常规臀肌弹力圈。如果你的大腿非常粗壮，或者你比较偏爱大步幅与宽距站姿的话，那你可能更应该购买尺码为L/XL的常规臀肌弹力圈。高弹力和超高弹力的臀肌弹力圈适用于高级举重运动员。即便如此，有些人喜欢将尺码为S/M的常规臀肌弹力圈用于臀推和臀桥运动，而将尺码为L/XL的常规臀肌弹力圈用于深蹲和四点跪姿等运动形式，因此你也可以考虑同时使用这两种弹力圈。最后，你还可以考虑购买长度为41英寸的弹力带（也称为长弹力带），用于做弹力带正手引体向上及反手引体向上。

第1~4周

第1天与第3天	
自重双脚抬高臀桥	3组×20次（脚放到沙发上）
自重身体抬高式俯卧撑	3组×10次
自重平行箱式深蹲	3组×20次（坐到矮桌上）
自重反向划船	3组×10次（使用2把椅子）
自重侧卧腿开合	3组×20次
自重侧平板支撑	2组×20秒

第2天与第4天	
自重臀桥	3组×20次
自重跪姿俯卧撑	3组×10次
自重中等高度登阶	3组×每条腿10次（使用1把椅子）
自重俯身YTWL伸展运动	3组×10次
自重宽距侧卧髋关节外展	3组×20次
自重平板支撑	2组×40秒

第5~8周

第1天与第3天	
自重膝关节弹力带臀桥	3组×20次
自重离心俯卧撑	3组×5次（4秒的下降阶段）
高脚杯平行箱式深蹲	3组×20次
自重离心引体向上	3组×3次（4秒的下降阶段）
自重坐姿髋关节外展	3组×30次
自重侧平板支撑	2组×40秒

第2天与第4天	
自重臀推	3组×20次
站姿哑铃肩上推举	3组×10次
自重反向山羊挺身	3组×每条腿10次
哑铃单臂划船	3组×10次
自重宽距侧卧髋关节外展	3组×20次
自重俄罗斯壶铃挑战平板支撑	2组×20秒

第9~12周

第1天与第3天	
单腿臀推	3组×10次
自重俯卧撑	3组×3次
高脚杯深蹲	3组×20次
自重引体向上	3组×1次
哑铃罗马尼亚硬拉	3组×10次
弹力带坐姿髋关节外展	3组×30次
自重侧平板支撑	2组×1秒

第2天与第4天	
哑铃臀推	3组×20次
哑铃卧推	3组×10次
自重保加利亚式分腿深蹲	3组×每条腿10次
哑铃胸部支撑划船	3组×10次
哑铃单腿罗马尼亚硬拉	3组×10次
自重侧卧提臀	3组×10次
自重俄罗斯壶铃挑战平板支撑	2组×30秒

中级训练计划

到目前为止，你应该已经习惯了主要动作。之前一直在做推、拉、桥式/推式、深蹲/弓步、铰链动作及外展动作。现在是时候进行转变，开始以更大的负荷执行这些动作了。在这12周内，你需要与杠铃为友。与新手训练计划不同，中级训练计划要求你在每周进行4种不同的训练。

每个阶段都包括所有主要的运动模式，但前4周的重点是臀推和肩部硬拉，第2个4周的重点是深蹲和引体向上，最后4周的重点为硬拉与卧推。请注意，这是我在第254页上讨论的臀肌实验室周期策略，根据此策略你需要逐月转换训练重点，同时这与我在布雷特式臀肌训练法在线训练平台上介绍的计划相同（除了我另外加入的轮流进行的全身训练月及单腿训练月）。

现在，如果你像我一样，那么你肯定会展望一下未来，浏览高级训练计划。只是因为你认为自己会更快看到结果，你可能也会试图跳到这一步。但千万不要这样做。尽管高级训练计划包含许多高级训练方法，但高级训练不一定比基础训练更好（见第216页的详细论述）。强壮而健康的举重运动员肯定会因为新颖性而喜欢上高级计划，但是通过执行中级训练计划让自己变得更强壮是更为重要的。

要将中级训练计划视为大多数情况下都会使用的居家基础训练计划。假设你想使用在本书中学到的指导原则进行无限期的训练，那你需要连续花费36周的时间执行新手、中级和高级训练计划。此时，你可能想加入布雷特式臀肌训练法培训平台或尝试使用本部分提到的其他分块训练计划或策略。然而最终，你还是会想要回到中级和高级训练计划。在此期间，你可以通过替换同类别的运动来修改计划（有关类别的信息，请参阅第123~129页），并根据你的身体状况调整运动组数与重复次数。

在训练中达到此水平时，我希望你在高级训练计划的每个周期之间执行两个周期的中级训练计划。中级训练计划就好比你吃的肉类与土豆，而高级训练计划只是你的甜点。

计划要求

要执行中级训练计划，你将需要以下器械。

- 杠铃和杠铃片
- 臀肌弹力圈
- 可调式健身凳
- 深蹲架
- 单杠
- 吊环
- 哑铃
- 45度直腿后摆机
- 复合拉伸机

第1~4周

第1天	
杠铃臀推金字塔	1组×10次，1组×8次，1组×6次，1组×15次
肩部硬拉金字塔	1组×10次，1组×8次，1组×6次，1组×15次
后深蹲	3组×6次
引体向上	3组×最大重复次数
滑动腿弯举	3组×10次
弹力带侧向行走	2组×20次

第2天	
膝关节弹力带自重臀桥	3组×30次
俯卧撑	3组×最大重复次数
哑铃直腿硬拉	3组×10次
坐姿划船	3组×12次
自重高登阶	3组×10次
弹力带跪姿侧踢腿	2组×12次

第3天	
膝关节弹力带恒定张力杠铃臀推	3组×20次
肩部硬拉	3组×6次
停息前深蹲	3组×5次（停顿1秒）
反握高位下拉	3组×10次
哑铃45度山羊挺身	3组×12次
弹力带站姿髋关节外展	2组×20次

第4天	
停息杠铃髋关节外展	3组×5次（停顿3秒）
坐姿哑铃肩上推举	3组×12次
双凳哑铃深蹲	3组×20次
反向划船	3组×最大重复次数
直腿躬身	3组×8次
野兽行走	2组×20次

第5~8周

第1天	
后深蹲	3组×5次
引体向上	3组×最大重复次数
单腿抬脚臀推	3组×10次
上斜推举	3组×8次
弹力带蛙式臀泵	2组×30次

第2天	
哑铃单脚抬高反向弓步	3组×30次
离心双手对握引体向上	3组×5次（3秒的下降阶段）
罗马尼亚硬拉	3组×10次
俯卧撑	3组×最大重复次数
膝关节弹力带髋关节外展	2组×30次

第3天	
高脚杯深蹲	3组×10次
离心引体向上	3组×5次（3秒的下降阶段）
杠铃臀桥	3组×12次
离心借力推举	3组×6次（4秒的下降阶段）
蛙式反向山羊挺身	2组×20次

第4天	
前深蹲	3组×6次
双手对握引体向上	3组×最大重复次数
半相扑硬拉	3组×6次
停息窄握卧推	3组×10次（1秒的下降阶段）
绳索站姿髋关节外展	2组×12次

第9~12周

第1天	
硬拉	3组×5次
停息卧推	3组×5次（停顿1秒）
哑铃保加利亚式分腿深蹲	3组×8次
单臂划船	3组×10次
宽距侧卧髋关节外展	2组×20次

第2天	
低杠位平行箱式深蹲	3组×8次
哑铃卧推	3组×10次
停息哑铃45度山羊挺身	3组×8次（停顿3秒）
引体向上	3组×最大重复次数
弹力带恰恰舞	2组×20次

第3天	
动态努力硬拉	3组×5次
卧推	3组×8次
骤停式单腿抬脚臀推	3组×8次
哑铃俯身划船	3组×10次
弹力带仰卧外展	2组×20次

第4天	
停息杠铃臀推	3组×10次（6,2,1,1）
把手俯卧撑	3组×最大重复次数（不用哑铃）
哑铃深蹲	3组×8次
宽握高位下拉	3组×10次
手脚伸展反向山羊挺身	2组×20次

高级训练计划

如果你既完成了新手训练计划，又完成了中级训练计划，现在就可以开始执行高级训练计划了。执行高级训练计划时，你还是采取相同的运动方式，但负荷增加了且计划更具挑战性。该计划包含第13章介绍的大多数高级训练方法，速度会有所变化，并涉及商业健身房中常见的器械及其他器材。

如果你是经验丰富的举重运动员，那么仅凭新颖性，你无疑会喜欢上该计划。不过，你可以使用一些新技术，例如递减组、预热训练法、聚组、超级组和梯子训练法。这种训练计划在短时间内非常有效，但是在做大型举重运动时使用的仍是水平组与金字塔训练法来进行基本的渐进式超负荷训练。尽管这两种方法既不花哨又不吸引人，但是总能为强壮且肌肉发达的形体奠定基础。因此，不要认为高级训练计划比中级训练计划更好，而是要将其视为具有补充性和协同性的计划。

一段时间之后，你可以随时回顾高级训练计划，同时替换其中一些运动，并增加运动组数与重复次数。首次使用该计划时，应严格进行其中的训练。通过及时学习本书并在健身房进行实验，你将成为自己身体方面的专家，并且可以有效地安排自己的训练。

第4部分 周期与训练计划

293

计划要求

你需要在商业健身房中执行该计划。

第1~4周

第1天	
杠铃臀推递减组	2组 × 10/10/10次
肩部硬拉	3组 × 10次
哑铃屈膝弓步	3组 × 10次
反向划船	3组 × 10次
美式硬拉	3组 × 10次
弹力带站姿绳索抗旋转	2组 × 10次

第2天	
六角杠铃硬拉	3组 × 6次
窄握卧推	3组 × 4次
绳索跪姿后踢	3组 × 12次
宽握高位下拉	3组 × 10次
吊环支撑式手枪式深蹲	3组 × 10次
超级组：俄罗斯壶铃挑战平板支撑/壶铃摆荡	3组 × 20秒/20次

第3天	
北欧式腿弯举预热训练/腿部伸展	3组 × 8/20次
膝关节弹力带杠铃臀推	3组 × 10次
卧推	3组 × 6次
弓步静态保持	2组 × 30秒
胸部支撑划船	3组 × 8次
站姿臀肌挤压	3组 × 10秒（姿势保持5秒，休息3秒）

第4天	
后深蹲	5组 × 3次
上斜推举	3组 × 8次
1$\frac{1}{4}$杠铃臀推	3组 × 8次
引体向上	3组 × 8次
自重臀肌主导型背部伸展	3组 × 30次
推雪橇	3组 × 20米

第5~8周

第1天	
传统硬拉	3组 × 10次
站姿单臂杠铃过头推举	3组 × 8次
强化离心杠铃单腿臀推	3组 × 6次（双腿支撑挺身，单腿下降）
单臂下拉	3组 × 8次
1$\frac{1}{4}$脚跟垫高高脚杯深蹲	3组 × 8次
弹身带/绳索髋关节旋转	2组 × 10次

第2天	
杠铃臀推	5组 × 5次
停息卧推	5组 × 3次（停顿3秒）
绳索髋屈伸	3组 × 20次
引体向上	3组 × 最大重复次数
哑铃单脚抬高交叉弓步	3组 × 12次
弹力带站姿髋关节外展	2组 × 20次

第3天	
聚组硬拉循环，1RM的70%	5分钟，每次1分钟
哑铃上斜推举	3组×8次
弹力带跪姿臀推	3组×20次
哑铃单臂划船	3组×12次
高脚杯脉冲深蹲	2组×30次
弹力带45度后踢	3组×20次

第4天	
停息前深蹲	3组×5次（停顿1秒）
肩部硬拉	3组×6次
支撑式单腿罗马尼亚硬拉	3组×10次
窄握下拉	3组×10次
停息杠铃臀推	3组×5次（停顿3秒）
膝关节弹力带臀桥/仰卧外展梯子训练	12/11/10/…3/2/1次

第9~12周

第1天	
弹力带臀推	3组×20次
卧推	3组×3次
直腿硬拉	3组×8次
负重离心引体向上	3组×3次
哑铃双凳深蹲	3组×20次
弹力带站姿髋关节外旋	2组×12次

第2天	
双弹力带臀推	3组×10次
抬脚式仰卧起坐	3组×最大重复次数
单腿深蹲	3组×最大重复次数
强调离心引体向上	3组×3次（下降速度越慢越好）
囚犯姿势单腿45度山羊挺身	3组×10次
宽距侧卧提臀	3组×10次

第3天	
3条弹力带臀推	3组×8次
停息卧推	3组×6次（停顿3秒）
北欧式腿弯举	3组×6次
抬脚反向划船	3组×最大重复次数
侧平举	3组×10次
超级组：绳索后踢/髋关节外展	3组×12/12次

第4天	
杠铃臀推	5组×5次
阿诺德推举	3组×10次
后深蹲	3组×10次
T杠划船	3组×10次
哑铃臀肌主导型背部伸展	3组×12次
充血训练	3分钟无停歇膝关节弹力带臀桥/外展

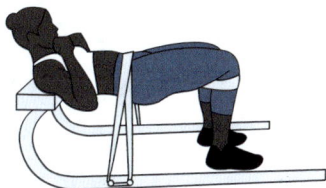

训练

为了使本书此部分的技术易于操作，我将它们分为3章：臀肌主导型训练、股四头肌主导型训练以及腘绳肌主导型训练。

第10章讲过，对髋关节伸展运动进行分类有多种方法。最准确且最全面的方法是查看身体相对于阻力线的位置（负荷矢量，请参见第116页）与膝关节动作（膝关节在臀推动作中保持屈曲，在背部伸展运动中保持伸直，在直腿硬拉中稍稍移动，在器械腿臀起过程中保持屈曲，在深蹲的全过程中保持伸展）。

尽管查看负荷矢量和膝关节动作可以告诉你为什么某些运动比其他运动能更好地训练臀肌，以及如何根据位置和负荷来确定训练的肌肉区域，但是使用这种方法很难将训练技术划分为几个大类。因此，我根据训练过程中发挥主要作用的肌群对这些部分进行了编排。例如，臀推与臀桥类运动被认为是臀肌主导的，因为它们主要作用于臀肌。深蹲与弓步类运动则被认为是股四头肌主导的，因为它们主要作用于股四头肌。硬拉和其他髋关节铰链运动被认为是腘绳肌主导的，因为它们主要作用于腘绳肌。不过，需要指出的是，主导性肌肉并不是运动过程中唯一活跃的肌肉。其他肌肉（称为增效性肌肉）也在运动中起着至关重要的作用。例如，尽管臀推是臀肌主导型运动，但你的股四头肌与腘绳肌在运动过程中仍非常活跃。即使在分别由股四头肌与腘绳肌主导的深蹲和髋关节铰链运动中，臀肌也很活跃。简而言之，所有髋关节伸展运动都可以不同程度地作用于臀肌。

在后文中，我将简要回顾每种类别的运动如何以其独特的方式作用于臀肌。现在，你仅需知道，基于主导性肌肉来组织运动技术是将运动归纳为广泛的一般类别的比较简单的方法。

但是，我想强调一点，这并不是一个完美的分类系统。根据膝关节动作、身体位置及训练方式，一些训练可归为两类，这存在一定的连贯性。例如，在脚跟抬高和躯干直立的情况下进行的高杠位深蹲动作更能作用于股四头肌（膝关节占主导地位），而在躯干前倾的情况下进行低杠位平行后深蹲动作更能作用于腘绳肌（髋关节占主导地位）。但是由于这两个动作都是深蹲的变式，因此它们都属于股四头肌主导型训练。直腿硬拉与六角杠铃硬拉也是如此：前者由髋关节主导，后者由膝关节主导。若要根据进行的动作及你想要训练的肌肉区域来浏览训练，请参阅第124页和第125页的"臀肌训练类别"表。

髋关节和膝关节主导的连贯性运动

硬拉

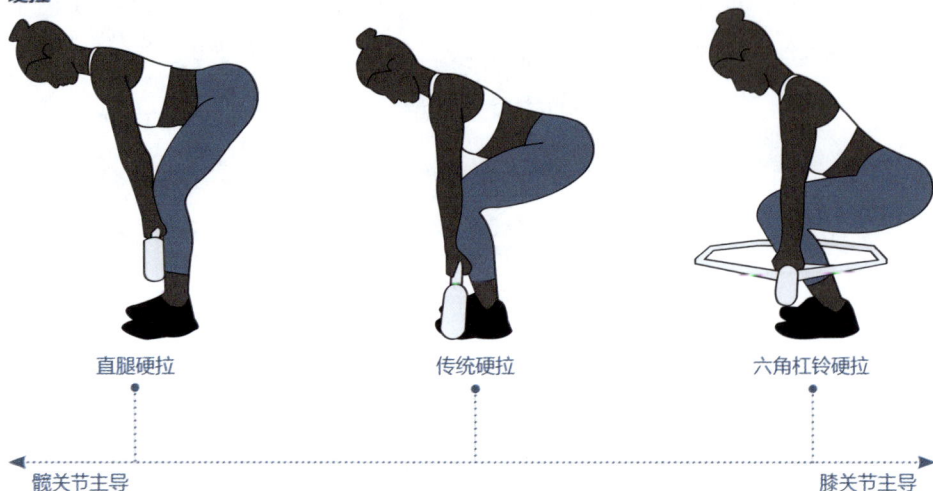

| 直腿硬拉 | 传统硬拉 | 六角杠铃硬拉 |

髋关节主导 ◄ ─────────────────────────────── ► 膝关节主导

　　将运动分为这3个类别并不充分的另一个原因是它们属于不同的动作类型（臀桥、臀推和外展运动），并且这些动作都有双腿和单腿形式。简而言之，每种动作都有大量的形式和变式可以归于主导性肌肉类别的框架之中。

　　为了进一步区分和辨别运动变式，我还根据运动模式对运动进行了分类。例如，臀部主导型训练包括以下运动模式：臀推、臀桥、四点跪姿髋关节伸展、后踢、直立式臀推、髋关节外展、髋关节外旋运动及骨盆后倾。这些运动模式中的每一种都是臀肌主导型训练的一部分。股四头肌及腘绳肌主导型训练也是如此。

臀肌主导	股四头肌主导	腘绳肌主导
臀推	深蹲	硬拉
臀桥	分腿深蹲	直腿躬身
四点跪姿髋关节伸展	登阶练习	背部伸展
后踢	单腿深蹲	反向山羊挺身
直立式臀推	推雪撬	壶铃摆荡
髋关节外展运动	*膝关节伸展	直腿臀桥
髋关节外旋运动		屈膝
骨盆后倾		

*本书不介绍膝关节伸展运动，因其只能在膝关节伸展机上进行。不过，此运动属于股四头肌主导型运动，应被视为单独运动和发展股四头肌的有效辅助运动。

　　为了对运动变式（即执行同一运动的不同方式）进行分类，我主要考虑以下4个因素。

- 肢体数量（或姿势）。
- 运动范围。
- 负荷位置（重物在身体上的位置）。
- 器材。

　　接下来我将对上述4个因素进行更加详细的描述。

肢体数量

　　在臀肌训练中，肢体数量是指双腿（双侧）、单腿（单侧）以及B姿势。

双腿　　　　　　　　　单腿　　　　　　　　　B姿势

运动范围

你还可以通过更改运动范围来更改运动。例如，你可以通过将双脚放在地上做臀桥或在脚下垫上盒子来做抬脚式臀桥，也可以做直腿硬拉或双脚抬高直腿硬拉（这样会扩大运动范围）。

臀桥

抬脚式臀桥

负荷位置

负荷位置是指重物在你身体上的位置。例如，你可以将重物放置在上背部（杠铃后深蹲）、手臂屈曲处（泽齐深蹲）或髋关节处（负重腰带深蹲）进行深蹲。

杠铃后深蹲

泽齐深蹲

负重腰带深蹲

器材

你还可以使用不同的器材，运用相同的运动模式创建出独特的运动变式。例如，你可以使用哑铃或杠铃进行高脚杯深蹲或杠铃前深蹲，它们中的任何一个都提供了独特的刺激。在本书的这一部分，你将学习如何使用不同种类的器材，包括自由重物、弹力带、器械，来创建运动变式。

高脚杯深蹲

杠铃前深蹲

　　如你所见，有很多运动供你选择。为了充分利用本书这一部分的内容，我强烈建议你阅读本章及各节的内容，特别是适用于所有运动变式的"指南与提示"。从这里，你可以了解每种运动变式为何不同，它有什么用处，以及如何正确执行。

　　我知道，大量的运动技术可能会使你感到难以应对。正如我之前说过的那样，你随时都可以回到第18章，选择要遵循的训练计划，然后根据你想要在任意一天或任意训练中进行的运动来浏览本部分的内容。但是，为了获得最佳效果，重要的是你要通过尝试各种运动技术，找出最适合你的运动及其变式。这就是拥有广泛可用的技术储备如此重要的原因：这样的话，你可以选择最适合你的目标和解剖结构的运动变式。

采购健身器材

　　我不愿意提供具体的器材建议，因为每个人在品牌和供应商方面都有不同的偏好。更重要的是，有些人更喜欢经济适用的器材，更愿意去淘一些最划算的器材，而另一些人则希望买到最好的器材，价钱无所谓。例如，你可以以低廉的价格在亚马逊、二手商店或大多数本地体育用品商店中找到大多数器材，但你会面临买到有缺陷或劣质器材的风险。就我个人而言（我并不是说你需要这样做），我更喜欢多花一些钱，买些经久耐用且享有很高评价的器材。

第19章 臀肌主导型训练

当谈到针对和发展臀肌的运动时，臀肌主导型训练占据主导地位。本章介绍的运动被认为是臀肌主导型运动，因为在整个动作范围内，臀部受到的张力是恒定的。恒定的张力不仅使臀肌收缩最大化，而且会防止血液流出肌肉，从而引起肌肉的灼烧感与泵感。除了感觉到肌肉肿胀外，肌肉灼烧感还与代谢压力有关，这被认为可以进一步促进肌肉发育。

然而，当你深蹲或硬拉时，有时臀肌会受到张力，非常活跃，有时则不然。因此，臀肌在血液从肌肉中泵出时可防止代谢产物（使肌肉疲劳的分子副产物）堆积及肌肉肿胀。如果你曾经思考过为什么在深蹲或硬拉时臀肌没有感受到泵感，这便是其中的原因。我并不是恐吓你，从而让你杜绝深蹲和硬拉，因为这些运动模式对于臀肌发展、功能及运动表现至关重要。但是，如果你旨在增强自己的臀肌力量，最好优先考虑本章介绍的臀肌主导型训练。

结构与组织

本章主要分为8个部分——臀推、臀桥、四点跪姿髋关节伸展、直立式臀推、后踢、髋关节外展运动、髋关节外旋运动以及骨盆后倾。臀推、臀桥与四点跪姿髋关节伸展其实是相同的，因为在运动过程中，你的背部要保持平坦，膝关节要保持屈曲。人们并不认为后踢运动属于臀推运动，因为后踢过程中你必须伸直双腿，但它们仍然属于臀肌主导型运动，因为它们可以极大地训练你的臀肌。

臀推之所以在8项运动中排名最高，是因为在臀推过程中，你的肩膀抬高了，从而使你的髋关节运动范围变大了。臀桥具有相同的运动方式，但是你的肩膀紧贴地面，这样就缩小了髋关节的运动范围。四点跪姿髋关节伸展和后踢易于学习，并且可以在任何地方完成，非常适合用作激活训练并通过高重复次数来训练肌肉。直立式臀推本质上是站姿和跪姿的臀推变式。它们没有臀推的效果好，但可以很好地融入训练计划以实现运动形式的多样化。髋关节外展运动非常适用于充血训练及发展臀肌上部。髋关节外旋运动对于运动员来说至关重要，对于那些从事旋转运动的运动员，如棒球与网球运动员更是如此。最后，骨盆后倾练习被视为诊断性或评估性训练动作，旨在培养正确的骨盆倾斜运动模式并实现臀肌的最大化收缩。

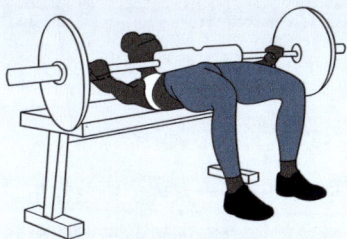

臀推（第304页）

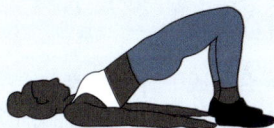

臀桥（第338页）

四点跪姿髋关节伸展（第355页）

直立式臀推（第361页）

后踢（第368页）

髋关节外展运动（第376页）

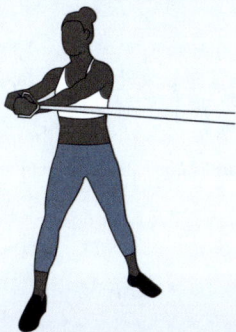

髋关节外旋运动（第395页）

骨盆后倾（第399页）

第5部分 训练

303

训练 1 臀推

很难相信，十几年前竟然还没有臀推。在那时，如果你想通过负重运动来训练臀部，除了深蹲、硬拉或弓步，别无选择。如今，顶级形体运动员、健美运动员、举重运动员及全能运动爱好者等各类人士都时常在各种场合做臀推运动。毫不夸张地说，臀推是健身行业中发展速度最快的运动之一。

是什么促成了臀推的成功？尽管我最初在这项运动的推广中发挥了重要作用，但其快速增长和普及源于其带来的训练效果。人们发送给我的大多数训练前后对比照片展现出来的转变都完全归因于臀推。这些人除了在训练中加入臀推之外，对他们的训练未做出任何改变，然而他们的体形得到了改善。

首先，尽管此转变可以很好地验证臀推带来的训练效果，但该运动的作用远远不止改善体形。对于初学者，正如我在引言中所述，臀推是训练臀肌的一种方式，在此过程中你可以承受相当大的负荷。这种方式具备以下两个优点。

- 具有稳定性，学习曲线短，能增强举起重物的能力，有利于进行渐进式超负荷训练。
- 举起重物有助于增大肌肉的张力，正如你在第2部分了解到的那样，这是促进肌肉增长的机制（请参阅第80页）。

其次，负重运动使你可以制订能够明确衡量训练进度的力量目标。进行一些切实的训练（例如，以225磅的负荷重复进行10次臀推）可以使你的训练保持在正轨上，以保证训练的连贯性。然而，如果训练仅仅以秀美的外观为目标或你只朝着美学目标努力，这样便很难衡量训练进度。因为，这是由评判你体形的人的主观看法决定的。而且，如果你要评判自己，则可能会将自己与他人进行比较，这并不公平，而且会破坏你的训练安排并削弱你的训练动力。因此，即使你训练是为了改善体形，但为了能够明确衡量自己的训练进度，制订力量目标也十分重要。数字不会撒谎，但你的眼睛可能会，并且往往对你不利。

再次，臀推很容易执行。两只脚都放在地上，后背靠在长凳上，你将拥有3个接触点，所以动作非常稳定且安全。通常，动作越稳定，它就越安全，学习和执行起来就越容易。这意味着一个不擅长深蹲或硬拉（这类运动需要更好的协调性，并且通常较难学习）的初学者也能通过此项运动进行简单、安全、有效的臀部及腿部训练。

除了学习曲线短外，臀推的稳定性也很高，它可以最大限度地激活臀肌。更具体地说，你的膝关节在整个运动范围内都保持屈曲，这可以抑制腘绳肌激活，并阻止其达到最佳的激活状态。你的大脑可以让你收缩肌肉，但不能让你最大限度地收缩肌肉，因为它知道这不是这项运动针对的肌肉。因此，当你的膝关节屈曲时，你的中枢神经系统将调动臀肌来完成这项运动。这就是臀推被认为是臀部主导型运动的原因，因为你此时弱化了腘绳肌的作用，以便臀肌能承担大部分工作。换言之，当膝关节保持屈曲而臀部伸展时，臀肌的收缩程度要比像在直腿硬拉或背部伸展运动中膝关节保持伸展时，或者在深蹲或绳索髋屈伸运动中膝关节屈曲和伸直时高得更多。

臀推能如此有效地训练臀肌的另一个原因是，它会给髋关节伸展的最后范围施加压力，这是臀肌激活程度最高的区域。臀肌处于缩短状态时，激活程度最高。当你在臀推动作的最高点锁定或完全伸展髋关节时，臀肌明显缩短。

最后，臀推使你可以在整个动作范围内移动臀部。将背部靠在长凳上抬高，可在动作最低点或开始位置使髋关节更多地屈曲（髋关节屈曲）。要想达到动作最高点或终点位置，你必须通过比臀肌更大的运动范围来抬起髋关节。较大的运动范围和保持在动作最低点的张力使臀推成为一项出色的臀肌训练。

推荐臀推的10个理由

我已经解释了为什么臀推对训练臀肌非常有效。在这里，我列出了更简洁但更全面的推荐臀推的10个理由，具体如下。

1. 它对臀肌持续施加张力。
2. 它可以使髋关节保持较大的运动范围。
3. 在臀肌激活程度峰值位置（髋关节伸展的最后范围）具有较大的张力。
4. 膝关节屈曲的位置降低了腘绳肌的参与度并提高了臀肌的参与度。
5. 稳定的位置和简单的技术使其易于掌握与执行。
6. 与其他流行的举重运动不同，它适用于所有身体类型。
7. 它支持大负荷举重运动形式，因此可以用于各种负荷以及运动组数和重复次数计划。
8. 这是最安全的下半身负重运动之一，如果正确执行，则很容易训练下背部。
9. 由于可以使用大负荷，它非常适用于帮助女性和初学者建立信心。
10. 这是一种多功能训练，可以使用多种姿势、负荷及器材进行。

指南与提示

杠铃臀推

保持头部向前，同时收下巴

将杠铃放在耻骨上方。在杠铃杆上加一块垫子，确保它在杠铃杆上处于中间位置，同时杠铃处于髋关节的中间位置

髋关节完全伸展，向后倾斜骨盆，在最大程度上收缩臀部

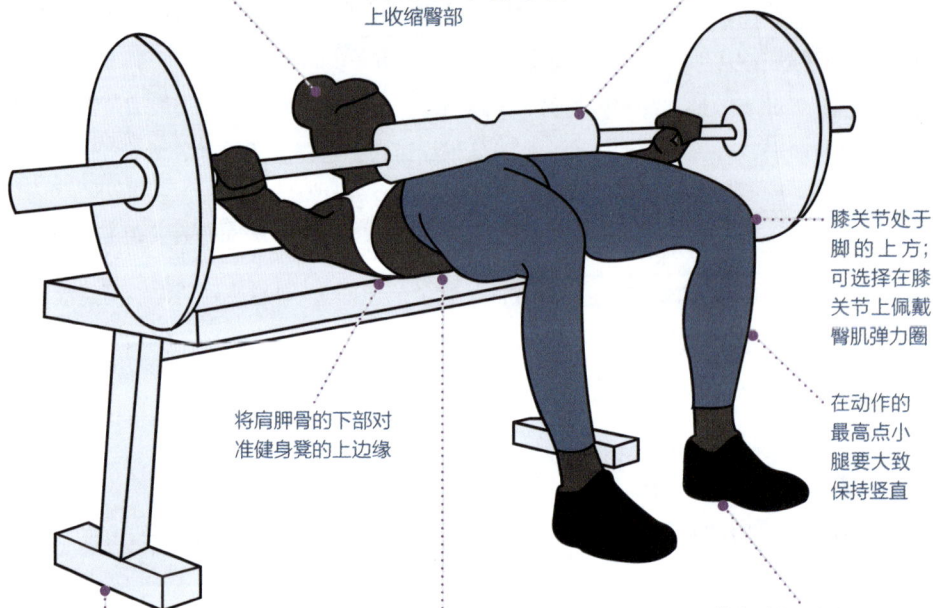

膝关节处于脚的上方；可选择在膝关节上佩戴臀肌弹力圈

在动作的最高点小腿要大致保持竖直

将肩胛骨的下部对准健身凳的上边缘

推举时脚跟发力；可选择将脚趾抬离地面

最佳的健身凳高度为12~16英寸，具体数值取决于你的身高/解剖结构

动作由胸骨向下带动，并注意保持肋骨下沉

正如你即将学到的，或像你可能已经知道的那样，有几种可以根据你的身体解剖结构和使用的器材来做臀推的方法。例如，你可以进行杠铃臀推、双脚抬高的自重臀推或单腿哑铃臀推等。稍后我将详细介绍所有的臀肌运动变式。但是首先，我想谈谈适用于每种变式的一些重要指南和提示，帮你把这里所讲的内容作为实现完美的臀推技术的通用蓝图。

健身凳高度：将肩胛骨的下部对准健身凳的上边缘

此臀推方式的独特之处在于你的肩膀是高于凳面的。一般来说，做臀推时要将背部靠在健身凳上，使肩胛骨的下部与健身凳的上边缘对齐。

对于大多数人来说，将肩胛骨的下部对准健身凳的上边缘是最佳的方式

要进行此运动，你需要一条臀推凳、一条健身凳或带有增高板的有氧健身踏板。臀推凳是专为臀推设计的，但我意识到大多数人都无法获取此器械，不过这不是问题。几乎每个健身房都有健身凳和带有增高板的有氧健身踏板，关键在于找到适合你的健身方式。

理想的健身凳（或带有增高板的有氧健身踏板）高度约为14英寸（35.5厘米）。如果你身材高大，则可能需要尝试使用15~16英寸高的健身凳。如果你的身材娇小，或者你的腿比较长而躯干较短，则可能需要将健身凳高度降低到12英寸。如果你所在的健身房只有高一些的健身凳，你仍然可以做臀推，不过必须得垫高脚部，以使肩膀、臀部及膝关节在动作最高点可以保持在一个水平面上。如果健身凳过高，你可能会发现此运动更能作用于股四头肌而不是臀肌。如果健身凳过低，你可能会从背部就开始屈曲而不是从髋关节。

受你的身高、健身凳的高度以及你的臀部下方是否有垫子的影响，你的臀部可能会触碰到垫子或地面，或者会悬在半空中，其中后者最为常见。

下面介绍4种臀推器械。首先介绍最佳器械——臀推凳。接下来，我会展示如何在哑铃平凳、可调式健身凳或带有增高板的有氧健身踏板上进行臀推。如果你想知道如何放置杠铃，本节稍后会讲到。现在，我希望你专注于正确的运动开始位置。

臀推凳

臀推凳高约14英寸（16英寸的高度是包括2英寸的平衡垫的高度在内的）。如果凳子太高且上边缘碰到了你的肩胛骨上部，请尝试坐在平衡垫上，如左图所示。这将使你的臀部抬高几厘米，从而使你的肩胛骨下部靠在恰当的位置。凳子太矮的情况很少见，我身高193.04厘米，这个高度的臀推凳对我来说刚好，但是如果对你来说太矮了，那么使用更高的凳子是你的最佳选择。

哑铃平凳

大多数哑铃平凳的高度是16英寸或更高。对于大多数人来说这个高度太高了，甚至坐在垫子上将你的臀部抬离地面仍然太高，因此大多数人都会先摆好姿势并将臀部悬停在地面上方。如果你要进行杠铃臀推，则可能需要使用其他方式（请参阅第332~333页）。此外，你还必须固定好凳子，确保其不会向后滑动或翻倒。固定的方法有多种。我推荐的最安全的一种选择是让凳子靠着墙壁或起蹲架。你也可以将重型哑铃放在凳子上，或者找个人坐在凳子上或从后面抵住凳子，但是这些方法并不够安全或有效。

可调式健身凳

带有下放功能的可调式健身凳是另一种受欢迎的选择。其优点在于你可以根据你的身高来调节凳子的高度，使其相对稳定，倾斜的靠背可能会让你的背部比较舒服，大多数商业健身房都配备了这种器械。

带有增高板的有氧健身踏板

带有增高板的有氧健身踏板是个不错的选择，因为你可以根据自己的身高来调整踏板的高度。并且，只要增高板是在橡胶地面上（通常大多数体育馆的地面都是橡胶地面），它就十分稳固。即便如此，我还是建议将踏板靠在墙上以提高安全性。许多人喜欢背部靠在有氧健身踏板的屈曲边缘上的感觉，但大多数人觉得有必要将瑜伽垫或毛巾垫在边缘上来保护背部，如右图所示。最常见的设置是每侧使用5个增高板（使踏板的高度与臀推凳相等）。身材矮小的人可以每侧使用4个增高板，而身材高大的人可以每侧使用6个增高板。

美式臀推

将背部抵在健身凳上进行美式臀推（健身凳的边缘位于整个背部的中间位置，而不是上背部的中间位置），这样可以使你的脚离臀部更近。与传统的臀推相比，美式臀推对腘绳肌的激活程度更高，对股四头肌的激活程度更低，而且它能使你的头部自然摆放，以便你可以目视前方，从而产生更多的骨盆动作。通常，我会给那些用背部发力做臀推的人推荐这种臀推。因此，如果你的背部疼痛，有下背部疼痛的病史，或者你在做臀推时感到背部肌肉过于紧张，则可以尝试美式臀推，看看是否喜欢它。

脚部与健身凳的间距：保持可以使你的小腿大致垂直于地面的距离

既然你已经知道背部的位置，下一步就是弄清楚脚的位置。通过调整肩膀、臀部和膝关节的位置来达到臀推动作的最高点，是确定合适的脚部与健身凳的间距的好方法。你可能需要在镜子前做这个动作，或从侧面拍摄自己，或让朋友检查你的位置以确保脚部与健身凳之间的距离合适。

309

首先，将背部靠在健身凳上，将健身凳的上边缘对准肩胛骨下部。接下来，伸展髋关节，使你的躯干与地面大致平行。然后，从此处开始，调整脚部位置，直到小腿大致垂直于地面。把此处当作运动的起点。练习动作时，向前和向后调整脚部的位置，同时密切关注臀肌的激活程度。你可能会发现自己偏爱离健身凳稍远的距离，让膝关节处于小腿的后方；或者稍近一些的距离，让膝关节在小腿的前方。一般而言，脚离健身凳越远，你对腘绳肌的激活程度就会越高；而离得越近，你对股四头肌的激活程度就会越高。

小腿大致垂直于地面   远距站姿   近距站姿

双脚间距和脚部压力：脚跟使力

确定合适的脚部与健身凳的间距后，下一步就是调整双脚间距。我喜欢将双脚分开到与肩膀大致同宽，并且双脚相当平直，膝关节向外张开，因为这种姿势可以帮助我最大限度地激活臀肌。但是，我训练的很多人都喜欢保持双脚平直，双脚离得很近；还有一些人喜欢保持非常宽的双脚间距，且脚尖朝外。因此，多去尝试，然后使用对你自己而言最合适的姿势。你可能会觉得某一种姿势对你来说比其他姿势更容易训练到臀肌，那么这就是你要优先考虑的姿势；或者你也可能会觉得所有这些姿势对你的臀肌的作用都是相似的。如果你属于后者，就选择一种最舒适的姿势。

尽管每个人的脚部位置可能会有所不同，但是开始运动的提示对于每个人来说都是相同的——脚跟发力。前脚掌使力，把张力转移到你的股四头肌和腘绳肌并不是此运动的目的。

脚掌贴地，脚跟发力   抬起脚尖

你可以使脚部保持平直，也可以通过踝关节背屈，将脚趾抬离地面。
选择感觉更舒适并能产生更高的臀肌激活程度的动作。

310

膝关节位置：膝关节张开

伸展髋关节时将膝关节张开，这样不仅可以提高臀肌的激活程度，还可以使膝关节处于最佳位置。无论你是在做臀推、深蹲、弓步还是硬拉，你都应将膝关节置于脚中趾上方。

让膝关节从动作最低点就开始内扣，不仅会减小臀肌所受的张力，还会使膝关节受到压力。但是，如果你的膝关节在动作最高点稍稍靠近一点，这就不算什么问题；对于你的特定髋关节和臀肌解剖结构来说，这可能只是自然的活动。

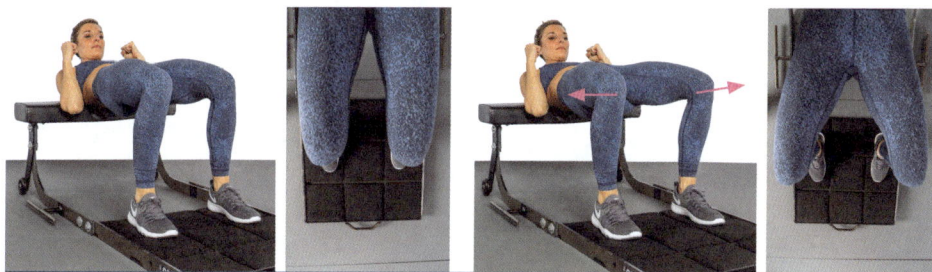

在伸展和放低髋关节时，将双膝分开，同时双脚保持与地面齐平。

髋关节位置：使髋关节完全伸展

髋关节完全伸展时，你可以使臀肌达到顶峰收缩状态。同样，你的目标是使肩膀、髋关节和膝关节保持在同一直线上。试着挤压臀部以使髋关节完全伸展，并在动作最高点停顿一秒。这一秒的停顿增加了肌肉处于紧张状态下的时间，并确保了整个运动过程中的速度适当。不要只是为了进行多次重复而缩小动作范围。如果你无法达到完全的髋关节伸展状态，就结束此刻的运动并重新开始。

当你达到完全的髋关节伸展状态时，你的膝关节、髋关节和肩膀应该大致在一条直线上。

311

脊柱骨盆位置：从胸骨向下移动

当我开始教我的客户做臀推时，我并没有提供任何关于脊柱骨盆位置的提示，这导致一些人出现下背部疼痛。为了解决这个问题，我创造了美式臀推，并开始尝试不同的脊柱骨盆摆放策略。之后，我意识到，大多数人在以肩胛骨下部区域为支撑点并保持头部向前进行运动时，臀肌的激活程度最高，并且下背部疼痛的发生率也较低。我使用了诸如"头部向前"与"降低肋骨"之类的提示来鼓励他们做这个动作。

尽管这些提示的效果很好，但我的一些客户靠着健身凳做铰链运动或来回摇摆时仍会遇到下背部疼痛的情况。后来，我提出了另外的建议："动作由胸骨向下带动。"该提示鼓励他们进行更多的骨盆动作，特别是在动作最高点进行骨盆后倾，以降低竖脊肌的激活程度，同时帮助他们在训练过程中更多地感觉臀肌的激活，并防止下背部疼痛与不适。尽管此提示似乎对大多数人都有效，但是你应该尝试使用第315~317页概述的脊柱骨盆摆放策略，找到最适合你的脊柱骨盆位置。

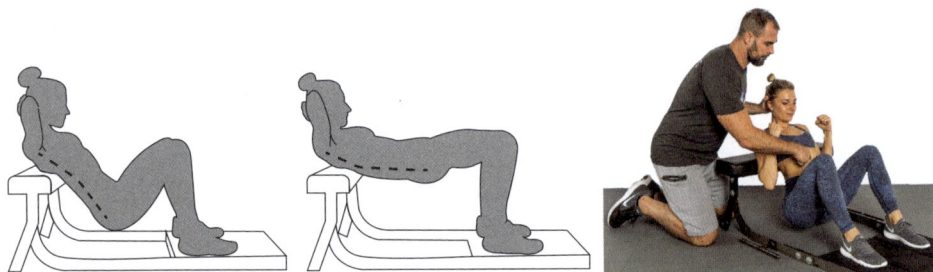

要向后倾斜骨盆，从胸骨向下移动。你还可以考虑在伸展髋关节时保持胸腔向下。

头部位置：收下巴

头部向前的姿势不仅可以使你在臀推过程中保持正确的姿势，还可以将张力施加于臀部而不是竖脊肌与腘绳肌。操作方式如下。

选项1：头部向前/收下巴

在臀推动作最低点直视前方。抬高臀部时，直视前方，这会导致你的颈部在运动过程中向前屈曲。你还可以考虑在伸展髋关节时收下巴。

尽管我从未听说过有人因收下巴而受伤，但有人认为，屈颈是有害的，并且会造成受伤。但是你的脖子并没有负重，因此无须担忧。但是，如果你感觉不舒服，那就在整个运动范围内，保持头部和颈部处于中间位置，如下图所示，同时在臀推动作最高点向上看。除非这种姿势在运动中或运动后引起了疼痛，否则就没有错。这只是一种运动变式。也许有1/10的客户喜欢这种方法。

选项2：保持头部和颈部处于中间位置

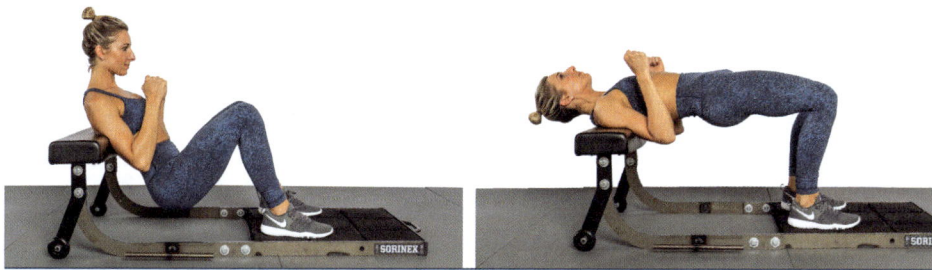

目视前方。抬高髋关节时，要使头部和颈部保持在中间位置。

绷紧：收紧自己的核心

收紧核心可增强脊柱稳定性，防止其过度伸展，使你表现良好。身体操作很简单：在运动的最低点深呼吸，然后收紧腹直肌、腹内外斜肌及膈肌，从而"锁定核心"。

臀推器械的发展

正如过去十几年来臀推获得了较大发展一样，相关器械也是如此。臀推器械从斯科舍（Skorcher）开始，然后发展为臀推凳，现在有了更多选择，如臀部训练器、臀肌训练器和鹦鹉螺训练器。

需要明确的是，你做臀推需要的就是一条稳固的长凳。因此，不要觉得自己需要购买专业器械才能做臀推。不过，这些器械是专门为臀推设计的，可以让你更容易地摆好姿势，执行动作。

我不想劝你购买下面任何一种器械，因为这不是必需的。不过，每台器械都有各自的优势与不足，如果你想为自己的家用健身房购买一台，或者为自己的商业健身房购买其中一种或多种型号的器械，先了解一下这些器械，可能会对你有所帮助。

斯科舍

斯科舍仍然是我最喜欢的臀推器械之一，因为它舒适，可以使你进行最大范围的髋关节运动，并且上面的手柄提供了额外的稳定性，这使得你在做双腿与单腿臀推时稳定无比。然而，问题是你只能以弹力带的形式添加阻力，无法借助杠铃。因此，若使用斯科舍，你能做的动作十分有限。

臀推凳

　　与新型臀推器械相比，臀推凳可能看起来最不酷，但它最实惠且占用空间最小，你可以使用它来进行各种臀肌训练，如杠铃与弹力带臀推、外展运动、保加利亚式分腿深蹲与弹力带硬拉。需要说明的是，若使用臀推器，那么杠铃臀推做起来会很麻烦。理想情况下，你需要将重物滚动到有一定高度的平面上，以使髋关节停留在恰当的位置。总的来说，多功能性、尺寸小和价格低使臀推凳成为家用健身房及大多数商业健身房的最佳选择。

臀部训练器

　　臀部训练器最昂贵，但用起来也最舒适。进行臀推运动时，你可以将皮带扣在腰上，并通过向上或向下移动配重片来调整负荷，这样使得臀部训练器成为最方便的负荷配备器械之一。此外，你还可以使用弹力带进行弹力带臀推。但是这台机器价格很高，占用空间较大，并且用处不多，因为它主要是为臀推运动设计的。

臀肌训练器

　　臀肌训练器的用途是较为广泛的。你可以用其做你在臀推凳上能做的所有运动，以及四点跪姿髋关节伸展和反向山羊挺身运动等的变式，此特点是该器械独有的。此外，臀肌训练器带有杠铃架，这样一来，安装和配备负荷就更加容易。另外，它在成本及尺寸方面均处于中等水平。

鹦鹉螺臀肌驱动器

　　鹦鹉螺臀肌驱动器易于配备负荷，其人体工程学结构可帮助你在臀推时保持良好的姿势。鹦鹉螺臀肌驱动器看起来具有商业健身房的特征。但是，该器械并不适合所有人。有些人感觉自己使用该器械时股四头肌受到的训练过多，也有许多人抱怨其垫子陷入了他们髋关节。不过，在用这台器械时十分平稳且超级安全，这使它成为一台很棒的器械。与其他器械一样，它很重也有点贵，而且如果再加上杠铃片的存储空间，它可能会占用相当大的空间。

　　我的臀肌实验室拥有所有这些臀推器械，并且出于不同的原因，它们都很有价值。有趣的是，在这里接受训练的人没有表现出明显的对某台器械的偏爱。

脊柱与骨盆摆放策略

正确执行臀推时,没有一种适合所有人的方法。大多数人都可以遵循臀推的准则与提示,它们可以提供极大的助力,然而其他人则可能需要尝试不同的策略才能获得理想的训练结果:最大限度地激活臀肌而不会对身体造成伤害。

本节概述的脊柱骨盆摆放策略(即脊柱和骨盆的位置)为你提供了一些选择。每种策略都各有利弊,适合每个人的策略各不相同。例如,你可能会发现,在抬高臀部时轻微地过度伸展脊柱,可以使你的臀肌得到最佳程度的灼烧感。如果你身体上没有疼痛感或损耗过度的感觉,那么也许这就是适合你的训练技术。与我提供的所有运动变式一样,我建议你尝试不同的策略,然后选择最适合自己独特的身体类型和运动模式的策略。

脊柱与骨盆居中

也许最普遍和使用最广泛的一种脊柱摆放策略是使脊柱与骨盆居中,使头部、胸腔和臀部保持在一条直线上。这是我最不喜欢的选择,因为髋关节完全伸展时,你的头会向后倾斜,根据我的经验,这基本上总会导致脊柱过度伸展。你会看到使用此技术的举重运动员在重复运动以求力竭的过程中总是会拱起胸腔。但是还是有很多教练教他们保持脊柱与骨盆居中,因此在这里加入此策略十分重要。

脊柱与骨盆居中:动作最低点   脊柱与骨盆居中:动作最高点

在动作最低点保持脊柱与骨盆居中,在动作最高点保持骨盆后倾

另一种选择是在动作最低点保持脊柱与骨盆居中,然后到达动作最高点时或髋关节完全伸展时,收下巴并使骨盆稍稍后倾。当然,在你到达动作最高点时会出现稍微的脊柱屈曲,这是收紧臀肌导致的。收紧臀肌时,你的下背部得到了支撑和保护,并且可以使竖脊肌得到休息,因此压缩负荷明显减少,这样也可以保护脊柱。此外,你还可以最大限度地激活臀肌,这是训练的主要目的。不过,你不需要后倾骨盆至极限,只需将胸腔向下稍微倾斜(双眼直视前方通常可以完成此操作)。这是我为下背部容易疼痛的人推荐的策略。

脊柱与骨盆居中：动作最低点　　　　　骨盆后倾：动作最高点

在动作最高点和最低点后倾骨盆

　　你还可以在整个运动范围内保持骨盆后倾的状态。因此，在运动过程中，你可以轻微地收腹、收下巴，从而使视线在运动过程中从向下慢慢转为向前，然后在动作最低点使胸腔向下，使背部微微弓起，并在将髋关节抬到最高点的过程中保持该姿势。尽管此策略对我的一些客户有效，但并不是我的最爱。

骨盆后倾：动作最低点　　　　　　　　骨盆后倾：动作最高点

在动作最低点伸展脊柱、前倾骨盆，在动作最高点屈曲脊柱、后倾骨盆

　　这种脊柱骨盆摆放策略是我最喜欢的，同时可能也是最受欢迎的。我主要采用这种方式进行臀推运动，我的大多数客户也这样做。在动作最低点，你处于轻微的脊柱伸展及骨盆前倾的状态，之后在动作最高点，转变为稍微的脊柱屈曲和骨盆后倾状态。

　　大多数人都能接受此策略。研究表明，人们可以用这种方式举起更大的重量，因为他们的髋关节在深度屈曲状态下是最有力的，而骨盆前倾模仿了髋屈曲（就像骨盆后倾模仿髋关节过度伸展一样）。因此，它可以帮助你从地面上举起更大的重量，但是你仍然需要通过使用臀肌的力量来锁定髋关节以完成举重动作。要想学会这种臀推姿势，可以想象在动作最低点挺起胸部，在动作最高点向下收肋骨。你也可以考虑从胸骨开始下移。

伸展脊柱、前倾骨盆：动作最低点

屈曲脊柱、后倾骨盆：动作最高点

姿势错误与正确姿势

如果你遵循本节前面介绍的准则，就可以避免许多常见的臀推姿势错误。不过，重要的是要了解为什么某些错误姿势不是最理想的运动姿势，以及如何矫正它们。同样重要的是，你需要知道如何调整自己的姿势，以最大限度地激活臀部，以及如何在臀推训练时绕开受伤部位以及避免疼痛。

错误：脊柱过度伸展

脊柱过度伸展或下背部过度屈曲会使张力从臀肌转移到下背部肌肉。当你试图通过前倾骨盆来伸展髋关节时，你通常会遇到这种情况。在此过程中骨盆的前部向下移动，而骨盆的后部向上移动。人们常常在尝试举起超过其臀肌所能承受的重量时犯这一错误。他们没有使用臀肌来完成动作，而是通过向下移动骨盆并弓背来试图锁定髋关节。这种情况可能发生于臀肌较弱的状态下，或仅仅由力学机制或运动技术太差导致。

正确	错误	
		专注于保持胸腔向下，骨盆后倾，并在锁定髋关节时保持躯干与地面大致平行
骨盆前倾：动作最高点	骨盆后倾：动作最高点	

错误：上下滑动

如果你靠在凳子上的位置过高或过低，那么在运动过程中你可能会上下滑动，这会使臀肌受到的张力转移至股四头肌。

矫正

将背部靠在凳子上，使肩胛骨的下部与凳子的上边缘对齐，并在运动时保持该位置不变。

错误	正确

错误：髋关节伸展不足

当你尝试举起过大的重量或做过多的重复动作时，你通常无法锁定髋关节。每次重复训练都必须使髋关节完全伸展，因为这样可以最大限度地激活臀肌。

矫正

运动时减少负荷，集中精力收紧臀肌，暂停1秒，使髋关节完全伸展。同样，你的肩膀、后背与膝关节应该在一条直线上并与地面平行。当你无法执行完整范围内的运动时，请停止训练。

错误：股四头肌的训练"感受度过强"

如果你感觉到股四头肌受到的张力过强，或者臀肌感觉不到足够的张力，可以尝试下面的一项或多项矫正措施。

矫正1：将脚放在更远的位置

正常站姿　　　　　　　将脚放在更远的位置

将脚放在距离身体更远的位置，这样可以减少股直肌的拉伸并拉伸腘绳肌，因此，可以将施加给股四头肌的压力转移到腘绳肌。

矫正2：在膝关节周围戴一条迷你弹力带或臀肌弹力圈

在膝关节下方或上方戴上一条迷你弹力带或臀肌弹力圈，这样并不会消除股四头肌受到的张力，反而会增大臀肌受到的张力。

将臀肌弹力圈戴在膝关节下方　　将臀肌弹力圈戴在膝关节上方

矫正3：脚跟发力

专注于用脚跟发力。你可以通过踝关节背屈来抬高脚趾，以辅助脚跟发力。

踝关节背屈

矫正4：使用矮一点的凳子

降低凳子的高度会有所帮助是因为你不必过多地使用双腿来稳定身体。如果凳子太高，则必须用更大的力来维持身体的稳定，这样会增大股四头肌所受的张力。

凳子（高）　　臀推凳（低）

对于某些人来说，抬头可以提高臀肌的激活程度。我训练的大约每5~10位客户中就有1位使用此技术获得成功。他们通常在做臀推时对股四头肌的感受过于强烈。

居中

髋关节过度伸展的同时向上看

矫正6：执行美式臀推

将背部沿着凳子向上滑动，然后进行美式臀推（请参见第309页），这样可以缩短双手的间距，使之更像是骨盆倾斜训练，因为你的上半身此时会自然地前倾。

臀推

美式臀推

错误：腘绳肌的训练"感受度过强"

如果你在臀推过程中感觉腘绳肌过度劳累，这就是对股四头肌的训练"感受度过强"的矫正。

矫正1：将脚靠近髋关节

将脚靠近髋关节，这样会将张力从腘绳肌转移至股四头肌，从而加深对臀肌激活的感受。

正常站姿

将脚靠近髋关节

将臀肌弹力圈戴在膝关节下方

将臀肌弹力圈戴在膝关节上方

在膝关节周围佩戴一条迷你弹力带或臀肌弹力圈，给臀肌施加更大的张力。

矫正3：整只脚发力

整只脚发力

不是用脚跟发力，而是专注于用整只脚发力，包括脚趾（显然，在这里你不会背屈踝关节或抬起脚趾）。

矫正4：使用高点的凳子

臀推凳

凳子

增加凳子的高度，以将张力从腘绳肌转移至股四头肌。

矫正5：直视前方的同时后倾骨盆

居中

直视前方的同时后倾骨盆

对于大多数人来说，尤其是那些在做臀推时容易训练腘绳肌的人，这是一项绝佳的训练技术。

第5部分　训练

针对疼痛进行训练

下背部疼痛

下背部疼痛似乎一直都是在动作最高点脊柱过度伸展、骨盆前倾造成的。在大多数情况下，只要保持脊柱中立或保持骨盆向后轻微倾斜，就可以解决这个问题。做臀推时学着向前看，将肋骨放低，将下巴置于臀推器械的顶端。

骶髂关节疼痛

臀推与臀桥这种能增强臀肌的运动，理论上应该有助于防止骶髂关节疼痛，但是这些运动通常会加剧这种疼痛，这种情况有些棘手。如果发生疼痛，你就必须听从你身体发出的信号。即使臀推让你的身体兴奋，你也要考虑休息几周。当你重新开始训练时，不要让自己处于疼痛状态，慢慢进步。随着时间的推移，增强你的臀肌应该可以改善持续的骶髂关节疼痛。要注意把握训练时微妙的平衡状态，既要训练到臀肌又不能负荷过重。

膝关节疼痛

大多数膝关节疼痛源于臀推，一般不是运动错误（甚至不是膝关节塌陷）造成的，而是由于股四头肌高度激活产生的副作用。解决办法是提高训练动作多样性，减少大重量杠铃臀推的次数。例如，你可以选择杠铃臀桥或B姿势臀推。为了减小股四头肌受到的张力，你可以减少负荷，将脚抬高，调整站姿，在膝关节外侧放置一条弹力带，尝试多种形式的臀桥。

颈部疼痛

通常，与臀推相关的颈部疼痛源于颈部无力。大多数人没有意识到，臀部用力时，很难收回下巴或将视线集中在前方。这并不是说它使你的颈部绷紧，而是使颈部保持那种姿势会让你感到疲劳。所以，很多疼痛其实是肌肉酸痛，而不是由大量的机械性运动造成的疼痛。如果你注意到自己每次做臀推训练时颈部都会感到疲劳，可以考虑做一些颈部强化训练。然而，如果收回下巴对你来说会引起剧烈疼痛，那就试着抬起头，或者使头保持中立。总之，保持无痛是第一要务，而且在这种情况下你依然可以做臀肌训练。

上背部擦伤

上背部擦伤的原因几乎总是没有在长凳上铺上充足的宽垫。如果你试图靠着跳箱或其他坚硬的表面做臀推训练，你的上背部就会被擦伤。这就像是在没有杠铃垫的情况下尝试做杠铃臀推，我不推荐这样做。显然，在长凳上铺上充足的宽垫是理想的解决这个问题的方法。如果你没有宽垫，你可以用瑜伽垫或平衡垫来充当训练垫。

手腕疼痛

手腕疼痛更常见于杠铃臀桥，因为在运动到最高点时，你的身体处于向下的角度。但偶尔臀推也会造成手腕疼痛。在这两种情况下，疼痛都是手腕过度伸展造成的。解决办法很简单：让手腕保持中立的姿势。

臀部疼痛

几乎在每一种情况下，臀部疼痛都是因为没有使用杠铃垫或没有将其放在正确的位置。

臀推的安全注意事项

为了确保自己在做臀推时不受伤，你必须了解以下几个安全注意事项。

- 确保长凳稳定可靠。不稳定的长凳会具有安全隐患，尤其是当你举起很大重量时。如果它倾斜或向后滑动，你就有受伤的危险。你可以使长凳靠着墙或起蹲架。
- 为了保护你的上背部，需要确保你使用的长凳有足够多的训练垫。
- 在进行杠铃臀推时，为了保护骨盆，请使用深蹲海绵垫或者瑜伽垫等其他厚杠铃垫。
- 下背部不适是与臀推相关的最常见的疾病之一。尽管第315~317页所述的脊柱骨盆摆放策略很重要，但大多数人发现保持下巴内收和肋骨向下就可以防止下背部疼痛。
- 有一个专门配备所有合适的器械和附件可以进行臀推训练的区域。这尤其适用于在健身房工作或本身就是健身房老板的教练，以及拥有家庭健身房的人。有一个专门的臀推区域不仅可以确保安全，还可以更容易地进行这项训练。换言之，你如果每次想做臀推时都要整理好所有的器械，可能就会减少训练次数。更糟糕的是，由于需要设置器械，你更有可能无法获得较好的训练效果。

第 5 部分　训练

323

臀推分类

臀推根据脚的位置可以分为5种类型。在这里，我会描述每一种类别。在后文中，我将向你展示如何针对每个类别使用不同的器械来添加阻力与负荷。

当你选择改变臀推形式时，必须考虑很多因素：目标、器械使用方式以及训练感觉。多种臀推类别为你提供了多种选择。如果你刚开始训练，想学习如何做臀推，或者你想举起更大的重量，那么就要坚持强化双腿臀推的技能。如果你手边没有任何重量工具，单腿臀推可能是最好的选择。你如果想把张力从股四头肌转移到腘绳肌上，可以进行不同的训练变化。

双腿（双侧）臀推

这种类别是最容易执行的臀推形式，也是理想的臀推形式，可以使臀肌激活效果最大化。双脚踩在地面上，背部紧靠健身凳。由于有多个接触点做支撑，因此，这样非常稳定安全。

首先，确保你的健身凳稳固，不会向后滑动。坐在地板上，将上背部靠在健身凳上。让你的肩胛骨下部与健身凳上边缘对齐，然后摆出臀推姿势。你如果只是用自重做这个动作，那就屈曲手臂，将肱三头肌的部位靠在健身凳上，然后双手握拳。下一步，定住脚跟，膝关节向外推，收紧臀肌的同时上抬臀部。想象用你的臀肌向上推臀部，这样压力就作用在臀部上，而不会压迫脊柱。你的臀部完全伸展开后，集中力量最大限度地收紧臀肌1秒。保持背部和肘部固定在长凳上，在下一次重复运动开始之前，将身体放低到底部。

单腿（单侧）臀推

这种变式更具挑战性，因为你只有一个接触地面的点，这意味着你必须用一条腿稳定身体。这种类型的臀推效果很好，因为你可以用小重量及低重复次数得到良好的训练成果。与双腿臀推相比，你在单腿臀推中对臀肌的刺激会少一些，但它仍然值得在你的计划中有所体现。

像做双腿臀推时一样摆好姿势：确保你的健身凳稳固，不会向后滑动，将上背部靠在健身凳上，屈曲手臂，将肱三头肌的部位靠在健身凳上，然后双手握拳（或将手臂摆成T字形）。肩胛骨下部与长凳上边缘对齐，然后摆出臀推姿势，将双脚分置身体中线两侧。下一步，抬起一条腿，让膝关节向胸部靠拢。注意：你可以像图中所示那样将腿屈曲，或者把腿伸出去，按你的喜好来。做这个动作时，定住脚跟，抬高臀部，直到臀部与膝关节及肩膀大致在一条直线上，然后在腿上举到最高位置时收紧臀肌。

B 姿势臀推

　　B 姿势臀推基本上是单腿臀推和双腿臀推的交叉变化。不要将腿抬离地面，而是将脚放在另一条腿前方的地上，这样可以帮助你保持平衡稳定。这个动作不太需要身体特别协调就可以轻松完成。关键是只用伸出腿来保持平衡与稳定。你的后脚（离你身体较近的那只）应该承担大约70%的体重，而当你伸展臀部时，你伸出的腿承担大约30%的体重。我认为，当你举起更大的重量时，例如，当你做杠铃臀推，你会不可避免地更多使用伸出腿来平衡身体重量，这会破坏你试图主要用一条腿负重的目的。所以，与单腿臀推一样，B 姿势臀推最好使用小负荷。

把肩胛骨下部置于一个固定的健身凳的上边缘，然后摆出臀推姿势。下一步，伸出一条腿，将脚跟放在另一只脚的前侧，保持伸出腿的脚趾停在空中。你可以通过将脚跟靠近身体，抬高臀部，来完成这个动作。你需要了解，伸出腿只是为了帮助你保持平衡稳定。换言之，伸展臀部时，伸出腿不用过度地踩向地面。

蛙式臀推

我在第346页会介绍蛙式臀泵，这是一种很受欢迎的臀肌训练，通常需要你将背部贴在地面上进行。然而，你可以通过抬高肩膀或把脚抬高来扩大臀部的运动范围。抬高肩膀后就创造了一个新的臀推运动模式，称为蛙式臀推。我不建议像进行其他类别的臀推那样经常进行蛙式臀推，因为你不能承受太大的重量，而且有些人在这种特定的姿势下更能感觉到他们的股四头肌在发力。你可以考虑蛙式臀推的辅助练习，偶尔加入新的变式。我推荐你使用小一些的长凳（下图中的助力长凳高40厘米），减少负荷，增加重复次数。

弹力带蛙式臀推　　　　杠铃蛙式臀推　　　　哑铃蛙式臀推

抬高式双腿臀推

将脚放在箱子、台阶、椅子或长凳上，几乎可以使臀部运动范围增大1倍。这样还能让腘绳肌得到更高的激活程度，减少股四头肌的发力。如果你的股四头肌在训练中过于紧张，想转移股四头肌的紧张感，或者想扩大运动范围，也可以进行这种变式。最好只用自重或使用轻型哑铃与弹力带进行。

你如果在进行臀推时将双脚置于地板上，可以尝试在臀推开始时，将脚固定在箱子上部。你可以将脚心置于箱子边缘，这样可以更多地训练到臀肌，也可以将两个脚跟置于箱子顶部，脚趾指向天花板，这样可以更多地训练到腘绳肌。根据需要向后或向前调整箱子的位置，让你的膝关节保持略大于90度的角度。把臀部推向天花板，固定住脚跟或脚心来完成这个动作，直到你到达动作最高点。你的髋关节完全伸展后，收紧臀肌1秒。

抬高式单腿臀推

抬高式单腿臀推和抬高式双腿臀推一样，也扩大了臀部的运动范围，将张力转移到了腘绳肌上。然而，人们对稳定性需求的增加让这项训练更具挑战性。为了获取最佳效果，最好保持小重量，专注于你的身体形态（神经-肌肉连接）。

在你面前的长凳或跳箱前放置另一个箱子。之前你的脚踩在地板上，现在就要踩在箱子的前侧。你可以把脚心置于箱子边缘来更好地训练臀肌，或者把两个脚跟置于箱子顶部，脚趾指向天花板，这样可以更好地训练腘绳肌。下一步，将双脚置于身体中线两侧，然后抬起一条腿，让膝关节向胸部靠拢。注意：你可以像图中所示那样将腿屈曲，或者将腿伸出去，按你的喜好来。让你的肩胛骨下部与长凳上边缘对齐，肘部向后移动，脚跟用力，伸展臀部。当你在到达动作最高点时，收紧臀肌，然后让自己的身体有控制地返回动作最低点。

负荷和器械变式

你可以在5种臀推类别中任意添加哑铃、弹力带或杠铃，让这项运动更加丰富。使用不同的负重器械进行的臀推提供的运动刺激有些许不同，使用不同的器械需要掌握不同的臀推技术。

你不需要拥有下面列出的所有器械，但这些器械确实会给你带来更好的臀推体验，同样重要的是，它们会给你提供更多的选择。例如，你可以1周做3天臀推，但其中1天你使用杠铃，另外2天你用弹力带或哑铃。

膝关节弹力带变式

弹力带（臀肌弹力圈）可以在进行臀推时增加臀部紧张感，是我最喜欢的器械之一。如果你在膝关节上方或下方加上一条弹力带，弹力带就会要求你必须将膝关节向外推，以抵抗弹力带向内侧施加的压力，这样会更多地激活臀肌，特别是臀肌上部。

膝关节弹力带臀推

抬高式双腿膝关节弹力带臀推

要进行双腿膝关节弹力带臀推，只需将弹力带置于膝关节上方或下方，摆出舒适的姿势。注意保持膝关节朝外，充分伸展时收紧臀肌。当你降低臀部接近地面时，对抗弹力带将膝关节向外推。

单腿膝关节弹力带臀推

你在进行单腿臀推时也可以使用一条弹力带来增大阻力。为了做到此变式，请将弹力带置于膝关节上方，然后抬起一条腿，将弹力带绷直，以此来产生阻力。你的腿抬得越高，弹力带被拉得越长，产生的阻力也就越大。关键是在整个运动范围内，当你抬起及降低臀部时，要在使用弹力带时保持相同的伸展度；使用弹力带可以提高臀肌的激活程度。

有一点很重要，即你可以在使用弹力带的同时使用哑铃与杠铃，以此来丰富弹力带臀部训练的变式组合。当你偶尔增加臀推的负荷时，你会感觉到你的股四头肌和腘绳肌更加紧张。这并不是因为你的臀肌没有得到激活，而是因为增加的负荷更能刺激到其他腿部肌肉。如果发生这种情况，你可以在使用哑铃、杠铃或臀肌弹力圈时增加一条弹力带来增加对臀肌的激活。同时使用弹力带与其他器械的好处是，你不必使用大重量或进行多次重复就能获得很好的训练效果及肌肉灼烧感。但是，如果你想在达到最大负荷时再重复一次，或者想增加重复次数，那么最好不要使用弹力带。

膝关节弹力带哑铃臀推

哑铃变式

初学者在臀推时增加负荷的第一选择应该是哑铃。从小负荷开始，然后慢慢增加负荷。一旦你适应了这个动作，可以试试增加杠铃。总的来说，我推荐通过哑铃臀推来增加重复次数，让你感受臀肌酸痛。为了恰当地完成哑铃臀推，一定要将哑铃直接置于臀部上方，在你抬高及降低臀部时，请让哑铃一直保持在骨盆上方。抬高臀部时，可能需要将哑铃稍微向前滚动；降低臀部时，需要将哑铃向后滚动，以保持重心位于骨盆上方。如果进行双腿臀推，则需要抓住哑铃外侧。如果进行单腿臀推，则需要将哑铃的手柄置于着地腿一侧的髋屈肌上。

哑铃臀推

抬高式双腿哑铃臀推

单腿哑铃臀推

B 姿势哑铃臀推

抬高式单腿哑铃臀推

杠铃变式

　　杠铃臀推是一种很好的挑战运动强度及增加臀推运动负荷的方式。根据身高与长凳高度，可以选择几种不同的杠铃安装方式。如果不能按理想的方式安装杠铃，例如无法使用14英寸高的长凳或者在感觉适合身高的位置安装杠铃，那么杠铃的位置可能会有点尴尬。但一旦你掌握了窍门，假设你有合适的器械，这并不比将杠铃从架子上拿下来置于后背上做深蹲更具挑战性。

杠铃放置

　　杠铃臀推的理想姿势是将杠铃置于耻骨上方。我推荐使用深蹲海绵垫、汉普顿杠铃垫或平衡垫包裹杠铃。你如果没有上述这些垫子，也可以使用可折叠瑜伽垫，但它的效果没那么好。如果垫了杠铃垫之后还是会受伤，你可能需要同时采用两种不同材料的垫子。杠铃放置的位置也很重要，既要确保杠铃垫位于杠铃杆中心，也要确保杠铃位于耻骨中心。

双垫：深蹲海绵垫＋瑜伽垫　　单垫：臀推海绵垫或深蹲海绵垫

过腿设置

过腿设置是最常见的杠铃摆放方式。第1步是将肩胛骨下部与健身凳上边缘对齐。然后身体呈坐姿，手向前伸出去让杠铃在腿上滚动，直到杠铃跨过臀部。如果凳子太高，可以坐在平衡垫上，把背部置于理想位置。然而，抬高臀部可能会让杠铃在大腿上不停滚动。为了让杠铃保持在恰当的位置，可以将杠铃拉到两个橡胶垫（理想情况下，使用3.8厘米厚的垫子）上，或者使用专用的负重杠铃片（臀推器杠铃片）。你如果碰不到垫子或杠铃片，可能需要稍微抬起杠铃，然后将脚滑动到恰当位置。结束时只需坐下来，然后将杠铃从双腿上方推出去。

你可能没有专用的负重杠铃片（臀推器杠铃片），因为这在大多数商业健身房中都很少见，你也可以将杠铃拉到缓冲板或3.8厘米厚的垫子上。同样，对于那些股四头肌发达，需要抬高杠铃才能摆好臀推位置的人来说，这种方式也十分重要。

自下而上设置（高凳选项1）

在臀推器成为商业健身房的主打产品之前，平坦稳定的多功能长凳是最普遍的选择。关键是使长凳固定在墙上或起蹲架上，以防止其四处滑动或向后倾斜。在不安全的长凳上进行臀推也许会造成极其严重的后果。

虽然大部分长凳都能正常使用，但是很多长凳对于这项训练来说还是过高。你如果找不到一个合适高度的长凳，可能需要在进行上举之前，用手臂与臀部支撑身体让背部回到合适位置。

把前臂置于长凳上，同时将杠铃置于腿部与耻骨之上。把脚移向臀部，将臀部抬离地面，用前臂抬高杠铃，抬高臀部，使背部滑动到合适位置，将肩胛骨下部靠在长凳上边缘上。保持臀部抬高，紧握杠铃杆。必要时可做一些调整，然后你可以开始进行臀推了。

332

自上而下设置（高凳选项2）

你如果感觉自下而上的设置不舒适，那么自上而下的设置可能是一种选择，特别是对于初学者来说。与自下而上一样，你必须使长凳靠墙同时保持小的负荷。"轻"指的是要比过腿设置或自下而上设置所需负荷轻很多，因为你必须在提起杠铃站直时完全抬起负荷，然后慢慢地将身体放低，将杠铃放在你的耻骨上方。这一做法主要适用于那些触不到轻缓冲板及没有足够力量使用45磅重的杠铃片的人。简而言之，如果你用的是小重量杠铃片或者不加杠铃片只使用杠杆，这就是你将杠杆置于恰当位置的方法。否则，使用过腿设置的方式让杠铃在腿上滚动也许是最好的一种选择。

提拉杠铃直至站直，然后坐在长凳上，让杠铃在耻骨上方保持平衡。双手置于长凳上。用手臂和双腿支撑自身体重和杠铃重量，让臀部从长凳向下滑动，然后将身体放低，直到你的肩胛骨下部与长凳上边缘对齐。背部保持在原位。双手握紧杠杆，将双脚分开到适当距离。现在你已经做好了准备。当你完成准备工作后，臀部向地面坐，然后将杠铃推过双腿。

杠铃臀推

放好杠铃后，两手分开足够宽的距离握住杠铃，肘部稍微屈曲。此时你可能需要进行一些调整才能找到恰当的抓握位置。你如果想成功地将杠铃向上推起，需要同时做几件事：固定住脚跟，膝关节向外推，用臀部将杠杆抬高，在长凳上做转轴运动，同时保持头部朝向前方，让运动主要在胸骨下方进行。用你的臀肌向上推动杠铃，这样的训练是作用于臀部的，而不会作用于脊柱。你的臀部完全伸展开后，集中力量最大限度地收紧臀肌一秒。你可能需要推动杠杆，让它保持在耻骨中心位置。保持背部和肘部固定在长凳上，在下一次重复运动开始之前，将身体下放到最低点。

杠铃加短弹力带臀推

在杠铃上加上短弹力带可以加强髋运动的末端关节活动度，这也是大多数人的弱项所在。虽然这种方式可能有些棘手，但是这种训练可以让你获得惊人的效果。杠杆上下滑动，你会在最高点感受到较高的臀肌激活程度，这比仅仅使用杠铃更有效果。负荷逐步增加有一条变化曲线，这意味着随着弹力带不断拉伸，将杠铃向下拉更容易，向上推更艰难，因此需要逐渐增加负荷。记住，变化是很好的，尤其是当它能促进肌肉的生长时。

为了适应这种变化，可以在杠铃的两端分别挂上短弹力带或迷你弹力带。你如果使用的是臀推器，可以将弹力带另一端固定在臀推器上；如果在长凳上进行，可以将弹力带另一端固定在重型哑铃上。

单腿与B姿势杠铃臀推

　　你也可以使用杠铃进行单腿臀推与B姿势杠铃臀推。同样，这些变式需要调整训练技术与肢体协调性，所以，最好保持小负荷。随着负荷逐渐增加，你的能力很可能会退化，在训练过程中，你将很难感受到臀肌在发力。你如果在进行B姿势杠铃臀推，而且增加了过大的负荷，就会更多地通过伸展腿来完成这个动作，这就违背了单腿杠铃臀推的训练目的。

　　上举动作的设置及完成与双腿杠铃臀推的变式相同。双腿伸直坐在地上，然后让杠铃在腿上滚动或使用上述其他的设置选项。下一步，确保垫子在杠杆的中心位置，同时确保杠杆在耻骨的中心。从这里开始，两手分开足够宽的距离握住杠铃，双脚向后滑动，摆出单腿臀推姿势，双脚分置身体中线两侧。将杠铃置于耻骨上方，抬起一条腿，脚跟朝向地面，同时臀部上推杠铃。你如果在进行B姿势杠铃臀推，需要将一条腿伸到另一条腿前面，然后将伸直腿的脚趾抬离地面。需要再次强调的是，不需要推动抬起腿，而是要利用它来保证支撑稳定。

单腿杠铃臀推

B 姿势杠铃臀推

臀部弹力带变式

　　臀部弹力带为臀推提供了一种独特的刺激，因为其在最低点不会产生什么阻力，而在最高点产生的阻力最大。然而在整个过程中，杠铃在所有位置的重量都是一样的。例如，如果你能举起185磅重的杠铃，在整个动作范围内杠铃重量就是185磅。你如果使用弹力带增大阻力，最低点的杠铃重量为15磅，最高点也是185磅。这意味着这种运动造成的肌肉损伤较少，因为在肌肉拉伸的低点没有大负荷。然而，你仍然会产生强烈的肌肉紧张感与代谢压力反应。

　　臀部弹力带式臀推是个很好的选项，因为它们会强制将你固定在恰当的位置，正如你现在所了解到的，这是你可以最大限度激活臀肌的方式。这也是人们很可能忽略的方式，特别是在增加负荷的时候。就像人们在深蹲时增加负荷后会不敢平行移动一样，随着负荷的增加，人们也会因为无法固定而不再继续进行大负荷的臀推。增加一条弹力带有助于通过固定身体位置来阻止这种趋势。

　　为了获得最佳效果，需要将弹力带置于臀部上方。你可能需要用大拇指钩住弹力带两侧将其固定住，防止它在你进行臀推时向后翻转。

　　你可以选择几种不同的方式来保证弹力带安全可靠。如果你使用臀推器，可以简单地设置一下弹力带的位置。你也可以将弹力带挂在起蹲架或史密斯机的底部，或者交叉的重型哑铃周围。

臀部弹力带式臀推

单腿臀部弹力带式臀推

器械对促进臀肌生长和增强运动能力有帮助吗？还是我应该坚持自由重量？

自由重量可能有一点优势，但器械也能刺激臀肌生长。在某些情况下，器械更具优势。就我个人而言，这两种方法我在训练中都会用到。如果你的目标是尽可能拥有最好的臀肌，那么你应该采用所有适合你的训练方式，不管是器械还是自由重量。

我们知道，不稳定的地面不适合用来进行爆发性强的运动。稳定性对于最大限度地提高肌肉的激活程度和力量的爆发是很重要的。事实上，器械是抗阻训练中稳定性最高的选择，因此，如果按体育运动模式来进行相关训练，器械就非常适用于增强运动能力。杠杆式器械，用杠铃片可自由增加负荷，而不像腿部伸展器械及腿部屈曲器械等单关节器械一样负荷固定。自由重量能更好地协调保证肌肉稳定发力，虽然有一些不稳定性，但仍有益处。

最重要的一点是，你不应该因为认为器械没有效果就放弃使用它们。从长远来看，如果你很容易受伤，或者你被杠铃撞到过，那么使用器械训练会更加适合你，因为它不会让你受伤。例如，很多人更喜欢做史密斯机臀推而不愿做杠铃臀推，因为史密斯机更容易设置，而且他们在进行史密斯机臀推的时候也会感觉更加稳定。你如果属于这一类人，也不要觉得你需要进行杠铃臀推，你可以坚持做史密斯机臀推，这样也能有好的效果。

你如果使用的是立式史密斯机，可以任选一个方向安置它。但你如果使用的是像图片中那样的斜式史密斯机，就必须将长凳置于恰当位置，这样在你进行上推时，才能做使杠铃远离臀部的动作。

臀桥

21 世纪初，在我第一次感知到臀桥技术的到来时，我并没有太注意它们。虽然它是很棒的臀肌激活训练，但我必须重复多次才能获得更好的训练效果。当时我以为必须举起过大的负荷才能促进肌肉生长。因此，我坚持做的只有杠铃臀桥。但在我意识到多次重复动作与举重一样有助于肌肉生长时，我从一个全新的角度发现，臀桥也可以有很多变式。我开始在我自己的规划中越来越频繁地使用这些变式，而且取得了很好的效果。然后我开始进行试验，提出如蛙式臀泵等新的变式，收获了更多的益处。

　　首先，现在我认为，臀桥技术是我的臀肌训练系统的基础。对于初学者来说，这项训练很容易进行。平躺保持背部紧贴地面，膝关节屈曲，然后你需要做的就是伸展臀部。从该意义上讲，臀桥在臀推变式的基础上更具挑战性。例如，我可能会让某个人先进行自重臀桥，然后根据他们的力量与状态，替换成更考验其能力的臀桥来增加难度。如果他们熟悉了这些项目，我可以让他们学习臀推的变式，这就更加有难度了，因为臀部的活动范围扩大了，但训练的效果更好了。

　　其次，臀桥是优秀的小负荷肌肉激活训练，这意味着它们可以让你的臀肌为后深蹲和硬拉这样更剧烈的上举运动做好准备。就像烤箱没有预热就烘烤蛋糕会产生糟糕的结果一样，不进行热身就直接进行大重量上举，很可能会损害身体机能。对那些臀肌因缺乏活动而萎缩的人来说，使用臀桥技术尤为重要。你的肌肉如果在一天中没有被激活，例如你坐上半天，也没有进行专门的臀肌运动，你的肌肉就会变弱。可以肯定的是，就是因为臀肌没有激活，它们才会萎缩。进行臀桥等臀肌激活技术，不仅可以增强大脑刺激臀肌生长的能力，还可以在你进行更复杂的相关运动时，促使臀肌发力。

　　此外，你可以使用臀桥，通过多次重复或增加负荷来加强肌肉训练。因为很多技术都可以满足多次重复的训练，但只有少数技术才可以满足大负荷，例如杠铃臀桥和双哑铃臀桥，大多数刺激肌肉生长的臀桥技术是使用小负荷，重复次数在20~60次。但每个人的情况都不一样，关键是要重视质量，而不要只是追求数量。

　　如果你刚刚开始训练，做20次自重臀桥对你来说可能也是个挑战。在这种情况下，坚持做自重臀桥，循序渐进，这是非常好的计划。记住，你的目标是在运动过程中努力感受臀肌的发力。如果你感觉自重臀桥有些简单，又没有专注于激活臀肌，就不太可能感觉到臀肌的发力。对于那些做50次自重臀桥也不费力的人来说，这是很典型的情况。如果你或你指导的某个人属于这一类人，可以用弹力带、哑铃或杠铃等增大阻力，使自己或他人将注意力集中在控制肌肉上，而不要过于追求速度或所负重量。如果你做得太快或所负重量过人，能力就会退化。你如果感到背部、股四头肌或腘绳肌开始紧张，可能就需要放慢动作、改变设置或调整变式。

最后，臀桥技术的运用可以让人们在不超出股四头肌负荷的情况下，最大限度地激活臀肌。例如，进行臀推时可以通过将肩膀抬离地面来扩大运动范围，同时提高股四头肌的激活程度。这并不一定会削弱臀推的训练效果，只是表示你在做这个动作时，必须更大限度地激活股四头肌。由于你的身体会从水平转向倾斜，又无法使用可以让你保持稳定的长凳，臀桥就不太能激活股四头肌。所以，如果你旨在减少对股四头肌的激活，那么不管是因为训练后股四头肌疼痛，还是你想减少股四头肌的紧张感，对你来说臀桥可能都是一种更好的选择。

我在个人训练生涯早期虽然并没有给予臀桥应有的重视，但我花了很多时间研究新的臀桥技术与变式，希望可以最大限度地优化训练效果，你将在本节中学到上述内容。我会在自己的训练中运用这些变式，同时也会广泛地让我的客户感受相关变化。

指南与提示

臀桥

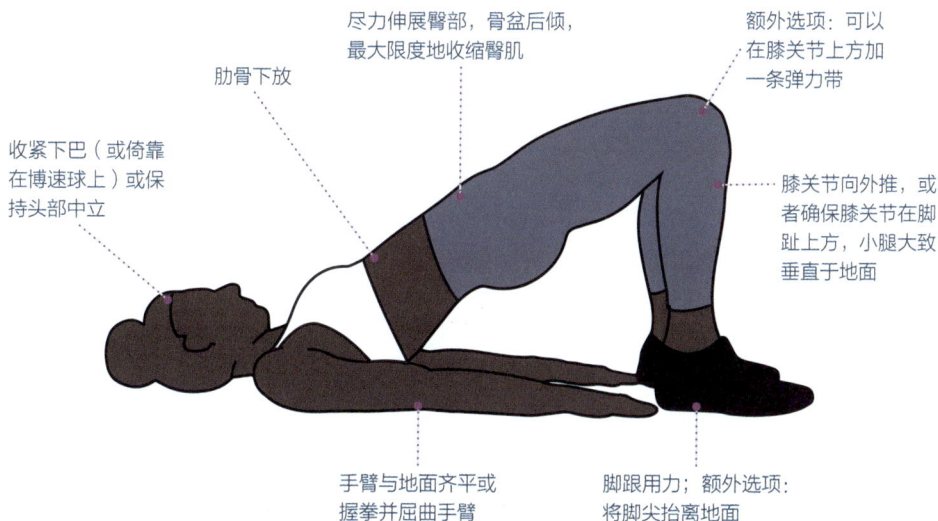

尽力伸展臀部，骨盆后倾，最大限度地收缩臀肌

肋骨下放

额外选项：可以在膝关节上方加一条弹力带

收紧下巴（或倚靠在博速球上）或保持头部中立

膝关节向外推，或者确保膝关节在脚趾上方，小腿大致垂直于地面

手臂与地面齐平或握拳并屈曲手臂

脚跟用力；额外选项：将脚尖抬离地面

蛙式臀泵

尽力伸展臀部，在每一次重复到达最高点时收缩臀肌

收紧下巴（或倚靠在博速球上）或保持头部中立

臀部外展角度约为最大幅度的2/3

脚跟靠近臀部

手臂与地面齐平或握拳并屈曲手臂

肋骨下放

双脚脚跟贴近，双脚外缘贴于地面

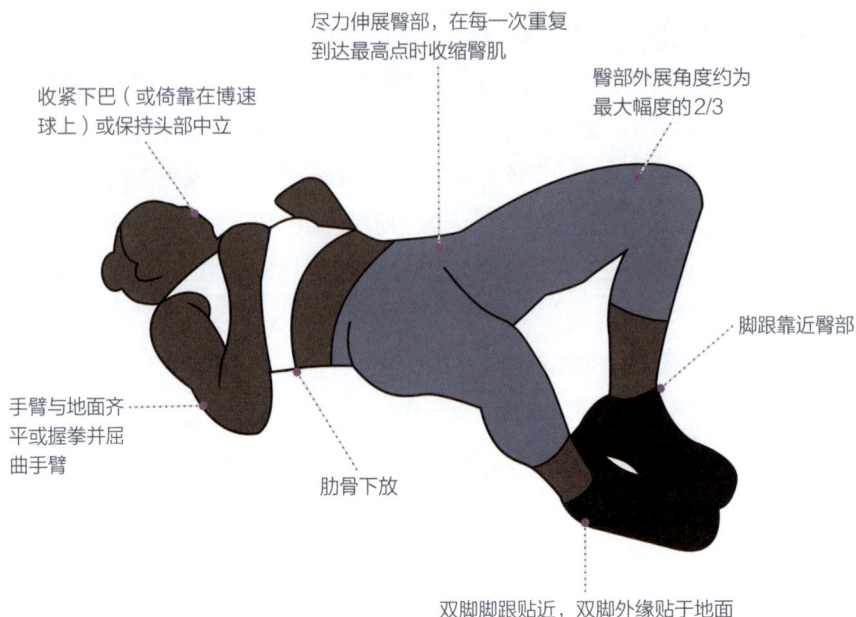

在后文中，我会讲解臀桥的基本原理，你可以将其应用于每一种臀桥的变式。简而言之，阅读了这些内容后，你就掌握了臀桥训练的基础。

准备工作：臀部、肩部和膝关节成一条直线

尽管你可以对自己的头部、双足及手臂的位置做一些特定的调整，但是对于大多数人来说，到达臀桥最高点时身体姿势应该大致相同，也就是说，你的臀部、肩膀与膝关节应该在一条直线上。这有助于保持双脚与身体之间的距离。

臀桥   蛙式臀泵   双足抬高式臀桥

注意臀部、肩膀与膝关节大致在一条直线上。这是适合大多数人的最佳臀桥最高点姿势。

呈现出一种允许最大限度激活臀肌的姿势

只要上举到最高点就可以很好地确定你的双脚相对于臀部应该置于什么位置。与臀推一样，如果你感觉进行臀桥时股四头肌发力太多，试着让双脚离身体远一点。如果你感觉腘绳肌发力太多，试着让双脚靠近身体。

你还可以采取双脚间距略宽的姿势进行训练。有些人喜欢采取双脚之间的距离较窄，脚尖向前的姿势，还有一些人则喜欢采取双脚之间的距离较宽的姿势。双脚之间的距离以及脚尖偏离中线的角度在很大程度上取决于你的臀部解剖结构与个人偏好。我的一些客户喜欢脚尖向外且双脚分开得非常宽的姿势，而几年过去后，他们又喜欢脚尖向内且双脚分开较窄的姿势了。这两种姿势均不适合我，我更喜欢膝关节向外这种姿势，这样更方便我进行下一步的动作。你可以根据上述内容任意选择或多或少地将膝关节向外展开。多尝试不同的姿势，采用你感觉最适合的姿势就好。

定住脚跟

一旦确定了理想姿势，你可以将双脚平放置于地面上或者将脚趾抬起，脚跟用力踩向地面来进行训练。许多人喜欢将双脚平放在地面上，但有些人会在脚趾抬起时感觉臀肌的紧张感更加强烈。通常情况下，双脚平放于地面上会将紧张感集中在股四头肌上，抬起脚趾会将紧张感集中在腘绳肌上，但情况并非总是如此。许多人在脚趾下压的时候，会更多地感受到腘绳肌发力。如果你在平放双脚时，会感觉到紧张感集中在股四头肌上，那你可以试着切换成脚趾抬起的姿势，或试着将脚跟固定在地面或长凳上，看你是否可以更多地激活臀肌。

双脚平放姿势

脚趾抬起姿势

手臂与地面齐平或握拳并屈曲手臂

做臀桥时，通常有两种手臂姿势。第1种是将手臂放在身体两侧，手掌平放于地面上，手臂与地面齐平。第2种是握拳并屈曲手臂。你可以分别尝试这两种姿势，选择令你感觉更舒服的一种。

手臂伸直   握拳且手臂屈曲

头部姿势：收紧下巴（或靠在博速球上）或保持头部中立

关于头部姿势，你可以把头部平放在地面上，颈部肌肉用力将头部抬离地面，或者将头靠在博速球、瑜伽砖或平衡垫上。同样，这也是个人喜好的问题。

以我的经验来看，通过收紧下巴来抬高头部有几点好处。首先，这样可以让你的胸腔下沉，有助于防止背部过度屈曲。所以，如果你感觉紧张感在背部而不在臀部，那么收紧下巴是个不错的选择。其次，这样可以防止你向后滑动。将博速球或任何你正在使用的像墙一样坚固的物体摆在合适的位置，可以防止运动时在地板上滑动，这是在坚硬光滑的平面上进行臀桥可能出现的问题。双脚滑离身体后，紧张感会转移到腘绳肌上。更重要的是，你需要不断调整姿势。在瑜伽垫上进行臀桥，用两个长凳固定双肩，或用同伴的双脚保持稳定，都可以解决这个问题。

4种防止身体滑动的方法

博速球   瑜伽垫

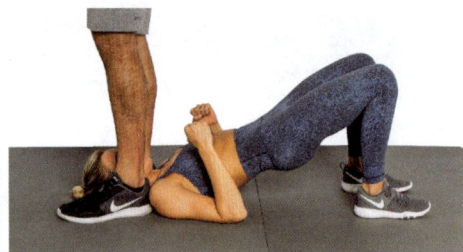

长凳分置头部两侧   同伴协助分腿站立

错误姿势与纠正

错误姿势：脊柱超伸

伸展臀部到最高点时，你的下背部会过度伸展，就会出现这种错误姿势。问题是你的背部肌肉会无缘无故地有灼烧感。你想要的是伸展臀部，或者让臀部大幅度伸展，而不是脊柱超伸。如果你的身体过度拱起，你会感觉到你的脊柱伸展肌肉有紧张感，而不是臀肌有。你的脊柱伸展肌肉不仅会感到疲劳，而且可能在不知不觉中发展成脊柱超伸，导致下背部疼痛。

每个人都可以最大限度地伸展臀部。如果你的身体十分柔韧，你可以尽力伸展臀部直到膝关节和肩膀成一条直线。不过超伸并不总是作用于你的臀部，它甚至也可能作用于你的脊柱。当膝关节屈曲时，大多数人臀部超伸移动的角度在10度左右，但人类臀部超伸移动的角度范围可以从0度到50度，甚至更大的角度！因此，重要的是在臀桥过程中保持脊柱位置相对中立，并确保任何超伸都作用于臀部，而不是脊柱。

如果你在进行杠铃臀桥的变式，这个错误姿势的问题很大，因为移动到最高点时，你的躯干是向下倾斜的，你必须用手来扶住杠铃，以免它从身体上滑落下来。如果你正在进行大重量臀桥，并且有超伸现象，这是因为你给支撑杠铃的下背部和手腕同时施加了巨大的压力。

错误姿势 / 正确姿势

脊柱超伸 / 收紧下巴

纠正

将头部靠在博速球或其他工具上并收紧下巴，有助于保持胸腔下沉，防止下背部超伸，还可以保持脊柱稳定。你应该通过从侧面拍照来估量合适的固定位置。确保在臀部超出运动范围时停止继续伸展。脊柱超伸很容易就可以看出来，因为脊柱超伸时你的背部会向上屈曲，你的肋骨也会在骨盆上方过度展开。

错误姿势：双脚过于靠近身体，或前脚掌过于用力

双脚过于靠近身体或者前脚掌过于用力，紧张感就会从臀肌转移到股四头肌甚至腘绳肌上。

纠正

试着把你的脚趾抬离地面（踝关节背屈），将精力集中在脚跟上。

臀桥分类

有两种方法可以丰富臀桥技术。第1种方法是调整位置，我在前文中已经概述了这一点，第2种方法是基于你使用的工具，接下来我将对其进行概述。

所有的臀桥姿势都有相似之处，基本都是背部紧贴地面，双腿保持屈曲。改变身体姿势（双腿、单腿、B姿势或蛙式），或者调整双脚位置，将其置于地面上或高出地面的平面上等这些方式创造出了丰富的变式。

与臀推一样，每种变式都有一定的好处，都可以满足特定人群的目标与体形要求。正如要尝试每一种技术来找到最适合你自己的方法很重要，所有变式也都十分重要，因为它们提供的刺激稍有不同。例如，如果你想最大限度地增强肌肉紧张感，你可以做双侧杠铃臀桥，或许你就会发现单腿臀桥或蛙式臀泵更能激活你的臀肌。

你选择的训练类别也可以视情况而定。如果你正在旅行，而且不能负重，你可以选择做单腿臀桥，或者将双脚前侧抬离地面。

为了得到最佳效果，你需要根据自身情况来选择不同的臀桥变式。

臀桥

双脚置于地面上的变式稳定且可靠，这允许你举起更大的重量来增强肌肉紧张感。臀桥的稳定性强，意味着这种方式很容易执行。换言之，它不需要协调太多，因为你与地面有多个接触点，这让臀桥顺其自然地成了臀推的替换选项。

仰卧，摆出舒服的姿势。固定住脚跟，尽可能地抬高臀部，而不要拱起下背部。在到达最高点时，收缩臀肌。将臀部一直下放至接触地面，这样可以在运动过程中最大限度地扩大运动范围。

单腿臀桥

这种变式通常更具挑战性，因为你必须用一条腿来稳定身体。单腿臀桥的好处在于你可以在任何地方进行，单靠自重就可以获得惊人的臀肌训练效果。

仰卧，握拳，屈曲手臂，如图所示。双脚分置于身体中心线两侧，然后抬起一条腿。注意：不抬高的腿可以屈曲也可以伸直，选择让你能更好运作，更能激活臀肌的方式。下一步，固定住脚跟，抬高臀部，直到接触地面腿的膝关节与肩膀大致处于一条直线上。

B姿势臀桥

B姿势臀桥的本质是单腿臀桥，但做该动作时双脚均不抬离地面，一只脚平放在地面上，另一只脚置于平放脚略前一些的位置，然后脚跟着地。这个动作会让你的身体更加稳定，执行这种变式就会稍微容易一些。请将B姿势臀桥看作单腿臀桥与双腿臀桥的结合。你不需要特别用力地推离前腿，因为它的作用只是保持平衡。想象一下，你体重的70%压在后腿上，而剩下的30%压在另一条腿上。

仰卧，摆出一个舒服的姿势，双脚分置于身体中心线两侧。下一步，一条腿向前移动，脚跟正好在另一只脚的前面。你可以让脚跟靠近身体，抬高臀部，来完成这个动作。记住，前腿的作用只是让你保持平衡稳定。

蛙式臀泵

　　蛙式臀泵的不同之处在于，双脚的接触点在脚跟。蛙式臀泵提供了一种不同的刺激臀肌的方式，与传统臀桥相比，许多人在进行固有的臀部外展运动时，还进行了与青蛙/蝴蝶姿势相关的外旋运动，蛙式臀泵比传统臀桥更能激活臀肌。

仰卧，脚跟并拢。涉及姿势、距离和膝关节角度时，存在一个最佳位置：双脚和身体保持合适的距离，不需太远也不需太近，膝关节不需接触地面也不需直立在空中。我建议将头部置于博速球上，保持下巴收紧。膝关节与双脚的位置保持不变，固定住脚跟或脚跟外侧，抬高臀部，到达最高点时收紧臀肌。

"进击的臀桥"

　　"进击的臀桥"是指交叉进行臀桥和单腿臀桥。正如你从下图中所见，做一次臀桥，在最高点保持住，然后一次抬起一条腿。在臀肌实验室，我们将"进击的臀肌"作为热身训练，也可以看作单腿臀桥的替代训练（每条腿做2组，每组重复做10次，或者做20次单腿臀桥）。假设你擅长做臀桥，但还没有完全准备好做单腿臀桥。在这种情况下，你可以使用"进击的臀肌"来强化自己的单腿臀桥技术，让身体更加协调。你也可以采用向上2次，向下1次的方法，先做臀桥，然后放下一条腿，再做1次臀桥后换另一条腿。

双脚抬高臀桥

要完成此变式，需要将双脚或脚跟置于高处，如跳箱、台阶、椅子或长凳上。这会将紧张感转移到腘绳肌上，扩大臀部关节的运动范围，还可以减少对股四头肌的激活。如果你想转移股四头肌的紧张感或增加腘绳肌的紧张感，这是很好的方式。

脚趾指向天花板

在跳箱或长凳前侧仰卧。你可以将双脚中心放在跳箱边缘，或者将脚跟放在跳箱上方，脚趾指向天花板。向后或向前滑动，保持膝关节角度在运动到最高点时约为90度。将臀部推向天花板，定住脚跟或脚心，直到背部到膝关节在一条直线上，同时脚尖向上。臀部完全伸展时，集中精力收紧臀肌1秒。

单脚抬高臀桥

如果你感觉一条腿平放于地面上的单腿臀桥很有挑战性，那是因为其扩大了你的运动范围，也提高了稳定性，所以，单腿臀桥做起来确实会稍微困难一些。就像双脚抬高臀桥一样，单腿抬高臀桥这一变式会将紧张感从股四头肌转移到腘绳肌上。

在跳箱或长凳前侧仰卧。你可以把双脚中心放在跳箱边缘，或者将脚跟放在跳箱上方。向后或向前滑动，保持膝关节角度在运动到最高点时略大于90度。双脚分置于身体中心线两侧，抬起一条腿，注意：这条腿可以屈曲也可以伸直，选择让你能更好执行、更能激活臀肌的形式。下一步，固定住脚跟或脚心，抬高臀部，直到臀部完全伸展。

负荷与器材变式

　　臀桥器材与臀推基本相同。你可以使用弹力带（臀肌弹力圈或迷你弹力带）、哑铃、杠铃或臀部弹力带。在臀桥中弹力带、哑铃和杠铃的使用方法与在臀推中的使用方法非常相似，因为臀桥和臀推的运动模式有相似之处。

膝关节弹力带变式

　　做臀桥时在膝关节周围添加一个弹力带，可以让臀肌承担双重职责，这意味着臀肌必须加倍努力才能完成这个动作。套在膝关节上的弹力带将膝关节向内拉动，你训练臀肌时，不仅需要伸展臀部，还要将膝关节向外推以抵抗弹力带产生的阻力，从而让臀肌更深度、更迅速地燃烧。

　　你可以将弹力带置于膝关节上方也可以置于膝关节下方。就我的经验来说，将弹力带置于膝关节上方更能激活臀肌，但不同的人有不同的情况。像所有的变式都有区别一样，你应当选择一个可以更多地激活臀肌的方式。同样重要的是要注意，臀肌训练发生变化时，你偏好的弹力带位置可能会发生改变，所以在进行膝关节弹力带深蹲或臀部外展的变式时，要记住这一点。

膝上弹力带　　　　　　　　　　　　　　　　　膝下弹力带

膝关节弹力带自重变式

　　要想完成膝关节弹力带的变式，需要将弹力带置于膝关节上方或下方，摆出舒适的姿势，然后用膝关节向外推动弹力带。保持膝关节向外推动的紧张感，伸展臀部，在臀部完全伸展时收紧臀肌。你在下放臀部直至接触地面时，应使膝关节抵抗弹力带继续向外推动。

双脚抬高膝关节弹力带　双脚抬高膝关节弹力带　膝关节弹力带臀桥　膝关节弹力带蛙式臀泵
蛙式臀泵　　　　　　　臀桥

单腿膝关节弹力带变式

你也可以使用弹力带完成单腿膝关节弹力带臀桥和单腿抬高膝关节弹力带臀桥。你可以用上方那条腿来控制弹力带产生的阻力大小。换言之，你的腿抬得越高，弹力带的伸展幅度就越大，弹力带伸展幅度越大，阻力越大，伸展臀部就会越难。所以，只要你分开双腿，就增大了做臀部伸展动作的阻力。在整个运动范围内，在你抬高及降低臀部时，要尽量保持弹力带伸展幅度相同。

单腿膝关节弹力带臀桥

单腿抬高膝关节弹力带臀桥

膝关节弹力带杠铃/哑铃变式

你也可以在使用弹力带时，使用哑铃或杠铃。将弹力带与哑铃或杠铃结合的好处是，你不必承担过大重量或重复过多次数才能让臀肌有灼烧感。

然而，弹力带在臀大肌上举时比在臀大肌下放时更有效。从理论上讲，弹力带可能会限制你的重复次数，这将比臀大肌下放产生的刺激效果要差。有一篇论文表明，弹力带不会对总的重复效果造成负面影响，但我不认为在所有训练中都会出现这种情况。

如果你想在臀大肌上举时获得更高的激活程度，使用弹力带是一个好办法，但是如果你要做杠铃臀桥，还要一次举起最大重量，或者你想尽自己所能增加重复次数来配合臀大肌下放这一动作，那么你可能偶尔在训练时会不想使用弹力带。

膝关节弹力带杠铃臀桥

膝关节弹力带哑铃臀桥

膝关节弹力带哑铃蛙式臀泵

349

哑铃变式

在做臀桥时刺激臀肌的最佳方法之一是给臀部施加阻力，这一点可以用哑铃或杠铃来完成。哑铃更小、更轻，也更容易操作，这使哑铃臀桥成为杠铃臀桥基础上的一大进步。因此，我通常先从哑铃臀桥开始，然后再完成杠铃臀桥。然而，这并不是说哑铃只适合初学者。我在训练中会与客户一起使用哑铃。如果你认为自重臀桥过于简单，直到重复50次臀肌才有感觉，那么可以在臀部上方放置一个哑铃。

这样做的目的是增加重复次数，同时增大阻力。你的臀肌应该在重复20次或更早时就有灼烧感，同时你应该承担足够大的重量，这样就不能重复动作超过60次。如果你能重复更多次，那你需要考虑承担更大的重量或进行蛙式臀泵，因为臀部移动距离短，所以我们通常重复做高达100次臀桥，这是唯一的办法。

单哑铃变式

要完成哑铃臀桥的变式，需要将哑铃直接放在臀部上方。你可能需要一些调整才能找到正确的位置。双手抓住哑铃外侧，固定住脚跟，膝关节向外推，伸展臀部的同时上举哑铃。在你抬高臀部时，用手抓住哑铃让其稍微向前滚动，保持哑铃在骨盆中心位置。在你到达动作最高点时，收紧臀肌。在你下放臀部直至接触地面时，要一直保持哑铃在臀部上方，让其稍微向后滚动。

双脚抬高哑铃蛙式臀泵　　双脚抬高哑铃臀桥　　哑铃蛙式臀泵　　哑铃臀桥

双哑铃变式

还有另一种选择，即你可以同时使用两个哑铃执行臀桥与蛙式臀泵。如果你没有大重量的哑铃，这将是一个很好的选择。例如，假设你在做哑铃臀桥时偏好负荷为80磅，但你所在的健身房内没有80磅重的哑铃，而且这种情况在大多数健身房中还很常见。在这种情况下，你可以使用两个40磅的哑铃。

虽然在你拿不到大重量的单哑铃时，双哑铃变化也很好，但是使用双哑铃可能会造成一些问题：有些人会感觉不适，移动时很难保持稳定，而且固定哑铃也很难，尤其是在哑铃还很重的时候。

因此，我只建议在执行臀桥和蛙式臀泵时使用双哑铃，因为此时臀部的运动范围不大，所以在完成动作时更容易固定哑铃。你需要把两个哑铃分别置于臀部两侧的上方，即髋屈肌上方，如下图所示。

单腿哑铃变式

为了完成单腿哑铃变式，需要将双脚分置于身体中心线两侧，并将哑铃置于着地腿的上方。将哑铃置于右侧臀部上方，左臂屈曲，握紧拳头。哑铃就位后，另一侧的腿向上抬起。你可以屈曲抬起腿的膝关节，如图所示，或者伸直该侧腿去够天花板。用手臂将哑铃固定在臀部上方，固定住脚跟，伸展臀部。在你到达最高点时，收紧臀肌，同时握拳侧肘部用力按向地面以保持稳定。

杠铃变式

人们经常问我，杠铃臀桥或杠铃臀推，哪一种更有助于训练出有力的臀肌。正如我所言，臀推是训练臀肌最好的方式，因为臀推会扩大臀部关节的运动范围，但在进行杠铃臀桥时，你的身体可以承受更大的负荷（假设是两种相同的上举练习），这也可以提高臀肌的激活程度。因此，把两者都纳入计划是明智的选择。换言之，优先做臀推，然后每隔一段时间，在重复次数的预期范围内，可以在做臀桥时尽可能地增加负荷。

为了安全地完成杠铃臀桥，你需要用一条折叠毛巾、瑜伽垫，或者采用更好的选项——一块深蹲海绵来保护你的骨盆。否则，杠铃会压迫你的髋部，破坏你的运动方式，同时限制你能上举的重量。将杠铃直接放在髋部上，置于耻骨正上方，要保证杠铃处于正确的位置才能开始。每个人都有自己的最优解，要找到适合自己的杠铃摆放位置需要不断调整。关键就是不要造成疼痛。如果你将杠铃直立置于髋部上，虽然这是一种理想的方式，但其会压迫你的骨盆，那么减轻损伤有两种方法，一种是调整杠铃位置，另一种是放置双层垫（如瑜伽垫与深蹲海绵）。记住，如果造成了疼痛，你的臀肌就无法获得最强烈的灼烧感。

执行杠铃臀桥时建议使用重量较小的25磅的杠铃片，而不建议使用重量较大的45磅的杠铃片。使用25磅的杠铃片时，你的髋部和杠铃之间没有距离。如果你用的是更重的杠铃片，则髋部和杠铃之间可能会有一点点空隙，这导致你必须抬高臀部才能接触到杠铃。使用较轻的杠铃片可以缩短这一距离，而且你的臀部会从运动刚开始时就有紧张感，并且可以在较大的运动范围内产生阻力。

抓握杠铃的方式取决于躯干和手臂的长度，但一般是在手肘略微屈曲的情况下确保舒适的抓握方式。

杠铃臀桥

要完成杠铃臀桥，需要坐在地面上，双腿伸直，然后要么将杠铃移到腿上，要么让一名旁观者将杠铃置于你的髋部上方。确保杠铃垫处于杠铃中心，同时杠铃处于髋部中心。然后，双手分开握住杠铃杆，双手之间的距离要足够远，手肘略微屈曲，不断调整来找到合适的抓握位置。一旦确定了自己的抓握位置，就可以将双脚向后滑动，摆出臀桥姿势。将杠铃保持在髋部中心，固定住脚跟，用髋部向上推动哑铃。在你抬起臀部时，用手臂推动杠铃将它固定在原位。臀部完全伸展时，收紧臀肌。在你下放臀部直至接触地面时，继续用手臂推动杠铃，使它保持在髋部中心。

蛙式杠铃臀桥

一般来说，完成一项运动所需的技术越多、协调性越强，臀肌的激活效果就会越差。单腿杠铃臀桥对于平衡能力有相当高的要求，这使得在保持节奏的同时重复动作就有些困难。因此，我不经常做单腿杠铃臀桥，虽然它可以训练到臀肌，但与其他变式的训练效果还是有区别。相反，我更喜欢蛙式杠铃臀桥，因为我可以在保持较小负荷的同时重复较多次数。与杠铃臀桥一样，我建议使用更轻的杠铃片，可以用25磅或更小的重量，这样你就不必抬高臀部直至接触到杠铃来缩小距离。

臀部弹力带变式

臀部弹力带的变式主要用于完成臀推，但你在进行臀桥与蛙式臀泵时也可以使用。正如我在臀推部分所说，弹力带提供了一种独特的运动刺激，因为臀部在底部位置所受的阻力较小，而在顶部位置所受的阻力较大。如果你想在避免肌肉酸痛同时加快代谢速度，使用弹力带是一个很好的选择。像大多数的弹力带变式一样，我通常会以重复多次的形式完成臀部弹力带变式。

为了最大限度地发挥臀桥的作用，这项运动最好在长凳上进行。如果你想尝试在地面上进行臀部弹力带臀桥，让臀部产生足够的紧张感其实很难。但是使用长凳可以增加弹力带的效果，而且会让你的臀部从运动一开始就有紧张感。

问题是需要确定合适的起始位置。完成这项运动看起来很棒，但你不知道找到正确的起始位置有多困难。

为了正确完成这项运动，你需要将一条长凳置于起蹲架的中间，把弹力带挂在长凳的腿上，然后身体移至弹力带下方，将弹力带直接置于臀部上方。因为弹力带有弹力，在其下方移动时会有些不舒服。一旦你将弹力带缠绕在臀部上，就可以采取臀桥的姿势，撑着弹力带抬高臀部，到臀部完全伸展时收紧臀肌。

最后，有几个小贴士可以改善你进行臀部弹力带臀桥的体验。首先是在你处于长凳上时，让一名训练伙伴将弹力带系在你的臀部上。其次是使用的长凳宽一些，最好带有不易活动的垫子。

如果没有起蹲架，你可以将弹力带挂在大重量的哑铃上。在这种情况下，我建议使用弹力较小的弹力带，然后完成重复多次的任务。你也可以将双脚抬高，将双脚置于长凳或跳箱上，执行双脚抬高臀桥或蛙式臀泵。

353

长凳上臀部弹力带臀桥 　　　　　　　　　　　　长凳上臀部弹力带蛙式臀泵

双脚抬高臀部弹力带臀桥 　　　　　　　　　　　　双脚抬高臀部弹力带蛙式臀泵

起蹲架设置

训练 3 四点跪姿髋关节伸展

四点跪姿髋关节伸展是最简单的臀肌训练动作之一，但不要被这些动作看似的轻易误导了。人们认为一项训练"容易"时，有时会断定它没有效果，或者如果它只针对一块肌肉，过于单一，他们会认为这是一种前景并不好的训练。

　　我的建议是，你应该学习如何完成复合动作，而复合动作应该成为大多数人训练的主要内容。还有一点很重要，你还需要完成针对特定肌群的单独训练。如果你想只针对臀肌训练，而不训练其他肌肉，应该怎么办？或者假设你的身体无法保持平衡，你需要针对身体的某一侧进行训练，该怎么办呢？或者你想热身或者激活臀肌来进行更剧烈的运动，又应该怎么办呢？这些都是针对臀肌进行单独运动的好理由，四点跪姿髋关节伸展就是很好的选项。

　　可以将本节概述的技术视为准确的臀肌练习动作。大约有10项研究测试了四点跪姿训练对臀肌的激活效果，每一项研究给出的评价都非常高。这意味着评价跪姿技术可以针对臀肌产生效果，如果可以运用神经-肌肉连接，同时增加负荷，四点跪姿评价是可以增加肌肉量的。然而，大多数力量训练者将这些技术称为"软弱无能"，因为这些技术简单，主要针对臀肌，而且不属于能对抗很大阻力的运动。因为其确切的效果，我认为四点跪姿髋关节伸展是很好的臀肌训练动作。你需要学习如何完成这项运动，我将在后文中告诉你具体方法。

　　虽然你可以使用弹力带、哑铃或自重摆出四点跪姿的运动姿势，但人们通常将其视为一种自重训练。因此，跪姿训练通常用于热身，重复多次直到力竭，或者用来建立神经-肌肉连接。假设我正在训练一位新客户，他在运动过程中感觉臀部不适。我会让这位客户做四点跪姿训练准备，让他做一些自重训练的重复动作。他立刻就可以感觉臀肌得到了激活。除了让客户为进行更剧烈的运动做好臀肌训练准备外，四点跪姿还创造了一种臀肌的神经-肌肉连接，这意味着客户现在就能知道完全激活臀肌的感觉。通过以下几点原因可知，跪姿训练其实有很好的臀肌训练效果。

　　首先，有些人不知道完全激活臀肌是什么感觉。这些人要么久坐不动，用不到臀肌，要么习惯于依赖股四头肌和腘绳肌，以至于臀肌的神经-肌肉连接能力非常糟糕。在这两种情况下，四点跪姿髋关节伸展能够帮助其重建神经-肌肉连接，同时强化大脑对臀肌的信息输出。

　　其次，你可以将这种感觉转移到其他以臀肌为主导的动作上，例如臀桥与臀推。假设你觉得股四头肌和腘绳肌在臀桥和臀推时工作过多。简单地做几次自重四点跪姿髋关节伸展可以帮助你在臀推时激活臀肌，让你更好地感受肌肉发力。然后你可以将这种感觉作为指导，同时调整位置，测试臀桥和臀推的变式，找到能最大限度激活臀肌的动作。

总而言之，四点跪姿髋关节伸展动作很容易完成，而且对激活臀肌很有帮助，如果你负重失败，就可以用四点跪姿来训练肌肉。我将四点跪姿称为无惩罚量型训练，因为它不会给整个身体施加压力，也不会损害关节；四点跪姿只是增加臀肌训练量，但不会影响肌肉的恢复。

四点跪姿髋关节伸展、反向山羊挺身、后踢等运动都属于无惩罚量型训练。一般来说，我会在训练计划中每周至少安排一项每次3组，每组重复20次的无惩罚量型训练，以此来丰富训练变式。你不是想设定个人记录，而只是想让臀肌有灼烧感，同时很好地完成臀桥动作。

指南与提示

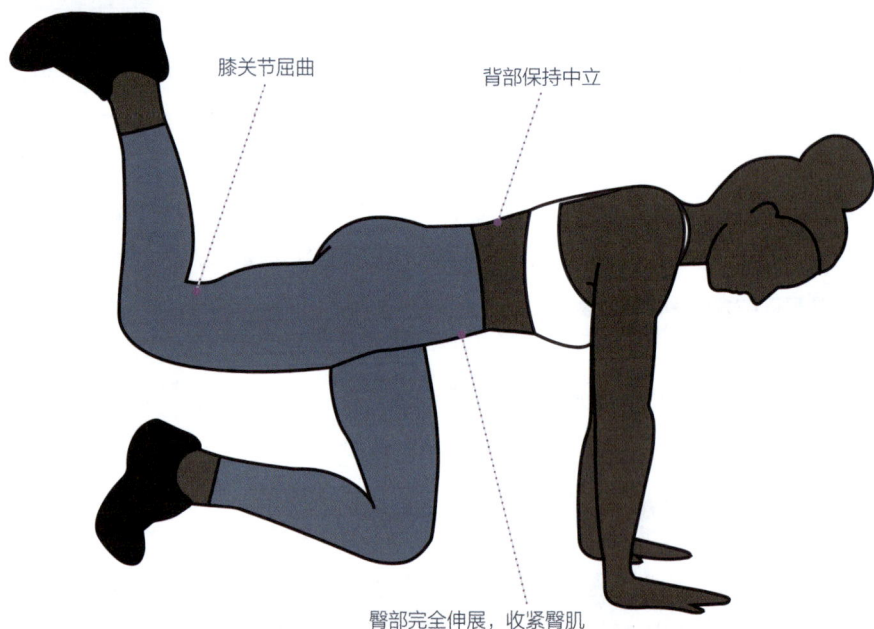

膝关节屈曲

背部保持中立

臀部完全伸展，收紧臀肌

鉴于四点跪姿动作非常容易完成，在执行这个动作时，你只需要记住几个要点。

设置：膝关节在臀部下方，手在肩膀下方

四点跪姿动作的准备姿势非常简单。通常，我不需要提示人们如何找到合适的位置，他们就能将手和脚置于恰当的位置，或者很自然地就可以找到感觉恰当的姿势。如果你想找到合适的起始位置，可以将膝关节置于臀部正下方，双手置于膝关节前方、双手间距略大于肩宽。

重复几次，调整姿势，确保不会造成疼痛，同时可以最大限度地激活臀肌。

脊柱位置：保持中立

虽然你的目标是保持脊柱中立，背部挺直，但当你向后踢腿时，脊柱可能会略微拱起。这对大多数人来说是完全可以接受的。如果你的下背部没有感觉到任何疼痛，或者竖脊肌没有过度紧张，那么在运动到最高点时，脊柱略微拱起或骨盆略微前倾是允许的。与所有的训练一样，你需要尽量让背部保持中立。

膝关节移动路径

在进行四点跪姿髋关节伸展时需要向后踢腿，同时保持膝关节屈曲角度大约为90度。有些人会将膝关节向外扩展一点儿这也没关系。这主要是因为每个人的臀部解剖结构不同，臀肌用力时的参与度及其对臀部造成的影响都有区别。我不想纠正这种姿势，因为略微外展与外旋都是恰当的。

膝关节卷曲　　　　　膝关节略微卷曲　　　　　膝关节伸直

错误姿势和纠正

错误姿势：脊柱超伸

四点跪姿髋关节伸展运动一般不会出什么问题。唯一可能发生的就是躯体过于夸张地拱起。这项运动有一个可接受的范围，我已经表述过，但是任何超出这个范围的动作都会给下背带来不必要的压力与紧张感。

错误姿势　　　　纠正

正确姿势 1

纠正这个错误姿势最简单的方法是降低上举腿的高度，也就是说，不要将腿踢得过高。脊柱超伸发生在脊柱末端，所以只要略微放低你的腿，保持姿势稳定，你就可以保持动作在可承受的范围内。一定要收紧工作腿的臀肌，有意识地努力保持背部足够挺直。

正确姿势 2

如果你很难保持脊柱中立，可以试着在腹部下方放置一条长凳。在你向后踢腿时，长凳会有助于你避免脊柱超伸。

四点跪姿髋关节伸展

主要有两种方式来完成四点跪姿髋关节伸展运动：在地面上保持水平姿势，或者在长凳上保持倾斜姿势。

水平四点跪姿髋关节伸展

水平是指你的身体相对于地面水平。以这种姿势完成四点跪姿髋关节伸展很容易，而且还不限制地点。以这种姿势进行负重很难，但你可以借助弹力带增大阻力，让热身与肌肉燃烧达到更好的效果。

四肢着地，膝关节位于臀部下方，双手在肩膀下方。背部挺直，膝关节屈曲，向后踢腿，直到臀部完全伸展。确保臀肌收紧，结束动作保持一秒。臀部完全伸展时，你的腿可能会外展（横向移动），这是可以的。同样，外展的角度很大程度上取决于你自身的臀部解剖结构。

膝关节弹力带水平四点跪姿髋关节伸展

加一条弹力带是给水平四点跪姿髋关节伸展增加阻力的一种很好的方法。就像所有的弹力带变式一样，在底部位置更容易完成动作，越靠近顶部位置就会变得越来越困难。

将弹力带置于膝关节以上，然后向后踢腿，同时保持膝关节屈曲或略微屈曲。如果你想增加阻力，或者如果你正在使用弹力更大的弹力带，你可以将弹力带套在触地膝关节的下方（另一条与非工作腿相对的腿），如上面第3张图片所示。

踝关节负重

踝关节负重是另一种在完成水平四点跪姿髋关节伸展时增加负荷的好方法。你可以将重物套在踝关节处或膝关节下方。

将重物套在膝关节下方或踝关节处，然后以四点跪姿姿势准备。只做向后踢腿的动作，保持膝关节屈曲，臀部完全伸展时收紧臀肌。

反向山羊挺身（钟摆式四点跪姿髋关节伸展）

水平四点跪姿髋关节伸展中我最喜欢的负重方式是在一台反向直腿后摆机下面，向后踢动钟摆，特别是旧式反向直腿后摆机。虽然踝关节负重与膝关节弹力带是很好的选择，但你只能承担这么大的重量，可承受的阻力就会处于一种尴尬的状态。这种状态靠反向直腿后摆机可以克服。在保证整个运动过程稳定顺利的同时，你可以选择更大的重量。不过，我建议保持小负荷，坚持从中级重复次数到高级重复次数增加，同时专注于培养神经-肌肉连接思维。

问题是，很少有健身房会设置反向直腿后摆机。事情就更具挑战性了，你无法按照预期使用这种机器，这种情况有点棘手。在你进行真正的反向山羊挺身时，你不必像做之前的动作那样用脚拉动负荷，而可以将自己置于器械下面，向上踢动钟摆，如下一页的图片所示。

在反向直腿后摆机下面，以四点跪姿姿势准备，臀部置于钟摆下方。我建议跪在瑜伽垫或平衡垫上，这样可以保护你的膝关节。然后，将足弓置于钟摆下，脚轻轻向后踢，向后推动钟摆，一直向后推，直到伸展腿的小腿与大腿大致垂直。用脚垂直向上推动钟摆。向下移动时一定要控制好肌肉，这样才不会让膝关节摔在地上（这就是为什么不要设置太大的负荷）。

倾斜四点跪姿髋关节伸展

完成这项动作需要一条倾斜长凳。长凳可以改变你的身体角度，让你能充分地利用好阻力。你可以通过哑铃或膝后踝关节负重来完成动作。如果你想在地面上完成这项动作，负荷会作用于腘绳肌，这样会给你带来运动损伤。

将长凳设置为倾斜大约45度。将一侧膝关节放在长凳上，另一侧膝关节悬在一边。将哑铃放在膝关节屈曲处。抓住长凳外侧，稳定上半身。保持背部挺直，伸展腿的膝关节在臀部下方（起始姿势），然后向后伸展，直到髋关节完全伸展。同时，收紧臀肌，保持结束动作至少一秒。重复动作时保持控制和节奏，防止哑铃晃动。

训练 **4** 直立式臀推

如果我对所有的客户进行调查，让他们说出最喜欢的一项臀肌训练，我将得到各种各样的答案。有些人喜欢传统臀推，有些人喜欢直立式臀推，例如臀拉。有趣的是，我一点都不喜欢直立式臀推，不是因为它训练臀肌的效果糟糕，而是因为我更喜欢传统臀推。

健身行业倾向于进行直立运动，而不推崇仰卧运动，因此，这可能就是为什么许多人倾向于做直立式臀推。虽然直立式臀推训练臀肌的效果也很好，但它也有局限性。你的负荷不能太重，因为你的阻力越大，如使用厚弹力带，或者进行绳索直立式臀推时负荷较大，那么你就需要花费更大的气力来保持平衡。一项运动对平衡能力和稳定性的要求越高，臀肌得到的激活就越少。

归根结底，我们需要多样化训练，而组合运动正是直立式臀推技术的优势之处。如果它们恰好是你最喜欢的臀肌训练之一，我建议你可以在训练开始时或中期每周进行1~2次。

指南与提示

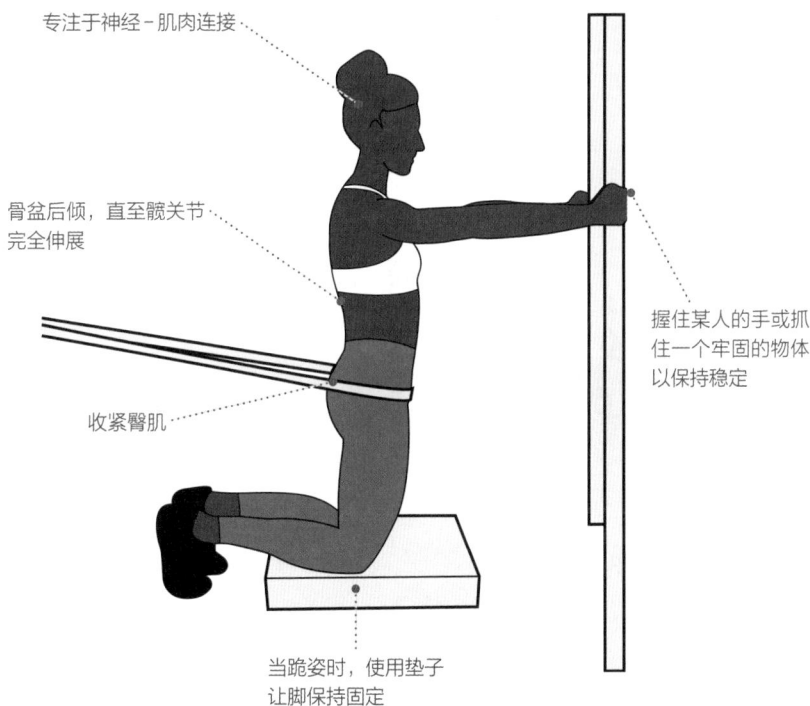

专注于神经-肌肉连接

骨盆后倾，直至髋关节完全伸展

收紧臀肌

握住某人的手或抓住一个牢固的物体以保持稳定

当跪姿时，使用垫子让脚保持固定

第5部分 训练

直立式臀推训练包括两种类型：一种是借助负重腰带的直立式臀推，另一种是借助三头肌绳索的臀拉。这两种类型的运动模式相同，工作肌肉也相同，但使用的器材不同，所以执行方式也略有区别。

在图片中，你会注意到，臀拉需要你拉动双腿间的负荷，而负重腰带直立式臀推会将阻力集中在臀部，这更像是传统臀推。你可以选择用站姿或跪姿完成这两种运动。

无论你做负重腰带直立式臀推还是臀拉，使用的是站姿还是跪姿，一般的准备姿势与执行方式都是相同的。

站姿负重腰带直立式臀推

站姿臀拉

跪姿负重腰带直立式臀推

跪姿臀拉

起始姿势：臀部向后坐

在尝试这两种类型的训练之前，了解如何让身体处于正确位置十分重要。你需要让躯干向前倾斜，这是关键，然后臀部向后坐，如上图所示。将它想象成罗马尼亚硬拉（见第512页与第513页）。背部保持挺直，臀部向后，膝关节略微屈曲，小腿近乎与地面垂直（如果进行站姿训练）。动作正确时，臀部会有紧张感，臀肌会有拉伸感，这便是你的起始姿势。

专注于神经－肌肉连接

正如我所说，直立式臀推技术不是很稳定，这意味着你施加的阻力越大，你越难保持平衡。更具体地说，臀部的抗阻反应会向后拉动你的身体。为了抵抗向后的拉力并保持平衡，你必须倾斜你的躯干，保持向前倾斜。

但是，同样地，你试图拉动的阻力或负荷越大，就越难保持平衡，这会降低臀部的激活程度。因此，与其试着逐渐使阻力超出负荷或拉动过大重量，不如使用小重量，专注于神经－肌肉连接，也就是说，每次重复时都尽力收紧臀肌。

每一项运动都一样，涉及负重时都有恰当的中间值。如果阻力不够，你就需要重复多次才能看到效果；如果阻力太大，你就无法保持平衡，臀部也无法得到有效激活。在做直立式臀推时值得强调的是：不要过于重视大重量的上举，而要在每一次重复动作时尽可能增加臀部的紧张感。这需要不断地调整，尝试不同的姿势（跪姿和站姿）、器材（弹力带、绳索、三头肌绳索与负重腰带），以及调整负荷和重复次数，以找到能让臀肌发挥最大作用的训练方式与阻力大小。

抓住一些固定物（站姿负重腰带直立式臀推）

如果你要进行站姿负重腰带直立式臀推，可以施加更大的阻力，因为你的双手是自由的，所以你可以抓住朋友的手或深蹲架，或任何类型的稳定杆。当你手里有东西可以抓稳的时候，站姿负重腰带直立式臀推的训练效果更好，所以我希望你能使用这样的方式。但即使是这种方式也会有错误。通常，上举者是用手臂的力量向前拉动臀部，而没有用到臀肌的力量。简而言之，抓握固定物是为了保持平衡，而不是为了伸展臀部，移动躯干至直立姿势。

固定并伸开膝关节（跪姿负重腰带直立式臀推）

进行跪姿负重腰带直立式臀推时，你需要在膝关节下垫上垫子，同时用两个重型壶铃来抵住双脚。垫子保护你的膝关节不受坚硬地面磨损，而壶铃则防止你在伸展臀部时向后滑动。

363

错误姿势与正确姿势

如果你读过其他关于技术的讲述，你就知道只要遵循指南、提示，以及技术描述，就可以避免很多错误姿势。直立式臀推尤其是这样，因为它的设定与执行都极富挑战性。

直立式臀推中最常见的错误是将绳索或负重腰带放置得过高或过低，产生过大的阻力，躯干向前倾斜时臀部无法向后坐。为了避免和纠正这些错误，可以通过多次试验来确定最佳的绳索高度或负重腰带高度，保持小负荷，在躯干向前倾斜时，专注于臀部向后坐。

弹力带

在直立式臀推中，弹力带的使用是另一种增大阻力的方法。它没有绳索组合的效果好，因为起始位置的阻力很小，所以在臀肌伸展时，你无法充分地利用臀肌。只有臀部完全伸展时，你才会有紧张感。你可以增加弹力带所致的紧张感和身体同固定物之间的距离，但除非你有搭档，否则你会受弹力带的束缚。假设你借助起蹲架做这项训练，你如果将弹力带绕在后面的立柱上，就必须抓住前面的立柱来保持稳定。但在这种情况下，你不能调整位置或增加同起蹲架的距离来增加紧张感，因为你抓住了前面的立柱。所以最好抓住搭档的手。在这项训练中，在任意位置停止后开始重复动作都可以接受，你可以选择跪姿或者站姿。

直立式臀推

你可以借助负重腰带进行负重腰带直立式臀推，或者借助绳索进行臀拉，来完成直立式臀推。同样，跪姿或站姿都行。

站姿直立式臀推

这种变式是最容易执行的，因为对许多人来说，站姿比跪姿更加稳定。如果可以，在臀部伸展时，抓住深蹲架或搭档的手，可以让你更加平衡稳定。如果你没有搭档或没有其他固定物可以抓握，就需要保持小负荷，同时专注于增加重复次数。你还需要将身体向前倾斜，以抵消对向后的拉力，特别是当你力量更强、使用更大的负荷时。负重腰带或强力腰带是完成这种训练的理想选择。如果你使用的是负重腰带，记得要取下连接在腰带上的长链。

有些人喜欢在膝关节外侧套一条弹力带或一个负重套环，他们向后坐时，尽量伸展双腿，可以增加臀肌的紧张感。如果你感觉不到你的臀肌在起作用，而你的腘绳肌更能感受到，那就试试跪姿。

将弹力带或绳索置于臀部下方或与臀部高度大致相同的位置，并在腰部系上一条负重腰带或强力腰带，使其处于臀部上方（耻骨上方）。然后向前走，摆出起始姿势。腰带会让肌肉产生紧张感，在起始位置就有阻力。双脚分开大致与肩同宽，臀部向后坐，躯干向前倾斜（你负荷越大，身体倾斜程度就越大），用臀部拉动腰带，在髋关节完全伸展时收紧臀肌。如果你抓住某物，例如，教练的双手或深蹲架，那么你只需要保持平衡，抵消过度前倾的力量。简而言之，不要用手臂将自己拉成直立姿势。髋关节完全伸展时，将自己的躯干下放，并夸张地让臀部向后坐。我告诉客户"用屁股将门关上"是臀部向后坐的关键，效果似乎立竿见影。

跪姿直立式臀推

跪姿直立式臀推是最接近传统杠铃臀推的替代训练。这是一种更具挑战性的设定，但与站姿相比，许多人更喜欢跪姿，因为他们觉得采用跪姿时臀部更活跃。像做仰卧臀推时，你的膝关节需要保持屈曲，这就减少了腘绳肌的工作，而将紧张感更多地转移到了臀肌上。问题是做跪姿直立式臀推需要你增添器械。为了保护膝关节，你需要足够的垫子（两个平衡垫最好），有些人需要用壶铃抵住双脚防止自己向后滑动。如果你没有弹力带或搭档，那么最好借助三头肌绳索来完成臀拉动作。

365

膝关节下方需要垫上合适的垫子，例如两个平衡垫或者腰腹垫或者可折叠的瑜伽垫。将腰带套于耻骨上方。向前走，使绳索被拉紧。跪在垫子上，然后臀部向后坐。你可以像青蛙或者蝴蝶那样，分开膝关节，脚跟并在一起。很多人在采用这种姿势时，臀部会更有感觉。躯干向前，背部保持挺直，利用臀肌的力量用臀部拉动弹力带，使臀部向前伸展。躯干向上时，用双手保持平衡，或者，如果你没有东西可以抓握，可以通过将负荷稍微向前移动来保持直立姿势。你的骨盆如果略微倾斜了，那么在伸展臀部时，你的上背部就会拱起。

站姿臀拉

做站姿臀拉时，你可以在双腿之间抓住一根三头肌绳索或弹力带。你也可以使用其他扶手，但三头肌绳索最合适，因为其末端的球形把手可以帮助你保持抓握稳定。如果你没有搭档或合适的器械来完成直立式臀推，或者如果你更偏好臀拉，这将是一个很好的选择。

握紧绳索的末端，拇指向前，掌心相对。向前走，放松绳索，保持姿势，大多数人会让双脚分开与肩同宽。下一步，臀部向后坐，躯干向前倾斜。尽量保持背部挺直，小腿与地面垂直。从这里开始，臀部向前移动，前臂拉动绳索，臀部伸展的同时收紧臀肌。不要试图用手臂拉动绳索，相反，用你的臀部力量推动臀部向前移动。为了最大限度地增加臀肌的紧张感，站直时，保持下巴收拢或头部朝下，骨盆向后倾斜，就像你做背部伸展或臀推时那样。

跪姿臀拉

做站姿臀拉时，如果你的腘绳肌有强烈的感觉，那么跪姿臀拉就是很好的选择。就像做跪姿直立式臀推一样，你需要保持膝关节屈曲，这样可以减少腘绳肌发力，让臀部的感觉更加明显。但是这种设定有点难处理，因为你需要在膝关节下垫上垫子，或用其他物体防止双脚向后滑动，而且绳索的移动路径令人有些不适，其距离地面似乎太近了。

与臀部弹力带跪姿的动作一样，将两个平衡垫或者腰腹垫或者可折叠的瑜伽垫（或其他形式的垫子）置于膝关节下。在绳索有足够的紧张感的情况下，抓住绳索，拇指向前，掌心相对。接下来，跪在垫子上，臀部向后坐，躯干向前倾斜，双手拉绳索置于臀部下方。利用臀肌的力量拉动弹力带，使臀部向前伸展，保持下巴收拢，骨盆略微后倾。需再次重申的是，请勿提前拉动绳索；臀部向前推时，紧握绳索，背部挺直。

后踢

后踢的运动模式包括站姿后踢和跪姿后踢，这两种后踢都属于无惩罚量型臀肌训练，也就是说，后踢不会让肌肉过于疼痛，也不会给身体带来太大压力。这些技术适用于任何训练。

一方面，训练后踢是建立或加强与臀肌的神经-肌肉连接，我常称之为"神经-臀肌连接"。训练开始时，后踢有助于在低重复次数的情况下激活臀部，为上举做好准备。

另一方面，后踢是在训练过程中完成的。与四点跪姿髋关节伸展和臀拉等其他臀肌辅助训练一样，后踢只要增加一点额外的训练量就能有很好的效果。例如，我可能会安排每组20次，一共3组的重复动作，在臀推或硬拉（主要是硬拉）及外展训练（为训练完成者准备）之间额外增加一些臀肌训练。

指南与提示

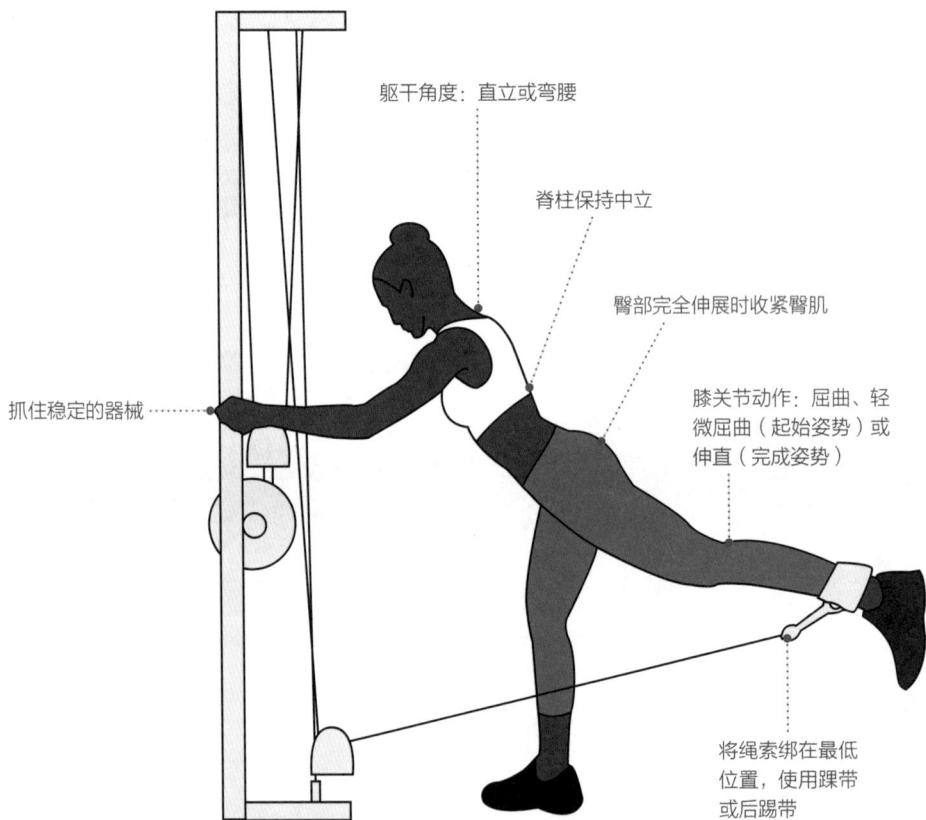

躯干角度：直立或弯腰

脊柱保持中立

臀部完全伸展时收紧臀肌

膝关节动作：屈曲、轻微屈曲（起始姿势）或伸直（完成姿势）

抓住稳定的器械

将绳索绑在最低位置，使用踝带或后踢带

后踢非常简单，你可以选择站姿也可以选择四点跪姿。下面给出了4条通用准则，以帮助你完成后踢训练。

脊柱力学：保持脊柱中立

收回腿的时候，背部可能会略微拱起。轻微的脊柱超伸是可以接受的，而且对于最大限度激活臀肌来说可能还是必要的动作。然而，过度伸展会将紧张感转移到下背部，这并不理想。在合适的运动范围中，臀肌可以得到很好的激活，同时，只会给到背部与腘绳肌一点点激活。简言之，避免臀部过度超伸，同时保持合理的负荷和重复次数。在你接近肌肉疲劳与力竭时，你需要确保臀肌仍然有紧张感。当你开始感觉到训练更多地作用于背部和腘绳肌而不是臀肌的时候，你需要停止动作。

抓住稳定的器械（站姿）

使用站姿进行后踢时，最好抓住稳定的器械。腿收回时，你必须将身体重量转移给地面腿从而保持平衡。抓紧某物除了能使动作更稳定、更容易执行外，还可以平衡自重，保持躯干垂直。向后踢腿会创造出一条流畅的移动路线，使臀肌有更好的激活效果，运动机制也更加完善。大多数拉力器械都为了实现这个目标配备了绳索。如果你想要完成弹力带训练，可以在墙壁、柱子或深蹲架前放置一个高的箱子，这样你就有东西可以抓了。

膝关节动作：膝关节可以保持略微屈曲或伸直

不同的后踢训练有很多区别，这取决于训练的人和使用的器械。例如，你的腿可以保持略微屈曲或伸直；或者在你向后踢腿的过程中，你可以让膝关节从屈曲转向伸直。你可能会在所有选项中找到自己偏爱的膝关节动作，或者你在完成不同类型的训练时可以采用不同的膝关节动作。

收紧臀肌：专注于神经－肌肉连接

收臀一秒是通用规则，适用于所有以训练臀肌为主导的动作，但后踢中尤其要强调这一点。与四点跪姿髋关节伸展一样，你的臀肌只能得到短暂的激活。收紧臀肌一秒可以增加臀肌保持紧张状态的时间，同时有助于你建立神经－肌肉连接。此外，你不可能在不影响身体姿态的情况下，完成大负荷的后踢，所以你需要保持小负荷，同时保持重复动作缓慢可控。

错误姿势与正确姿势

错误姿势：脊柱超伸（背部和腘绳肌发力过多）

对于后踢训练，尤其是站姿后踢，花点时间确定合适的起始位置十分重要。大多数时候，如果人们在没有感受到细微差别的情况下便匆忙开始运动，就会执行错误的姿势。脊柱超伸为最常见的错误姿势之一，其会增加背部与腘绳肌的紧张感。如果你觉得这项训练训练的是背部与腘绳肌，那么有几个简单的办法可以解决这个问题。

纠正1
减少阻力或重复次数，在臀部完全伸展时集中力量收紧臀肌。

纠正2
后踢时不要踢得过远或过高。当你觉得臀部超出移动范围时，就停下来，抵抗住腿过高后踢的诱惑，这通常会导致下背部拱起和骨盆前倾。

后踢分类

你可以选择站姿或四点跪姿来完成后踢。

站姿后踢

站立的时候，你可以让腿伸直，也可以稍微屈曲，或在开始位置保持屈曲，你可以保持直立姿势也可以让躯干向前倾斜。保持直立姿势表示是在水平状态下产生的阻力，而躯干向前倾斜姿势可以相对产生更大的阻力，而当你处于屈曲姿势的动作底端时，臀肌能得到更高的激活程度。所有方式都可以尝试一下，然后选择其中更能训练到臀肌的一种方式。根据我的经验，弯腰式与屈膝式最受欢迎也最有效果，因为你可以通过扩大移动范围让臀肌获得更多的紧张感。注意：你可以借助绳索、弹力带或踝关节负重的形式增加负荷，重复次数从中等程度增加到高等程度。

绳索后踢

复合拉伸机是我在进行站姿后踢时最喜欢使用的工具之一，因为它可以帮助我的臀肌建立持续的紧张感。为了正确地完成绳索后踢训练，阻力线应该在踝关节较低处，经过跟腱处。将绳索置于底部，同时使用踝带。你可以借助扶手来让这项训练更容易一些，但它可能会改变发力的方式。在臀肌实验室，我们还会使用一种带子，它可以包裹在鞋子外侧，是专门为后踢设计的。

屈膝

设置复合拉伸机,使其与
足弓对齐(这是大多数弹
复合拉伸机的最低设置要
求)。如果复合拉伸机下
降程度不够,请站在台
阶上。将带子挂在跟腱
外侧。带子缚住的那只
脚抬离地面,置于身体正
前方,身体稍微向前倾斜
(或保持直立),抓住一些
稳定的东西来保持平衡。
腿向后直踢,伸展腿和臀
部完全伸展时收紧臀肌。
注意:你可以让腿屈曲、
半直或完全伸直,但是臀
部完全伸展时,你需要让
腿伸直或几乎完全伸直。

膝关节伸直/略微屈曲

弯腰

踝关节负重后踢

如果你家里没有一套踝关节负重工具，我强烈建议你购买一对。踝关节负重工具不贵，使用踝关节负重工具是后踢训练最简单的负重方式之一。

使用踝关节负重工具进行站姿后踢时，在整个移动范围内都需要控制后踢范围。换言之，不要利用体重产生的惯性直接过渡到下一个重复动作，而是在起始位置与结束位置都停一下，使臀肌始终有紧张感。同样重要的是，弯腰、放置一个高箱或长凳或者靠墙支撑你的体重，都会扩大移动范围，同时让你保持稳定与平衡。

将踝关节负重工具置于合适的位置，身体向前倾斜（或保持直立），双手放在墙上或箱子上，或者抓住跳箱等固定的工具。下一步，把重心转移到触地腿上，另一只脚稍微抬离地面，腿向后直踢，同时保持脊柱中立，臀部伸展时收紧臀肌。

弹力带后踢

与踝关节负重一样，如果你无法使用复合拉伸机，那么弹力带也是很好的选择。关键是要保持较小的阻力，这样你就不会想挣扎着让腿踢回原位。你也可以用一条弹力带（臀肌弹力圈）包裹在膝关节上方。弹力带后踢每组重复次数高达20~30次可以达到最佳效果。与所有的后踢训练一样，在最后一秒集中力量收紧臀肌。

将弹力带套在高足弓或者膝关节下方，然后抓住稳定物。进行直腿后踢时，你需要将弹力带挂在脚踝后侧。而进行屈腿后踢（见上图）时，你需要将弹力带挂在足弓外侧。然后只需向后踢腿，直至臀部完全伸展。

四点跪姿后踢

　　四点跪姿后踢与站姿后踢所需掌握的技术及负荷是相同的。它们以相似的方式让你的臀肌得到训练，但完成四点跪姿后踢动作容易一些，因为接触点变多了，与站姿相比，这些动作就会更加稳定。

鸟狗式

　　鸟狗式动作是训练臀肌的典型姿势，且要求肩膀与上背部需要保持在一条直线上。自重鸟狗式一般用作热身运动，而负重训练（踝关节负重和哑铃）则是训练臀肌的辅助方式，你可以将其安排在训练中期或训练结束后。多数情况下，你可以每侧腿各做2组，每组重复10~15次。

自重鸟狗式

踝关节负重鸟狗式＋哑铃鸟狗式

与四点跪姿髋关节伸展训练一样，你需要将双手置于肩膀下方，膝关节置于臀部下方，这是起始动作。然后你需要将腿向后直踢，同时伸展另一条手臂。抬起另一条手臂不仅可以让你保持平衡，还可以同时训练核心肌肉和上背部肌肉。尽量保持背部挺直，同时伸直腿并使手臂保持水平。只要你感到紧张感体现在臀肌上而不是下背部，臀部略微超伸也没关系。

373

绳索四点跪姿后踢

同样，复合拉伸机可以产生稳定的阻力，同时保持运动节奏平稳且有规律，这是负重后踢训练中最高效的动作模式之一。

膝关节屈曲

膝关节伸直/略微屈曲

在复合拉伸机前方放置一条长凳，将绳索放在最低位置，根据带子的不同，可以选择将其钩在你的跟腱或脚跟/足弓处。你可以让腿屈曲、半直或伸直。如果腿部处于屈曲状态，伸展膝关节时腿向后直踢。如果腿是伸直状态，让腿慢慢向后摆动直到臀部完全伸展。（在这种变式中，你可能会感觉到腘绳肌发力更多。）采用这两种方式时都需要在臀部完全伸展时收紧臀肌。

弹力带四点跪姿后踢

与站姿弹力带后踢一样，在你无法使用复合拉伸机时，弹力带四点跪姿后踢就是很好的选择。重申一下，请保持较小的阻力，以确保节奏稳定。

身体呈四点跪姿，然后将弹力带系在足弓外侧与大拇指上。将弹力带固定在手掌下方，腿向后上方踢出。

踝关节负重四点跪姿后踢

踝关节负重四点跪姿后踢与站姿后踢相似，你可以在起始位置与结束位置都停一下。暂停不仅有助于你使肌肉保持持续的紧张感，还可以防止你的腿不受控制地摆动，同时防止你利用自重的惯性直接过渡到下一次重复动作。

将踝关节负重工具包裹在踝关节或小腿上，同时在长凳上摆出四点跪姿。让负重腿悬在长凳上方，然后慢慢向后踢腿，保持膝关节略微屈曲或伸直，臀部完全伸展时收紧臀肌。

钟摆式四点跪姿后踢

最后一种后踢是在反向直腿后摆机下完成后踢。是的，反向山羊挺身这一动作模式在健身房里并不常见，但是如果你有机会接触它，可以尝试一下。它类似于钟摆式四点跪姿髋关节伸展，只不过其中有两个细微的区别。首先，你的身体相对于机器需要向前移动。其次，你要向后踢腿而不是向上踢腿，这样你可以伸展膝关节而不必让膝关节保持屈曲。

摆出四点跪姿，准备进行反向山羊挺身。我建议在呈跪姿时，使用瑜伽垫、平衡垫或者其他厚垫子来保护你的膝关节，这是起始动作。使足弓靠在钟摆上，然后向后踢，这样你的工作腿就可以让髋关节和膝关节充分灵活地完成动作。然后只需要注意向后踢腿，角度略微朝上。

髋关节外展运动

说到训练臀肌，我敢说你增长的臀肌有85%来自髋关节伸展运动，例如臀推、臀桥、深蹲、硬拉及弓步。而另外15%则来自髋关节外展运动，这主要针对的是臀肌上部。

　　我很早就在我训练的比基尼选手身上注意到了这一点。与同龄人相比，做髋关节外展运动的人会更好地训练到臀肌上部。所以，如果你想让臀肌有更好的形状（臀肌上部在臀部中更为突出），你应该将本节概述的内容列为重点同时严格按要求完成。

　　髋关节外展运动最棒的地方在于，它通常不会让你感到力竭，也不会让你的肌肉过度酸痛，这样你就可以在不增加身体负担的前提下有好的训练效果。但是其有一个不足，就是这种姿势很难负重。通常，你需要使用一条弹力带、绳索或髋关节外展机来创造阻力。出于这个原因，我经常将外展运动放在训练课程的最后环节，集中精力增加重复次数，增强疲劳感。

指南与提示

　　为了充分利用髋关节外展运动，你需要记住一些指导原则。

两腿轮换之间和两侧轮换之间的休息

　　有些髋关节外展运动似乎用一条腿就能完成，例如跪姿侧踢腿、侧卧髋关节外展和绳索站姿髋关节外展，但事实是双腿在同时发力。在这种训练方式中，一侧运动后暂停休息一下十分重要。如果做跪姿侧踢腿训练，则先训练一侧的腿，然后休息30~60秒，再训练另一条腿。想象一下，一条腿在移动，另一条腿就需要保持稳定。两侧臀肌在外展运动中都得到了训练，即使看起来只有一条腿在完成所有的工作。因此，如果你训练完一侧后立即训练另一侧，你可能会因为过度疲劳而无法完成另一边已经完成的重复次数。所有的单腿髋关节外展运动均是如此。

膝关节弹力带侧卧髋关节外展　　　　　　膝关节弹力带跪姿侧踢腿

用双脚外侧在地面滚动

　　本原则适用于侧向水平运动，如髋关节铰链动作-膝关节弹力带髋关节外展与坐姿膝关节弹力带髋关节外展。用双脚外侧在地面滚动有助于你扩大移动范围，同时增强紧张感。事实上，不要忽略动作范围，而且不管你在完成哪一种训练，都需要专注于最大限度地发挥你每次完成重复动作的潜在能力。

髋关节铰链动作-膝关节弹力带髋关节外展　　　坐姿膝关节弹力带髋关节外展

脚尖向前或稍微向内旋转，膝关节向外推

　　本原则适用于正前方水平髋关节外展运动，特别是弹力带侧向行走运动。要想让这些训练的效果最大化，你需要让脚尖向前或稍微向内旋转，膝关节向外抵抗弹力带，臀部保持稳定。换言之，不要让你的膝关节内扣、双脚过度外翻，或者在你做动作时骨盆侧倾斜。在做弹力带侧向行走训练时，你需要通过触地腿推动身体侧向行走，而不是用迈步腿达成目标。虽然心理暗示看起来并不重要，但你的主观意图会影响臀肌的激活程度和训练效果。

正确姿势		错误姿势

错误姿势与正确姿势

由于运动范围有限，负荷较小，髋关节外展运动相当容易完成。然而，这些特性让髋关节外展运动变得轻而易举，人就容易产生自满情绪，这绝不是好事。例如，人们在进行弹力带侧向行走或坐姿髋关节外展运动时，有时姿势会不正确，或在过程中忽略动作范围。

你可以避免这些错误姿势，保证姿势正确，同时在每一次重复动作中积极地将动作范围做到完整。此外，你也要保持动作是对称的。很多人的脚会指向不同的方向，这说明他们没有认真对待这项训练。就算所需技术简单也并不意味着你可以放弃正确的姿势，或者把它们当作没有价值的东西而忽略掉。保证意图明确，不要因为你无法通过此训练移动一吨的负荷就贬低训练的价值。

髋关节外展运动的分类

髋关节外展运动按体位可分为两类：冠状面与横切面。前者包括髋关节伸展中的外展运动，后者包括髋关节屈曲的外展运动。

冠状面髋关节外展

回忆一下第10章的内容，冠状面髋关节外展适用于站姿或侧卧姿势的侧向运动，包括弹力带侧向行走、站姿髋关节外展和侧卧髋关节外展。记住，这是唯一完全只针对臀肌上部和臀中肌的训练方式。如果你对训练臀肌上部感兴趣，可以在训练结束时，以高重复次数和让自己力竭的形式进行这一类运动。

弹力带侧向行走（侧走）

进行侧走时，可以将弹力带或迷你弹力带置于膝关节上方或膝关节下方。你可以沿着一个方向行走，也可以前后移动，两腿轮换完成动作。关键是触地腿保持稳定，同时用另一条腿完成侧走动作。

弹力带X形侧向行走

你也可以在双脚外侧与足弓下侧缠上一条长的弹力带，然后在身体前交叉，人们称其为弹力带X形侧向行走，这是一种可以创造出很多变式的训练方式。

怪兽行走

怪兽行走类似于侧走，但不是从一侧走到另一侧，而是向前或向后走。保持弹力带张力不变，你可以通过开脚站姿向前走及向后走，也可以以"之"字形的方式来回走。

开脚站姿怪兽行走

"之"字形怪兽行走

站姿髋关节外展

虽然你可以在空旷的地方进行站姿髋关节外展，但最好还是抓住一根杆子或靠墙来保持平衡。要做这个动作，请将重心转移到一条腿上，另一条腿向内旋转，将其置于触地腿前侧或旁边，然后让腿外展或侧向向外移动，直到达到最大限度。

你可以进行自重站姿髋关节外展，也可以增大阻力，例如使用一条弹力带、踝关节负重工具、配重片或复合拉伸机。使用复合拉伸机是最顺畅的，也是我最喜欢的方式之一。要完成这项训练，需要将复合拉伸机上的绳索高度设置在最低位置，同时将带子缠绕在脚踝外侧。同样，你需要抓住腿或复合拉伸机中心来保持平衡。使用踝关节负重工具也是很好的方法，因为它可以给臀部持续施加的阻力，并且可以在任何地方进行。然而，你必须保持小负荷，以避免抛起或利用摆动的惯性来协助移动。你也可以使用弹力带或长弹力带，这对热身及产生最大效果都很有好处。关键是要保持较大的阻力，这样你就不会挣扎完成腿外展训练。

站姿髋关节外展

站姿踝关节负重髋关节外展

站姿绳索髋关节外展

站姿膝关节弹力带髋关节外展

站姿弹力带髋关节外展　　　　　　**配重片站姿髋关节外展**

侧卧髋关节外展

　　侧卧髋关节外展的准备动作为侧卧躺下，肩膀和肘部置于地板上。你可以屈曲下面那条腿，也可以让它伸直，选择你喜欢的方式。要完成这个动作，上面那条腿要向内旋转，放在下面那条腿的前侧。腿保持内旋，然后将腿伸直和外展，直到腿移动至最大限度。下面那条腿一直紧贴地板，完成下一次重复动作。

　　你可以使用弹力带、臀肌弹力圈或迷你弹力带、踝关节负重工具或配重片来增大阻力。如果你使用一条弹力带，你必须在半空中反向移动，以保持弹力带所产生的紧张感。这样做虽然运动范围小了一点，但可以增强肌肉的灼烧感。踝关节负重工具可以使臀肌产生更持久的紧张感，让你能够完成全方向的运动，这是理想的选项。为了扩大运动范围，你还可以进行宽距侧卧髋关节外展，方法是用膝关节与肘部支撑身体，或者躺在平坦或倾斜的长凳上。

侧卧髋关节外展

膝关节弹力带侧卧髋关节外展

踝关节负重侧卧髋关节外展

配重片侧卧髋关节外展

平板式宽距侧卧髋关节外展

长凳式宽距侧卧髋关节外展

踝关节负重宽距侧卧髋关节外展

45度侧卧髋关节外展（后侧）

45度侧卧髋关节外展（前侧）

臀桥外展

　　这项技术可以以两种方式训练到你的臀肌：在顶端位置保持臀桥姿势，然后将膝关节外展。从这种意义上说，臀肌可以获得双倍的训练效果。因为收紧臀肌以保持在顶端位置，然后膝关节向外抵抗弹力带时需要更加用力收紧臀肌。从科学的角度来说，你在进行髋关节伸展与髋关节外展时都可以训练到臀肌。臀肌上部外展除了增加对臀肌的激活，还会让臀肌有强烈的灼烧感。在这项训练中，你可以通过完成一定数量的臀桥，接下来立即完成一定数量的臀桥外展来最大限度地让臀桥发力。要完成这种方式的训练，你需要将一条弹力带置于膝关节上方或下方，平躺在地上，然后摆出臀桥的姿势。在起始位置你只需要伸展臀部，然后膝关节尽可能地向外推动，抵抗弹力带，同时保持臀部处在固定位置。

臀推外展

臀推外展与臀桥外展具有相同的特点，所需技术也一样。唯一的区别是你需要让肩膀抬离地面。同样，你可以将臀推与外展结合起来让臀肌快速产生倦怠感，例如，你可以做12次弹力带臀推，然后做12次臀推外展。你也可以用次数逐渐递减的重复模式来达成阶梯式倦怠目标，或者坚持完成传统的训练计划与重复动作。

横切面髋关节外展

每当你弯腰或屈曲髋关节，然后腿侧向移动时，你都在做横切面髋关节外展运动。这些运动主要训练的是臀肌上部，但也会训练到臀肌下部。横切面髋关节外展运动包括侧卧腿开合、深蹲走、坐姿和髋关节铰链外展训练。像冠状面髋关节外展训练一样，你可以在训练课程结束时完成高重复次数的动作，达到力竭状态，也可以将其放在训练开始时以小负荷进行热身。

深蹲走

深蹲走类似于侧走，都是在膝关节上方或下方系一条弹力带，然后从一侧跨到另一侧。但是深蹲走不需要保持直立状态，你需要蹲下，这样会更多地训练到臀肌。做这个动作的时候，将弹力带绕在膝关节上方或下方，下蹲，用一条腿保持身体稳定，然后用另一条腿侧走。侧走时步伐一定要大，这样你才能将整条弹力带拉长。

你也可以通过采用双脚间距更宽的站姿进行相扑深蹲走。你不必跨出特别宽的步伐，但在整个训练过程中，你的臀肌会感到更加紧张。与其他侧走训练一样，你可以沿着一条直线走，然后在走了一定步数后换个方向，你也可以停留在一个区域，双腿轮换训练。

深蹲怪兽行走

　　你在进行深蹲走时可以向前走也可以向后走。这种形式能扩大你的臀肌移动范围，因为每一步你都可以在髋关节屈曲和髋关节伸展之间做出调整。然而，很多人像从一边到另一边侧走那样，向前走或向后走，这样不能达到臀推的效果，也没有让臀肌得到相同水平的灼烧感。

　　与怪兽行走一样，深蹲怪兽行走有两种步法供你选择：你可以采取双脚间距较宽的站姿，在保持弹力带的弹力的同时向正前方或正后方迈步，或者你可以每一步都将脚朝向中心线，然后再向后退，完成"之"字形怪兽行走。同样，你可以走一段距离或走几步，或者向前走两步再后退两步，回到原位。

弹力带恰恰舞

我们在臀肌实验室发明了这项训练，我们称之为"弹力带恰恰舞"，因为我们认为它的动作与恰恰舞十分相似。后来我们才知道，它看起来和舞蹈并不相似，只是因为我们对舞蹈不够了解。尽管如此，这个名字还是保留了下来。在进行这个训练时，最好抓住一个跳箱、起蹲架支柱或任何你能抓住的稳定的东西。在膝关节上方放置一条弹力带，双脚沿身体中线并拢，臀部向后坐，保持小腿大致与地面垂直，然后将大部分体重转移到一条腿上。接下来，将非负重腿以45度角向后推动。你的双腿都能感受到这种训练形式的独特之处。触地腿保持蹲姿，移动腿完成髋关节外展动作的同时伸展髋关节。我们通常会完成2~3组，每组重复20~30次。用一条腿完成所有的动作后休息，然后换另一条腿继续重复上述动作。

侧卧横切面髋关节外展

由于每个人的髋关节解剖结构和肌肉组织构成不同，有些人很难完成正常的侧卧髋关节外展运动。他们必须努力保持冠状面的状态，也就是说，他们在做这个动作时需要将上面那条腿置于下面那条腿上方。这些人通常喜欢侧卧横切面髋关节外展，这种形式强调把上腿放在下腿的前侧。简言之，这项训练的肌肉训练效果及起始动作与侧卧冠状面髋关节外展十分相似，但二者的执行方式有所区别。在侧卧横切面髋关节外展中，将腿下放或抬起时，上腿会产生轻微的髋关节屈曲。

侧卧腿开合

侧卧腿开合的起始位置与侧卧横切面髋关节外展相似，你需要侧卧，一侧肩膀或肘部放在地板上。但无须将腿伸直，你需要屈曲双腿，同时屈曲髋关节，膝关节与臀部之间大约成45度角。要完成这个动作，你需要交错足弓（见下图），然后上腿抬起或外展。

你可以在膝关节上方增加一条弹力带，或在大腿上方放置一块配重片，以此来增大阻力。在这项训练中，你需要抬起下肘，然后抬起上腿，同时保持双脚并拢。在你张开双腿时，臀部应该完全伸展。

侧卧腿开合

膝关节弹力带侧卧腿开合

配重片侧卧腿开合

387

侧卧提臀

　　侧卧提臀是一种高级的髋关节外展运动，类似于侧卧腿开合，但其与地面接触的是下面那条腿，同时需要你完成髋关节伸展。起始动作为侧卧，手肘着地，臀部和膝关节屈曲；着地的膝关节推动身体向上抬起；两侧臀部外展，同时推动臀部向前移动。这样做是为了运动到顶端位置时实现髋关节最大程度的分离。下降时，你需要将臀部下沉到底部位置。为了使这项运动更具挑战性，你需要将膝关节放在平衡垫上，扩大运动范围，或者可以在膝关节上方放置一条弹力带。

侧卧提臀

宽距侧卧提臀

膝关节弹力带侧卧提臀

跪姿侧踢腿

跪姿侧踢腿是一种典型的四点跪姿臀肌训练，可以借助自重、弹力带或踝关节负重的方式来完成。无论你只是借助自重还是增加阻力，关键都是保持脊柱中立（脊柱不要屈曲或伸展），并且在自由腿外展时保持四点跪姿。有些人以错误的姿势扭动身体，腿抬得过高，这没必要。

如果你想扩大运动范围，可以将自重施加给一侧的臀部，然后另一条腿外展或抬起时。这种宽距跪姿侧踢腿的好处在于，固定的腿与上抬的腿得到的训练效果几乎相同。你还可以将弹力带置于膝关节上方，或者将其滑动到触地腿的膝关节下方以将其固定到位（仅当你使用弹力带时才可以这样做）。而在下一页展示的踝关节负重跪姿侧踢腿中，你可以将负荷放置在踝关节外侧或膝关节外侧。

跪姿侧踢腿

宽距跪姿侧踢腿

膝关节弹力带跪姿侧踢腿

踝关节负重跪姿侧踢腿

膝关节弹力带站姿髋关节外展

　　你可以选择站姿、坐姿或仰卧姿势进行髋关节外展。你需要在膝关节上方或下方放置一条弹力带，例如迷你弹力带或臀肌弹力圈来完成训练。要完成站姿训练，你还需要找到舒适的姿势，大多数人喜欢将双脚分开与肩同宽（你需要防止弹力带从你的腿上滑落），躯干向前倾斜，臀部向后下沉，小腿与地面大致保持垂直，就像你在准备进行罗马尼亚硬拉的起始位置一样。背部挺直，躯干与地面大致成45度角，膝关节向外推动弹力带，直到移动到极限位置，无法再拉伸弹力带时停止。每重复一次都努力做到极限。你也可以只让双脚外侧接触地面，从而再扩大运动范围。

膝关节弹力带坐姿和仰卧髋关节外展

　　坐姿训练与仰卧姿势训练中，你需要坐在箱子、椅子或长凳的边缘，或者坐在地面上，同时膝关节屈曲，小腿与地面大约成90度角。弹力带缠绕在膝关节上方或下方，用膝关节向外最大限度地抵抗弹力带，就像在进行臀部铰链训练时所做的那样。你可以调整躯干角度完成坐姿训练。如果你坐着训练，你可以略微后倾、坐直、或者略微前倾，或者前倾角度再大一些。如果你呈仰卧姿势，你可以用手扶住地面，保持身体挺直，倚着手肘向后靠，或者平躺下。你可能会发现某一个角度会比其他角度更能激活你的臀肌，这可能就是你最应该使用的角度。然而，我通常会让客户在3个角度下都重复一定数量的动作，以确保他们能充分地训练臀肌。双腿外展有3种方法，具体如下。

- 双脚外缘接触地面，以扩大运动范围。
- 做这些动作时要有意识地将双脚分开一些，这样膝关节在训练时就能处于外翻状态（起始位置为内扣状态），移动到中立位置时保持固定。
- 使用滑盘或滑动圆盘最大限度地向外滑动双脚。

后倾坐姿髋关节外展

直立坐姿髋关节外展

前倾坐姿髋关节外展

外翻坐姿髋关节外展

滑动坐姿髋关节外展

手后撑仰卧髋关节外展

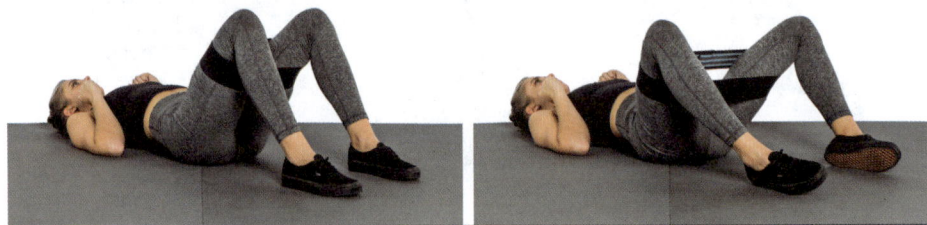

肘后撑仰卧髋关节外展

仰卧髋关节外展

仰卧横切面髋关节外展

负荷和器械

涉及负重髋关节外展运动时，我推荐两种优秀的器械：坐姿髋关节外展机与臀肌器械。

坐姿髋关节外展机

坐姿髋关节外展机是最受我健身房的客户所喜爱的器械之一。好消息是，大多数商业健身房都配备了这种器械，健身房会员可以选择使用。

与大多数髋关节外展运动一样，坐姿髋关节外展机通常是在高重复次数（20次或更多）的训练课程结束时使用的，重点是让臀推有好的效果，同时让臀肌得到充分的灼烧感。

我采用了几种训练方法。第1种与躯干角度有关。例如，你可以通过后倾、保持直立（可以选择坐姿或蹲姿）或前倾来完成坐姿髋关节外展训练。每一种躯干角度都会让臀肌产生不同的训练效果。虽然所有这些训练动作都同时作用于臀肌上部和下部，但后倾更侧重于训练臀肌上部，而前倾则让臀肌下部有更好的训练效果。这3种姿势都能确保臀肌从各个角度得到训练。示例方案可以这样安排：每组重复10~20次，3种姿势下的负荷相同，总共3组，每种姿势重复相同次数。

第2种是进行递减组训练，例如2组动作3次递减负荷。例如，完成一组动作，你需要在大负荷的情况下重复10次，然后立即减少负荷（将配重片的重量针向上移动1~2个位置），再重复10次，再次减少负荷，然后不停顿地重复最后10次。

手动增大阻力是我与客户一起使用的另一种增强离心收缩的方法，也称为增强离心重复。我借助向心收缩的形式，然后在离心阶段增大阻力。

臀肌器械

我一定要为臀肌实验室配备最好的臀肌训练器械。Dynavec阻力系统的臀肌器械是我最喜欢的机器之一,这台机器既可以做髋关节伸展,也可以做髋关节外展。该机器易于增加负荷,你会感觉动作极为顺畅,还会让臀肌产生极强烈的灼烧感。第1次使用它时,我做了3组20次重复动作,每侧有2个45磅的配重片。我不得不从座位上下来,在第2组和第3组之间站着休息一下,因为我的臀肌的灼烧感太强烈了。

臀肌训练日益普及,新的变式和更好的器械也开始推向市场。我希望,臀肌及各种臀推器械将成为所有商业健身房的主打产品。

髋关节外旋运动

18年前，我24岁，那时候我与朋友们一起去打垒球。我5次跑垒，完成了5个本垒打。其中一次沿着边界跑垒了45米。我与朋友们都很惊讶，因为我在高中时运动能力并没有那么优秀。那么发生了什么变化？是的，因为我一直在举重，而且我的身体也越来越强壮。

旋转的力量使我着迷。肌肉质量和力量似乎是能让棒球运动中的挥棒动作更好地发挥出来。

短跑和跳跃的力量并不总是如此；它们可能是有益，也可能是有害，这取决于运动员的专业程度和运动种类。

我在深蹲、硬拉、卧推、引体向上，甚至可能是负重训练中的收获，让我的本垒打完成得更好。但是力量的加强通常是通过爆发式运动来实现的，例如爆发性抛药球，当然还有专门的训练。

我一直在想，在旋转举重室内的训练是否会提升旋转力量。理论上是可以的，但在这个问题上还没有太多的研究成果。尽管如此，髋关节外旋运动可以很好地丰富臀肌训练计划。除了能增强臀肌上部和下部，髋关节外旋（及外展）运动对运动员来说本就是必不可少的，尤其是那些棒球、网球及武术等运动员。当你旋转时，你要将3种由臀肌控制的动作结合起来：髋关节伸展、髋关节外展与髋关节外旋。设想一下你打棒球时的情况。在起始位置，你的髋关节略微屈曲；当你挥棒时，髋关节伸展；你向前移动时，就变成髋关节外展；你扭身时，就是髋关节外旋。

我认为，髋关节外旋运动调动了整个身体，你会感觉到这训练到了腹内外斜肌，特别是你的臀肌。臀大肌能最大限度地让你完成髋关节外旋，但许多运动员在一开始就很难接受这种训练。我衡量了站姿绳索髋关节外旋的臀肌活动，它达到了最大限度。但我不认为这能很好地训练臀肌，因为运动范围着实有限，但在我看来，运动员应该结合采用3种方式来训练臀肌（髋关节伸展、髋关节外展与髋关节外旋）。

指南与提示

髋关节外旋训练模仿棒球运动挥棒和投掷动作，摆出运动姿势，同时利用臀部力量让身体旋转。实际上做起来要比听起来困难得多，因此，我通常不指导我的客户这样做。然而，正如我所说，髋关节外旋训练非常值得去做，尤其是你在做健身训练。为了帮助你从这些训练中获得最大的收获，我想介绍一个重要的指导原则，该原则适用于两种技术。

当进行髋关节外旋运动时，无论你是使用绳索还是弹力带，目的是在整个运动范围内保持臀肌的紧张感，这最好是通过控制旋转力度，同时在旋转时手臂向外伸展来实现。换言之，旋转时保持缓慢且稳定，在你扭身时，请将绳索或弹力带撤走。如果你的臀肌过度旋转，它就会无法提供持续的紧张感了。

弹力带/绳索髋关节外旋

弹力带/绳索髋关节外旋训练是最受欢迎的髋关节外旋训练。但是，正如我所说，这个动作客户学起来很难，教练教学也不容易。后来，我一直在采用一种需利用弹力带或绳索的新技术（你也可以使用一条轻弹力带）。你需要将袖套、负重腰带或弹力带置于膝关节以下，靠在箱子上或复合拉伸机的支架臂上作为支撑，将膝关节抬起与臀部同一高度，然后腿外展的同时髋外旋，如右图所示。虽然传统的髋关节外旋训练仍然有好的效果，但你也确实应该尝试掌握这种技术，尤其是如果你是一名教练或是一个喜欢运动的人，且这是一种容易学习的技术。诚然，你的身体无法旋转太大的角度，这是这项训练的特性，但你可以有意地让臀肌更多地来完成外旋工作。与传统的髋关节外旋训练相比，你可以感觉到臀肌承担的工作更多了。如果你只对增强臀肌感兴趣，而其他方式又过于困难，你可以坚持采用这种训练，也能得到很好的结果。如果你从事体育运动，我建议你采用本节介绍的所有技术。

髋关节外旋运动

只有几项髋关节外旋训练是值得做的，但是都不容易执行。如果你的主要目标是训练出更大的臀肌，那么你不必太担心这些训练的效果。只要处理得当，它们确实能达到高度激活臀肌的效果，但它们对臀肌生长的促进效果不如它们对提高身体机能和训练的效果。如果你喜欢运动或者你想增强自己的旋转力量，那么在训练结束时增加几组髋关节外旋运动绝对是很好的安排。事实上，有一项研究表明，由于臀肌纤维呈对角线分布，大约70%的臀肌力量可以通过髋关节外旋运动来增强。为了最大限度地增强旋转力量，你需要知道如何利用臀肌完成髋关节外旋运动，这是让这些技术发挥作用所需掌握的一项技能。

绳索髋关节外旋

髋关节外旋运动可以使用弹力带、复合拉伸机上的绳柄、库克训练棒或多功能弹力训练棒来完成。训练棒本质上是一种末端束有一条弹力带的棍棒。我最喜欢用的是带库克训练棒的复合拉伸机（你也可以使用绳柄），因为它能让动作保持顺畅，同时髋关节在整个运动范围内都有恒定的紧张感，这使得对旋转的控制更为容易。

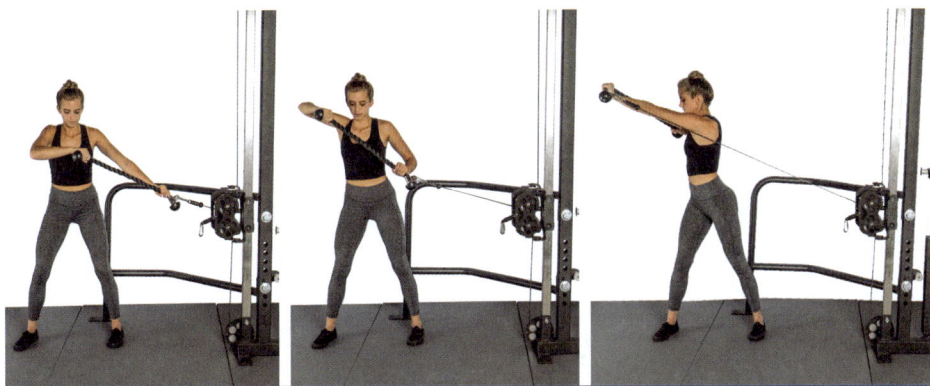

将绳索放低或靠近臀部。如果感觉不对，可以尝试放在不同的高度，直到找到感觉最合适的设置。抓住训练棒的两端，向与复合拉伸机相反的方向迈步，摆出训练姿势。下一步，你要同时做几件事：以外侧脚为轴，转动臀部，并将后臂沿着躯干摆向斜上方。更具体地讲，后臂经过身体中心线时，你会向外伸手，这样你的手臂就是完全伸展的状态。绳索与你的身体之间应该留有一点距离。重复动作，在结束位置暂停片刻，然后缓慢旋转，控制好身体回到起始位置。大多数人很难只通过阅读材料就掌握这种训练，所以你可以让你的教练指导你完成，或者自己拍摄运动时的照片，将自身姿势与上图进行对照。

弹力训练棒/弹力带臀部外旋

这些使用弹力训练棒或弹力带的动作并没有那么顺畅，因为当你到结束位置时，张力会增大，你会更难控制旋转，还可能会让移动变得不稳定。因此，我更喜欢绳索的版本。也就是说，如果你无法使用绳索，那么弹力训练棒和弹力带的形式也是很好的选择，准备姿势及动作步骤与绳索的形式完全相同。

弹力训练棒髋关节外旋

弹力带髋关节外旋

训练 8　骨盆后倾

当涉及臀肌激活时，无论你是处于坐姿、站姿、蹲姿还是在做髋关节铰链动作，你都需要在任何姿势或者做任何动作范围内，能够创造肌肉紧张感并予以保持。你可以进行旋转动作，当有人说，"打开你的臀肌"时，你应该能够立即努力地去执行。但不是每个人都能做到。

　　事实上，在我指导过的1/4的新客户中，他们的髋部完全或几乎完全伸展，而腿却处于伸直状态（没有屈曲）时（正如你所知，显然这是可以最大限度激活臀肌的区域），臀肌也很难得到激活或产生紧张感。

　　除了用不正常的方式训练臀肌外，这些人在进行硬拉或背部伸展，甚至在平板支撑或俯卧撑姿势下保持臀肌的紧张感时，臀部都很难保持稳定。意识到臀肌激活困难是问题的根源后，对此，我想出了一个简单的解决办法，我称之为骨盆后倾（Posterior Pelvic-tilt，PPT）激活试验。这是一种简单的测试臀肌激活效果的训练，还可以帮助人们培养神经–肌肉连接的习惯。

骨盆后倾（PPT）激活试验

　　私人教练与客户之间并没有很多相处时间。大多数教练每周与客户见面的时间只有1~3个小时。这样一来，就没有太多的时间让客户在完成训练的同时掌握训练技术，更不用说尝试不同的训练形式来找出其弱势进行纠正了。这时，骨盆后倾激活试验便开始发挥作用了。

　　假设我有了一名新客户，或者我面对一个训练臀肌有困难的人。与其让他们完成一系列复杂的动作，不如我先教他们如何做到骨盆后倾，因为这是一种能让臀肌产生巨大紧张感的姿势。我用了4种不同的技术：站姿收紧臀肌、脚趾着地式RKC平板支撑、膝关节着地式RKC平板支撑以及骨盆后倾臀推。

　　根据客户在臀肌激活系列动作中的水平，我给他们安排在家中自行完成一次或多次骨盆后倾激活训练。这样他们在家里也可以训练臀肌的张力，到了健身房之后，我们就可以集中精力让训练有更好的效果。

　　例如，我可能会让一位客户自己一天做两次平板支撑，开始的时候先坚持10~20秒。我旨在让他们做到能保持臀肌紧张的同时，完成1分钟的脚趾着地式RKC平板支撑。

　　能够有效感知和控制臀肌（也被为思想与臀肌相连接）的人，或者长期训练的人，通常可以坚持1分钟的平板支撑或站姿收紧臀肌，而这并不费力气。但是很多初学者不能保持臀部紧张，他们的臀肌在平板支撑大约5秒后就会无力或乱动。

第5部分　训练

399

假设一名高级运动员可以在完整的1分钟平板支撑中，坚持用超过最大力量的80%来激活臀肌，但是一位初学者也许就只能在那1分钟内坚持用最大力量的40%。

为了让客户完成1分钟的平板支撑，我可能会从分成3组，每组20秒开始，然后当他们力量强一些时，我会延长每组的时间，减少组数。我会让初学者从膝关节着地式RKC平板支撑开始。一旦他们这项做得很好了，我就让他们换成站姿收紧臀肌，然后是脚趾着地式RKC平板支撑，最后是骨盆后倾臀推。

一旦客户可以坚持做平板支撑1分钟，同时在整个时间过程内都保持了臀肌持续的紧张感，我就不需要再安排他们在家中自行训练了。换言之，一旦他们有足够的肌肉耐力与力量来完成1分钟的平板支撑，骨盆后倾激活试验便完成了使命。这项成就还表明，他们已经培养了神经－肌肉连接的习惯，这意味着他们可以给臀肌发送指令，还减少了许多臀肌激活不充分导致的错误姿势，例如没有感觉到臀肌紧张或无法正确固定臀部。更重要的是，它有助于促进臀肌增长，因为它能使肌肉产生紧张感。诚然，这种方式的效果不如做负重臀推，但对于初学者来说，每一点进步都值得鼓励。

你仍然可以使用骨盆后倾激活试验中的训练作为剧烈运动前的热身活动。关键是要尽可能地唤醒肌肉，避免过度疲劳。你也可以在长时间不得不一直坐在椅子上的任何时段后安排这些训练，例如长途飞行或汽车旅行后。你也可以将它们安排在一组让你力竭的训练中，我们一直在臀肌实验室中安排脚趾着地式RKC平板支撑，持续时间通常为20秒。简言之，如果髋关节伸展力欠佳（骨盆过度前倾），那么，使用骨盆后倾训练唤醒臀肌可能会减少或有助于预防髋关节疼痛与下背部疼痛。

指南与提示

收紧臀肌（骨盆后倾）

上背部拱起

保持膝关节柔软（膝关节略微屈曲）

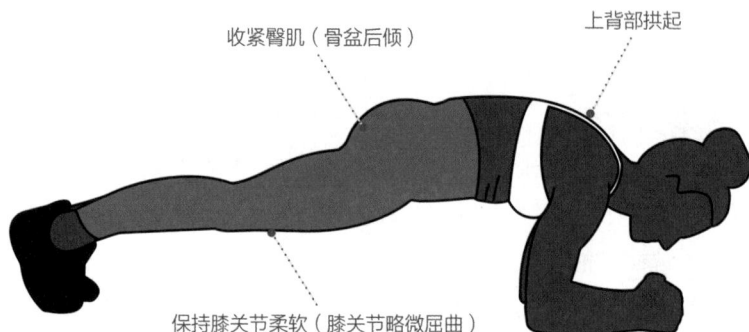

所有的骨盆后倾激活训练都有相似之处，你可以通过将骨盆向后旋转来让臀肌产生紧张感，然后持续保持，培养神经－肌肉连接的习惯。

在前面的内容中，你看到了收拢下巴与上背部拱起会促进骨盆后倾。例如，在臀推或臀桥动作中，在你的髋关节完全伸展时，骨盆会自然向后倾斜，这对大多数人来说会提高臀肌的激活程度。同样的道理也适用于背部伸展：收拢下巴，上背部拱起，这样可以减少腘绳肌和脊柱直立肌的紧张感，还可以增强臀肌的紧张感。我们将同样的提示应用于骨盆后倾激活训练，以促进骨盆后倾。无论你是站姿收紧臀部还是做平板支撑，你都需要让上背部略微拱起，收拢下巴，并同时保持胸腔朝下。

错误姿势与正确姿势

人们在骨盆后倾激活训练中遇到的最大问题是，在第一次尝试时就获得高水平的臀肌激活程度。同样，这可能是由于缺乏运动，可能是因为新接触到臀肌训练，或者只是没有培养出与臀肌的神经-肌肉连接。但是，如果你按照我概述的内容进行训练，你收缩臀肌的能力会随着时间的推移而逐渐增强。

人们失败的原因要么是他们的准备姿势有问题，要么是他们在几次尝试之后便放弃了。如果你想看到进步，你必须集中所有精力，认真对待这些训练。如果你是一名初学者，它可能会有助于你遵循骨盆后倾训练的顺序进行训练，并通过执行一共3组，每组保持20秒的动作来达到一分钟的训练时长。一旦你能保持这个姿势1分钟，就可以继续完成下一个训练。在你将每一个姿势都可以保持1分钟后，你认为自己已经完成最大限度激活臀肌的80%了，除非你将它当作热身活动，或者在长时间不活动后当作唤醒臀肌的方式，或者是将其纳入让自己力竭的训练，否则你就不需要再训练这个动作了。

骨盆后倾激活训练类别

骨盆后倾激活训练分为4类。正如我所说，按顺序完成这些训练是很重要的。从膝关节着地式RKC平板支撑开始，然后在可以熟练完成第1项训练之后，可以进行站姿收紧臀肌与骨盆后倾臀推，也就是说，你需要具备至少在1分钟内保持臀肌最大限度收紧的能力。

膝关节着地式RKC平板支撑

在所有的骨盆后倾激活训练中，这一种最容易完成。在大多数情况下，我会让人们从脚趾着地式RKC平板支撑或站姿收紧臀肌开始训练，如果他们需要挣扎才能收紧臀肌同时保持臀肌紧张感，我会让他们先完成膝关节着地式RKC平板支撑。换言之，在脚趾着地式RKC平板支撑或站姿收紧臀肌这两项训练中，如果认为骨盆后倾与臀肌激活有难度，那么你应该从这项训练开始。

双手与膝关节着地呈四点跪姿。双手向外伸展，直至呈俯卧撑姿势，保持下背部挺直，然后肘部下垂，置于肩膀下方。骨盆后倾，上背部拱起，收下巴，然后收紧臀肌。收缩臀部时，你应该感觉到骨盆是后倾的。为了完成这个动作，收紧臀肌时，你需要收腹，想象将肚脐拉向胸腔，然后在20秒或更长时间内保持臀肌紧张。

脚趾着地式RKC平板支撑

传统来讲，脚趾着地式RKC平板支撑是一种训练核心稳定性和力量的运动，但在这里你可以将它看作一种用来训练骨盆后倾的激活训练，因为它能增强臀肌收紧的力量，同时延长臀肌收紧的时间。重要的是要区分一般的平板支撑和脚趾着地式RKC平板支撑。如果你正在做正常的平板支撑，你需要保持膝关节伸直，但是你在做脚趾着地式RKC平板支撑时，就可以让膝关节略微屈曲，同时上背部拱起，这样有助于骨盆后倾，还能激活臀肌。

以俯卧撑姿势开始，然后手肘着地。手肘置于双肩下方，上背部拱起，收拢下巴，然后收紧臀肌。同样，收紧臀肌时，你可以想象将肚脐拉向胸腔，着重完成骨盆后倾动作。

站姿收紧臀肌

站姿收紧臀肌是试验与衡量臀肌激活效果的最佳方法之一，同时还强调了臀肌在骨盆后倾中应起到的作用。事实上，我让大多数客户都从这项训练着手，因为你可以感觉到你的臀肌在控制臀部运动。例如，在你有很强的力量完成站姿收紧臀肌时，你会感觉到髋关节完全伸展和骨盆后倾，还会感觉到有向外旋转的力量施加在脚上，但并不是每个人都能感觉到。如果你觉得你的臀肌没有得到激活，那就重新做脚趾着地式RKC平板支撑和膝关节着地式RKC平板支撑的训练，直到训练出足以收紧臀肌及保持臀肌紧张感的力量。

找到你喜欢的姿势。绝大多数人会让双脚之间的距离略大于肩宽，同时脚尖略微向外转。然而，你应该分别尝试一下双脚间距更宽或更窄的姿势，同时调整脚尖方向，确保你的姿势能最大限度地激活臀肌。一旦你找到理想的姿势，屈曲手肘，握紧拳头，然后收紧臀肌。同样，你应该感觉到臀部伸展，骨盆在躯干下方倾斜，脚上会有向外的力量。你可以在负重腰带上增加重量来增加阻力，检验负重情况下骨盆后倾的能力。要完成这项训练，你需要把负重腰带绕在臀部外侧，环扣固定在臀部上，然后保持中立站姿。收紧臀肌的同时骨盆后倾。如果动作得当，负荷可以略有增加。虽然运动范围只有几英寸，但你可以真正感觉到是臀部在发力移动负荷。

站姿负重骨盆后倾

站姿负重骨盆后倾也可以检验负重情况下骨盆后倾的能力。这项运动有利于增长臀肌，以及增强完成骨盆后倾动作和使髋关节最大限度伸展的力量。我建议你在所有训练结束时安排这项训练，做2~3组，每组10次，每次收紧5秒。

进行这项训练需要做的准备是，将杠铃举离地面大约40厘米，然后将杠铃另一端装上杠铃片。（你需要承担很大重量才能使这项训练产生效果。）把负重腰带绕在臀部外侧，环扣固定在臀部上，将链子钩在杠铃套上，然后用杠铃箍扣将其固定到位。注意：如果杠铃落在地上，链子会把箍扣从杠铃末端拉下来，这样就可以保持配重片处于恰当位置。进行这项训练时，先以直立姿势准备，髋关节轻微转动，然后收紧臀肌，骨盆后倾。如果动作得当，负荷可以略有增加。虽然运动范围只有几厘米，但你可以真正感觉到是臀部在发力移动负荷。你也可以使用皮带一类的负重腰带和复合拉伸机完成此类动作。

403

骨盆后倾臀推

　　大多数人（包括我自己）在进行骨盆后倾时，臀推的固定位置可以给予臀肌最高的激活程度。但不是每个人都是这样的。如果在做整个动作时，你无法感受到臀肌的激活，那么这种训练方式值得尝试。你也可以尝试一下第315~317页讲解的脊柱骨盆摆放策略。但在这项训练中，你在到达顶端时，即髋关节完全伸展和骨盆后倾时，可以将这种状态作为一种尝试，这也是加强神经-肌肉连接的方式。你可以在这个位置保持，也可以在顶端的15厘米的运动范围内移动。例如，你既可以尝试在顶端位置保持，也可以尝试在最高15厘米的运动范围内暂停保持（在向下的过程中髋关节屈曲与骨盆前倾，在向上的过程中髋关节伸展和骨盆后倾，进行短暂的上下移动）。为了提高臀肌的激活程度，你也可以用弹力带或哑铃等来增加负荷，但不要使用杠铃，以免过度负重。

肩胛骨顶部靠在长凳上边缘，然后抬起臀部，膝关节屈曲与地面大约成90度角，以臀推起始姿势准备。再说一遍，你不是在整个可运动范围内运动，也不是下放臀部；你只是保持在顶端位置。在大多数情况下，只是收紧臀肌来保持在顶端位置会让你产生骨盆后倾。如果没有这样的情况发生，你可以将臀部略微下放，然后集中精力收紧臀肌。你应该感觉到骨盆在身体下方发生旋转。就像平板支撑一样，想象保持胸腔向下，下巴收拢，将肚脐拉向胸腔。一旦骨盆后倾，下一步就是在最大15厘米的运动范围内进行暂停保持。

第20章 股四头肌主导型训练

正如我在这本书中所说，你需要尝试多样的训练方式，以不同的角度和负荷来训练臀肌，这样才能让臀肌与身体都得到充分训练。在本章中，我将讲解股四头肌主导型训练，如你所想，训练主要针对的是股四头肌。然而，这些训练包括深蹲、单腿深蹲、分腿深蹲、登阶练习与推雪橇等，不仅能训练出更大、更强的股四头肌，还能帮你实现其他目标。就像臀肌主导型训练不仅能训练臀肌，还能训练到更多部位的肌肉一样，股四头肌主导型训练也不是仅仅只能训练到腿部肌肉。你需要用独特的方式完成针对股四头肌的训练，同时通过不同的机制促进肌肉生长。

例如，臀肌缩短时，肌肉的激活程度不会达到峰值，而在完成股四头肌主导型训练且臀肌伸展时，臀肌的激活程度会达到峰值。这为臀肌的生长及整体功能的提升提供了4项明显的优势。

首先，臀肌在得到激活时被完全拉长，肌肉就会被拉伤，这意味着你会在微观层面上感受到肌纤维中各种组织的撕裂和损伤。虽然人们常常对于肌肉拉伤反应过度，但过度疼痛说不定有不一样的效果，因为它似乎在促进肌肉生长方面可以发挥作用。正如我所说，从臀肌训练中，你大概可以获得85%的臀肌收益，而剩下的15%来自股四头肌主导型训练与腘绳肌主导型训练。

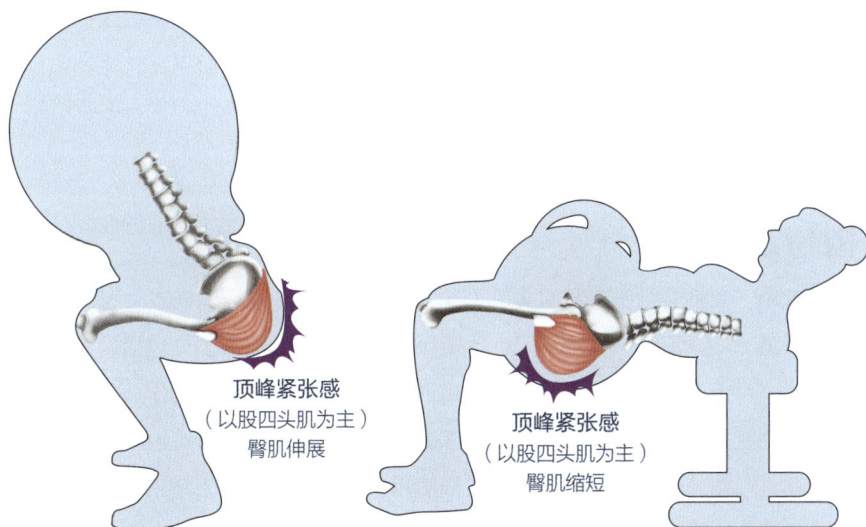

顶峰紧张感
（以股四头肌为主）
臀肌伸展

顶峰紧张感
（以股四头肌为主）
臀肌缩短

第5部分　训练

405

其次，如深蹲、弓步和登阶练习等股四头肌主导型训练主要针对的是臀肌。将延长肌肉长度与缩短肌肉长度训练进行对比的研究表明，肌肉生长是分区域的，这意味着在紧张状态下肌肉伸展训练（股四头肌主导型训练和腘绳肌主导型训练），针对的是缩短肌肉长度训练（臀肌主导型训练）没有照顾到的区域。简单地说，针对不同的肌纤维，可以用独特的方式训练，这样就能确保这些肌肉得到最大限度的增长。因此，如果你的臀肌上部过度发育，或者你只是想专注于建立臀肌的下部，特别是靠近关节联结点的部位，非正式名称为臀弯处，那么在训练中优先安排股四头肌主导型训练，这样就能实现你的目标。

再次，使用本章中的训练来建立股四头肌有助于塑造更苗条的体形。在等额体重下，你越强壮，你就会显得越瘦，这就是为什么强调训练时不要忽略深蹲和硬拉等大动作，因为这些动作会让全身的肌肉都得到充分训练。

最后，本章中大部分训练都可以看作功能性运动模式，这意味着它们不仅可以训练肌肉，还可以仿照日常生活中的动作。以深蹲为例。如果你了解如何以恰当的姿势完成深蹲，你就可以将这些技术应用到涉及深蹲训练模式的每一种动作上，例如箱式深蹲。说清楚一点，我并不是说你每次完成箱式深蹲都要保持完美的姿势，但如果你了解正确完成深蹲、弓步与登阶练习的原理，你就可以利用这些原理帮助自己不在健身房时也能正确地完成动作。

我作为一名私人教练，主要任务虽然是帮助客户达成他们的身材目标，但我想我的工作不应该仅仅是让他们的身体变得好看，我想让我的客户变得更强壮，更有韧性。因为股四头肌主导型训练可以渗透进日常生活的动作中，所以我相信，教会人们如何完成本章训练（下一章将重点放在腘绳肌主导型训练上），有助于他们更高效地完成日常训练。所以，即使你的目标主要是建立更大、更强壮的臀肌群，你也要进行多样尝试，同时将股四头肌主导型训练融入训练计划。

结构与组织

在本章中，我将介绍所有股四头肌主导型训练（也称深蹲运动模式），我将其分为5个部分：深蹲、分腿深蹲、登阶练习、单腿深蹲与推雪橇。深蹲部分包括后深蹲和颈前深蹲等训练，对大多数人来说，这将是一周训练计划中主要的硬拉动作。分腿深蹲包括弓步、保加利亚式分腿深蹲，对于臀肌下部有很强的针对性。登阶练习和单腿深蹲通常在训练中期可以作为辅助训练进行。推雪橇适用于热身，可以用来结束训练，也可以作为肌肉受伤后重建臀肌的方式。

深蹲（第408页）

分腿深蹲（第449页）

登阶练习（第468页）

单腿深蹲（第479页）

推雪橇（第490页）

第5部分　训练

深蹲

在某段时间，深蹲被看成所有臀肌训练中的王者。如果你想训练出更大、更强的臀肌，人们给出最多的建议是：只做深蹲。这些年来，我花了大量时间想消除这一思维定式，关于为什么"只做深蹲"的建议对于那些想要让臀肌训练取得最大效果的人来说十分糟糕这件事，我阐述了一些我自己的观点。但这并不意味着深蹲不好。如果你的目标是最大限度地增长臀肌，你应该优先考虑臀肌主导型动作，但你也应该尝试深蹲动作和深蹲衍生动作，以及髋关节铰链动作和硬拉动作。

在本节中，我将对深蹲的类型分别进行讲解，同时解释每种深蹲的优点、如何正确地执行动作，以及如何根据负重姿势和器材选择不同种类的训练项目。本节为掌握深蹲动作模式的终极指南。

指南与提示

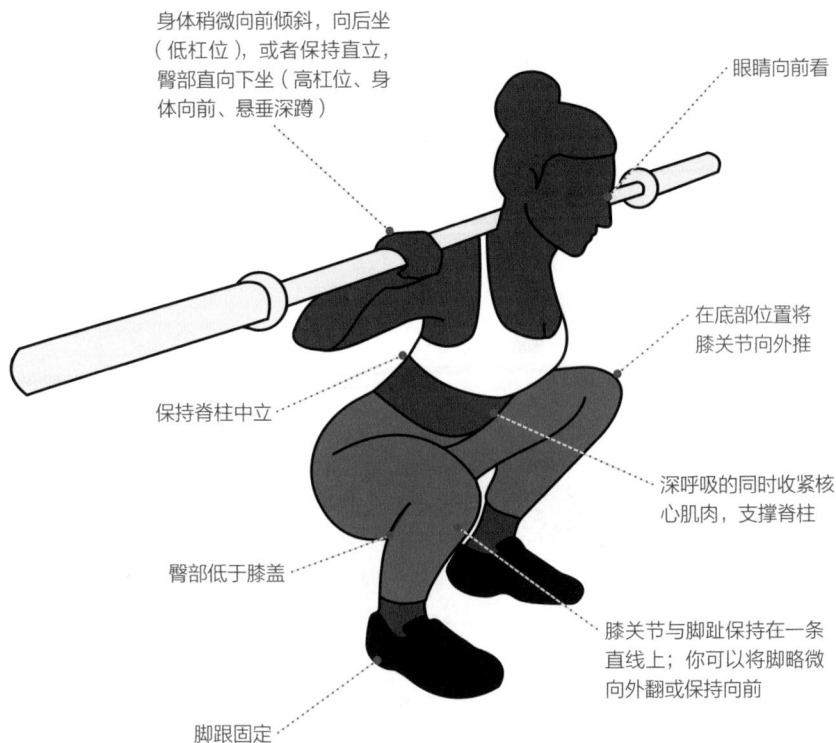

身体稍微向前倾斜，向后坐（低杠位），或者保持直立，臀部直向下坐（高杠位、身体向前、悬垂深蹲）

眼睛向前看

保持脊柱中立

在底部位置将膝关节向外推

深呼吸的同时收紧核心肌肉，支撑脊柱

臀部低于膝盖

膝关节与脚趾保持在一条直线上；你可以将脚略微向外翻或保持向前

脚跟固定

深蹲可以按站姿、负重姿势及所用器材的不同进行分类。你可以在宽距站姿下进行杠铃后深蹲（称为相扑后深蹲），也可以在窄距站姿下在胸前托住一个壶铃或哑铃（称为高脚杯深蹲），或者将双脚置于箱上，负重悬在髋部垂下（称为负重腰带深蹲）等。

在我深入研究不同的深蹲类型，如前深蹲、后深蹲、悬垂深蹲等之前，让我们先介绍一些适用于深蹲这一运动模式的通用准则。

姿势与双脚位置

找到符合你自己身体结构和训练目标的站姿，是正确完成深蹲动作，同时从训练中获得最大收益的第一步。问题在于没有通用的深蹲姿势，你可能对不同的深蹲姿势有不同的偏好程度。例如，在低杆位后深蹲时，你可能更喜欢脚尖向前、略微宽的站姿；而在前深蹲时，你可能更喜欢脚尖朝外的窄距站姿。更重要的是，你需要不时地变换姿势，在不同的运动范围与姿势下给肌肉施加压力（稍后将对此进行详细介绍）。

下面，我将对你如何选择站姿进行讲解。你需要了解不同的双脚位置，感受不同的姿势，这样可以让你在学习其他准则的过程中，找到最适合你的训练方式。一般来说，你应该采用一种让关节感觉舒适，不会引起疼痛，同时能充分发挥出运动潜力，还能使你保持良好形态的姿势。

双脚方向

涉及双脚方向时，你可以将脚尖朝向前方，或向两侧转45度，或者选择二者之间的任意角度。与所有可以选择不同姿势的训练一样，你应该多尝试，然后确定适合的双脚向两侧转的角度。有些人喜欢脚尖朝向正前方，有些人喜欢略微朝外，还有一些人喜欢向两侧转很大的角度。不论你选择什么姿势，两只脚的角度应该相同。很多人采取双脚不对称的姿势，一只脚朝向正前方，另一只脚略微朝外，这样就容易无法保持平衡，也无法充分利用技术，这是不正确的。一定要注意双脚的角度，确保它们对称。当然，除非你本身髋关节就有不对称的情况，或者你在经验丰富的教练的指导下已经尝试过多种方式，但还是感觉双脚角度不对称才能更好完成深蹲的话，也不是不允许，不过这种情况着实不多。

站姿与双脚距离

涉及站姿与双脚距离时，你可以选择双脚置于臀部下方的窄距站姿，或者选择与肩同宽或只是略宽于肩宽的标准站姿，或者选择比肩宽再大一些的宽距/相扑站姿。一般来说，双脚距离略宽于肩宽的站姿可以让你在不受自身力量影响的情况下，最大限度地完成深蹲，这是最普遍也是最通用的深蹲姿势之一。

采用宽距站姿可以让你承担更大的重量，如果你想只到平行深蹲的高度，这种姿势就很适合你，它也是大多数举重者的首选姿势，尤其是那些使用专业训练装备训练的人。

如果你想深蹲到最低或比平行深蹲更低，通常需要窄距站姿，但每个人的情况都不一样，有些人采用宽距站姿进行深蹲会更低一些。

　　我建议你在日常训练安排中选择下面3种姿势。大多数人，包括我自己，主要采用标准的深蹲姿势（双脚距离略宽于肩宽），但我也会采用宽距/相扑站姿深蹲来丰富训练的类型。用不同的方法改变站姿是为了增强臀肌，给肌肉施加更大的压力，让你的身体必须为增强力量及增长肌肉不断进行调整。

标准站姿

一般来说，双脚距离略大于肩宽的站姿可以让你在不受外力影响的情况下，深蹲至最大程度，这是最普遍的深蹲姿势之一。

相扑（宽距）站姿

采用宽距或相扑式的姿势可以让你承担更大的重量，如果你想只到平行深蹲的高度，这种姿势很适合你，它也是大多数举重者的首选姿势，尤其是那些使用专业训练装备的人。

窄距站姿

一些举重者喜欢窄距站姿，这可能是因为他们的髋关节解剖结构与踝关节灵活度与一般人不同。

B姿势

B姿势是单腿与双腿训练的混合动作。你需要将身体70%的重量放在前腿，剩下的30%放在后腿。一般来说，我用B姿势做高杠位后深蹲，但你用这种姿势也可以进行前深蹲。这种姿势很适合运动员，因为在大多数运动中，前后站立姿势很常见。如果你有一边力量弱于另一边，你也可以使用B姿势加强力量较弱的一边，以保持平衡与对称。

411

脊柱位置：背部拱起，挺胸，脊柱保持中立

在整个运动范围内，尽可能保持脊柱中立。换言之，脊柱运动越少越好（要了解关于保持脊柱中立的原因，请参阅第139页）。许多人会发生脊柱超伸或脊柱前屈的情况。为了防止这些错误，大多数教练会要求客户"背部拱起"或"挺胸"，另一种说法是"脊柱不要旋转"。

但你在参照这些提示时要谨慎。尤其是当你努力从底部位置站起时，这些提示确实有效果，但也可能会造成误解。例如，有些人听到"挺胸"或"背部拱起"的提示，下背部会过度屈曲造成超伸，这样脊柱就无法保持中立。虽然这种趋势在脊柱移动幅度过大的人群中较为常见，但是也可以通过适当地稳定脊柱来避免。

教练还必须谨慎提示"背部拱起"这一要点，因为初学者可能会把它理解为脊柱旋转。我在训练生涯的早期也犯过这种错误。我的一名客户在做箱式深蹲，在她进行第1次重复动作时，她的脊柱前凸了一些。所以，在下一次重复时，我告诉她要背部多拱起一些，令我惊讶的是，她前凸得更多，因为她认为拱起意味着前凸，这种提示对于从未听过的初学者来说是有意义的。如果你能在听到此提示后想到一座桥的拱柱，那么很容易就能知道有人可能会将拱起理解为屈曲或者前凸。这对我来说是很重要的教训。作为教练，我们必须意识到客户可能不理解我们想表达的内容，所以在开始给出提示之前，我们需要谨慎地解释细节，然后演示正确的脊柱结构。

支撑和呼吸：在开始运动之前，支撑固定脊柱

为了固定脊柱并保持脊柱中立，用腹部及胸部做深呼吸（约为最大肺活量的70%），然后收紧腹部核心（腹直肌、腹内外斜肌与膈肌）。在单次最大重量动作中，你可以在整个动作范围内屏住呼吸，然后在到达顶端位置后呼气，或者，在你从底部位置站起时，你可以慢慢呼气，通过困难区域（由于缺乏力量而减速上举的部分），完成上举后吸气。更具体地说，当你到达顶端位置时，放松横膈膜，排出腹中空气；保持肌肉紧张感，以保持脊柱中立；然后再吸气，收紧腹部核心。

如果你正在做5~10次大重量动作，你仍然可以在每次重复动作中屏住呼吸，最大限度地提高脊柱稳定性、增强脊柱力量，但是你必须在顶端位置吸气，在开始下一次重复动作之前重新吸气。如果你在做多次重复动作，例如10次或更多，你可以在下降（离心）过程中有规律地吸气，然后在上升（同心）过程呼气。

头部位置：目视前方

同样的规则适用于脊柱，也适用于头部位置：你需要让头部与颈部保持中立。更具体地说，请勿向上或向下看。

注视你前方约10英尺的地方，在整个运动范围内保持目视前方

膝关节姿势：膝关节向外推动

膝关节向外推动可以帮助你在深蹲时蹲得更低，同时防止膝关节向内凹陷，这种错误姿势容易导致膝关节疼痛和其他伤害（关于膝关节外翻的错误姿势及如何纠正，请参阅第141页）。

正如人们可能会误解"挺胸"和"后背拱起"的提示一样，很多人认为"膝关节向外"意味着采取宽距站姿。所以我经常说"膝关节向外"的意思是让膝关节不要向内凹陷，也称膝关节外翻。另一种确保膝关节姿势正确的方法是在深蹲时保持股骨（大腿）在脚趾上方。

在深蹲动作中，当你在底部位置站起时，"膝关节向外"的提示尤为重要。很少有人会在下蹲过程中支撑不住；错误姿势一般出现在上举过程中，也就是在你真的需要集中精力向外推动膝关节的时候。

膝关节衍生姿势

你可以根据灵活度调整，膝关节向外，双膝距离大于双脚距离，或者让大腿和脚趾在一条直线上。深蹲时，在底部位置将膝关节向外推动有助于防止膝关节外翻，这种外翻一般在膝关节向内凹陷时出现。

足部压力：脚跟用力

深蹲时，想象将自身的重量均匀地分布在脚跟上。这会让你的臀部/臀肌产生紧张感，同时帮助你保持平衡。你也可以试着将体重分散到踝关节上，或者将整只脚踩向地面。注意应避免将重量压在脚掌上，因为这会将紧张感转移到膝关节/股四头肌，还会让你无法保持平衡。简单地说，"脚跟用力"意思是"不要将重量压在脚掌上。"

正确姿势	错误姿势

重心在脚跟

重心在脚趾

深蹲

为了让深蹲产生最佳效果，你需要下蹲到大腿大致与地面平行的位置，让髋关节弯折处刚好低于膝关节的中心。你深蹲的程度取决于你自己的身体解剖结构和灵活度。如果你能在深蹲的同时保持形态良好，那么深蹲可能就会给你带来益处。只要能坚持下去，这意味着在深蹲中你可以保持形态良好又不会感到疼痛。有些人只能正确地完成半蹲，这很好；实际上，这些举重者会有更好的结果，因为他们会变得更强壮且没有产生任何不适。

平行深蹲

全深蹲

躯干倾斜角度

在你深蹲至底部位置时，你需要让躯干略微向前倾斜。你倾斜的程度取决于髋关节与踝关节的灵活度、髋关节解剖结构，以及依据人体测量学测量出的肢体长度，但对大多数人来说，躯干倾斜角度最好不要超过45度。股骨相对较长，躯干又相对较短的人除外。正如你在第5章中所了解到的，股骨长、躯干短的人在深蹲时会有更明显的前倾状况，而股骨短、躯干长的人通常在深蹲时更容易做到直立姿势。

躯干倾斜角度也取决于你所选择的深蹲种类。只做平行深蹲的人通常躯干前倾会更为明显，而做全深蹲的人通常更容易做到直立姿势。

直立式深蹲 微倾深蹲 前倾深蹲

髋部与膝关节同步弯折

深蹲时，你的髋部和膝关节应该同步弯折（屈曲）。简单地说，在你开始深蹲时，你的髋关节与膝关节的动作幅度应该相对相等。平行深蹲时尤其应该如此。当你深蹲、膝关节屈曲时，要想象自己向后坐。在全深蹲中，你需要将臀部竖直下沉在大腿之间，同时向外推动膝关节，双膝呈45度，从而摆出向下动作的准备姿势。前者需要髋关节更加屈曲，后者则需要膝关节更加屈曲。在这两种深蹲中，臀部和膝关节都需要同步弯折。

开始平行深蹲 **开始全深蹲**

髋部与膝关节用力

就像你在深蹲时需要让髋部和膝关节的动作幅度相对相等一样,当你用力上举时,你也需要让髋部和膝关节的动作幅度相对相等。你的躯干应该在上举阶段的前半段保持角度不变,然后在你站到顶端位置时直立起来。

平行深蹲

全深蹲

收紧臀肌

有些人会在到达顶端位置时收紧臀肌,这样可以固定好臀部与脊柱的位置。只要你不过度向前推动髋关节,这样做就很好。但不要将这种方式作为促进臀肌生长的策略。收紧臀肌可以提高对臀肌的激活程度,训练效果很好,但我特别怀疑这是否能让臀肌训练有更好的效果,如果你已经开始进行臀推与背部伸展,更要收紧臀肌。

正确姿势　错误姿势

让负荷在脚的中心上方,保持平衡

这项提示主要适用于杠铃深蹲及其变式,如前深蹲、后深蹲和泽尔深蹲。从侧面看,杠铃应该平分脚的中心。如果杠铃位置悬在脚趾上方,就会对你的下背部造成不必要的压力。如果杠铃向后移向脚跟,就会使你失去平衡。检查形态最好的方法是让别人给你录像或从侧面给你拍照。这样你就可以有针对性地做出调整。

416

让负荷在脚的中心上方，保持平衡

掌握一套固定安排

正确深蹲是一项重要的技能。与任何技能一样，深蹲时掌握一套固定安排才能有更好的效果。像篮球中投任意球或打高尔夫球一样，你需要为深蹲准备好固定的安排。一套固定的安排会提高你成功的可能性。

如果观察经验丰富的举重者做深蹲，你会发现他们每一次的重复几乎都是一样的，这意味着他们每次都以相同的姿势下蹲到相同高度。从架子上将杠铃拿下来时，他们的动作准确又高效。虽然一套完整的深蹲固定安排因人而异，但还是有相似之处，举重者会对称地抓握杠铃，支撑住负荷，后退几步，摆出姿势，固定脊柱，然后以固定的姿势完成深蹲与上举。

另一方面，如果观察初学者做深蹲，你会注意到他们每次重复动作的高度都不一样，而且他们的姿势五花八门。当他们进行杠铃上举时，他们的动作不对称，后退太多步，臀部会乱摆动，姿势也会为了感觉更加舒适而不停地调整。

关键是，你需要创造一套能以最理想的方法完成深蹲的固定安排。思考所有先前提到的深蹲相关原则，多次尝试找出恰当的动作顺序。一旦你找到了理想的固定安排，以同样的方式反复练习深蹲，直到让它成为本能为止。你在每个步骤中考虑得越少，深蹲动作就会完成得越好，你也会变得更强壮。简言之，一旦你掌握了一套固定安排，就越容易进入状态，从而专注于当下的任务。

许多举重者对深蹲感兴趣，尤其是举重者。每个人的骨骼解剖结构都是独特的，骨骼的大小与形状对我们的运动模式有很大的影响。通常我们可以进行髋关节和膝关节灵活度训练等来改善关节的活动范围，但有时骨骼和韧带也会限制我们。然而，有几种策略可以帮助你在深蹲时蹲得更低，它们得到了可靠的生物力学原理的支持。

如果你训练的目的是美观/塑造形体，那么你应该选择最适合自己的下蹲程度。对一些人来说，这意味着全深蹲，但对另一些人来说，这意味着蹲到平行深蹲的程度就可以了。但是，如果你参加举重项目，那么你必须至少下蹲到平行深蹲的位置，也就是说，你的臀弯处必须比膝关节中心更低。

如果你对深蹲蹲得更低感兴趣，可以尝试以下策略，选择适合你的方式。

髋关节灵活度训练

为了完成深蹲，你需要让臀部下沉，这对髋关节的灵活度有要求。我在这里所提供的技术只是浅层的，我也鼓励你尝试一些可能没有列出的不同的髋关节灵活度训练。

动态意味着在进行重复动作或脉冲训练时你在移动。例如，你在进行冲量训练时，将动作完成至最大限度，在响应姿势里保持1~2秒，然后再重复。例如，每边3组，每组重复10次是标准的热身训练。动态训练可以减弱关节的僵硬，扩大整个关节的运动范围，还有助于在不影响力量的情况下，为更剧烈的运动做好准备。

静态意味着你要保持一段时间，例如每边保持30秒或1分钟。静态训练也能提高髋关节灵活度，但它会对力量造成影响，这就是在训练后进行这些训练的原因。更多关于臀部伸展的内容，请翻阅第154页。

四点跪姿伸展

深弓步伸展

髋关节外旋伸展

鸽式伸展

踝关节灵活度训练

踝关节的灵活度对深蹲程度的影响最大。在深蹲时，你需要保持躯干直立，膝关节必须向前超过踝关节。简言之，在整个运动范围内，深蹲需要踝关节背屈，以下所示这些训练将有助于改善踝关节的状态。就像髋关节灵活度训练一样，你可以在训练开始时进行动态踝关节灵活度训练，训练结束后进行静态小腿拉伸训练。

站姿膝关节滑动   **跪姿膝关节滑动**

前负重选项

将负荷置于体前有助于你完成深蹲，因为在这种情况下你必须保持躯干直立的姿势。假设脊柱同股骨成40度角。如果你呈直立姿势，这个角度会让你同躯干前倾时相比蹲得更低。

高杠位选项

像前深蹲一样，高杠位后深蹲迫使你必须保持躯干更加直立，这会让你深蹲到更低的程度。当你将杠铃置于较高于背部的位置时，你的躯干必须前倾以保持平衡，这样可以防止臀部超过平行位置。

四点跪姿强化

在你以躯干直立的姿势进行深蹲时，你的股四头肌必须更加用力才能达到全深蹲。所以你的股四头肌越强壮，就越容易保持躯干直立。你可以通过深蹲来训练股四头肌，具体来说，你需要进行前深蹲、高脚杯深蹲以及高杠位后深蹲，还可以做保加利亚式分腿、腿推举及腿部伸展训练。

提踵

　　虽然踝关节灵活度训练有助于实现踝关节背屈，进而增大深蹲程度，但提高灵活度需要很长时间。更重要的是，有些人因为生理结构，不管怎么拉伸可能永远都无法将踝关节背屈完成到位。提踵可以达成踝关节所需的背屈程度。提踵时膝关节向前，臀部下沉。有几种方法可以做到这一点：你可以穿低跟的深蹲鞋，站在楔形物上或者将脚跟置于5磅或10磅重的配重片上。这种方案可以迅速解决大多数人的问题，同样，这也是我最喜欢的深蹲训练之一。

　　现在，有些教练说永远不要提踵，因为这会影响到以后的训练，但我不同意这一观点。保持正确姿势的同时提升深蹲能力怎么会给未来造成问题？只要你保持躯干挺直就会感觉很好。甚至连奥运会举重运动员都会穿能提踵的鞋子，每周有3~5天进行深蹲训练。

　　他们的基本原理是："你需要教人们如何在不提踵的情况下进行深蹲，制订踝关节灵活度训练计划，以便于提高踝关节灵活度。"但你仍然可以在训练深蹲的同时提高灵活度。提踵可以人为地提高踝关节灵活度，这样不仅让你更容易完成直立式深蹲，还可以更加有针对性地训练股四头肌部位。而对于踝关节灵活度很差的人来说，想要深蹲到最低位置，就必须提踵。我在自身训练中运用了这种方式，也让许多客户成功地完成了这项训练。

臀肌激活

　　收紧臀肌会对股骨施加向后的拉力。如果你的臀肌没有达到最佳运动状态，髋关节屈曲活动范围可能会略微有所缩小，因为你的股骨会撞到髋臼，即髋关节窝这一部位。从本质上来说，进行臀肌激活训练可以唤醒臀肌，让其达到最佳状态，这有助于减少股骨对髋臼的撞击，让你可以蹲得更低一些。在下面我会提供几个臀肌激活选项。更全面的臀肌激活训练与热身示例，请见第152页。

臀桥

蛙式臀泵

四点跪姿髋关节伸展

髋关节外展

420

错误姿势与正确姿势

深蹲是一种需要进行大量协调工作的运动模式。在整个运动范围内移动臀部、膝关节和踝关节时，身体所有部位的肌肉都必须协同工作才能在垂直负重的状态下保持平衡：你必须找到适合自己的理想姿势，支撑脊柱保持中立，髋部和膝关节同步弯折，摆出准备姿势，躯干向前倾斜但不要倾斜过多，当你在最低点上举时，将膝关节向外推。这需要做很多的协调动作。当你增加负荷的同时尝试不同的负重姿势，训练会变得更具挑战性。

但问题是：你可以遵循前面概述的指导原则，然后研究本节后面介绍的各个技术描述，防止因与姿势相关的错误造成潜在伤害。然而，一些在所有深蹲训练中都可能出现的错误姿势，例如屁股眨眼、膝关节外翻和髋关节提早驱动也有非常大的研究价值。如果你能避免这些错误姿势，那么你不仅可以在每一项训练中都取得进步、变得更强壮，还可以显著降低你进行深蹲时受伤或感到疼痛的风险。

错误姿势：屁股眨眼

术语"屁股眨眼"是指深蹲时的骨盆后倾现象。诚然，屁股眨眼或者骨盆后旋（向后倾斜）会导致深蹲时腰部疼痛与受伤，尤其是在负重深蹲时。根据你自身的臀部结构、人体测量等结果、动作控制和灵活度可能会在刚深蹲时发生屁股眨眼现象，在后面阶段臀弯处会下降到膝关节以下（低于平行深蹲高度）或达到全深蹲高度。

但也不是没有回旋余地，一定范围内的屁股眨眼也可以接受。在这方面，熟练地掌握上举技术十分重要。我无法给出精确的区间，或者告诉你多大角度的屁股眨眼在可接受范围内，因为每个人的情况都不一样。你需要感受自己的身体，倾听它发出的信号。如果你总是有点屁股眨眼，但又从来没有感觉过疼痛，那么这可能就是适合你的姿势。如果出现的屁股眨眼的角度过大，且每次深蹲时下背部都会发生疼痛，那么就有问题了。所以你不应该将屁股眨眼看得过于严重，但你应该了解自身技术，为了保持脊柱中立，适当偏移一些角度是可以的。

错误姿势

正确姿势

当脊柱处于中立状态时，你就能以最佳状态承受作用在脊柱上的压力（想想核心肌肉收缩和负重）。但当你出现屁股眨眼的现象时，腰椎就会发生屈曲。现在，你并没有处于能抵抗这些压力的最佳位置，因此，你会面临椎间盘突出与下背部受伤的风险。

为了帮助你理解这种屁股眨眼现象出现的原因，我将介绍每项可能导致这种错误姿势的训练。你也可以观看我在网上发布的名为"深蹲生物力学与屁股眨眼"的视频。

髋关节结构

骨盆形状决定了你深蹲时在不会出现屁股眨眼的情况下可以下蹲到的高度，这一点也不奇怪。用更专业的术语来说，你的股骨在髋臼内的状态决定了你深蹲的程度。例如，当你深蹲到平行位置时，股骨会恰好卡在髋臼（髋关节窝）里。

在这种情况下，不管你的灵活度与柔韧度有多高，你的股骨都是无处安放的。深蹲低于平行位置的唯一方法就是进行屁股眨眼。也就是说，你的骨盆必须后旋以适应髋关节更大范围的屈曲，从而使腰椎随之旋转。

正确姿势

在感觉舒服且能保持良好姿势的范围内进行深蹲。要想确定深蹲位置，请运用第426~428页的箱式深蹲技术。

动作控制

深蹲时需要很多肌肉部位协同发力，包括臀肌、腘绳肌、股四头肌、髋内收肌、竖脊肌与腹肌。如果深蹲的经验并不丰富，或者你没有学会如何正确地深蹲，那么肌肉可能就无法正常协同发力。例如，臀肌在得到激活时可以向后拉动股骨，使其在髋关节窝中保持处于中心位置。这就是我所说的动作控制。如果你没有用正确的姿势运动，那么就无法稳定脊柱，向外推动膝关节，臀肌也无法得到激活等，那么这可能会导致屁股眨眼的角度过大的现象。

正确做法

遵循前面概述的指导原则，缩小深蹲的运动范围，在进行更复杂的训练之前，练习箱式深蹲与自重深蹲。

灵活度

绝大多数人认为屁股眨眼是灵活度不够所致。例如，有人说腘绳肌紧绷时会拉动骨盆，造成屁股眨眼的情况。虽然髋关节不够灵活，即关节在运动范围内自主移动的能力不够，当然会导致屁股眨眼，但这种灵活度受限通常与肌肉紧绷无关。现在，我不是说拉伸毫无帮助，因为它确实可以发挥作用，但说腘绳肌、髋屈肌和内收肌是造成屁股眨眼的原因是不准确的。深蹲时，腘绳肌和股骨直肌不会延长（过长），腘绳肌和股四头肌过于紧张就会成为一种限制性因素。有些人的髋屈肌会随着下蹲而缩短，所以这不是造成屁股眨眼的原因。

然而，如果你的踝关节很紧张，就意味着你的踝关节背屈运动范围有限，那么膝关节就不会向前移动，这是保持平衡和中心位进行深蹲的必要条件。如果你的踝关节背屈时严重缺乏灵活度，那么保持平衡与中心位进行深蹲的唯一方法是屁股眨眼。训练踝关节的灵活度当然可以改善这种情况，甚至可以防止下背部内凹屈曲，但是要想看到明显的改善效果，需要运用各种拉伸技术。灵活度受骨骼生理结构的影响很大，并非每个人都能让踝关节在很大的运动范围内完成背屈。

正确做法

提高臀部与踝关节的灵活度。另一种选择是通过将脚跟置于配重片上或穿上深蹲鞋来抬高脚跟。有关更多选择，请翻阅第418~421页，了解如何蹲得更低。

错误动作：髋关节提早驱动

髋关节提早驱动发生在髋关节发力上举困难时。你的膝关节快速伸展，而髋关节还保持原有的角度，基本上，你是将深蹲变成了直腿躬身。造成这种错误姿势的主要原因是股四头肌力量不足。如果股四头肌不能正确地发力，那么完成杠铃上举的唯一办法就是更多地依靠髋关节的力量。双腿伸直时，髋关节会更有力量，因为这个姿势可以更好地利用腘绳肌来增强髋关节的伸展力量。

错误姿势

许多专业人士将髋关节提早驱动的原因归咎于臀肌或背部力量不足，但实际的原因是股四头肌无力。诚然，在你上举时，膝关节会过度伸展，但这种情况下杠铃不会向上移动太多，因为臀部没有得到伸展；实质上你是让躯干向前倾斜，并"暂停保持"，直到腘绳肌拉长到髋关节可以承受住上举重量的位置。这项技术的问题在于：姿势并不好看；它会给下背部带来更大的压力；它会将深蹲（一种膝关节主导型训练）转变为直腿躬身（一种髋关节主导型训练）。

正确动作

通过前深蹲、高杠位深蹲、高脚杯深蹲和腿部伸展来加强股四头肌的力量，并保持你的状态，这样你就永远不会髋关节提早驱动。最终，你的股四头肌的力量会随之加强，在深蹲时更加容易保持平衡，臀部和膝关节也可以同步伸展。

错误姿势：膝外翻

膝关节向内凹陷时，将发生膝外翻（也称膝关节向内凹陷或膝关节内侧移位）。它的特点是髋关节外展、内旋以及踝关节内翻。这种错误姿势在跳跃式着陆时尤其有问题，这就是人们会发生前交叉韧带撕裂或损伤膝关节的原因。像这样的严重损伤在深蹲时并不常见，但随着时间的推移，过度且持续的膝外翻会给膝关节外侧带来不必要的压力，最终可能导致膝关节疼痛。更重要的是，当你做一些更具动态的动作时，你的动作模式可能会让姿势变得不好看。总之，深蹲时最好避免膝外翻这一错误姿势。

错误姿势

如果你是一名专业运动员，做出这种错误姿势时，也许可以调整回来。例如，奥运会举重运动员有时会在膝关节略微凹陷的情况下，在深蹲到最低点时完成不受体重限制的负重，但他们会立即将膝关节向外推动，从而重新回到正确的姿势。我称之为膝外翻拉动，因为这个动作很微妙，看起来很像专业动作。然而，新手做的时候看起来就并不专业。体能教练称之为"蜡烛熔化综合征"，因为所有部位都会凹陷，如背部内凹、膝关节内凹、脚踝凹陷，而且新手很少能重新回到正确姿势。

在这种情况下，你需要先学习规则，然后就不会违反规则。一开始，每个人都应该尽量避免膝外翻。但一旦你的动作变得更高级，你理解了动作的利弊，就可以决定是否要面对更多的风险。

有时候举重运动员愿意不顾自己的身体形态来完成负荷更大重量的上举，例如在硬拉时将上背部拱起，或者在深蹲到最低点时允许膝关节轻微外翻。

正确姿势

正确姿势 1

膝外翻通常发生在你离开最低点时。纠正这种问题的最佳策略之一就是在深蹲时拍摄视频。我有一位客户有很严重的膝外翻现象，我想我永远也无法让她摆脱这种模式。我会以"跪下"来提示她，但她无法理解。所以我开始拍摄她的正面动作视频，令我惊讶的是她愿意看这种视频。她开始理解正确深蹲和膝外翻深蹲之间的区别。在很短的时间内，她改正了自己的动作模式，以很好的姿势完成深蹲，也就是说，她开始将膝关节向外拉动，然后在最低点准备完成上举。

正确姿势 2

如果你不想发生膝外翻，试着在膝关节上方或下方放置一条弹力带（如臀肌环或迷你带）。弹力带向内的拉力迫使你将膝关节向外推动以抵消向内的阻力，这是我所说的"膝关节向外"动作。如果你使用臀肌弹力圈，我建议用型号为L/XL的工具，这样能让膝关节向外有更好的效果。

深蹲种类和变式

深蹲有很多种形式：宽距站姿、窄距站姿、B形站姿（交错式站姿）或跳箱式。你也可以根据使用的设备和身体上负重的位置来丰富训练。例如，后深蹲时背部负重，前深蹲时三角肌负重，用手臂/双手将负重握于胸前下方就是垂悬深蹲（这是我为对这种深蹲进行分类而创建的名称）。

接下来，我会解释每种深蹲训练的特点：适合哪类动作和哪一类人，以及如何用不同的器材做出调整。不过，在你深入研究这些变式之前，我想强调的是，尝试所有不同类型的深蹲动作十分重要，因为不同类型的深蹲可能会对臀肌产生不同程度的激活效果。

当然，所有的深蹲训练对于臀肌的激活都有相似之处，但是有些人在低杠位后深蹲姿势可以获得最大程度的激活，而另一些人只有在前深蹲中才能获得同样效果。一些人反馈称，相扑（宽距）站姿比窄距站姿更能激活臀肌，也有人的想法刚好相反。因此，深蹲是最有利于臀肌开发的训练之一，也是让你感觉到最大程度激活臀肌的训练，还可以让你安全舒适地逐渐增加负荷。如果深蹲系列训练会伤到你的髋关节或下背部，那么这些训练不适合你用来发育臀肌。如果你能很好地接受后深蹲与箱式深蹲，那么就坚持下去。简言之，选择最有感觉的深蹲变式，然后在训练中优先考虑该练习。

负荷也是影响因素之一。我训练过很多人，他们反馈称，在略低于最大负荷下，可以感觉到臀肌得到更大程度的激活，他们没有尽可能增加上举负荷，也成功完成了训练，但这可能是因为他们无法保持正确的体态，与超额负重上举相比，他们更注重技术。我也认为在负荷靠近身体中心时，你会得到更高的臀肌激活程度。例如，高脚杯深蹲容易引起很大程度的臀肌激活，因为负荷一般较轻，而且位于身体中心。你也可以通过进行膝关节弹力带深蹲的变式，提高臀肌的激活程度，详细内容见第444页。

同样，我们都有不同的髋关节解剖结构、人体测量等结果和肌肉结构，这些因素决定了哪种深蹲变式最适用于臀肌的开发。然而，我们不可能精确地知道适合每个人最大限度增长臀肌的技术与负重，这就是为什么使用鸟枪法多次尝试十分重要。也就是说，你必须尝试各种重量的负荷并尝试训练各种深蹲，然后通过尝试的经历不断调整，就可以找到产生最佳效果的训练，即那些感觉良好、不会给你带来不适、与你的训练目标保持一致的训练。

为了帮助你了解每种深蹲的效果及运用方法、不同的负荷与器材选项，以及准备安排与进行训练的正确方法，我将深蹲变式分为6类。每种类别分别代表一种深蹲样式，并

学会深蹲：练习深蹲的流程

从表面上看，深蹲似乎是一种简单的日常动作：蹲下，站起来。但当你试着以正确的姿势蹲下，增加负荷，或开始尝试变式训练时，深蹲就需要你有高度协调的能力。遵循正确的动作流程有助于你更加容易地学会深蹲。以下是我用来帮助初学者以正确的姿势提升协调能力的深蹲流程。

我从自重箱式深蹲开始，教他们如何将臀部向后坐，同时手臂置于身体前方保持平衡。我将跳箱的高度设置在平行深蹲的位置（膝关节高度），来对他们的运动范围进行测验。一旦他们能以正确的姿势完成深蹲，我会根据他们的技术、灵活度、年龄及经验做一些变式。如果他们将平行自重箱式深蹲动作看起来完成得不错，我会将跳箱放置到最低点，看他们是否能完成完整的深蹲动作。如果他们继续表现出良好的姿势，接着我要做的就是移除跳箱，让他们在没有深度限制的情况下完成动作。需要注意的是，你可以使用一个跳箱来测量所有深蹲变式训练的距离，但是在某个特定的点需要将跳箱移除，这样他们就知道在半空中反转动作的时机与方法。然后，假设一切看起来感觉仍然良好，我会用高脚杯深蹲测验他们的负重深蹲的能力。一旦他们能毫不费力地完成，我就让他们开始尝试更复杂的深蹲动作，例如杠铃前深蹲和后深蹲。

值得一提的是，有些人在尝试了深蹲后直接跳到高脚杯深蹲，而另一些人则需要努力完成平行自重箱式深蹲来做出调整。简言之，每个人都需要在自己的节奏中获取进步。你可以将我在这里讲解的练习深蹲的流程作为学习和教学模板，一旦你能安全高效地完成正确的动作，就可以进行更加复杂的训练。

且以姿势与器材为基础。

6种深蹲将根据由简至难的顺序进行讲解。我也会将负荷及器材选项纳入分类标准。提醒一下，你可以将窄距站姿、相扑站姿，以及B姿势等不同站姿应用于所有深蹲变式训练中。

箱式深蹲

我训练过上千人，每个人都能深蹲至一定程度。但也有人称，并不是每个人都能完成深蹲。其列举的原因通常与不够灵活、髋臼方位和深度、股骨长度等有关。我同意这些可能会让深蹲出现问题，但这只是在全深蹲中才会发生的情况。除非有的人的身体状况不允许他们深蹲，不然我训练过的每个健康的客户都可以完成跳箱位置在膝关节高度或更低的深蹲。

同样，以正确的姿势深蹲时，不同的下降高度也有不同的挑战性。但如果目标明确，完成深蹲就会容易得多。你不必考虑在半空中的反转动作，你可以像坐在椅子上一样坐下来。这样一来，箱式深蹲就可以成为一种帮助人们测量下降高度、克服深蹲恐惧的方式。

大多数上举都有起始位置与结束位置。以卧推为例：你将杠铃放至胸前，然后再向上抬起。或者以硬拉为例，你需要先将杠铃置于地面，然后站直将杠铃拉起来。但是深蹲的不同之处在于，在结束位置，你的姿势可能会发生变形，这使动作更复杂、更加需要肌肉的协调。箱式深蹲十分有用，因为它会给你提供合适的结束位置。你不需要考虑何时换动作，因为跳箱会给你提示。现在你可以注重在力学机制及技术上逐渐将跳箱的高度调整得越来越低。

这称为渐进式距离训练，也是渐进式负荷的另一种形式。但其不是随着时间的推移而逐渐增加负荷，而是随着你的运动范围扩大逐渐增加。进行渐进式距离训练时，以姿势为判断标准十分重要。如果你能坚守前面提到的指南，同时感觉很好，那就可以继续遵循深蹲流程。但是如果你的姿势开始变形，你身体前倾，下背部超伸，或者膝关节向内凹陷，那么你可能需要用更高一些的跳箱完成深蹲。我曾为年纪略长一些的客户提供服务，他们花了一年的时间才达到平行深蹲的高度（臀弯处和膝关节成一条直线）。这种程度已经很好了。事实上，我也为很多专业举重运动员提供服务，他们臀肌的发育水平与深蹲高度低于平行深蹲高度的人（臀弯处高度在膝关节以下）相同。

关键是，我们都在以不同的速度进步。随着时间的推移和持续的训练，你会完善自己的能力。一旦你达到了针对深蹲可控可调的程度，你就可以移除跳箱，开始尝试自由深蹲。但这并不意味着箱式深蹲已经过时。即使是最专业的举重运动员也会在自己的训练中加入箱式深蹲。事实上，箱式深蹲的方法有很多种，每种方法都有其独特的好处。让我们从最基本的变式开始，掌握所有的箱式深蹲技术。

坐姿箱式深蹲

骨盆形状决定了你深蹲时在不会造成屁股眨眼的情况下可以下蹲的位置，这一点也不奇怪。用更专业的术语来说，股骨在髋臼内的状态决定了你深蹲的程度。例如，当你深蹲至平行位置时，股骨会恰好卡在髋臼（髋关节窝）里。在这种情况下，不管你的灵活度和柔韧度有多高，股骨都是无处安放的。让深蹲低于平行位置的唯一方法就是进行屁股眨眼。也就是说，你的骨盆必须后旋以适应髋关节更大范围的屈曲，从而使腰椎随之旋转。

选择一个跳箱（软垫箱、深蹲箱或凳子等）调整其高度，使其刚好比膝关节低。如果你刚开始练习，可以把跳箱设定得比膝关节高。接着，调整跳箱角度，使跳箱边位于双脚之间。进入深蹲姿势，背向跳箱，直到双腿接触跳箱，然后保持脊柱稳定。你可以将手臂置于胸前，在前方伸展，或者下蹲时上举。进行深蹲时，臀部呈铰链动作，膝关节屈曲，背部尽可能挺直，将臀部放低。进行平行箱式深蹲时，你需要将臀部向后坐，小腿大致与地面保持垂直。进行全深蹲时，你需要将臀部竖直下沉在大腿之间（见低杠位后深蹲与高杠位后深蹲的训练）。这两种深蹲的关键在于肌肉的控制。切勿扑通一下撞到跳箱上。一旦臀部接触跳箱，你就需要换动作，通过伸展膝关节、髋关节和躯干，流畅完成动作。简单地说，臀部接触跳箱平面时，你就应该重新站起来。

长凳深蹲

你可以用长凳代替跳箱，或者换成一种进行深蹲更加舒适的工具。在这项训练中，你需要跨在长凳上，这样你就可以看到位于你面前的部分长凳，这会让你在开始深蹲时有安全感。但有几个需要注意的事项。首先，调整长凳的高度比较困难。如果你本身很高，长凳的高度对你来说可能很合适，但对大多数人来说长凳往往过高。你可以通过增加软垫或缓冲垫，甚至抬高长凳来调整高度，但我一般不推荐这些方法，因为不太安全：如果长凳不稳定或你误设了高度，你很容易受伤。你需要使用稳定的长凳，它需要有足够宽的底座，而且不会倾斜或左右摇摆。不过，这也产生了另一个潜在的问题，因为大多数坚固的长凳的凳面也很宽，这会迫使你不得不采取宽距姿势。所以长凳只有在恰当的情况下才是不错的选择。

跨坐在长凳中央。在视线范围内，你可以有效地测量你的深蹲高度。以准备姿势开始，完全按照前面描述的流程进行深蹲。

箱式悬停深蹲

做箱式悬停深蹲时，你需要坐下来，放松腿部与髋部的肌肉，悬停1~2秒，然后站起来。即使你的腿部肌肉得到了充分的放松，你也仍然需要保持脊柱稳定并且维持身体姿势。更具体地说，你需要保持竖脊肌在激活时呈弓状，同时保持躯干和上半身的紧张感从而保持脊柱稳定。如果你在进行杠铃变式训练，我建议你先从小负荷开始，但是实际上有些人进行箱式悬停深蹲会比后深蹲的效果更好，他们会变得更加强壮。

据我所知，没有任何研究表明这种特别的训练有任何额外的训练肌肉或增强力量建设的好处。从理论上说，这可能会提升你在最低点上举的能力，因为训练效果不会反弹。研究表明，与后深蹲相比，箱式悬停训练的训练效果更为出色。可以肯定的是，这是另一种有用的训练深蹲动作模式的方式。记住，进行各种各样的训练不仅有助于用独特的方式训练肌肉，而且对发展及磨炼你的训练技术也很重要。你通过略微不同的方式完成相同的动作，这会增强你的运动意识，同时让你的身体适应新的刺激，这有助于你适应训练、增长肌肉并提高技术。

摇摆箱式深蹲

摇摆箱式深蹲类似于箱式悬停深蹲，但你不需要先坐下来再站起来，而是先坐下来，身体后倾呈直立姿势，然后前倾，站起来。这是一个摇摆动作，你利用前倾的动量来推动自己离开最低点。这是我最喜欢的箱式深蹲动作之一，因为在你能正确完成动作时，你就可以完成很好的动作循环。然而，很多教练不喜欢这样做，因为人们很难保持脊柱的稳定，而且摇摆动作并非传统后深蹲的特征。即使如此，箱式深蹲仍有价值，因为这种训练有助于增强力量并改善深蹲运动的技术。与箱式悬停深蹲一样，做摇摆箱式深蹲时最好保持小负荷，注意过程中保持脊柱中立。在你坐在跳箱上时，如果有大负荷在你的背部使你的背部拱起，这可能会造成严重后果，那么你需要特别小心，同时注意保持正确的姿势。

完全按照你进行坐姿箱式深蹲的姿势来做，将跳箱（软垫箱、深蹲箱或凳子等）一角放在你的双腿之间，将腿支撑在地面上。向跳箱坐下去，但是无须站起来，而是让躯干保持直立，然后身体前倾同时站起来。在你向后摇摆时，不要放松所有的肌肉，尤其是竖脊肌应该保持充分紧绷，这样你的后背就不会内凹。当你离开最低点时，保持挺胸，背部肌肉绷紧（脊柱略微屈曲或挺直）。

自重深蹲（自由深蹲/空中深蹲）

一旦你进行箱式深蹲感觉很舒适，或者开始用髋关节完成深蹲，那便是时候移除跳箱，换成半空中姿势了。如果你用跳箱训练得足够多，那么你的身体就会记住合适的下降高度，不论有没有跳箱，大多数人每次都可以蹲到同样的高度。这就是训练应该达成的目标。跳箱可以帮助你加深对高度的记忆，但是你永远无法仅仅借助深蹲就塑造出这种记忆。从某一点来说，你必须进行自由深蹲训练。初学者使用自重深蹲（也称自由深蹲或空中深蹲）可以增强力量并提升协调性。但当你熟练掌握之后，你应该坚持将自由深蹲用于热身训练、高重复次数力竭训练以及调节训练。

采取宽距（相扑）、中距或窄距站姿进行深蹲。确保你处于直立姿势，背部挺直，头部保持中立，直视前方或前方约 10 英尺处。你可以先将手臂置于身体两侧，或者向前伸出手臂，保持平衡。进行平行深蹲时，你需要将臀部向后坐，躯干前倾，膝关节屈曲，小腿尽量与地面垂直。进行全深蹲时（如上图所示），你需要将臀部竖直下沉在大腿之间，下蹲时让膝关节向前移动至双脚上方。在这两种变式训练中，你需要在降低臀部及屈曲膝关节时，将膝关节向内外推动。下蹲时，可以慢慢举起你的手臂。在你到达理想位置时，通过脚跟用力来扭转这个动作，同时尽量流畅地伸展膝关节和髋关节，继续将膝关节向外推动。在你站直并回到起始位置时，略微收紧你的臀肌。

前深蹲

在前深蹲中，无论是在胸前还是肩膀前方，都将要求你将负荷稳定置于身体前方。当负荷位于身体前方时，你必须保持直立姿势以保持平衡，这可以让你感受到股四头肌的紧张感。然而，根据我对肌电图的研究，与后深蹲相比，在负荷同样的重量时，进行

429

前深蹲（有时更多）可能会对臀肌产生相同的激活。

因为每一个前深蹲动作都有其独特的特点，你可以用一种形式来增强力量（如杠铃前深蹲），另一种针对臀肌（例如高脚杯深蹲），所以你必须尝试且学会所有训练，然后找出最符合你目标的训练。注意：你可以用窄距、中距、宽距（相扑）站姿进行杠铃前深蹲训练。如果你的踝关节不够灵活或者你在运动过程中很难保持躯干直立，我建议你使用配重片或楔形工具提踵，更多的提踵内容见第420页。

高脚杯深蹲

高脚杯深蹲由世界著名的体能教练丹·约翰（Dan John）创建，我会让客户在自重深蹲及杠铃深蹲训练之间将其作为过渡训练。虽然他们还没准备好进行杠铃深蹲训练，但可以很好地完成高脚杯深蹲。我喜欢高脚杯深蹲训练，因为这是一种自我约束的训练，在你下降到最低点时，肘部在双膝关节之间，这迫使你必须将膝关节向外推动，这可以防止膝外翻这一错误姿势。

高脚杯深蹲不仅对初学者友好，同时也是适合专业前深蹲人士使用的训练。在我的个人训练计划中，我仍然会将高脚杯深蹲纳入训练计划，也会定期同我的高级客户在训练末尾进行多次膝关节弹力带高脚杯深蹲。我训练的大多数女性都喜欢进行高脚杯深蹲，因为她们可以看到自己的臀肌有很好的发育效果，尤其是在进行膝关节弹力带深蹲训练后。

有趣的是，有些人在衡量不同动作的臀肌激活效果时，高脚杯深蹲的得分最高，尽管完成其负荷要轻得多。根据我对肌电图的研究，负荷距离身体中心越远，你从训练中得到的臀肌激活就越少。相比其他深蹲训练，高脚杯深蹲使负荷更靠近身体中心，因此，你可能会更多地激活臀肌。我在一位客户身上做了这个测试，结果表明，与负重205磅的后深蹲相比，她在负重50磅的高脚杯深蹲中更多地激活了臀肌。

你可以用哑铃或壶铃进行高脚杯深蹲训练。尝试这两种类型的负荷，调整抓握方式，然后采用感觉最好的一种。执行高脚杯深蹲时，摆出深蹲准备姿势，然后将重物举起置于胸前。开始深蹲动作时，手肘紧贴身体，臀部垂直向下，将膝关节向外推动。你需要保持躯干挺直，重物紧靠身体来保持平衡。深蹲时，让手肘下沉至双膝之间。然后转换动作，当你站起时，继续将膝关节向外推动，同时固定住脚跟。

绳索高脚杯深蹲

你也可以用带 V 形把手的绳索拉力器来进行高脚杯深蹲。这与进行壶铃或哑铃高脚杯深蹲训练的感受稍有不同，因为你必须将身体略微后倾以抵消绳索向前的拉力。这使许多人更加喜欢直立姿势。你可以将绳索高脚杯深蹲看作另一种有效的训练变式，你可以进行这种类型的训练来打破典型深蹲流程的单调性，或者仅仅因为你喜欢这种训练的感觉。

开始设置的时候，将带 V 形把手的绳索拉力器降至最低点。握住 V 形把手，然后将其上举至绳索装置前方位置。注意：你可能需要后倾一点，以抵消绳索的拉力。以深蹲准备姿势开始，做这个动作所用的技术与传统的高脚杯深蹲动作完全相同，见前文所述。

双哑铃/壶铃前深蹲

在大多数情况下，同传统的高脚杯深蹲相比，你可以用两个哑铃或壶铃来增加负荷。出于这个原因，有时我在教客户进行杠铃训练之前，会让他们做双哑铃/壶铃前深蹲。这样在你无法使用杠铃的情况下，例如酒店健身房没有这种器材时，也可以进行双哑铃/壶铃前深蹲。还要说明一点，哑铃很难保持稳定，所以你可能会因负荷较轻而在前深蹲时受限。

你可以将哑铃或壶铃置于肩膀上，手肘不论高低也要保持稳定，就好像你要将其压在头顶上一样。身体姿势是个人喜好的问题。训练准备时，将哑铃或壶铃置于肩膀上，然后准备深蹲。这个动作的技术与高脚杯深蹲动作完全相同：保持躯干直立，背部挺直，然后通过膝关节与髋部的同步弯折来进行深蹲。在你下降至最低点时，将膝关节向外推动，保持负荷均匀地分布在脚跟上。保持挺胸也很重要，这样可以防止上背部凹陷。

T杠前深蹲

T杠前深蹲是一种相对新型的训练，也是给前深蹲动作模式增加负荷的一种好的方式。虽然在动作开始时你必须使身体微微前倾，但在你站起时，这个动作感觉非常类似于高脚杯深蹲中的上举动作，这意味着这种训练非常适合初学者及想要通过高脚杯深蹲获得高臀肌激活程度的人。

最好的方法是将杠铃抬离地面，进行T杠前深蹲。因此，你需要在起跑架上设置可调T杠装置，或者将T杠装置设置在跳箱、台阶或滑轮上，确保装置可以紧紧地楔入角落并保持极度稳定。进行T杠前深蹲时，你需要先将杠杆放在地面上，身体前倾，然后开始深蹲，这样在你到最低点时就可以直接进入直立姿势，特别是如果你很高，这可能会让你觉得不自然。注意：如果你没有T杠装置，你可以将杠铃塞在角落里，用杠铃一端顶住墙壁。除此之外，T杠前深蹲的动作方式与高脚杯深蹲动作相似：保持肘部紧靠身体，背部保持良好弓状，在降至最低点时，让肘部下沉至双膝之间，站直后，将膝关节向外推动至超过脚跟。

杠铃前深蹲

我很喜欢杠铃前深蹲。像所有的杠铃训练一样，相比哑铃和壶铃训练来说，使用杠铃你可以增加更多负荷，这样既能增强力量，又能增长肌肉。杠铃前深蹲是我最喜欢的深蹲动作之一，也很适合运动员和健美选手使用。目前还没有足够多的研究来确定哪种深蹲最适合运动员或健美选手，但杠铃前深蹲可以成为首选。在做杠铃前深蹲时，你必须让重物在身体前方保持稳定，同时保持躯干挺直，绷紧躯干/腹部，还需要提高髋关节和踝关节的灵活度，这样才能正确地完成前深蹲动作。简而言之，这非常考验腿部力量、灵活度及稳定性，而这些能力几乎在每项训练中都至关重要。

由于每个人的锁骨与肩胛骨的结构不同，一部分人进行杠铃前深蹲会感觉不适。如果进行杠铃前深蹲对你来说过于痛苦，那么你可以坚持进行高脚杯深蹲及双哑铃/壶铃深蹲。

杠铃前深蹲的负重位置

杠铃前深蹲

433

为了让杠铃在胸前保持稳定，你可以使用传统的前蹲架，这也是奥运会举重运动员所使用的器材，或者用健美运动员很喜欢的手臂交叉抓握杠铃的方式来固定杠铃。如果你的肩部很灵活，那么你会喜欢奥运会举重运动员使用的器材；如果你用混合健身的方式，那么前蹲架是更特别的训练器材，你应该优先考虑。如果你的手腕不灵活，或者前臂相对较长，或者上半身有大量肌肉，那么你可能会喜欢手臂交叉的方式。不论你选择哪种方式，只要杠铃处于脖颈与三角肌之间的位置都可以产生很好的训练效果。如果你伸展肩胛骨，也就是所谓的延长肩胛骨，那么你就更容易摆出这个姿势。进行这项动作的技术与其他前深蹲动作完全相同：臀部下沉至大腿之间，背部保持挺直，躯干保持自立，脚跟用力，到达最低点时将膝关节向上推动。杠铃前深蹲的关键在于你需要保持肘部朝上，使上臂大致与地面平行。换言之，你必须通过保持背部弓状姿势与挺胸来对抗推你前倾或凹陷的力量。

后深蹲

后深蹲可以看作深蹲训练的精华所在。你将重物置于上背部，就可以承受更大的重量，让它成为增强力量的最佳深蹲训练之一。后深蹲也需要前倾躯干，这会给后方肌群增加一些紧张感。而且相较于其他深蹲训练，由于你可以承受更大的重量，你可以调动整体肌肉来完成训练任务。

后深蹲有一个缺点，但同样也是这项训练的优势之处，即这是一种你需要承受大重量的动作。这让后深蹲动作变得更危险。你必须确保你可以在深蹲架或起蹲架上完成上举，更重要的是，你必须学会如何安全地卸下重物。也就是说，如果你因为负荷过大而不能完成上举，你必须将其置于安全销上，或者从杠铃下面跳出来（向前），否则它会"压碎"你。在你开始上举之前，一定要从小负荷开始，学会如何摆脱困境，这样你就不会给自己造成伤害。

根据杠杆位置的不同，后深蹲可以分为两种：低杠位后深蹲与高杠位后深蹲。

低杠位后深蹲　　　　　　　　　　　　　　**高杠位后深蹲**

低杠位后深蹲

　　低杠位后深蹲很受力量举重运动员的欢迎，因为大多数人能上举更大的重量，通常比其他训练多10%左右。当杠铃放在背部较低的位置时，你必须前倾更多（相较于高杠位训练）才能保持平衡，这会迫使你的臀部更向后坐。人们认为这种组合动作会让你的臀肌和腘绳肌（臀部）承受更大的重量，而不是股四头肌（膝关节）来承受。换一种说法，它被认为是一种由髋关节主导的深蹲动作，这意味着髋部肌肉会产生更多的紧张感。

　　然而，低杠位后深蹲并不适合所有人。它需要更高的肩部灵活度，很多人在握杠铃的手腕无法保持正确的姿势。重要的是，低杠位后深蹲引起的手腕疼痛通常是手腕过度屈曲所导致的后果。你可以通过修正技术或戴腕带来解决这个问题，这有助于保护你的手腕。也就是说，如果低杠位后深蹲动作给你的手腕或肩膀造成了伤害，或者让你感觉下背部不适，那么也许高杠位后深蹲更适合你。

　　如果你初次进行低杠位后深蹲训练，我建议你在杠杆上不放置杠铃片，方便你找到合适的抓握方式及杠杆位置。杠杆位置应该在你的后三角肌上。一旦找到了正确的杠杆位置，你需要调整抓握距离和肘部打开角度找到合适的姿势。理想情况下，手腕处于中立位置或略微屈曲，不属于过度屈曲，肘部可以位于杠杆下方或稍后一些的位置。许多人，尤其是肌肉发达的男性，在做低杠位后深蹲时，肩部外旋不够灵活，无法使脊柱保持中立，因此不得不屈曲手腕。合适的抓握方式应该能保持杠杆稳定，同时使上背部产生紧张感。

将杠杆置于后背上，深蹲架置于杠杆下方几英寸处。将深蹲架设置成适当的高度，找到适合自己的抓握方式，头部放在杠杆下面，然后将背部上滑到杠杆处（体型略大的人可能需要扭动一下），直到杠杆处于正确位置。杠杆应该大致放在后三角肌上方，你需要让手腕保持中立或略微屈曲，手肘放在杠杆略后的位置。摆出深蹲姿势，将杠杆提离深蹲架，然后后退两步。深呼吸，收紧膈肌、腹内外斜肌与腹直肌来支撑脊柱。深蹲时，臀部向后坐，躯干前倾，膝关节屈曲。不必很大幅度地向后坐和尽量保持小腿垂直，但我喜欢教人们用这种方式来判断他们是否喜欢这个动作。所以可以让臀部向下坐，将膝关节向前推动；也可以更多地往后坐，让小腿与地面更加垂直。髋部与地面保持平行时（髋关节低于膝关节最高点），你需要通过固定住脚跟转换动作，向外推动膝关节，同时伸展髋部，躯干挺直，伸直膝关节。到达最高点时，你可以略微收紧臀肌以固定髋部，但这并非完成上举的必要条件。

高杠位后深蹲

　　顾名思义，高杠位后深蹲要求将杠铃置于你的斜方肌和肩膀上。现在，根据人们所告知的及你从举重运动员身上所获取的信息，你的脑海中可能会形成一个完美的高杠位后深蹲的图像。例如，你可能认为自己应该保持完全直立的姿势来完成此动作。但实际上你不应该这样做。一般来说，你应该在最低点保持身体和地面大约成35度角；这是爆发力最强的姿势。是的，与低杠位后深蹲相比，做高杠位后深蹲时你的躯干更加挺直，但是仍然有轻微的倾斜。与我一同训练的大多数女性更喜欢高杠位后深蹲，因为她们可以摆出更好的深蹲姿势，而且杠铃在上背部会感觉更舒适。这是一种由膝关节主导的深蹲训练，这意味着你更加要保持挺直，下蹲时让膝关节向前移动超过脚尖。即使你的股四头肌可能更有感觉，臀肌得到训练的程度也与低杠位后深蹲的大致相同。所以，你应该尝试两种方法，然后优先选择能带来更好感觉的一种。

436

与低杠位后深蹲一样，将杠杆置于后背上，深蹲架置于杠杆下方几英寸处。将深蹲架设置成适当的高度，找到适合自己的抓握方式，头部放在杠杆下面，然后将背部上滑到杠杆处，直到杠杆处于正确位置。做高杠位后深蹲时，杠杆应该置于凹陷处，就在脖颈下方。与做低杠位后深蹲一样，你需要让手腕保持中立或略微屈曲，手肘放在杠杆略后位置。摆出深蹲姿势，将杠杆提离深蹲架，然后后退两步。深呼吸，收紧膈肌、腹内外斜肌与腹直肌来支撑脊柱。深蹲时，臀部下放至大腿之间，膝关节向外推动。臀部低于你的膝弯处时（如果你足够灵活，你可以下蹲得更低），通过固定住脚跟来转换动作，向外推动膝关节，同时伸展髋部，躯干挺直，伸直膝关节。

跪姿深蹲

　　有趣的是，在我自己做的肌电图实验中，跪姿深蹲在所有深蹲训练中得分最高。我怀疑这是因为我在做跪姿深蹲时增加了负荷和膝关节屈曲了。如你所知，这样会减少腘绳肌的发力，更多地训练臀肌。

　　跪姿深蹲的问题是髋关节的活动范围很小（你甚至无法蹲至平行深蹲的高度），这意味着你不能在紧张的情况下拉长你的臀肌。而拉长臀肌在臀肌训练的背景下，是实施深蹲的主要原因。

　　现在，这是不是意味着跪姿深蹲毫无价值？不一定。我想它可以帮助举重者保持深蹲力量，同时让伤痛的踝关节得以恢复。西部杠铃俱乐部的路易·西蒙斯（Louie Simmons）让他的一些举重者做这些动作来训练髋部力量，这或许适用于存在伤病的深蹲训练人士。

第 5 部分　训练

437

但是关于臀肌训练，我认为在之前提及过的所有训练中，更好的选择是优先考虑全范围深蹲，以延长肌肉长度来训练臀肌，同时坚持做臀推与直立臀推（跪姿与站姿）等髋关节主导型训练，通过缩短肌肉长度来训练臀肌。

如果你碰巧喜欢跪姿深蹲，那么一定要在起蹲架上进行此训练，同时要将安全销置于适当的高度，或者使用史密斯机。在这种情况下，如果发生问题，你可以安全地移除负荷、脱离困境。由于运动范围缩小，你可以通过这种训练来上举更大负荷，但又可能因为动作容易反而忘记注意安全。你无法从杠铃杆下脱离困境，也无法让它从背后掉落下来，因为这可能会导致动作失败，所以你需要先考虑清楚这一点，然后再固定好杠铃杆开始训练。我还建议在垫子上做跪姿训练，这样可以保护膝关节。

悬垂深蹲

悬垂深蹲是一种重物悬垂在肘部、手部或髋部的深蹲训练。换言之，"悬垂"是我指定给这项特定训练的一个词，它有助于对泽奇深蹲、哈克机深蹲，以及其他你需要将重物保持在胸部以下的深蹲训练进行分类。在大多数力量举项目中，这些深蹲训练属于"辅助提升"的训练，这意味着它们不是主要训练，而是为了让训练更加丰富而塞进项目中的辅助训练。然而，我们在臀肌实验室与客户及运动员经常进行双哑铃悬垂深蹲与双凳深蹲，因为与传统深蹲相比，它们对身体的要求更低，也不容易对身体造成伤害。

泽奇深蹲

泽奇深蹲是最被低估且利用率不足的深蹲训练之一。有些人不做这项训练是因为一开始做此训练会对手臂造成伤害，但是你可以使用垫子或者通过减少负荷来避免出现问题。通常在进行3周训练后，你的手臂就不会再受伤，疼痛也不会那么严重。总的来说，大多数人都能接受泽奇深蹲，我的客户喜欢这项训练，因为动作非常自然稳定。

进行泽奇深蹲的方式主要有两种。一是采取宽距站姿，同时身体前倾。这是比较流行的训练方式，因为人们感觉这样更加稳定，不太可能出现屁股眨眼的情况。他们只是进行平行深蹲，然后转换姿势（平行泽奇深蹲）。

二是采取窄距站姿，保持身体挺直，努力蹲到更低的位置（完全泽奇深蹲）。这两种训练方式我都很推荐。

平行泽奇深蹲

完全泽奇深蹲

将空杠铃夹在臂弯处，保持直立站姿，确定好深蹲架的高度大约在低于杠铃杆几英寸的位置。将深蹲架设置成合适高度，用肘部包住杠铃杆下方，将杠铃杆夹在臂弯里。一定要利用好杠铃的槽口，确保抓握杠铃的位置对称。你可以双手合十置于胸前也可以分开双手，选择感觉更稳定的一种。将杠铃靠在胸前，摆出深蹲式，然后支撑住负荷，再后退几步。进行完全泽奇深蹲时，你需要让站姿距离保持在中距至窄距，髋部下沉至大腿之间，在下降至全深蹲时，将膝关节向外推动。进行平行泽奇深蹲时，你需要摆出宽距站姿，臀部向后坐，在下降到平行位置（髋部刚好在膝弯以下）时，将膝关节向外推动。转换动作，继续向外推动膝关节，固定住脚跟，伸展髋部。集中精力保持背部挺直或略微拱起，挺胸，让杠铃杆靠近身体。

全深蹲比半蹲更能增长臀肌

尽管教练推测做深蹲时蹲得更低可以更多地增长臀肌，但我们从来没有研究过臀肌增长的实际原因。我们做了肌电图研究，结果显示，不同深蹲训练的臀肌激活效果相似。尽管半蹲允许负荷较大重量，但是全深蹲仍然更能促进臀肌与髋内收肌的增长。在一定运动范围中，负重会促进肌肉增长（研究针对的是臀肌而不是股四头肌）。

这篇论文还提到，有些人没有从深蹲中获得腘绳肌与股直肌的增长，这在生物力学上是有意义的。

我想强调的是，你应该只在姿势与灵活度允许的范围内深蹲。如果你不能接受深蹲或者你无法保持正确的姿势，那就选择你能安全有效地完成的运动范围，然后随着姿势的调整及灵活度的提高，逐渐扩大运动范围。

两组深蹲高度不同的男性初学者每周进行两次深蹲训练（分别进行全深蹲与半蹲），10周后，两组初学者的股四头肌增长效果相似。然而，尽管负荷较小，全深蹲组也获得了更好的臀肌与内收肌增长效果。两组的腘绳肌与股直肌均没有增长。

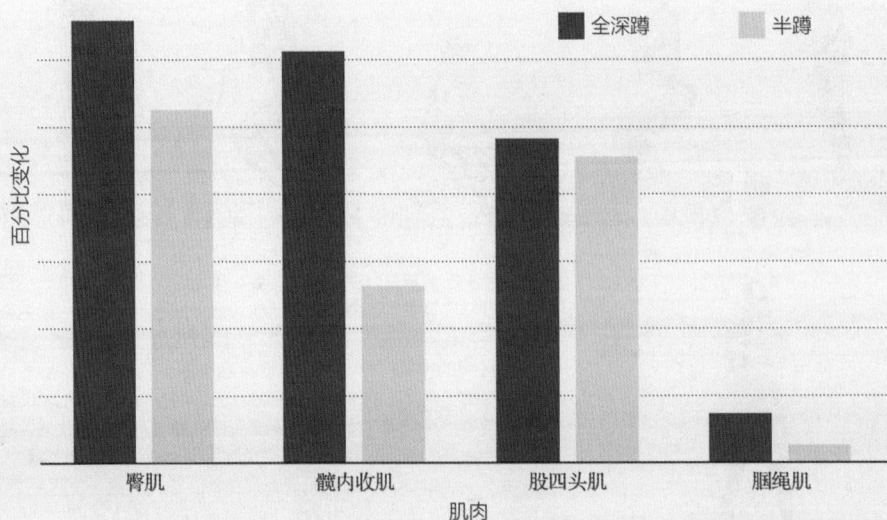

摘自：Kubo, K., Ikebukuro, T., and Yata, H. (2019). "Effects of squat training with different depths on lower limb muscle volumes." *European Journal of Applied Physiology*. Published ahead of print.

双凳深蹲

双凳深蹲基本上是一种略有不足的悬垂深蹲。双凳深蹲的负重姿势与哑铃/壶铃硬拉相似，由于你的重心在两腿之间，但你整体为直立姿势，整个臀部与膝关节有足够大的运动范围，它也可以看作深蹲训练。为了防止重物落地，你需要站在两个跳箱、有氧阶梯、砖块或长凳上。我使用BC T形铃（负重安全销或配重片负重器材）来增加负荷，但是如果你没有BC T形铃，也可以进行训练。你应该有中等重量的壶铃或哑铃，因为这种工具在大多数家庭及酒店的健身房都能找到，所以你可以通过改变动作频率来增加难度。通常，就这项训练而言，我建议进行3组，每组重复20次，或进行3组，每组重复10次，下蹲阶段保持4秒（强调离心）。

BC T形铃双凳深蹲

将两个跳箱或有氧阶梯分置两侧。确保堆叠的高度足以让你在不触地的情况下降低重物至全深蹲的位置。你可以使用BC T形铃（配重片负重器材）、壶铃或哑铃来进行这项训练。如果你使用的是带有BC T形铃手柄的负重安全销，或者壶铃，那么你只需双手抓握住手柄即可（手掌面向身体）。如果你使用的是哑铃，你可以在直立姿势下抓住哑铃，用手托住哑铃重心部分或头部，也可以用双手包住哑铃手柄，或者手指交叉以水平的姿势握住哑铃手柄。完成这个动作需要你站在跳箱或有氧阶梯上，保持重物处于你身体中心线上，同时摆出深蹲姿势。深蹲时，臀部下沉至大腿之间，保持背部与躯干挺直。在伸展髋部与膝关节的同时，通过固定住脚跟来转换动作。在整个动作过程中，保持手臂放松，让重物悬垂于双腿之间。

哑铃双凳深蹲   壶铃双凳深蹲

哑铃深蹲

　　哑铃深蹲可能是最实用的深蹲训练之一，但是很少有人会进行这项训练。因为做哑铃深蹲时你无法下蹲至传统深蹲那样的高度，所以它对臀肌的训练效果没有那么好。但是，如果你无法承担大重量或者你想针对股四头肌进行训练，这种训练就很容易完成。通常，我会告诉人们用楔形工具、配重片或举重鞋提踵，来保持躯干直立，同时防止骨盆后倾。这是另一种典型的高重复次数的训练，进行3组，每组重复20次是成功完成哑铃深蹲的基本标准。

两侧各握住一个哑铃，准备深蹲。保持躯干直立，重心落在脚跟上，臀部下沉至大腿之间，膝关节屈曲。进行训练时，努力将膝关节向外推动，保持脊柱挺直或略微拱起。尽可能蹲到最低，但切勿造成屁股眨眼或骨盆后倾的情况。大多数人只能蹲至平行位置或略高于平行位置，这种情况也是可以接受的。

负重腰带深蹲

　　进行负重腰带深蹲的方式有几种。我最喜欢的负重腰带深蹲训练是借助 Pit Shark 机这一类可以脱离杠铃杆体系的器械，这种是专门为进行负重腰带深蹲设计的。不巧的是，大多数商业健身房都没有这类器械。

最好的方式是站在两个跳箱、有氧阶梯，或砖块上，用负重腰带来增加负荷完成深蹲。你可以在负重腰带上挂配重片、重壶铃、或者负重安全销。对大多数人来说，这是最实用的训练安排之一。但有一个缺点，就是这种方式可能很难设置完善，因为链条会卡在腹股沟区域，所以有时髋部上的负重腰带会令你感到不适。另一个问题是重物容易发生摆动，所以你必须协调好节奏进行上下摆动。然而，像大多数上举训练一样，增加负荷且保持节奏感是恰当的，这需要你自己进行一些调整。

如果你的上半身受伤或者你想减轻对背部的压力，那么负重腰带深蹲特别适合你。将重物悬垂在髋部可以减少对脊柱造成的压力，因为轴向负荷不再作用于背部，而且还减少了对竖脊肌的依赖。我非常推荐下背部会发生疼痛，或者可能在杠铃深蹲中产生下背部疼痛的人进行这项训练。

配重片负重腰带深蹲

壶铃负重腰带深蹲

你需要配备一台负重腰带深蹲机，如果没有，那么你需要两个跳箱，一条负重腰带以及一个重物。跳箱需要设置得足够近以准备深蹲姿势，但也要保证能让重物下沉至跳箱之间。将重物置于一个跳箱上，将其抬离地面，同时将负重腰带缠绕在腰上，链条挂在前面，然后系上重物。用双手抓住链条将重物提起置于跳箱上，然后松开链条，放下重物。站起来，对负重腰带的位置与身体姿势进行一些必要的调整。然后你可以准备开始深蹲。重申一下，你需要保持缓慢、平稳、有规律的节奏，防止重物前后摆动。

负重与器材训练

如你所知，有很多可以根据负重姿势及使用器材来设计深蹲训练的方式。有一些训练对你来说训练效果最好，那么这些就可以是你最常进行的深蹲训练之一。然而，重要的是要时不时地做一些替换。也许你因为受伤或者只是无聊，想尝试其他类型的训练，或者你在一段时间内没有得到进步。这些都是切换不同负重姿势或尝试不同器材的好理由。

在前文中我已经提及大部分可选训练，所以我接下来只介绍可以应用于所有深蹲训练的通用器材，例如弹力带（臀肌弹力圈）、史密斯机、蹬腿机等。

膝关节弹力带训练

无论你使用的是弹力带（臀肌弹力圈）还是迷你弹力带，在膝关节周围放置一条弹力带（L码或XL码的臀肌环带就很适合用于达成训练目标）始终是在深蹲动作模式种提高臀肌激活程度的最佳方式。

与臀推及臀桥一样，你可以将弹力带置于膝关节上方或下方。大多数人喜欢放在膝关节以上，但我鼓励你可以分别尝试下。有些人喜欢在臀推时将弹力带置于膝关节以上，而在深蹲时喜欢将其置于膝关节以下。这可能取决于具体的深蹲方式。你可能会发现自己在进行后深蹲时喜欢将弹力带置于膝关节上方，而在进行高脚杯深蹲时偏好将弹力带置于膝关节下方。

我虽然见过一些力量举重者在深蹲时使用一条弹力带，但我从不推荐这样做。我不喜欢用重型弹力带，对臀推与臀桥来说是一样的，因为使用一条弹力带你注重的是增强力量，而没有注重神经-肌肉连接。你在试图逐渐地使深蹲负重增大时，从另一个层次来看，阻力的增加可能会影响你的力学表现，也可能会降低你能上举的负荷，这与你增加上举负荷的目标是相反的。换言之，你希望臀肌专注于完成髋关节伸展任务，而不是承担对抗阻力的同时进行髋伸与髋关节外展的双项任务。

我喜欢用重量较小的弹力带来提高臀肌的激活程度，或者教人们在过程中将膝关节向外推动。弹力带缠绕在膝关节下方或上方时，你需要将身体向外推动，保持正确的姿势，这种向外的压力有助于提高臀肌上部的激活程度。因为深蹲主要是训练臀肌下部，所以在臀肌上部增加一条弹力带是一种很好的方式。

杠铃训练

　　绝大多数人只能在商业健身房中使用杠铃杆进行深蹲。然而，你可以选择许多不同类型的杠铃器械来完成深蹲训练。你可以使用标准杠铃杆、深蹲杠铃杆、拱形杠铃杆、安全深蹲杠铃杆或水牛杠铃杆，也可以使用长度、厚度及重量各不相同的杠铃。由于每个人都有不同的偏好，我很难提供具体的建议。我有时会让女性在开始后深蹲或前深蹲时，使用35磅重的教练杠铃杆，将其作为哑铃高脚杯深蹲与传统杠铃深蹲的过渡。我们在臀肌实验室有各种各样的杠铃杆，我的一些客户更喜欢使用某个特定杠铃杆的感觉。所以，我再次鼓励你找一个有不同杠铃装置的健身房来帮助你确定最适合自己身体与目标的杠铃杠。

　　若你使用杠铃较多，或者如果你想在家庭健身房中使用杠铃，那么标准杠铃杆因为更加通用，可以成为你的最佳选择，但是我喜欢得州力量杠铃杆（Texas Power bar）。你可以做任何训练，包括深蹲、硬拉、弓步、臀推、臀桥等，还有很多可选项目。然而，在训练中进步后，你就可以使用不同的杠铃，例如拱形杠铃杆与安全深蹲杠铃杆。通常我的男性客户更喜欢使用这些专业的杠铃杆，但在某些情况下，女性也会喜欢使用它们。这些专业杠铃杆不仅让人们感受到一种新颖的刺激，而且还会让人在使用时有一种特殊的感觉。

　　例如，深蹲杠铃杆是适合非专业深蹲训练人士使用的，因为该杠铃杆的中心有可以防止其滑下背部的滚纹。使用拱形杠铃杆时，其需要置于你身体中线前面更远处；杠铃杆的拱形设置除了给你的腘绳肌、臀肌与下背部施加更多压力外，还会造成身体摆动，这让你不仅需要保持更直立的姿势，而且与标准杠铃相比，其对脊柱稳定性的要求更高。安全深蹲杠铃杆（也称轭杆）配备了两个从杆中心伸出的支臂，这两个支臂通过厚厚的垫子包裹住脖颈后部及肩胛带上部。轭杆置于你的肩胛带上时，会在你做前深蹲与高杠位后深蹲时分别施压。对于那些在前深蹲或后深蹲时感到疼痛或肩关节不够灵活的人来说，这是一个很好的选择。人们认为它可以让上举最大负荷的动作更加安全，也可以让杠铃杆保持平衡，所以你不需要用手抓住杠铃杆，而且与标准杠铃后深蹲的训练效果相比，很多人可以上举更大重量的重物。

深蹲杠铃杆　　　　　　　拱形杠铃杆　　　　　　　安全深蹲杠铃杆

史密斯机训练

我喜欢使用史密斯机，也鼓励我的客户利用这种机器来完成所有的杠铃深蹲训练。然而，并不是所有的体能教练都同意这种安排。事实上，许多教练会有些矛盾，因为你的肌肉还没有达到最佳的训练效果，因此，不够稳定的表面训练并不推荐。但是那些教练也会说，史密斯机器是愚蠢的，因为它们太稳定了。因此，自由负重提供了恰到好处的稳定性。所以你要全部做自由重量训练吗？真是荒谬。

虽然我以前说过，但我还要再说一次：训练越稳定，完成起来就越安全、越容易。使用史密斯机不仅可以在你第1次练习深蹲时有助于你调整协调能力，而且可以将其作为补充训练。在你感到疲惫不堪或从受伤中恢复时，它可以成为一种对关节很友好的工具。更重要的是，它不会让你无法自由地调整负荷。事实上，用自由负重进行补充训练或减少一些时间可能会增强你的力量，但是有一件事情不容忽视，即你使用史密斯机进行深蹲便可以获得与自由负重深蹲一样的体验。这意味着你的脚不会像在使用哈克深蹲机时那样置于前方，你最终会在运动到最低点时前倾大约45度。绝大多数人不会用这种方式进行史密斯深蹲，但你确实可以让自己在进行史密斯机深蹲时的感觉与进行杠铃深蹲的感觉非常相似。

我做了一个实验，在这个实验中，我所做的就是使用机器训练6个星期，到实验结束时，我的自由负重深蹲力量得到了提升。我进行了大量的史密斯机深蹲，也使用了哈克深蹲机与杠杆深蹲机。当然，我是经验丰富的举重人士，所以我的技术没有退化，但做一些不同的训练感觉也很好。不幸的是，我的膝关节受到了损伤，这主要是哈克深蹲机造成的，但我的股四头肌肯定变得更强壮了。

不管怎么说，大多数人都是为了美化形体而进行训练。所以你要对一个只想要更好看的腿并且喜欢史密斯机的客户说，他们不能使用它，因为机器过于稳定？这办不到！我更希望客户同时进行自由负重深蹲与史密斯机深蹲。如果他们碰巧喜欢史密斯机，我希望他们可以使用它，因为它更稳定，这意味着他们受伤的可能性小了很多。他们可以调整自己的姿势，可以更偏向于自由负重深蹲，也可以更偏向于哈克机深蹲，这取决于他们在不同阶段的不同偏好。

涉及负重上举时，关于史密斯机实用性的争论就消失了，因为增强力量确实能提升你的实际训练能力，但最终，你还需要培养一些在室外进行负重训练的技能。如果你想成为实际能力强的人，你需要完成所有训练，例如负重上举、田径、体操、混合武术与跑酷。从理论上讲，你可以在机器上完成所有训练的同时保持强壮，你甚至可以在健身房外训练身体，因为你不会过于疲累。如果你不喜欢使用机器，那么你就不使用它们，但是说它们不安全或者没有任何功能并不正确。利用所有可用的工具来进行负重上举训练才十分有意义。一个木匠使用锤子或螺丝刀比使用专用工具更加频繁，这并不意味着专用工具不重要。在这一年中，有时专业工具对完成迫在眉睫的任务来说至关重要。作为一名负重上举训练人士，你需要接触大量的训练，以便进行全能训练。

Pit Shark机

正如我所说，我们在臀肌实验室中会使用Pit Shark机，这是我最喜欢进行负重腰带深蹲的方式。然而，我许多进行负重上举的朋友更喜欢其他类型的负重腰带深蹲装置，所以你可以做一下功课，看你是想使用以拱形路径增加负荷的钟摆式装置，还是使用负重垂直上下移动的绳索装置。你可以通过增加负荷及使用弹力带的形式增加阻力，这种设计可以让你在站起时更好地控制肌肉。你也可以调整姿势，将脚抬高或放在平台上。一般来说，脚摆放的位置越高，你就越能感受到股四头肌的训练效果。还有一种可以让你保持平衡的杠铃，它可以帮助你将臀部向后坐，让臀部可以有更好的拉伸。像之前介绍的自由负重腰带深蹲训练一样，负重腰带深蹲机减少了施加给脊柱的压力，对于进行传统深蹲导致腰痛的人来说，这是很好的选择。

钟摆杠杆式深蹲机

钟摆杠杆式深蹲机促成了一种拱形动作，这与杠铃动作不同，杠铃动作是直上直下的表现形式。这些机器主要有两点好处。

首先，对平衡能力与稳定能力的要求较低，这使得使用它们进行深蹲比传统的杠铃深蹲更安全。更具体地说，你不必担心进行杠铃深蹲时必须处理重物左右摆动与旋转的问题，这样你就可以注重姿势与神经-肌肉连接。

其次，人们并不关心可以上举多大重量。尽管用杠铃上举很适合创造个人纪录，但是你必须小心谨慎，切勿得意忘形。如果你只进行杠铃上举，那么你就可能倾向于追求极限，也就是在不合适的时候创造个人纪录。但是在你使用机器进行深蹲时，大重量上举并不是首要目标。人们不必尽可能上举大重量，而是需要注重想训练的肌肉部位。我认为在臀肌实验室的受伤率极低（在撰写本文时，我们都没有受伤），原因在于我们使用了更多的机器。

简而言之，钟摆杠杆式深蹲机虽然在商业健身房中并不常见，却可以很好地代替杠铃深蹲，因为其具有安全保障，而且与史密斯机一样可以让运动更加平稳。更重要的是，你可以在保持稳定平衡的同时将臀部向后坐来针对臀肌进行训练，同时还可以进行负重反向弓步。

蹬腿机

蹬腿机几乎是所有商业健身房的主打产品，也是最受欢迎的增强腿部力量与大重量负重上举的机器之一。它很稳定，也相对安全，而且可以让你智能控制负荷，同时保持正确的姿势。还需要特意说明一下，你不能深蹲至极低的位置。即使你想要尽可能地深蹲，但是你的臀部也无法在全运动范围内移动。更具体地说，你的躯干存在倾斜角度，其会阻止你达到完全髋伸的程度。出于这种原因，使用蹬腿机进行训练就无法成为训练臀肌的最佳训练之一，然而，对于想训练腿部肌肉与深蹲但容易受伤的人来说，这是个很好的选择。

蹬腿机的另一点优势是它可以给你很多选择。例如，如果你想增强股四头肌，可以将脚置于平台的较低位置；如果你想增强腘绳肌，可以将脚置于平台较高的位置上；如果你想增强臀肌，可以进行膝关节弹力带训练；同时你还可以通过进行B姿势训练及单腿训练来调整双腿的距离或者只针对单腿。我的客户中有一些比基尼选手，她们甚至会侧着身子，用单腿来操作蹬腿机从不同的角度给腿部肌肉施压。

腿推举

宽距腿推举

膝关节弹力带腿推举

B姿势腿推举

单腿推举

单脚倾斜腿推举

训练**2** 分腿深蹲

分腿深蹲包括交错式站姿深蹲模式，一条腿在身前，另一条腿在身后，例如弓步与保加利亚式分腿深蹲（也称后脚抬高式分腿深蹲）。分腿深蹲的优点在于几乎每个人都可以进行这项训练，他们不用做像深蹲那样的特定自重训练。例如，如果有人的股骨长或踝关节有伤或者髋关节不够灵活，那就很难用正确的姿势进行深蹲，而且进行深蹲可能还会引发问题。

但是几乎每个人都可以用正确的姿势进行分腿深蹲训练，因为双腿分置前后可以提升你身体的稳定能力，而且让你不必受生理结构的限制。当然，在分腿深蹲时，你仍然需要保持身体左右平衡，但这并不像保持身体前后平衡那么困难，尤其是在你的骨骼解剖结构不适合进行深蹲的情况下。这种双侧平衡还有其他的好处，即可以在我们一直处于行走、跑步与登阶的姿势下保持协调与稳定。进行分腿深蹲练习时，你会训练到不同部位的肌肉，提高左右方向的稳定能力，从而训练到负责保持平衡的臀部肌肉。更重要的是，分腿深蹲没有那么危险。是的，在做分腿深蹲时，你会左右摇晃，但这与前后摇晃的风险程度不同。我进行弓步训练已经有20多年了，每一组中都会有几次重复让我不够稳定，尤其是在我上举负荷过大或是这套动作让我力竭的时候，但我不记得我因此受过伤。我不能确定深蹲时是否也会这样。

对大多数人来说，分腿深蹲除了耐受性与安全性高以外，还可以在各种负重姿势下承担大重量。事实上，有些人在进行弓步训练时所能承受的重量几乎与后深蹲时能承受的一样大。所以，如果你不喜欢深蹲，你可以用分腿深蹲训练来代替深蹲，将其作为由股四头肌主导的上举训练，这样仍然可以体验到力量的增强。如果你一直在提升单腿力量，也在进行臀推等其他一些能提升深蹲能力的动作，这也不会对你的深蹲力量造成影响。简而言之，人们通常认为深蹲是增强下半身力量的一种必需动作，但事实并非如此。没有任何训练是必须进行的，重要的是你要找到适合你自己身体运动模式的训练。

但是，分腿深蹲存在一个问题：它们会给臀肌造成酸痛的感觉。正如我在第2部分所概述的，肌肉损伤导致的肌肉酸痛会发生在肌肉产生最大紧张感时被拉伸或拉长的情况下。动作的离心阶段会导致肌肉酸痛，因为你在肌肉拉长时还收缩了肌肉。进行分腿深蹲训练与弓步训练时，你需要在动作最低点处慢慢降低重物，因为你接下来需要转换动作，完成负重上举。因此，在你到达最低点时，你会最大限度地伸展臀肌，这就是这些训练会导致很多部位的肌肉受伤及酸痛的原因。

与本章中的所有训练一样，你必须在最大限度训练与获得恰好的刺激之间找到一个平衡点，但切勿做得太多导致过度疼痛，这样会无法提高训练效率。在我进行单腿深蹲

第5部分 训练

449

时，每次训练我只做2组，每组尽力做到力竭，而且我最多1周进行2次训练。很多人可以处理比这更大重量的负荷，但如果你在肌肉接近力竭的情况下进行训练，那么将无法处理很大重量的负荷。因此，我建议每次训练只进行单腿下蹲。换言之，切勿在同一次训练中完成保加利亚式分腿深蹲与登阶这两种训练。

指南与提示

因为深蹲与分腿深蹲的运动模式相似，所以与其相关的指南与提示之间会有部分内容重复。但是，你很快就会了解到，在你将这些指南应用于分腿深蹲训练时，还是会有一些细微的差别。

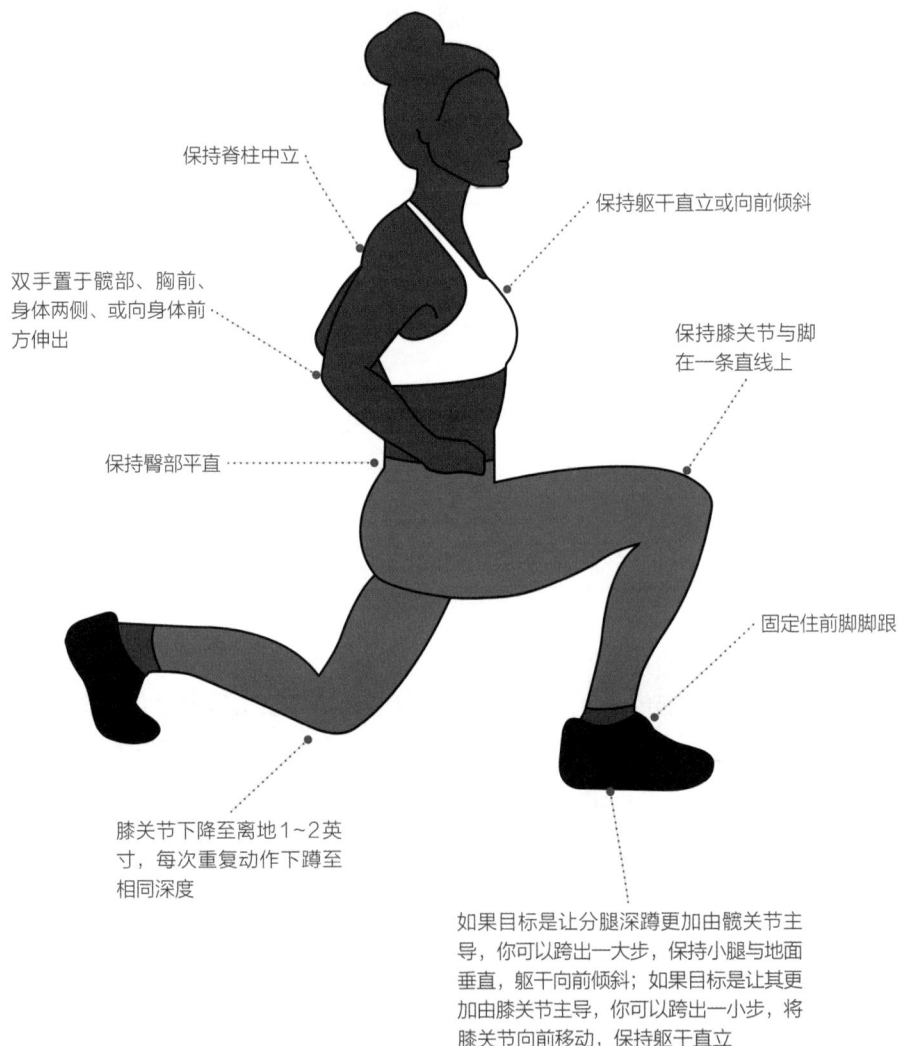

保持脊柱中立

保持躯干直立或向前倾斜

双手置于髋部、胸前、身体两侧、或向身体前方伸出

保持膝关节与脚在一条直线上

保持臀部平直

固定住前脚脚跟

膝关节下降至离地1~2英寸，每次重复动作下蹲至相同深度

如果目标是让分腿深蹲更加由髋关节主导，你可以跨出一大步，保持小腿与地面垂直，躯干向前倾斜；如果目标是让其更加由膝关节主导，你可以跨出一小步，将膝关节向前移动，保持躯干直立

站姿与步幅：找到你的最佳位置

站姿主要考虑两个因素：宽度与长度。首先你需要双脚分开与肩同宽，来确定好站姿宽度。接着，向前迈一大步。做好开始的准备，此时你需要移动前脚来调整你的站姿长度。你感觉最稳定、最能保持平衡的就是你需要采用的姿势。

你感到平衡后，后膝需要下降。你可能需要进行几次重复动作，略微调整一下，摆出刚好正确的姿势。保持前脚向前或略微内旋（大约10度）。在你下降至动作最低点时，你的胫骨应该略微向前倾斜，这样膝盖才能与鞋尖保持对齐。你不必跨得太大，这样会导致小腿向下倾斜（我们称之为负胫角），也不必跨得太小，否则你在下降至动作最低点时，不得不抬起脚趾。要想找到最佳位置，需要你不断进行调整。

一开始，采用感觉最好的姿势。在你感觉这个动作已经很舒适时，可以通过缩短或延长步幅来训练下半身的不同部位。例如，较短步幅更加由膝关节主导，这意味着你会感觉到股四头肌更加紧张，而步幅越长，髋部与臀肌的紧张感就会越多。

窄距站姿

宽距站姿

膝关节主导型分腿深蹲

臀部主导型分腿深蹲

步幅较短且躯干较为挺直的姿势会更加由股四头肌/膝关节主导，而步幅较长且躯干前倾的姿势会更加由臀肌/髋关节主导。

姿势与躯干角度：保持中立

同所有深蹲模式一样，你需要保持脊柱中立，也就是说，让背部尽可能挺直。因为这样你可以保持前后平衡，所以弓步是较容易完成的训练，除非你在做单脚/双脚抬高训练，否则你不必身体前倾太多，也不必下蹲过低。尽管许多教练在教学时，会让客户在分腿深蹲时保持躯干直立，但我在教学时会让他们略微前倾，前倾大约15~30度就很好。这种设定将针对的肌肉部位从股四头肌更多地转移到髋部肌肉。然而，你可以熟练完成分腿深蹲后，就可以通过保持更直立的姿势来训练股四头肌，或者身体更加前倾来针对臀肌与髋部肌肉进行训练。

髋部位置：保持臀部平直

进行弓步时，注意保持骨盆平直。换而言之，切勿让骨盆歪向一侧或另一侧。你只需保持髋部与躯干有持续的紧张感，同时注意保持标准姿势（后面在"错误姿势与正确姿势"部分会有更详细的介绍）。

膝关节动作：膝关节与脚尖在一条直线上

与深蹲一样，你需要让膝关节与脚尖在一条直线上。膝关节向内凹陷（膝外翻）会给膝关节带来不必要的压力，最终会表现为膝关节疼痛。很多人将这种现象归咎于臀肌无力，但我不同意这一观点。更可能的罪魁祸首是无知（不知道这种观点错误）、髋关节或踝关节不够灵活或缺乏协调能力，也可能是由于髋关节的解剖结构。在这种情况下，膝关节向内凹陷只占据了轻微的力学优势。在任何情况下，你都最好保持膝关节与脚尖处于同一条直线上。这是最能保护你膝关节的姿势，还可以确保在训练中合理地训练每一块肌肉。如果你有向内凹陷的倾向，那么在下降至弓步位置时，你可以考虑将膝关节向外推动。

弓步　　　　　　　　　　　　　　　保加利亚式分腿深蹲

进行弓步及保加利亚式分腿深蹲时，一定要注意保持臀部平直，前膝与脚尖在一条直线上。

固定住前脚脚跟

固定住前脚脚跟不仅能帮助你保持平衡，还能让你必须使用髋部肌肉来完成这项动作。将重心置于前脚掌会让你无法保证身体的平衡，也会让小腿与股四头肌承受更大的压力。但如果你觉得固定住前脚脚跟会让你无法保持平衡，那可以将重心置于脚心。

值得注意的是，进行弓步走时，你会将重心放在后脚掌上，但你的目的是希望将大部分负荷放在前腿上。如果你比较重，你可能自然会更多地依赖后腿，但是我建议将弓步的压力二八分，也就是说80%的重量应该放在前腿上，剩下的20%置于后腿上。

膝关节深度：确保每次重复动作时下蹲至相同深度

这里有几点需要注意。第一点是要让膝关节深度保持一致。在进行分腿深蹲时要保持下蹲至相同深度，静态弓步、前弓步、反向弓步或保加利亚式分腿深蹲也是如此，你可以将膝关节向下碰到软垫，以确保深度一致。如果你在进行弓步走或双腿抬高分腿深蹲，那么可以在离地面大约一英寸处转换动作。关键是每次重复动作都要有保证运动范围相同，控制你下降的深度，避免膝关节撞到地面上。

第二点值得注意的是，髋部与躯干抬起的动作需要顺畅。前脚离开时，髋部与躯干同时抬起。换言之，切勿先让髋部朝上，然后再抬起躯干。髋部抬起的同时要保持躯干向前移动，这样可以将紧张感从股四头肌及臀肌转移到腘绳肌与背部。

错误姿势与正确姿势

分腿深蹲相关姿势中常见的错误姿势如下。

- 弓背。
- 重心置于脚掌。
- 膝关节向内凹陷。
- 髋部抬高。
- 每次重复动作的深度不同。
- 骨盆向一侧歪斜。

你可以让躯干保持直立，这样可以避免弓背现象。而且你更可以让脊柱保持中立，在做分腿深蹲时就可以自动地将重量置于脚心，降低将重心置于脚掌的可能。你仍然需要格外注意膝关节位置，但与传统深蹲相比，在分腿深蹲时，膝外翻的错误姿势发生的频率很低。髋部抬高，每次重复动作深度不同也很常见，但与面对其他错误姿势一样，只要有意识地努力练习，就很容易改正。然而，骨盆向一侧歪斜有点难以调整，因此，我在这里必须强调一下。

错误姿势：骨盆歪斜

很多人说骨盆歪斜是因为臀肌无力，但这很难确定。很可能是因为协调能力不强或是习惯使然。如果你无法下意识地让髋部保持紧张感（收缩肌肉），你的身体就会沿着阻力最小的路径运动，即向一侧歪斜。更具体地说，你依靠的是被动的紧张感而没有依靠主动的紧张感，这样就会导致骨盆向膝关节歪斜。你可以将其想象成一种绕着背部去捡东西的动作，因为你不需要激活你的肌肉来保持背部挺直，所以动作就更容易完成。

正确姿势

你只需专注于保持髋部平直，同时让髋部保持紧张感。像所有正确姿势一样，这需要一定的练习及多次重复动作才能保证姿势正确。在你找到正确的力学模式后，就不必投入过多有意识的努力，你会自然而然地让髋部保持在一条直线上。如果你在努力解决这个问题，你可以让别人在你运动时分别从前后拍摄照片，这样你就能看出有问题的地方，并做出必要的改正。

分腿深蹲分类

分腿深蹲分为两大类：弓步与保加利亚式分腿深蹲。在这里，我只讨论自重训练，描述它们的好处以及正确执行这些技术的方式。在"负重与器材训练"一节中，你将学习负重分腿深蹲运动模式的所有形式。

弓步

弓步分为6种训练：静态、反向、前弓步、弓步走、侧弓步与屈膝。它们都有相同的运动模式，以相似的方式训练臀肌，但每一种动作都会对臀肌产生略微不同的运动刺激。在臀肌实验室里，我们往往会以8~20次的重复次数范围进行弓步。然而，有时我们在进行弓步走时会重复更多次数——1组会重复50次甚至100次。

静态弓步（分腿深蹲）

静态弓步是最基本的训练之一。训练过程中你不能向前或向后移动。这种训练非常适合初学者，因为你很容易就可以保持平衡。事实上，对于新的客户，我要么握着他们的手，要么让他们抓住一根柱子，要么让他们靠在墙上支撑，直到他们找到正确的动作姿势。一旦他们找到正确的姿势，我会移除支撑，让他们在无外界支撑下练习。静态弓步对于高级练习者来说也是一种很好的训练，因为他们可以通过做双腿抬高分腿深蹲同时增加负荷并扩大运动范围。

做好深蹲的准备姿势，接着后膝下放，你需要检查自己是否可以保持平衡，同时姿势是否标准。你的前膝应与脚尖大致在一条直线上，双脚分开应大约与肩同宽。找到平衡位置后，站直，将重心放在后脚掌上。做这个动作时，要慢慢地垂直下降，将后腿膝关节朝地板放，身体在下降时略微前倾。将膝关节轻触地面或离地几英寸，然后将重心从前脚脚跟移开，转换动作。转换动作的关键是要保持髋部平直，在保持身体直立的同时抬高髋部及躯干。起身至完全直立。注意：你可以将手臂置于身体两侧、髋部或胸前，选择你感觉最舒适的一种方式。

反向弓步

反向弓步很好，因为你不需要很大的空间，你可以站在跳箱上来增加负荷并扩大运动范围，而且这是一种髋关节主导的弓步动作，这意味着你的臀肌略微会有些紧张感。尽管臀肌的激活程度在髋关节主导与膝关节主导的弓步之间有相似效果，但有些人更喜欢髋关节主导的训练的感觉，因为他们可以感觉到臀肌在运动中得到了训练。

你可以轮流训练两条腿，或者一次单独训练一条腿。我倾向于轮流训练，原因如下。

- 更容易计数。你只需要一条腿连续做一组（如20次），而不是第一条腿训练10次，然后另一条腿训练10次。
- 双腿可以得到均衡的训练。一次单独训练一条腿会让非深蹲腿或伸展腿感到疲劳。在你换腿时，伸展腿会变弱，重复动作的质量可能与另一条腿不一样。

455

反向弓步

滑行反向弓步

以平行式站姿准备。双脚正对正前方，间距大致与肩同宽。在后退一步保持平衡时，你可以向前方伸展手臂，也可以将手臂置于身体两侧、髋部上或胸前。保持背部挺直，一条腿踏向正后方，脚掌着地，为分腿姿势做准备，见上一页所述的静态弓步。在你后退一步时，前膝略微屈曲，在后脚接触地面的那一刻开始让整个身体下降。大约80%的体重压在前腿上，剩下的20%压在后腿上，将后膝下放至接触地面，同时身体略微前倾，然后固定住前脚脚跟，立即转换动作，站直挺立。你也可以用臀腿滑行训练器进行滑行反向弓步。

前弓步

前弓步，顾名思义，是一种向前的弓步动作，但你不需要像在进行弓步走时那样保持步幅。前弓步类似于反向弓步，你将返回原姿势。但前弓步不是髋关节主导的弓步动作，而是膝关节主导的动作，这意味着它会给股四头肌施加更大的压力。有趣的是，前弓步引起的臀肌肌电与反向弓步相似，但你的臀肌没有很大的感觉。这可能是由于前弓步额外激活了股四头肌或是肌肉感觉"爆炸"。

关于训练臀肌，我更喜欢反向弓步与弓步走，因为我能感觉到它们在训练我的臀肌。但是如果我训练的是运动员，我会让他们进行前弓步，因为他们必须向后返回原姿势，这与冲刺减速或在运动中改变方向是相似的运动模式，可以训练到相同部位的肌肉。

以平行式站姿做好准备，双脚分开大致与肩同宽。你可以将手臂垂在身体两侧，双手置于髋部或胸前，或者在踏步时伸出手臂。进行弓步，直接向前迈一步，落地顺序为先脚跟再脚趾，或者让整只脚同时着地。在脚触地时，将后膝下放至快要接触地面，保持背部挺直，躯干直立。然后，保持动作顺畅，用爆发力让前腿推动自己向后弹起回到起始位置。

弓步走

弓步走是我最喜欢的分腿深蹲动作之一。它很有挑战性，容易增加负荷，会提高你的心率，还会让你的臀肌酸痛。但是，弓步走的优势之处可能恰好也是问题所在。你需要很大的活动空间，尤其是在你进行杠铃弓步走时，你必须小心地完成动作，切勿过于兴奋；否则，臀肌就会过于酸痛，第二天无法继续训练。弓步走将以髋部为主导与以膝关节为主导的弓步训练完美结合，这意味着你能感觉到针对股四头肌与臀肌的训练效果。弓步走和反向弓步及前弓步一样，在动作间转换时，你需要用后腿发力弹起身体。这种动态动作会发生在臀肌伸展期间，同时你也在推动自己向前上方运动，也许这就是弓步走会比其他弓步训练更容易造成臀肌酸痛的原因。

以平行式站姿做好准备，双脚伸直，分开大致与肩同宽。向前跨一大步，你可以迈向正前方，也可以略微向侧边迈。前脚直接着地，重心压在后脚掌上。前脚落到地面的同时，慢慢地将后膝下放至快要接触地面。后膝触地后，前脚脚跟用力，转换动作。站直时，后腿向前弓步。注意：你可以同样以平行式站姿准备，然后用另一条腿重复这个动作，或者流畅地向前弓步完成弓步走动作。像其他弓步训练一样，你可以将手臂置于身体两侧或臀部上，选择你感觉最舒适的一种方式。

侧弓步

侧弓步从技术上来说并不算是分腿深蹲动作，因为分腿深蹲的站姿是平行式的，而侧弓步本质上为交叉进行单腿深蹲及单腿前深蹲动作。但侧弓步被归为弓步的一种，所以我将其归类于此以便于参考。可将其看成另一种丰富训练类型的选择。与所有弓步一样，你可以在训练中将侧弓步作为辅助训练（通常会负重），在训练结束时将其作为超量消耗运动，或在训练开始时将其作为热身运动。例如，侧弓步很适合用作深蹲前的热身运动，因为侧弓步可以让臀肌与内收肌得到充分伸展，让股四头肌为更剧烈的活动做好准备。

从深蹲姿势开始，向一侧迈出一步，就像你是在准备进行相扑深蹲。双脚脚尖可以朝向正前方，也可以略微朝外。跨出脚触到地面时，将自己的重量转移到跨出腿上，向前举起手臂保持平衡，臀部向后下沉，躯干略微前倾。下降至最低点时，将膝关节向外推动，你可以抬起另一只脚的脚跟，进行更深入的深蹲，也可以让脚与地面平齐，深蹲到平行位置。在伸展膝关节、髋部与躯干的同时，脚部外侧用力，回到起始位置，还原直立姿势。

深侧弓步（哥萨克深蹲）

交叉弓步

屈膝弓步动作十分独特，你需要向后跨步，一条腿从后绕过另一条腿。这不仅能为你训练臀肌增加负荷，而且能让肌肉进行深度的拉伸。简而言之，与其他分腿深蹲动作相比，你的臀肌在进行屈膝弓步时会更有感觉。

因为屈膝弓步是更动态的动作，对平衡能力的要求较高，所以通常可以只进行自重训练。如果你想让这项动作更具挑战性，你可以踩在跳箱上，进行前脚抬高交叉弓步。这些训练通常置于训练计划中间，旨在进行有规律的重复动作。

以平行式站姿做好准备，双脚脚尖指向正前方。同样，你的脚距应该大致与肩同宽。一条腿固定身体，髋部尽可能保持平直（可能会轻微旋转），将重量转移到一条腿上，另一条腿在固定腿后摆动。向后迈步时，你可以举起手臂，或者让手臂置于身体两侧来保持平衡，选择你喜欢的姿势。绕着固定腿向后跨步时，膝关节略微屈曲，将后脚前脚掌踏在地面上，这样脚跟就可以远离你的身体。后脚前脚掌落地时，将膝关节下放至接触地面。前脚脚跟用力，伸展膝关节，站直，然后让腿回到起始位置。进行训练时，保持背部挺直，躯干略微前倾，同时尽可能让髋部保持平直。

保加利亚式分腿深蹲（后脚抬高式分腿深蹲）

保加利亚式分腿深蹲（Bulgarian Split Squat，BSS）可以训练到股四头肌，也可以稍微训练到腘绳肌与臀肌下部。虽然这并不是促进臀肌生长的最佳训练，但它也是一种效果很好的下半身训练，它可以增强单腿力量和稳定能力，或许还能够增强灵活能力，所有这些能力都是达成实用效果所必需的特质。

根据器材的可用程度，进行保加利亚式分腿深蹲主要有以下几种方法。

低位置选项

虽然不是很受欢迎，但将后脚置于较低的阶梯上是一种有效训练股四头肌的方法。这种设置尤其适用于后脚抬高式高脚杯深蹲或杠铃前深蹲动作。由于低位置，你会更容易保持平衡，保持躯干直立，与传统保加利亚式分腿深蹲相比，这样可以让你上举更大的负荷。

459

单腿深蹲架

　　进行保加利亚式分腿深蹲最好的方法之一是使用单腿深蹲架或单腿蹲软垫起蹲架器械，这些是专为保加利亚式分腿深蹲动作设计的。这可以最大限度地提升稳定能力，进而最大限度地激活肌肉。我不喜欢有巨大滚轴或可以转动的单腿深蹲架。我喜欢小的滚轴可以保持原位，不会滚动。

史密斯机/起蹲架杠铃深蹲架

　　虽然单腿深蹲架是最合适的器械，但大多数商业健身房都没有配备。好消息是，你可以自己设立单腿深蹲架，用一台史密斯机或起蹲架、一对长弹力带以及一块深蹲海绵（最好使用汉普顿杠铃垫，其厚度很大，而且有绑带可以保证杠铃垫处于原位），这些器械在大多数商业健身房中很常见。将深蹲架组装在一起，把杠铃高度设置在大约与膝关节平齐的位置。接下来，在杠铃中心周围贴一块深蹲海绵，然后在杠外侧铃与起蹲架的安全栓上缠一条长弹力带，将杠铃固定住（如果使用史密斯机，则省略最后一步）。

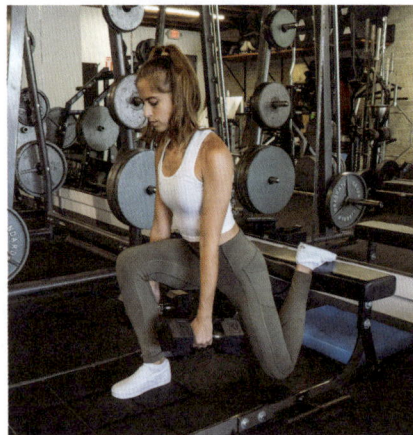

臀推器

　　你也可以使用臀推器的长凳进行保加利亚式分腿深蹲。即使你并不想用如此平坦的表面进行，但臀推器长凳的垫子很窄，因此，你仍然可以像使用单腿深蹲架那样，将小腿下部与脚贴在垫子上。我的大多数客户更喜欢使用有长凳的臀推器（相对），因为垫子更小，离地也并不高，而且还有2英寸的活动范围（长凳与垫子之间的间隙形成了自然的活动范围）。与长凳一样，你可以将脚挂在垫子上，或者脚掌贴在垫子上，屈曲脚趾。

长凳

你可以用长凳进行保加利亚式分腿深蹲，但这并不是最佳选项。将后腿放在长凳上，小腿与脚可能会感觉不自然，也会感觉不舒适。尽管如此，在没有单腿深蹲架及起蹲架的情况下，这便是最好的选择之一。

有两种方法可以将脚置于长凳上：你可以让踝关节跖屈，让脚背与长凳平面齐平（鞋带朝下），或者让踝关节背屈，通过脚掌向上贴在长凳上（鞋带朝前），屈曲脚趾。大多数人觉得让鞋带朝下的方式更好，但有些人，特别是那些脚趾与双脚灵活度很高的人会使用后者。同所有变式训练一样，你可以分别尝试这两种方式，看哪一种更适合你。

鞋带朝下

鞋带朝前

保加利亚式分腿深蹲动作

无论你是使用深蹲架、臀推器，还是使用长凳进行保加利亚式分腿深蹲，流程都是一样的。组间休息也很重要。一般的流程为：用一条腿进行所有重复动作，然后休息，接着用另一条腿重新完成这组动作。与反向弓步、前弓步及弓步走动作不同，你无法交替双腿来平衡负荷。如果你不休息就立即换腿，你可能无法让两条腿保持相同的训练效果，因为你的伸展腿的肌肉，特别是股直肌会得到拉伸，这会瞬间削弱肌肉的力量。一条腿你可以进行12次重复动作，另一条腿可以进行8次。但如果你在两腿轮换之间花一分钟恢复，你的力量会很快恢复，这样就可以在另一条腿上进行重复动作时也获得高质量的训练效果。同样，你可以采用较短步幅，保持躯干更加直立，让训练更多地由股四头肌/膝关节主导，或者采用较长步幅，躯干向前倾斜，让训练更多地由臀肌/髋关节主导。

前倾式（髋关节主导）保加利亚式分腿深蹲

直立式（膝关节主导）保加利亚式分腿深蹲

背对着长凳站立，双脚分开与肩同宽，然后往后退，脚背钩住软垫。如果你使用平板凳，而且如果你喜欢脚背伸直，那么你可以将脚掌置于长凳中心。你可能需要调整前脚，让其朝前、朝后或朝向侧边。找到合适的姿势后，躯干略微倾斜（约30度），将重量转移至后脚上方。重申一下，较短步幅与更直立的躯干会让股四头肌产生更多的紧张感，而较长步幅与过度前倾会让髋部产生更多的紧张感。将你的大部分重量（约85%）置于前脚，前腿膝关节屈曲，身体沿斜线下降。膝关节轻点至地面时，或者你不能在不影响姿势的情况下再降低时，你就可以让前脚脚跟用力，伸展膝关节。站成直立姿势，尽量保持髋部平直。

负重与器材训练

　　分腿深蹲是一种集力量、稳定能力及协调能力于一身的力量训练。下面，我将概述分腿深蹲训练的负重与器材。

双脚抬高分腿深蹲训练

　　进行分腿深蹲、反向弓步、前弓步及提踵式分腿深蹲训练时，你可以通过站在跳箱或有氧阶梯上来扩大运动范围。6英寸对大多数人来说已经足够了。进行静态分腿深蹲时，你可以站在一个或两个跳箱上；我更喜欢用两个跳箱扩大运动范围。进行反向弓步、前弓步、或者保加利亚式分腿深蹲时，你只需要一个跳箱。正确完成这些动作的关键是将整只脚置于跳箱上，这样你就可以用脚跟来发力。总结一下双脚抬高分腿深蹲的好处，确认你应该在将这种训练纳入计划：它们强调在臀肌有紧张感的情况下将其延长，提升灵活能力与最大运动范围的训练强度，还可以转换成深蹲训练。

双脚抬高分腿深蹲

双脚抬高保加利亚式分腿深蹲

前脚抬高分腿深蹲

前脚抬高交叉弓步

哑铃训练

在分腿深蹲训练中，使用哑铃是最好也是最简单的增加负荷的方式。下面我概述几种负重姿势及其变式。

哑铃搬运

最常见、可能也是最有效的一种负重姿势是将哑铃置于身体两侧。这种姿势非常稳定，而且既适合初学者也适合资深举重人士。你可以在所有分腿深蹲训练中使用这种方式。但其中一个缺点是你会受握力所限，这意味着你在通过分腿深蹲后变强壮时，也许能够上举起更大的重量。在这种情况下，可以使用腕带或进行杠铃训练代替。

保加利亚式分腿深蹲搬运　　弓步搬运

哑铃分腿深蹲动作非常简单：你只需要将哑铃置于身体两侧做分腿深蹲。然而，有时知之非难，行之不易。人们在体重增加或重复搬运失败时，容易过度前倾，哑铃也可能会在身前略微摆动。他们就会因此将重心从股四头肌转移到髋部上，旨在让身体保持平衡。但这种形式有些草率，容易造成杠铃滑落，最好还是避免这种情况。

对侧与同侧哑铃分腿深蹲

在涉及功能性健身训练与较小程度增强力量及训练肌肉时，你可以争辩，所有分腿深蹲训练都应该在大负荷条件下进行，因为除了从不同角度训练肌肉外，每种负荷的设定对稳定能力的要求都略有不同。例如，在对侧与同侧分腿深蹲训练中，你必须将哑铃或壶铃置于身体的一侧（用另一侧的手来进行对侧训练，这样更能起到训练臀中肌的作用，而同侧的手用于进行同侧训练），你必须注意保持髋部稳定，支撑脊柱，以抵抗重物的重力。简而言之，这是一种新的刺激，它可能会让你更加了解脊柱力学，也可能改善你的协调能力。也许情况是你只能使用一个哑铃，或者你只是喜欢进行这种分腿深蹲训练。在任何情况下，这都不是一种单一的训练，你可以将其应用到所有分腿深蹲运动模式的训练中。

如果你在训练肌肉、增强力量，我建议你将未负重的手置于墙上或握住柱子来支撑身体，因为平衡能力会影响你的表现，你的肌肉就无法像之前那样用力。另一方面，如果你正在进行功能性训练（或者你正在进行弓步走），那么你也许可以用这种训练来提升平衡能力，但在这种情况下，最好在户外进行训练。

对侧哑铃分腿深蹲　　　　　　　　　　　　　　**同侧哑铃分腿深蹲**

高脚杯分腿深蹲

　　你可以用哑铃或壶铃进行高脚杯分腿深蹲训练。重申一下，通常你无法用这种姿势承担大重量，因此若你的力量很强，那么就坚持多做几组动作。这种负重方式特别受我的许多女性客户的欢迎，因为她们在训练过程中感觉臀肌得到了训练，而且她们可以保持躯干直立，这是高脚杯负重姿势独

高脚杯保加利亚式分腿深蹲　高脚杯弓步

有的优势。直立式分腿深蹲通常更多地由膝关节主导，这意味着可以提高对股四头肌的激活程度，但这里不属于这样的情况。进行高脚杯分腿深蹲训练时，你的躯干会更加挺直，但感觉这像是臀部主导的动作，所以更容易屈膝，也可以给臀肌施加更多的紧张感。

杠铃训练

　　在我看来，将杠铃置于后背是给分腿深蹲增加负荷的最有效的方式。与哑铃负重不同，使用杠铃进行训练时你并不受握力的限制。此外，使用杠铃比用两个哑铃更能让你保持稳定，因此，这种训练是初学者与高级举重人士的绝佳选择。

　　杠铃训练的唯一问题是你需要很大的空间来完成动作，尤其是弓步走。你可以通过使用较窄的杠铃来解决这个问题，例如借助预装杆或者髋推杆，但是要让手靠近身体。这项动作对肩部的柔韧能力要求很高。

低杠位分腿深蹲与高杠位分腿深蹲

　　与杠铃后深蹲一样，你可以将杠铃置于后背上，可以将杠铃放在高杠位或低杠位，然后进行分腿深蹲。高杠位分腿深蹲需要保持躯干直立，更多地由膝关节主导；而低杠位分腿深蹲则由髋关节主导，躯干更加前倾。根据我的经验，大多数举重人士觉得高杠位分腿深蹲更加舒适，因为更容易找到正确位置，感觉也会更加自然。注意：你可以通过高杠位分腿深蹲与低杠位分腿深蹲来进行所有的分腿深蹲训练。

高杠位分腿深蹲

低杠位分腿深蹲

交叉臂与前蹲架训练

　　有些人喜欢交叉臂或前蹲架的负重姿势，因为他们可以使躯干更加直立，也可以下蹲得更深一点，而其他人则会避免这样做，因为这会对肩膀造成伤害，也会更难找到正确位置。如果这个姿势令你感觉舒适，你想上举更大的负荷（比你在高脚杯深蹲时上举的负荷更大），而且你喜欢这种方式，那么交叉臂或前蹲架的姿势很适合你用来进行负重训练，你可以将其应用于所有分腿深蹲训练。

前蹲架弓步

交叉臂弓步

前蹲架保加利亚式分腿深蹲

泽奇分腿深蹲

　　泽奇深蹲是一种悬垂深蹲，你可以将杠铃置于臂弯处。这种负重姿势不太常见，但每当我向客户介绍时，尤其是在使用较小负荷时，他们总是就这种训练对稳定能力的要求及是否感觉良好展开争议。然而，当你开始增加负荷时，问题就来了。负荷越大，手臂越不舒服。对于我的大多数客户来说，我会将重量控制在他们的疼痛阈值以下，女性通常低于135磅，男性低于225磅，还会让他们使用杠铃垫来减轻疼痛。

T杠

出于一些原因，T杠是一种有效的增加负荷的器材。首先，你可以将其运用到每一种单腿深蹲模式中。其次，这种负重模式非常独特，因为在最低点会更加容易，而最低点就是大多数人会挣扎的地方。再次，如果你无法使用沉重的哑铃进行训练，那么这就是很好的负重选项。我的一个建议是将T杠装置抬高至髋部的高度。如果你无法使用起蹲架等器材，你可以将其置于一个跳箱上。这有助于平衡整个运动范围内的阻力，使它在最低点与最高点的阻力是相似的。装置在地面上时，T杆路径会出现更明显的弧线，这意味着最低点的阻力较大，最高点的阻力较小。但有些人更喜欢这样，因此，请分别尝试这两种方法，然后选择感觉更好的方式。

同侧分腿深蹲

对侧分腿深蹲

同侧前蹲架分腿深蹲

对侧前蹲架分腿深蹲

前蹲架分腿深蹲

因为登阶练习很容易掌握,所以这是我最喜欢的深蹲训练之一。它不仅可以转换成后深蹲及其他功能性动作,而且不会像分腿深蹲那样让你感觉糟糕。为了帮助你理解其中的原因,我会更详细地介绍登阶练习的好处。

与分腿深蹲一样,登阶练习是一种可以很好地转换成后深蹲的深蹲模式。很明显,如果你在进行后深蹲时想增加单次最大负荷,你仍然需要进行后深蹲来达到特定的训练效果。但是如果你无法接受深蹲训练,也不想通过杠铃后深蹲来增加最大肌力,那么你可以在不损失太多力量或影响臀肌增长的情况下,只进行分腿深蹲与登阶练习。事实上,登阶练习对臀肌的训练效果与深蹲训练的相同,因为这项训练在紧张状态下会让肌肉变长,主要训练到的是臀肌下部。

与前弓步及其他单腿下蹲模式不同的是,登阶练习不会让臀肌感到酸痛,这对我来说仍然觉得有些不可思议。记住,正是离心负重给肌肉造成了损伤。在登阶练习的下放阶段,你的肌肉会失去紧张感,然后你会双脚着地。所以,从理论上讲,你在每次重复动作中减少了离心负重,从而减少了肌肉损伤。这看起来似乎合理,但在我开始实施登阶练习时,我发现这一理论是错误的,下放阶段更加需要受到重视。现在,你可能会认为这项训练会增加肌肉酸痛,因为你在紧张的情况下拉长了臀肌,但事实并非如此。我没有挖掘具体的原因,只是将其作为登阶练习的关键优势。也就是说,你可以在不过度损伤臀肌的情况下完成更大的运动量,同时还能训练臀肌。

对于需要建立实用性动作模式的初学者来说,登阶练习是很好的选择。想一想爬楼梯、徒步旅行或登高这些训练,都是你日常生活中需要完成的实用性任务。这一步不仅有助于践行这种运动模式,而且还提升了髋部的灵活能力、协调能力与下半身的力量。

无论你是新手还是资深举重人士,一周一次或两次的登阶练习都是一项很好的训练。我通常将登阶练习安排在训练计划的中间,将其作为一种辅助训练,但是就像我所说,如果你不能真正地接受后深蹲,那么你可以在深蹲日将其看作主要的上举训练。

很多人没有意识到的是,登阶练习很容易完成,你可以通过抬高阶梯的高度或通过使用哑铃等形式来增加负荷。例如,我可能会让一位新手客户从小步登阶开始,让他们以这种方式持续训练2周,或者直到他们能够以标准姿势完成2组,每组进行10次重复动作。在他们的力量得到增强同时协调能力得到提升时,我会逐渐增加阶梯高度。在几个月的时间里,他们的训练将会从低阶梯转成高阶梯,这是衡量进步的明显标准(这也是提高深蹲深度的好方法)。

总而言之,如果可以正确完成动作与设置高度,每个人都可以挑战登阶练习。如果我使用高的跳箱，仅以自重做2组，每组重复12次重复动作，这对我来说也是非常困难的。最好是你在家时可以用很高的阶梯，或者可以将两件工具叠在一起进行登阶练习，这样你就可以不去健身房也能很好地进行腿部训练。

指南与提示

伸展手臂来让身体保持平衡，或者将手臂置于髋部或身体两侧

保持脊柱中立，躯干略微向前倾斜

在动作最高点完全伸展膝关节与髋部

膝关节与脚尖在一条直线上

将整只脚踏在跳箱上

下面那只脚切勿过度抬离地面

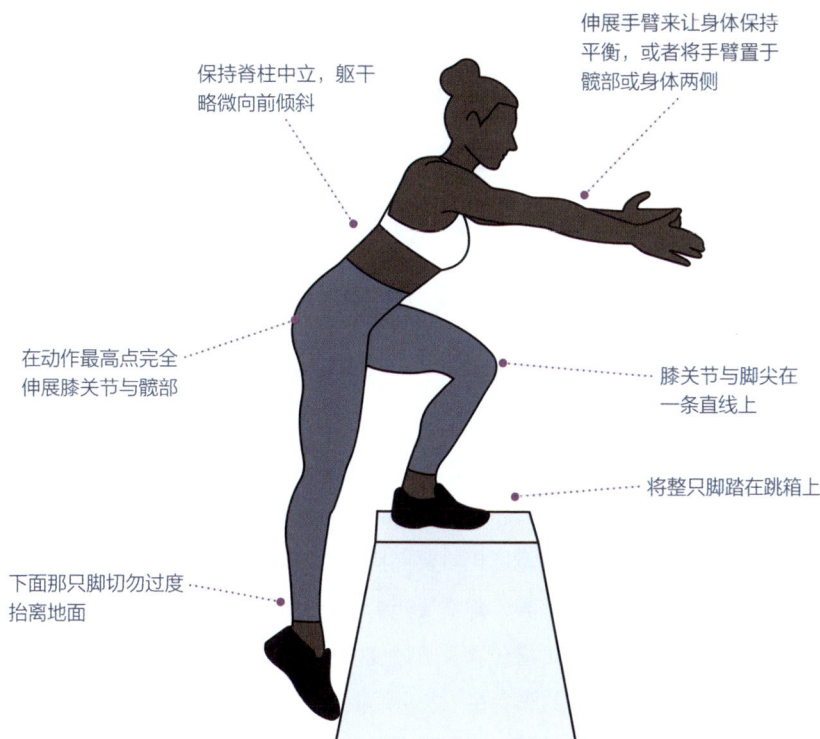

登阶练习与深蹲及分腿深蹲的很多指南是完全相同的，你需要让背部保持中立（尽可能挺直），避免膝关节过度内扣，一只脚的脚跟或中足用力，流畅地抬起躯干与髋部。但是，有一些具体的提示可以让你的登阶练习更有成效，我将在后文中一一介绍。

将跳箱高度设置为深蹲适用深度

确定跳箱高度最简单的方法是尝试自由深蹲，看你以标准姿势能蹲到的高度。如果你只能深蹲1/4的距离，那么你应该从低的跳箱开始，这种跳箱只到小腿中部。如果你深蹲到大腿与地面平行位置感觉最好，那么踏在高度在膝关节以下的跳箱上可能是最好的。如果你能进行全范围深蹲，那么踏在高的跳箱上是理想的。这种确定高度的方式是通过将脚置于增高平面上，通过评估你的平衡能力与骨盆位置来确定跳箱的高度。如果你会向后摔倒或者出现屁股眨眼（骨盆后倾）的情况，或者你必须绕着跳箱左右摆动腿才能将脚抬起，那么这个跳箱可能就过高。

训练更大、力量更强的臀肌时，我建议优先考虑无负荷运动。事实上，我更希望你能只用自重在高跳箱上进行登阶练习（假设你的灵活度与协调能力都十分出色，可以用标准的深蹲姿势进行这项训练），同时完成整个动作，而不是用沉重的哑铃在低跳箱上进行登阶练习。

低阶   中阶   高阶

姿势与动作要领：让膝关节与脚尖在一条直线上

虽然双脚宽度与脚的位置因人而异，但将脚直接置于髋部下方是很合适的开始位置。脚踏在跳箱上时，你的双脚宽度仍然要保持大约与髋部同宽，膝关节与脚尖在一条直线上。根据跳箱高度及个人差异，你需要让脚靠近身体中心线，这可能会导致双脚位置略微偏移最初设定。但是为了避免膝关节过度内扣与左右摇摆，你的膝关节需要略微向前，同时与踏在跳箱上的脚的脚尖在一条直线上。

绝大多数人喜欢在进行登阶练习时让脚尖朝向正前方，但也有少数人喜欢将脚尖略微向内或向外旋转。

登阶练习力学：将整只脚置于跳箱或增高平面上

与深蹲、硬拉与髋推动作一样，在你伸展髋部时，你需要脚跟发力推动髋部。因此，登阶练习的关键是要将整只脚置于跳箱上。很多人只将脚的一半踏在增高平面上，这会迫使他们用脚掌发力，并且会将紧张感从髋部与臀肌上转移到膝关节与股四头肌上。如果你将整只脚踏在跳箱上，你需要让脚跟或足的中部用力，这是让这项训练产生最佳效果的唯一方法。

髋部力学：保持髋部平直

就像深蹲训练一样，做登阶练习时，你需要让髋部与躯干同时朝上。如果你可以让髋部向上，那么你就能将紧张感从股四头肌转移到腘绳肌上。进行登阶练习的目的是利用腿部力量将你的身体上举。但是关键是，你必须保持髋部平直。假设你从将脚置于髋

部下方开始。在你一只脚踏在跳箱上时，你需
要保持双脚之间的距离相同，踏在跳箱上的腿
的膝关节与脚尖在一条直线上。躯干前倾，然
后进行登阶练习，流畅地完成髋部与躯干的上
跃动作，同时保持髋部平直。所谓平直，我的
意思是你需要保证两侧髋部在同一水平面上，
切勿向一侧或另一侧倾斜或垂下。在某些情况
下，你可能需要略微旋转髋部来保持身体平衡，
但这样做的目的是限制你身体的摆动，还可以
在你登阶踏下时保持髋部平稳。

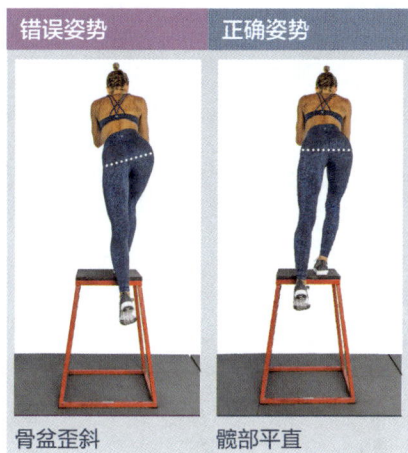

错误姿势　正确姿势

骨盆歪斜　髋部平直

脊柱力学：躯干略微前倾

你必须让躯干略微前倾才可以进行登阶练习。这样做不仅对保持平衡很重要，而
且会给髋部与臀肌造成紧张感。跳箱越高，你的前倾角度就需要越大，如下图所示。同
样重要的是，在躯干倾斜时应保持背部尽可能挺直（或中立）。换言之，切勿拱起后背。
在进行登阶练习时，从髋部转动，同时也要有意识地保持背部挺直。

低阶：略微倾斜　　　　　中阶：倾斜　　　　　高阶：前倾

后腿力学：利用后腿保持稳定与控制

登阶练习的初始阶段在这项动作中是最具挑战性的部分，因为你必须用一条腿的力
量推动身体向上。从这种意义上说，登阶练习就是单腿深蹲。但是，与真正的单腿深蹲
不同的是，你的后腿可以用来保证稳定，同时可以用来提供部分推进的力量。你必须将
所有的重量都压在抬高那条腿上，同时脚跟用力站起，才能正确完成登阶练习，然后让
训练产生最佳的效果。现在，你需要让另一条腿离开地面，让重量压在抬高那条腿上，
保持有规律的节奏不断重复动作，特别是如果阶梯很高。但你不必推动自己离开地面过

高，以至于在最低点产生过多的动力。

未抬起腿在踏下阶段也会起作用。在你踏下时，你需要尽可能长时间地控制身体的下降动作。换言之，你不仅仅是要踏至地面，还需要回到原来的位置；你可以慢慢降低身体，以增加肌肉处于紧张状态下的离心时间。前1/3部分的动作很容易控制，但有一个"临界点"——在那个位置你将无法支撑自己，最终掉回地面。请尽可能地控制下降动作。如果你使用的是侧面平坦的跳箱，你可以将下面那只脚滑到跳箱下，以此帮助你保持平衡同时控制下降动作。否则，你将不得不略微后退一步（远离阶梯）以保持平衡。

膝关节与髋部完全伸展

关于这一点的错误姿势与正确姿势）。

膝关节与髋关节完全伸展：在最高点伸展髋部

当你在登阶练习中直立时，一定要在踏下之前伸展髋部。要做到这一点，你需要确保膝关节与髋部完全固定，然后再踏下。例如，如果你先用左腿踏上抬高平面，你需要伸直左膝，充分伸展髋部，然后将右脚轻轻置于抬高平面上。你也可以抬高右膝，以促进髋部完全伸展（下文将详细探讨

在换腿之前完成一侧的所有重复动作，每次重复后切勿换腿

假设你在做2组，每组重复12次的动作。要完成一套动作，左脚踏在阶梯上的动作要重复12次，然后右脚踏在阶梯上要重复12次。换言之，进行登阶练习时，选择一侧（右腿或左腿），将脚置于跳箱上，然后在那个位置上保持，直到完成12次重复动作。然后换边，换另一条腿做12次重复动作。在你进行反向弓步时，在每一次重复动作后换腿是很好的做法，因为这样更容易计算重复次数，过渡也很自然，而且在每组中两条腿的动作是一样的。但登阶练习并非如此。如果你试着用一条腿踏上，然后用另一条腿踏下，那么你不仅会破坏节奏与平衡，还会在持续的紧张状态下浪费时间。因此，每当进行单侧踏上，必要时双腿轮换间可以休息。

错误姿势与正确姿势

登阶练习与深蹲及分腿深蹲有许多相同的指南与提示，同时也有许多相同的错误姿势，所有这些都可以通过遵循前面概述的指南与提示来避免。例如，如果你了解正确的力学原理，你可以很容易预防并改正背部拱起、脚掌外翻、屁股眨眼及膝关节外翻的问

472

题。所以，为了不让你们浪费时间来处理这些错误姿势，我会集中讨论在登阶过程中两种最常见的错误姿势。

错误姿势：用着地腿推离自己离开地面

用着地腿推离自己离开地面，这种姿势极为常见，特别是在登高阶跳箱或平台时。要意识到，在登阶动作的最低点，或者运动的初始阶段，你的臀肌是处于伸展状态的。如果你旨在训练臀肌，就需要利用抬高腿的力量，在登阶动作的最低点处抬高腿用力。

纠正措施：降低跳箱高度是避免此种错误姿势最简单、最实用的方法之一。如果你必须将身体推离地面才能完成登阶动作，那么只可能是跳箱太高或者你不够强壮。无论哪种情况，降低跳箱的高度都是一种简单的解决方法。

错误姿势：用相反的腿完成动作或伸展髋部

最常见的错误姿势之一如下：登阶到一半的位置，然后另一条腿过早地跟上，只能进行1/4的深蹲，然后用两条腿的力量站成直立姿势。记住，登阶练习是单腿训练，你要用一条腿的力量来完成这个动作。你可以实施一些技术来避免这种错误姿势。

错误姿势

正确姿势1

伸展髋部，在髋部完全伸展后，另一只脚轻点跳箱。但是如果你需要用另一只脚触碰跳箱来保持平衡，那就这样做。请时刻记住，完成重复动作之前，必须先考虑平衡与安全。

正确姿势2

在你伸展髋部时，略微将膝关节抬高。所以，你不必让双脚很快接触阶梯，实际上你需要将膝关节抬高，让其上举至髋部高度。人们看到这一点，不禁要问："他们为什么要试着训练另一条腿的髋屈肌？""在我第一次看到人们这样做的时候，我认为这很愚蠢，但现在我明白了，这会让他们避免用双腿只能完成1/4的深蹲距离。

正确姿势3

完成一边的登阶动作。在你的腿悬在跳箱的一侧时，你的另一条腿就无处安放，这就会让你避免处于1/4的深蹲位置。

登阶训练

你可以通过改变跳箱高度、改变登阶方向（向前或向一侧），或者用哑铃、壶铃或杠铃增加负荷，为登阶训练创造丰富的变化。不管你在进行哪种训练，必须保证阶梯平坦、坚固与稳定。在软且不稳定的平台上做登阶训练会出现问题。最好的登阶装置是有氧阶梯与踏板、带坚实垫子的宽长凳、常见且可调整高度的深蹲箱与跳箱，或任何稳固平坦的登阶平台，如混凝土公园长凳、挡土墙、砖砌火坑或平坦的巨石。

自重登阶训练

正如我前文所说，自重登阶训练对初学者与资深运动人士来讲都很适合。如果你刚开始接触臀肌训练，那么你可以从较低高度的到中等高度的阶梯开始，例如，阶梯与膝关节同高，在你能以标准姿势进行2组，每组重复10次的动作后也没有疼痛或不适，就可以开始使用高的跳箱了。一般来说，进行2~3组，每组重复8~12次动作，对绝大多数人来说都是挑战。即使你是一名资深运动员，使用高的跳箱进行自重训练，进行2~3组，每组重复12次动作，都可以让腿部得到强有力地训练。自重登阶训练最好的一点是不限地点，你只需要一个高且稳定的平台就可进行。

站在跳箱前方，双脚置于髋部正下方（窄距站姿）。保持相同的站姿宽度，一只脚踏在跳箱上，将整只脚置于跳箱上。你可以让脚尖正对前方或略微内旋，找到感觉更好的姿势。双脚置于跳箱上，身体前倾，脊柱保持中立，重量完全转移到前腿上。在你进行训练时，让膝关节略微向前移动到脚趾上方，这样你的膝关节就与脚尖处于一条直线上。确保髋部与上半身保持平直。要完成这一步，你要同时做几件事：前脚脚跟或中足用力将身体推离地面，利用腿部力量，流畅地完成抬起髋部与躯干的动作，然后向前伸出手臂来维持平衡。记住，你的后腿负责保持平衡与稳定；在你开始执行动作时，切勿过度将身体推离地面。在你站直时，先确保髋部完全伸展，再进行踏下。踏下时，躯干向前倾斜，臀部向后坐，然后慢慢地将另一条腿下放至地面。执行动作时，保持前膝膝关节与脚尖在一条直线上，同时将后腿略微向后踏（不是垂直向下）。同时，尽量控制下降动作。注意：只要你不太依赖动量来帮助自己完成上蹲，你便可以让下面那只脚略微离开地面，更好地过渡到下一次重复动作，同时保持有规律的节奏。

侧踏

你可以通过向上从一侧来完成自重登阶。不是将阶梯置于你面前，而是将其置于登阶腿的同侧。这两种训练对训练臀肌的效果完全相同，所以你具体选择的形式是由你的个人喜好来决定。

侧踏与前踏具有相同的技术与动作步骤。唯一不同的是，你站在跳箱的一侧，身体前倾。

哑铃登阶训练

一般来说，阶梯越高，负重登阶就越困难，因为你无法用手臂来保持平衡。我更喜欢扩大运动范围而不是增加负荷，所以如果有选择，我总是会选择用自重进行高阶的登阶训练，或者在中等运动范围内进行小负荷登阶训练，或者大负荷的低高度登阶训练。也就是说，如果你没有足够大的运动范围来完成高阶登阶训练，或者你只想针对股四头肌，那么上举两个沉重的哑铃、或者在高脚杯深蹲中上举一个哑铃，然后在较小到中等的运动范围进行登阶训练，即平行深蹲，也是完全可行的训练。

哑铃搬运登阶训练

高脚杯登阶训练

哑铃搬运登阶训练及高脚杯登阶训练的准备姿势与动作步骤与自重登阶训练非常相似。唯一的区别是在哑铃搬运登阶训练和高脚杯登阶训练中，你需要在身体两侧举两个哑铃，或者在胸前举一个哑铃，注意保持背部挺直。也就是说，在你向前倾斜时，转动髋部，切勿让哑铃或壶铃的重量造成上背部屈曲。

壶铃/哑铃（对侧负重）登阶训练

你需要将手臂向身体前方伸出，然后才能进行高登阶训练。你这样做不仅可以将重心转移至抬起腿上，同时推动身体向上，还可以保持平衡。不过，你可以将壶铃或哑铃先放在前蹲架上，然后将其置于肩膀上，同时伸出另一只手保持平衡与稳定。壶铃/哑铃（对侧负重）登阶训练的关键是用一侧手臂上举壶铃/哑铃，另一条腿进行登阶训练。所以，如果你使用右腿进行登阶，那么需要将壶铃或哑铃置于左肩上。这种训练与同侧负重（壶铃/哑铃与登阶腿位于同一侧）的训练效果差不多。为了达成训练效果，你需要使手臂与登阶腿保持在同一侧，自由平衡体重，这就是我只概述对侧负重的原因。

泽奇登阶训练

泽奇登阶训练是最好的杠铃登阶训练之一，因为杠铃的重量会落在身体前方，其固定在臂弯里，所以如果发生很严重的错误，例如，你无法保持平衡，那么你可以将重量往前方扔掉，这样你就不会受伤。与哑铃训练不同的是，你不必受抓握方式的限制。一般来说，这意味着你可以上举更大的重量，对于想用独特训练针对股四头肌进行训练的人来说，这种选择十分合适。

为了让杠铃处于合适的位置，你需要将杠铃从架子上拿下来，将其置于臂弯里勾住，然后走到跳箱或抬高平台前。一旦你将杠铃置于合适的位置，你就可以完全按照前面描述的步骤来进行。只要确保你的背部挺直（切勿让上背部拱起），然后踏到一个稳定的跳箱或抬高平台上。

辅助环登阶训练/人力辅助登阶训练（重点在踏下动作）

大约12年前，我开始尝试帮助我的客户在进行登阶训练时用辅助环保持平衡。首先，我对初学者、老年人与超重的客户进行了测试，然后我开始对资深运动人士进行测试，帮助他们蹲得更低的同时加快其进行重复动作的速度。例如，他们可以在20秒内重复20次动作。实际上，与传统的自重登阶训练相比，进行辅助环登阶训练/人力辅助登阶训练会让他们的臀肌更有感觉，因为他们在动作最低点转换动作时，能够保持臀肌的紧张感。更重要的是，他们需要用力呼吸，臀肌会有灼烧感，他们觉得自己得到了很好的训练。一位客户说："我喜欢这种训练，因为我能感觉到我的臀肌，这让我感觉到自己处于运动状态，这很像我过去进行体育运动时的训练方式。"

虽然我仍然在实施辅助登阶训练，但这些年来我做了一些调整。第1种为辅助环训练。如果你是一对一教练，那么你可以在客户训练时握着客户的手，但是如果你在臀肌小组课程等大班课程中训练学员时，那就无法这样操作。此时就可以用辅助环了，因为人们可以独立进行辅助环登阶训练。唯一需要注意的是，这种训练很难准备。在你处于最低点时，必须让辅助环处于合适的角度，可以成大约45度角，甚至可以更加水平。换言之，如果辅助环是直上直下的，那就没有训练效果；辅助环必须具有一定的角度。通常，我会将辅助环连接到放在起蹲架上的杠铃杆上，这种设置似乎适合大多数人。像所有的登阶训练一样，做辅助环登阶训练时需要保证平台非常稳定。

第2种为调整强调踏下的部分，让臀肌在你降低及离开最低点时保持紧张感。这延长了肌肉紧张状态下的离心时间，这种方式十分适用于促进肌肉生长。

无论你是在进行人力辅助还是辅助环训练，都旨在利用外界力量来帮助你在最低点保持紧张感，否则你会失去控制，掉回地面。有趣的是，这些训练并不像弓步那样让臀肌酸痛（我不了解原因），因此这种训练成为我在紧张状态下最喜欢的延长臀肌的方法之一。

人力辅助登阶训练

辅助环登阶训练

如果你在进行人工辅助训练，你可以让训练搭档站在跳箱前面握住你的手。如果你在进行辅助环训练，可以将辅助环摆成大约45度的角度，手臂沿对角线伸展。这项动作与自重登阶训练一样：你将整只脚置于跳箱上，让前膝膝关节与脚尖处于一条直线上，躯干前倾，背部保持挺直的同时转动髋部，在你站直的同时伸展髋部与膝关节。试着无须过度用力拉你搭档的手或辅助环来帮助你完成向上的动作。相反，下降时，用力拉到可以控制后期的动作就足够了，尽可能保持臀肌的紧张感。在你降低到最低点时，拉力要刚好保持平衡与紧张感（在紧张状态下，你应该感觉到臀肌得到了伸展），然后在你达到极限后，反向移动。

训练 4 单腿深蹲

涉及深蹲动作模式时，你有很多选择，所有这些训练都以类似的方式训练你的臀肌。你可以根据目标与动作偏好选择喜欢的训练。

如果你对举重感兴趣，或者你有特定的力量目标，那么优先考虑后深蹲是不错的选择。如果你只是对提高运动能力感兴趣，那么你可能更喜欢分腿深蹲、登阶练习与单腿深蹲，做更容易完成的高重复次数动作。如果你旨在建立更强壮、更大的臀肌与股四头肌，那么基本上，你可以选择你最享受的训练，也能有很好的训练效果。需要重申的是，这就是我在这本书中介绍这么多训练的原因，这样可以给你更多的选择。

虽然丰富训练种类很重要，但你肯定会喜欢某些训练，也会讨厌其他训练。例如，单腿深蹲恰好是一种我不喜欢的训练，因为我不擅长。我花了20年的时间才第一次完成了单腿深蹲（也称手枪式深蹲），不是因为我身体虚弱，而是因为我没有练习过。我是一名体型很大、身高又高的男性，我的身形不太适合进行手枪式深蹲，这种训练会让我感觉不适。我更喜欢用深蹲训练来增强我的力量。

但那只是我的喜好。我指导并训练了很多人，他们更喜欢手枪式深蹲而不喜欢后深蹲，他们的力量与能力与那些能进行双倍自重后深蹲的人一样。假设你想通过深蹲变得更强壮，臀肌与股四头肌得到增长，但是后深蹲又会对你的下背部、髋部或膝关节造成伤害。请勿朝着双倍自重后深蹲（这是一种常见的力量目标）努力，更好的选择是进行手枪式深蹲训练。简而言之，进行多次单腿深蹲或负重手枪式深蹲，是对腿部力量的真正考验，就像进行双倍自重后深蹲一样会有可观的效果。

这就是单腿深蹲是很好的训练的原因：单腿深蹲不仅十分具有挑战性，可以在整个运动范围内延长紧张状态下的臀肌，也是在深蹲训练模式中增强灵活能力及力量的最佳方法之一。更重要的是，单腿深蹲（手枪式深蹲与滑步式深蹲的训练）很适合解决腿部力量不同及大小差异的问题。无论你是正在适应训练，还是你正从腿部受伤中恢复，用力量较弱的腿做单腿深蹲或登阶训练是提升平衡能力的有效策略。

尽管单腿深蹲不是我最喜欢的训练，也不是每个人都能完成，但这种训练绝对应该在你的训练计划中占有一席之地。事实上，做不到手枪式深蹲反而激励我去攻克这项训练，给了我一个目标让我努力。在我的训练中，我仍然会优先考虑后深蹲训练，但目前出于上述原因，我会时不时地将手枪式深蹲作为辅助训练。现在我进行深蹲训练时不仅感觉更好了，而且我的腿部力量、灵活能力与协调能力均得到了明显的改善。

指南与提示

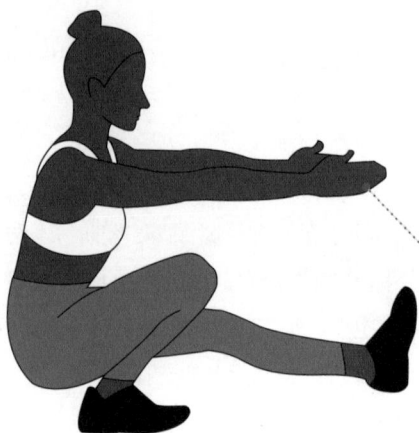

双臂向前方伸展以平衡自重
或双手置于髋部或头部，让
动作更具挑战性

*手枪式深蹲需要躯干
更加直立，而滑步式深
蹲要求你将躯干前倾。

脚跟用力 ········

单腿深蹲与分腿深蹲和登阶练习有很多相同的提示：你需要让脚跟或足的中部用力，膝关节与脚尖在一条直线上，保持髋部与躯干流畅地移动。也就是说，你的躯干在向下的过程中需要前倾，在将身体推离最低点的上举动作进行一半时，保持躯干角度恒定。然而，涉及脊柱力学，特别是处于手枪式深蹲的最低点时，还是有一些额外的回旋余地的。你需要在运动范围内尽可能保持中立。但如果每个人可以深蹲得足够低，那么他们就会骨盆后倾。

因为手枪式深蹲对应的高度是你能蹲到的最深的位置，所以每个人都可能出现一定程度的屁股眨眼现象。只要不会让你感觉不适，那就没有关系。事实上，大多数人在进行手枪式深蹲时不会感觉到任何疼痛，也不会发生屁股眨眼的情况，因为这是一种无负荷的训练。更具体地说，你的脊柱不会受到过大的压力，同样它对竖脊肌的要求也并不高。就像高登阶动作，仅用自重就很有挑战性了。

在本节后面的内容，你将按照由简至难的顺序学习手枪式深蹲与滑步式深蹲动作的一系列训练。在我深入讲述这些训练之前，让我们来回顾一下两点重要的指南。

站姿与准备：在最低点对站姿进行多次尝试

单腿深蹲分为以下两种类型。

- 手枪式深蹲需要你将另一条腿向身体前方伸出。
- 滑步式深蹲要求你将腿伸到身体后方。

找到正确的站姿是进行单腿深蹲的第一步。最好的办法就是在动作最低点做准备。在这项训练中，你需要将腿放至地面，同时尝试脚部不同的摆放位置。

手枪式深蹲

有些人喜欢将脚置于髋部正下方，有些人喜欢将脚置于身体中线上，而有些人则采取介于两者之间的姿势。你需要处于动作最低点，不断尝试，这样才能找到最适合你的脚部摆放位置。尝试每一种姿势，调整脚部方向，你可以将脚正对前方或略微外旋。同其他深蹲动作一样，你的目标是将重心置于脚跟或中足上，让膝关节与脚尖在一条直线上。选择你平衡感最好的脚部位置——确保自己不会向后摔倒或左右摇晃。

滑步式深蹲

找到让你感觉舒适的脚部姿势后，下一步就是将另一条腿抬离地面，将重量分散给触地的那只脚。如果你在地板上进行手枪式深蹲，那么你需要将腿置于身前，或者在下放时将其逐渐抬起。如果你的另一条腿阻止你降低至动作最低点，或者你感觉不适，可以尝试站在一个跳箱上，让另一条腿挂在跳箱的一侧。虽然你无法在另一条腿向身前直伸出去的时候，保证其不会触地，但使用跳箱也可以让你下沉至动作最低点。如果你仍然感觉不适，或者你不够灵活，做不到标准姿势，那么你可以从第483页的箱式深蹲训练开始。

如果你正在进行滑步式深蹲，你需要保持一侧膝关节在地面上，同时让脚跟向臀部方向屈曲。如果这种动作做起来有难度，那么你可以尝试将膝关节置于一个博速球或平衡垫上。

平衡：在最低点前倾躯干并举起手臂

为了在最低点处保持平衡，你需要前倾躯干并举起手臂。手臂伸直后，你在最低点下放或上举身体时会更容易前倾，也更容易保持平衡。在你进行手枪式深蹲下放或滑步式深蹲下放时举起手臂，然后在你站直时放下手臂。如果你仍然很难在最低点保持平衡，那么你可以尝试平衡哑铃训练。

单腿深蹲训练

手枪式深蹲

每个人在最后都可以完成分腿深蹲或登阶练习，大多数人都可以在一定范围内完成滑步式深蹲，但并不是每个人都能完成手枪式深蹲。有些人聘请我作为他们的在线私人教练，唯一的目标是完成手枪式深蹲训练。与引体向上训练一样，每个人都应该将努力完成手枪式深蹲看成一种增强自身力量的目标。这项训练会让你在整个运动范围内移动髋部、膝关节与踝关节，在臀肌处于紧张状态时将其拉长，这是对腿部力量与身体意识的真正考验。最棒的是，大多数人如果坚持遵循这里提供的指南，那么很快就可以看到效果。

如果你的目标是完成手枪式深蹲，首先你需要在安排计划时优先考虑这项训练。记住，在训练中先做的动作会产生最好的效果。因此此时你精神最饱满，注意力最集中，而且肌肉不疲劳。如果你已经可以正确进行手枪式深蹲，或者这并不是你的主要目标，那么你可以将其安排进你的训练中。

辅助环手枪式深蹲

辅助环训练很适合作为第一选项。你可以抓住辅助环或悬挂训练绳（TRX）手柄，用手臂来支撑身体重量并保持平衡。这样做有两个目的：让你在全运动范围内完成动作，同时让你能更加稳定地下沉并从最低点站起。然而，只有你牢记自己的目标，才能从这种训练中获得最大的效益。如果你想完成一次全自重手枪式深蹲，那么你需要完成与自重手枪式深蹲力学原理相同的动作。这很有挑战性，因为你会自然而然地利用辅助环向后倾斜。你在站起时，应该主要依靠手臂来保持平衡，借助手臂的力量，这样你就可以增强腿部力量，提高完成这项动作的协调能力。但切勿过于依赖手臂。在你刚开始时，你可能需要依赖手臂多一些。随着技术逐渐改善，力量逐渐增强，你需要对手臂的依赖越来越少。我还建议你进行单腿箱式深蹲动作，来改善自己的身体力学机制。辅助环手枪式深蹲可以帮助你在全运动范围内移动，而单腿箱式深蹲会帮助你建立正确的自由手枪式力学机制。

现在，如果你只想得到好的训练效果，那么这些注意事项便没有那么重要。不是每个人都在乎能不能完成手枪式深蹲，有些人可以做到，但也只是想让腿部得到好的训练。在这种情况下，你可以在进行辅助环手枪式深蹲时完成高重复次数。

辅助环后倾手枪式深蹲

辅助环直立手枪式深蹲

首先将辅助环设置成正确的高度。将辅助环放低至躯干中部或胸前的位置，然后向后退几步。双臂伸出，摆出手枪式深蹲姿势，身体后倾，下沉至深蹲位置，保持膝关节与脚尖在一条直线上。除非有必要，否则切勿拉动辅助环。训练的目标是用腿部力量将自己下放至手枪式深蹲位置，然后在你感觉可能会摔倒时拉动辅助环。即使发生了上述情况，你也只需要用手臂来保持平衡，主要依靠腿部力量来将自己下放至最低点。你可以让脚跟或足的中部用力，流畅地抬起髋部与躯干，拉动辅助环至刚好能保持有规律节奏的程度，然后转换动作。注意：如果你的前腿会阻碍你进行动作，或者髋屈肌的力量不足以保证腿向前伸展，那么你可以在跳箱上做这个动作，让腿悬在一侧。（诚然，如果你使用这种方式，就需要调整辅助环的高度。）

单腿箱式深蹲

单腿箱式深蹲与双腿箱式深蹲类似，你需要用一个跳箱来控制深蹲的位置，然后给自己找一个针对的目标部位。这是另一种渐进式距离训练，你从高的跳箱开始，然后逐渐降低跳箱的高度，直到你可以完成标准手枪式深蹲为止。你也可以将平衡手枪式深蹲或辅助环手枪式深蹲与箱式深蹲训练结合起来。

单腿箱式深蹲

放置一个跳箱或长凳，让其与你的身体保持垂直。摆出手枪式深蹲准备姿势，脚跟置于长凳或跳箱前方。接着，抬起一条腿，开始深蹲，臀部向下坐，躯干前倾，然后下沉，直至髋部接触到跳箱或长凳。准备开始，你可以立即转换动作，或者将所有重量都置于跳箱或长凳上，放松髋部与腿部肌肉，或者你也可以在回到起始姿势之前，先向后摆动，再向前移动。所有箱式深蹲的可选训练，请参阅第426~428页。

平衡哑铃手枪式深蹲

　　如果你差不多可以完成手枪式深蹲，但很难在最低点保持平衡，那么平衡哑铃手枪式深蹲就是很适合你进行的训练。在我的课堂中复习到手枪式深蹲训练时，我会问上课的学员："这里有谁能完成手枪式深蹲动作？"有人会举手示意，我会说："好的，让我们看看。"他们会展示手枪式深蹲的动作，在大多数情况下，他们可以做出动作，但在最低点很难保持平衡。他们几乎都很强壮，所以可以完成手枪式深蹲，同时可以控制自己下沉至最低点，但他们的平衡能力不强，力量也不够，所以无法完成转换动作，也很难完成站起的动作。接下来，我递给他们5磅或10磅重的哑铃（取决于他们的体形与力量），告诉他们在他们降至最低点时，将手臂向身体前方伸出。人们总是惊讶地发现，在他们多举10~20磅的重量时，就能完成手枪式深蹲，这是自重训练无法办到的。这就是平衡机制的训练效果。

　　手枪式深蹲中最难的部分是从最低点站起，这对平衡能力及股四头肌的力量有很高的要求。如果你将5磅或10磅重的哑铃举在身前，你可以保持身体重心是朝前的，还可以长时间保持平衡，来将自己推离最低点，因为平衡机制会将对膝关节的要求转移到髋部上。科学家们会说，这种方式会将你的重心前移，从而增加髋部的扭矩输出，减少膝关节的扭矩输出。因为髋部比膝关节更容易有训练效果，因此用这种方式，你整个人也会变得更加强壮。所以，如果你在手枪式深蹲的最低点会挣扎，那么你可以尝试平衡哑铃手枪式深蹲，看看会发生什么变化。

平衡哑铃手枪式深蹲

进行这种训练时，你可以用哑铃或较轻（10磅）的配重片。将负荷置于身体两侧或前方（如果你抓着一块配重片），然后摆出手枪式深蹲姿势。一条腿向身体前方伸出，然后下放身体至最低点，让膝关节向前移动，髋部向后移动，同时躯干前倾，膝关节与脚尖在一条直线上。你也可以让腿在空中垂悬，在深蹲时逐渐将其抬起。在你做动作的时候，举起并伸展手臂来上举哑铃或配重片。在你到达最低点时，手臂应该向身体前方伸直。脚跟或足的中部用力，流畅地抬高髋部与躯干，转换动作。在你站直时，放下手臂回到起始位置。你可以先用一个跳箱测量好适合自己的深度位置，然后完成训练。

自重（自由）手枪式深蹲

虽然单腿深蹲与平衡哑铃手枪式深蹲很适合用于增强力量，提升灵活能力与协调能力，但是从某一点来说，你需要学会不借助外力来完成动作。我介绍过的自重手枪式深蹲是最好的单腿训练，在肌肉处于紧张状态下，其可以让你在全运动范围内来加强腿部力量，同时延长臀肌。这种上半身的上拉动作能够在自重状态下对力量与控制力进行的最真实的表达。如果你能以标准姿势完成全范围自重手枪式深蹲，这说明你不仅有很强的力量及协调能力，踝关节与髋关节也足够灵活。下面你将学到3种自重（自由）手枪式深蹲动作。

箱式手枪深蹲

如果你在最低点处，很难让另一只脚保持离开地面，那么试着站在一个跳箱（或凳子等物体）上，让腿悬在一边。

平衡手枪式深蹲

以手枪式深蹲姿势准备。将一条腿向身体前方伸出，让脚刚好在高于地面的位置。流畅地深蹲下去，同时让膝关节向前移动，髋部向后移动，躯干前倾，下沉至手枪式深蹲姿势的最低点，保持膝关节与脚尖在一条直线上。在你深蹲时，在身体前方举起手臂，以保持平衡。在最低点转换动作，脚跟或足的中部用力，同时伸展髋部与膝关节，从最低点起身。如果你想保持平衡，你需要在站直时将手放下。同样，如果你无法让另一条腿离开地面，那么你可以在站在一个跳箱上完成这项动作，这样，双腿与地面之间就有更大的距离。

双手叉腰手枪式深蹲

如果你进步了，或者你想让这个动作更具挑战性，可以将手臂交叉置于胸前，或者将手置于髋部或脑后，以此来保持平衡。

负重手枪式深蹲（哑铃与负重背心）

有几种方法可以进行负重手枪式深蹲训练。一种是将哑铃置于前蹲架的位置（高脚杯手枪式深蹲）。你也可以看到人们会进行双哑铃前蹲架手枪式深蹲训练，但你无法在训练时保持非常平衡的状态，而且还有额外的风险，你可能会失去平衡，甚至抓不住哑铃。

负重背心是另一种很好的选择，但是在你愈加强壮之后，它可能会限制你的呼吸。不是每个人都有负重背心这种器材，你也可以使用两只手臂来完成动作。

高脚杯手枪式深蹲   **双哑铃手枪式深蹲**   **负重背心手枪式深蹲**

高脚杯深蹲、双哑铃深蹲与负重背心手枪式深蹲训练与自重手枪式深蹲的动作步骤完全相同。唯一的区别是你需要举着一只哑铃（高脚杯深蹲）或两只哑铃（前蹲架）或者穿着一件负重背心。同所有手枪式深蹲训练一样，如果你不能让腿与地面保持一定的距离，你可以站在一个跳箱上，让一条腿悬空。

滑步式深蹲

如果你的目标是针对股四头肌进行训练，那么滑步式深蹲就是很好的训练。滑步式深蹲与硬拉对关节角度的要求是相似的，但将腿伸向身后会让这项训练转变成膝关节主导的训练，这意味着相较于臀肌与腘绳肌，这项训练更能训练到股四头肌。它仍然可以增强臀肌力量，但没有手枪式深蹲那么大的训练范围，而且还可以转换成像硬拉一样的髋关节主导的训练。和手枪式深蹲一样，滑步式深蹲也是一种具有挑战性的动作，对股四头肌的力量、平衡能力与协调能力有很高的要求。

你需要将腿向身后伸出，屈曲膝关节，才能正确地完成滑步式深蹲。在你深蹲时，你可以让膝关节接触垫子，或者在膝关节距离地面一英寸的位置转换动作。大多数人在进行滑步式深蹲时，无法让小腿不落地。为此，我提供了一系列从最简单到最困难的技术。

半滑步式深蹲

如果你不能完成全范围的滑步式深蹲，可以先做半滑步式深蹲动作。一开始，你可能只能进行到一半的程度。在你可以做得更好后，你可以使用博速球或厚垫来让自己深蹲至更低的位置。

半滑步式深蹲

以窄距深蹲姿势准备，双脚置于髋部下方。现在你要同时做几个动作：一条腿向身后伸出，膝关节屈曲，躯干前倾，背部挺直，手臂伸向前方，保持平衡，髋部向后坐，保持膝盖与脚尖在一条直线上；手臂伸直，身体下沉至深蹲位置，直到膝关节贴在垫子上，然后立即转换动作，回到直立姿势。如果你没有垫子或者垫子过低，那么你在半空中转换动作时，尽量下蹲至不会掉落到地面的位置。

全滑步式深蹲

　　全滑步式深蹲与手枪式深蹲都是优秀的自重训练，可以帮你建立运动模式同时加强股四头肌的力量。像手枪式深蹲一样，做2~3组，每组8~12次的全滑步式深蹲，这对资深运动人士也很有挑战性。完成全滑步式深蹲有两种方法。第1种方法是只将膝关节贴在地上，你可以在任何地方完成这项动作。第2种方法是站在阶梯或3英寸的跳箱上，下沉至博速球或平衡垫上。使用上述2种方法，你仍然在全运动范围进行训练，但是你不需要将膝关节落在坚硬的地板上，只需要将膝关节落至与地面平齐的加垫地面上。垫子不仅可以提供一层安全保障，还可以让训练更有针对性，帮助你保持有规律且一致的节奏。你也可以通过抬高阶梯的高度来完成双脚抬高滑步式深蹲，但这项训练也有一定的难度。

全滑步式深蹲

全滑步式深蹲与半滑步式深蹲有着相同的设定及技术：一条腿向后伸展，膝关节屈曲，躯干前倾，背部挺直，手臂向前伸展以平衡身体，髋部下沉，保持膝盖与脚尖在一条直线上。唯一的区别是你会有更大的训练范围。

负重滑步式深蹲（哑铃搬运与负重背心训练）

　　完成负重滑步式深蹲的最好方式之一是穿一件负重背心，或持两个哑铃置于身体两侧。你必须让自己前倾来进行负重滑步式深蹲，因此，我不会过多推荐采用壶铃前蹲架、平衡杆与辅助环的训练。同负重手枪式深蹲一样，这种训练是为资深运动人士而创建的项目，他们可以轻而易举地完成2~3组，每组8~12次的全范围自重滑步式深蹲动作。

负重背心滑步式深蹲　　　　　　　　　　　**哑铃搬运滑步式深蹲**

负重背心及哑铃搬运训练与自重滑步式深蹲的动作步骤完全相同。你的姿势也应该保证相同。如果增加负荷会影响你的姿势，例如背部拱起，那么你可以通过进行双脚抬高深蹲训练来扩大运动范围，或者仅仅用自重，而不增加负荷，同时增加重复动作的次数。

推雪橇

有些训练一些人做不到，也不适合他们做。不做某种训练的影响因素有很多，如灵活能力较弱、受生理结构所限、受伤的可能性较大、感到疼痛或不适，或该训练与自己的训练目标不符。简单地说，如果某项特定的训练让你感觉不对劲或者不符合你自己的目标，那么你就不应该去做。如果每次做这个动作都会让你感到疼痛或不适，即使你可以用标准姿势完成该动作，但也需要找到一种会让你感觉更好的训练，或者可以暂时先进行另一种运动。

在训练学员以及与人沟通方面，我有着丰富的经验，从运动员与形体选手，到只是想看看并获得更好感觉的人群，他们都有着各自不同的不能或不应该做的运动。举个例子，杠铃臀推是人们最容易接受的臀肌训练之一，但不能接受的人也可能占了1/4，因为他们觉得这种运动会过度训练股四头肌或腘绳肌。人们普遍认为深蹲与硬拉是最有效的力量型运动之一，但仍有一定比例的人在做深蹲式硬拉时会发生膝关节与下背部疼痛，即使他们使用了标准的姿势。

这也是使用大的工具训练箱如此重要的一个原因，对教练来说更是如此。在大多数情况下，你可以找到一种自己可以接受的训练。但即便如此，一些运动模式也可能会被排除在外。简而言之，每个人都能做的训练不是很多。推雪橇就是其中之一。

无论你是否受灵活能力与独特的生理结构的限制，还是你会发生下背部疼痛，或者肌肉过度酸痛像遭到殴打一样，你仍然可以进行推雪橇训练。这项训练对协调能力的要求不高，你可以调整负荷来达到不同的技术与力量水平的要求，而且你不需要非常灵活也可以正确地完成训练。此外，推雪橇过程中不会发生任何离心活动。简单回顾一下，在上举的向心阶段肌肉会缩短，离心阶段肌肉会拉长。离心阶段容易给肌肉造成更多的损伤。因为你没有在负重的情况下拉长肌肉，所以推雪橇不会像其他运动一样让你感到肌肉酸痛。

出于这个原因，我建议当你感到力竭、肌肉过度酸痛，或还处于受伤恢复期时，可以选择进行推雪橇训练。你也可以在训练的最后阶段完成推雪橇训练，将其作为一种调节训练与力量增强训练。你不太可能像在做深蹲与臀推这样的全范围动态训练一样，在推雪橇训练中训练出更大、更强壮的臀肌，但你可以保证肌肉训练质量，也可以增强耐力，这些优势使推雪橇在臀肌训练中总归能占有一席之地。

推雪橇训练

很少有人无法完成推雪橇这种训练。只要你遵循通用原则与技术指导，保持背部挺直（中立），稳定肩膀，切勿让膝关节过度向内凹陷，你就可以开始这项训练了。正如我在前文中所说，动作很简单并不意味着你可以将技术抛之脑后。你需要认真对待这项运动，边进行边考虑保持运动状态，同时注意姿势的正确与否。

根据双手位置与姿势，可以将推雪橇分为3种不同的类型。

- 高手柄（身体直立）。
- 中手柄（身体略微倾斜）。
- 低手柄（身体倾斜）。

由于每种姿势的髋部运动范围不同，训练臀肌的方式也略有不同。

一般来说，手柄的位置越低，训练就越困难，因为你需要更大的运动范围来训练臀肌。此外，还需要用更多的肌肉来保持身体稳定。至于距离及节奏，我通常建议以慢节奏进行10圈，每圈20~30米。重型推雪橇的速度慢，更有利于增强力量，而轻型推雪橇的速度快，更有利于提升调节能力。

高手柄（身体直立）推雪橇

在髋关节伸展的末端位置进行高手柄（身体直立）推雪橇可以更好地训练臀肌。这是最简单的推雪橇训练之一，因为你不必调动身体所有部位，你可以在较小的运动范围内移动髋部。对于初学者及处于受伤恢复期的人来说，这是最好的训练之一。需要注意一点，你无法在雪橇上放置大负荷重物，否则在你的身体保持直立时，你没有足够的杠杆力量来推动雪橇前进。

在雪橇手柄上的抓握位置取决于你的高度及雪橇杆的高度。你可能需要让手臂垂直向下或屈曲大约90度，才能以直立的姿势推动雪橇。这样做的目的是保持手臂位置固定，在你向前推动雪橇时，切勿让手臂前后摆动。

中手柄（身体略微倾斜）推雪橇

中手柄（身体略微倾斜）推雪橇是最常见也是接受度普遍较高的一种推雪橇训练。躯干以大约45度角前倾，让臀肌可以在较大的运动范围内移动。如此一来，你就有更多的杠杆力量来推动雪橇前进。这不像低手柄雪橇那样困难，但仍然能为臀肌提供强有力的刺激。

转动髋部，躯干前倾，背部保持挺直，同时握紧雪橇手柄。在起始位置，你需要将手置于肩膀下方或让其与肩膀处于同一水平面，然后根据喜好进行上下调整。你可以保持手臂伸直或略微屈曲，选择你喜欢的方式。关键在于每走一步都要用脚掌发力。保持步态笔直（沿直线向前走），同时保持有节奏的步幅。

低手柄（身体倾斜）推雪橇

这是最高级的推雪橇训练。在你的躯干几乎与地面平行时，你可能无法保持平衡，你必须依靠双腿的力量来推动雪橇前进。更具体地说，这种训练让臀肌可以在髋部屈曲的情况下得到更好的训练，因为你在每一组训练中不会达到完全髋伸的程度。这种训练也能更好地训练到小腿肌肉，因为你必须在整个训练过程中都保持脚趾位置固定。

以短跑运动员的低位姿势准备，这样就可以保证躯干几乎水平。握紧雪橇手柄，将手置于肩膀下方或让其与肩膀处于同一水平面。在整个推雪橇过程中，保持手臂伸直，背部挺直。同样，沿直线向前迈步，每走一步都要用脚掌发力，同时保持有节奏的步幅。

负重与器材

只有两种方法可以增大推雪橇的阻力：使用弹力带或增加雪橇重量。

弹力带推雪橇

推动雪橇时，使用一条弹力带（如臀肌弹力圈）是提高臀肌激活程度的最佳方法之一。这种训练基本上是野兽行走训练与推雪橇训练的结合。你只能在处于高手柄位置与中手柄位置时才能完成这项动作。注意最好使用较大的弹力带。进行推雪橇的时候，你可以将弹力带套在膝关节上方，这样腿部就可以在更大的范围内移动。最后，你可以保持双脚以较宽的间距向前走，或让腿内旋，然后外旋，每一步都需要沿对角线方向朝外迈出。

负重推雪橇

推雪橇的负重策略取决于你的位置或姿势、所使用雪橇的表面与种类，以及你的训练目标。有些雪橇比其他雪橇滑行得更好，需要的负荷就更多；有些雪橇表面的摩擦力大，其需要的负荷就较少。如果你想加快速度，最好保持小负荷，在尽量保持步态力学机制一致的同时尽可能快地推动雪橇。如果你想提升调节能力，那么只要你能在理想的时间内充分利用雪橇，那么任何负荷都有效，因为你会自然而然地加快速度。如果你的主要目标是训练臀肌，那么你需要创造足够大的阻力，这样你就能以较慢的速度保持有节奏的步伐。

雪橇式前拉

你可以用拉动雪橇代替推动雪橇，但这种训练需要使用安全带。

雪橇式后拉

雪橇式后拉在训练股四头肌方面效果很明显，也很适合在膝关节受伤康复期进行。

第21章 腘绳肌主导型训练

在本章中，你将学习如何进行腘绳肌（大腿后部）主导型训练，包括硬拉、直腿躬身、背部伸展、反向山羊挺身、哑铃摆荡、直腿臀桥与屈膝训练。显而易见，腘绳肌主导型训练主要对腘绳肌起作用。但就像股四头肌主导型训练有时也能训练臀肌和腘绳肌一样，腘绳肌主导型训练也能训练臀肌，有时也能训练股四头肌。

虽然腘绳肌主导型训练与臀肌主导型训练并不总能对臀肌产生相同水平的激活作用，但腘绳肌主导型训练仍然能训练臀肌，尤其是当你按照我教的方式进行训练时。例如，在背部伸展过程中，收拢下巴的同时上背部拱起，可以减少竖脊肌的参与同时提高臀肌上部的激活程度。但即使这样，你也会感觉到腘绳肌得到训练，这并不是坏事。

即使你想在不训练腿部的情况下增长臀肌，也需要进行一些股四头肌主导型训练与腘绳肌主导型训练，因为我已经介绍过，这些训练会特别训练到臀肌下部并在紧张的情况下拉长臀肌，还可以针对不同的肌纤维。不过，你还是应优先考虑臀肌主导型训练，因为在这种情况下，臀肌增长为首要目标。

太多与我一起训练的女性客户说："我不想要粗腿。"所以她们不愿意训练股四头肌与腘绳肌。但问题是：发达的腘绳肌看起来很好，有助于塑造腿形，帮你完成髋伸动作，这是一种将运动状态与实际效果联合起来的动作。简而言之，腘绳肌是重要的肌肉，你需要进行上举训练，来扩大所有髋伸动作的范围。这意味着不仅要进行股四头肌与腘绳肌主导型训练，也要进行臀肌主导型训练。

记住，臀肌训练不是不切实际的训练体系。是的，这是可以训练出更大、更强的臀肌的体系，但还远不止这样。如果你遵循本书中概述的指南，进行各种臀肌、股四头肌与腘绳肌主导的训练（以及上半身运动），你还可以增强实际力量，提高协调能力，即在各种情况下安全有效完成动作的能力，同时提高你身体的适应能力与灵活能力，以及平衡发展。更重要的是，你的训练动作对你的生活与运动都有帮助。

想想所有的运动，包括躯干前倾的髋关节旋转运动：排球、棒球以及网球运动员准备接球，高尔夫球手准备挥杆，橄榄球与橄榄球边线队员的准备姿势。想想你弯腰去捡东西的频率。如果你的腘绳肌力量不够，你不知道如何以标准姿势完成屈曲与上举动作，你就只能在上举动作中用背部肌肉代偿，这就是很多人受伤及下背部疼痛的原因。事实上，大多数人在日常生活中更多地使用铰链动作而不是深蹲动作。在进行本章中的训练的过程中，你将学习如何利用髋关节与后链（竖脊肌、臀肌与腘绳肌）的力量来完成这项动作，从而降低受伤与疼痛的概念，这至关重要。同样重要的是，你会训练到完成这些动作所需的肌肉，从而满足不同的形体目标。

结构与组织

本章基于训练项目共分为7节。这7个训练项目在某种意义上都是相似的，会训练到腘绳肌，也会涉及髋关节铰链动作与髋伸动作模式，但它们的独特之处在于，训练后链的方式略有不同。

- 硬拉是最流行的髋关节铰链动作之一，也是增强功能性力量与能力的最佳上举动作之一。它被认为是一种主要的上举动作，所以将其置于训练开始时进行会有最好的效果。
- 直腿躬身与硬拉动作模式相同，但其不是将杠铃杆从地上提起，而是将杠铃置于背上，向前完成铰链动作。
- 与其他腘绳肌主导型训练相比，背部伸展与反向山羊挺身训练能使臀肌产生更高的激活程度，尤其是当你按照我教的方式进行训练时。它们通常被放在训练的中间，动作以中等到较小的负荷完成。
- 摆荡，如壶铃摆荡，主要用作调节训练，通常在训练的最后阶段进行这项训练。
- 直腿臀桥与屈膝训练是主要单独训练腘绳肌的训练。

同样，如果你主要对增强力量感兴趣或者你喜欢举重训练，那么硬拉将成为最适合你的动作。但是对于许多腘绳肌主导型运动而言，目标并不总是逐渐增加负荷，而是需要你集中精力于神经-肌肉连接。

腘绳肌主导型训练

硬拉（第497页）

直腿躬身（第524页）

背部伸展（第532页）

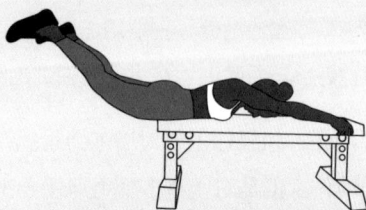

反向山羊挺身（第541页）

壶铃摆荡（第551页）

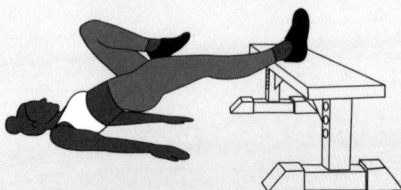

直腿臀桥（第559页）

屈膝（第562页）

训练 1 硬拉

在健身房里，硬拉很可能是对力量的终极考验。硬拉与深蹲一样，常被称为所有训练中的"王者"。客观来看，硬拉似乎不需要太多的技术，但这种观点确实有些离谱。将动作进行拆解我们就会发现，硬拉的技术性很强，而且很难掌握。这种动作可能看起来像是一个简单的髋关节铰链动作，在日常生活中也经常出现。然而，它并不是那么简单，尤其是在大负荷的前提下。

硬拉是一项严苛的运动，可能也是所有上举运动中最棘手的一种，因为它对中枢神经系统（The Central Nervous System，CNS）有极高的要求。事实上，一项研究不认为硬拉会对中枢神经系统施加压力，但是我们专业的健身人士很难放弃这个想法。这可能只是因为肌肉与结缔组织结构发生的微损伤会使人筋疲力尽。然而，有一件事是肯定的：大负荷的硬拉无异于将Everclear酒（西洋谷物酒）带到一场酒桶派对上，进展可能会一切顺利，也可能最终酿成不可挽回的灾难。

我在第12章中谈过，找到最适合你的训练频率及运动种类，是上举训练发挥出最好训练效果的关键。有些举重人士每周负重硬拉完成得最好，而另一些人每隔一周进行负重硬拉会完成得更好。有些人每周努力训练两次，而另一些人则喜欢在一周内进行次最大负荷训练。还有一些人更喜欢完全避免硬拉动作，依靠深蹲、弓步、直腿躬身、臀推等动作来提升自己的硬拉能力，直到可以最大限度地完成硬拉训练。还有一些人从不进行大负荷的硬拉，他们更喜欢在较小的负荷下训练。

虽然大多数举重人士都用硬拉来测量自己力量的大小，但你无须完成大重量上举也能在训练中有所收获。事实上，如果你只关心训练更大、更强壮的臀肌，那么最好不要做到极限或超重硬拉，因为这种方式有受伤的风险。下背部扭伤与不定时的伤痛往往伴随着大重量的日常硬拉训练。对于追求力量的人来说，这样做的好处可能是值得的，但对于那些主要只想改善形体的人来说，只要通过适度的重量进行训练，注重姿势与技术，按组完成训练，将有助于增强和保持力量，同时也可以更接近自己的形体目标。

同样重要的是，要意识到硬拉并不仅仅是一项杠铃训练。根据站姿、膝关节动作、运动范围及器材，硬拉可以分为不同类型。在本节中，你将学习所有硬拉训练。但首先，让我们回顾一下硬拉动作模式的一些重要指南。

指南与提示

关于硬拉的技术，你需要记住一些重点。硬拉的思路同臀推与深蹲一样，都是尝试不同的姿势、设置、运动范围，以找到适合自己的训练。在后文中，我将提供一些通用的指南，帮助你找到正确的训练方向。

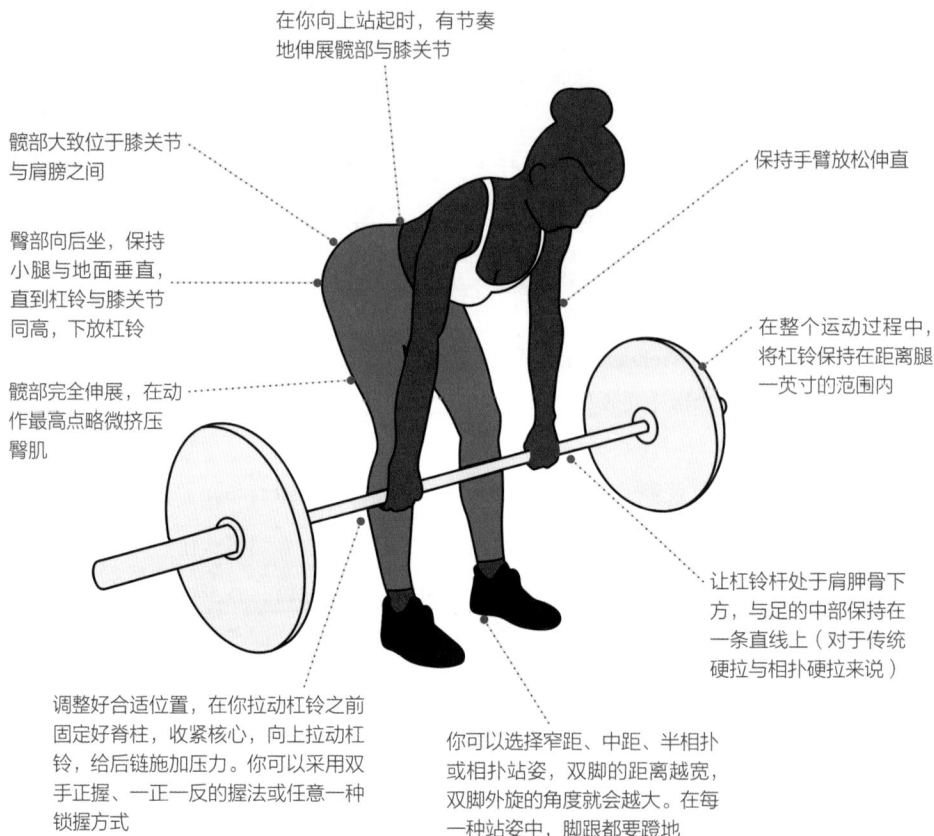

在你向上站起时，有节奏地伸展髋部与膝关节

髋部大致位于膝关节与肩膀之间

保持手臂放松伸直

臀部向后坐，保持小腿与地面垂直，直到杠铃与膝关节同高，下放杠铃

在整个运动过程中，将杠铃保持在距离腿一英寸的范围内

髋部完全伸展，在动作最高点略微挤压臀肌

让杠铃杆处于肩胛骨下方，与足的中部保持在一条直线上（对于传统硬拉与相扑硬拉来说）

调整好合适位置，在你拉动杠铃之前固定好脊柱，收紧核心，向上拉动杠铃，给后链施加压力。你可以采用双手正握、一正一反的握法或任意一种锁握方式

你可以选择窄距、中距、半相扑或相扑站姿，双脚的距离越宽，双脚外旋的角度就会越大。在每一种站姿中，脚跟都要蹬地

站姿与双脚位置

进行传统硬拉时，双脚分开约与肩同宽（可以自行调整，近一点远一点都可以），双手置于双腿外侧。大多数举重人士喜欢保持脚趾朝向正前方，而有些人则喜欢让双脚略微外翻。同深蹲一样，双脚外展程度也受髋关节解剖结构的影响，所以找到适合自己的姿势十分重要。

如果你找不到让你感觉舒适的双脚位置，试一试采取你在进行垂直跳跃时的姿势。这可以帮助你的身体摆出一种更合适的硬拉姿势。采取双脚间距略宽的站姿进行硬拉，甚至可以更宽一些，将手臂置于双腿之间，这就是所谓的半相扑姿势。你可能会发现半相扑（宽距）站姿的硬拉会让你感觉更好，更能训练到你的臀肌。

需要指出的是，如果你只习惯于采用一种站姿，那么换成其他站姿可能会令你感到不适。但这并不意味着其他姿势对你而言没有效果，我建议你轮换宽距、中距、窄距3种站姿进行硬拉，而且你只需要花些时间就能适应不同的站姿。如果在尝试过部分站姿后，你仍然不喜欢其中一种，例如相扑站姿会给你的髋关节造成伤害，或者传统站姿会刺激到你的背部，那么你可以不再采取这种站姿。

窄距站姿　　　　　　　　　　　　　　　　中距站姿

半相扑站姿　　　　　　　　　　　　　　　相扑站姿

双脚的间距越宽，双脚外翻的角度就会越大，你就越可以保持躯干挺直。这不仅能让杠铃更靠近你的身体，因为这是用标准姿势完成负重上举所必需的步骤，而且缩短了负重上举时髋关节不得不移动的距离。对大多数人来说，这样可以增加他们负重上拉的重量。

器材位置设置

找到适合自己的站姿后，下一步就是找出器材相对于你身体应该放置的位置。一般来说，你会想要让器材离自己很近，这样可以减轻器材施加给下背部的压力，但实际距离还是取决于你双脚的间距、你的生理结构以及你所使用的器材。

例如，如果你进行杠铃相扑硬拉，杠铃一般会很容易碰到你的小腿或者距离小腿很近；如果你进行传统硬拉，你会有更多的回旋空间。有些举重人士在硬拉时喜欢将杠铃直接靠在小腿上，而另一些人则喜欢将杠铃置于离小腿一定距离的位置。对于我的大多数客户，我都建议他们将杠铃置于足中部上方，或者将杠铃放置在纵向等分双脚间距的那条线上。

另一种确定身体相对于杠铃的位置（或者杠铃相对于身体的位置）的方法是从侧面拍摄照片，确保杠铃位于肩胛骨正下方与足中部正上方。注意，这适用于传统硬拉与相扑硬拉，但不适用于直腿硬拉或直腿躬身。马克·里佩托（Mark Rippetoe）是一名力量训练型教练，也是《力量训练基础》一书的作者，他在几年前就指出，这一点是正确的。

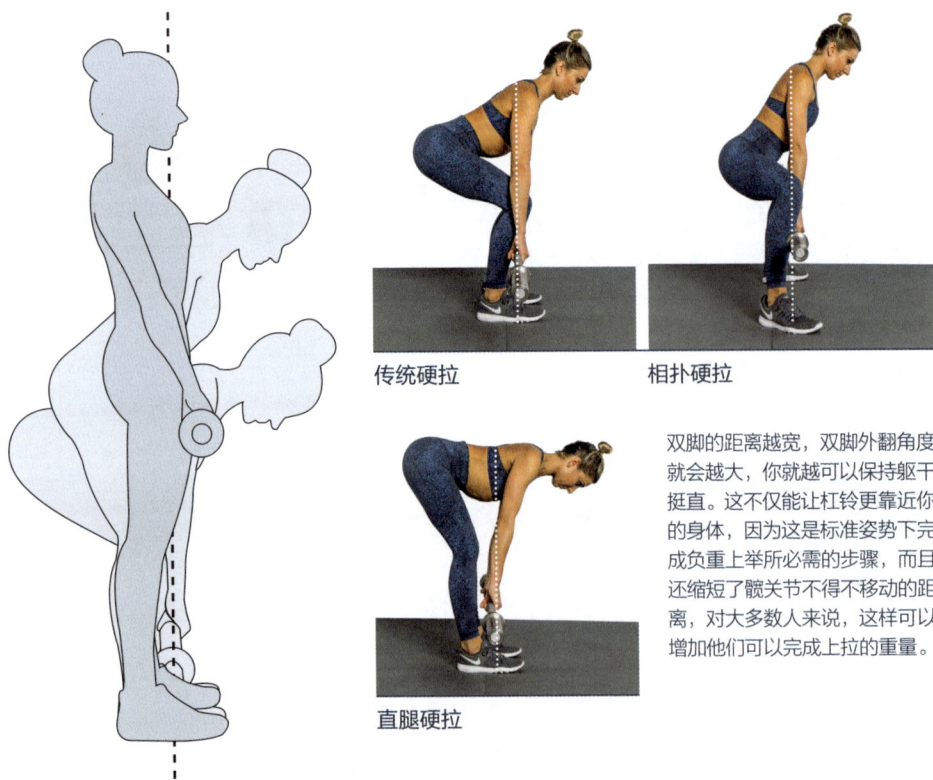

传统硬拉

相扑硬拉

直腿硬拉

双脚的距离越宽，双脚外翻角度就会越大，你就越可以保持躯干挺直。这不仅能让杠铃更靠近你的身体，因为这是标准姿势下完成负重上举所需的步骤，而且还缩短了髋关节不得不移动的距离，对大多数人来说，这样可以增加他们可以完成上拉的重量。

人体结构在很大程度上也可以决定杠铃放置的位置。杠铃离身体过近会妨碍腿部的运动，而杠铃离身体过远则会让你无法保持平衡，给脊柱造成过大的压力。

关于杠铃的移动路径，你需要在上举及下沉时让杠铃杆滑过你的双腿。在上举过程中，杠铃在任何情况下都不应该偏离身体超过一英寸的距离。如果偏离身体过远，上举会更加困难，也会给下背部施加更多的压力。

杠铃抓握方式

抓握杠铃有几种不同的方式，针对不同的上举训练与运动类型，大多数人都能找到合适的杠铃抓握方式。

双手正握

双手手掌面向身体的双手正握可能是最常见的方式之一。我建议你在热身时尽可能长时间地使用双手正握的方式来增强握力。然而，在重量接近最大重复重量或训练安排无法进行下去时，很少有举重人士能完全依靠双手正握的方式。简言之，他们的双手通常早于腿部与髋关节支撑不住，也就是说，即使下半身还有力量，他们也没有力量继续抓握杠铃。

一正一反（混合）握法

一正一反（混合）握法主要指的是一只手前旋（手掌面向身体），另一只手后旋（手背面向身体）。大多数举重人士都能很好地使用这种握法，这也是力量型举重人士与选择进行最大负重的人的首选方式之一。手臂后旋可能会造成肱二头肌肌腱轻微撕裂，所以使用一正一反（混合）握法时一定要注意交换手臂。在两组动作之间交换手臂也能确保两边肌肉均衡发力。

锁握

锁握是奥运会举重比赛中最常用的一种方式。这种抓握方式既有很好的效果，又有安全保障，比一正一反握法更加安全，因为这消除了肱二头肌肌腱撕裂的风险。但一开始使用这种抓握方法时可能会很痛苦。要安全地完成锁握，你需要将拇指圈在杠铃杆上，然后用食指与中指钩住拇指，将其固定到位。大约4~6周后，你的手上会长出老茧，疼痛会随之减轻，你的身体也会习惯这种方式。

借助举重带（助握带）

抓握杠铃的最后一种方式是借助举重带（助握带）。但用举重带（助握带）训练会弱化前臂力量与握力，所以我建议尽量不要使用。在我最初8年的举重生涯中，我依靠举重带（助握带）进行训练，如果我弃用了这种器材，那么我将无法得到好的训练效果。因为如果没有举重带的帮助，我的力量依然很弱。然而，我也不建议你始终依靠举重带（助握带）辅助训练。

握力确实可以成为限制最大程度硬拉的因素之一。如果这就是你的实际情况，我强烈建议你使用滑石粉，同时用带有花纹杠铃杆的杠铃完成专业的抓握动作。为了让你知道这些因素的重要程度，我以自身情况向你说明。我不借助滑石粉，使用旧的、杠铃杆更光滑的杠铃，可以完成负荷大约为455磅的硬拉动作；如果我使用好的有花纹的杠铃，我可以完成负荷大约为545磅的硬拉动作；如果我使用滑石粉，我可以完成负荷大约为620磅的硬拉动作。简而言之，在我使用滑石粉与有花纹的杠铃杆后，我就可以多负重165磅。如果你只关心形体训练，而不注重握力训练，那么你最好使用举重带。

脊柱力学：保持脊柱中立

同深蹲一样，硬拉时最好保持脊柱中立同时支撑腹部（要了解更多关于脊柱中立位的相关信息，请返回第139页；有关支撑的更多信息，请参阅第140页）。同样，在涉及脊柱与骨盆位置时，会有一些回旋余地。例如，我训练的很多女性客户都喜欢让骨盆略微向前倾斜（骨盆前倾）。只要她们能保持脊柱中立，这样做不会给她们的背部带来任何疼痛，那么骨盆略微前倾也是可以的。

脊柱中立　　　　　　　　下背部塌陷　　　　　　　　下背部拱起

根据生物力学分析与传闻反馈，最安全的硬拉姿势是保持脊柱中立。最好避免下背部塌陷及拱起的情况（分别为腰椎屈曲与腰椎超伸），因为它们会对韧带、椎间盘及其他脊柱结构造成损伤。

一些专业举重人士，特别是力量型举重人士，会有意地让上背部拱起（脊柱屈曲）。这让他们能够举起更大的重量，但同时也增加了一些风险。因此，我不建议初学者使用这种方法，我只建议接受过训练同时能承受更大风险的专业举重人士采用下背部拱起的动作。

颈部与头部位置

涉及颈部位置时，是保持头部中立、略微朝上或朝下，还是颈部堆叠（颈部后缩同时顶端屈曲，或做双下巴姿势），能有最好的效果。就我个人而言，我认为这项争议有些过于夸张，因为世界上最强壮的举重人士描绘了各种各样的颈部与头部位置。通常，我会建议避免任何形式的超伸或屈曲状态下的颈部与头部位置。

髋关节高度与躯干角度

最适合你的起始位置（或髋关节高度）取决于你的身体结构、杠杆类型及肢体长度。一般来说，从侧面看，硬拉时，你应该让髋关节夹在肩部与膝关节之间。用举重人士的生理结构来说明，股骨短、躯干长或手臂长的举重人士会更容易保持直立姿势，而股骨长、躯干短且手臂短的举重人士将会更加容易保持水平姿势。

使用杠铃杆移动髋关节

无论你的髋关节高度如何，关键还是在于用杠铃杆移动髋关节。换言之，你要避免在将杠铃拉离地面之前抬高髋关节。很多初学者在杠铃离开地面之前，会先抬起髋关节来开始动作。这是一种错误的姿势，通常是举重人士的髋关节位置过低或耐心不足所致。找到最佳的位置，在杠铃离开地面之前稳定在这个位置。同时，你的膝关节与髋关节应该以同样的节奏进行伸展，而躯干在向心（上升）的前半阶段应该保持近乎相似的角度。

支撑力学：在拉动杠铃之前，先确定好位置，再收紧核心

在你拉动杠铃之前，在后链与肩胛骨之间建立紧张感十分重要。很多举重人士都是通过握紧杠铃杆，然后髋关节上下摆动来达到这一目的的。因此，他们握紧杠铃杆，抬高髋关节，然后下放髋关节，同时向上拉动杠铃杆，挺胸，沉肩（肩胛骨下沉）。这些动作不仅会让髋关节、腘绳肌、竖脊肌与背阔肌等产生紧张感，而且能让拉动杠铃的同时不松懈。简言之，核心收紧有助于这些举重人士在从地面上将杠铃提起时保持稳定的姿势。现在，你不需要像刚才描述的那样上下摆动你的髋关节（这只是许多策略中的一种），但是你应该养成硬拉前的习惯，在上举之前肌肉不要松懈，而保持肌肉紧张；否则，你的髋关节很可能会向上"弹起"，在你将负荷从地板上提起时，负荷会使你背部拱起。

一旦你确定好姿势，合理摆放好杠铃后，还有一个更重要的步骤：进行深呼吸（大约占你最大肺活量的70%）来支撑你自己保持稳定，保持躯干肌肉收紧。保持脊柱稳定，核心收紧，然后你就可以开始进行上举动作了。

硬拉设置：提臀

起初，有效的硬拉动作会在合适的位置上让身体产生紧张感。握紧杠铃杆，拉动杠铃杆的同时让其超过双脚中心位置。你也可以抬高或降低髋关节，同时沉肩，这不仅可以让背部、髋关节与腘绳肌产生紧张感，还可以帮助你在上举时保持稳定的姿势。

足部压力：脚跟蹬地

同深蹲及臀推一样，在你开始进行硬拉训练时，你需要让脚跟蹬地。这样做可以保证不管怎样压力最终都将施加在整只脚上。但是，如果你将所有压力都施加在整只脚上，那么脚掌很可能会向前移动，这会打乱你的方法，同时也会让你无法保持平衡。

保持手臂放松挺直

硬拉时切勿用手臂拉动杠铃或耸肩。将双手想象成挂在杠铃杆上的挂钩，将手臂想象成绳索。也就是说，保持手臂放松与挺直，在保持背部中立的同时，依靠腿部力量与髋关节力量站直。

结束位置：髋关节完全伸展

结束位置的特点是髋关节完全伸展或髋关节略微超伸，同时收缩臀肌。很多举重人士都会犯一个错误，即固定负重时发生腰椎超伸（错误姿势见下图）。用力收紧臀肌会导致髋关节超伸，但腰椎保持中立时，允许髋关节略微超伸。换言之，你通过收紧臀肌来推动髋关节向前，然而一旦髋关节超出运动范围，你就需要停止推动髋关节向前的动作。人们在学习通过臀推与背部伸展来让骨盆后倾时，有时也会将这种方式用到硬拉训练中，这其实并不合适。臀肌过度挤压加上"膝关节弯折"，你无法用股四头肌固定膝关节（错误姿势见右图），这会造成骨盆过于后倾，导致腰椎屈曲。这是你需要避免的错误。为了保证安全，防止受伤，请确保是髋关节超伸，而不是背部超伸，同时用力收紧股四头肌来固定膝关节。

错误姿势　　　　　正确姿势

力量型举重人士需要向裁判证明他们拥有完成硬拉的能力。我给力量型举重人士推荐的结束形式是向后拉动肩部，使其到高位置（肩胛骨略微收缩，胸部伸展）。

控制运动范围

你可以通过缩小或扩大运动范围来调整硬拉训练的难度。例如，你可以通过进行固定块硬拉来缩小运动范围，让动作变得简单一些，或者通过进行双脚抬高硬拉来扩大运动范围，从而让动作变得难一些。

固定块硬拉

固定块硬拉是在固定块或垫子（通常2~4英寸高）上完成硬拉。起蹲架硬拉应在起蹲架的安全销上完成。我更喜欢固定块硬拉，因为它与传统硬拉更像，但如果你无法将配重片提起，那么做起蹲架硬拉训练也足够了。

固定块硬拉在一些情况下是有用的。例如，有些人只是腘绳肌或髋关节的柔韧性不够好，无法在从地板将杠铃拉起时摆出标准的姿势，因此，他们不得不通过将背部拱起来进行代偿。对于这些人来说，从3~4英寸高的固定块开始上举是比较合适的，他们在增强灵活能力、力量、协调能力之后，可以逐渐降低固定块的高度。固定块硬拉会减少硬拉对身体产生的负担，对初学者与专业举重人士都很友好。我训练一位每次从地板上将负重拉起都会受伤的新手客户时，我并没有让其完全避免硬拉训练，而是缩小他的运动范围，让他尝试多种类型的训练，例如罗马尼亚硬拉，直到我们找到不会让他产生挫败感的动作与运动范围。而我训练一位专业举重人士时，我可能会让他们将固定块硬拉作为辅助训练。也许他们在硬拉上的进展停滞不前，或者他们会厌烦硬拉训练。但进行一次4~6周的周期固定块硬拉训练可以丰富日常生活，而且有可能增强硬拉的力量。这不仅减轻了硬拉对身体产生的负担，让举重人士有更多的时间恢复肌肉，而且大多数人在做固定块硬拉时会变得更加强壮，这会增强他们完成动作的信心。

你也可以通过使用更重的配重片（臀推器配重片或车轮状配重片）来缩小运动范围，但大多数健身房并没有配备这种器材。你可以利用其他常见的健身器材，将配重片置于

固定块硬拉　　　　　　　　固定块相扑硬拉　　　　　　　　固定块六角杠铃硬拉

阶梯、垫子、固定块或缓冲板上抬起。注意，将高于膝关节的固定块举起（或进行起蹲架硬拉），不会转移成硬拉动作，而且你将固定块抬起得越高，臀肌增长的效果就会越差。因此，可以从4英寸高的上举开始，然后相应地逐渐减少，这意味着你在进行上举动作中的较低位置（2英寸高的或只是在地板上），可以让脊柱始终处于最佳状态。

双脚抬高硬拉

正如你可以通过缩小运动范围让硬拉更容易一样，你也可以通过扩大运动范围来增加硬拉难度，你可以站在一个跳箱上或高且稳定的平台上进行双脚抬高硬拉。通常我不会将双脚抬高硬拉放进训练计划，因为很少有人可以不发生背部拱起就能完成动作，双脚抬高硬拉训练臀肌的效果不一定好于从地板上提起杠铃。然而，这项训练可以让动作安排更加多样化，有助于增强力量、灵活能力，特别是对于那些手臂长而躯干较短的人而言。

双脚抬高传统硬拉　　　　双脚抬高相扑硬拉　　　　双脚抬高六角杠铃硬拉

错误姿势与正确姿势

我已经提过硬拉中最常见的错误姿势及避免错误的方式。在这里，我将更详细地介绍常见的错误姿势，简单描述正确姿势，这在"指南与提示"一节中稍有提过。

错误姿势：背部拱起

正如我在"指南与提示"一节中所说的那样，最安全的硬拉方式是让脊柱尽可能保持中立。然而，许多力量型举重人士与专业力量运动员选择让上背部拱起，他们愿意冒着不安全的风险让自己在上举时增加一点负荷。现在，如果你选择让上背部拱起，重要的是你需要让胸椎（上背部）拱起，同时保持腰椎区域（下背部）中立。这需要你进行多次练习，并非初学者能立刻掌握的。胸椎拱起会更安全的原因是胸腔的稳定能力强一些，可以保护胸椎部位。如果你将整个背部拱起，那便是自找麻烦。

确保在最低点收紧核心，同时保持脊柱中立，然后在伸髋及抬高躯干的同时保持稳定。

错误姿势：锁定超伸

错误姿势

脊柱锁定超伸出现于锁定阶段，或者发生在最高点或结束位置时的髋伸过程中。脊柱非常稳健，保持中立时可以承受大重量的负荷，但是在大负荷下让脊柱发生移动可能会出现问题。你可能会损伤或刺激到腰椎背部一些小的结构组织（脊柱附件），从而导致这些部位发生疼痛或受伤。这种现象一般发生在人们臀肌无力、不了解标准姿势，或假装自己可以完成髋关节完全伸展而实际上并不能锁定髋关节的这几种情形中。

正确姿势

在整个运动过程中，保持脊柱稳定（中立），同时收紧臀肌至髋关节完全伸展。你可以从侧面给自己录像，确保动作正确。你也可以练习站姿收紧臀肌与脚趾着地式PKC平板支撑（见第402页），来将感受臀肌收紧并将锁定髋关节之间的点连接起来。

错误姿势：深蹲提起杠铃

错误姿势

如果你将杠铃放得太远，你很可能处于深蹲姿势。这不仅会给你的背部造成不必要的压力，还会影响上举的力学机制，这意味着这种方式会更多地训练到股四头肌，而不是腘绳肌与臀肌。这可能是我在社交媒体上最常看到的错误姿势之一，这表明人们通常认为自己的动作是完全正确的，而事实上，他们错了。然而，如果你喜欢深蹲硬拉（从地板上将杠铃拉起），因为你喜欢这种方式带给你的感觉，我建议你进行抓握式硬拉或跨举（分腿举），我将在下面介绍。

正确姿势

同大多数正确姿势一样，你需要学习正确的准备步骤与动作步骤。确保杠铃置于中足位置，髋关节夹在肩部与膝关节之间。

错误姿势：直腿硬拉提起杠铃

错误姿势

这是很常见的直腿硬拉姿势。这种情况通常发生在只进行直腿硬拉的人及不了解正确的上举力学技术或股四头肌无力的初学者身上。

正确姿势

这是一种与形体或动力控制相关的错误姿势，因此，你需要围绕着正确的力学机制来制订解决方案。重温"指南与提示"，保持小负荷，直到你可以充分利用好相关技术。如果股四头肌无力是诱因，那么你需要考虑在训练安排中添加更多股四头肌主导型练习。

第5部分 训练

507

错误姿势：过早抬起髋关节（核心没有收紧）

硬拉至动作最低点时，如果你没有收紧核心或者耐心不够，髋关节通常会在你举起负荷之前抬起来。这就变成了直腿硬拉动作，会让背部产生更多的紧张感，还会减少你能够举起的重量。

正确姿势

重申一下，进行上举之前，在最低点收紧核心同时保持稳定，不要让身体松懈下来，然后拉动杠铃，保持脊柱中立。

错误姿势：起始位置不对称

我在第11章中谈过，但此内容在这里值得重复。太多的人在硬拉时让脚尖朝向不同的方向，或者在杠铃非中心位置将其抓住。记住，如果你的起始位置不正确，那么上举动作的位置也会出现问题。

正确姿势

以杠铃上的标记为准，确保你的抓握位置间距对称，脚尖朝向保持一致。

硬拉变式

正如我之前提到的那样，硬拉的变式取决于你的站姿、深蹲深度、握力、膝关节动作与器材。同所有上举动作一样，我们的思路是进行多次尝试，然后找到最适合你身体与目标的训练。有些人因为生理结构不适合进行相扑硬拉，还有些人因为腘绳肌不够灵活，不适合在地面上进行传统硬拉，在这种情况下，固定块硬拉就是一个很好的选择。最后，最适合你的硬拉训练就是在不影响体态也没有受伤风险的情况下，你能用逐渐进步的方式持续进行下去的一种训练。

在所有硬拉训练中，你都应该让膝关节略微屈曲、躯干略微倾斜，但膝关节屈曲与躯干倾斜的角度取决于训练的种类。例如，直腿硬拉只需要膝关节略微屈曲，但躯干需要几乎水平或倾斜90度。传统硬拉需要膝关节屈曲更多，躯干相对倾斜45~60度。举重带杠铃硬拉与壶铃（或T杠）硬拉看起来很像深蹲姿势，膝关节屈曲，躯干倾斜30~45度。正如我在本书中所讨论的，你可以通过改变髋关节与膝关节的角度来选择髋关节主导的还是膝关节主导的上举动作。上举时膝关节屈曲与身体直立更能训练到股四头肌（膝关节主导），而双腿伸直与髋关节铰链动作则会更加训练到腘绳肌（髋关节主导）。直立硬拉训练即使可以训练股四头肌，但仍然被认为是腘绳肌主导型训练，因为与深蹲相比，膝关节在直立硬拉训练中不能在全范围中运动。

所有硬拉训练在激活臀肌方面的效果也是相似的。很多人说，他们觉得相扑硬拉会更多针对臀肌，但研究表明，相扑硬拉对腘绳肌的激活效果在其他硬拉训练中是相似的。

取决于体形、姿势、经验及偏好，每个人都会有比其他训练带来的感受更好的选项，如壶铃硬拉、举重带杠铃硬拉、相扑硬拉、传统硬拉或罗马尼亚硬拉。所以，如果你的主要目标是增长臀肌，那么你应该优先考虑你认为最能训练到臀肌的训练。

躯干角度

直腿硬拉   传统硬拉   相扑硬拉

硬拉分类

由于姿势、膝关节动作、抓握方式、运动范围（固定块硬拉与双脚抬高硬拉）以及器材的选择会有所重叠，硬拉是最难进行分类的训练之一。如果你进行杠铃上举，你可以根据姿势、膝关节动作与抓握方式将其分成6种不同的训练。

传统硬拉   B姿势硬拉   单腿硬拉   相扑硬拉

直腿硬拉   抓举硬拉

如果你是从地上将杠铃举起来，你可以从双脚抬高上举开始逐步扩大运动范围，或者从固定块上举开始逐步缩小运动范围，从而完成所有训练。你也可以在最高点开始运动，用不同的姿势、膝关节动作与抓握方式来完成罗马尼亚硬拉。注意，只是用杠铃就有了这么多类别！你可以通过使用举重带杠铃、T杠、负重销、壶铃及哑铃等器材来创建更多类型的硬拉训练。

在本节后面，我将向你展示如何使用不同的器材来丰富训练种类。但现在，我想将重点放在某些特定类型的训练上，例如罗马尼亚硬拉、相扑硬拉与传统硬拉。因为杠铃是最常见的工具，所以我常用它来进行训练演示。

髋关节铰链动作

髋关节铰链动作是为所有硬拉训练的准备阶段设置的运动模式。然而，这种技术更像是一种教学工具，而不是实际的训练项目。也就是说，你完成这个动作不是为了让腘绳肌得到训练，而是为了教授做髋关节铰链动作的正确技术，例如让髋关节向后坐、躯干前倾、背部挺直。换言之，这种动作是为那些从未学会如何正确进行硬拉训练的人设置的保留项目。如果你可以在保持脊柱中立的同时完成髋关节铰链动作，你就不需要再进行这项训练了，除非你将其用于热身或者拉伸腘绳肌。

你可以站在墙前，然后试着让臀部朝后向墙坐下去，或者你也可以直接进行这项训练。如果采用后一种策略，我会告诉客户想象有一根绳子将其髋关节拉成直立姿势。在这两种情况下，技术是相通的：摆出硬拉姿势，支撑固定脊柱，然后向后拉动髋关节与腘绳肌，保持小腿大致与地面垂直，让膝关节根据需要调整角度。你可以让手臂垂向地面或将双手置于髋关节外侧。髋关节向后伸展时，躯干前倾，同时保持脊柱中立。一旦你达到运动范围的极限，这便意味着你在不让背部拱起就不能继续进行下去时，可以流畅地推动髋关节向前同时伸直躯干。

单腿髋关节铰链动作

单腿髋关节铰链动作很有挑战性。这会让腘绳肌得到深度的拉伸，而且对平衡能力有很高的要求。为了在这项训练中获取最好的效果的同时符合力学机制，我建议你将双手置于墙上，或者抓住一根柱子或高的跳箱，来获得支撑并保证稳定。这可以防止你在进行髋关节铰链动作时控制不住地旋转、扭曲或摆动，这在自重训练中十分常见。在你对动作熟练之后，可以移除支撑物，或者使用小的跳箱，直接在地面上进行。在你能用标准姿势完成单腿髋关节铰链动作后，你就可以用杠铃、单壶铃或单哑铃、双哑铃或双壶铃、举重带杠铃或T杠的形式来增加负荷。对于我的大多数客户来说，我建议他们使用支撑物来保持稳定，尤其是在增加负荷的情况下，因为我希望他们能挑战训练肌肉，而不必担心是否能完美地保持平衡。你可以将单腿髋关节铰链动作应用于大多数硬拉训练，特别是罗马尼亚硬拉、传统硬拉及直腿硬拉。

单腿髋关节铰链动作

哑铃支撑单腿髋关节铰链动作

以窄距站姿准备，双脚朝向前方，并置于髋关节正下方。你要同时完成几件事才能开始执行动作：保持重心压在一条腿上，转动髋关节，躯干前倾，保持脊柱中立，另一条腿向身体正后方伸出。在你开始执行动作时，膝关节略微屈曲，保持小腿尽可能与地面垂直，髋关节保持平直。你可以将双手置于墙上，或者抓住一根柱子作为额外支撑，靠近长凳或跳箱，或者让手臂放松同时垂向地面。转换动作时，后腿向前，躯干抬起，同时伸展髋关节。

B 姿势髋关节铰链动作

就像所有的 B 姿势训练一样，做 B 姿势髋关节铰链动作的思路是将你自身70%的重量置于一条腿上。很明显，你很难确切地清楚一条腿上的自重占多大比例，所以只要你的大部分自重在一条腿上，而你用另一条腿主要是用于支撑与平衡，那么你的动作就是正确的。在你增加负荷时，一定要坚持适度增加负荷及有计划地增加动作重复次数。在人们试图举起太大的负荷而最终将其更多地置于支撑腿上时，就会变成错误姿势。这会让传统硬拉的动作变得不对称，而且不能有侧重地将负荷置于一条腿上，而不是给另一条腿施加过多压力。关于负荷，你可以使用杠铃、壶铃、哑铃或举重带杠铃，我将在"器材与负重训练"一节中逐一介绍上述所有器材。

双脚朝向前方，置于髋关节正下方。将自身的大部分重量（约70%）置于一条腿上。支撑腿的足部轻轻向后滑动，让后脚脚趾与前脚脚跟对齐，后脚外翻，后脚脚跟抬离地面。从这点来看，力学机制与髋关节铰链动作相同。同时髋关节向后坐，躯干前倾，背部挺直。注意，你不需要让体重平均分布在两条腿上，而是要让大部分体重集中在一条腿上。所以，你在开始转动髋关节时，将重心放在负重腿的脚跟或足中部上，同时膝关节略微屈曲，让手臂放松垂下。在不让背部拱起的情况下尽可能降低躯干高度，然后流畅地伸展髋关节与膝关节来转换动作。

罗马尼亚硬拉

罗马尼亚式硬拉从本质上来看是一种负重髋关节铰链动作。也就是说，这个动作从站立姿势开始，然后你需要将重物降至膝关节以下，这意味着你无法在整个运动范围内完成动作。从最高点开始而不是从最低点开始的时候，人们更容易在保持背部挺直的同时转动髋关节。但是，你仍然需要将重物拉至最高点，因此，罗马尼亚硬拉通常在较小负荷及中等重复次数的运动范围内完成。最棒的是，你可以注重离心阶段，真正集中精力于髋关节铰链力学和控制下放重物的动作。大多数人会觉得腘绳肌得到了很大程度的拉伸，这是增强柔韧性的好方法。但是，如果你的腘绳肌已经足够柔韧，那么可能在重物一直下放至地面时，你都没有太多的拉伸感觉。但这样做会让训练有所改变。过于灵活且柔韧的运动员应该在保持稳定的同时收紧核心，转换动作。

你可以用双腿站姿（窄距、中距或相扑姿势）、B姿势或带杠铃、举重带杠铃、壶铃或双哑铃的单腿站姿完成罗马尼亚硬拉训练。

摆出硬拉姿势，两脚分开与肩部及髋关节同宽，将杠铃置于双脚中心线上，然后背部挺直进行髋关节铰链动作，将杠铃杆置于距离双腿约拇指长短的位置，双手抓握住杠铃杆。我推荐一种传统的抓握方式，即双手正握，掌心面向身体。你无法举起一吨的重量，所以没有必要使用混合式握法或锁握。举起杠铃至最高点，如有必要可以调整一下姿势：臀肌略微收紧，背部挺直，肩膀略微向后拉。下一阶段需要你同时做几件事：保持手臂放松，小腿与地面垂直，重心置于脚跟上，髋关节向后坐，背部挺直，髋关节向前转动。向后坐时，躯干前倾，让杠铃杆靠近你的身体，杠铃可能会从大腿滑下来，你只需要将其下放至髌骨以下。然后转换动作，伸展髋关节，躯干抬起，伸直膝关节。在你站直时，保持杠铃杆接触双腿，同时考虑略微收紧臀肌以伸展髋关节。

美式硬拉

美式硬拉与罗马尼亚式硬拉相似，但其在整个动作范围内不需要保持骨盆中立，你在最低点可以骨盆前倾，在最高点可以骨盆后倾。你仍然需要保持中立，但在整个运动范围内可以让骨盆前后倾斜。这样做可以达成3个目的：骨盆在最低点前倾可以让腘绳肌得到更多的拉伸；骨盆在最高点后倾可以更多地激活臀肌；这项运动可以教会你控制骨盆同时增强协调能力。显然，希望你进行这项训练时保持非常小的负荷。如果你有下背部疼痛病史，那么你可能想完全避过这项训练。这项训练主要为中等到更高的重复次数，也包括有节奏的动作。

手持杠铃呈站姿。就像你进行罗马尼亚式硬拉一样下沉，确保尽可能多地向后坐，保持小腿大致与地面垂直。下沉时，杠铃杆沿着大腿滑下，同时骨盆前倾。在杠铃杆刚好位于髌骨下方时停下动作。在你站起时，转换动作和骨盆位置，在用力向前推动髋关节的同时骨盆后倾，完成锁定动作。与罗马尼亚硬拉让杠铃完全直上直下的路径不同，美式硬拉会有一些水平动作，这是髋关节向前推动所致。手臂长的人可能会想扩大两手抓握杠铃杆之间的距离（有点像抓举），这样杠铃在髋关节处于锁定状态时会更加稳定。

传统硬拉

传统硬拉是我之前提到的力量极限测试和所有训练中的"王者"。如果动作姿势正确，传统硬拉可以比深蹲等任何其他训练更能训练到肌肉。将杠铃从地上举起是最原始的上举动作。出于这些原因，硬拉是大多数人最关心的上举动作，这给想认真挑战个人纪录的举重人士带来了问题。

与其他运动相比，你会看到一些人，甚至是专业举重人士，在硬拉时负荷过重，或是在进行每组运动时举过技术的临界点。我特别提倡渐进式增加负荷，但总有一天你的最佳状态会消失，你会感到筋疲力尽，下背部会发生疼痛，或者膝关节也会给你带来困扰，到那时，你需要倾听自己的身体，放松一下。我想说的是：无须害怕减少负荷，可以用做更多次重复动作来达成目标，尤其是如果你以塑形为目标。当然，硬拉是对力量的终极考验，而且，即使你的目标是拉起很重的负荷，你也应该在上举训练中逐步增加负荷。但是，无须过度在意硬拉的负荷，也无须太在意每次在健身房训练都可能无法完成计划。这样会让你的身体负担过重，最终让自己受伤。记住，如果你受伤了，你就无法让臀肌得到改善。

你也可以用B姿势来进行传统硬拉训练，这样可以更加针对某一条腿。要了解如何完成B姿势训练，请参阅第511页。

将杠铃置于足中部上方，摆出硬拉姿势，转动髋部，弯腰，同时准备握住杠铃杆。你可以用双手正握、一正一反混合握法或锁握等方式，将杠铃杆置于距离双腿约拇指长短的位置。在杠铃杆上做好标记，确保你的抓握位置对称。下一步，让身体不要松懈下来，收紧核心。要做到这一点，你需要拉动杠铃，肩胛骨下沉，背部挺直，髋关节抬高，小腿大致与地面垂直，膝关节略微屈曲。你的整个后链应该都有紧张感。深呼吸，然后通过收紧躯干和横膈膜的肌肉来让核心产生紧张感。要完成上举动作，你要同时做几件事：脚跟蹬地，伸髋的同时伸膝，躯干抬起，保持杠铃杆紧贴身体。在杠铃杆经过膝关节后，伸髋的同时站成直立姿势，然后让杠铃杆向大腿上滑动。收紧臀肌，锁定髋关节，同时保持脊柱中立。离心阶段或者下沉阶段，应该与同心阶段或上举阶段的状态完全相似。在你屈曲膝关节、躯干前倾的时候，髋关节与腘绳肌向后坐可以保持小腿大致与地面垂直。在你进行动作时，想象是在用杠铃杆在大腿上画画。进行髋关节铰链动作，控制好下放杠铃的动作，将杠铃下放至起始位置。想象一下如下动作：在地面上进行腿推举、臀推锁定，然后是罗马尼亚硬拉。（如果这些提示让你感到困惑，那么你可以选择忽略，但多数人认为这些信息是很有价值的。）

相扑硬拉

相扑硬拉是一种宽距站姿硬拉，这改变了上举的力学原理。双脚间距较大，同时脚尖向外翻的情况下，你不得不采取更直立的躯干姿势。这种训练很受举重人士的喜爱。事实上，世界上大多数最强壮的硬拉人士都喜欢用相扑姿势完成上举动作，这可能是因为抓握杠铃杆时双手间的距离较近，更多地依赖股四头肌和内收肌发力，以及背部负担不大，可以稍微增加一些负荷。如果你是为了增强力量进行训练，那么你应该经常训练让姿势更加标准。然而，即使你非常喜欢相扑姿势，我认为你仍然应该进行传统硬拉训练，因为传统硬拉可以很容易转移成相扑硬拉。事实上，我发现将相扑深蹲与传统硬拉结合起来似乎比相扑硬拉和全深蹲训练更适合我完成相扑硬拉，这很奇怪。

谈及臀肌训练时，大多数人会在相扑相关训练中更多地感受到臀肌发力。因此，根据反馈，相扑训练可能会比传统硬拉更好地激活臀肌。然而，你在后者中可以得到更大的运动范围，所以这可能是一种增长臀肌的方式。更重要的是，只有一项研究比较了力量型举重人士在进行相扑硬拉与传统硬拉时对肌肉激活的不同效果，在肌电图中显示了相似的臀肌激活效果。我的建议是两者兼而有之。在我为客户制订计划时，我将两者结合在一起，既可以丰富训练类别，又可以防止训练时产生乏味感，这两种上举训练均为大众所接受。

由于髋关节解剖结构和人体结构的差异，有些人（包括我自己）很难摆出正确的相扑姿势。如果你属于这种人，你可以考虑缩小双脚之间的距离，或者只是坚持进行那些感觉正确的训练。

首先，确定好双脚间距。大多数人让双脚间距大于肩宽，同时外翻角度大于45度。如果从前面与侧面看，你的小腿都要大致与地面垂直，那么你可以在保持背部挺直和躯干直立的同时抓住杠铃杆，那么这可能就是适合你的站姿。找到适合的站姿后，可以让杠铃杆靠在小腿上（或者非常靠近小腿），髋关节向前转动，在下沉时髋关节外旋（膝关节外翻），同时找到抓握杠杆的合适位置。绝大多数举重人士会让手臂垂直向下，同时采取混合抓握的方式。我建议力量较小的举重人士抓得略微宽一点，这样手能握住有花纹的位置，这有助于更稳定地抓握杠铃杆。下一步是收紧核心，髋关节下放，躯干抬起，同时肩胛骨下沉。记住，你在进行相扑硬拉时可以比进行传统硬拉时保持更加直立的姿势。在你准备好时，保持手臂伸直（放松），背部挺直。深吸一口气，让横膈膜和躯干肌肉用力维持住自己的姿势，然后脚跟蹬地，流畅地完成伸髋与伸膝动作。由于身体的倾斜角度，在你直立身体时，杠铃杆会滑至腿上。收紧臀肌来锁定髋关节，然后用同样的姿势反向下放杠铃。

515

直腿硬拉

直腿硬拉是一种适用于拉伸腘绳肌的训练，还可以在结束时增强力量（在身体灵活度的极限位置）。尽可能地拉伸肌肉的训练及强调离心阶段的训练，可以通过延长实际肌肉长度来改善肌肉的柔韧性（从科学的角度来讲，他们会将肌肉部位串联起来）。这与静态拉伸不同，静态拉伸主要是通过在不改变任何肌肉状态的情况下，改变大脑对拉伸的接受度来实现的。虽然这项训练的名称意味着让腿保持完全伸直，但事实上，你可以让膝关节略微屈曲一点。

在全范围内进行的直腿硬拉通常是专为灵活的运动人士和腘绳肌足够灵活/可以完成髋屈曲动作的人设计的。如果你不能在弯腰抓住杠铃杆的同时保持脊柱挺直，那你需要坚持进行罗马尼亚硬拉训练，直到腘绳肌的柔韧性可以支撑你以标准姿势完成这项动作。你也可以进行单腿直腿硬拉训练与相扑直腿硬拉训练。

直腿硬拉的准备步骤与传统硬拉相同，但不需要让膝关节屈曲过多。你的躯干几乎与地面平行，而不需要让躯干倾斜45~60度。如果你想让腘绳肌得到更多的拉伸，可以通过使双手握距更宽来让自己下沉。如果你是一名专业运动人士，在你降至最低点时，你可以将杠铃置于你身体略偏前一点的位置。这会将压力施加在腘绳肌上，同时让腘绳肌得到更多的拉伸。在你站起时，让杠铃杆经过膝关节，将杠铃拉向自己，这样杠铃杆就会滑到大腿上。注意收紧臀肌锁定髋关节。同样，只要你能让脊柱保持相对中立，你可以站在配重片、固定块、或垫子上来进行双脚抬高硬拉。换言之，请勿下蹲过深以防止背部过度拱起。

抓举硬拉

抓举硬拉实际上是一种握距很大的硬拉训练。但是，就像相扑硬拉需要站距很大一样，抓举硬拉时增加握距会改变整体的力学原理。这项训练很受奥运会举重运动员的喜爱，是因为其自身的特殊性，但是对于那些对臀肌训练感兴趣的人来说，这只是一种可以用来丰富多样性的训练而已。这种训练的好处在于可以扩大髋部与膝关节的运动范围，同时在运动中更能够保持身体直立。从这种意义上说，这是一种结合了硬拉与深蹲的混合训练。

接近杠铃杆，呈硬拉姿势，就像你准备进行传统硬拉时一样。如果你是一名奥林匹克举重运动员，那么就要像进行抓举一样抓住杠铃杆。如果你只是想训练臀肌，那么你需要找到合适的抓握位置。手持杠铃站起，让杠铃处于髋关节弯折处。对于像我这样高个子的人来说，这是举起杠铃的唯一方式。你在进行这项训练时可能需要使用腕带，因为凭借自身力量很难抓握住杠铃。在你放下杠铃准备上举时，你需要知道，宽握距需要你下放到更深的位置，就像你在进行深蹲一样。换言之，你必须让膝关节向前移动一点才能保持标准姿势。然后开始执行动作，力学原理与硬拉动作相同：在地面上进行腿举，在伸髋伸膝的同时保持杠铃紧贴身体，在直立姿势时收紧臀肌以锁定髋关节。在杠铃经过膝关节后，垂直向下向后坐，开始转换动作。

517

器材与负重训练

为了演示硬拉训练，我使用了杠铃，因为这是硬拉训练中最常见的工具之一。然而，你也可以使用其他设备来完成大多数的硬拉训练，包括壶铃、哑铃、举重带杠铃、BC T 杠（负重销）与T杠等。

弹力带杠铃训练

杠铃硬拉最棒的地方在于，你不仅可以进行所有硬拉训练，而且还可以调整负荷，这意味着你可以选择小负荷，也可以选择大负荷，或者任意负荷。你也可以通过将弹力带套在杠铃上进行弹力带杠铃训练。如果你有臀推器或硬拉平台等器材，你可以使用弹力带附件；如果没有，你可以通过交叉放置两个哑铃或使用两个重型哑铃。弹力带杠铃训练的好处在于，你可以在不给上举增加负荷的情况下，在上举期间更容易锁定髋关节。

哑铃式弹力带硬拉   臀推器式弹力带硬拉

虽然杠铃适合大多数人，但它并不适合每个人。此外，大多数酒店与家庭的健身房中都没有配备杠铃。所以，如果你讨厌杠铃硬拉训练，那么你可能每次上举杠铃时都会受伤，或者如果你无法接触到杠铃，那么你可以选择很多其他有很好效果的训练。

六角杠铃训练

六角杠铃训练需要你将负荷沿身体中心线分置于身体两侧，这会让运动可以更加自然地进行。你不必担心在膝关节周围移动杠铃会受伤，因为你可以在让躯干更加直立的同时推动膝关节向前移动，类似于深蹲（但蹲得不太深）。这不仅让动作更容易完成，而且还可以减少施加在脊柱上的压力。所以，如果你有下背部疼痛病史，或者杠铃硬拉给你的背部施加了过大的压力，那么六角杠铃训练可能就是适合你的训练。但这并不一定适合每个人。和我一起训练的很多女性客户都不喜欢六角杠铃训练，因为握距太宽会导致肩部不适。你在大多数硬拉动作中都可以使用六角杠铃训练的运动模式，例如罗马尼亚硬拉、单腿硬拉、传统硬拉与直腿硬拉。

传统六角杠铃硬拉   直腿六角杠铃硬拉   B姿势六角杠铃硬拉

壶铃训练

壶铃硬拉是我最喜欢教初学者进行的硬拉训练之一。事实上，很多人更喜欢使用壶铃而不喜欢杠铃，因为运动时可以将壶铃置于你的正下方，动作会更自然。使用壶铃时，你的抓握位置可以居中，也更容易控制负荷。从这种意义上说，壶铃硬拉类似于六角杠铃硬拉，但负荷位于双腿之间。不仅如此，壶铃硬拉的好处非常多：你可以用任何姿势来完成硬拉动作，包括对侧单腿训练（将负荷置于固定腿的对侧）及同侧单腿训练（将负荷置于固定腿的同侧）。你也可以将站姿直立式臀推和壶铃硬拉相结合，来加强髋关节伸展力量，还可以更加针对臀肌进行训练。

为了让壶铃硬拉训练产生最佳效果，增加负荷进行上举十分重要。问题是，大多数健身房没有大重量的壶铃。如果你很强壮，又无法接触到大重量壶铃，那么你最好使用六角杠铃或直接使用杠铃。

传统壶铃硬拉   直腿壶铃硬拉   相扑壶铃硬拉

第5部分 训练

519

双哑铃训练

哑铃硬拉（双哑铃硬拉）是另一种给硬拉动作增加负荷的方式。大多数人只使用杠铃进行直腿硬拉与罗马尼亚硬拉，但对于传统硬拉与单腿罗马尼亚硬拉而言，哑铃同样是有效的负荷工具。哑铃训练特别棒的一点是不限地点，因为大多数人的家里都配备哑铃，而且几乎每家酒店的健身房也都配备了哑铃，你在硬拉训练中几乎可以用哑铃代替杠铃。

进行哑铃直腿硬拉时，我喜欢将哑铃置于身体两侧与身体成45度角，但进行哑铃硬拉时，我喜欢哑铃置于身体两侧，握住中间的位置，这样可以手持哑铃前后摆动。这两种训练的主要区别是膝关节的屈曲角度和躯干倾斜角度。进行直腿硬拉时，你的膝关节屈曲角度更小，躯干更加水平；而进行哑铃硬拉时，你的膝关节屈曲角度更大，躯干会更加直立。哑铃硬拉的动作模式与六角杠铃硬拉的动作模式基本相同。主要的区别在于，你可能需要采取略微窄的站姿，而且你需要在哑铃接触地面之前转换动作（下放至小腿位置，然后站起回到直立位置）。

双腿训练

哑铃硬拉　　　　　　　　　　B 姿势哑铃硬拉　　　　　　　　哑铃直腿硬拉

单腿训练

同侧哑铃单腿罗马尼亚硬拉　　对侧哑铃单腿罗马尼亚硬拉　　双哑铃单腿罗马尼亚硬拉

单腿外展直腿硬拉

过去，人们会将一只脚抬高来完成罗马尼亚硬拉训练，就像保加利亚式分腿深蹲（见第462页），但并非主动屈曲膝关节来完成铰链动作，而是需要让小腿与地面大致保持垂直。从理论上讲，这种训练很有效。单腿抬高将你的大部分重量置于固定腿上，可以创造出一项具有独特性的单腿训练。然而，将腿后踢然后做向前的铰链动作是不对的。这个姿势无法让你保持稳定，你最终不得不左右摇摆。这就是我没有将保加利亚式单腿罗马尼亚硬拉写进本书的原因，而单腿外展直腿硬拉恰好可以解决这个问题。通过将腿置于抬高的平面上，你可以让身体保持稳定，而且你可能会发现这比其他单腿训练更容易完成。就像B姿势训练一样，你需要考虑将70%的重量施加在固定腿上，将剩下30%的重量施加在外展腿上。你可以用另一只手握住哑铃或壶铃或两个哑铃来给这项动作增加负荷。

将一只脚踏在小的跳箱或长凳上。髋关节向后撤，尽可能保持小腿与地面垂直。躯干前倾同时略微屈曲膝关节。

负荷销训练

负荷销训练可用于双凳深蹲、直腿硬拉及跨举训练，从本质上来说是深蹲与硬拉的混合训练。做负重销训练时，你的膝关节角度与做深蹲时相似，但你身体前倾的角度更大，同时你需要像进行硬拉时那样将负重销从地板上拉起。这样一来，这个动作就很像抓举硬拉。但是，你无须将握距调整得过宽，而是以窄距的抓握距离握住V形或T形手柄。你也可以站在跳箱上，这样下降深度更大，同时能扩大髋关节和膝关节的运动范围。这种微妙的抓握差异、身体姿势和扩大的运动范围让跨举这项训练变得更加独特。跨举将深蹲和硬拉的优势结合在了一起，甚至可能更加安全。换言之，如果你无法完成深蹲和硬拉训练，例如在后深蹲时杠铃会给你的肩膀造成伤害，而硬拉会给下背部施加过大的压力，那么跨举训练可能是一个很好的选择。事实上，我已经进行并研究了超过20年的跨举训练，而且我从来没有因进行这项训练受伤。更重要的是，我们在臀肌实验室一直进行跨举训练，而且大多数客户都能接受这种训练。

虽然你可以用哑铃或壶铃进行跨举训练，但两者并不适合。哑铃很难握住，壶铃手柄通常过大，这两种工具都无法让你较小幅度地调整负荷，也无法完成大重量（100~200磅）上举动作。

这就是我建议你使用负荷销的原因。但是，大多数负荷销无法进行调整，而且会过于长。这就是我开发BC T杠的原因，从本质上说，这种负荷销具备上述所有特性。

无论你是用负荷销、哑铃还是壶铃来进行跨举训练，我都建议你做中等到高等次数的重复动作（8~20次）。通常，我会将这项训练安排在训练的中间阶段。

负重销硬拉

躯干和髋关节位置

T杠训练

T杠是一种杠铃设备，你可以将其应用于所有硬拉训练。诚然，T杠并不是我最喜欢的工具之一，因为它的支点很低，使用它进行训练会形成一条在动作最低点难度很大，在动作最高点难度很小的强度曲线。T杠也会改变你的训练力学机制，因为你必须前倾身体才能保持平衡。然而，通过使用T杠架附件将装置抬起或将T杠装置设置在跳箱上的方式可以很容易就解决这个问题。但是解决一个问题可能会产生另一个问题。若你采用上述方法解决了平衡问题，在你举起杠铃时，你就无法给T杠增加负荷，所以你要么有创意，站在跳箱上将负荷置于杠杆末端举起，要么上举更小的负荷。尽管存在这些问题，但我的许多同事和客户都喜欢使用T杠，而且它适用于各种各样硬拉训练，这就是我将其作为备选项的原因。

T杠硬拉

直腿T杠硬拉

对侧单腿T杠硬拉

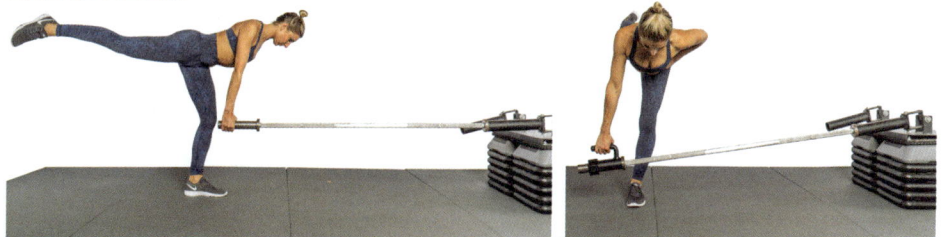

同侧单腿T杠硬拉

直腿躬身

直腿躬身与硬拉相似，都属于髋关节铰链动作，主要针对腘绳肌、臀肌和竖脊肌进行训练，但其不是在手持重物的情况下完成髋关节铰链动作，而是将重物置于背上完成髋关节铰链动作。

直腿躬身在健身行业的风评欠佳，因为做直腿躬身时如果动作不正确或使用大负荷会很危险。虽然大多数训练都是如此，但直腿躬身训练尤其如此。

原因可能与力量型举重人士只进行传统的直腿躬身训练有关。路易·西蒙斯（Louie Simmons）是一位带有传奇色彩的力量型举重人士，也是西部杠铃俱乐部的创始人，他将这项训练作为硬拉训练的替代品加以推广。我读过他在20年前提过的方法，他坚持进行直腿躬身训练的理由至今仍然成立。他将直腿躬身作为硬拉训练的替代品，正如我前面提过的那样，硬拉时负荷过大会给身体造成过大的压力。事实证明，直腿躬身并没有如此糟糕。这为专业的举重人士进行训练制造了几项关键优势。

首先，直腿躬身可以在不影响总训练量的情况下，增长硬拉时会使用到的肌肉。换言之，你可以更频繁地训练，而且不必在一周内完成过大负荷的硬拉训练，也仍然可以通过硬拉训练变得更强壮。

其次，直腿躬身有助于在最低点向上弹起时，降低错误地进行深蹲训练而受伤的风险，这种情况在使用最大负荷进行深蹲训练时很常见。因为直腿躬身精确地模仿了这种运动模式，其基本原理是举重人士训练到了用于完成动作的肌肉，这可能有助于在出现错误姿势时防止受伤。

问题是，通常那些进行直腿躬身训练的举重人士可以举起1吨的负荷，而且在某些情况下，他们的背部会拱起。这正是人们会受伤的原因：他们过于自信，试图举起过大的负荷，以不标准的姿势完成动作，或者不进行热身就做负荷杠铃动作。曾有报道说某位武术家在训练时背部受伤，原因是他负荷过多（135磅）——这个重量等同于他自身的体重，而且他没有花足够的时间进行热身。结果是灾难性的。他伤到了一根骶神经（腰椎的一根神经），在接下来的6个月里，他不得不卧床，而且感到极度疼痛。更糟糕的是，他并没有完全康复。不幸地是，他在短暂的余生中仍然一直遭受着下背部疼痛的折磨。

但我们不应该认为直腿躬身一定会造成伤害。只要你正确地运用技术，不过度热衷于增加负荷，那么直腿躬身训练就是安全的。不仅如此，在很多情况下，直腿躬身都是不错的选择。例如你的膝关节受伤了，无法进行深蹲训练，或者你的手腕受伤，无法进行硬拉训练。在这种情况下，直腿躬身是很好的替代品。人们没有意识到这种训练有很多好处。除了转去进行深蹲训练和硬拉训练之外，如果可以正确地进行直腿躬身，那么你可以加强背部肌肉，这可能有助于避免对下背部造成伤害。这项训练在臀肌处于紧张的状态下可以将其拉长，对那些对臀肌训练感兴趣的人来说可以成为一种很好的辅助完成髋关节铰链动作的训练。最后，它在动作末端可以伸展并训练腘绳肌，从而增强髋关节的灵活性。

指南与提示

你可以执行低杠位训练或高杠位训练

保持背部绷紧，保持脊柱中立

控制动作范围，在不让背部拱起的情况下尽可能蹲得更低

髋关节向后伸展

髋关节向后坐时，膝关节略微屈曲

保持小腿大致与地面垂直

将负重施加在脚跟或整只脚上

因为直腿躬身与低杠位后深蹲和硬拉的运动模式相似，所以许多指南与提示都是相同的。然而，尽管有些问题可能是多余的，但还是需要将其一一解决，特别是要考虑到直腿躬身会导致下背部受伤的风险。简而言之，下面表述的指南显而易见适用于所有的训练项目，但是我觉得有必要进行详细说明，因为确实有些人会对这种训练抱有畏惧心理。

站姿和设置

直腿躬身在站姿及设置方面与硬拉及深蹲完全相同：你可以采用窄距站姿（双脚置于髋关节下方）、中距站姿（双脚与肩同宽或更宽）或宽距/相扑站姿（双脚外翻，远大于肩宽）。此外，可以让脚尖朝向前方，略微外翻或者外翻角度再大一点，选择你喜欢的姿势。我反复强调过，多尝试，去找你到感觉最好的姿势，只要你能接受，试

窄距站姿　　　相扑站姿　　　窄距　　　相扑

525

着从一个训练阶段或训练周期到下一个阶段或周期尝试不同的姿势。

髋关节与脊柱力学机制

无论你选择窄距、中距或宽距站姿，你始终需要在保持脊柱中立的同时进行髋关节铰链动作。关键是在开始做髋关节铰链动作之前要深呼吸，保持脊柱中立，然后收紧横膈膜和躯干的肌肉，保持身体稳定。在髋关节向后坐时，你可以让背部拱起一点点；只是要确保不要让腰椎过度伸展。你的臀肌、腘绳肌和背部肌肉应该都有紧张感。准备开始，在继续让髋关节向后坐、躯干前倾时，你需要让脊柱保持中立。在这项训练中如果你的动作正确，小腿应该与地面几乎保持完全垂直。我经常让客户想象有一根绳子绑在他们的髋关节上，将他们向后拉动，来促使他们用髋关节完成铰链动作而不是用背部。你也可以挺胸，将目光停在前方10英尺处的地板上，这是另一种不让背部拱起的方法。

在增加负荷前热身，同时缓慢完成动作

在没有彻底热身的情况下，一定不要进行这项训练。事实上，许多人只将使用轻型杠铃或弹力带进行直腿躬身作为硬拉前的热身运动。你应该采取同样的方法来给直腿躬身增加负荷。同样重要的是要意识到直腿躬身可能会使腘绳肌过度酸痛。这是在提醒你要逐步增加难度，一开始保持低配设定和较低的重复次数范围（进行2~3组，每组重复8~12次，这可以成为第一次尝试的计划安排），直到你清楚自己身体对其做出的反应后开始增加负荷。

不要增加过多负荷

如果你只是对臀肌训练感兴趣，那么就没有什么理由在进行这项训练时增加过多负荷，保持小负荷，注重发展神经-肌肉连接就可以。如果你想挑战硬拉的个人纪录，那就另当别论了。即便如此，我还是要提醒你应保持标准的姿势，一定不要达到运动范围的极限，否则可能就会完全失败，相反，你需要保持适度的重复次数的运动范围与负荷。

控制动作范围

直腿躬身最终需要你的躯干与地面保持平行。但这只存在于你的腘绳肌柔韧性足够强且髋关节有足够大的运动范围的情况。在不能在保持背部挺直的情况下做髋关节铰链动作时，你需要停止向下的动作。如果你觉得在运动过程中你的背部过度拱起或者发生向前旋转，那你可能就做错了。在你感觉腘绳肌的柔韧性不足以支撑动作继续时，那就是你转换动作，回到起始位置的时候了。

错误姿势与正确姿势

我已经提供了基本的指南来避免你受伤，同时希望你从直腿躬身训练中获得最大的益处。简单地说，只要你遵循指南与提示，那么犯错的概率就很小。然而，无论如何你都必须避免两种错误姿势：圆背与脊柱超伸。

错误姿势：圆背

圆背是指在进行直腿躬身的动作时，脊柱向前屈曲，用背部发力而不是保持稳定。直腿躬身不是单纯地只让髋关节旋转，而是要让髋关节与脊柱同时旋转。圆背不仅会给腰椎间盘及一部分韧带施加压力，还增加了竖脊肌劳损的风险。这种情况往往发生在一瞬间，这是因为协调性差和对标准姿势不够了解，或者在动作的最低点，腘绳肌不够灵活，在这些因素的影响下，唯一能降至更低位置的方法就是圆背。

错误姿势

正确姿势

最好的保护措施是在增加负荷之前进行自重直腿躬身训练，我很快会讲到这一点。脊柱挺直或略微拱起，保持小负荷，进行彻底的热身，不要让动作超过限制范围。保持眼睛朝前看，集中注视于你前面10英尺的位置，这可能对你完成动作有帮助。

正确姿势

错误姿势：脊柱超伸

直腿躬身相关的另一种错误姿势是脊柱超伸。我发现女性比男性更容易出现这种错误，可能是因为女性脊柱的灵活度比男性高。不管是什么情况，重要的是要让脊柱保持相对中立，同时在整个运动范围内保持脊柱位置不变。许多人可能都发生过脊柱超伸，这会让脊柱与韧带在最高点及最低点都存在受伤的风险。

错误姿势　　　　　　正确姿势

正确姿势

从使用杠铃开始，随着你对动作逐渐熟练，你可以循序渐进地增加负荷与训练量。同样，保持脊柱中立，在适合你自己的运动范围内完成动作，选择负荷时量力而行。如果你用杠铃进行上举，你需要确保杠铃处于背部居中对称的位置。你的躯干直立后，用臀肌将髋关节向前推，停止继续锁定髋关节，请勿让脊柱一直向后屈曲。

直腿躬身训练

在我开始训练一些客户时，我会在最初的几节训练课程中对他们进行大量训练，然后密切关注他们的反馈。这就是我确定他们喜欢的运动类型的方式，同样重要的是，我需要确定他们可以接受的训练类型。如果客户对负荷上举不太熟悉，我通常会让他们从自重训练开始，给他们介绍不同的站姿，然后随着他们逐渐积累经验，我会逐步将更高级的训练纳入训练日程。直腿躬身是只有在客户感到舒服，同时表示有能力完成硬拉动作时，我才会介绍的一种训练。

假设我有一位经验丰富的客户，他想训练腘绳肌、臀肌与竖脊肌，同时提高深蹲与硬拉的能力。首先，我会带他学习基本技术，然后介绍不同的站姿与无负荷杠铃训练给他。如果他能以标准姿势完成这个动作，而且喜欢这样做，我会让他尝试B姿势直腿躬身训练，或者以离心的姿势来改变节奏，或者暂停训练。相反，如果他们不喜欢，或者这与他们的形体目标不符，或者他们有下背部疼痛的病史，那么我就不会安排这项训练。

进行直腿躬身训练有几种不同的方式。你可以用定位销、PVC管或扫帚杆来进行自重训练，将杠铃置于背部；或者使用弹力带，所有这些都可以用窄距、中距或宽距的站姿来完成。在后文中，我将对每一个直腿躬身变式进行分步讲解，阐明它的好处以及完成动作的正确方式。

自重（定位销/PVC管/扫帚杆）直腿躬身

教授或学习直腿躬身训练的最好方法之一是使用某种定位销或轻杆，例如PVC管或扫帚杆。将定位销沿着背部轴线放置，保持后脑、胸椎、骶骨与定位销接触。这会让你在髋关节屈曲时保持脊柱中立。如果你无法与定位销产生3个接触点，那么你就可以知道自己不再处于中立状态，要么是脊柱拱起，要么是背部呈过度拱形。这也可以帮助你在合适的运动范围内处于恰当的位置。对于初学者来说，可以从进行2~3组、每组8~12次的重复动作开始；你可能会惊讶地发现第2天的主动拉伸运动会让你感到肌肉有些酸痛。自重直腿躬身不仅是一种很好的教学工具，也可以作为热身训练，对腘绳肌能造成较大的刺激，促进髋关节铰链动作的完成，或者可以作为增强腘绳肌灵活能力的方式之一。

沿着背部放置定位销，采用舒适的一正一反抓握方式。一只手置于下背部后方，另一只手置于脖颈后方。摆出直腿躬身的姿势，然后保持脊柱中立。开始进行这项动作时，你要同时做几件事：脊柱挺直或略呈拱形，髋关节向后坐，躯干前倾，膝关节略微屈曲，小腿尽量与地面保持垂直。这样做的目的是在背部不发生拱起的情况下尽可能降至更低的位置。同样，你下降的深度取决于腘绳肌是否足够柔韧。有些人身体可以屈曲45度，还有一些人可以屈曲90度，这时躯干与地面是平行的。躯干前倾时，试着让你的体重均匀地分布在双脚上（不要把脚跟抬离地板）。转换动作，想着收紧臀肌以伸展髋关节，同时抬高躯干，膝关节伸直。

弹力带直腿躬身

在双脚和脖颈后系上一条长弹力带（长度为41英寸），你可以为进行直腿躬身增加有效的阻力。你可以用弹力带做热身训练，或者用一条更厚的弹力带（使用多条弹力带也是一种选择）来增加阻力，使其更具挑战性。在大多数情况下，弹力带变式可以伴随更多的重复次数来进行，如做2~3组，每组进行12~20次。更重要的是，铰链动作的幅度越大，阻力就越小，脊柱承受的压力也就越小。人们通常会在转换动作时，在最低点调整背部位置，所以如果你担心受伤，那么这个方法很好。

我还建议你在弹力带和脖颈之间放一条毛巾。这样不仅可以减少摩擦，还能防止在训练后身体有橡胶的味道。

用毛巾包住弹力带，然后将有毛巾的部分置于脖颈后面，尽可能低地置于脖颈上。用弹力带钩住足弓，同时摆出窄距站姿，让弹力带保持松弛的状态。此时你可能得向前做铰链动作，将头部伸进弹力带圈，同时用双手向上拉动。站直，有必要的话可以做出调整，例如增加双脚之间的距离。将弹力带固定在脖颈底部，握紧弹力带（如果感到不适，可以略微将弹力带上移以减少颈部的紧张感），保持脊柱中立，然后开始动作，髋关节向后坐，膝关节略微屈曲，小腿尽量垂直，躯干下沉。你做到最大限度后，伸展髋关节和膝关节，同时在你站直时要收紧臀肌。

杠铃直腿躬身

如果你有下背部疼痛的病史，或者在你进行自重训练或弹力带直腿躬身训练时感觉背部很轻松，那么也许这种训练不适合你。而如果你感觉很好，特别是如果你有兴趣增强深蹲和硬拉的力量，那么杠铃训练是一种很好的选择。

初学者应该从空杠铃开始，然后逐渐增加负荷。最重要的是，我建议在起蹲架上进行大负荷的直腿躬身训练，安全销设置在你的极限范围以内几英寸的位置。这样，如果你不小心发生背部拱起或者无法保持标准姿势，那么你可以下沉髋关节，屈曲膝关节，将杠铃下放，而不是用不标准的姿势用力完成动作。

使用杠铃时，你可以进行高杠位与低杠位训练，就像你在进行后深蹲时一样。大多数人更喜欢高杠位训练，因为他们在动作中会更多地感觉到腘绳肌发力，但是低杠位训练可以让你承受更大的负荷。同所有训练一样，你可以尝试一下这两种方法，选择你更喜欢的一种。虽然你可以用类似的技术来进行高杠位与低杠位的直腿躬身，但我更喜欢在高杠位训练中保持直腿，而在低杠位训练中更多地让膝关节屈曲。在动作最低点髋关节向上伸展时，我的低杠位技术看起来就像是下蹲时出现了问题。

如果你用直腿躬身来增强硬拉训练的能力，那么我建议你采用高杠位训练，因为这可以更好地适应这种运动模式。如果你用直腿躬身来增强深蹲训练的能力，那么膝关节屈曲的低杠位训练能够更好地模仿深蹲运动模式。如果你进行直腿躬身的目标是训练臀肌，那就试试不同的杠铃杆位置和站姿，优先选择你感觉最能使臀肌产生紧张感的那一种。

高杠位直腿躬身

将杠铃杆置于起蹲架上，站在起蹲架下方，将杠铃置于脖颈下方。确定好适合自己的抓握位置，如此一来，你的手腕将处于中立位置，肘部位于杠铃杆后侧，给上背部施加紧张感。保证姿势稳定，然后站直，将杠铃杆拿下来。退后几步，摆出直腿躬身姿势（窄距或相扑站姿），然后深呼吸来保持脊柱中立，收紧横膈膜和躯干的肌肉。开始动作时，髋关节向后坐，躯干前倾，保持脊柱略微拱起或挺直，眼睛看向前方。在做动作时，膝关节略微屈曲，保持小腿与地面尽可能垂直，将重量均匀地分布在双脚上。在你到达极限位置或平行位置后，脚跟蹬地，流畅地伸展髋关节和膝关节，同时抬起躯干。在你伸展髋关节时收紧臀肌，保持直立姿势。

低杠位直腿躬身

你可以通过膝关节屈曲来扩大运动范围，这样就有点像低杠位后深蹲，但膝关节屈曲的幅度会小一些，躯干倾斜角度会大一点。低杠位训练的设置与高杠位相同，但不是将杠铃杆置于颈部底部下方，而是将其置于肩部后部肌肉（后三角肌）上方的位置。拿下杠铃杆后，摆出直腿躬身的姿势，保持脊柱中立，然后髋关节向后坐，躯干前倾，保持脊柱略微拱起或挺直，眼睛看向前方。根据人体结构和腘绳肌柔韧性的差异，你在最低点时可以让躯干角度相对于垂直方向处于60~90度。转换动作，脚跟蹬地，流畅地伸展髋关节和膝关节。在你站直时，收紧臀肌，回到中立位置，保持直立姿势。

B 姿势直腿躬身

你可以用交错站姿或B姿势（也称"支架"）来完成直腿躬身训练。所有B姿势训练的目标都是使前腿（工作腿）承受约70%的重量，后腿（支撑腿）承受30%的重量。许多不喜欢做双侧直腿躬身的人发现，他们能很好地接受这种B姿势训练。

拿下杠铃杆，向后退几步。将你的大部分重量置于一条腿上，剩下的重量置于你前脚的脚跟上。换言之，将一只脚向后滑动，距离大约与前脚一样长即可。后脚略外翻。保持脊柱中立，向后坐，髋关节屈曲，躯干前倾，膝关节略微屈曲。尽量往后坐，同时保持小腿大致与地面垂直，直到腘绳肌不能继续伸展。然后伸展髋关节与膝关节，让躯干呈直立姿势，转换动作。

训练3 背部伸展

传统上，背部伸展训练用于增强背部的力量，但也可以很好地训练腘绳肌与臀肌。事实上，如果你检验这项训练的力学原理，会发现这项训练的名称并不准确，因为在做这项训练时，你是用臀肌和腘绳肌的力量来伸展髋关节，而不是用背部肌肉。因此，这项训练应该被称为"髋关节伸展"，但这个名字并不通用，所以我还是沿用传统的听法。

进行背部伸展的时候，你需要一张超伸长凳、或者臀腿训练器来进行45度山羊挺身、水平背部伸展。双脚固定，双腿伸直，像做直腿躬身或直腿硬拉时一样，髋关节开始做铰链动作同时伸展。但无须呈直立姿势，你的身体需要倾斜一定角度，可以水平或呈45度角，这样就可以产生不同的扭矩角度曲线。简单地说，直腿躬身在最低点更具挑战性，在你伸髋时则会变得更轻松。背部伸展恰恰相反，在最低点更容易，而在最高点更具挑战性，背部伸展的最高点是你获得最佳臀肌激活效果的位置。换言之，直腿躬身在拉长肌肉时，臀肌激活效果会达到峰值，而背部伸展则在缩短肌肉时使臀肌激活效果达到峰值。事实上，根据我的肌电图实验和研究，背部伸展的臀肌激活程度仅次于臀推训练。

45度山羊挺身是极其独特的训练，最难的部分是在水平角度仍然保持躯干挺直。在你从平行位置抬起或降至比平行位置更低的位置时，会更容易增加髋关节承受的负荷（因为你的重心可以越来越靠近身体的中心轴）。因此，它创造了一个倒U形的扭矩角度曲线。45度山羊挺身的独特之处在于，在整个运动过程中，髋关节会持续保持紧张感，因为动作对扭矩的要求较高。

因此，背部伸展是我最喜欢的非臀肌主导的臀肌训练之一。人们仍然认为背部伸展是由腘绳肌主导的，因为你需要保持双腿伸直，而且你需要完成髋关节铰链动作。同本节的其他训练一样，背部伸展可以训练你整个后链的肌肉。因此，这不仅适用于训练臀肌，而且可以用于加强下背部与腘绳肌的力量，让背部伸展成为硬拉动作的辅助及补充训练。然而，在训练中，我们从来不会将背部伸展训练成为第一项训练，因为你通常不会给这个动作施加太大的负荷。在大多数情况下，人们会在训练课程的中间或结束时进行这项训练，重复次数从中等到高等（2~3组，每组10~30次为理想运动范围）。我们通常每周会在计划中安排1~2次这种运动。

在这一节中，我将教你如何进行传统的背部伸展训练，这可以训练到你整个后链的肌肉，以及调整训练让其成为臀肌主导型训练。但是，在我们深入研究个人训练之前，让我们回顾一下一些提及过的指南与提示，这样你可以掌握正确的方向。

指南与提示

保持脊柱中立或背部拱起，同时收拢下巴，让动作更多地以臀肌为主导

双臂交叉置于胸前或双手置于脑后，让动作更具挑战性

髋关节完全伸展时，最大限度地收紧臀肌

用力将髋关节向垫子推动

在不影响髋关节屈曲的情况下，将垫子置于耻骨正下方或尽可能地置于大腿偏上的位置

保持双脚朝前或将脚向外翻，让臀肌更具主导性

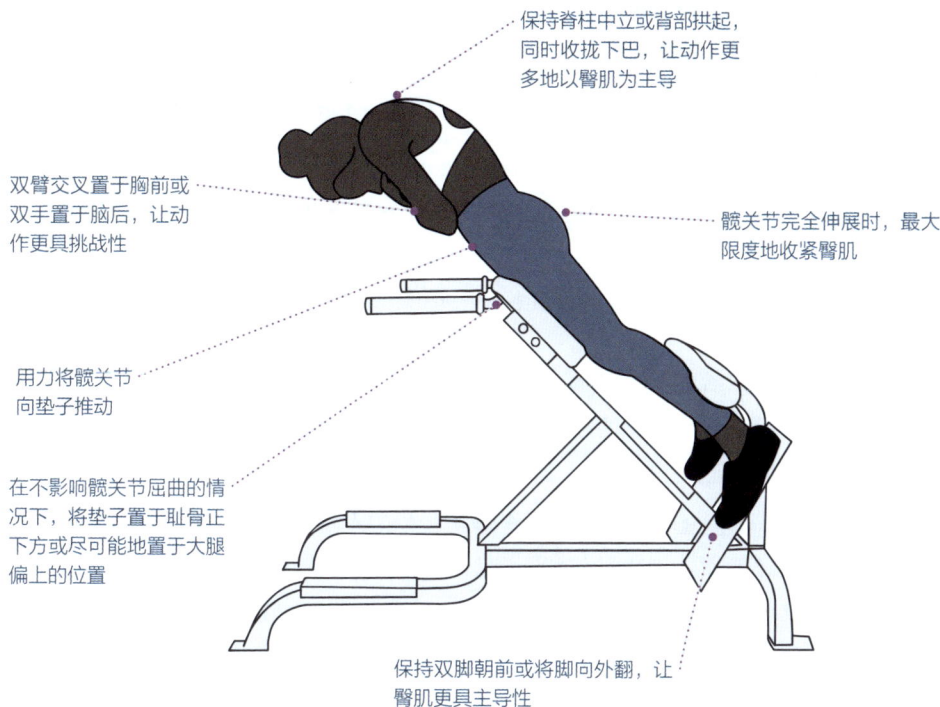

完成背部伸展训练有两种设备可以选择。你可以在45度直腿后摆机上，将身体摆成对角线或水平角度进行背部伸展，或者在臀腿训练器上，将身体摆成水平角度。我将在后面的章节中对每一个动作进行分解讲述。一定角度和水平的训练效果是一样的，两者之间没有太大的区别。简而言之，本文所述的指南适用于这两种训练。

设置：将垫子置于耻骨正下方或尽可能地置于大腿偏上的位置

正确完成背部伸展动作的关键是将垫子调整至合适的位置。一般来说，在不影响髋关节屈曲的情况下，你需要将垫子置于耻骨正下方，或者尽可能地置于大腿偏上的位置。你应该能够在背部挺直的情况下，完成髋关节铰链动作，在不受垫子影响的情况下，最大限度地拉伸腘绳肌。如果垫子的位置过高，你在进行髋关节向前铰链动作时可能会导致下背部拱起，这会降低对腘绳肌和臀肌的拉伸程度，而且可能会给下背部带来不必要的压力。如果位置过低，而且髋关节与垫子之间存在很大的缝隙，那么你就不会感觉到臀肌有灼烧感，然后腘绳肌会得到更多的训练。

533

45度山羊挺身   水平背部伸展

将垫子置于耻骨正下方，或者在不影响髋关节屈曲的情况下，尽可能地置于大腿偏上的位置。

双脚位置：保持双脚朝前或将脚外翻

你的双脚位置取决于你想训练的肌肉。如果你想训练整个后链的肌肉（臀肌、腘绳肌与竖脊肌），那就保持双脚朝前。如果你想训练臀肌，你需要将双脚外翻。双脚外翻和髋关节外旋已经被证明可以提高约30%的臀肌激活程度。然而，双脚外翻会更多地训练到外侧腘绳肌，而很少训练到内侧腘绳肌。只要你在保持双脚中立的同时进行髋伸训练，例如硬拉与直腿躬身，那么双脚外翻也没有关系。我会让双脚外翻大约45度，还有一些人则更喜欢让双脚以更大的角度外翻。多尝试不同的双脚外翻角度，选择最适合你自己身体的位置。

双脚朝前   双脚外翻

脊柱力学：保持脊柱中立或背部拱起

就像改变双脚位置可以改变训练到的肌肉一样，你的脊柱动作也可以决定训练到的肌肉。以下3种方法均适用于背部伸展训练，每种方法都以独特的方式针对后链肌肉进行训练。

第1种方法是在整个运动范围内保持脊柱中立。这种方法很适合那些想训练整个后链肌肉的人士。因为这种方法安全有效，能同时训练到臀肌、腘绳肌与竖脊肌。

脊柱中立

第2种方法是处于最低点时，背部拱起，然后在到达最高点时躯干挺直，同时让脊柱呈拱形。这更像是一种背部主导的方法，因为这样可以更多地针对竖脊肌进行训练。有些人更喜欢将垫子置于肚脐下方，这样可以防止髋关节屈曲，让所有动作都集中作用在脊柱上。

拱起（在最低点）　　　**中立（在最高点）**

第3种方法是骨盆略微后倾，在整个运动范围内保持背部拱起。保持背部拱起可以减少竖脊肌的紧张感，可能会更多地训练臀肌，让该训练成为臀肌主导型训练。竖脊肌的作用是让脊柱保持竖直，因此，保持背部拱起会让竖脊肌得不到训练。这种方法适合那些主要想训练臀肌的人。与其因为竖脊肌感到疲惫而结束训练，不如在臀肌与腘绳肌无法支撑动作的时候结束训练。

要想完成这个训练，先摆出深蹲姿势，放松上半身，然后收拢下巴，背部拱起。保持这个姿势，将髋关节紧贴垫子上，收紧臀肌。请勿放松脊柱，要让脊柱保持拱起。关键是在抬起躯干时，你需要将髋关节向前推动，保持上背部拱起，收拢下巴。

臀肌主导型背部伸展

错误姿势与正确姿势

在进行背部伸展训练时，只需要注意两个问题。第1个问题是设置不正确，对此我已经提到过了。第2个问题是没有在计划好的训练中践行正确的脊柱力学机制。如果你在努力针对竖脊肌进行训练，那么只要你没有感受到任何疼痛，你就可以动态性地移动脊柱。但是，如果你在进行传统背部伸展训练，你的动作会格外依赖髋关节，而很少依赖脊柱。如果你旨在对臀肌进行训练，那么你需要保持脊柱屈曲，而不是在向上时放松脊柱，这是很多人容易出错的地方。他们认为自己无法让髋关节完全伸展，所以他们展开背部，挺直脊柱。如果你试图训练竖脊肌，这是很好的，但是如果你在进行臀肌主导型训练，这就是错误姿势。要改正这种错误，你需要将注意力集中在3件事上：保持下巴收拢，胸腔向下（背部拱起），在髋关节完全伸展时最大限度地收紧臀肌。

背部拱起会没有安全保障

你可能会想知道，为什么我会告诫你在进行深蹲、硬拉及直腿躬身时切勿让背部拱起，但是建议你在背部伸展训练中将背部拱起。简而言之是因为经验。在过去的20多年里，我花了大量的时间在健身房中训练，我知道哪种运动和哪种姿势会给人造成伤害。小负荷训练允许脊柱屈曲（拱起），如卷腹、悬垂举腿、仰卧起坐、悬体支撑、俄罗斯壶铃挑战平板支撑以及臀肌主导型背部伸展训练，这些训练即使在脊柱无法处于中立位置时也能很好地完成。但是在站姿重型杠铃训练，如深蹲、硬拉与直腿躬身中使背部拱起，被认为是不安全的，特别是当你让背部过度拱起（不在中立位置）时。

更详细的原因在于，脊柱拱起非常适合完成小负荷下的大量屈曲动作，也可以承受大负荷的少量屈曲动作，但不能同时承受大负荷和大量屈曲动作。有趣的是，不是杠铃本身对脊柱施加了负荷，而是其对脊柱的稳定性有很高的要求。在进行负重上举训练中，竖脊肌必须致力于稳定脊柱，这会对椎间盘造成很大的压迫（想象一下，竖脊肌用力收紧，在胸腔与骨盆之间产生紧张感）。换言之，在竖脊肌收缩以稳定脊柱时，你的椎间盘可以得到收缩。在你增大脊柱屈曲角度时，屈曲的椎骨会将每块椎间盘的前侧收紧，直到椎间盘突出，脊柱会将椎间盘中心向后收紧。简单地说，在你进行对脊柱稳定性要求很高的训练时，你可能会更容易对脊柱造成损伤。

所以，你可以在站姿杠铃训练中保持脊柱中立，但你要知道背部伸展训练会给你更多自由。

背部伸展训练

45度山羊挺身是背部伸展的最好方式之一，还有水平背部伸展或使用臀腿训练器。前者将你的身体摆成45度角，而后两种训练将你的身体摆成水平角度。正如我所说，这两者在臀肌的发力方式上没有很大的区别，你可以在两种器械上运用相同的技术。换言之，你在进行45度山羊挺身时实施的任何操作，在水平位置都可以进行。因此，你所选择的训练类型取决于方便程度及个人偏好。即使你没有超伸长凳，你也可以在平直的长凳上做这个动作，我在第539页对此进行了展示。

45度山羊挺身

45度山羊挺身是最常见也是最流行的背部伸展训练之一。在你的身体呈斜线时，你做这个动作就不会头晕，而且很多人反馈，与水平角度相比，你感觉45度山羊挺身会略微好一点。更重要的是，45度直腿后摆机是一种常见器械，也是大多数商业健身房的主打产品。事实上，你可以用合理的价格购买一台，而且其不像臀腿训练器那样会占用很大的空间，还可以成为家庭健身房中的一个更好的选择。对于自重背部伸展训练，我通常会规定进行3组，每组重复20~30次，组间休息1分钟。

臀肌主导型背部伸展　　　　　　　　　　**中立背部伸展（囚犯姿势）**

准备时，调整垫子的位置，将其置于耻骨正下方，或者在不影响髋关节屈曲的情况下，尽可能地置于大腿偏上的位置，同时将脚摆成合适的姿势。你应该能够在不让下背部拱起的情况下完成髋关节铰链动作。如果你想针对臀肌训练，你需要让双脚外翻约45度，有意地让背部拱起，将双臂置于胸前，然后收拢下巴（见臀肌主导型背部伸展）。将髋关节紧贴在垫子上，在躯干抬起的同时收紧臀肌。一定要保持背部挺直，切勿放松。换言之，胸腔与骨盆之间的距离不应在整个运动范围内改变。在髋关节完全伸展时，停止动作并停顿片刻，最大限度地收紧臀肌。如果你想针对整个后链的肌肉进行训练，你可以保持双脚朝向前方，背部挺直（见中立背部伸展）。重申一下，要保持下背部挺直，避免过度拱起。如果你想让自重训练更具挑战性，你可以将手置于脑后呈囚犯姿势，而不是将其置于胸前。

单腿背部伸展

你也可以在45度山羊挺身与水平背部伸展训练中使用单腿的形式。然而，这样主要训练腘绳肌，而无法像双腿训练一样训练臀肌。

水平背部伸展

在训练臀肌方面，水平背部伸展与45度山羊挺身具备相同的优势。然而，有些人只是更喜欢使用臀腿训练器的感觉，而且在水平训练中会让臀肌紧张感到达峰值。水平背部伸展的主要缺点是会让一些人感到头晕，而且臀腿训练器在商业健身房中并不常见。而且，它比45度直腿后摆机贵得多，占用的空间也更大。虽然它确实能给你更多的训练选择，例如器械腿臀起和直腿仰卧起坐，但对于大多数家庭健身房来说，这并不实用。同45度山羊挺身一样，进行3组，每组重复20~30次是很好的自重目标。

水平背部伸展的设置和步骤与45度山羊挺身完全相同。唯一的区别是你的身体姿势。所以，再次将双脚外翻，让躯干下垂，拱起背部，收拢下巴，然后将髋关节紧贴在垫子上，同时收紧臀肌来抬高躯干。你可以将双手置于胸前或脑后来增加负荷。在收紧臀肌的同时在最高点停顿片刻，避免腰部呈拱形或发生超伸。

背部伸展哈克机

在没有超伸长凳的情况下进行背部伸展训练的方法如下。

要进行水平背部伸展，你需要一个长凳和一个重型哑铃，这是大多数家庭健身房和所有商业健身房都配备的。如果你有平衡垫，你可以将其置于髋关节正下方作为额外的缓冲。设置长凳位置，将重型哑铃置于一侧，让骨盆与长凳末端对齐，然后将脚钩住长凳下面（你也可以让人坐在长凳上握住你的脚）。将脚钩在凳子下方模仿青蛙的姿势，关键在于髋外与和髋关节外旋。这样可以更多地训练臀肌和外侧腘绳肌（与内侧相对的位置）。然后你就可以准备做动作了。

需要指出的是，如果长凳平置于地面上，你就无法在全运动范围内完成动作。你可以通过将长凳置于跳箱上，将两端抬离地面，或者只抬高一端，进行45度山羊挺身，来解决这个问题，后者是首选方法。此外，你可以通过将足弓置于杠铃上来完成屈腿训练。

你也可以在起蹲架上进行背部伸展，训练效果和在45度直腿后摆机上一样。你需要一个架子、两个杠铃以及两条厚杠铃垫（相信我，你需要这些工具来保护踝关节和髋关节）。你需要给地面上的杠铃增加负荷，同时让杠铃保持在固定的位置。升高的杠铃需要位于架子外侧。当你准备好时，确保你的身体将杠铃推入直立的钢柱，而不是推入安全销的开口。你必须调整高度和距离，在你做得恰到好处后，你可能会感觉与使用45度直腿后摆机没什么不同。

虽然这些变式不如拥有一台合适的器械，但如果适合你，那还是值得去执行的。

负荷和设备训练

你可以通过使用一条弹力带或举一个哑铃或杠铃来给背部伸展训练增加负荷。

哑铃训练

哑铃也许是最简单也是最常见的负荷背部伸展训练工具之一。虽然你仍然可以用较轻的哑铃做高重复次数动作，但通常，我会建议你挑战增加负荷，然后进行3组，每组重复12次的动作。训练的时候，将哑铃置于垫子下方或正前方，然后踏上器械。就位之后，将自己沉至最低点，双手握住哑铃手柄，同时将其拉至胸部中心位置，让其与地面垂直。

弹力带训练

要执行背部伸展训练，你需要一条41英寸长的弹力带。弹力带的优点在于能增强锁定能力，这是使臀肌激活效果最优化的方式。此训练唯一的问题是设置的方式。一些背部伸展器械配备了弹力带附件，但多数器械是没有配备的。在这种情况下，弹力带的设置方式可能需要一些独创性。你可以将弹力带挂于器械底部，如果感觉不到训练效果，你可以用哑铃来固定弹力带。

杠铃训练

杠铃训练主要用于增强力量。例如，如果你的主要目标是增强进行硬拉的能力，那么你可以进行3组，每组重复6~10次的杠铃45度山羊挺身训练。只需将一个杠铃置于器械前方，以宽距握姿来抓握杠铃（考虑戴上举重腕带），然后用前面描述的方式抬起上半身。或者，你可以像进行深蹲一样将杠铃杆置于上背部。

如果你对臀肌训练很感兴趣，可以坚持进行自重、哑铃及弹力带训练。

反向山羊挺身

反向山羊挺身训练与背部伸展相似，但是动作方向与其相反。你无须固定双腿，也无须移动上半身进行髋关节铰链动作，但是你需要将躯干置于一条水平长凳上保持稳定，移动下半身进行髋关节铰链动作。同背部伸展一样，在按照传统的教学方法进行时，反向山羊挺身会训练到你的整个后链的肌肉，即腘绳肌、臀肌和下背部肌肉。但我教授更多的是臀肌主导型训练。这就造成了一个独特的分类难题，即腘绳肌主导型训练和臀肌主导型训练之间的界线模糊，基于主导性肌肉部位的分类体系也不完全准确。

要想进行反向山羊挺身，你需要进行髋关节铰链动作，这是腘绳肌主导型训练的特点，但你可以调整训练让其更多地针对髋关节。例如，传统的反向山羊挺身是双脚并拢，双腿伸直，故其是腘绳肌主导型训练。但是屈腿会让腘绳肌无法发力，这样它就会成为一种臀肌主导型训练。还有其他的方法可以让反向山羊挺身更多地由臀肌主导，例如借助膝关节弹力带鹰展式训练。

腘绳肌主导型反向山羊挺身（直腿）　　　　　　臀肌主导型反向山羊挺身（屈腿）

简而言之，你可以根据膝关节动作、负荷和训练策略（动作节奏）让反向山羊挺身更多地由臀肌或腘绳肌为主导，我将在后文中介绍所有这些训练项目。但不论你是进行臀肌主导型训练还是腘绳肌主导型训练，所有的反向山羊挺身训练均能训练下背部的肌肉。事实上，强化下背部力量是反向山羊挺身的主要好处之一。

541

同许多效果很好的下半身训练一样，专业力量型举重运动人士与教练路易·西蒙斯让反向山羊挺身得以流行。虽然他不是发明者，但他推广并普及了反向直腿后摆机，同时将直腿反向山羊挺身训练推向了举重和运动训练领域的前沿。值得注意的是，他将反向山羊挺身训练和改善背部健康联系起来，而我在实践中也发现了这一点。也就是说，曾经历过下背部疼痛或易受下背部疼痛影响的人在训练中进行反向山羊挺身训练时，往往感觉更好，疼痛发作的次数也较少。例如，如果我有一位客户在做硬拉时背部受伤，我有时会使用反向山羊挺身（屈腿与直腿训练）来帮助其增强并恢复下背部力量。

然而，为了获得下背部和臀肌的训练效果，你必须仔细考虑技术。错误的动作既会增加背部疼痛的概率，也会让情况变得更糟糕。更重要的是，要使反向山羊挺身训练成为一种臀肌主导型训练，你需要打破常规然后做出一些调整。在本节中，你将学到如何以可以进一步增强腘绳肌力量，同时潜在地降低下背部疼痛概率的方式来完成这个动作，以及如何让训练更多地由臀肌主导。

指南与提示

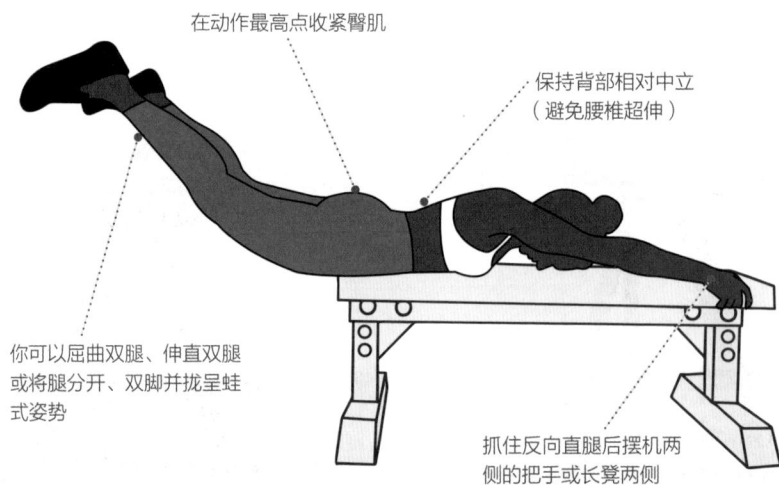

在动作最高点收紧臀肌

保持背部相对中立
（避免腰椎超伸）

你可以屈曲双腿、伸直双腿或将腿分开、双脚并拢呈蛙式姿势

抓住反向直腿后摆机两侧的把手或长凳两侧

反向山羊挺身训练最好通过俯卧在反向直腿后摆机上进行。问题是，大多数商业健身房没有配备这种专用的器械。所以你可以在任何稳定的、一端抬起的、平坦的地方，例如工作台或桌子上完成动作；也可以使用一条长凳（最好是垫在垫子或是跳箱上），这是大多数家庭健身房及所有商业健身房都配备的器材。

设置：长凳/垫子的边缘与耻骨顶端对齐

无论你使用的是反向直腿后摆机、长凳还是桌面，设置都是一样的：趴在器材上，在不影响髋关节屈曲的情况下，让器械边缘尽可能低地与腹部紧贴。通常，接触的位置就在耻骨上方。

保持抓握稳定

握紧反向直腿后摆机的把手或长凳的边缘，这不仅能让你保持稳定，防止你上下滑动，而且还能让你的上半身肌肉组织充分参与动作。你的前臂、大腿和核心肌群会最大程度地绷紧，尤其是在你进行钟摆式训练时，可以让其成为一种全身的运动。

脊柱力学：保持脊柱中立，尽量减少脊柱移动

反向山羊挺身训练很适合训练下背部的肌肉，甚至可以用来缓解及预防下背部疼痛。然而，如果你不注意脊柱力学机制，可能会产生相反的训练效果。你需要保持脊柱中立，这样才能充分进行训练，避免下背部疼痛。在不让背部拱起的情况下，尽量将腿放低，而在不让背部过度拱起的情况下，尽量将腿举高。简单地说，主要用髋关节做铰链动作，而不是使用脊柱与骨盆。

在最高点收紧臀肌，控制下沉动作

为了通过反向山羊挺身训练让肌肉获得最好的训练效果，你需要收紧臀肌，在最低点暂时停顿，然后控制双腿下放至最低点。唯一的例外是，如果你在一台反向直腿后摆机上进行钟摆式训练，那么，正如我将在第546页介绍到的，进行钟摆式训练时，你将无法在最高点保持停顿。

错误姿势与正确姿势

我已经概述了一些既可以防止受伤，也可以从反向山羊挺身训练中获得最佳效果的基本指南。简单地说，如果你遵循指南与提示，那么因错误姿势导致受伤的可能性就会很小。但是，以下两种错误姿势是你必须避免的：超伸与下背部拱起。

错误姿势：超伸与下背部拱起

　　许多教练和举重运动人士会教授客户用一种独特的方式进行直腿反向山羊挺身训练。你无须进行缓慢的无休止的重复动作，而是在向心阶段的最低点爆发，在离心阶段的最高点放松下来。在你用这种方式进行训练时，通常，在最低点下背部会发生拱起，而在最高点会发生超伸。虽然这样既可以拉伸下背部，也可以增强下背部力量，但是脊柱发生屈曲和超伸会给一些人带来问题。诚然，并不是每个人都会因这种技术发生背部疼痛，我相信随着时间的推移，你可以接受这种方式。然而，根据我的经验，无论你是快速摆动双腿还是缓慢重复动作，最好都尽量减少脊柱运动。

正确姿势

如果你容易发生下背部疼痛，那么你需要控制好动作的离心阶段和向心阶段，同时保持脊柱中立。

错误姿势　正确姿势　错误姿势　正确姿势

下背部拱起　　　　　　　　　超伸

反向山羊挺身训练

　　进行反向山羊挺身训练有两种方法：一种是直腿，另一种是屈膝。你可以根据阻力大小及膝关节动作进一步对这些训练分类。例如，双脚并拢的直腿反向山羊挺身训练更多地由腘绳肌主导，而膝关节弹力带鹰展式及所有屈腿训练更多地由臀肌主导。

　　大多数人需要做大量的重复动作来让肌肉获得更多的刺激，所以如果你能在不费力的情况下完成2~3组，每组重复20~30次的自重训练，那么我建议你进行负重训练，例如膝关节弹力带鹰展式或踝关节负重训练。或者，你可以在动作最高点最大限度地收紧臀肌，控制自重训练的节奏，同时训练神经-肌肉连接。

直腿反向山羊挺身

　　保持双腿相对伸直同时双脚并拢是传统的反向山羊挺身训练的方式。自重训练主要是针对臀肌与竖脊肌进行的训练。为了让其更多由腘绳肌主导，你需要通过在反向直腿后摆机上完成钟摆式动作来增大阻力。你可以选择使用双腿也可以使用单腿。然而，要践行这些技术，你需要距离地面足够远，保证在动作最低点让腿触不到地板。如果你无法使用反向直腿后摆机，你可以将长凳置于两个同尺寸的跳箱上，或者在高台面或桌子上进行这项训练。

自重直腿反向山羊挺身训练（双腿）

双侧自重直腿反向山羊挺身训练是以缓慢、刻意的节奏进行的，其特点是抬起双腿，在动作最高点收紧臀肌一小段时间，然后控制好离心阶段。设置起始姿势时，将骨盆顶端或下腹部与器械边缘对齐，让双腿悬空，双脚并拢，握紧反向直腿后摆机两侧的把手或长凳边缘。躯干平置于长凳上，抬起双腿，保持双腿伸直或膝关节略微屈曲，在髋关节完全伸展时收紧臀肌。确保背部在最高点不会发生超伸，在最低点不会发生过度拱起。简单地说，在不让背部拱起的情况下尽可能下沉得更低，在不让背部发生超伸的情况下尽可能地抬高。你需要让脊柱保持相对中立，这样几乎所有的动作都会由髋关节执行。

踝关节负重直腿反向山羊挺身训练（单腿和双腿）

你也可以进行单腿直腿反向山羊挺身训练。这项技术基本上与双侧反向山羊挺身是一样的；唯一的区别是双侧训练需要你抬起双腿，而单侧训练只须抬起一条腿。如果有可能，试着将不发力的腿置于跳箱或长凳上。单腿训练可以作为力量训练，以中等重复次数安排在训练中间，或者在训练前作为热身训练，或者作为降低后侧链失衡的一种方法。你可以通过使用踝关节负重为单侧和双侧直腿训练增加负荷。你需要以一种缓慢的、可控的方式来完成这些步骤。运动时不要太依赖动量，而是要保持脊柱相对中立，同时要让动作由髋关节来执行。

钟摆式反向山羊挺身

进行钟摆式反向山羊挺身有两种方法：仅向心和向心/离心交替。注意，你需要使用反向直腿后摆机才能进行上述训练。

仅向心

仅向心只意味着你在向心阶段激活肌肉，然后在离心阶段放松肌肉。这项技术的实施过程中，你需要让脊柱在向上时略微伸展，在向下时屈曲。通常，人们认为这是一种错误姿势。但在这种情况下，因为你在下放或离心阶段放松肌肉，而且重力会让腿得到拉伸，所以并没有那么危险，然后你需要利用钟摆动量让腿做后摆动作。利用摆动动量意味着在你处于脊柱屈曲及伸展状态时，背部不会感觉到特别紧张，从而可以降低受伤的风险。事实上，许多举重人士和运动人士将这种技术作为康复工具来预防和缓解下背部疼痛。省略离心阶段不仅可以拉伸脊柱，而且不会让你感到疼痛或让背部肌肉产生酸痛。更重要的是，充满活力与爆发力的动作可以加快运动速度与增强爆发力，这对于举重人士和运动人士来说是必不可少的。所以这很适合力量型运动人士将其作为调节训练，但其对肌肉的训练效果没有那么好。

你需要在向心阶段进行爆发式动作（以极大的加速度抬腿），然后在离心阶段放松（将腿下放，让重力来做这项工作），来践行向心技术。换言之，你不能缓慢地重复动作，反而要动态地摆动双腿。首先，你需要将腿向后拉动来产生动力，然后在最低点放松。中间不需要停顿，直接爆发式地向后摆动双腿来控制动力。继续这个过程，直到到达最高点，爆发式地向上抬腿，然后控制下放动作。例如，在第1次尝试时，你可能会将腿抬高至1/4的位置，然后落下，之后在第2次尝试时，爆发式地抬至一半的位置，然后落下，再次到达最高点，此时可以开始做动作。准备开始时，你需要重复动作，激活后链肌肉，抬起双腿，直到脊柱处于中立位，然后放松，让动量与重力来完成剩下的工作。

向心/离心交替

你也可以在动作的最高点收紧臀肌几秒，然后控制离心阶段的运动来进行更慢、更有意识的重复动作，这样更有利于训练肌肉。这就是向心/离心交替。使用向心/离心交替法时，你的背部在最高点不会发生超伸，在最低点不会过度拱起。简单地说，你可以在不让背部拱起的情况下尽可能下沉得更低，在不让背部发生超伸的情况下尽可能地抬高。

无论你进行爆发式动作或缓慢进行重复动作，起始姿势都是与膝关节动作一样的。将骨盆顶端或下腹部与器械边缘对齐，让双腿悬空，双脚并拢，将双腿穿过举重带，同时握紧反向直腿后摆机的把手。躯干平置于长凳上，保持双腿伸直或膝关节略微屈曲。在进行完整的重复动作之前，先做2次"摆动"动作。这意味着你在第1次摆动时上移至约1/4的位置，在第2次摆动时上移至约一半的位置，然后在全范围内开始重复动作。髋关节完全伸展时收紧臀肌，然后控制双腿回到起始位置。保持脊柱在中立位置，让动作只发生在髋关节上。

展鹰式反向山羊挺身

展鹰式反向山羊挺身训练是一种更多地由臀肌主导的直腿训练。髋关节外展时，臀肌激活效果比双脚并拢时更好。这项训练特别棒的地方在于，可以用很多方法来增加阻力。例如，膝关节弹力带训练迫使你将腿套在弹力带内并向外推动，从而在整个运动范围内增强臀肌激活效果。你也可以使用踝关节负重、手动增加阻力或将3种方式任意组合起来，以此来完成该项训练。

自重展鹰式

有两种进行展鹰式反向山羊挺身的方法。第1种是在整个动作范围内保持双腿伸展。第2种方法是在最低点双腿并拢，然后在最高点抬腿让腿得以伸展。无论你选择什么方法，起始姿势都是相同的。将骨盆顶端或下腹部与器械边缘对齐，让双腿悬空，双脚并拢或略微分开，同时握紧反向直腿后摆机的把手或长凳边缘。开始时抬起双腿，保持双腿伸直或膝关节略微屈曲，在髋关节完全伸展时收紧臀肌，然后控制好将腿下放的动作。在最高点不要让背部发生超伸，在最低点不要让背部过度拱起。

膝关节弹力带展鹰式

膝关节弹力带训练与自重展鹰式训练有相同的设置和步骤。唯一的区别是在此项训练中，你将弹力带缠绕在膝关节上方，以及在你放下和抬起双腿时，将双腿套在弹力带里并向外推动。

踝关节负重展鹰式

你可以通过踝关节负重来增加负荷。同样，其与自重展鹰式及膝关节弹力带展鹰式的设置及步骤是相同的。这种训练的关键是控制离心阶段，这样你就不会在最低点让背部过度拱起。

增强型离心手动阻力展鹰式

让一名训练搭档或教练站在你的双腿之间，在离心阶段（放低双腿）压住你的脚跟后侧。当中的诀窍是：你的搭档必须将你的脚跟向下推动，这样你就不得不抵抗来自髋伸与髋关节外展的阻力。想要掌握节奏并拥有恰到好处的感觉，就需要多加练习。你可以像进行正常的展鹰式反向山羊挺身一样抬起双腿。在最高点，你的髋关节将得以伸展与外展（与地面平行，两腿分开），此时你的搭档向下同时向内推动你的双腿。因此，你的臀肌与腘绳肌发力来抵抗向下的推力，同时，臀肌上部发力来抵抗向内的推力。

蛙式反向山羊挺身

这种训练本质上是一种开链式蛙式臀泵（蛙式臀泵是一种闭链式仰卧训练，参见第346页），在反向直腿后摆机或长凳上进行。屈腿训练特别好的地方在于，你可以在长凳上进行，而不必将脚抬离地面（见下一页），同时可以通过踝关节负重来增加负荷。通常，对于那些在地面上进行蛙式臀泵感觉不到臀肌训练效果的人，往往会在进行蛙式反向山羊挺身时感觉到臀肌得到训练，这很奇怪，因为两者的运动模式是相似的。

在反向直腿后摆机上做好准备，将下腹部与器械边缘对齐。躯干平置于垫子上，抓住反向直腿后摆机两侧的把手，双脚底部或内侧并拢。收紧臀肌，抬起双腿，脚跟全程并拢。同所有反向山羊挺身技术一样，在最高点暂时停顿，同时控制下放动作。

屈腿反向山羊挺身

进行屈腿反向山羊挺身的方法有几种。你可以在整个过程中保持双腿屈曲，或者在抬腿时伸直双腿，让其更多地转化成一种回踢动作。你可以通过膝关节弹力带、踝关节负荷或两者的组合来增大阻力。此外，你还可以进行单腿与双腿的训练。同蛙式训练一样，你只需要一台反向直腿后摆机，因此，这项训练几乎不受地点的限制。

在反向直腿后摆机上做好准备，使下腹部与器械边缘对齐。抓住反向直腿后摆机两侧的把手，将腿屈曲成大约90度角。屈腿，躯干与长凳平齐，收紧臀肌，抬起双腿，直到大腿大致与地面平行。如果你在进行膝关节弹力带训练，那么你需要在整个运动范围内主动地将膝关节套在弹力带中并向外推动。同所有训练一样，在最高点暂时停顿，最大限度地收紧臀肌。

从屈腿到直腿

从屈腿到直腿的训练类似于上面的屈腿训练，但不是保持双腿屈曲，而是需要在到达最低点时伸直双腿。

从屈腿到展鹰式

通过在向上过程中伸展并向外推动双腿，然后屈曲双腿，或者在向下过程中屈腿来进行展鹰式训练。

训练 **5** 壶铃摆荡

壶铃摆荡是健身行业中最受欢迎也是应用最广泛的训练之一。从拳击手、奥运会举重运动员、举重人士、运动员和混合健身人士到全能健身爱好者，几乎每个人都会在训练中将壶铃摆荡纳入计划。

　　这项训练之所以如此受欢迎，部分原因在于帕维尔·察索林（Pavel Tsatsouline），他是举世闻名的壶铃训练大师、健身教练与作家，主要负责将壶铃训练从俄罗斯传播至西方，并将其推向主流。这项训练曾经是俄罗斯士兵和运动员的专属动作，现在被用于各种健身训练中，可以将其作为一种提高身体素质、增强力量并改善体形的方式。

　　如果你浏览过本书的其他章节，那么你会知道我在训练中经常使用壶铃，主要是将其作为负荷深蹲和硬拉的工具。在本节中，我将介绍壶铃摆荡的动作模式，这对臀肌训练有独特的效果。

　　与本书中介绍的其他动作不同，那些动作通常是稳定的，以慢速进行，但壶铃摆荡是爆发式的动作。壶铃摆荡最棒的地方在于，与其他爆发式训练（如瞬发上博和抓举）相比，壶铃摆荡的教授及学习难度都不高。假设我只有很短的时间训练一位运动人士，或者我想为初学者或一大群运动人士安排一种爆发式动作的调节训练。在这种情况下，壶铃摆荡具有最多的功能和好处，因为这项训练有安全保障，而且有很好的训练效果，同样重要的是也可以转成其他动作模式，如深蹲、硬拉与臀推。

　　事实上，如果我训练一位曾经接触过壶铃训练的人，那么我作为教练的工作就容易多了，因为壶铃摆荡包含了一些基本技术，例如在做髋关节铰链动作时保持脊柱紧绷和中立（就像你在进行深蹲和硬拉时一样），以及在不让腰椎和脊柱发生超伸的情况下进行髋伸，同时收紧臀肌（就像你做臀推时一样）。换言之，学习进行壶铃摆荡的方法可以帮助你建立稳定的动作力学模式，让其转变成臀肌训练中的3个主要硬拉动作，这意味着它可以让你以更高超的技术完成深蹲、硬拉与臀推，因为这些动作中的每一项技术都是由这项训练发展起来的。

　　壶铃摆荡不仅可以增强爆发力，缩短基本动作模式的学习曲线，而且适合用作一种调节训练，可以在训练肌肉的同时增强力量。这项训练对臀肌的训练效果虽然不如臀推，甚至不如深蹲与硬拉，但仍然可以用独特的方式训练臀肌，也可以为训练计划注入一些乐趣与变化。这就像大多数时候你吃同样的食物以坚持朝着目标前进，但是偶尔也可以吃点不同的东西。

　　虽然我的训练对象大多是对形体训练感兴趣的人，但我意识到几乎每个人都像运动员一样喜欢训练。人们喜欢爆发式的动作，这可以让他们感觉自己得到了很好的训练，而壶铃摆荡正是这样的完美训练。例如，当我为会员客户设计训练计划时，我每周都会为其提供3次针对臀肌的全身训练，以及提供2次可选训练。提供可选训练的时候就是我在计划中安排壶铃摆荡的时候。因此，其中一项可选训练可能包括在休息日进行3~4组，每组20~30次的壶铃摆荡。这不仅提供了更多选择，让训练更加丰富多样，还帮客户提升了技术，使其更容易训练出更强壮的臀肌。

指南与提示

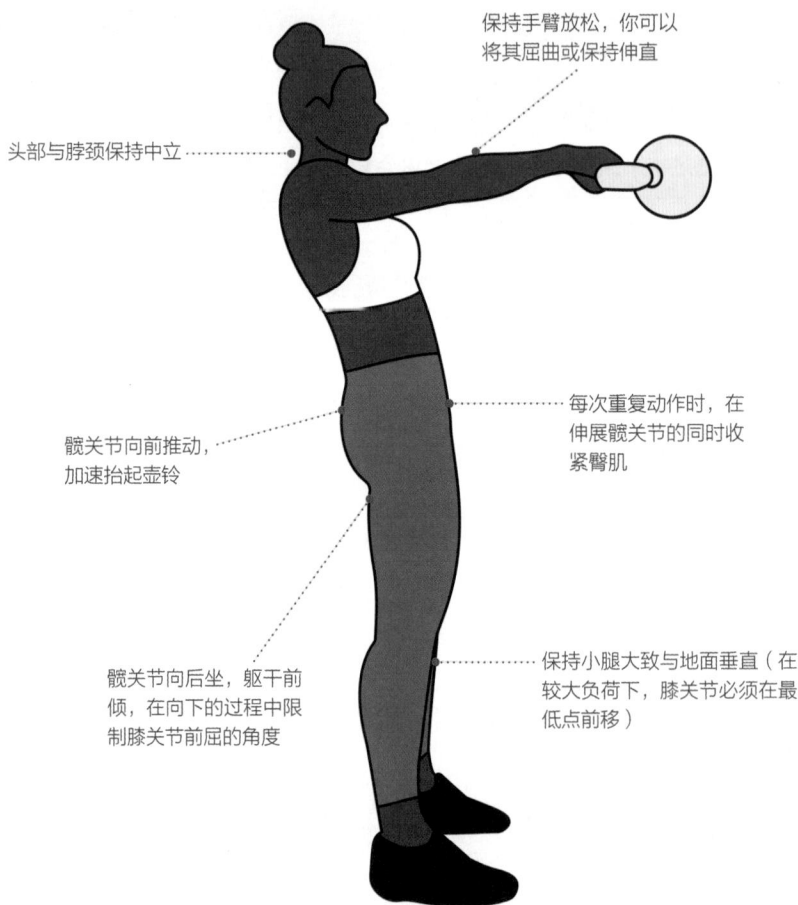

保持手臂放松，你可以将其屈曲或保持伸直

头部与脖颈保持中立

每次重复动作时，在伸展髋关节的同时收紧臀肌

髋关节向前推动，加速抬起壶铃

髋关节向后坐，躯干前倾，在向下的过程中限制膝关节前屈的角度

保持小腿大致与地面垂直（在较大负荷下，膝关节必须在最低点前移）

壶铃摆荡是一项很好的训练，因为它与其他上举动作之间有相似之处，又是一种爆发式动作。遵循指南与提示可以缩短学习曲线，获取最佳的摆荡技术。

设置和站姿

提及壶铃摆荡站姿时，大多数人喜欢让双脚朝向前方，同时间距略宽于肩。这会给你提供足够的支撑力量，让壶铃在双腿之间有足够的空间摆荡。

准备进行壶铃摆荡，将壶铃沿身体中线置于你前方几英尺的位置。弯腰进行髋关节铰链动作，抓住壶铃，手臂与地面成45度角。你需要伸展背阔肌与手臂，保持背部挺直，小腿与地面大致垂直。做好准备后，通过将壶铃在两腿之间上举来产生摆荡的动力。下一步，利用这一动力抬起躯干同时伸展髋关节。

自下而上

刚刚讨论的上举方法虽然很常见，但是对一些初学者来说仍然具有挑战意义。如果你刚接触壶铃摆荡，你可以从站姿开始，然后下放身体至摆荡位置来学习这个动作。就像钟摆式反向山羊挺身一样，你不必在首次尝试时就担心自己是否能充分利用整个运动范围。一般来说，我会告诉人们在第3次重复动作中进行全范围的壶铃摆荡，所以第1次是为了获得动力，第2次是为了保持节奏，第3次才是开始执行动作。训练上举动作（字面意思就是上举；甚至不用摆动壶铃）作为一种单独的方法与策略，在你熟练掌握壶铃摆荡之后，你可以将自下而上切换成自上而下。或者你可能会发现，你更喜欢大力摆荡的方式和其他的高重复次数、轻摆荡的方法。

自上而下

髋关节与手臂力学机制：利用髋关节力量，保持手臂放松

在壶铃从两腿间穿过时，保持手臂伸直，髋关节向后移动。转换动作，将髋关节向前推动，流畅地伸展髋关节、躯干与膝关节。这个思路是利用髋关节伸展的力量向上推动壶铃，同时保持手臂放松。

现在，举起手臂，让壶铃上升至头部高度的位置，伸出手臂，这种姿势自然有助于利用手臂完成上举动作（做前平举，调用三角肌）。如果你要避免这种倾向，可以考虑在腋下放一只笔，这样可以让你的手臂始终与躯干紧贴，同时上举壶铃时，屈曲肘部。因为上举壶铃时，你只依靠髋关节力量，而无须依靠任何手臂力量，所以壶铃不会上升至过高的位置。虽然姿势可能看起来不好看，但在我看来，这种方法更好。

在动作最高点，你可以用壶铃本身重力将其下放，或者通过下拉壶铃来加速摆荡动作。在下放壶铃时，躯干竖直，直至壶铃降至一半高度的位置，然后用髋关节发力，下放躯干。在下放时，你需要让身体略微前倾（在离心阶段），在上升时略微后倾（在向心阶段），来保持平衡，同时让壶铃在双腿之间穿过。

髋关节完全伸展时，收紧臀肌

在最低点，你应该感受到髋关节和臀肌有紧张感。转换动作，迅速将髋关节向前推动，收紧臀肌，让髋关节完全伸展。在将壶铃举起或将壶铃下放时，保持髋关节完全伸展时依然收紧臀肌，骨盆略微后倾，直到壶铃触到大腿。许多初学者在壶铃接近身体之前过早地将髋关节向后推出，这会让他们无法保持节奏与平衡。你可以在壶铃向上和向下的过程中，通过保持平板的姿势来避免这个错误。简而言之，在向上摆荡和下放的过程中，你需要保持脊柱中立，收紧臀肌。

脊柱力学：头部与脊柱保持中立位置

就像深蹲和硬拉时保持脊柱中立一样，进行壶铃摆荡时也需要这样做。为了避免脖颈在最低点伸长，让脊柱无法绷紧，你需要将目光集中在你前方10英尺的地方。简而言之，在整个运动范围内，你需要让头部与颈部始终处于中立位置。你所承受的负荷越重，就越容易在最低点发生前倾，在最高点发生后倾。然而，你仍然需要让头部和脊柱处于中立位置。

错误姿势与正确姿势

壶铃摆荡与硬拉及深蹲的很多错误姿势是相同的，因为三者有相似的运动模式。具体地说，你在最高点要避免背部超伸，在最低点要避免背部拱起。例如，弯腰让壶铃从双膝之间穿过是一种常见的错误姿势。教练经常提示运动人士要"攻击拉链"，这是另一种说法，也就是说，你应该保持手腕与腹股沟在一条直线上，让壶铃从大腿上部穿过，来改正这种错误。

腰椎超伸是另一种常见的错误姿势。髋关节无法完全伸展，你不得不试图利用手臂力量来举起壶铃。通常，这看起来像是前平举。前平举是在髋关节完全伸展之前进行的，很明显，举重人士试图用上半身代偿，以此来弥补下半身力量与协调性的不足。请遵循之前概述的指南与提示，即放松手臂，利用髋关节力量来引导和控制壶铃，收紧臀肌以锁定髋关节，避免这些错误姿势。

壶铃摆荡变式

壶铃摆荡有很多种变式：你可以用双臂或单臂，将其举至胸前或举过头顶来完成壶铃摆荡。在摆荡过程中，移动身体也有不同的方式。例如，你可以通过大幅度地进行髋关节铰链动作来完成壶铃摆荡，或者采用直立的深蹲方式。在后文中，我会描述两种壶铃摆荡变式，这些都是双臂壶铃摆荡动作，强调髋关节铰链的运动模式。需要指出的是，其他壶铃摆荡动作（如单臂壶铃摆荡）没有问题，但教授及学习更具挑战性，而且对臀肌的训练效果不大，或者可能会转变成硬拉或双臂髋关节铰链壶铃摆荡动作。简而言之，下面的几种壶铃摆荡变式是较容易完成的，对增强调节能力、训练肌肉、发展髋关节力学机制以及增强爆发力都有较佳的效果。

髋驱动摆荡

在我看来，髋驱动摆荡（也称俄罗斯壶铃挑战平板支撑或俄罗斯摆荡）是大多数人应该采用的摆荡模式，因为其可以完全依靠髋关节力量来完成壶铃上举。这意味着你可以选择小负荷或是大负荷，专注于训练肌肉、增强爆发力和调节能力。重要的是要意识到摆荡的高度取决于髋驱动的爆发力及壶铃的重量。例如，如果你用重型壶铃进行摆荡，那么在壶铃向上时手臂可能会屈曲，而壶铃可能只会达到肚脐高度的位置，这很好。如果你用轻型壶铃进行摆荡，那么在壶铃向上时你可能会保持手臂伸直或略微屈曲，同时壶铃会在身体前方更远处摆荡，到达与胸同高的位置。髋驱动摆荡动作的缺点是不利于增强耐力，因为你每一次的重复动作都是爆发式的。用重型壶铃进行摆荡来增强爆发力，进行3~4组，每组重复8次是一个很好的开始。我们在臀肌实验室进行3~4组，每组重复20~30次，以增强调节能力。

摆出壶铃摆荡姿势，将壶铃沿着身体中心线置于你前方几英尺外。进行髋关节铰链动作，膝关节略微屈曲，背部挺直，小腿大致与地面垂直。握紧壶铃，让其倾斜至与你保持45度角，然后将其在双腿之间上举。在壶铃穿过双腿和前臂与腹股沟接触时，尽可能用力地伸展髋关节，迅速向前推动髋关节。收紧臀肌，手臂放松，伸展髋关节时保持脊柱中立。如果你是从上至下开始动作，那么你需要摆荡几次，让其在整个运动弧中移动。记住，不要用手臂将壶铃拉起，你需要靠髋关节力量推动壶铃完成上举。同样重要的是，保证重量平均分布在双脚中心。避免壶铃在脚掌到脚跟之间来回摆荡，同时在整个动作范围内保持双脚紧贴地面。

B姿势髋驱动摆荡

　　B姿势髋驱动摆荡丰富了训练的种类，是一种有效的策略，在你只能使用较轻的壶铃或哑铃时，它可以增加摆荡动作的难度。同所有B姿势训练一样，你需要将大部分重量（大约占你体重的70%）置于一条腿上。在这种姿势下，让壶铃在双腿之间摆荡不是最佳选项。因此，最好将两个壶铃或哑铃分置于身体两侧进行B姿势髋驱动摆荡训练。

双脚大致分开与髋关节同宽，朝向前方。一只脚向后滑动，让脚趾与前脚脚跟对齐。将你的大部分重量分散在前腿上，髋关节向后坐时身体前倾，哑铃向后摆荡，然后在抬起躯干的同时推动髋关节向前。保持手臂放松，让哑铃向前摆荡。

弹力带髋驱动摆荡

弹力带训练在离心阶段可以给摆荡动作增加负荷，这会促进髋驱动更有爆发力。换言之，弹力带施加的紧张感加快了壶铃向下的速度，迫使你快速地进行髋伸来抵消动量。你可以通过手动增加阻力来模仿这种训练，在动作最高点让人将壶铃推下。

用一条41英寸长的细弹力带将壶铃绕在与壶铃相接位置的把手上，然后将其拉开。双脚踩住弹力带，然后按照前文所述步骤完成髋驱动摆荡动作。

臀部弹力带髋驱动摆荡

你也可以在髋关节缠上一条弹力带，在髋伸阶段增强髋关节力量。

将一条41英寸长的弹力带连接到一根杆或一台起蹲架上，然后将弹力带缠在髋关节上。手持壶铃站起，向前走，感受弹力带施加的紧张感。做好开始的准备，然后按照前文所述步骤完成髋驱动摆荡动作。

美式摆荡训练

美式摆荡在混合健身中非常流行，其与髋驱动摆荡不同，你可以通过将壶铃举过头顶来扩大运动范围。在动作最高点，壶铃处于你头顶正上方。这需要你更多地调动上半身及全身的肌肉。你可以将其转化为一种主要用于调节训练的全身性运动。你无法像美式摆荡那样使用重型壶铃，因为你需要在一段较长的时间内加速完成动作，然后以更大的幅度将其取代。

自然，在美式摆荡训练过程中，你需要在深蹲时将壶铃举得高一点，同时保持壶铃离身体更近一点。如果你肩膀有些僵硬，或者你只想做训练臀肌的动作，那么我建议你还是做髋驱动摆荡训练。

美式摆荡动作的设置与步骤类似于髋驱动摆荡动作，你需要利用髋关节的力量来推动壶铃运动。但是，你需要将壶铃举过头顶，保持接近直立的姿势，屈膝的程度要比髋驱动摆荡动作略微大一些。

直腿臀桥

在我没有机会去健身房时，直腿臀桥是我最喜欢的举重训练之一，它能让我的腘绳肌得到很好的训练。

如果你有器材，那么你就有很多很好的选择来训练腘绳肌，但有时你除了能利用自重之外一无所有。也许你想在家里训练，或者你正在旅行，虽然酒店的健身房宣称器械齐全，但除了几台坏掉的有氧健身器外，一无所有。在这些情况下，你就可以进行直腿臀桥训练。

指南与提示

直腿臀桥的优点在于不需要掌握太多技术，也就是说动作非常容易完成。你需要做的就是正确地按步骤进行准备，让脊柱与膝关节保持伸直。

设置与站姿

要做直腿臀桥，你需要将脚抬离地面大约16英寸。大多数标准尺寸的长凳都可以使用，同时你也可以用脚凳、椅子边缘、跳箱、或者你手头上的任何物品。如果你使用的器材过高，虽然训练会更容易进行，但不会特别训练到腘绳肌。如果双脚位置过低，那么你就没有足够大的动作范围。最合适的位置是离地16英寸左右，你也可以根据身高来增减几英寸。

设置很简单。平躺于地面，背部挺直，脚跟置于长凳边缘（或任何你使用的平台上），两脚分开与肩同宽。

让双脚脚尖笔直向上可以训练整个腘绳肌部位。如果你想针对外侧或横向的腘绳肌，那么你需要让双脚外翻。

单腿直腿臀桥

双腿直腿臀桥

脊柱与膝关节力学

直腿臀桥与臀桥相似，但不用脚跟蹬地，也不需要双腿屈曲，而是用脚跟后部蹬地，保持双腿伸直。关键是保持背部挺直，在伸展髋关节时集中精力激活腘绳肌。在臀桥最高点，你应该让从肩部到双脚成一条直线。

直腿臀桥

直腿臀桥只有两种形式：双腿和单腿。人们经常问我他们是否可以做肩部与双脚同时抬高的直腿臀桥。当然可以，但是在上升阶段时，你的身体会伸直，因此需要改变轴心点。要做到这一点，唯一的办法就是抓住吊环，或者将踝关节后部置于抬高的滚轮上。我试过这两种方法，效果都很好，但在我看来，还是不如背部伸展与直腿硬拉的效果那么好。直腿臀桥的意义在于，在没有器材可使用时，你可以通过它来训练腘绳肌，所以我只介绍一些基础训练。

双腿直腿臀桥

这项训练很适合初学者，因为这比单腿训练更加稳定，也更容易进行。将双脚脚跟置于长凳或跳箱等稳定的平面上。合适的重复次数方案是进行3组，每组重复12次。你可以在大腿上放置一个哑铃来增加难度；你只需要确保在髋关节抬起时，哑铃不会沿躯干滚下。

仰卧，双脚面向16英寸高的长凳（或跳箱、椅子、脚凳等）。将双脚脚跟置于长凳上，处于距离边缘几英寸的位置，双脚间距大约与髋同宽。脚跟后部蹬长凳，抬高髋关节，背部与膝关节保持挺直。收紧臀肌让髋关节完全伸展，同时在最高点暂时停顿。

单腿直腿臀桥

如你所知，单腿训练更具挑战性，因此，在感觉双腿训练过于简单时可以进行单腿训练。我的肌电图研究表明，单腿直腿臀桥可以很好地激活内侧腘绳肌。所以，如果你想训练大腿内侧的后部，这是一种很好的训练方法。大多数健身人士都可以通过做3组，每组重复10~12次动作来获得好的训练效果。

仰卧在长凳（或任何16英寸高的稳定平台）前，单脚脚跟处于距离边缘几英寸的位置。你可以通过让一条腿屈膝或让其伸直来抬高另一条腿。这项训练的步骤与双腿训练是一样的，但是你需要用一条腿来完成，在抬起髋关节的同时脚跟发力。

屈膝

在一周中，我最喜欢的一天是我指导臀肌训练队的那一天。这是一群健美选手，他们最喜欢的就是通过艰苦的训练来给臀肌施加压力。因为这个团队十分庞大，所以我的课程结构与单独训练他们的方式不同。我没有让每个队员都做同样的训练，而是给每个队员安排单独的训练，让他们在规定时间内或做完预设组别及重复次数方案之后再轮流循环每项训练。

每次训练之前，我都会带他们尝试每项训练，确保他们知道自己需要做什么。虽然大多数的训练都被认为是臀肌主导型训练，但我也将股四头肌和腘绳肌主导型训练纳入了计划。

现在你会认为深蹲、弓步、硬拉或臀推的运动模式将是最受欢迎的训练。但是，在许多课程中，我了解到事实并非如此。令我感到惊讶的是，在我们进行的所有训练中，北欧式腿弯举（Nordic Ham Curl，NHC）是几名臀肌训练队队员的最爱。每当我介绍这项训练时，他们都兴奋不已，争先恐后地想要成为那项训练的第 1 名。他们的兴趣让北欧式腿弯举成为我关注的焦点。

虽然我自己也很喜欢北欧式腿弯举，但出于几个原因，我在健美选手身上很少用到这项训练。首先，如果我增加了针对股四头肌与腘绳肌的鼓励训练（如腿部伸展）、膝关节屈曲训练（如腿弯举）、北欧式腿弯举或器械臀腿起，或者如果我在制订他们的训练计划时优先考虑这些动作，那么随着时间的推移，他们中的一些人会更多地训练腿部肌肉，这与他们的目标不符（训练臀肌）。虽然不是每个人都会这样，但有些人确实会如此，尤其是经过几年的渐进式训练之后。其次，股四头肌和腘绳肌倾向于与臀肌并肩发展，因为我总是希望在股四头肌与腘绳肌主导型臀肌训练中实现健康的平衡，例如同时做弓步与背部伸展，因此，没有必要用单关节动作来做股四头肌或腘绳肌的孤立训练。

现在，有必要指出的是，屈膝训练，包括腿弯举、北欧式腿弯举和器械臀腿起，是所有腘绳肌主导型训练中最能训练腘绳肌的一种。与硬拉、背部伸展、壶铃摆荡与反向山羊挺身等训练整个后链肌肉的训练不同，屈膝训练可以让腘绳肌得到孤立的训练，对其他肌肉的训练效果不如本章所述的其他训练那么大，这就是我从来没有让客户优先考虑这项训练的原因。

但是指导臀肌训练让我大开眼界，也让我意识到了屈膝训练的重要性。这在一定程度上是因为我们在健身房里设置了一台北欧式腿弯举机，所以我根据会员的使用频率及他们获得的结果中可以得知，他们不仅喜欢这项训练，而且仅仅几个月做了更多的屈膝训练，特别是北欧式腿弯举，我的客户们训练腘绳肌的效果比以往任何时候都好得多。他们的翘臀得到了评论人士的称赞，而且在健身房的表现也得到了改善。事实上，人们已经在研究中证明了，北欧式腿弯举和其他屈膝训练可以降低腘绳肌拉伤的概念同时加快跑步速度，已经成为体育训练中的热门项目。所以，屈膝训练不仅可以让腘绳肌变大，增强腘绳肌力量，还可以降低受伤风险，增强运动能力。

我仍然考虑将北欧式腿弯举作为辅助训练，会将其作为初级上举动作后的训练（当然，除非某人的主要目标是能够独立完成北欧式腿弯举，在这种情况下，我会将其置于训练中的第1位），但我现在在训练中安排这项训练的次数确实比前几年多得多。无论你是一名形体选手、一位运动人士，或者仅仅是一个想要训练出更大、更强的腘绳肌的人，屈膝训练都应该在你的计划中占有一席之地。

在本节中，你将学习设置并完成北欧式腿弯举及其他屈膝运动的不同方法，如滑动腿弯举与器械臀腿起，这不仅有利于训练腘绳肌，也有助于让北欧式腿弯举更具挑战性。

翘臀

在健美界"翘臀"备受关注。评论人士检验这个部位的标准是，曲线从臀肌到腘绳肌是平滑过渡的。因此，优化这一部位的外观对健美人士来说非常有意义。

如果你是一名健美人士，想要获得翘臀，那么我建议你做以下3件事。

1. 增强臀肌力量。

2. 增强腘绳肌力量。

3. 变得苗条。

从这些建议中你可以看到，这里没有"翘臀"肌肉，但你有臀肌和腘绳肌，所以请不要说"这项训练真的能训练出完美的翘臀"。当然，弓步、保加利亚式分腿深蹲与深蹲确实能训练臀肌下部，而硬拉、直腿躬身、背部伸展也均能很好地训练臀肌与腘绳肌。但是各种各样的髋伸肌会对肌肉部位分别进行训练，你需要做各种各样的训练来最大限度地训练出臀肌与腘绳肌的形状。

对于训练臀肌，一定要结合大量的臀肌主导型训练，如杠铃臀推、髋关节外展训练，以及股四头肌主导型训练，如深蹲与弓步。对于训练腘绳肌，可以选择本节介绍的屈膝训练及本章介绍的其他腘绳肌主导型训练。最后，你要确保自己用恰当的营养学原理进行瘦身训练。这些训练可以使你获得翘臀。

我还想指出，关于翘臀的审美标准与个人喜好有很大关系。我训练的大多数女性客户更关心腿部肌肉，而不太在意翘臀。简言之，翘臀更适合健美人士，普通人更喜欢将臀肌与腘绳肌分开训练。

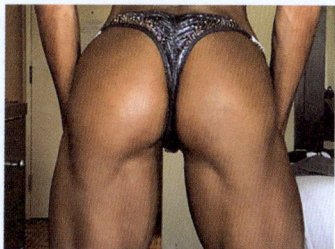

指南与提示

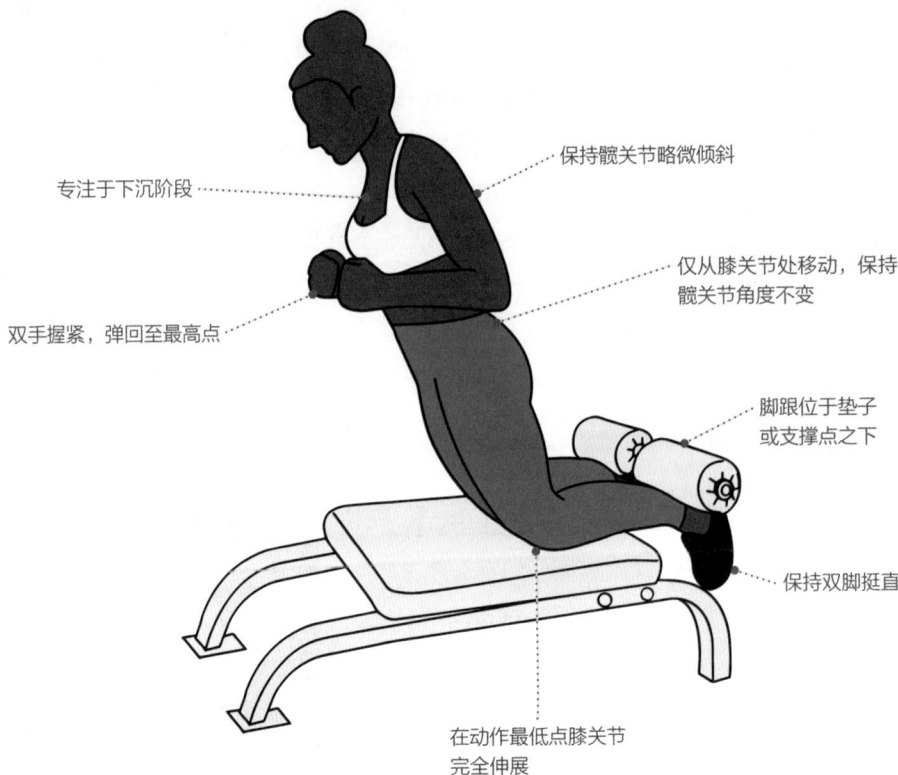

专注于下沉阶段

保持髋关节略微倾斜

仅从膝关节处移动，保持髋关节角度不变

双手握紧，弹回至最高点

脚跟位于垫子或支撑点之下

保持双脚挺直

在动作最低点膝关节完全伸展

正如你所了解到的，屈膝训练可以单独训练腘绳肌，在较小程度上分离了小腿（腓肠肌）肌肉，也涉及了腿弯举动作。屈膝训练从简单到极其困难都不会涉及太多的技术。这里介绍的两条指南适用于所有训练，在学习屈膝训练时将其铭记于心十分重要。唯一值得一提的是要注重神经-肌肉连接，这意味着你需要认真选择好合适的姿势。同外展训练一样，动作不复杂并不意味着你应该在不考虑技术的情况下做出尝试。

仅从膝关节处移动（保持髋关节角度不变）

无论你是进行屈膝训练（也称为腿弯举），例如北欧式腿弯举，还是进行俯卧训练，例如器械臀腿起，你都需要从膝关节处移动，同时要保持髋关节角度不变。注意，一些屈膝训练，如抗力球与滑动腿弯举，会要求你调整髋关节角度，因此，本指南仅适用于跪姿和俯卧屈膝训练。

即使你从髋关节略微屈曲开始，也要在整个运动范围内保持髋关节角度恒定。大多数教练会告诉你，你需要让髋关节在整个髋伸过程中保持中立，同时在整个运动范围内保持这个姿势，就可以很好地完成北欧式腿弯举。但是，人们若试图在保持骨盆中立时进行北欧式腿弯举，他们在每组训练中都无法保持这个姿势。他们的骨盆总是前倾，这迫使他们的腰椎超伸。略微前倾会拉长你的腘绳肌，这可以增强腘绳肌的力量，让重复完成动作更有成效。这还可以降低骨盆前倾及腰椎超伸的风险，因为这会增大施加给脊柱的压力，给下背部带来不必要的压力。需要注意的是，切勿调整髋关节角度。因此，请前倾30度，然后在整个运动范围内保持这个角度。这可以延缓临界点的出现，让你更好地控制下放阶段，同时延长肌肉在紧张状态下的时间。

正确姿势		错误	
从膝关节处移动		从髋关节处移动	

在整个动作范围内完成动作

在腘绳肌完全伸展之前过早地转换动作，或者在没有完全伸展膝关节的运动范围内停止，均为常见的错误。为了让屈膝训练的效果最优化，你需要确保在整个动作范围内完成屈膝及伸展的动作。如果你在做仰卧屈膝训练，如抗力球腿弯举，那么在伸直双腿的同时，你需要充分伸展膝关节，同时将双脚脚跟尽可能地朝着靠近髋关节的方向拉动。如果你在进行北欧式腿弯举或器械臀腿起，你需要让大腿接触垫子或膝关节，在动作最低点让膝关节完全伸展。在大腿触到垫子之前，不要将自己向后拉动或者推动自己成直立姿势。你仍然可以用双手来控制下放动作，让腘绳肌保持紧张状态，保持节奏稳定。

全动作范围腿弯举　　　　　　　**全动作范围北欧式腿弯举**

保持双脚挺直

为了增强外侧与内侧腘绳肌的力量，做屈膝训练时需要保持双脚伸直。这些训练主要针对两侧的腘绳肌，所以我一般不建议让双脚外翻。

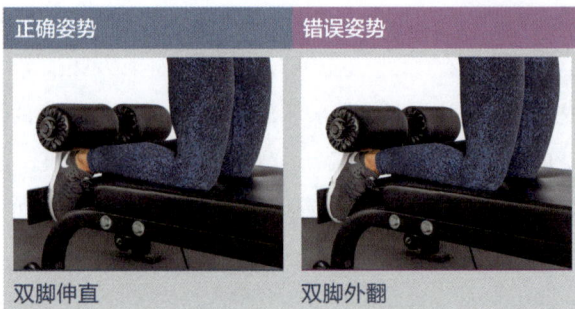

正确姿势　错误姿势

双脚伸直　双脚外翻

错误姿势与正确姿势

遵循指南与提示是最好的防止出现屈膝错误姿势的最佳方法。我想强调两种错误姿势，即腰椎超伸与骨盆前倾。有些腰椎超伸和骨盆前倾是可以接受的，但太多是有问题的，这些错误姿势会让下背部产生不适与疼痛。执行动作时要注意腰骶姿势，保持脊柱在中立位置。

正确姿势　错误姿势

中立　超伸

屈膝训练分类

在本节中，你将了解到各种屈膝训练的好处，让每项训练逐步适应你的实际情况，并以最佳的技术完成所有训练。

仰卧屈膝训练

仰卧屈膝训练包括从背部进行的所有腿弯举训练，包括抗力球腿弯举、滑动腿弯举和滑动/悬垂腿弯举。这些训练对增强腘绳肌力量很有帮助，可以作为北欧式腿弯举的变式，且更具挑战性。所以，如果北欧式腿弯举难度过高，或者你感觉做起来不舒适，那么仰卧屈膝训练就是一种很好的替代训练。这项训练常见的重复方案如下：进行3组，每组重复10~12次。

抗力球腿弯举训练

在抗力球上进行腿弯举是一种简单且成本低的选择，对初学者与专业训练人士来说都很适合。我建议使用直径为55厘米或65厘米的抗力球。如果你刚接触腿弯举训练，那么你可以从双腿训练开始。在你变得更强壮后，先用两条腿拉动，然后下放一条腿的方式，将双腿训练与单腿训练结合起来。一旦你能不费吹灰之力地做到这一点，那么你可以尝试做孤立的单腿抗力球腿弯举训练。

双腿抗力球腿弯举

仰卧，双脚置于球上，双腿伸直。髋关节向上，同时屈曲双腿，脚跟朝髋关节方向移动。想象一下，如何将脚部抬高的臀桥与腿弯举结合起来。你可以做完全髋伸或部分髋伸，这两种方法都很棒。为了确保抗力球沿直线来回滑动，双脚都要置于球上，双脚并拢，双腿向球施加相等的压力，同时以可控的方式缓慢地进行移动。你也可以展开手臂，让其与地面保持平齐，以增强身体两侧的稳定性。向上抬起，直到脚底与抗力球完全接触或处于平齐位置。

两上一下抗力球腿弯举

单腿抗力球腿弯举

单侧训练使用相同的技术，但不是用双腿拉动抗力球，而是只用一条腿拉动。这需要更强的控制力，你可能需要调整双脚位置同时伸展手臂并使其紧贴地板以扩大接触面积，防止球从一边滚到另一边。你可以将另一条腿伸展或屈曲，选择你喜欢的方式。如果拉动阶段过于困难，你可以通过用两条腿拉动，然后通过下放一条腿（两上一下）来将这些变式结合起来。

滑动腿弯举训练

　　滑动腿弯举与抗力球腿弯举相似，但更具挑战性，因为你的双脚都踩在地上，这需要你举起大于体重的负荷。完成这种训练有几种方法。如果你处于光滑的表面上，如硬木、油毡或层压板等材质的表面，那么你可以将双脚置于毛巾或纸盘上，甚至可以穿厚袜子（这个选项最好在较滑的地面上使用）。如果你处于铺有地毯的地板上，你可以使用滑垫，这种垫子也可以在光滑的表面或家具上使用。同抗力球腿弯举训练一样，你可以用双腿。两上一下及单腿的方式来践行这项技术。

双腿滑动腿弯举

两上一下滑动腿弯举

单腿滑动腿弯举

先伸直双腿，将脚跟置于能在地板上滑动的事物上。你可以将手臂置于身体两侧，展开手臂以扩大与地面的接触面积，或者保持屈曲。要完成这个动作，你需要将脚跟拉向髋关节，同时将髋关节从地上拉起。你可以在每次重复动作时进行完全髋伸或部分髋伸，无论你喜欢哪一种，你都需要保持一致。在你完成动作时，你需要从脚跟抬起过渡到双脚抬起。脚跟尽量靠近髋关节。如果你在做单腿训练，那么你可以让抬高的腿伸展或屈曲。你也可以用双腿拉动，然后下放一条腿来完成两上一下的训练。

滚动腿弯举训练

滚动腿弯举训练与滑动腿弯举有着相同的优点与技术，但是你不需要在地面上滑动双脚，而是使用一种带滑轮的装置，例如动力轮或臀腿滚轮。在动力轮或类似的装置上使用臀腿滚轮的好处有两种：它更稳定，滑动会更平稳，能够提供更多的负重选项（单腿及弹力带抗阻）。

双腿滚动腿弯举

两上一下滚动腿弯举

单腿滚动腿弯举

仰卧，保持手臂屈曲或向外伸展。将脚跟置于臀腿滚轮的凹槽里，伸直双腿。不要将手臂置于身体两侧；因为滚轮可能会滚动到手指上，这种经历太痛苦了。要完成这个动作，你要同时做几件事：抬高髋关节，脚跟蹬地，让双脚朝臀部的方向屈曲。同其他滑动腿弯举训练一样，你需要尽可能将脚跟朝着臀部的方向拉动。为了让这项训练更具挑战性，你可以放置一个哑铃在髋关节上来为髋伸提供阻力，或在滚轮上系一条弹力带来增大屈膝阻力，或者进行单腿或两上一下的训练。

滑动/悬垂腿弯举训练

早在2009年，我就在车库的健身房里想出了滑动腿弯举训练（也称悬垂腿弯举）。我做了直腿硬拉、器械臀腿起、直腿躬身，反向山羊挺身以及背部伸展，这些都能很好地训练腘绳肌，但我还设想有高重复次数的让肌肉更加有灼烧感的选择。我没有使用腿弯举机的条件，我想找一些比抗力球和滑动/滚动腿弯举更具挑战性，但比北欧式腿弯举和器械臀腿起更简单一些的训练。这些训练可以让腘绳肌得到训练，但不会对产生充血或灼烧感。所以我开始做尝试，最后我想到了滑动腿弯举训练。

我在高重复次数（大约20次）的训练结束时安排了这些训练，也达到了预期的效果。这些训练比抗力球和滑动/滚动腿弯举更具挑战性，因为其对自重的利用比例更高。在滑动腿弯举训练中，你需要将身体向上拉动，而不是用脚让球滚动，但出于身体方位的原因，这些训练几乎没有北欧式腿弯举及器械臀腿起那么难。与北欧式腿弯举相比，它们在肌肉伸展的位置更容易，在肌肉缩短/收缩的位置更难，这让其成为一种完美的腘绳肌冲击和燃烧训练。同其他仰卧屈膝训练一样，你可以进行双腿、两上一下或单腿训练。

你需要一个高的跳箱。如果你用的是一个没有侧面的轻跳箱，那么你可以在底座上放一个哑铃，防止其倾斜。如果你有一个中等大小的跳箱，你可以将负荷推举到恰当的高度。我不建议使用长凳，因为高度不够，而且很可能会翻倒。你可以挂在起蹲架内的杠铃上或吊环上，让身体呈悬垂姿势。如果在杠铃上呈悬垂姿势，那么你需要面朝远离机架的方向，抓握位置面向起蹲架的钢柱（杆），而不是安全销的开口。这需要将杠铃锁定在恰当的位置，以保证稳定与安全。至于杠铃高度，可以将其置于与杠铃位置大致相同的水平面上，然后根据力量大小进行上下调整，较低的跳箱更容易，较高的跳箱更难。将跳箱放在足够远的位置，让髋关节屈曲成大约135度。像做引体向上一样悬垂在杠铃杆上，脚跟置于跳箱上，从而完成这个动作。在最低点保持手臂和双腿伸直，髋关节屈曲。接着，脚跟蹬在跳箱上，用双腿力量将身体向上拉动，同时屈曲膝关节和伸展髋关节。在你屈曲和伸展时，让身体向前摆荡，就像你在用双腿力量拉着自己上坡一样。将手臂想象成钩子，不要让手臂屈曲或试图用手臂将自己拉起。髋关节完全伸展时，让双脚平置于平台上。在最低点注意通过缓慢下放身体来控制动作。

跪姿屈膝训练

跪姿屈膝训练包括北欧式腿弯举（也称俄罗斯倾斜、俄罗斯腘绳肌弯举、反向腿弯举、自然腿弯举、自重腿弯举、北欧下放、北欧式，这项训练有很多名字），可以促进腘绳肌增长并增强力量。然而，你永远不会像做高重复次数仰卧腿弯举时一样体会到肌肉灼烧感。这项训练与弓步类似。你的臀肌不会因为弓步而受到冲击或产生灼烧感，但是弓步会让你的臀肌感到酸痛，同时可以刺激臀肌增长。北欧式腿弯举也一样，你不会体会到肌肉灼烧感，但它会让腘绳肌感到酸痛，也不会像其他训练一样训练和发展腘绳肌。出于这个原因，如果你想进行完整的北欧式腿弯举，那么北欧式腿弯举要么需要放在训练初期，或者，更常见的是，如果你旨在训练臀肌，那么可以将北欧式腿弯举放在训练中间。通常，我会规定将北欧式腿弯举进行3组，每组重复3~5次，不管这项训练在什么时候进行。减少重复次数，在下放阶段加大训练力度，比做高重复次数动作时肌肉不处于紧张状态要好。

北欧式腿弯举的设置和步骤有很多种方式。首先，我将展示使用不同设备进行设置的所有方式。然后我将告诉你如何正确地完成北欧式腿弯举，我将涵盖从最简单到最困难的训练。

节食时，试着用自重训练来设定个人纪录

与其他具有挑战性的自重训练相比，例如引体向上和俯卧撑，北欧式腿弯举的好处在于，在你节食减肥时，做这项训练会更容易。我的许多比基尼选手都在比赛前的1周内完成了第1次北欧式腿弯举。事实上，去年我的3位臀肌训练队队员在同一天，也就是他们展示的前1周，完成了第1次向心北欧式腿弯举（他们没有借助俯卧撑来完成下放与上起动作）。

大多数健美教练在比赛前1周不会安排太多训练。他们会想："你不能训练肌肉，你节食了，所以训练结束了。"但我不喜欢这种思维方式。我更喜欢让选手们通过自重训练来创造个人纪录，因为他们能在艰苦的训练中变得更加强壮。杠铃上举的绝对力量可能会减弱，但自重训练的耐力会得到增强。所以他们可能不会在进行臀推或硬拉时创造个人纪录，但他们会在自重训练时创造个人纪录。而关于创造个人纪录，更多地进行引体向上或者完整的北欧式腿弯举，他们的自信会飙升，也会将这种自信带到比赛中，这种自信对比赛中的表现与结果起着很大的作用。

专注于北欧式腿弯举、引体向上、倒立、俯卧撑、手枪式动作及其他具有挑战性的自重训练很适合节食减肥的人。你可能还没有做好开始执行动作的准备，但其也会对你产生同样的影响。也就是说，在你节食时，做北欧式腿弯举会让你变得更强壮，这可以增强自信，给你带来一种成就感。

北欧式腿弯举设置方法

有几种设置北欧式腿弯举的方法。你的选择取决于你可用的器械与个人喜好。

北欧式腿弯举机

最好在为训练而设计的机器上进行北欧式腿弯举。在臀肌实验室里，我们有一台反向腿弯举机，这是我们最受欢迎的设备之一。其不需要设置，直接使用就可以了。虽然北欧式腿弯举机是最好的选择，但即使在大型商业健身房中都很少有此类设备。其他的选择是搭档协助、长凳与举重带、杠铃、史密斯机和拉脱机。

搭档协助

在与搭档或教练一起训练时，搭档协助是一种很好的选择。你只需要一块护膝垫。准备的时候，将膝关节置于垫子上，双脚背部伸展，脚趾伸直，让其屈曲同时压入地面。如果你的脚趾不够灵活，或者当你的搭档向下推时会让脚趾受伤，那么你需要将脚背放在一块泡沫滚轴上，或者只是做足底屈曲的动作（尽管这会增加训练难度）。让你的搭档跪于你身后，将膝关节置于你双脚后方，通过给你的脚跟和脚踝后侧施加压力，将你的双腿固定在地面上。在你伸直膝关节同时向前倒下时，你的搭档应该施加向下的压力同时前倾，以便让你的脚踝承受更大的重量。搭档的体重需要接近你的体重或更重，否则在你到达动作最低点时，他会无法将你压下去。切勿低估这种设置的重要性；你的搭档越能让你保持稳定，腘绳肌训练效果就越好。

理想情况下，你应该使用一个厚垫子，为膝关节提供足够的缓冲，同时将其抬高至距离地面8英寸的位置（你可以使用阶梯、固定块或几个叠放在一起的垫子）。这种"抬高"会让你的双脚拥有更好的感觉，让你保持倾斜30度，同时帮助你在运动最低点获得更大的运动范围，你可以有意地让脚踝背部伸展，来减少小腿的发力，

所有这些步骤均可转化为更能刺激腘绳肌的训练。

长凳与举重带

腘绳肌举重带可以缠绕在长凳上，让你的双脚保持锁定。你甚至可以将其包在长凳外来完成弹力带辅助训练。

杠铃

如果你无法使用北欧式腿弯举机或臀腿举重带和长凳，你可以使用杠铃、杠铃片、深蹲海绵以及平衡垫。首先，将大负荷杠铃片（超过你的自重）置于杠铃上来防止其抬起或滚动，之后，用一块厚的深蹲海绵包裹住杠铃来保护脚踝，同时将膝关节置于垫子上。

史密斯机

你也可以用史密斯机代替起蹲架。其设置与起蹲架和杠铃完全相同，唯一的区别可能是杠铃高度不同。许多史密斯机没有足够低的设置项，因此，你可能需要将杠铃设置成较高的高度，同时在膝关节下方垫上厚厚的垫子。

拉脱机

可以使用拉脱机来完成北欧式腿弯举。这并非设计该器械的目的，所以效果不太理想。对大多数男性客户来说，拉脱机的垫子太窄了，你必须在面前摆一条长凳或有氧阶梯，同时将其设置到合适的高度，这样你可能充分利用上半身的重量。但是，如果你没有其他器械，而且膝关节适合在垫子上进行动作，那么这种选择也是可行的。

北欧式腿弯举基本动作与进阶动作

在你开始进行北欧式腿弯举时，你可以先从最高点开始，然后，在你降至最低点时，像一艘船一样沉下去。由于北欧式腿弯举对力量的要求很高，所以很难控制离心阶段或下放动作。随着膝关节开始伸展，控制上半身的难度越来越大，在这个"临界点"上，你会从控制下放动作到只是纯粹地倒下。一开始，你的临界点会很早就出现，所以你应该以随着你变得越来越强壮，可以更好地完成训练为目标，从而延缓临界点出现的时间。

因此，人们通常将北欧式腿弯举称为"北欧式下放训练"或"北欧式落下训练"。事实上，最好将北欧式腿弯举看作一种主要的"古怪"运动，尤其是在训练初期。不要试着做完整的动作，而是专注于尽可能缓慢地将身体降至最低点，同时通过进行辅助训练来延缓临界点的出现。在向心阶段，你需要借助手臂力量以刚好能将你自己拉回到最高点。在你变得越来越强壮时，你会越来越依赖腘绳肌的力量来拉动身体回到直立姿势。虽然最终的目标是完全不用双手力量，但这是非常困难的，很少有人能做到这一点。因此，如果你在离心阶段或辅助训练时受挫，也不要灰心。我每周都做几次北欧式腿弯举，如果没有协助，我还是无法完成向心阶段的重复动作。

为了帮助你完成北欧式腿弯举，我将这些技术从最简单到最困难分为3类：辅助北欧式腿弯举、自重北欧式腿弯举与阻力北欧式腿弯举。

辅助北欧式腿弯举

辅助北欧式腿弯举包括一些变式，例如利用弹力带、搭档或某种形式的支撑。如果你从来没有进行过北欧式腿弯举，那么你不能在做自重北欧式腿弯举时以受控的状态让身体下降，若你只是想调整你的技术，然后向更具挑战性的训练进发，进行辅助北欧式腿弯举是很好的开始。切勿在进行高重复次数北欧式腿弯举时犯错误。通常，你希望坚持5次或每组重复更少次数。要想完成完整的北欧式腿弯举，我建议你坚持使用辅助训练，直到你足够强壮，只靠自重就能将自己降至一半的位置。有了这种基础的力量与技术，后文提供的训练会让你更接近完整的北欧式腿弯举。

手动辅助北欧式腿弯举

让一位搭档或教练跪在你面前，握着他们的手，这种方法很适合学习控制身体的方法及正确完成这项技术的步骤。用你搭档的手来支撑，你可以集中精力将腿弯举至你正在使用的任何器械上，不论是杠铃杠、脚垫，还是别人的手，然后利用腘绳肌力量下放身体。通过训练，观察者与举重人士可以保持一种节奏，并且观察者可以在恰当的时间为效果最好的一组选手提供合适的帮助。

让一名搭档跪在你面前，你通过屈曲双腿和伸展膝关节来慢慢将身体下放。你的搭档应该根据你的能力与力量来调整向你提供的支撑力度。当中的原理如下：搭档用手向上拉的同时分担你上半身的重量来给你提供帮助。你倒下得越远，你的搭档需要提供的支撑就越多。在你到达最低点时，你的搭档应该将你推回到最高点。

弹力带辅助北欧式腿弯举

　　弹力带是一种很好的工具，因为这有助于为你将身体下放至最低点提供支撑。更准确地说，在动作的第1阶段，弹力带提供的助力较少，在动作的第2阶段可以提供更多的助力，当然，第2阶段也更困难。因此，在你最需要助力的位置，也就是处于最低点时，弹力带可以帮助你在整个运动范围内将助力分配得更加均匀。这意味着你可以不必打断完成一个完整的重复动作的节奏下，完成整个动作。

　　你可以通过选择较厚或较薄的弹力带或调整移动轨迹来调整其所提供的助力。你将弹力带固定的位置越高，它就会在最低点给你越多的助力。

进行弹力带辅助北欧式腿弯举的方法有两种。你可以让一位搭档站在你的后方，或者将弹力带连接到一个起蹲架、卧推机或引体向上结构上。不管使用哪种方法，你都应该将弹力带置于胸前与腋下。如果你是为搭档手持弹力带，你需要将其绕在搭档的脖颈后面，当搭档下放身体时，将其向上拉动。在他们到达动作最低点时，让弹力带为其提供更加垂直且有效的支撑矢量。

辅助杆北欧式腿弯举

这种基本动作的独特之处在于，你可以通过使用一根杆，例如一根传力杆或PVC管来支撑你自己的体重，从而控制整个运动范围内所需的助力。也可以用一个大的健身球来实现这个目标（你在下放时将其向外滚动），但是传力杆的效果会更好。尽管你可以在地面上进行这种训练，但最好是在离地面有一段距离的器械上完成这种操作，例如臀腿训练器、北欧式腿弯举装置、长凳或拉脱机。

将传力杆置于你身体前方，然后沿着传力杆上下移动。对此，我们认为，只需使用传力杆来保持支撑与平衡。换言之，试着在尽可能多地让腘绳肌保持紧张感的情况下，将身体下放。

576

自重北欧式腿弯举

作为一名体能教练，我身边都是非常强壮和有才华的运动人士，他们中的大多数人在主要的举重项目中都能举起超过自己体重的重量。然而，在我接触过的所有教练和运动人士中，只有少数人能完成全自重的北欧式腿弯举。因此，我在训练计划中加入了几项自重训练，这些训练不仅可以用于练习完整的北欧式腿弯举，也可以用来加强腘绳肌的力量。

记住，你无须追求做出完整的北欧式腿弯举也能从这项训练中有所收获。这些训练都很适合用来训练腘绳肌，都可以增强腘绳肌的力量。

离心北欧式腿弯举

关于自重北欧式腿弯举，你在一开始的重点主要是控制动作的离心阶段或下放阶段。在你变得越来越强壮后，你的目标是延缓临界点出现的时间，或者在这个临界点上你不能再控制你自己继续下降，你可能会直接倒向长凳或地面上。简而言之，通过将重点放在离心阶段，而不是向心（或上升）阶段，你会进步得更快，也能更多地训练腘绳肌。假设你第1次做北欧式腿弯举时，你只能控制下降至50%的程度，每次重复只能持续3秒。在1个月内，如果你能控制下降至65%，同时每次重复可以持续5秒（确保你不仅仅是在最高点花更多的时间，这很容易），便可以开始逐渐增加负荷，腘绳肌应该也得到了训练。

你可以根据喜好选择几种方式来调整身体姿势：让上半身和髋关节保持中立，或者略微前倾不超过30度。你在超过这一点的位置就需要进行反向运动（见第579页的屈髋北欧式腿弯举）。将双脚固定在器械上，然后慢慢地将身体作为独立的整体放低来完成这个动作。关键是不要让髋关节弯折，你应该只让膝关节来执行动作。在你向地面倒下时，用手臂支撑住上半身，同时保持腘绳肌的紧张状态。所以，在你到达临界点时，不要只是向地面倒去，而是要用手臂控制持续下降的身体。在动作的整个离心阶段，你应该保持腘绳肌的紧张状态。在大腿接触垫子、地板或长凳时，你可以在腘绳肌的助力下支撑自己回到起始位置，或用双手支撑自己回到最高点。

在重复动作中停顿

在重复动作中停顿意味着你要在接近临界点的地方停顿2秒，然后用手来辅助完成离心阶段和向心阶段的动作。随着时间的推移，你应以延缓临界点的出现时间为目标，然后在越来越接近地面的位置保持停顿。简单地说，在进行离心阶段的训练时，这是另一种让你有进步的方式，还可以延长腘绳肌处于紧张状态下的时间。

在重复动作中停顿代表北欧式腿弯举和离心北欧式腿弯举有着相同的技术。唯一的区别是你要在临界点处的正上方停顿2秒。

停顿方法

停顿方法为你需要在动作最低点起来3次，并保持停顿。这延长了腘绳肌在紧张状态下的时间，正如你所知，这是最困难的动作阶段。

控制身体下放，直至膝关节几乎完全伸展。做好开始的准备，在动作最低点起来3次，并保持停顿，用手臂保持腘绳肌处于最大程度的紧张状态。换言之，利用腘绳肌的力量来完成停顿动作，只使用手臂来支撑上半身。

屈髋北欧式腿弯举

屈髋北欧式腿弯举要求你将髋关节屈曲90度，同时使其在整个运动范围内锁定这一角度。由于腘绳肌得到了拉长，这使得进行自重训练的难度降低了。如你所见，最好是跪坐在长凳或其他抬高的平面上，这样你的髋关节就可以在整个运动范围内保持90度。

执行髋关节铰链动作，直至髋关节屈曲成90度，然后通过伸展膝关节慢慢将自己下放。如果你不能进行完整的自重训练，你可以用双手来支撑自己超过临界点，就像离心北欧式腿弯举所描述的那样。

剃刀北欧式腿弯举

剃刀北欧式腿弯举（Razor Nordic）指的是一种普通北欧式腿弯举和屈髋北欧式腿弯举的交叉训练。在这种训练中，腘绳肌长度的变化（伸髋时变短，屈膝时变长）不会太大，这让它成为一种腘绳肌等长训练。

髋关节屈曲90度。下降时，伸展髋关节，在整组动作中保持躯干与地面平行。最低点的姿势看起来与传统北欧式腿弯举相同，但是当你站起时，你需要将臀部向后弹回，同时屈曲髋关节。

全北欧式腿弯举

最终目标是在没有助力的情况下完成全自重的北欧式腿弯举。我指导过的人中，只有十几位能真正做到这一点，所以如果你没有达到同样的力量水平，也不要灰心。只要你坚持执行进阶动作，专注于提升技术，保持目标一致，你终会实现目标。

请使用前文描述的其中一种北欧式腿弯举设置。双脚固定，髋关节略微屈曲，然后通过伸展膝关节让身体向地面缓慢下放。在你做动作时，固定好双脚，慢慢降低上半身，直至大腿接触垫子或地面。不要让手接触地面，屈曲双腿，将自己拉回至最高点。在整个运动范围内保持躯干和髋关节的角度相同。在进行这种训练时，你可以从将双手置于身体两侧转换成使双臂在身后交叉，这样可以增加膝关节上方的阻力臂，也会增加训练难度。

阻力北欧式腿弯举

因为我们大多数人不能进行全自重北欧式腿弯举，所以无法完成全范围的负重或抗阻训练。但是，你可以通过这些训练的变式在不同范围内进行训练，将其转化为有价值的进阶动作。

慢速手动阻力北欧式腿弯举

在最高点抵抗阻力是训练中最容易的一部分。你可以让搭档在你俯身向下时推动你的后背，让你在最高点也是在动作第一阶段的运动范围内抵抗阻力。如果从一开始就施加阻力，将延长整个下放阶段前半段腘绳肌处于紧张状态下的时间，还可以在膝关节深屈时增强腘绳肌力量。

在最高点让一名搭档缓慢而稳定地向你的上背部施加阻力。抵抗阻力，让腘绳肌处于紧张状态。但是在你慢慢下放至超过45度（下放阶段的前半段）时，你的搭档应该停止推动，让你以自己的体重来平衡抗阻。

快速手动阻力北欧式腿弯举

这种训练类似于缓慢的手动阻力北欧式腿弯举，你的搭档需要在最高点推动你的背部，但不需要缓慢而稳定地推动，而是以更快的速度推动，从而让你处于一种加速的离心阶段。由于这种训练是爆发式的动作，可能更适合交替进行（运动速度很快，所以更具特殊性）。

在最高点准备支撑爆发式的动作。让你的搭档用力推动你的上背部。在你感觉到推力可以减缓下降的那一刻就要抵抗阻力。这样做的目的是尽可能慢下来。注意在推离地板并回到最高点之前控制好身体。

手动抗阻与辅助北欧式腿弯举

这是我最喜欢的北欧式腿弯举，因为在整个运动范围内，腘绳肌都可以保持稳定、持续的紧张感。然而，这种训练不应该完全取代自重北欧式腿弯举。自重北欧式腿弯举的主要好处之一是会增加下放过程的难度。手动抗阻与辅助北欧式腿弯举可以不时地用于调整强度曲线。

581

在最高点让你的搭档将压力缓慢、稳定地施加在你的上背部。当你接近临界点时，你的搭档应该转到前方，将你的双手向上推动来提供反向阻力，这样你就可以控制好身体以降至最低点（就像手动辅助北欧式腿弯举）。接着，你的搭档应该帮助你回到最高点。然后再做两次重复动作。

弹力带北欧式腿弯举

这种训练的好处在于，在最容易产生阻力的位置，弹力带发挥了最大的抗阻作用。在你降至临界点的一半位置时，你可以让双手自由地控制自己的下放阶段。简而言之，这种训练主要在下放阶段的前半部分起作用。

将弹力带固定在地面上（也可使用重型哑铃或起蹲架）。将另一端绕在脖颈后面。在最高点弹力带完全伸展时，慢慢降低身体同时控制下放速度，直至达到运动范围的一半位置。一旦你到达了临界点，用双手让腘绳肌尽可能处于紧张状态，完成下放阶段。可以选择爬行或者将自己推回最高点。

哑铃阻力北欧式腿弯举

如果你能完成自重北欧式腿弯举，而且你觉得完成动作时感觉舒适，那么你可以手持一个哑铃来增大阻力。然而，你不能用双手来辅助上抬和下落动作，所以控制自己的下放速度尤为重要。

将哑铃垂直置于胸口中央，双手紧握把手。在降至最低点时，放下哑铃，然后再抬起来。如果你不能完成向心阶段的动作，你可以在剩下的运动范围中用双手提供助力。让一位搭档在最高位置将哑铃递给你，以便你再进行一次重复动作。这是一种离心增强式训练。你也可以用哑铃（或负荷背心）执行完整的重复动作。

俯卧屈膝训练

俯卧屈膝训练主要包括器械臀腿起，主要在臀腿训练器上进行。

如果你没有臀腿训练器，你可以通过进行北欧式腿弯举来训练腘绳肌。事实上，有一次，我花了几个月的时间专注于完成北欧式腿弯举，然后我完成器械臀腿起的力量也增强了。我意识到北欧式腿弯举训练臀腿的力量就像做器械臀腿起一样有效。所以，不要觉得你需要买一台臀腿训练器仅仅是为了训练腘绳肌，本节介绍的其他训练对于训练腘绳肌也同样有效。也就是说，臀腿训练器的屈曲曲线让北欧式腿弯举更容易，可以允许你在更高的重复次数范围内工作。例如，我可以进行3组，每组3次北欧式腿弯举；或者进行3组，每组15次器械臀腿起。2种动作都很有挑战性，但北欧式腿弯举可能更适用于增强力量，而器械臀腿起可能更适用于增长肌肉。

在后文中，我将提供器械臀腿起的全面进阶训练。在深入研究这些技术之前，你要意识到臀腿训练器的设置会影响你移动的难度和你可以完成重复动作的次数。

低而远（简单）　　　高而近（困难）

你可以将踏板放低或远离髋关节软垫，让器械臀腿起进行得更容易。你也可以将踏板放得更高或更靠近髋关节软垫来增加难度。了解这些设置，同时选择与个人纪录保持一致的重复动作次数。请记住，只有在相同的条件下，在相同的运动范围内用同一种姿势，才能完成增加负荷的进阶动作。

反向卷曲

反向卷曲是我最喜欢的腘绳肌训练之一，但几乎没有人完成过。这项训练有节奏感，可以分成两部分：先伸展髋关节，然后屈曲膝关节。其为器械臀腿起和水平背部伸展的完美结合。进行2~3组，每组重复20次，你的腘绳肌可能会"尖叫求饶"，产生很强烈的训练效果。

将踏板放置在器械臀腿起和背部伸展踏板的中间位置（器械臀腿起踏板位置更近，背部伸展踏板位置更远）。准备开始，降低躯干呈深屈髋姿势。开始做动作，伸展髋关节的同时抬高躯干。在你的髋关节完全伸展时，通过屈膝将身体继续抬起。如果你愿意，你也可以手持哑铃，但我更喜欢自重的高重复次数动作。因为膝关节软垫的位置离你更远，所以你不能到达和正常的器械臀腿起一样高的位置。

屈髋器械臀腿起

这种训练就像是屈髋北欧式训练，只是更容易完成。

在臀腿训练器上做好准备，将躯干保持在与地面平行的位置。伸直膝关节，下放躯干，完成下放动作。在最低点，你的身体会呈L形。保持髋关节角度相同，通过屈曲双腿及屈曲膝关节来转换动作。

Razor Curl

Razor Curl是普通器械臀腿起和屈髋器械臀腿起的交叉式训练。在这项训练中，腘绳肌长度的变化不会太大（伸髋时变短，屈膝时变长），这让它成为一种腘绳肌等长训练。

屈髋，让躯干与地面平行。保持同一躯干姿势，伸展髋关节与膝关节。在你完全伸展髋关节与膝关节时，屈曲双腿，臀部向后弹起，屈曲髋关节来转换动作。此项训练的关键是在整个运动范围内都要保持躯干与地面大致平行。

中立髋关节器械臀腿起

中立髋关节器械臀腿起比看上去要困难得多。髋关节倾斜或骨盆前倾可能会在自然状态下出现。在屈膝训练中，你的身体会无意地这样做，这样可以拉长腘绳肌，从而增强该肌肉的力量。

在保持中立髋关节与骨盆位置的同时，完成离心和向心阶段的中立髋伸。

囚犯姿势器械臀腿起

在像器械臀腿起和背部伸展这样的训练中，举起手臂会增加难度，因为这会让你的重心向上移动，从而让阻力杠杆变得更长。

将双手置于脑后，保持囚犯姿势，同时按照前面所述的步骤进行器械臀腿起训练。

哑铃器械臀腿起

你也可以通过手持哑铃或配重片来给器械臀腿起增加难度。

将哑铃或配重片置于下巴正下方，如前所述完成器械臀腿起动作。

弹力带器械臀腿起

将一条长弹力带缠在脖颈后方会让器械臀腿起的难度增大。但与哑铃不同的是，哑铃是一种恒定负荷，而弹力带在拉伸时会提供更大有变化的阻力。这意味着"低而远"，即在弹力带没有被拉伸很多时，腘绳肌并没有那么紧张；而在"高而近"时，腘绳肌会处于非常紧张的状态。

在臀腿训练器上及脖颈后方缠上一条长弹力带，然后按照前文所述的步骤进行器械臀腿起训练。

后高架器械臀腿起

将臀腿训练器的后端抬起是进行器械臀腿起的最后一种方式。这改变了力量曲线，让运动在最高点更困难，在最低点更容易。事实上，我可以进行20次常规的器械臀腿起，但在做后高架器械臀腿起时，我只能在腘绳肌疲劳之前完成5次左右。

将臀腿训练器的后端支撑在一个跳箱或者一些砖块上，然后按照前面所述的步骤完成器械臀腿起动作。这项训练的难度很大，因为每个处于最高点的重复动作都需要腘绳肌的收缩程度达到峰值。

结论

感谢你抽出时间阅读《臀肌实验室：力量与形体训练的艺术和科学》(*Glute Lab*)。我希望你可以获得有价值的知识，将训练提升至更高的水平。本书涵盖了我所了解的内容（截至2019年8月），真实有效。随着我积累了更多的经验，发表了更多的研究成果，我的实践方法和科学见解也将不断更新和进步。科学的魅力就在于此。格伦和我打算每两年更新一次本书，使其一直处于知识最新、最全面的状态。

我要对每一个使用我的方法，支持我工作的人表示感谢。你们帮助我普及了臀推及其他臀肌训练方法，没有你们，我无法拥有现在的成就。你们尝试新事物的信任与意愿推动了健身行业的发展，我希望我的方法能让你的日常生活更有价值。

如果你喜欢本书，而且从阅读本书中收获了一些益处，我很乐意听取你的意见。欢迎你在社交平台上向我分享你的进步和感受，而且你可以随时向我提问。欢迎你花时间在相关网站上留下宝贵的评论来推广本书。你的反馈与支持会让我了解关于本书你所喜欢的内容，格伦与我可以明白如何做才能让本书更加完善。你还可以证明这些原则和方法是有效的，这些都可能会激励其他人购买本书。所以，在很大程度上，你不仅会帮到我，还可以让其他举重人士及健身爱好者发现本书，从而帮助他们实现自己的臀肌训练目标。

无论你是在社交平台上与朋友分享本书，还是留下评论，我都希望你知晓我非常感谢你的支持。

我的目标之一是提供简便易行的解决方案来改善臀肌训练计划。在本书中，我提供了许多产品和服务的图片和参考。你可以在相关资源中找到更多相关讯息。

要加入我的布雷特（Bret）战利品计划，请访问相关网站。

对于在线培训、个性化计划以及其他产品和服务，请访问相关网站。

对于我的臀肌训练产品，包括臀肌环、T杠、臀推器、臀推杠铃和杠铃配重片，请访问相关网站。

对于展示本书中包含训练的视频参考，请访问我的臀肌实验室的视频频道。

我很高兴地宣布，我们很快会为臀肌实验室提供认证与加盟特许专营权。

参考文献

此部分所提供的参考文献是指科普中编号的引文。有关本书所涵盖信息的完整参考文献列表，请访问相关网站。

第1章

[1] Kanehisa, H., Nagareda, H., Kawakami, Y., Akima, H., Masani, K., Kouzaki, M., & Fukunaga, T. (2002). "Effects of equivolume isometric training programs comprising medium or high resistance on muscle size and strength." *European Journal of Applied Physiology* 87(2): 112–119.

[2] Tracy, B. L., Ivey, F. M., Hurlbut, D., Martel, G. F., Lemmer, J. T., Siegel, E. L. & Hurley, B. F. (1999). "Muscle quality. II. Effects of strength training in 65- to 75-yr-old men and women." *Journal of Applied Physiology* 86(1): 195–201.

[3] Seynnes, O. R., de Boer, M., & Narici, M. V. (2007). "Early skeletal muscle hypertrophy and architectural changes in response to high-intensity resistance training." *Journal of Applied Physiology* 102(1): 368–373.

[4] Wakahara, T., Fukutani, A., Kawakami, Y., & Yanai, T. (2013). "Nonuniform muscle hypertrophy: its relation to muscle activation in training session." *Medicine & Science in Sports & Exercise* 45(11): 2158–65.

[5] Børsheim, E., & Bahr, R. (2003). "Effect of exercise intensity, duration and mode on post-exercise oxygen consumption." *Sports Medicine* 33(14): 1037–60.

[6] Heden, T., Lox, C., Rose, P., Reid, S., & Kirk, E. P. (2011). "One-set resistance training elevates energy expenditure for 72 h similar to three sets." *European Journal of Applied Physiology* 111(3): 477–484.

[7] Farinatti, P., Castinheiras Neto, A. G., & da Silva, N. L. (2012). "Influence of resistance training variables on excess post-exercise oxygen consumption: a systematic review." International Scholarly Research Notices, 2013.

[8] Paoli, A., Moro, T., Marcolin, G., Neri, M., Bianco, A., Palma, A., & Grimaldi, K. (2012). "High-intensity interval resistance training (HIRT) influences resting energy expenditure and respiratory ratio in non-dieting individuals." *Journal of Translational Medicine* 10: 237.

第2章

[1] Alkjær, T., Wieland, M. R., Andersen, M. S., Simonsen, E. B., & Rasmussen, J. (2012). "Computational modeling of a forward lunge: towards a better understanding of the function of the cruciate ligaments." *Journal of Anatomy* 221(6): 590–597.

[2] Stecco, A., Gilliar, W., Hill, R., Fullerton, B., & Stecco, C. (2013). "The anatomical and functional relation between gluteus maximus and fascia lata." *Journal of Bodywork and Movement Therapies* 17(4): 512.

[3] Bryanton, M. A., Carey, J. P., Kennedy, M. D., & Chiu, L. Z. (2015). "Quadriceps effort during squat exercise depends on hip extensor muscle strategy." *Sports Biomechanics* 14(1): 122–138.

[4] Lewis, C. L., Sahrmann, S. A., & Moran, D. W. (2009). "Effect of position and alteration in synergist muscle force contribution on hip forces when performing hip strengthening exercises." *Clinical Biomechanics* 24(1): 35–42.

[5] See note 3 above.

[6] Vigotsky, A. D., & Bryanton, M. A. (2016). "Relative muscle contributions to net joint moments in the barbell back squat." American Society of Biomechanics 40th Annual Meeting, North Carolina State University, Raleigh, NC.

[7] Liu, H., Garrett, W. E., Moorman, C. T., & Yu, B. (2012). "Injury rate, mechanism, and risk factors of hamstring strain injuries in sports: a review of the literature." *Journal of Sport and Health Science* 1(2): 92–101.

[8] Mendiguchia, J., Alentorn-Geli, E., Idoate, F., &

Myer, G. D. (2013). "Rectus femoris muscle injuries in football: a clinically relevant review of mechanisms of injury, risk factors and preventive strategies." *British Journal of Sports Medicine* 47(6): 359–366.

[9] Ryan, J., DeBurca, N., & McCreesh, K. (2014). "Risk factors for groin/hip injuries in field-based sports: a systematic review." *British Journal of Sports Medicine* 48(14): 1089–96.

[10] Wiemann, K., & Tidow, G. (1995). "Relative activity of hip and knee extensors in sprinting-implications for training." *New Studies in Athletics* 10: 29–49.

[11] Khayambashi, K., Ghoddosi, N., Straub, R. K., & Powers, C. M. (2016). "Hip muscle strength predicts noncontact anterior cruciate ligament injury in male and female athletes: a prospective study." *The American Journal of Sports Medicine* 44(2): 355–361.

[12] Hollman, J. H., Ginos, B. E., Kozuchowski, J., Vaughn, A. S., Krause, D. A., & Youdas, J. W. (2009). "Relationships between knee valgus, hip-muscle strength, and hipmuscle recruitment during a single-limb step–down." *Journal of Sport Rehabilitation* 18(1): 104.

[13] Hollman, J. H., Hohl, J. M., Kraft, J. L., Strauss, J. D., & Traver, K. J. (2013). "Modulation of frontal-plane knee kinematics by hip-extensor strength and gluteus maximus recruitment during a jump-landing task in healthy women." *Journal of Sport Rehabilitation* 22(3): 184–90.

[14] Padua, D. A., Bell, D. R., & Clark, M. A. (2012). "Neuromuscular characteristics of individuals displaying excessive medial knee displacement." *Journal of Athletic Training* 47(5): 525.

[15] Nyman, E., & Armstrong, C. W. (2015). "Real-time feedback during drop landing training improves subsequent frontal and sagittal plane knee kinematics." *Clinical Biomechanics* 30(9): 988–994.

[16] Thomson, C., Krouwel, O., Kuisma, R., & Hebron, C. (2016). "The outcome of hip exercise in patellofemoral pain: a systematic review." *Manual Therapy* 26: 1–30.

[17] Zalawadia, A., Ruparelia, S. Shah, S., Parekh, D., Patel, S., Rathod, S. P., and Patel, S. V. (2010). "Study of femoral neck anteversion of adult dry femora in Gujarat region." *National Journal of Integrated Research in Medicine* 1(3): 7–11.

[18] Beck, M., Kalhor, M., Leunig, M., & Ganz, R. (2005). "Hip morphology influences the pattern of damage to the acetabular cartilage femoroacetabular impingement as a cause of early osteoarthritis of the hip." *Journal of Bone & Joint Surgery, British Volume* 87(7): 1012–18.

[19] Lewis, C. L., Sahrmann, S. A., & Moran, D. W. (2007). "Anterior hip joint force increases with hip extension, decreased gluteal force, or decreased iliopsoas force." *Journal of Biomechanics* 40(16): 3725–31.

[20] Interview with Stuart McGill by Bret Contreras.

[21] Neumann, D. A. (2010). "Kinesiology of the hip: a focus on muscular actions." *Journal of Orthopaedic & Sports Physical Therapy* 40(2): 82–94.

[22] McGill, S. M., & Karpowicz, A. (2009). "Exercises for spine stabilization: motion/motor patterns, stability progressions, and clinical technique." *Archives of Physical Medicine and Rehabilitation* 90(1): 118–126.

[23] Gibbons, S. G. T., & Mottram, S. L. (2004). "The anatomy of the deep sacral part of the gluteus maximus and the psoas muscle: a clinical perspective." Proceedings of the 5th Interdisciplinary World Congress on Low Back Pain. November 7–11, Melbourne, Australia.

[24] Barker, P. J., Hapuarachchi, K. S., Ross, J. A., Sambaiew, E., Ranger, T. A., & Briggs, C. A. (2014). "Anatomy and biomechanics of gluteus maximus and the thoracolumbar fascia at the sacroiliac joint." *Clinical Anatomy* 27(2): 234–240.

[25] Vleeming, A., Van Wingerden, J. P., Snijders, C. J., Stoeckart, R., & Stijnen, T. (1989). "Load application to the sacrotuberous ligament: influences on sacroiliac joint mechanics." *Clinical Biomechanics* 4(4): 204–209.

[26] Snijders, C. J., Vleeming, A., & Stoeckart, R. (1993). "Transfer of lumbosacral load to iliac bones and legs: part 1: biomechanics of self-bracing of the sacroiliac joints and its significance for treatment and exercise." *Clinical Biomechanics* 8(6): 285–294.

[27] Lafond, D., Normand, M. C., & Gosselin, G. (1998). "Rapport force/déplacement du sacrum et efficacité du mécanisme de verrouillage de l'articulation sacro-iliaque; Étude en conditions

589

expérimentales in vivo." *The Journal of the Canadian Chiropractic Association* 42(2): 90.

[28] Cohen, S. P. (2005). "Sacroiliac joint pain: a comprehensive review of anatomy, diagnosis, and treatment." *Anesthesia & Analgesia* 101(5): 1440–53.

第3章

[1] Contreras, B. (2015, August 4). "Squats versus hip thrusts part II: the twin experiment."

[2] Contreras, B., Vigotsky, A. D., Schoenfeld, B. J., Beardsley, C., McMaster, D. T., Reyneke, J. H., & Cronin, J. B. (2017). "Effects of a six-week hip thrust vs. front squat resistance training program on performance in adolescent males: a randomized controlled trial." *The Journal of Strength & Conditioning Research* 31(4): 999–1008.

[3] Lin, K. H., Wu, C. M., Huang, Y. M., & Cai, Z. Y. (2017). "Effects of hip thrust training on the strength and power performance in collegiate baseball players." *Journal of Sports Science* 5: 178–184.

[4] Hammond, A., Perrin, C., Steele, J., Giessing, J., Gentil, P., & Fisher, J. P. (2019). "The effects of a 4-week mesocycle of barbell back squat or barbell hip thrust strength training upon isolated lumbar extension strength." *PeerJ*, published ahead of print.

第4章

[1] Shin, S. J., Kim, T. Y., & Yoo, W. G. (2013). "Effects of various gait speeds on the latissimus dorsi and gluteus maximus muscles associated with the posterior oblique sling system." *Journal of Physical Therapy Science* 25(11): 1391.

[2] Kim, T. Y., Yoo, W. G., An, D. H., Oh, J. S., & Shin, S. J. (2013b). "The effects of different gait speeds and lower arm weight on the activities of the latissimus dorsi, gluteus medius, and gluteus maximus muscles." *Journal of Physical Therapy Science* 25(11): 1483.

[3] Lewis, J., Freisinger, G., Pan, X., Siston, R., Schmitt, L., & Chaudhari, A. (2015). "Changes in lower extremity peak angles, moments and muscle activations during stair climbing at different speeds." *Journal of Electromyography and Kinesiology* 25(6): 982–989.

[4] Savelberg, H. H. C. M., Fastenau, A., Willems, P. J. B., & Meijer, K. (2007). "The load/capacity ratio affects the sit-to-stand movement strategy." *Clinical Biomechanics* 22(7): 805–812.

[5] McGill, S. M., & Marshall, L. W. (2012). "Kettlebell swing, snatch, and bottoms-up carry: back and hip muscle activation, motion, and low back loads." *The Journal of Strength & Conditioning Research* 26(1): 16.

[6] McGill, S. M., McDermott, A., & Fenwick, C. M. (2009b). "Comparison of different strongman events: trunk muscle activation and lumbar spine motion, load, and stiffness." *The Journal of Strength & Conditioning Research* 23(4): 1148–61.

[7] Winwood, P. W., Keogh, J. W., & Harris, N. K. (2012). "Interrelationships between strength, anthropometrics, and strongman performance in novice strongman athletes." *The Journal of Strength & Conditioning Research* 26(2): 513–522.

[8] See note 6 above.

[9] Beardsley, C., & Contreras, B. (2014). "The increasing role of the hip extensor musculature with heavier compound lower-body movements and more explosive sport actions." *Strength & Conditioning Journal* 36(2): 49–55.

[10] Bryanton, M. A., & Chiu, L. Z. (2014). "Hip- versus knee-dominant task categorization oversimplifies multijoint dynamics." *Strength & Conditioning Journal* 36(4): 98–99.

[11] Beardsley, C., & Contreras, B. (2014). "Increasing role of hips supported by electromyography and musculoskeletal modeling." *Strength & Conditioning Journal* 36(4): 100–101.

[12] Dorn, T. W., Schache, A. G., & Pandy, M. G. (2012). "Muscular strategy shift in human running: dependence of running speed on hip and ankle muscle performance." *The Journal of Experimental Biology* 215(11): 1944–56.

[13] Kyröläinen, H., Komi, P. V., & Belli, A. (1999). "Changes in muscle activity patterns and kinetics with increasing running speed." *The Journal of Strength & Conditioning Research* 13(4): 400–406.

[14] Kyröläinen, H. K., Belli, A., & Komi, P. V. (2001). "Biomechanical factors affecting running economy." *Medicine & Science Sports & Exercise* 33(8): 1330–7.

[15] Kyröläinen, H., Avela, J., & Komi, P. V. (2005). "Changes in muscle activity with increasing running speed." *Journal of Sports Sciences* 23(10): 1101–9.

[16] Willson, J. D., Kernozek, T. W., Arndt, R. L., Reznichek, D. A., & Straker, J. S. (2011). "Gluteal muscle activation during running in females with and without patellofemoral pain syndrome." *Clinical Biomechanics* 26(7): 735–740.

[17] Inaba, Y., Yoshioka, S., Iida, Y., Hay, D. C., & Fukashiro, S. (2013). "A biomechanical study of side steps at different distances." *Journal of Applied Biomechanics* 29(3): 336–345.

[18] Shimokochi, Y., Ide, D., Kokubu, M., & Nakaoji, T. (2013). "Relationships among performance of lateral cutting maneuver from lateral sliding and hip extension and abduction motions, ground reaction force, and body center of mass height." *The Journal of Strength & Conditioning Research* 27(7): 1851–60.

[19] Roach, N. T., & Lieberman, D. E. (2014). "Upper body contributions to power generation during rapid, overhand throwing in humans." *Journal of Experimental Biology* 217 (Pt 12): 2139–49.

[20] Campbell, B. M., Stodden, D. F., & Nixon, M. K. (2010). "Lower extremity muscle activation during baseball pitching." *The Journal of Strength & Conditioning Research* 24(4): 964–971.

[21] Oliver, G. D., & Keeley, D. W. (2010). "Gluteal muscle group activation and its relationship with pelvis and torso kinematics in high-school baseball pitchers." *The Journal of Strength & Conditioning Research* 24(11): 3015–22.

第5章

[1] Wang, S. C., Brede, C., Lange, D., Poster, C. S., Lange, A. W., Kohoyda-Inglis, C., Sochor, M. R., Ipaktchi, K., & Rowe, S. A. (2004). "Gender differences in hip anatomy: possible implications for injury tolerance in frontal collisions." *Annals of Advances in Automotive Medicine* 48: 287–301.

[2] Musielak, B., Rychlik, M., & Jozwiak, M. (2016). "Sexual dimorphism of acetabular anatomy based on threedimensional computed tomography image of pelvises." *Journal of Orthopedics, Traumatology and Rehabilitation* 18(5): 451–459.

[3] Seike, K., Koda, K., Oda, K., Kosugi, C., Shimizu, K., & Miyazaki, M. (2009). "Gender differences in pelvic anatomy and effects on rectal cancer surgery." *Hepatogastroenterology* 56(89): 111–5.

[4] Bailey, J. F., Sparrey, C. J., Been, E., & Kramer, P. A. (2016). "Morphological and postural sexual dimorphism of the lumbar spine facilitates greater lordosis in females." *Journal of Anatomy* 229(1): 82–91.

[5] Czuppon, S., Prather, H., Hunt, D. M., Steger-May, K., Bloom, N. J., Clohisy, J. C., Larsen, R., & Harris-Hayes, M. (2017). "Gender-dependent differences in hip range of motion and impingement testing in asymptomatic college freshman athletes." *Journal of Injury Function and Rehabilitation* 9(7): 660–667.

[6] Hogg, J. A., Schmitz, R. J., Nguyen, A. D., & Shultz, S. J. (2018). "Passive hip range-of-motion values across sex and sport." *Journal of Athletic Training* 53(6): 560–567.

[7] Grelsamer, R. P., Dubey, A., & Weinstein, C. H. (2005). "Men and women have similar Q angles: a clinical and trigonometric evaluation." *Journal of Bone and Joint Surgery* 87(11): 1498–1501.

[8] Russell, K. A., Palmieri, R. M., Zinder, S. M., & Ingersoll, C. D. (2006). "Sex differences in valgus knee angle during a single-leg drop jump." *Journal of Athletic Training* 41(2): 166–171.

[9] Norton, B. J., Sahrmann, S. A., & Van Dillen, L. R. (2004). "Differences in measurements of lumbar curvature related to gender and low back pain." *Journal of Orthopaedic & Sports Physical Therapy* 34(9): 524–534.

[10] Preininger, B., Schmorl, K., von Roth, P., Winkler, T., Matziolis, G., Perka, C., & Tohtz, S. (2012). "The sex specificity of hip-joint muscles offers an explanation for better results in men after total hip arthroplasty." *International Orthopaedics* 36(6): 1143–8.

[11] Ito, J. (1996). "Morphological analysis of the human lower extremity based on the relative muscle weight." *Okajimas Folia Anatomica Japonica* 73(5): 247–251.

[12] Ito, J., Moriyama, H., Inokuchi, S., & Goto, N. (2003). "Human lower limb muscles: an evaluation of weight and fiber size." *Okajimas Folia Anatomica Japonica* 80(2–3): 47–55.

[13] Pohtilla, J. F. (1969). "Kinesiology of hip extension

at selected angles of pelvifemoral extension." *Archives of Physical Medicine and Rehabilitation* 50(5): 241–250.

[14] Arokoski, M. H., Arokoski, J. P., Haara, M., Kankaanpää, M., Vesterinen, M., Niemitukia, L. H., & Helminen, H. J. (2002). "Hip muscle strength and muscle cross sectional area in men with and without hip osteoarthritis." *The Journal of Rheumatology* 29(10): 2185–95.

[15] Kamaz, M., Kiresi, D., Oguz, H., Emlik, D., & Levendoglu, F. (2007). "CT measurement of trunk muscle areas in patients with chronic low back pain." *Diagnostic and Interventional Radiology* 13(3): 144–148.

[16] Wu, G. A., & Bogie, K. (2009). "Assessment of gluteus maximus muscle area with different image analysis programs." *Archives of Physical Medicine and Rehabilitation* 90(6): 1048–54.

[17] Ahedi, H., Aitken, D., Scott, D., Blizzard, L., Cicuttini, F., & Jones, G. (2014). "The association between hip muscle cross-sectional area, muscle strength, and bone mineral density." *Calcified Tissue International* 95(1): 64–72.

[18] Yasuda, T., Fukumura, K., Fukuda, T., Uchida, Y., Iida, H., Meguro, M., & Nakajima, T. (2014). "Muscle size and arterial stiffness after blood flow-restricted low-intensity resistance training in older adults." *Scandinavian Journal of Medicine & Science in Sports* 24(5): 799–806.

[19] Niinimäki, S., Härkönen, L., Nikander, R., Abe, S., Knüsel, C., & Sievänen, H. (2016). "The cross-sectional area of the gluteus maximus muscle varies according to habitual exercise loading: Implications for activity-related and evolutionary studies." *HOMO-Journal of Comparative Human Biology* 67(2): 125–137.

[20] Uemura, K., Takao, M., Sakai, T., Nishii, T., & Sugano, N. (2016). "Volume increases of the gluteus maximus, gluteus medius, and thigh muscles after hip arthroplasty." *The Journal of Arthroplasty* 31(4): 906–912.

[21] See note 10 above.

[22] See note 19 above.

[23] Lieber, R. L., & Fridén, J. (2000). "Functional and clinical significance of skeletal muscle architecture." *Muscle & Nerve* 23(11): 1647–66.

[24] Ward, S. R., Eng, C. M., Smallwood, L. H., & Lieber, R. L. (2009). "Are current measurements of lower extremity muscle architecture accurate?" *Clinical Orthopaedics and Related Research* 467(4): 1074–82.

[25] Barker, P. J., Hapuarachchi, K. S., Ross, J. A., Sambaiew, E., Ranger, T. A., & Briggs, C. A. (2014). "Anatomy and biomechanics of gluteus maximus and the thoracolumbar fascia at the sacroiliac joint." *Clinical Anatomy* 27(2): 234–240.

[26] Friederich, J. A., & Brand, R. A. (1990). "Muscle fiber architecture in the human lower limb." *Journal of Biomechanics* 23(1): 91–95.

[27] Horsman, M. K., Koopman, H. F. J. M., Van der Helm, F. C. T., Prosé, L. P., & Veeger, H. E. J. (2007). "Morphological muscle and joint parameters for musculoskeletal modelling of the lower extremity." *Clinical Biomechanics* 22(2): 239–247.

第6章

[1] Neumann, D. A. (2010). "Kinesiology of the hip: a focus on muscular actions." *Journal of Orthopaedic & Sports Physical Therapy* 40(2): 82–94.

[2] Wilson, J., Ferris, E., Heckler, A., Maitland, L., & Taylor, C. (2005). "A structured review of the role of gluteus maximus in rehabilitation." *New Zealand Journal of Physiotherapy* 33(3).

[3] Gibbons, S. G. T., & Mottram, S. L. (2004). "The anatomy of the deep sacral part of the gluteus maximus and the psoas muscle: a clinical perspective." Proceedings of the 5th Interdisciplinary World Congress on Low Back Pain. November 7–11, Melbourne, Australia.

[4] Dostal, W. F., Soderberg, G. L., & Andrews, J. G. (1986). "Actions of hip muscles." *Physical Therapy* 66(3): 351.

[5] Blemker, S. S., & Delp, S. L. (2005). "Three-dimensional representation of complex muscle architectures and geometries." *Annals of Biomedical Engineering* 33(5): 661–673.

[6] Németh, G., & Ohlsén, H. (1985). "In vivo moment arm lengths for hip extensor muscles at different angles of hip flexion." *Journal of Biomechanics* 18(2): 129–140.

[7] Contreras, B., Vigotsky, A. D., Schoenfeld, B. J., Beardsley, C., & Cronin, J. (2015). "A comparison of two gluteus maximus EMG maximum voluntary isometric contraction positions." *PeerJ* 3: e1261.

[8] Anders, M. (2006). *Glutes to the Max*. ACE, 7.

[9] Yamashita, N. (1988). "EMG activities in mono- and bi-articular thigh muscles in combined hip and knee extension." *European Journal of Applied Physiology and Occupational Physiology* 58(3): 274–277.

[10] Fischer, F. J., & Houtz, S. J. (1968). "Evaluation of the function of the gluteus maximus muscle: an electromyographic study." *American Journal of Physical Medicine & Rehabilitation* 47(4): 182.

[11] Worrell, T. W., Karst, G., Adamczyk, D., Moore, R., Stanley, C., Steimel, B., & Steimel, S. (2001). "Influence of joint position on electromyographic and torque generation during maximal voluntary isometric contractions of the hamstrings and gluteus maximus muscles." *The Journal of Orthopaedic and Sports Physical Therapy* 31(12): 730.

[12] Kang, S. Y., Jeon, H. S., Kwon, O., Cynn, H. S., & Choi, B. (2013). "Activation of the gluteus maximus and hamstring muscles during prone hip extension with knee flexion in three hip abduction positions." *Manual Therapy* 18(4): 303–307.

[13] Suehiro, T., Mizutani, M., Okamoto, M., Ishida, H., Kobara, K., Fujita, D., & Watanabe, S. (2014). "Influence of hip joint position on muscle activity during prone hip extension with knee flexion." *Journal of Physical Therapy Science* 26(12): 1895.

[14] Queiroz, B. C., Cagliari, M. F., Amorim, C. F., & Sacco, I. C. (2010). "Muscle activation during four Pilates core stability exercises in quadruped position." *Archives of Physical Medicine and Rehabilitation* 91(1): 86–92.

[15] Sakamoto, A. C. L., Teixeira-Salmela, L. F., de Paula-Goulart, F. R., de Morais Faria, C. D. C., & Guimarães, C. Q. (2009). "Muscular activation patterns during active prone hip extension exercises." *Journal of Electromyography and Kinesiology* 19(1): 105–112.

[16] Park, S. Y., & Yoo, W. G. (2014). "Effects of hand and knee positions on muscular activity during trunk extension exercise with the Roman chair." *Journal of Electrophysiology and Kinesiology* 24(6): 972–976.

[17] Kim, S. M., & Yoo, W. G. (2015). "Comparison of trunk and hip muscle activity during different degrees of lumbar and hip extension." *Journal of Physical Therapy Science* 27(9): 2717.

[18] See note 15 above.

[19] See note 1 above.

[20] See note 3 above.

[21] Stecco, A., Gilliar, W., Hill, R., Fullerton, B., & Stecco, C. (2013). "The anatomical and functional relation between gluteus maximus and fascia lata." *Journal of Bodywork and Movement Therapies* 17(4): 512.

[22] See note 4 above.

[23] Delp, S. L., Hess, W. E., Hungerford, D. S., & Jones, L. C. (1999). "Variation of rotation moment arms with hip flexion." *Journal of Biomechanics* 32(5): 493–501.

[24] Macadam, P., Cronin, J., & Contreras, B. (2015). "An examination of the gluteal muscle activity associated with dynamic hip abduction and hip external rotation exercise: a systematic review." *International Journal of Sports Physical Therapy* 10(5): 573.

第 7 章

[1] Petrella, J. K., Kim, J. S., Mayhew, D. L., Cross, J. M., & Bamman, M. M. (2008). "Potent myofiber hypertrophy during resistance training in humans is associated with satellite cell-mediated myonuclear addition: a cluster analysis." *Journal of Applied Physiology* 104: 1736–42.

[2] Bamman, M. M., Petrella, J. K., Kim, J. S., Mayhew, D. L., & Cross, J. M. (2007). "Cluster analysis tests the importance of myogenic gene expression during myofiber hypertrophy in humans." *Journal of Applied Physiology* 102: 2232–9.

[3] Puthucheary, Z., Skipworth, J. R., Rawal, J., Loosemore, M., Van Someren, K., & Montgomery, H. E. (2011). "Genetic influences in sport and physical performance." *Sports Medicine* 41(10): 845–859.

[4] Seeman, E., Hopper, J. L., Young, N. R., Formica, C., Goss, P., & Tsalamandris, C. (1996). "Do genetic factors explain associations between muscle strength, lean mass, and bone density? A twin study." *The American Journal of Physiology* 270(2 Pt 1): E320.

[5] Arden, N. K., & Spector, T. D. (1997). "Genetic

influences on muscle strength, lean body mass, and bone mineral density: a twin study." *Journal of Bone and Mineral Research* 12(12): 2076–81.

[6] Nguyen, T. V., Howard, G. M., Kelly, P. J., & Eisman, J. A. (1998). "Bone mass, lean mass, and fat mass: same genes or same environments?" *American Journal of Epidemiology* 147(1): 3–16.

[7] Bray, M. S., Hagberg, J. M., Pérusse, L., Rankinen, T., Roth, S. M., Wolfarth, B., & Bouchard, C. (2009). "The human gene map for performance and health-related fitness phenotypes: the 2006–2007 update." *Medicine & Science in Sports & Exercise* 41(1): 35.

[8] Pescatello, L. S., Devaney, J. M., Hubal, M. J., Thompson, P. D., & Hoffman, E. P. (2013). "Highlights from the functional single nucleotide polymorphisms associated with human muscle size and strength or FAMuSS Study." BioMed Research International, 2013.

第8章

[1] Scott, W., Stevens, J., & Binder-Macleod, S. A. (2001). "Human skeletal muscle fiber type classifications." *Physical Therapy* 81(11): 1810–16.

[2] Ogborn, D., & Schoenfeld, B. J. (2014). "The role of fiber types in muscle hypertrophy: implications for loading strategies." *Strength & Conditioning Journal* 36(2): 20–25.

[3] Mitchell, C. J., Churchward-Venne, T. A., West, D. W., Burd, N. A., Breen, L., Baker, S. K., & Phillips, S. M. (2012). "Resistance exercise load does not determine trainingmediated hypertrophic gains in young men." *Journal of Applied Physiology* 113(1): 71–77.

[4] Campos, G. E., Luecke, T. J., Wendeln, H. K., Toma, K., Hagerman, F. C., Murray, T. F., & Staron, R. S. (2002). "Muscular adaptations in response to three different resistance–training regimens: specificity of repetition maximum training zones." *European Journal of Applied Physiology* 88(1–2): 50–60.

[5] Johnson, M., Polgar, J., Weightman, D., & Appleton, D. (1973). "Data on the distribution of fibre types in thirtysix human muscles: an autopsy study." *Journal of the Neurological Sciences* 18(1): 111–129.

[6] Širca, A., & Sušec-Michieli, M. (1980). "Selective type II fibre muscular atrophy in patients with osteoarthritis of the hip." *Journal of the Neurological Sciences* 44(2): 149–159.

第10章

[1] Loturco, I., Tricoli, V., Roschel, H., Nakamura, F. Y., Abad, C. C. C., Kobal, R., & González-Badillo, J. J. (2014). "Transference of traditional versus complex strength and power training to sprint performance." *Journal of Human Kinetics* 41(1): 265–273.

[2] Siff, Mel. *Supertraining*. 5th Ed. Supertraining Institute, 2003: 201.

[3] Siff, 240.

[4] Dostal, W. F., Soderberg, G. L., & Andrews, J. G. (1986). "Actions of hip muscles." *Physical Therapy* 66(3): 351.

[5] Sakamoto, A. C. L., Teixeira-Salmela, L. F., de Paula- Goulart, F. R., de Morais Faria, C. D. C., & Guimarães, C. Q. (2009). "Muscular activation patterns during active prone hip extension exercises." *Journal of Electromyography and Kinesiology* 19(1): 105–112.

[6] Kwon, Y. J., & Lee, H. O. (2013). "How different knee flexion angles influence the hip extensor in the prone position." *Journal of Physical Therapy Science* 25(10): 1295.

布雷特·孔特雷拉斯拥有博士学位，以及美国国家体能协会体能训练专家（NSCA–CSCS,*D）认证，同时是教师、畅销书作家、研究人员、国际讲师和举重运动员。他以臀部训练方法而闻名，已经成为公认的臀部肌肉功能与发育、力量训练及针对性计划设计方面的专家。除了开发全面的臀部训练体系，他还发明了臀推训练并将其推广。他是畅销书Bodyweight Strength Training Anatomy和Strong Curves的作者，还发表了50多篇关于力量训练的文章。他也为Men's Health、Men's Fitness、Oxygen和Muscle & Fitness等知名行业杂志撰稿。布雷特在加利福尼亚州圣地亚哥拥有并经营着"臀肌实验室"，并继续在自己的网站上撰写文章和远程指导客户。

格伦·科多扎在综合格斗、柔术、泰拳和健身领域写作出版了26本图书（包括独著图书和合著图书）。其中，他与布莱恩·麦克肯齐合著了Power, Speed, Endurance，还和凯利·斯塔雷特共同创作了畅销书Becoming a Supple Leopard和Deskbound。除了写作成就，格伦还在泰拳、综合格斗和柔术运动中有着不俗的表现和竞技成绩。

沈兆喆，国家体育总局训练局体能教练，副研究员，硕士；曾在不同时期与多支国家队和多名运动员合作；美国国家体能协会认证体能训练专家（NSCA–CSCS）、认证私人教练（NSCA–CPT）；《身体功能训练动作手册》《功能性训练动作解剖图解》主编；译有《美国国家体能协会速度训练指南（修订版）》《NASM–CPT美国国家运动医学学会私人教练认证指南（第6版）》《腰肌解剖学》等书。

贾琳，运动健康领域资深从业者，从银行职员到运动领域意见领袖的成功转型者；拥有15年瑜伽研习、12年教学及11年健身经验；持有全美瑜伽联盟RYT–500小时认证、3HFIT孕产康复认证、Kinesiology–Oriented Anatomy动作系统肌动解剖学课程认证及SSC运动营养高级认证等专业资质；Keep课程示范模特及课程设计师，lululemon品牌大使毕业生；全网粉丝数超600万人，以"运动重启人生"的经历和科学运动理念，影响数亿人次参与运动，引导百万女性拥抱健康活力的生活方式；致力于运动科学知识的普及，将运动自然融入生活，影响大众建立健康愉悦的运动习惯。